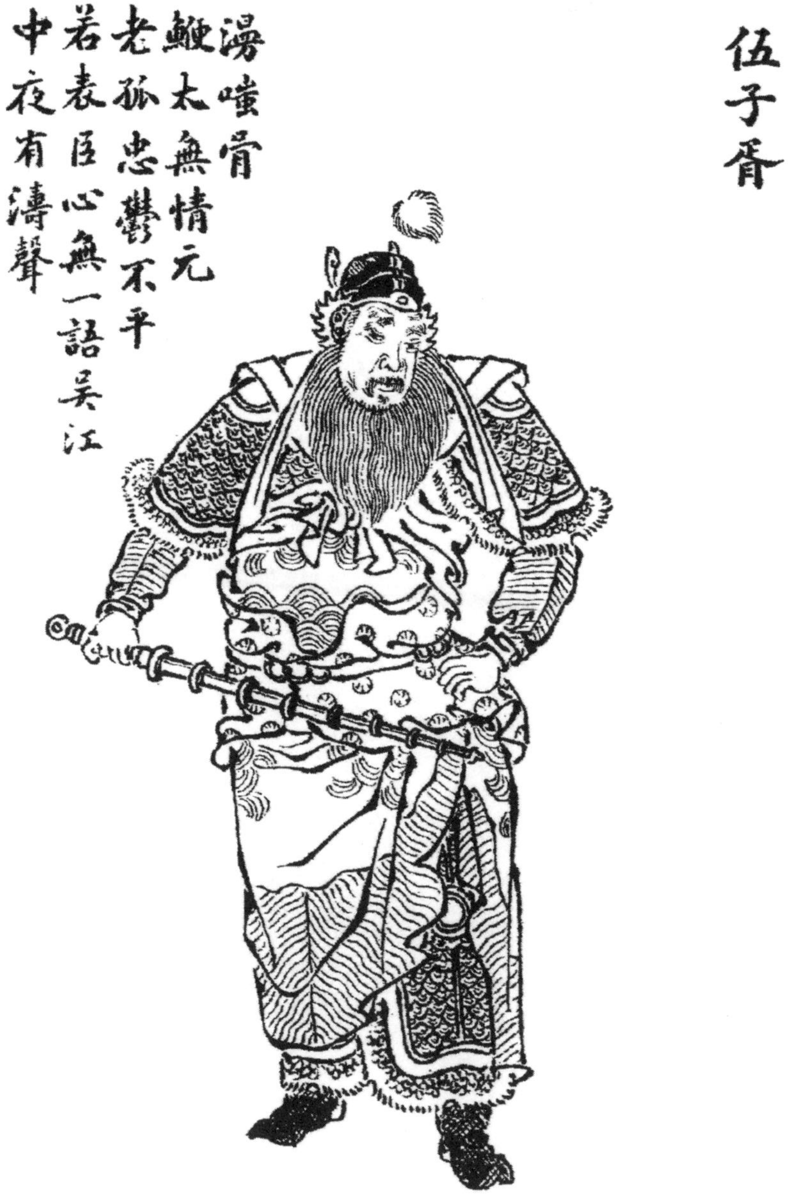
伍子胥
湯嗤骨
鯁太無情元
老孤忠鬱不平
若表臣心無一語吳江
中夜有濤聲

오자서伍子胥

申包胥

此人課早露世言晉書馳林之社荒善陵東庭
痛哭此己乃計狀次悔正一維持未先
為孤泣皇天年諫好 夢蘭

신포서申包胥

어부漁父

孫武子

書十三篇
胡有美人將軍
緯武三令五申琱戈
耀日繡甲輝春媚〻此翁
空以殉身 拜石生費英書

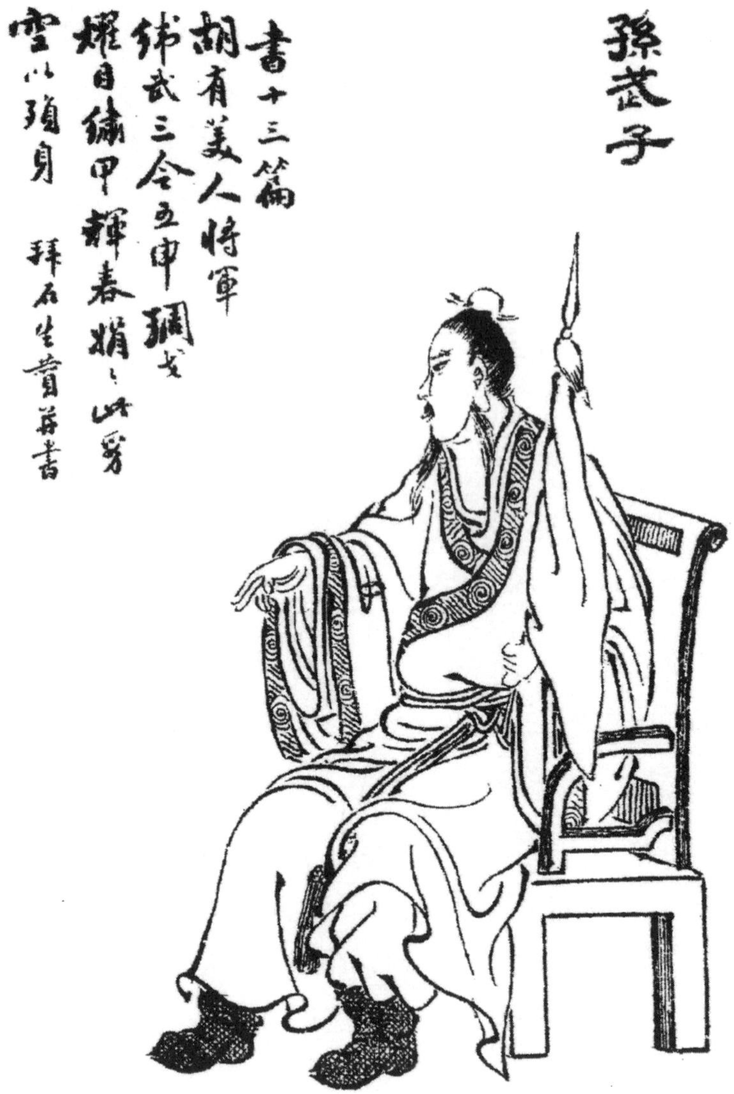

손무자孫武子

범여范蠡

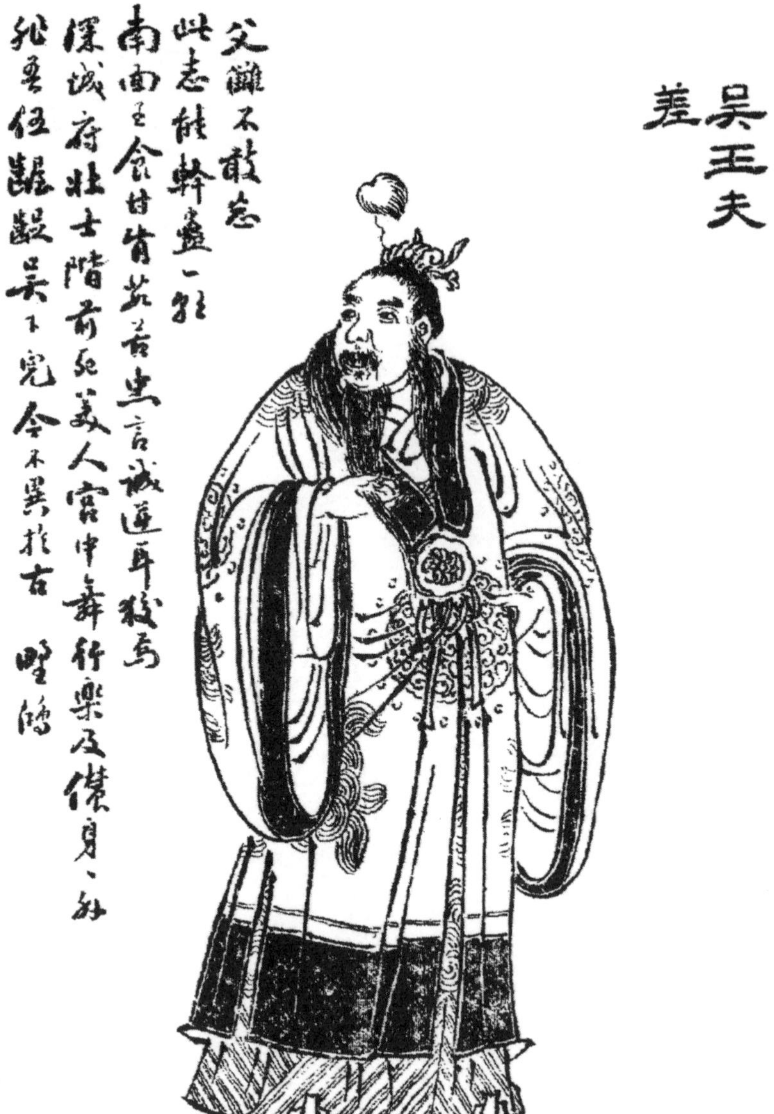

오왕吳王 부차夫差

僉曰烏喙實維賢王将蠡相種顯遂忠良知人則
哲遑云短長蒼、鷲嶺瀹、泉唐人物
清華維王紀綱
拜石生題
句踐

월왕越王 구천勾踐

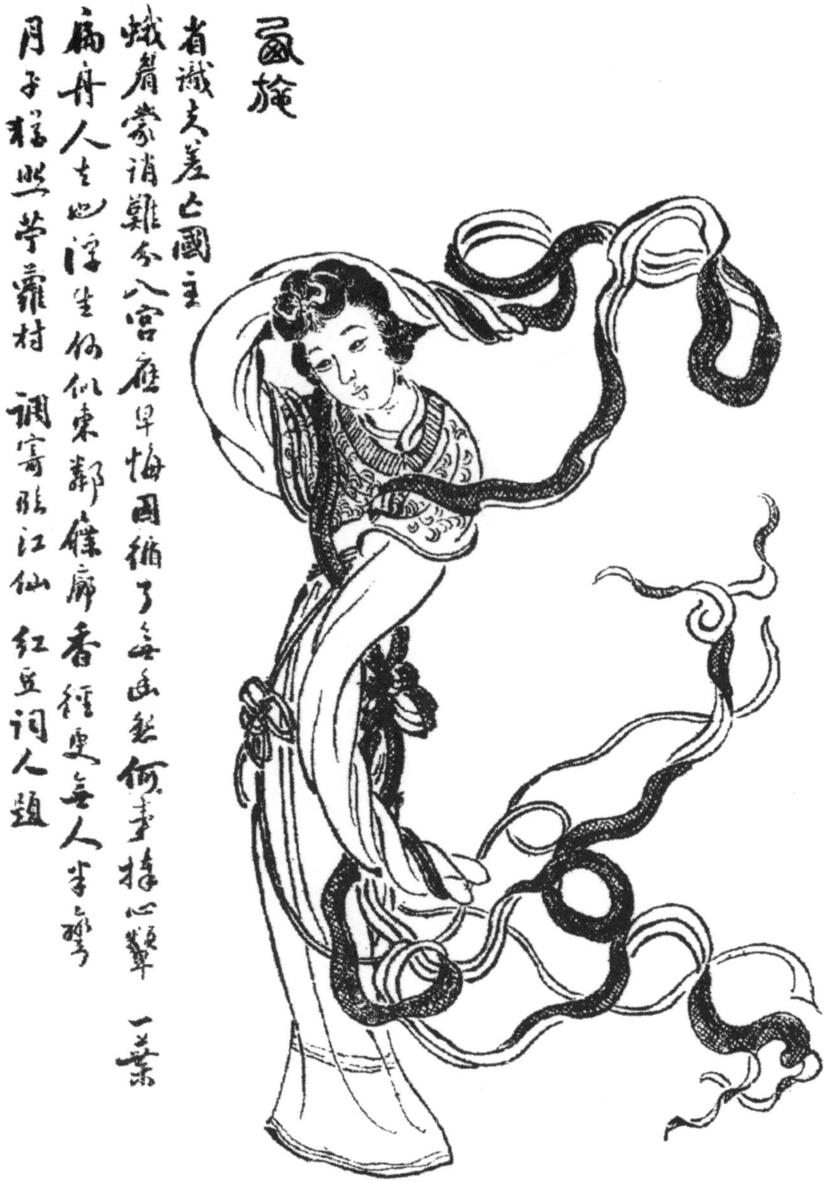

서시西施

鬼谷子

老氏有言大巧
若拙子實反之
睢詭唯譎緣秦祖
承縱橫口舌源胃
渡膓顧堆人傑
伯奎

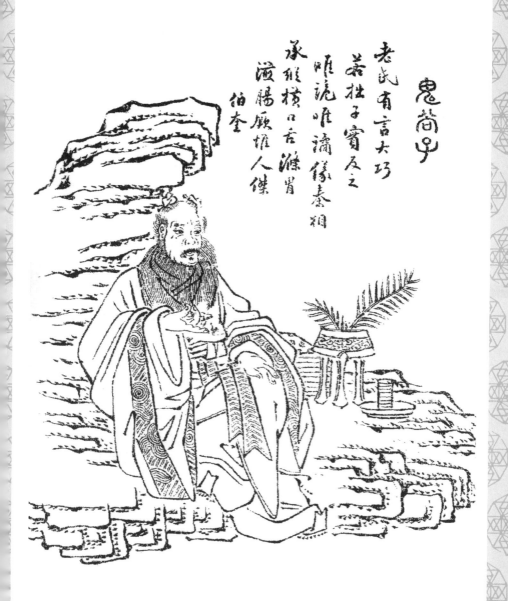

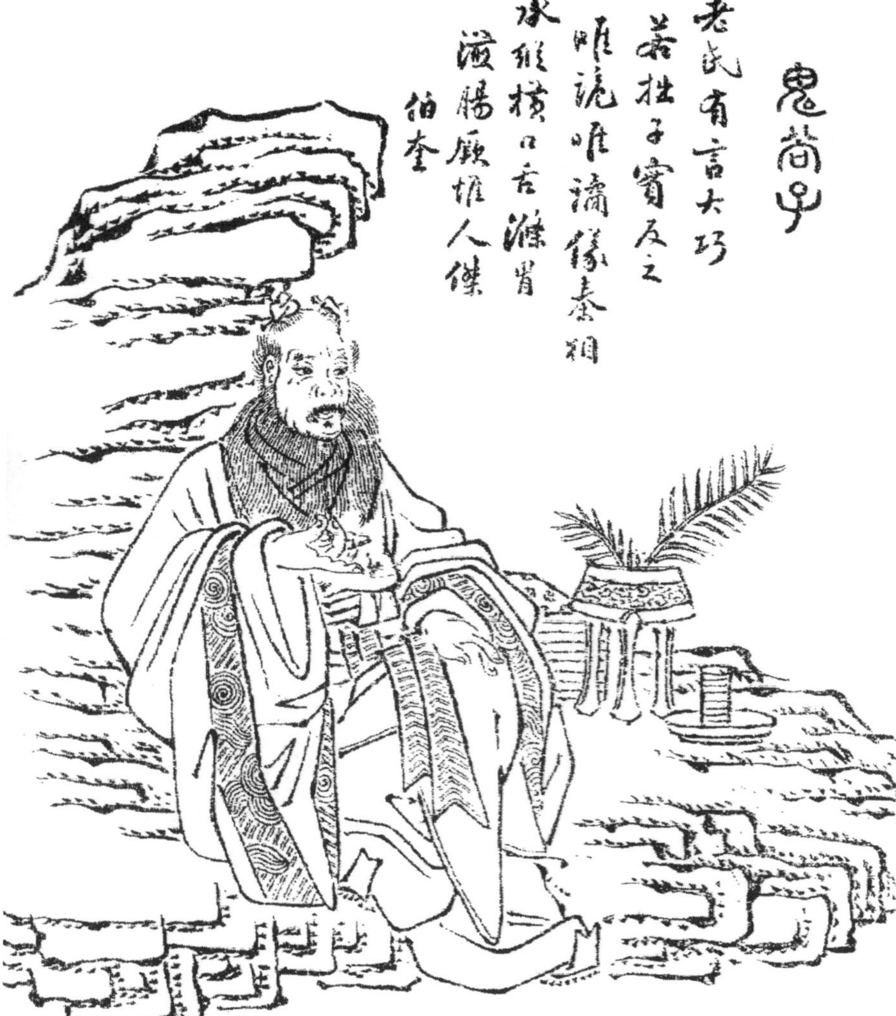

귀곡자鬼谷子

소진蘇秦

장의張儀

商君

周制漸

襄井田無籍商
君尸生肇開阡陌
碩大斷菜呂闢赫
嚴刑羅符呂息國富兵疆
嬴秦是殖保身弗知恐呂累積身
羅其瑛國蒙真蓋剗薄少思嗟馬何
極
戊子春日夢梅仙館主

상군商君

동주
열국지

문헌 고증 완역 결정판

동주 열국지

4

풍몽룡 지음 | 채원방 정리
김영문 옮김

글항아리

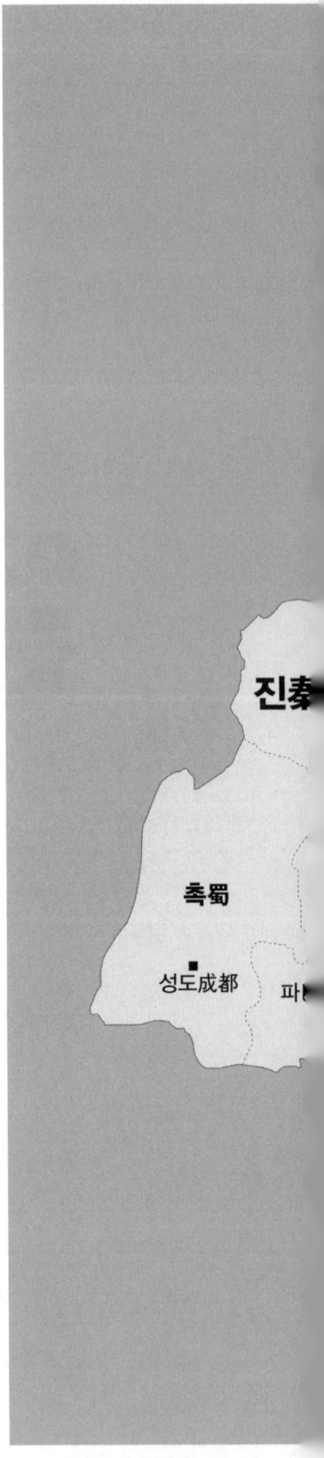

전국시대 초기 주요 제후국 및 주요 도시 위치.

조선 朝鮮
연燕
어양漁陽
무종無終
대代
계薊
중산中山
영수 靈壽
진양晋陽
조趙
거록 鉅鹿
제齊
임치 臨淄
즉묵卽默
상당上黨
한단邯鄲
위魏
낭야瑯琊
상구商邱
위衛
노魯
거莒
안읍安邑
송宋
雍
신정 新鄭
대량 大梁
주周
수양 睢陽
함양咸陽
한韓
진陳
漢中
완宛
수춘 壽春
강승 江乘
초楚
월越
단양 丹陽
고소姑蘇
파巴
영郢
전당錢塘
회계會稽

◉ 일러두기 ◉

1. 이 『동주열국지東周列國志』 번역본의 저본은 중국 청대清代 광서光緒 14년(1888) 상하이上海 점석재點石齋에서 간행한 『東周列國志』다. 점석재 간행본은 청 건륭乾隆 원년을 전후하여 채원방蔡元放이 정리한 판본을 정교한 석인본으로 재간행한 것이다. 이 번역본의 삽화도 점석재본의 것이다.

2. 점석재본을 저본으로 했지만 소설 원문을 제외한 채원방의 평어나 협주夾註는 모두 생략했다.

3. 근래에 출판된 판본으로 참고가 되었던 것은 중국 런민문학출판사에서 1978년에 출판한 『東周列國志』(上·下)다. 근래 중국 대륙의 판본이 대부분 간체자로 출판된 것에 비해 이 판본은 번체자(한국 한자 정자)로 되어 있을 뿐만 아니라 인명과 지명 및 서명 옆에 옆줄이 그어져 있어서 매우 유용하게 참고할 수 있었다.

4. 이외에 단락을 나누고 점석재본의 원문을 교감하기 위해 중화서국, 상하이고적출판사, 제노서사齊魯書社, 악록서사岳麓書社 등의 판본을 참조했다.

5. 인명과 지명은 모두 우리 한자음으로 표기했다. 『동주열국지』의 배경이 중국 춘추전국시대이기 때문에 현대 중국어 발음보다 우리 한자음이 훨씬 더 중국 고대어 발음에 가깝다고 보기 때문이다.

6. 중국 고대 지명을 표기할 때는 해당 지명을 쓰고 옆에 중국 현대 지명을 병기했다. 설명이 필요할 경우 각주로 처리했다. 더러 상고할 수 없는 지명은 원래의 지명만 썼다.

7. 중국 고대 인명을 표기할 때 통상적인 한자음과 다르게 읽히는 경우, 고대의 주석서와 한자 자전字典 및 현대 중국어 발음에 의거하여 일일이 근거를 밝혔다. 예를 들면 '겸장자鍼莊子' '위엄薳掩' '투누오도鬭穀於菟' '양보梁父' '상영向寧' '하무저夏無且' 등이 그것이다.

8. 중국 고대 인명을 표기할 때 성姓은 물론이고 이름 첫 글자에도 모두 우리말 두음법칙을 적용하여 읽었다. 예를 들면 '공영孔寧' '채약蔡略' '순역荀躒' '피이被離' 등이 그것이다.

9. 어떤 인명이나 지명이 장마다 처음 나올 때는 먼저 우리말 발음을 표기하고 해당 한자를 병기했다. 또한 각 장 안에서 단락이 자주 바뀌면서 인명이나 지명이 혼동될 우려가 있을 때도 한자를 병기했다.

10. 인명의 성과 이름은 띄우지 않고 전부 붙여 썼다. 그러나 제후의 아들이란 의미로 공자公子를 인명 앞에 붙인 경우에는 공자와 이름을 띄어 썼다. 예를 들면 '공자 개방開方' '공자 검모黔牟' '공자 규糾' 등이 그것이다. 공손公孫의 경우는 원래 제후의 손자란 의미지만 성씨로 굳어진 경우도 많기 때문에 전부 붙여 썼다. 예를 들면 '공손고公孫固' '공손주公孫周' '공손교公孫僑' 등이 그것이다.

11. 제후국 이름과 제후의 시호諡號는 제후국의 특징과 존재를 분명하게 드러내기 위해 모두 띄어 썼다. 예를 들면 '진晉 문공文公' '진秦 목공穆公' '진陳 여공厲公' '위衛 영공靈公' '위魏 혜왕惠王' 등이 그것이다.

12. 중국 고대 장회소설章回小說에서 쓰이는 상투어 '화설話說' '각설却說' '재설再說' '단설單說' '차설且說' '부재화하不在話下' '하문부견下文復見' '불필세설不必細說' '자불필설自不必說' 등은 따로 직역하지 않고 문맥 속에서 다른 접속사로 처리하기도 하고, 굳이 번역할 필요가 없을 때는 생략하기도 했다.

13. 주周나라 천자를 부르는 호칭은 '상감' '아바마마' '주상' 등 우리 왕조 시대의 호칭을 상황에 맞게 사용했다. 그러나 제후국 군주를 부르는 호칭은, 춘추시대 자국의 제후를 부르는 경우 주로 '주상' 또는 '주상전하'를 사용했고, 타국의 제후를 부를 때는 '군주' '군후' '현후' '명공' 등을 상황에 맞게 사용했다. 제후가 자신을 지칭하는 경우는 '과인'을 사용했다. 그러나 전국시대에 들어 모든 나라가 '왕'을 칭할 때는 자국 타국을 막론하고 '대왕마마'란 호칭을 사용했고 경우에 따라 '주상'이란 호칭을 섞어 썼다.

14. 주 왕실 천자의 계승자는 '태자', 제후국 계승자는 '세자'로 구분했지만, 전국시대 후반기에는 모든 나라의 계승자를 '태자'로 호칭했다.

15. 춘추시대 제후국 세자 이외의 아들은 '공자公子', 전국시대 제후국 태자 이외의 아들은 '왕자王子'로 호칭했지만 더러 섞어 쓰기도 했다.

16. 제후국 군주의 부인은 '부인' 또는 '군부인'이란 호칭을 사용했다.

17. 우리에게 잘 알려진 고사성어의 경우 해당 부분에서 상세한 설명을 하고 원래의 출처를 밝혔다.

18. 두 사람의 대화가 두 번 이상 반복되며 '아무개 왈曰' '답왈答曰' 등의 말이 계속될 경우, 독서의 편의를 위해 '아무개 왈' '답왈'을 번역하지 않고 자연스럽게 두 사람의 대화가 이어지도록 했다.

19. 이 소설에 등장하는 다른 시대 인물의 경우 해당 부분에 주석을 달아 비교적 상세하게 보충 설명했다. 춘추전국시대 인물에 대해서는『동주열국지 사전』중「인물 사전」에서 중요한 행적과 특징을 밝히고 각 등장 장회를 명기했다.

20. 이 소설에 나오는 각 제후국에 대해서도『동주열국지 사전』중「제후국 사전」에서 한데 모아 흥망성쇠의 과정을 간단하게 보충 설명했다.

21. 이 번역본에서는 기존 번역본의 장회 나눔이 원본과 다른 경우 모두 원본의 형태로 바로잡았고, 기존 번역본에서 빠진 부분과 잘못된 부분도 모두 보충하고 정정했다. 기존의 어떤 번역본보다 원본에 더 가까운 형태를 유지하려고 애썼다.

차 례

제67회

초 영왕의 유체이탈 화법

노포계는 계략을 써서 경봉을 축출하고

초 영왕은 제후들을 크게 모아 회맹하다

盧蒲癸計逐慶封, 楚靈王大合諸侯.

주周 영왕의 맏아들은 이름이 진晉이고 자는 자교子喬다. 총명하고 구속이 없었으며 생황을 잘 불어 봉황 울음소리를 냈다. 태자가 되어 나이 17세에 이수伊水와 낙수洛水 사이에 놀러 갔다가 돌아와서 죽었다. 영왕은 매우 애통해했다. 그런데 어떤 사람이 보고했다.

"태자께서 구령緱嶺[1]에서 백학白鶴을 타고 생황을 불며 그곳 사람들에게 이렇게 말했습니다. '나는 천자의 자리를 사양하고 부구공浮丘公과 함께 숭산[2]에 머물며 매우 즐겁게 살고 있다. 나를 걱정하고 그리워할 필요가 없다.'"

1_ 구령緱嶺: 구씨산緱氏山이라고도 한다. 하남성 낙양 동쪽 약 100리 되는 지점인 언사偃師 부점진府店鎭 남쪽에 있다.

2_ 숭산嵩山: 하남성 낙양 동남쪽에 있다. 태산泰山(東嶽), 화산華山(西嶽), 형산衡山(南嶽), 항산恒山과 함께 중국 오악五嶽으로 일컬어지며 그중에서 숭산嵩山은 중악中嶽으로 불린다.

부구공은 옛날의 신선이다. 영왕이 사람을 시켜 태자의 무덤을 파보니 과연 텅 빈 관뿐이었다. 이에 그가 정말 신선이 되어 떠나갔다는 걸 알았다. 영왕은 즉위 27년이 되었을 때 태자 진이 학을 타고 자신을 맞으러 오는 꿈을 꿨다. 꿈을 깨고 나서도 문밖에서 생황 소리가 들렸다. 영왕이 말했다.

"우리 아들이 나를 데리러 왔으니 나는 이제 떠나야겠다."

영왕은 둘째 아들 귀貴에게 보위를 전하라는 유언을 남기고 병도 없이 세상을 떠났다. 귀가 즉위하니 이 사람이 주 경왕景王이다. 이해에 초나라 강왕도 세상을 떠났다. 영윤 굴건과 신료들은 함께 의논한 끝에 강왕의 아우 균麇을 왕위에 추대했다. 얼마 지나지 않아 굴건도 죽었다. 이 일에 대한 서술은 여기에서 잠시 접어두고자 한다.

한편 제나라 상국相國 경봉은 국정을 제멋대로 주무르게 되면서 더욱 황음무도하고 방종이 심해졌다. 하루는 노포별의 집에서 술을 마시는데 노포별이 그의 아내를 시켜 경봉에게 술을 올리게 했다. 경봉은 그녀를 보고 몹시 기뻐하며 마침내 그녀와 사통했다. 이때부터 국정을 자신의 아들 경사에게 맡기고 처첩 및 재산을 모두 노포별의 집으로 옮겼다. 경봉은 노포별의 처와 함께 잤고, 노포별도 경봉의 처와 사통했다. 두 사람은 아무 거리낌이 없었다. 때로는 양가의 처첩들과 함께 모여 술을 마시고 희롱하며 술이 취할 때까지 시시덕거렸다. 좌우 시종들은 모두 입을 닫고 아무 말도 하지 않았으며 경봉과 노포별은 주위의 시선에 아랑곳하지 않았다. 이때 노포별이 노나라로 망명 간 그의 형을 불러오고 싶다고 청하자 경봉은 그것을 허락했다. 그의 형 노포계가 귀국하자 경봉은 그를 시켜 자신의 아들 경사를 섬기게 했다. 경사는 완력이 대단했다. 노포계도 용력이 뛰어났을 뿐만 아니라 아첨을 잘했다. 그래서 경사는 노포계를 총애하여 자신의 딸 경강을 노포계의 아내로 주었다. 두 사람은 장인과 사위가 되어 총애와 신의가 더욱 돈독해졌다. 노포계는 한결같이 제 장공의 원수를 갚고자 했지만 마음을 함께하는 사람이 없었다. 한번은 사냥을 나갔다가 왕하의 용력을 극구 칭찬했다. 그러자 경사가 물었다.

"지금 왕하는 어디에 있는가?"

노포계가 말했다.

"거나라에 있소."

경사는 그를 불러오게 했다. 왕하가 제나라로 귀국하자 경사는 그를 총애했다. 최저와 경봉은 반란을 일으킨 후 사람들의 음모가 무서워 매번 출입할 때마다 반드시 측근 장사를 시켜 창을 들고 앞뒤를 호위하게 했고, 마침내 그것이 관례가 되었다. 경사는 노포계와 왕하를 총애하고 신임했기 때문에 두 사람에게만 창을 들고 호위하게 했고 나머지 사람은 가까이 오지 못하게 했다.

옛날 법도에 의하면 제나라 공실에서는 매일 경대부들에게 닭고기 두 마리를 제공하는 것이 관례였다. 당시 제 경공은 닭발을 몹시 좋아하여 식사 때마다 수천 개씩 먹었다. 공경대부의 집안에서도 그것을 본받아 모두 닭 요리를 최상의 음식으로 쳤다. 이 때문에 닭값이 치솟아서 궁궐 주방에서도 옛날 가격으로는 도저히 닭을 살 수가 없었다. 그래서 경씨에게 더 많은 경비를 요청했다. 그러자 노포별은 경씨의 단점을 드러내려고 경사에게 음식 경비를 더 올려주지 말도록 부추겼다. 경사가 궁궐 요리사에게 말했다.

"음식 장만은 모두 너에게 일임하지 않았느냐? 어찌 반드시 닭만 쓴단 말이냐?"

이에 궁궐 요리사는 오리로 닭을 대신했다. 궁궐 노복들은 오리가 임금에게 올리는 진상품이 아닌 것으로 생각하고 몰래 그 고기를 훔쳐 먹었다. 이날 대부 고채高蠆(자는 子尾)와 난조欒竈(자는 子雅)가 경공을 모시고 식사를 하게 되었다. 그러나 어찬御饌에 닭은 없고 오리 뼈만 놓여 있는 것을 보고 분통을 터뜨리며 말했다.

"경씨가 정사를 맡아보더니 주상께 올리는 수라상이 갈수록 형편없어지는구나! 우리를 기만함이 이 지경에 이르다니!"

그러고는 밥도 먹지 않고 나와버렸다. 고채는 경봉에게 달려가 질책을 하려 했으나 난조가 말려서 그만두었다. 이 일은 일찌감치 경봉에게 보고되었다. 경봉이 노포별에게 말했다.

"고채와 난조가 내 화를 돋우었다. 어찌하면 좋겠느냐?"

노포별이 말했다.

"화가 나시면 그놈들을 죽여야지요. 무엇을 두려워하십니까?"

노포별은 그 사실을 자신의 형 노포계에게 알렸고, 노포계는 즉시 왕하와 상의를 했다.

"고씨와 난씨가 경씨와 틈이 벌어졌으니 좀 도와줘야겠소."

왕하는 이날 밤 고채를 만나 경씨가 고씨와 난씨 두 집안을 공격하기 위해 음모를 꾸미고 있다고 거짓말을 했다. 그러자 고채가 대로하며 말했다.

"경봉은 최저와 장공을 시해한 놈이다. 지금 최씨는 멸족을 당했지만 경씨는 아직도 건재하다. 우리가 선군을 위해 복수를 해야겠다."

왕하가 말했다.

"그것이 바로 저의 뜻입니다. 대부께서 밖에서 일을 꾸미시면 저와 노포 씨는 안에서 일을 도모하겠습니다. 그럼 일이 이루어지지 않을 수 없을 것입니다."

고채는 몰래 난조와도 상의하고 틈을 보아 거사하기로 했다. 진무우, 포국鮑國, 안영 등도 모두 그 일을 알았지만 경씨의 전횡이 싫어서 아무도 입 밖으로 발설하지 않았다. 노포계와 왕하는 경씨를 공격하는 일을 가지고 점을 쳤다. 점쟁이가 말했다.

범이 굴을 떠나니 虎離穴
범 새끼가 피를 본다 彪見血

노포계가 그 거북 점괘를 가지고 짐짓 경사에게 가서 물었다.

"제가 원수를 공격하려고 점을 쳐서 이 점괘를 얻었소. 길흉을 좀 판단해주시오."

경사가 점괘를 보며 말했다.

"반드시 이길 것이네. 범과 범 새끼는 부자간이네. 아비가 굴을 떠나고 아들이 피를 본다는데 어찌 이기지 못하겠는가? 그런데 그 원수가 누구인가?"

노포계가 말했다.

"우리 고향 마을의 보통 사람이오."

그러자 경사는 다시 의심하지 않았다.

가을 8월 경봉은 그의 친척 경사慶嗣3와 경유慶遺를 데리고 동래東萊(山東

3_ 경사慶嗣: 경봉慶封의 친척이다. 경봉의 아들 경사慶舍와는 다른 사람이다.

省 火亞臺 萊山區)로 사냥을 가면서 진무우에게도 함께 가자고 했다. 진무우가 그의 부친 진수무에게 작별 인사를 했다. 진수무가 말했다.

"경씨에게 참화가 닥치겠구나. 지금 동행하면 그 참화에 말려들 것인데 어찌 사양하지 않았느냐?"

진무우가 대답했다.

"사양하면 의심을 살까봐 감히 그럴 수 없었습니다. 만약 아버지께서 거짓으로 다른 핑계를 대고 저를 부르시면 다시 돌아올 수 있을 것입니다."

그러고는 마침내 경봉을 따라 사냥을 갔다. 경봉이 사냥을 떠나자 노포계가 기뻐하며 말했다.

"점쟁이가 '범이 굴을 떠난다'고 하더니 제대로 맞아떨어지는구나!"

그리하여 상제嘗祭(가을 제사)를 지낼 때 거사하기로 했다. 진수무는 그것을 알고 아들 진무우가 경봉의 환란에 말려들까 걱정을 하며 자신의 아내가 병이 났다 핑계를 대고 사람을 보내 아들 무우를 불러오게 했다. 진무우는 경봉에게 자신의 모친에 대한 점을 쳐달라고 청했다. 그리고 마음속으로 몰래 경씨의 길흉을 보여달라고 기원했다. 경봉이 말했다.

"이것은 '목숨을 잃는滅身' 괘로구나. 또 하극상의 모습이니 낮은 사람이 높은 사람을 이긴다는 뜻이다. 아마도 부인의 병이 낫지 못할 것 같구나!"

그러자 진무우는 거북점을 받들고 거짓으로 슬퍼하며 울음을 그치지 않았다. 경봉은 그런 모습이 가여워서 진무우를 돌아가게 했다. 경사는 무우가 수레에 오르는 것을 보고 물었다.

"어디로 가시오?"

진무우가 대답했다.

"어머니께서 병이 나서 돌아가지 않을 수 없소."

말을 마치고는 바로 수레를 치달려 돌아갔다. 경사가 경봉에게 말했다.

"진무우의 모친이 병이 났다는 것은 아마도 거짓말인 듯합니다. 도성에 다른 변고가 있을까 두렵사오니 속히 돌아가십시오."

경봉이 말했다.

"내 아들이 그곳에 있는데 무슨 걱정인가?"

한편 진무우는 황하를 건너고는 다리와 배를 모두 부숴 경봉이 돌아오는 길을 끊었다. 그러나 경봉은 이런 사실을 알지 못했다.

때는 8월 초순이 거의 다 끝나가던 무렵이었다. 노포계는 집안 갑사들의 대열을 정하고 부서를 배치했다. 갑사들이 서둘러 오가는 모습에 바삐 전투에 나가려는 기색이 있었다. 그의 아내 경강이 말했다.

"당신께 무슨 일이 있는데도 내게 의논하지 않으면 틀림없이 이기지 못할 것입니다."

노포계가 웃으면서 말했다.

"당신 같은 아녀자가 어떻게 나를 위해 계책을 낼 수 있단 말이오?"

경강이 말했다.

"당신은 지혜로운 여자가 남자보다 더 낫다는 말을 들어보지 못했습니까? 무왕의 현신 열 명 중에 읍강邑姜[4]도 들어 있습니다. 그런데 어찌 계책을 낼 수 없다 하십니까?"

노포계가 말했다.

"지난날 정나라 대부 옹규雍糾는 정나라 군주의 비밀 계책을 그의 아내 옹희雍姬에게 누설했다가 마침내 자신도 살해당하고 임금도 쫓겨나게 만들

4_ 읍강邑姜: 주나라 강태공의 딸로 무왕武王의 정실 왕비.

었소. 이 일을 세상 사람들은 크게 경계하고 있고 나도 그렇게 될까 매우 두렵소."

경강이 말했다.

"여자는 남편을 하늘로 여깁니다. 남편이 제창하면 아내는 그것을 따라야 합니다. 하물며 주상전하의 중대한 명령까지 있다면야 더 말해 무엇하겠습니까? 옹희는 자기 모친의 말에 미혹되어 남편을 해친 것입니다. 그 여자는 우리 규방에서 역적으로 손가락질 받고 있는데 어찌 입에 담을 가치가 있겠습니까?"

노포계가 말했다.

"만약 당신이 옹희의 처지라면 어떻게 하겠소?"

경강이 말했다.

"계책을 낼 수 있으면 함께 참여할 것이고, 계책을 낼 수 없으면 감히 발설하지 않겠습니다."

노포계가 말했다.

"지금 우리 제나라 주상께선 경씨의 전횡에 고통을 당하다가 난씨와 고씨 두 대부와 힘을 합쳐 당신의 친정 식구를 내쫓으려 하고 있소. 이러한 까닭에 내가 그 일을 준비하고 있는 중이오. 절대로 발설해서는 안 되오."

경강이 말했다.

"상국이 지금 사냥 중이니 그 틈을 노릴 수 있을 것입니다."

노포계가 말했다.

"상제 날을 기다리고 있소."

경강이 말했다.

"첩의 친정 부친은 성격이 강퍅하고 자만심이 강합니다. 또 주색에 탐닉하여 공무를 소홀히 하고 있사오니, 누가 자극하지 않으면 밖으로 나오지 않을 것입니다. 그럼 어찌 하시겠습니까? 청컨대 첩이 가서 부친의 게으름을 중지시키고 반드시 제사에 참석하도록 하겠습니다."

노포계가 말했다.

"나는 목숨을 당신에게 맡겼소. 절대로 옹희를 본받지 마시오."

경강은 자신의 부친 경사에게 가서 말했다.

"소문에 고채와 난조가 상제 때의 틈을 노린다 합니다. 아무래도 저들이 아버지께 좋지 못한 행동을 할 듯하니 아버지께선 그날 나가지 마십시오."

그러자 경사가 화를 내며 말했다.

"그 두 놈은 금수와 같은 놈이다. 나는 그놈들의 가죽을 벗겨 깔고 잘 수도 있다. 누가 감히 나를 환난에 빠뜨릴 수 있단 말이냐? 만약에 있다 해도 내가 무엇을 두려워하겠느냐?"

경강은 집으로 돌아와 그 말을 남편 노포계에게 보고하고 만반의 준비를 갖추게 했다.

제사 날짜가 되어 제齊 경공은 태묘에서 상제를 거행했다. 대부들이 모두 참석했고 경봉의 아들 경사도 자리에 임했으며 경승慶繩은 헌작獻爵[5]을 주관했다. 경씨 집안에서는 사병을 모두 거느리고 태묘의 궁궐을 에워싸고 수비했다. 노포계와 왕하는 창을 들고 경사의 좌우에 서서 한 걸음도 떨어지지 않았다. 진씨陳氏와 포씨鮑氏 집안의 어인 중에 광대 짓을 잘하는 사람이 있어서, 고의로 그 사람을 시켜 어리魚里의 길거리에서 한바탕 놀이판을 펼치게 했다. 그때 경씨 댁의 말이 시끄러운 놀이판에 놀라 달아나기

5_ 헌작獻爵: 제사 때 술잔을 올리고 내리는 일.

시작했다. 군사들이 쫓아가서 잡아와서는 모두들 말을 단단하게 붙잡아 매었다. 그러고 나서 갑옷을 벗고 무기를 풀어놓은 채 놀이판을 구경하러 갔다. 난씨, 고씨, 진씨, 포씨 네 집안 장정들은 모두 태묘 문밖에 모여 있었다. 노포계는 소변을 보러 간다는 핑계를 대고 밖으로 나와 장정들과 적절하게 약속을 정하고 태묘를 비밀리에 포위했다. 노포계는 다시 들어가 경사의 뒤에 서서 창을 거꾸로 잡고 고채에게 신호를 보냈다. 고채가 그 뜻을 알아채고 자신을 수행한 시종을 시켜 태묘 문을 크게 세 번 치게 했다. 그러자 갑사들이 벌 떼처럼 쳐들어오기 시작했다. 경사가 깜짝 놀라 벌떡 일어섰다. 그러나 아직 자리를 피하지도 못했을 때 노포계가 등 뒤에서 그를 찔렀다. 창날은 그의 늑골까지 관통했다. 그때 왕하가 또 창으로 그의 왼쪽 어깨를 내려치자 그의 어깨뼈가 부러졌다. 경사는 왕하를 노려보며 말했다.

"반란을 획책한 놈들이 바로 네놈들이구나!"

그러고는 오른손으로 제사에 쓰는 술항아리를 집어 왕하에게 던졌다. 왕하는 그것을 맞고 즉사했다. 노포계는 갑사들을 불러 먼저 경승을 잡아 죽였다. 경사는 부상이 심해 참을 수 없을 정도로 고통스러워 오른손으로 태묘의 기둥을 끌어안고 마구 흔들었다. 그러자 태묘의 용마루까지 흔들렸다. 그는 크게 비명을 지른 뒤 숨이 끊어졌다. 제 경공은 상황이 심각한 것을 보고 깜짝 놀라 도주하려 했다. 안영이 몰래 아뢰었다.

"신료들이 주상전하를 위해 거사한 것입니다. 경씨를 죽이고 사직을 안정시키려는 것이니 다른 걱정은 마십시오!"

그제야 경공은 마음이 안정되어 제례복을 벗고 수레에 올라 내궁으로 들어갔다. 노포계를 위시한 네 집안의 갑사들은 경씨 일당을 모두 죽인 뒤

각 성씨별로 성문을 나누어 지키며 경봉을 맞아 싸울 준비를 했다. 그들은 도성의 수비를 물샐틈없이 엄밀하게 했다.

이즈음 경봉은 사냥을 끝내고 귀환 중이었다. 돌아오는 도중에 경사 휘하에서 도망쳐 나온 집안 장정을 만났다. 그는 앞으로 달려와 반란을 알렸다. 경봉은 자신의 아들이 피살되었다는 소식을 듣고 대로하여 마침내 도성의 서문을 공격하기 시작했다. 그러나 성안의 수비가 워낙 견고하여 성문을 깨뜨릴 수 없었고, 병졸들도 점점 흩어져 도망가기 시작했다. 경봉도 두려움에 젖어 결국 노魯나라로 도주했다. 제 경공은 사신을 보내 노나라가 반역자를 받아들여서는 안 된다고 설득했다. 그러자 노나라에서는 경봉을 잡아 제나라에 넘겨주려 했다. 경봉은 소문을 듣고 겁이 나서 다시 오나라로 달아났다. 오나라 왕 이매는 그에게 주방朱方(江蘇省 鎭江 丹徒區) 땅을 주어 거주하게 하고 봉록도 후하게 내려줬다. 오나라는 그를 제나라에 있을 때보다 더욱 부유하게 해준 뒤 그에게 초나라의 동정을 사찰하게 했다. 노나라 대부 자복하子服何가 그 소문을 듣고 숙손표에게 말했다.

"경봉이 오나라에서 부귀를 누린다고 하오. 아마도 하늘이 악인에게 복을 내리는 듯하오."

숙손표가 말했다.

"'선한 사람이 부귀를 누리는 건 상賞이라 하고, 악한 사람이 부귀를 누리는 건 재앙이라 하오善人富, 謂之賞. 淫人富, 謂之殃.' 곧 경씨에게 재앙이 닥칠 것인데 그걸 무슨 복이라고 할 수 있겠소?"

경봉이 도주한 뒤 고채와 난조가 제나라 정사를 맡게 되었다. 이들은 최저와 경봉의 죄상을 나라 안에 알리고 경사의 시신을 조당 앞에 내걸어 두루 구경하게 했다. 또 최저의 시신이 담긴 관을 찾았으나 찾지 못하자 현상

노포계가 경봉을 축출하다.

금을 내걸었다. 최저의 관이 묻힌 곳을 알려주는 자에게는 최씨가 소유했던 큰 벽옥璧玉을 하사하겠다고 했다. 전에 최명과 함께 최저의 관을 묻었던 어인이 그 벽옥을 탐내어 마침내 자진 출두했다. 그리하여 최씨의 조상 무덤 곁을 파서 최씨의 관을 열었다. 그 속에는 시신 두 구가 들어 있었고 제 경공은 그것을 모두 저잣거리에 내걸라고 했다. 안영이 아뢰었다.

"부관참시를 부인에게까지 적용하는 것은 예가 아닙니다."

이에 최저의 시체만 저잣거리에 내걸고 본보기를 보였다. 백성이 모여서 이를 구경했다. 오래된 시신이었지만 백성은 그 시신을 알아보며 말했다.

"이것이 진짜 최저 놈의 모습이로구나!"

대부들은 최저와 경봉의 봉토를 나누어 가졌다. 경봉의 재산은 모두 노포별의 집에 있었으나 음란한 짓을 저지른 노포별의 죄를 물어 그를 북연北燕으로 추방했고 노포계도 그의 뒤를 따라갔다. 노포별과 노포계의 재산도 모두 신료들이 나누어 가졌으나 오직 진무우만은 하나도 가져가지 않았다. 이때 경씨의 장원莊園에 목재가 100여 수레나 쌓여 있었다. 신료들은 모두 그것을 진씨에게 주자고 했지만 진무우는 모두 백성에게 나누어줬다. 이로부터 백성은 진씨의 덕을 칭송했다. 이것은 주 경왕 초년의 일이다.

이듬해 난조가 죽자 그의 아들 난시가 대부 직을 계승하여 고채高蠆와 함께 국정을 장악했다. 고채는 고후의 아들 고지高止를 싫어했다. 두 고씨가 함께 권력을 휘두르면 좋지 않다고 생각했기 때문이다. 그리하여 고채는 마침내 고지를 축출했다. 고지는 북연으로 도망쳤다. 고지의 아들 고수高竪는 노읍盧邑(山東省 平陰 북쪽)을 근거지로 반란을 일으켰다. 제 경공은 대부 여구영閭邱嬰에게 군사를 거느리고 가서 노읍을 포위하게 했다. 고수가 말했다.

"나는 반란을 일으킨 게 아니라 고씨의 제사가 끊길까 두려워서 이렇게 하는 것이다."

그러자 여구영은 고씨의 후사를 세우는 걸 허락했고, 고수는 마침내 진晉나라로 도망쳤다. 여구영이 경공에게 상황을 보고하자 경공은 고연高酀을 후사로 세워 고혜高傒의 제사를 받들게 했다. 그러자 고채가 화를 내며 말했다.

"본래 여구영을 보내 고씨를 없애려 했는데, 한 놈은 제거했지만 한 놈은 후사로 세웠다. 이전과 무엇이 달라졌는가?"

이에 여구영을 참소하여 죽였다. 제나라 공자 자산子山, 자상子商, 자주子周 등은 모두 고채의 처사에 불평불만을 터뜨리며 분분히 그를 비난했다. 고채는 분노하여 다른 일을 빌미로 그들을 모두 축출했다. 그래서 나라 안 백성이 모두 고채를 흘겨보게 되었다. 얼마 지나지 않아 고채가 죽고 그 아들 고강高疆이 대부 직을 계승했다. 고강이 나이가 어려서 경卿의 직위에 임명되지 못하자 제나라 대권은 모두 난시의 수중으로 들어가게 되었다. 이 이야기는 여기에서 잠시 접어두고자 한다.

당시에 진晉나라와 초나라가 계속 우호를 유지하자 모든 제후국이 편안한 나날을 보내게 되었다. 이 무렵 정나라에 대부 양소良霄란 사람이 있었는데, 자는 백유伯有였고 공자 거질의 손자였다. 그때 양소는 상경 직에 있으면서 정나라 국정을 장악하고 있었다. 그는 성격이 사치스럽고 술을 좋아해서 매번 술을 마실 때마다 밤을 새우는 일이 예사였다. 그는 술을 마실 때 다른 사람 만나는 걸 싫어했고, 다른 일에 대해 듣는 것도 싫어했다. 그는 땅을 파고 방을 만들어 음주 도구 및 종과 북 등 악기를 그 방 안에 비치해두고 밤이 계속 이어지는 것처럼 꾸며 끊임없이 술을 마셨다. 가신들이 조정의 일을 보고하러 와도 모두 만나주지 않았다. 어느 날 양소는 술에 취해 조정으로 들어가 정 간공에게 공손흑公孫黑을 초나라에 사신으로 보내겠다고 아뢰었다. 공손흑은 당시에 서오범徐吾犯의 누이동생을 아내로 맞이하는 일을 두고 공손초公孫楚와 다투고 있어서 먼 길을 떠나려 하지 않았다.[6] 그래서 그는 양소에게 가서 자신을 사신 직책에서 제외해달라고 요청하려 했다. 그러나 문지기가 그를 막으며 말했다.

"주인께서 이미 땅굴 방으로 들어가셔서 감히 보고할 수가 없소."

공손흑은 몹시 화가 나서 마침내 집안의 갑사들을 모두 불러일으켜 밤을 틈타 인단印段과 함께 양소의 집을 포위하고 인정사정없이 마구 불을 질렀다. 양소는 술에 취해 있다가 시종들의 부축을 받고 수레에 올라 옹량雍梁(河南省 長葛 서쪽)으로 달아났다. 양소는 술이 깬 뒤 공손흑이 자신을 공격했다는 말을 듣고 몹시 화를 냈다. 그곳에 며칠 있는 동안 가신들이 점점 모여들어 나라 안 사정을 이야기했다.

"각 집안이 동맹을 맺고 우리 양씨良氏에게 저항하고 있는데 국씨國氏와 한씨罕氏만은 그 동맹에 참여하지 않았습니다."

양소는 기뻐하며 말했다.

"그 두 집안은 나를 돕겠구나."

그는 돌아가 정나라 도성 북문을 공격했다. 공손흑은 자신의 조카 사대駟帶를 시켜 인단과 함께 용사를 이끌고 양소의 공격을 막게 했다. 양소는

6_ 동실조과同室操戈: 서오범徐吾犯의 누이동생을 아내로 맞아오기 위해 사촌 형제간인 공손초公孫楚와 공손흑公孫黑이 서로 창을 들고 싸웠다는 고사성어가 여기에서 나왔다. 형제간이나 가까운 친척 사이의 불화 혹은 암투를 비유한다.(『좌전』 소공昭公 원년)

전투에서 패하여 양을 잡는 도살장으로 쫓겨 들어갔다가 쫓아온 군사들에게 피살되었고 그의 가신들도 모두 죽임을 당했다. 공손교公孫僑는 양소가 죽었다는 소식을 듣고 즉시 옹량으로 달려가 양소의 시신을 어루만지며 통곡했다.

"형제간에 서로를 공격하다니! 하늘이여! 이 얼마나 불행한 일입니까?"[7]

공손교는 가신들의 시신을 모두 모아 양소의 시신과 함께 두성斗城(河南省 開封 祥符區 陳留鎮 남쪽 마을)에 장사 지냈다. 그러자 공손흑이 화를 내며 말했다.

"자산子產(공손교의 자)도 양소의 패거리였던가?"

그러고는 자산을 공격하려 했다. 상경 한호罕虎가 그를 제지하며 말했다.

"자산은 죽은 사람들에게 예를 베푼 것이오. 그러니 산 사람에게야 어떠하겠소? 예란 나라의 기둥이오. 예를 지키는 사람을 죽이는 건 상서롭지 못한 일이오."

이에 공손흑이 자산을 공격하지 못했다. 정 간공은 한호에게 국정을 맡겼다. 한호가 말했다.

"신은 자산보다 못합니다."

이에 자산에게 국정을 맡겼다. 이때가 주 경왕 3년이었다. 자산子產(공손교)은 정나라의 국정을 맡아서 '도시와 시골의 실정에 맞게 법도를 다르게 제정했고, 윗사람과 아랫사람이 자기 직분에 충실히 복무하게 했으며, 농토 사이의 경계선과 도랑을 분명하게 정했고, 정전제井田制에 따라 세금을 공평하게 거두었다.'[8] 그리하여 충성스럽고 검소한 사람을 숭상하고, 교만

7_ 공손초公孫楚, 공손흑公孫黑, 공손교公孫僑는 모두 사촌 형제간이다. 양소良霄는 이들의 오촌 조카다.

하고 사치스러운 자를 억눌렀다. 공손흑이 정치를 어지럽히자 그의 죄를 낱낱이 밝히고 그를 주살했다. 또 형법 조문을 새겨 넣은 큰 솥을 주조하여 백성에게 위엄을 보였고, 향교鄕校를 세워 사람들이 자기 잘못을 깨닫게 했다. 백성이 노래를 지어 그를 칭송했다.

나에게 자제가 있으니	我有子弟
자산이 예의를 가르치네	子産誨之
나에게 논밭이 있으니	我有田疇
자산이 재산을 불려주네	子産殖之
자산이 죽고 나면	子産而死
그 누가 이어갈까?	誰其嗣之

어느 날 정나라의 어떤 사람이 도성의 북문을 나가다가 눈앞이 어질어질해지는 가운데 죽은 양소의 모습이 나타나는 걸 보았다. 양소는 갑옷을 입고 창을 들고 걸어가며 말했다.

"사대와 인단이 나를 죽였으니 나도 반드시 그놈들을 죽이겠다."

그 사람은 성안으로 돌아와 다른 사람에게 그 이야기를 한 후 마침내 몸이 아파 누웠다. 나라 안에는 풀이 바람에 쓰러지듯 순식간에 양소가 나타났다는 소문이 쫙 퍼졌다. 남녀 모두 미친 듯 도망치며 마치 창을 피하는 듯한 모습을 보였다. 얼마 지나지 않아 사대가 병으로 죽었다. 또 며칠 뒤에는 인단도 죽었다. 백성은 엄청난 공포에 사로잡혀 밤이나 낮이나 안정을

8_ 이 대목의 번역은 양보쥔楊伯峻이 제시한 『춘추좌전주』 양공襄公 30년의 견해를 참고했다.

찾지 못했다. 자산子産은 정나라 군주에게 이러한 사실을 아뢰고 양소의 아들 양지良止를 대부로 임명하고 양씨의 제사를 주관하게 했다. 아울러 공자 가嘉의 아들 공손설公孫洩에게도 자신의 부친 제사를 받들게 했다. 그러자 나라 안의 유언비어가 갑자기 잦아들었다. 행인行人9 유길游吉(자는 子羽)이 자산에게 물었다.

"양지에게 양소의 제사를 주관하게 한 후 유언비어가 갑자기 잦아들었는데 이것은 무슨 까닭이오?"

자산이 대답했다.

"흉악한 자가 비명횡사하면 그 혼백이 흩어지지 않고 모두 악귀가 된다고 하오. 만약 그 혼백이 돌아갈 데가 있으면 다시는 나타나지 않게 되오. 나는 제사를 주관하는 사람을 세워 악귀가 돌아갈 곳이 있게 한 것이오."

유길이 말했다.

"만약 그렇다면 양씨의 후사만 세우면 될 일인데, 어찌하여 공손설에게도 자기 부친의 제사를 받들게 한 것이오? 이것은 자공子孔(공자 嘉)까지 악귀로 만들려는 심사가 아니오?"

자산이 말했다.

"양소는 죄가 있어서 본래 후사를 세워서는 안 되오. 그런데 악귀 때문에 후사를 세웠다면 백성이 모두 귀신 이야기에 미혹당하게 되오. 이래서는 백성을 올바르게 가르칠 수 없소. 그래서 나는 칠목七穆10의 끊어진 제

9_ 행인行人: 춘추전국시대 각국에 설치된 관직. 빈객과 사신 접대를 담당했다.

10_ 칠목七穆: 정나라 대부를 역임하며 세도를 부린 정 목공穆公의 일곱 아들. 공자 거질去疾(子良), 공자 언偃(子游), 공자 희喜(子罕), 공자 비騑(子駟), 공자 발發(子國), 공자 가嘉(子孔), 공자 서舒(子印)를 말한다. 이 가운데 양소는 공자 거질의 손자이고, 공손설公孫洩은 공자 가의 아들이다. 공자 가는 공손사지公孫舍之(공자 喜의 아들)와 공손하公孫夏(공자 騑의 아들)에게 피살당했다.

사를 이어준다는 명목으로 양소와 자공의 후사를 모두 세워준 것이오. 이는 백성의 의혹을 제거하기 위한 방법이오."

이에 유길은 탄복을 금치 못했다.

한편 주 경왕 2년, 채蔡 경공景公은 세자 반般을 위해 초나라 여인 미씨羋氏를 맞아들였다. 그러나 경공은 며느리인 미씨와 사통했다. 세자 반이 말했다.

"아버지가 아버지답지 않으니 아들도 아들답게 행동할 수 없다."

그는 사냥을 나간다고 거짓말을 한 뒤 심복 내시 몇 명과 함께 몰래 미씨의 내실에 숨어 있었다. 경공은 아들이 부재중이라 생각하고 마침내 동궁으로 들어가 미씨의 내실로 직행했다. 그러자 세자 반이 내시들을 거느리고 갑자기 달려들어 경공을 칼로 쳐서 죽였다. 그러고는 경공이 급환으로 죽었다고 제후들에게 부고를 띄우고 스스로 보위에 올랐다. 이 사람이 채 영공靈公이다. 뒷날 사관이 이 일을 다음과 같이 논평했다.

> 세자 반은 아들의 몸으로 자신의 아버지를 시해했으니 이것은 천고의 대변란이다. 그러나 경공도 며느리와 음란한 짓을 하며 스스로 패역을 불러들였으니 죄가 없다고 할 수 없다.

그러고는 시를 지어 탄식했다.

신대11의 추한 행동 청사를 더럽혔는데	新臺醜行汚青史
채 경공도 어찌하여 그 일을 답습했나	蔡景如何復蹈之
반역의 칼날 홀연히 궁궐 안에서 일어나니	逆刃忽從宮內起

채나라 세자 반은 부친 경공이 급환으로 세상을 떠났다고 제후들에게 알렸으나 시해의 흔적은 끝내 숨길 수 없었다. 본국에서부터 그 소문이 파다하게 퍼져나가니 각국 백성 중 어느 누가 그 일을 알지 못하겠는가? 그러나 당시에는 맹주인 진晉나라와 초나라가 좀 게을러져서 반역자 토벌법을 제대로 시행하지 못했다.

그해 가을 송나라 궁궐에 화재가 발생했다. 송나라 군주의 부인은 바로 노魯나라 여인 백희伯姬였다. 좌우 시녀들은 불이 번져오는 것을 보고 부인에게 불을 피하라고 아뢰었다. 그러자 백희가 말했다.

"부인의 예의는 부모傅母**12**가 안 계실 때 야간에 방을 나가서는 안 된다. 불길이 비록 급하게 번져오고 있지만 어찌 예의를 무시할 수 있겠느냐?"

부모가 당도했을 때 백희는 벌써 불에 타 죽은 뒤였다. 백성은 모두 탄식을 금치 못했다. 이때 진 평공은 송나라가 전에 제후 간의 화의和議를 주재한 공이 있음을 생각하고 또 이번에 화재를 당한 것을 가엽게 여겨 전연澶淵 땅으로 많은 제후를 불러 모아 회합을 가졌다. 그리고는 각각 재물을 출연하여 송나라를 돕게 했다. 뒷날 송나라 유학자 호안정胡安定은 이 일을 논평하면서 '부친을 죽인 채나라 세자의 죄는 토벌하지 않고 송나라의 재난 구조를 논의한 것은 일의 경중을 제대로 파악하지 못한 처사다. 진 평

11_ 신대新臺: 위衛 선공宣公이 아들 급자急子를 위해 제齊 희공僖公의 딸 선강宣姜을 며느릿감으로 맞아와서는 그 미모에 혹하여 자신의 후실로 들였다. 선강을 위해 지은 화려한 궁실이 바로 신대新臺다. 이 소설 제12회 참조.

12_ 부모傅母: 중국 고대 궁궐에서 비빈妃嬪들에게 예의범절을 가르치던 여인.

공이 패업을 이루지 못한 까닭은 바로 이것이다'라고 했다.

주周 경왕 4년, 진晉나라와 초나라는 지난번 송나라가 주재한 회맹을 더욱 돈독히 하기 위해 다시 괵 땅에서 회합을 갖기로 했다. 이때 초나라에서는 공자 위圍가 굴건에 이어 영윤이 되었다. 공자 위는 초 공왕의 서자로 나이가 가장 많았다. 그는 사람됨이 공손하지 못하고 오만하여 다른 사람의 밑에 있는 걸 부끄럽게 여겼다. 그리하여 자신의 재주만 믿고 신하 노릇을 하지 않으려는 마음을 품었다. 그는 초왕 웅균熊麇의 미약함을 업신여기며 정사도 대부분 제 마음대로 처리했다. 또 대부 위엄薳掩[13]의 충직함을 시기하여 그에게 모반죄를 뒤집어씌워 죽인 뒤 그의 집안사람과 재산까지 모두 차지했다. 또한 대부 위피薳罷,[14] 오거와 교분을 맺고 자신의 심복으로 삼았다. 그는 날마다 반역을 모의했다. 공자 위는 일찍이 교외로 사냥을 나갔다가 초왕의 깃발을 마음대로 사용하며 우읍芋邑에까지 이르렀다. 우읍의 고을 원님 신무우는 공자 위의 참람된 행동을 질책하며 깃발을 거두어 창고에 보관했다. 그러자 공자 위는 행동을 조금 조심하게 되었다. 이즈음 공자 위는 괵에서 열리는 회맹에 참석하는 길에 먼저 정나라로 가서 풍씨豐氏의 딸을 아내로 맞을 심산이었다. 출발에 앞서 그는 초왕 웅균에게 이렇게 이야기했다.

"우리 초나라는 벌써부터 왕호를 칭하고 있으므로 제후들의 윗자리에 있습니다. 이번에 신이 회맹에 갈 때 왕의 의례를 사용하게 해주십시오. 그

13_ 위엄薳掩: '薳'은 성으로 쓰일 때 발음이 '위'다.(『강희자전』)

14_ 위피薳罷: '罷'는 발음이 '피'다. 두예杜預의 『춘추경전집해』 양공 27년에는 '薳罷'의 '罷' 발음을 '音皮'라고 했다.

럼 열국들이 초나라의 존귀함을 알게 될 것입니다."

초왕 웅균이 그것을 허락했다. 공자 위는 마침내 참람되게도 군주의 의례를 사용하여 의복과 기물을 모두 제후의 패자처럼 장식했다. 그러고는 호위병 두 사람에게 창을 들려 앞길을 인도하게 했다. 그의 행차가 정나라 교외에 이르자 그곳 사람들은 초왕이 직접 행차한 것으로 생각하고 깜짝 놀라 황급히 도성에 보고를 올렸다. 정나라 군신들도 모두 크게 놀라며 밤새도록 그들을 맞으러 달려갔다. 상면하는 자리에서 보니 바로 초나라 공자 위였다. 자산은 공자 위의 그런 모습이 싫었고 또 그를 도성 안으로 들어오게 하면 다른 변고를 일으킬까 두려워 행인 유길을 시켜 허물어진 성안 관사의 수리가 아직 끝나지 않았다는 핑계를 대고 그들을 성 밖 관사로 데리고 가서 여장을 풀게 했다. 공자 위는 오거를 성안으로 들여보내 풍씨와 혼담을 진행하게 했다. 정나라 군주가 그 혼인을 허락했다. 공자 위는 혼례 절차를 진행하면서 예물을 아주 융숭하게 보냈고, 풍씨를 맞아올 무렵에는 갑자기 정나라를 습격해서 차지하려는 마음까지 품게 됐다. 그래서 그는 풍씨를 맞아온다는 명목으로 수레를 화려하게 장식하고 혼인 날짜에 맞춰 거사를 일으키고자 했다. 그러자 정나라 자산子産(公孫僑)이 말했다.

"공자 위의 심보는 예측할 수 없으니 반드시 군사들을 떼어놓은 후에 성안으로 들어오게 해야 할 것이오."

유길이 말했다.

"내가 다시 가서 설득해보도록 하겠소."

유길이 공자 위에게 가서 말했다.

"소문에는 영윤께서 군사를 많이 동원하여 신부를 맞아가신다고 하오만, 우리 도읍은 땅이 좁아서 그 많은 군사를 수용할 수가 없소. 성 밖에다 넓은 장소를 마련해드릴 터이니 그곳에서 친영親迎의 명령을 기다리도록 하시오."

공자 위가 말했다.

"정나라 군후께서 부족한 나에게 은혜를 베푸시어 풍씨와 혼례를 올리게 해주셨는데, 이제 만약 야외에서 신부를 맞이한다면 이것이 어찌 예법에 맞다고 할 수 있겠소?"

유길이 말했다.

"예법으로 말할 것 같으면 본래 군사를 성안으로 들일 수 없사온데, 하물며 혼례에 어떻게 군사를 들일 수 있겠소? 영윤께서 만약 꼭 군사를 동원하여 혼례를 장관으로 보이게 하고 싶으시면 무기를 지참하지 말도록 하시오."

오거가 공자 위에게 몰래 속삭였다.

"정나라 사람들이 낌새를 알아채고 우리를 경계하는 것 같습니다. 차라리 무기를 갖고 가지 마십시오."

그리하여 병졸들은 모두 활과 화살을 내려놓고 전대를 거꾸로 찬 채 성안으로 들어갔다. 공자 위는 관사로 풍씨를 맞아온 후 마침내 회맹 장소로 갔다.

진晉나라의 조무 및 송, 노, 제, 위, 진陳, 채, 정, 허 등 각국 대부들은 벌써 먼저 도착해 있었다. 공자 위가 사람을 시켜 진나라 진영에 알렸다.

"초나라와 진나라는 전에 회맹을 한 적이 있고 지금은 우호를 다지기 위한 회합이오. 다시 맹약문을 쓰고 반복해서 삽혈을 할 필요는 없을 것이오. 다만 전에 송나라에서 작성한 맹약문을 한 번 읽고 여러 제후에게 그 내용을 잊지 않게 하면 될 것 같소."

기오가 조무에게 말했다.

"공자 위의 말은 아마도 우리 진晉나라와 맹주를 다투려는 수작 같소. 지난번에는 초나라에 선두를 양보했지만 이번에는 우리 진나라가 초나라보다 앞서 자리를 잡아야 할 것이오. 만약 지난번 맹약문을 그대로 읽기만 한다면 초나라가 여전히 선두가 될 것이오. 조 대부의 생각은 어떠하오?"

조무가 말했다.

"공자 위는 이번 회맹에 참석하여 거처를 왕궁처럼 꾸며놓았고 그 위의威儀도 초왕과 다르지 않소. 그의 의도는 외부에 자신을 과시하는 것에 그치지 않고 장차 초나라 내부에서도 뭔가 음모를 꾸미는 것 같소. 잠시 공자 위의 말을 들어주어 그가 더욱 교만한 마음을 갖도록 하는 것이 더 좋겠소."

기오가 말했다.

"그렇기는 하나 지난번에도 굴건은 옷 속에 갑옷을 입고 회맹에 왔다가 다행히 무기를 쓰지는 않았소. 지금 공자 위는 굴건보다 더 오만한 자이니 조 원수께선 의당 준비를 철저히 해야 할 것이오."

조무가 말했다.

"지금 우리가 우호를 다지는 까닭은 군사 행동을 그치자는 약속을 하기 위함이오. 나는 신의를 지켜야 한다는 것만 알고 있을 뿐 다른 일은 모르오."

이윽고 회맹을 위한 단상에 올라가서 공자 위는 지난번 맹약문을 읽게 하고 그것을 희생으로 잡은 짐승 위에 올렸다. 조무는 예예 하고 그 뒤를 따를 뿐이었다. 회맹이 끝나자 공자 위는 서둘러 귀국했다. 대부들은 모두 공자 위가 장차 초나라 임금이 되리라고 예상했다. 사관이 이 일을 시로 읊었다.

공자公子로 일컬어지는 고귀한 사람에게 任敎貴倨稱公子
무슨 일로 의례마저 초왕 따라 하게 했나? 何事威儀效楚王
열국 모두 공자 위가 발호할 줄 알았는데 列國盡知成跋扈
초왕 웅균만 소견 좁게 집안에서 기뻐했네 郟敖燕雀尙怡堂

조무는 지난번 맹약문을 초나라에게 먼저 읽게 한 것을 끝내 부끄럽게 생각하고, 사람들이 그것을 비난할까봐 걱정이 되었다. 그래서 신의를 지키려고 그렇게 행동했다는 말을 각국 대부에게 재삼 해명하며 자신이 한 말을 거듭거듭 반복했다. 돌아오는 길에 정나라에 들렀을 때도 함께 간 노나라 대부 숙손표에게 같은 말을 반복했다. 숙손표가 말했다.

"조 상국께선 군사 행동을 그치게 하기 위한 약속을 했다고 하시는데, 그 약속이 끝까지 지켜질 수 있겠소?"

조무가 말했다.

"우리는 밥이나 빌어먹는 사람들이라 아침저녁으로 편안함만 도모할 수 있을 뿐이오. 어찌 먼 앞날까지 따져 물을 겨를이 있겠소?"

숙손표는 물러나와 정나라 대부 한호에게 말했다.

"조무는 곧 죽을 것 같소. 그의 말이 밥이나 빌어먹는다 하고 먼 계획이 없다 했소. 또 나이가 아직 쉰도 되지 않았는데 여든이나 아흔 먹은 늙은이 같은 소리만 하니 그가 오래 살 수 있겠소?"

얼마 지나지 않아 과연 조무가 죽었고, 한기가 그를 대신하여 국정을 맡았다.

한편 초나라 공자 위가 귀국하자 마침 초왕 웅균이 병으로 내궁에 누워 있었다. 공자 위는 문병하러 궁궐로 들어가서 비밀리에 아뢸 계책이 있다는 핑계를 대고 비빈과 내시를 물러가게 했다. 그러고는 관끈을 풀어 초왕 웅균의 목을 졸랐다. 초왕은 금방 숨이 끊어졌다. 초왕 웅균에겐 막幕과 평하平夏라는 두 아들이 있었다. 그들은 부왕이 변고를 당했다는 소식을 듣고 칼을 뽑아 들고 공자 위를 죽이려 달려왔지만 그의 용력에 대적하지 못하고 모두 공자 위에게 살해되었다. 초왕 웅균의 동생인 우윤 웅비熊比(자는 子干)와 궁구윤宮廏尹[15] 웅흑굉熊黑肱(자는 子晳)은 초왕 부자가 피살되었다는 소식을 듣고 화를 당할까 두려워, 웅비는 진나라로 웅흑굉은 정나라로 도망쳤다. 공자 위는 각국 제후에게 사신을 보내 말을 전하게 했다.

"우리 주상께서 세상을 떠나셔서 대부 위가 뒤를 이어야 합니다."

그러자 오거는 그 말을 바꾸어서 이렇게 말했다.

"공왕의 아들 위가 가장 연장자입니다."

이에 공자 위가 왕위를 계승하고 이름을 웅건으로 바꾸었다. 이 사람이 초 영왕靈王이다. 초왕 웅건은 위피를 영윤令尹으로, 정단鄭丹을 우윤右尹으로, 오거를 좌윤左尹으로, 투성연鬭成然을 교윤郊尹으로 임명했다. 당시 태재 백주리는 공무로 겹郟(河南省 郟縣 동남) 땅에 있었다. 초왕은 그가 복종하지 않을까 염려하여 사람을 보내 그를 죽였다. 이후 초왕 웅균을 겹 땅에 장사 지내고 겹오郟敖로 부르게 했다. 이어서 태재의 자리에는 위계강薳啓彊을 임명하고 장자 녹祿을 세자로 세웠다. 초 영왕은 자신의 뜻을 이룬 뒤 더욱 교만해져서 혼자서 중원을 제패하려는 마음을 먹었다. 그는 오거를 진晉나라에 보내 진나라 소속 제후들에게 초나라를 섬기도록 요구했으며, 자신의 아내 풍씨의 가문이 한미하여 부인의 자격이 없다고 생각하고는 진 평공에

15_ 궁구윤宮廏尹: 중국 춘추전국시대 초나라의 관직명. 대체로 궁궐의 우마牛馬를 사육하고 관리하는 고위직으로 추정된다.

게 청혼까지 했다. 진 평공은 새로 조무의 상을 당한 데다 초나라의 강력한 힘이 무서워서 감히 항거하지 못하고 그들의 청을 하나하나 모두 들어줬다.

주 경왕 6년, 초 영왕 2년 겨울 12월 정 간공과 허 도공悼公이 초나라로 갔다. 초 영왕은 그들을 잠시 머물게 하고 오거가 돌아오기를 기다렸다. 그때 오거가 초나라로 귀환하여 보고를 올렸다.

"진나라 군주가 우리의 요구 두 가지를 모두 수락했습니다."

초 영왕은 몹시 기뻐하며 제후들에게 사신을 보내 내년 봄 3월 신申 땅에서 대규모 회맹을 가질 수 있도록 약속을 정하게 했다. 그러자 정 간공이 먼저 신 땅으로 가서 제후들을 영접하겠다고 청했다. 초 영왕이 그것을 허락했다. 이듬해 봄 회맹에 참여하려는 제후들의 행렬이 끝도 없이 이어졌다. 오직 노나라와 위衛나라만 다른 일이 있다는 핑계를 대고 회합 장소에 나타나지 않았다. 송나라는 대부 상수를 대신 보냈다. 기타 채, 진陳, 서徐, 등滕, 돈頓, 호胡, 심沈, 소주小邾 등의 나라는 모두 군주가 직접 회맹에 나왔다. 초 영왕이 수많은 병거를 이끌고 신 땅에 도착하자 제후들은 모두 밖으로 나와 상견례를 했다.

우윤 오거가 앞으로 나서며 말했다.

"신이 듣건대 패업을 도모하려는 사람은 먼저 제후들의 마음을 얻어야 하고, 제후들의 마음을 얻으려면 먼저 신중하게 예법을 행해야 한다고 합니다. 지금 대왕마마께선 처음으로 진晉나라에게 소속 제후를 양보하라고 요청하고 계십니다. 송나라 상수나 정나라 공손교는 모두 대부들 중에서도 어진 사람들이고 예법에 밝다고 일컬어지고 있사오니 신중하게 예법을 행하지 않을 수 없습니다."

초 영왕이 말했다.

"옛날에 제후들과 회맹을 갖는 예법은 어떠했는가?"

오거가 말했다.

"하夏나라 임금 계啓는 균대鈞臺에서 제후들에게 향연을 베풀었고, 상商나라 탕왕은 경박景亳에서 제후들에게 명령을 내렸고, 주나라 무왕武王은 맹진孟津에서 제후들과 맹세했고, 주나라 성왕成王은 기양岐陽에서 제후들을 크게 소집했고, 주나라 강왕康王은 풍궁酆宮에서 제후들의 조례를 받았고, 제 환공은 소릉召陵에서 제후들에게 군사의 위엄을 보였고, 진晉 문공은 천토에서 제후들과 맹약을 맺었습니다. 이들 여섯 왕과 두 패자가 제후들을 모을 수 있었던 까닭은 모두 예법을 따랐기 때문입니다. 주상께서는 이 가운데 하나를 선택하십시오."

영왕이 말했다.

"과인은 제후의 패자가 되려는 것이니 마땅히 제 환공이 소릉에서 행했던 예를 따르고 싶소. 그러나 그 예법이 어떤지는 모르겠소."

오거가 대답했다.

"대저 여섯 왕과 두 패자의 예법은 신도 그 명칭만 들었을 뿐 아직 익히지는 못했습니다. 신이 들은 바에 의하면 제 환공은 우리 초나라를 정벌하면서 소릉으로 군사를 후퇴시켰고, 우리 초나라의 대부 굴완屈完이 제나라 진영으로 갔다고 합니다. 그때 환공은 여덟 나라의 병거를 크게 벌여놓고 많고도 강한 군사의 모습을 굴완에게 과시한 후 제후들을 모아 굴완과 회맹을 하게 했다고 합니다. 지금 제후들도 우리 초나라에 처음 복종하고 있는 터라 대왕마마께선 많고도 강한 군사력을 과시하여 제후들을 두렵게 하십시오. 그런 후 복종하는 제후를 불러 모으고 두마음을 먹은 제후를 토벌한다면 감히 따르지 않는 나라가 없을 것입니다."

영왕이 말했다.

"과인은 제후들에게 군사를 쓰고 싶소. 제 환공이 우리 초나라를 정벌한 일을 본받고 싶은데 그럼 어느 나라를 먼저 쳐야 하오?"

오거가 대답했다.

"제나라 경봉은 자신의 임금을 시해하고 오吳나라로 도주했습니다. 그런데도 오나라에서는 그의 죄를 묻지도 않고 더욱 총애하며 그를 주방 땅에 거주하게 했습니다. 경봉이 가족들과 모여서 옛날보다 더 부유하게 살고 있다는 소식을 듣고 제나라 사람들은 모두 분노와 원망을 품고 있다고 합니다. 또 오나라는 우리 원수입니다. 만약 군사를 동원하여 오나라를 정벌하면서 경봉을 주살하겠다는 명분을 내세우면 그야말로 일거양득의 결과를 낼 수 있을 것입니다."

초 영왕이 말했다.

"좋은 계책이오."

이에 병거를 성대하게 벌여놓고 제후들을 위협한 후 신 땅에서 회맹을 가졌다.

서나라 군주의 어머니는 오나라 여인 오희吳姬였다. 영왕은 그가 오나라에 복종하고 있다고 의심하며 사흘 동안 묶어두었다. 그러자 서나라 군주는 오나라 정벌의 길잡이가 되겠다고 자원한 뒤 풀려났다. 영왕은 대부 굴신屈申을 시켜 제후들의 군사를 인솔하고 오나라를 정벌하게 했다. 그러고는 주방을 포위하여 경봉을 사로잡은 뒤 그 일족을 모두 죽였다. 굴신은 오나라 군사의 방비가 튼튼하다는 소식을 듣고 마침내 회군하여 경봉을 영왕에게 바쳤다. 영왕은 경봉을 죽이려고 제후들을 불러 구경시켰다. 오

초 영왕이 제후들과 크게 회맹을 하다.

거가 간언을 올렸다.

"신이 듣건대 '자신에게 흠이 없는 사람이라야 다른 사람을 죽일 수 있다無瑕者可以戮人'고 합니다. 만약 경봉을 죽이는 과정에서 그자가 말을 뒤집어 주상전하를 헐뜯을까 두렵습니다."

그러나 영왕은 그 말을 듣지 않고 경봉의 등에 부월斧鉞(도끼)을 짊어지운 채 군사들 앞에 묶어 세웠다. 그러고는 칼날을 그의 목에 대고 이와 같이 죄를 인정하라고 했다.

"각국 대부는 들으시오. 혹시라도 나 제나라 경봉처럼 자기 임금을 죽이고 그 아들을 약하게 만들어 대부들과 불의한 맹약을 맺지 마시오."

그 말을 듣고 경봉은 마침내 큰 소리로 부르짖었다.

"각국 대부는 들으시오. 혹시라도 초나라 공왕의 서자 위처럼 자기 형님의 아들 웅균을 죽이고 왕위를 차지한 뒤 제후들과 맹약을 맺지 마시오."

그것을 구경하던 사람들은 모두 입을 가리고 웃었다. 초 영왕은 몹시 부끄러워 바로 경봉을 죽였다. 호증 선생이 영사시를 지어 이 일을 읊었다.

난신적자가 난신적자를 주살하려 했으니	亂賊還將亂賊誅
비록 세력은 꺾였지만 마음속으로 승복할까?	雖然勢屈肯心輸
초 영왕은 헛되이 천벌로 과장했지만	楚虔空自誇天討
하징서16 죽인 장왕에도 미치지 못했구나	不及莊王戮夏舒

초 영왕은 신 땅에서 초나라로 귀환했다. 그는 굴신이 오나라로 깊이 들

16_ 하징서夏徵舒: 진陳나라 사마司馬. 자신의 어머니 하희夏姬와 사통한 진陳 영공靈公을 시해했다가 초 장왕에게 사로잡혀 죽었다. 이 소설 제53회 참조.

어가지 않고 주방 땅에서 군사를 돌이킨 연유를 이상하게 생각하고 그가 두마음을 품고 오나라와 가까이 지낸다고 의심했다. 그래서 영왕은 굴신을 죽이고 그 대신 굴생屈生을 대부로 삼았다. 그러고는 위피를 진晉나라로 보내 부인 희씨를 맞아오게 했다. 그 후 마침내 위피를 영윤으로 삼았다.

이해 겨울 오왕 이매는 군사를 거느리고 초나라를 쳤다. 극棘, 역櫟, 마麻 땅으로 침입하여 앞서 주방 땅을 친 초나라에 복수했다. 초 영왕은 진노하여 다시 제후들의 군사를 불러일으켜 오나라를 쳤다. 이때 월越나라 군주 윤상도 오나라의 계속된 침략에 울분을 품고 대부 상수과常壽過에게 군사를 거느리고 가서 초나라와 연합하게 했다. 초나라 장수 위계강은 선봉장이 되어 수군을 이끌고 먼저 작안鵲岸에 이르렀으나 오나라 군사에게 패배했다. 이에 초 영왕은 친히 대군을 인솔하여 나예羅汭에 이르렀다. 오왕 이매는 자신의 친척 동생 궐유蹶繇를 보내 음식을 장만하여 초나라 군사를 위로하게 했다. 영왕은 화가 나서 그를 잡아 죽인 뒤 그의 피를 북에 바르려고 했다. 그에 앞서 사자를 보내 궐유에게 물었다.

"네놈이 여기 올 때 길한지 흉한지 점을 쳐보았느냐?"

궐유가 대답했다.

"점괘가 매우 길하게 나왔소."

사자가 말했다.

"우리 대왕께서 네놈의 피를 뽑아 우리 진영의 북에 바르려고 하는데 무엇이 길하단 말이냐?"

궐유가 대답했다.

"내가 오나라에서 점친 것은 사직의 일이지 어찌 나 한 사람의 길흉이겠소? 우리 주상께서 나를 보내 초나라 군사를 위로하게 한 것은 그대들 임금의 분노가 어떤지 살펴 우리 오나라 수비의 완급을 조절하기 위한 것이었소. 만약 그대들의 임금이 기뻐하며 사신을 잘 영접한다면 우리 오나라는 경비를 소홀히 하게 되어 금방 망국으로 치달려갈 것이오. 그런데 만약 사신의 피를 북에 칠한다면 우리 오나라에서는 그대들 임금이 진노한 것을 알고 군사를 일으켜 철저한 방비에 나설 것이고 그럼 초나라를 넉넉하게 막아낼 수 있을 것이오. 어느 것이 더 길한 일이오?"

초 영왕이 말했다.

"이 사람은 현명한 선비로구나!"

그는 궐유를 석방하여 돌아가게 했다. 초나라 군사가 오나라 경계에 이르자 오나라는 매우 튼튼하게 수비했다. 초나라 군사는 공격할 수가 없어 결국 귀환했다. 초 영왕이 탄식하며 말했다.

"지난번에 굴신을 잘못 죽였구나."

초 영왕은 귀환한 뒤 오나라 정벌에서 아무 전공도 세우지 못했음을 부끄럽게 여기고 거대한 토목공사를 일으켜 문물과 제도로 제후들에게 힘을 과시하고자 했다. 그때 장화궁章華宮이란 궁궐을 지었는데 남북의 길이가 무려 40리나 되었다. 그 가운데에 높은 누대를 만들어 사방을 조망할 수 있게 했다. 그 누대의 높이는 30인仞[17]이 되었고, 그것을 장화대章華臺 혹은 삼휴대三休臺라 불렀다. 그 누대의 높이가 매우 높아서 올라갈 때 반드시 세 번은 쉬어야 정상에 이를 수 있었기 때문에 그런 이름이 붙었다. 그 가운데 궁실과 정자도 지극히 웅장하고 화려하게 장식했고 장화궁을 빙 둘러 백성의 거주지를 마련했다. 또한 죄를 짓고 도망간 자를 모두 귀국하게

17_ 인仞: 1인은 8척이므로 30인은 240척이다.

하여 궁궐 건축 인력으로 충당했다. 궁궐을 완성하고 나서 사방의 제후들에게 사신을 파견하여 낙성식에 참여해달라고 요청했다. 몇 명의 제후가 올지는 다음 회를 보시라.

제68회

사기궁의 음악 소리

사기궁 낙성을 축하하며 사광은 새로운 노래를 알아듣고
집안의 재산을 털어서 진씨는 제나라를 사다
賀虒祁師曠辨新聲, 散家財陳氏買齊國.

초나라 영왕은 한 가지 기괴한 면이 있었는데, 그것은 바로 허리가 가는 사람을 편애하는 것이었다. 영왕은 남녀를 불문하고 허리가 굵은 사람을 보면 마치 눈 속의 가시처럼 여겼다. 장화궁을 완공하고 나서도 허리가 가는 미녀를 선발하여 거주하게 해서 장화궁을 세요궁細腰宮이라 부르기도 했다. 궁녀와 나인들도 왕에게 잘 보이기 위해 음식을 줄이고 배고픔을 참으며 허리를 가늘게 만들고자 노력했다. 심지어는 굶어 죽어도 후회하지 않는 사람까지 생겨났다. 백성도 모두 그 풍조에 동화되어 허리가 굵은 사람을 추하게 여기며 감히 배불리 먹으려 하지 않았다. 백관들이 입조入朝할 때도 모두 부드러운 허리띠로 자신의 허리를 단단히 동여매서 영왕의 미움을 피하고자 했다. 영왕은 세요궁을 떠나지 않고 밤낮으로 음주를 즐기며 음악 소리가 끊어지지 않게 했다.

어느 날 장화대章華臺에 올라 풍악을 울리며 연회를 즐기고 있는데 갑자기 장화대 아래에서 시끄러운 소리가 들려왔다. 잠시 후 반자신潘子臣이 어떤 벼슬아치를 잡아 영왕 앞에 데리고 왔다. 영왕이 내려다보니 바로 우芋 땅의 고을원 신무우申無宇였다. 영왕이 놀라 까닭을 묻자 반자신이 아뢰었다.

"신무우가 왕명도 없이 왕궁으로 쳐들어와 궁궐을 지키는 병졸을 마음대로 잡아가려 했습니다. 이는 매우 무례한 처사이고 그 책임이 신에게 있으니 그를 잡아 대왕마마를 뵈러 온 것입니다. 대왕마마께서 자세히 살펴 처분해주십시오."

영왕이 신무우에게 물었다.

"경이 잡아가려 한 자가 누구요?"

신무우가 대답했다.

"신의 고을 문지기입니다. 그자에게 문을 지키는 일을 시켰는데 감히 담장을 넘어와 신의 주기酒器를 훔치다가 발각되어 도주했습니다. 한 해 넘게 찾았으나 찾을 수 없었습니다. 그런데 오늘 보니 왕궁으로 숨어들어와 수비병이 되어 있었습니다. 그래서 신이 그자를 잡아가려 한 것입니다."

영왕이 말했다.

"이미 과인을 위해 왕궁을 지키고 있으니 용서해주도록 하시오."

신무우가 대답했다.

"하늘에 뜨는 태양에도 십간十干[1]의 순서가 있고, 사람에게도 열 개의 등급이 있습니다. 즉 왕에서부터 공公, 경卿, 대부大夫, 사士, 조皂, 여輿, 요

1_ 십간十干: 갑甲, 을乙, 병丙, 정丁, 무戊, 기己, 경庚, 신申, 임壬, 계癸로 표시되는 열 개의 천간天干. 날짜의 순서를 나타낸다.

僚, 복僕, 대臺로 등급이 나뉘어 있어 아래로 내려가면서 윗사람의 신하로 복종하게 되어 있습니다. 윗사람은 아랫사람을 제어하고 아랫사람은 윗사람을 섬기며 위와 아래가 서로 연결되어 나라가 어지럽지 않은 것입니다. 그런데 신이 거느리고 있는 문지기에게 신이 법을 집행할 수 없다면 그자는 왕궁의 권위를 빌려 자신을 비호할 것입니다. 만약 이런 사사로운 비호를 믿고 도적이 횡행한다면 누가 그것을 막을 수 있겠습니까? 신은 차라리 죽으면 죽었지 감히 대왕마마의 명령을 받들 수 없습니다."

영왕이 말했다.

"경의 말이 옳소!"

그리하여 마침내 문지기를 잡아 신무우에게 넘겨주고 왕궁 수비병을 마음대로 잡아가려 한 죄를 용서해주었다. 신무우는 왕의 은혜에 감사를 표하고 물러나왔다.

며칠 후 대부 위계강이 노魯나라 소공昭公을 초청하여 초나라로 데리고 왔다. 초 영왕은 매우 기뻐했다. 위계강이 아뢰었다.

"노후魯侯는 애초에 이곳으로 오려 하지 않았습니다. 그래서 신은 노나라 선군 성공과 우리 초나라 전 대부 영제嬰齊가 촉蜀(山東省 泰安 서쪽) 땅에서 회맹한 일을 여러 번 이야기하면서 말을 듣지 않으면 우리 초나라가 노나라를 정벌할 것이라고 위협했습니다. 그제야 비로소 노후가 겁을 먹고 행장을 꾸렸습니다. 노후는 예의범절에 익숙하기 때문에 대왕마마께선 이 점에 유념하시어 노나라 사람들에게 웃음거리가 되지 않도록 하십시오."

영왕이 물었다.

"노나라 군주의 모습은 어떠한가?"

위계강이 대답했다.

"얼굴은 희고 키는 크며 수염 또한 한 자 이상 기르고 있어서 그 풍채가 참으로 대단합니다."

이에 영왕은 비밀리에 명령을 내려 나라 안에서 키가 크고 수염이 길며 풍채가 좋은 거한 열 명을 정선하게 했다. 그러고 나서 그들에게 의관을 단정하게 입히고 사흘 동안 예법을 익히게 한 뒤 손님 접대의 임무를 맡기고 노나라 소공을 접견하게 했다. 노 소공은 그들을 보자마자 속으로 놀라움을 금치 못했다. 마침내 노 소공은 그들과 함께 장화궁으로 놀러 갔다. 그는 그곳의 웅장하고 화려한 경관을 보고 끊임없이 찬사를 늘어놓았다. 그러자 영왕이 말했다.

"귀국에도 이처럼 아름다운 궁궐이 있소?"

노 소공은 허리를 굽히며 대답했다.

"우리 나라는 아주 작은 나라인데 어찌 감히 귀국의 만분의 일이라도 따라갈 수 있겠소?"

영왕은 교만한 얼굴로 장화대에 오르며 이렇게 높은 누대를 어디서 볼 수 있겠느냐는 태도를 보였다. 이를 증명한 시가 있다.

높은 누대 절반은 구름에 솟아	高臺半出雲
우러러 쳐다봐도 끝이 없어라	望望高不極
굽어보니 초목 크기도 구별 안 되고	草木無參差
산과 강도 한 색깔로 어울려 있네	山河同一色

장화대는 높다란 건물 위로 계단이 구불구불 이어져 있고 층층 누각이 하늘로 우뚝 치솟아 있었다. 또 매 층마다 밝은 회랑과 둥그런 난간이 설

치되어 있고, 그곳에 스무 살 안쪽의 아름다운 초나라 소년들을 뽑아 마치 여인들처럼 곱고 화려하게 장식하여 세워두었다. 그들은 예쁜 조각을 새긴 쟁반과 옥으로 만든 술잔을 받쳐 들고 초나라 영도의 노래를 부르며 은근하게 술을 권했다. 그 뒤에서는 금석사죽金石絲竹2의 악기 소리가 왁자하게 울려 퍼졌다. 꼭대기에 당도하자 음악 소리가 더욱 맑아져서 마치 하늘나라에 오른 듯했다. 술잔이 서로 교차하고 향기가 서로 어울리는 가운데 표연히 신선 세계로 들어선 것 같아서, 정신이 황홀하고 혼백이 아득해지며 이곳이 인간 세계라는 것도 잊을 정도였다. 만취하여 작별할 때 초 영왕은 노 소공에게 '대굴大屈'이라는 활을 선물했다. '대굴'이란 좋은 활의 이름으로 초나라 왕실 창고에 대대로 보관해온 보궁寶弓이었다.

다음 날 초 영왕은 이 활이 아까워 활을 준 것을 후회했다. 그래서 위계강에게 자신의 마음을 이야기했다. 위계강이 말했다.

"신이 노나라 군주에게 말해 그 활을 다시 우리 초나라에 돌려주도록 하겠습니다."

위계강은 공관으로 가서 노 소공을 뵙고 아무것도 모른 체하며 이렇게 물었다.

"우리 주상께서 지난밤 연회 때 무슨 선물이라도 주셨습니까?"

노 소공이 활을 꺼내 보여줬다. 계강이 그 활을 보고 즉시 재배를 올리며 축하 인사를 했다. 그러자 노 소공이 말했다.

"활을 하나 받았을 뿐인데 무슨 축하 인사까지 하는 것이오?"

계강이 말했다.

2_ 금석사죽金石絲竹: 금金은 편종編鐘처럼 쇠로 만든 악기, 석石은 편경編磬처럼 돌로 만든 악기, 사絲는 금琴이나 슬瑟처럼 실로 만든 악기, 죽竹은 적笛이나 소簫처럼 대나무로 만든 악기다.

"이것은 천하에 널리 이름이 알려진 보궁입니다. 제齊, 진晉, 월越 세 나라에서 모두 사람을 보내 이 활을 달라고 했으나 우리 주상께서는 나라 사이의 친하고 소원한 관계를 드러낼까 걱정하며 함부로 허락하지 않았습니다. 그런데 지금 그것을 군후께 전했습니다. 장차 저 세 나라는 노나라에게 이 활을 달라고 할 것이니, 노나라는 세 이웃 나라를 잘 방비하면서 이 보배를 조심스럽게 지키십시오. 이것이 어찌 축하할 일이 아닙니까?"

그러자 노 소공은 불안한 모습으로 말했다.

"과인은 이 활이 보배라는 것도 몰랐소. 만약 그와 같다면 내가 어찌 이 활을 받을 수 있겠소?"

소공은 사람을 시켜 그 활을 초나라에 돌려준 뒤 마침내 작별 인사를 하고 귀국했다. 오거는 그 소식을 듣고 탄식하며 말했다.

"우리 임금은 끝이 좋지 않겠구나. 장화궁 낙성식에 제후들을 불렀으나 제후들은 대부분 오지 않았고 오직 노나라 군주만 수모를 당하면서 초나라에 왔다. 그런데 활 하나도 차마 선물하지 못하고 신의를 잃고 말았다. 대저 자신의 것을 버리지 못하는 자는 틀림없이 다른 사람의 물건을 빼앗는다. 다른 사람의 물건을 빼앗으면 반드시 많은 사람과 원한을 맺게 된다. 우리 임금이 죽을 날이 조만간에 닥치겠구나!"

이것이 주 경왕 10년의 일이었다.

이즈음 진晉 평공은 초나라에서 장화궁을 크게 짓고 제후들을 불렀다는 소식을 듣고 대부들에게 말했다.

"초나라는 오랑캐 나라인데도 아름다운 궁궐을 지어 제후들에게 자랑하고 있소. 어찌 우리 진晉나라가 그보다 못할 수 있겠소?"

대부 양설힐이 앞으로 나서며 말했다.

"패자가 제후들을 복종시키는 방법은 덕을 베푸는 것이지 궁궐을 짓는 것이 아닙니다. 초나라에서 장화궁을 지은 것은 그들이 덕을 잃었기 때문입니다. 주상께선 어찌하여 그것을 본받으려 하십니까?"

그러나 평공은 듣지 않고 곡옥 분수汾水(山西省 汾河) 가에다 새로 궁궐을 지었다. 장화궁의 설계를 대략 모방했으나 크기는 미치지 못했고 정밀한 장식은 장화궁을 능가했다. 그 궁궐의 이름을 사기궁虒祁宮이라 했고, 완공한 뒤 역시 사신을 보내 제후들에게 널리 알렸다. 염옹이 시를 지어 탄식했다.

장화궁엔 원망 쌓여 만백성의 수심 깊은데	章華築怨萬民愁
무도하게 그것 본받아 사기궁을 지었다	不道虒祁復效尤
우습다 패주가 원대한 계획도 없이	堪笑伯君無遠計
토목공사를 크게 벌여 제후들을 불렀다	卻將土木召諸侯

여러 나라에선 사기궁 낙성식에 참석하라는 명을 받고 진 평공이 벌인 일을 몰래 비웃지 않는 사람이 없었지만 그래도 사신을 보내 축하하지 않을 수 없었다. 다만 정 간공은 전에 초 영왕이 소집한 회맹에만 참석하고 진나라에는 아직 입조한 적이 없었고, 위衛 영공 원元도 새로 즉위한 뒤 아직 진후晉侯와 만난 적이 없었기 때문에 두 나라 군주만 직접 진나라로 갔다. 두 나라 군주 가운데 위 영공이 먼저 도착했다.

위 영공은 복수濮水 가에 당도하여 날이 저물자 역사驛舍에 묵었다. 한밤중에도 잠이 오지 않아 뒤척이는 가운데 귓전에 금을 연주하는 소리가 얼핏 들려왔다. 위 영공은 옷을 걸치고 일어나 앉아 침상에 기대 귀를 기울였다. 그 소리는 매우 희미했지만 맑게 울리며 분명하게 귓전으로 파고들었다. 여태까지 악공들이 연주한 적이 없는 완전히 새로운 음악이었다. 좌우 시종들에게 물었지만 하나같이 이렇게 말했다.

"들리지 않습니다."

위 영공은 평소에 음악을 좋아하여 연涓이라는 태사를 데리고 다녔다. 그는 새로운 음악도 잘 지었고 사시四時의 곡조도 지을 줄 알았다. 위 영공은 그를 총애하여 출입할 때도 늘 수행하게 했다. 영공은 좌우 시종을 시켜 사연師涓을 불러오게 했다. 사연이 도착했을 때도 그 음악은 아직 끝나지 않았다. 영공이 말했다.

"잘 들어보시오. 음악 소리가 흡사 귀신이 연주하는 듯하오."

사연은 조용히 앉아 가늘고 미묘하게 들려오는 음악 소리를 들었다. 오랜 시간이 지나서야 음악 소리가 그쳤다. 사연이 말했다.

"신이 이 음악을 대략 알겠습니다. 하룻밤을 더 묵으면 악보까지 베낄 수 있을 것입니다."

그리하여 하룻밤이 지났다. 한밤중에 금 연주 소리가 다시 들려왔다. 사연은 금을 당겨 곡조를 연습하여 미묘한 소리를 모두 체득했다.

이윽고 진나라에 도착하여 축하의 의례를 마치자 진 평공은 사기궁에서 잔치를 베풀었다. 술자리가 무르익자 평공이 말했다.

"평소에 소문을 들으니 위나라의 사연이라는 악사가 새로운 음악을 잘 만든다던데 오늘 함께 데리고 왔소?"

영공이 일어나면서 대답했다.

"누대 아래에 있소."

평공이 말했다.

“과인을 위해 좀 불러주시오.”

영공이 사연을 누대 위로 오르게 했다. 평공도 진나라 태사 사광師曠을 불렀다. 맹인 악사인 사광은 부축을 받으며 나왔다. 두 악사는 계단 아래에서 머리를 조아리고 진 평공을 배알했다. 평공은 사광에게 자리를 내주고 사연에게도 사광의 옆자리에 앉게 했다. 평공이 사연에게 물었다.

“근래에 새로 만든 곡조가 있소?”

사연이 아뢰었다.

“마침 이곳으로 오는 도중에 새로 들은 곡조가 있습니다. 금을 주시면 연주해보도록 하겠습니다.”

평공이 시종들에게 명령을 내려 궤几를 설치하고 늙은 오동나무로 만든 금을 가져와 사연 앞에 놓게 했다. 사연은 먼저 일곱 줄로 된 현을 조율한 뒤 손가락으로 튕기며 연주를 시작했다. 겨우 몇 번을 튕겼는데도 진 평공은 벌써 칭찬을 그치지 않았다. 그 곡조의 연주가 반도 되지 않았을 때 사광이 갑자기 손으로 금을 누르며 말했다.

“멈추시오. 이건 망국지음亡國之音이오. 연주해서는 안 되오!”

평공이 말했다.

“그것을 어떻게 아시오?”

사광이 아뢰었다.

“은나라 말엽에 사연師延이란 악사가 있었습니다. 그는 주왕紂王에게 퇴폐풍의 음악만을 지어주었는데 주왕이 그것을 듣고 싫증을 느끼지 못할 정도로 심취했습니다. 지금 연주하는 음악이 바로 그것입니다. 그러다가 주周 무왕이 은 주왕을 정벌하자 사연은 금을 안고 동쪽으로 도망가서 복수 속으로 뛰어들었습니다. 그 후 음악을 좋아하는 사람이 그곳을 지나면 강물 속에서 문득 그 음악 소리가 들려온다고 합니다. 사연은 틀림없이 복수 가에서 그 음악 소리를 들었을 것입니다."

위衛 영공은 마음속으로 놀라움을 금치 못했다. 진晉 평공이 또 물었다.

"이것은 지난 시대의 음악인데 한 번 연주한다고 무슨 해가 될 것이 있겠소?"

사광이 말했다.

"주왕은 음란한 음악 때문에 나라까지 망하게 했습니다. 이것은 불길한 음악이므로 연주해서는 안 됩니다."

평공이 말했다.

"과인이 좋아하는 것은 새로운 음악이오. 태사께서는 과인을 위해 연주를 끝마쳐주시오."

사연은 다시 금琴을 가다듬었다. 억눌렀다 풀었다 하는 온갖 음악 소리가 마치 호소하는 듯 흐느끼는 듯했다.

진 평공은 몹시 기뻐하며 사광에게 물었다.

"이것은 무슨 곡조에 속하는가?"

사광이 말했다.

"이것은 이른바 「청상淸商」 조調입니다."

평공이 말했다.

"「청상」 조가 본래 가장 슬픈 음악이오?"

사광이 말했다.

"「청상」 조가 슬프기는 하지만 「청치淸徵」[3] 조에는 미치지 못합니다."

평공이 말했다.

"그럼 「청치」 조도 들어볼 수 있겠소?"

사광이 말했다.

"불가합니다. 옛날에 「청치」 조를 들은 사람은 모두 덕과 의를 갖춘 임금이었습니다. 지금 주상께선 덕이 부족하여 이 곡조를 들어서는 안 됩니다."

평공이 말했다.

"과인은 새로운 음악을 몹시 좋아하오. 경은 부디 사양하지 마시오."

사광은 어쩔 수 없이 금을 당겨 「청치」 조를 연주하기 시작했다. 한 번 연주하자 검은 학玄鶴 한 무리가 남쪽에서 날아와 궁궐 문의 기둥 위에 모여들었다. 세어보니 모두 여덟 쌍이었다. 두 번 연주하자 그 학들이 하늘로 날아올라 울다가 누대의 계단 아래로 다시 내려와 차례대로 늘어섰다. 좌우로 각각 여덟 마리씩이었다. 세 번 연주하자 학들이 고개를 길게 빼고 울며 날개를 펼치고 춤을 추었다. 학의 울음에서 울려 퍼지는 궁상宮商의 음조는 하늘에까지 닿을 정도였다. 평공은 손뼉을 치며 매우 즐거워했고 자리를 가득 메운 사람들도 모두 기쁨을 감추지 못했다. 누대 위와 누대 아래의 구경꾼들도 모두 펄쩍펄쩍 뛰며 신기해하지 않는 사람이 없었다. 평공은 백옥 술잔을 가져오라고 명을 내리고 그 술잔에 좋은 술을 한 잔 가득 따라 친히 사광에게 하사했다. 사광은 술잔을 받아 모두 마셨다. 평공이 감탄하며 말했다.

"음악이 「청치」 조에 이르면 더 보탤 것이 없겠구려!"

사광이 말했다.

"「청치」 조는 「청각淸角」 조보다 못합니다."

3_ 청치淸徵: 음률을 읽을 때 '徵'의 발음은 '징'이 아니라 '치'다. 따라서 오음五音도 궁宮, 상商, 각角, 치徵, 우羽로 읽는다.

진 평공이 깜짝 놀라며 말했다.

"여기에 또 「청치」 조보다 더 뛰어난 음악이 있단 말이오? 그럼 어찌하여 과인에게 모두 들려주지 않는 것이오?"

사광이 말했다.

"「청각」 조는 「청치」 조에 비할 수 없을 정도로 훌륭한 음악이지만 신은 감히 연주할 수 없습니다. 옛날 황제黃帝가 태산에서 귀신을 모을 때, 코끼리 수레를 타고 교룡을 몰았으며 필방畢方[4]도 수레 굴대 옆에서 함께 날게 했습니다. 그리고 치우蚩尤는 앞에서 길을 인도하고, 풍백風伯은 먼지를 쓸어내고, 우사雨師는 길에 물을 뿌리고, 범과 이리는 앞에서 치달리고, 귀신은 수레 뒤를 따르고, 등사螣蛇[5]는 땅에 엎드리고, 봉황은 수레 위를 덮었습니다. 당시 크게 귀신을 모은 뒤 「청각」을 지은 것입니다. 이후로 군주의 덕이 나날이 박약해져서 귀신을 복종시킬 수 없게 된지라 귀신과 인간이 서로 단절된 것입니다. 만약 이 음악을 연주하면 귀신이 모두 모여들게 될 것이오니 재앙만 있을 뿐 아무 복도 받을 수 없습니다."

평공이 말했다.

"과인은 이미 늙었소. 진실로 「청각」 음악을 한 번만 들을 수 있다면 죽어도 여한이 없겠소."

사광이 굳게 사양하자 평공은 몸을 일으켜 여러 번 재촉했다. 사광은 어쩔 수 없이 다시 금을 당겨 연주를 시작했다. 한 번 연주하자 검은 구름

4_ 필방畢方: 중국 고대 전설에 나오는 불의 신. 모습은 학과 같으나 두 날개에 다리가 하나뿐이며 몸은 파란색에 붉은 반점이 있고 부리는 흰색이라고 한다. 곡식을 먹지 않고 화염을 먹고 살며 필방이 나타나는 곳에는 큰 화재가 발생한다고 한다.

5_ 등사螣蛇: 등사騰蛇라고도 쓴다. 중국 전설에 나오는 일종의 신수神獸로 발이나 날개 없이 하늘을 날 수 있는 신령스러운 뱀이다. 운무를 일으켜 그 속에서 놀 수 있다고 한다.

사광이 사기궁에서 새 음악을 연주하다.

이 서쪽에서 일어났다. 두 번 연주하자 광풍이 몰아치고 소나기가 내려 주렴을 찢고, 음식 그릇을 깨뜨렸다. 또 기와가 어지럽게 날았고 회랑의 기둥도 모두 뽑힐 정도로 심하게 흔들렸다. 잠시 후 뇌성벽력이 한 번 울리더니 마치 쏟아붓듯 큰 비가 내렸다. 누대 아래에는 여러 자 깊이로 물이 들어찼고, 누대 안에도 온몸이 흠뻑 젖지 않은 사람이 없었다. 시종들은 모두 경악하며 도망쳤고 진 평공도 두려움에 떨며 위 영공과 회랑 옆 방 안에 엎드려 있었다. 오랜 시간이 지난 뒤 바람이 멎고 비가 그쳤다. 시종들이 조금씩 모여들어 두 임금을 부축하여 누대 아래로 내려갔다.

이날 밤 평공은 매우 놀란 나머지 결국 심장이 두근거리는 병을 얻게 되었다. 꿈속에서 평공은 괴물 한 마리를 보았다. 색깔은 누런색이었고 크기는 수레바퀴만 했으며 비틀비틀 기어와서 곧바로 평공의 침전으로 돌입했다. 자세히 살펴보니 그 모습은 자라와 같았는데 앞에 두 발이 달렸고 뒤에 한 발이 달렸으며 기어가는 곳마다 물이 솟아올랐다. 평공은 크게 외마디 비명을 질렀다.

"괴이한지고!"

그러다가 문득 꿈에서 깨어난 뒤에도 펄떡거리는 가슴을 진정시킬 수 없었다. 아침이 되자 백관들이 모두 침전으로 문안 인사를 왔다. 진 평공은 꿈속에서 본 일을 신료들에게 이야기했다. 그러나 아무도 해몽하지 못했다. 잠시 후 역졸이 보고를 올렸다.

"정나라 군주가 사기궁 낙성을 축하하기 위해 벌써 역관에 당도했습니다."

평공은 양설힐을 보내 위로의 인사를 하게 했다. 양설힐이 기뻐하며 말했다.

"주상전하의 꿈을 해몽할 수 있게 되었습니다."

신료들이 그 까닭을 물었다. 양설힐이 대답했다.

"내 소문을 들으니 정나라 대부 자산子産(공손교)이 박학다식하다고 하오. 정나라 군주는 예법에 도움을 받고자 틀림없이 그 사람을 데리고 왔을 것이오. 내 마땅히 그에게 물어봐야겠소."

양설힐은 역관에 음식을 가져다주고 진나라 군주가 환후 중이라 직접 방문할 수 없다는 말을 전했다. 당시 위 영공 역시 무척 놀라 몸이 좀 불편해져서 귀국 인사를 했다. 정 간공도 결국 귀국 인사를 하면서 함께 온 자산은 잠시 그곳에 머물게 하여 진 평공의 문병을 하게 했다. 양설힐이 물었다.

"우리 주상께서 꿈에 자라와 같은 괴물을 보았소. 누런 몸체에 발은 세 개였고 곧바로 침전으로 들어왔다는데 대체 이것이 무슨 징조요?"

자산이 말했다.

"내가 들은 바로 세 발 달린 자라는 그 이름이 '내能'[6]라고 하오. 옛날에 우禹 임금의 아버지 곤鯀이 치수할 때 아무 공적도 이루지 못하자, 순舜 임금은 요堯 임금의 섭정이 되어 동해의 우산羽山(江蘇省 東海와 山東省 臨沭)의 경계에서 곤을 죽이고 그의 다리를 하나 잘랐는데, 그 정령이 '황내黃能'로 변하여 우연羽淵으로 들어갔다고 하오. 우 임금이 즉위하자 자기 부친의 신령을 제사 지냈고 삼대三代[7] 이래로 계속 제사를 그치지 않았소. 지금 주周나라 왕실이 쇠미하여 정권이 맹주이신 진후에게 있으니 마땅히 천자를 돕고 백신百神에게 제사를 지내야 할 것이오. 진후께서 혹시 제사를 지내지 않은 신령이 없소?"

6_ 내能: 세 발 자라三足鱉는 발음이 '능'이 아니라 '내'다.(『광운廣韻』 奴來切)

7_ 삼대三代: 중국 고대의 세 왕조. 하, 상(은), 주.

양설힐이 그 말을 진 평공에게 알렸다. 평공은 대부 한기에게 명하여 교사郊祀의 예에 따라 곤에게 제사를 올리게 했다. 그러자 평공의 병이 조금씩 나았다. 평공이 감탄하며 말했다.

"자산은 진정 박학다식한 군자로다!"

평공은 거나라에서 조공으로 바친 네모난 솥方鼎을 자산에게 하사했다. 자산은 정나라로 귀국하려 하면서 몰래 양설힐에게 말했다.

"진후晉侯께서 백성의 숨은 고통은 보살피지 않으시고 초나라의 사치를 모방했으니 그 마음이 이미 삿된 곳으로 치우쳐 있소. 병이 재발하면 어떻게 할 수가 없을 것이오. 내가 이번에 대처한 방법은 임기응변으로 좋은 말을 하여 진후晉侯의 마음을 조금 넓혀준 것에 불과하오."

그즈음 어떤 사람이 아침에 일찍 일어나 위유魏榆 땅을 지나가다가 산 아래에서 여러 사람이 모여 이야기하는 소리를 들었다. 그들은 진나라에 관한 이야기를 하고 있었다. 가까이 가서 보니 굵은 돌멩이 10여 개만 있고 사람은 전혀 보이지 않았다. 이에 의아해하며 그곳을 지나가자 다시 방금 전과 같은 소리가 들렸다. 급히 고개를 돌려보니 소리가 그 돌멩이에서 새어나오고 있었다. 그 사람은 깜짝 놀라 그곳 토박이에게 이를 이야기했다. 토박이가 말했다.

"우리도 돌멩이가 이야기하는 걸 며칠 동안 듣고 있었소. 그런데 그것이 참으로 괴이하여 감히 입 밖으로 내지 못하고 있었소."

그 소문은 강주에까지 전해졌다. 그러자 진 평공이 사광을 불러 물었다.

"돌멩이가 어찌 말을 할 수 있단 말이오?"

사광이 대답했다.

"돌멩이는 말을 할 수 없사온데 아마도 귀신이 붙은 듯합니다. 대저 귀신은 백성을 의지처로 삼고 있습니다. 백성에게 원망이 많이 쌓이면 귀신들이 불안해합니다. 귀신들이 불안해하면 요망한 기운이 생겨납니다. 지금 주상께서는 궁궐을 높고 화려하게 장식하시면서 백성의 재산과 힘을 고갈시키고 있습니다. 돌이 말을 하는 것은 이 때문인 듯합니다."

평공은 아무 말도 하지 못했다. 사광은 물러나와서 양설힐에게 말했다.

"귀신이 분노하고 백성이 원망하고 있으니 주상께선 오래가지 못할 듯하오. 사치심이 일어난 건 실로 초나라에서부터요. 초나라 군주에게도 조만간 재앙이 닥칠 것이오."

한 달여가 지난 뒤 평공은 다시 병이 재발하여 결국 일어나지 못했다. 사기궁을 짓고 난 뒤 목숨을 거둘 때까지 3년이 채 되지 않았고, 그 3년 동안도 모두 병석에서 고통을 겪었다. 백성에게 억울한 피해를 입히고 자신도 편안한 삶을 누리지 못했으니 어찌 우습지 않은가? 사관이 이 일을 시로 읊었다.

높은 누대 넓은 궁궐에 새 음악 연주했으나	崇臺廣廈奏新聲
백성의 고혈 짜내 원성이 가득했네	竭盡民脂怨讟盈
괴물과 요기가 수명을 재촉하니	物怪神妖催命去
사기궁을 경영한 건 부질없는 짓이었네	虒祁空自費經營

진 평공이 세상을 떠난 뒤 신료들이 세자 이夷를 받들어 보위를 잇게 하니 이 사람이 진 소공昭公이다. 이것은 나중의 일이다.

한편 제齊나라 대부 고강은 그의 부친 고채가 고지를 축출하고 여구영을 참소하여 죽인 이후로 온 조정의 불평을 들어야 했다. 고채가 죽자 아들 고강이 대부 직을 계승했다. 고강은 나이가 젊고 술을 좋아했으며 난시 역시 술을 좋아해서 두 사람은 의기투합하여 매우 친하게 지냈다. 그래서 두 사람은 진무우, 포국과는 왕래가 소원하게 되었다. 결국 네 가문은 두 패로 갈라지고 말았다. 난시와 고강은 항상 함께 술을 마셨고, 취한 후에는 진씨와 포씨 두 집안의 장단점을 까발렸다. 진씨와 포씨도 그 소문을 듣고 점차 의심하며 시기하는 마음이 생겼다. 그러던 어느 날 고강은 취중에 어린 노복 하나를 채찍으로 심하게 때렸고 난시도 옆에서 그것을 부추겼다. 그 어린 노복은 원한을 품고 밤을 틈타 진무우의 집으로 도망쳐서 그 일을 하소연하며 말했다.

"난씨와 고씨가 집안의 사병들을 모아 진씨와 포씨 댁을 습격하려고 합니다. 그 날짜가 바로 내일입니다."

이를 다시 포국에게 알리자 포국도 그 말을 믿고 서둘러 어린 노복을 다시 진무우에게 보내 난씨와 고씨를 함께 공격하자고 약속을 정했다. 진무우는 집안 사병들에게 갑옷을 주어 무장시킨 후 즉시 수레에 올라 포국의 집으로 가는 도중에 고강을 만났다. 고강도 수레를 타고 이쪽으로 달려오고 있었다. 그러나 고강은 벌써 술에 반쯤 취한 상태로 수레 위에서 진무우에게 손을 앞으로 모으고 예를 표했다. 그러고는 물었다.

"갑사를 거느리고 어디로 가시오?"

진무우가 거짓으로 대답했다.

"주인을 배반한 노복을 토벌하러 가는 길이오."

그러면서 진무우도 물었다.

"자량子良(高疆의 자)은 어디로 가는 길이오?"

고강이 대답했다.

"나는 난씨 댁에 술을 마시러 가는 길이오."

서로 헤어진 후 진무우는 급히 수레를 몰게 하여 순식간에 포씨 댁 대문 앞에 당도했다. 그곳에는 벌써 수레와 군사들이 질서 있게 집결해 있었고 창과 갑옷들도 삼엄하게 대열을 지어 있었다. 포국도 갑옷을 입고 활을 든 채 막 수레에 오르려던 참이었다. 두 사람은 함께 모여 대책을 상의했다. 진무우가 포국에게 고강이 한 말을 이야기했다.

"그놈이 난씨 집에 술을 마시러 간다고 했지만 그것이 확실한지 모르니 사람을 시켜 탐지해보도록 해야겠소."

포국은 사람을 시켜 난씨 댁 상황을 탐지하게 했다. 그가 돌아와 보고했다.

"난씨와 고씨 두 대부가 모두 옷과 관을 벗어놓고 쭈그리고 앉아 술 마시기 내기를 하고 있습니다."

포국이 말했다.

"어린 노복 놈이 거짓말을 한 것이오."

진무우가 말했다.

"그놈의 말은 사실이 아니지만 고강이 도중에 내가 갑사를 거느리고 이곳으로 오는 걸 보았소. 그가 내게 어디 가느냐고 물어서 나는 주인을 배반한 노복을 잡으러 간다 했소. 그러니 지금 우리의 토벌 대상이 없으면 틀림없이 의심할 것이오. 또한 저들이 먼저 음모를 꾸며 우리를 축출한다면 그때는 후회해도 소용없을 것이오. 차라리 저들이 아무 준비도 없이 술을 마시는 틈을 타 먼저 습격하는 것이 좋을 것 같소."

포국이 말했다.

"좋은 생각이오."

두 집안의 갑사가 동시에 출발하면서 진무우가 앞장을 서고 포국이 뒤쪽의 수비를 맡았다. 그들은 난씨 집으로 쇄도하여 앞뒤의 대문을 단단하게 포위했다. 집안에서는 난시가 바야흐로 큰 술잔을 들고 술을 마시려 하다가 진씨와 포씨의 사병이 달려오는 소리를 들었다. 그는 자기도 모르게 술잔을 땅에 떨어뜨렸다. 고강은 취하기는 했지만 아직 정신이 어느 정도 있었다. 그가 난시에게 말했다.

"집안의 장정을 모두 모아 갑옷으로 무장시킨 후 조정으로 들어가 주상을 받들고 진씨와 포씨를 치면 틀림없이 승리할 수 있을 것이오."

이에 난시는 집안의 사병을 모두 모았다. 고강이 앞장서고 난시가 뒤를 맡은 뒤 갑자기 후문으로 치고 나가 한 줄기 혈로를 뚫고 궁궐로 곧바로 내달렸다. 진무우와 포국은 그들이 제후齊侯를 끼고 일을 위중하게 만들까 봐 그 뒤를 바짝 뒤쫓았다. 고씨의 집안사람들도 변란 소식을 듣고 군사를 모아 구원하러 달려왔다. 제 경공은 궁궐에서 네 집안사람들이 갑사를 이끌고 서로 싸우고 있다는 소식을 듣고 일이 어떻게 일어났는지 알 수가 없었다. 그래서 급히 문지기에게 명령을 내려 호문虎門(臨淄城 宮城 外門)을 굳게 잠그게 하고 궁궐 갑사들을 시켜 단단히 지키게 했다. 그러고는 내시를 안영에게 보내 서둘러 궁궐로 들게 했다. 난시와 고강은 호문을 공격했으나 들어갈 수 없자 호문 오른쪽에 군사를 주둔시켰다. 진씨와 포씨는 호문 왼쪽에 군사를 주둔시키고 서로 대치했다. 잠시 후 안영이 관복과 관모를 갖춘 단정한 차림으로 수레를 타고 나타났다. 네 집안사람들이 모두 사자를 보내 불렀지만 안영은 돌아보지도 않고 사자에게 말했다.

"나는 주상의 명령만 따를 뿐 사사로운 짓은 할 수 없소."

궁궐 문지기가 성문을 열어주자 안영은 성안으로 들어가 경공을 알현했다. 경공이 말했다.

"네 가문이 서로 싸우다가 그 병화가 궁궐 문에까지 이르렀소. 어떻게 대처하면 좋겠소?"

안영이 아뢰었다.

"난씨와 고씨는 여러 대에 걸친 총애만 믿고 아무 거리낌 없이 전횡을 부린 게 벌써 하루 이틀이 아닙니다. 그들이 고지를 축출하고 여구영을 죽인 뒤로 백성은 모두 그들을 원망하고 있습니다. 지금 또 궁궐 문까지 공격했사오니 진실로 그 죄를 용서할 수 없습니다. 또한 진씨와 포씨 역시 주상의 명령을 받지 않고 마음대로 군사를 일으켰으니 죄가 없다고 할 수 없습니다. 오직 주상께서만 저들을 처리할 수 있습니다."

경공이 말했다.

"난씨와 고씨의 죄는 진씨와 포씨의 죄보다 크니 마땅히 제거해야겠소. 누가 이 일을 감당할 수 있겠소?"

안영이 대답했다.

"대부 왕흑王黑을 시키십시오."

경공은 왕흑에게 관군을 이끌고 진씨와 포씨를 도와 난씨와 고씨를 공격하라고 명령을 내렸다. 난씨와 고씨는 패배하여 큰길까지 후퇴했다. 백성은 모두 난씨와 고씨를 증오하며 팔을 걷어붙이고 전투를 도왔다. 고강은 아직 술이 완전히 깨지 않아서 힘을 다해 싸울 수 없었다. 난시가 먼저 동문으로 달아나자 고강도 그 뒤를 따랐다. 왕흑은 진씨, 포씨와 함께 그 뒤를 쫓아가서 동문에서 다시 전투를 벌였다. 난씨와 고씨의 군사들은 점점 도망치기에 바빴다. 두 사람은 성문을 탈출하여 마침내 노나라로 달아났다.

진무우와 포국은 두 집안의 처자식까지 모두 쫓아내고 그들의 재산을 나누어 가졌다. 그러자 안영이 진무우에게 말했다.

"대부께서는 세신世臣을 쫓아내고 또 그 이익까지 마음대로 점유했으니 사람들이 장차 대부를 비난할 것이오. 그런데 어찌 점유한 재산을 모두 여러 대부에게 골고루 나누어주지 않으시오? 그럼 대부께선 이익을 취하지 못하더라도 사람들은 틀림없이 대부의 겸양을 칭송할 것이오. 그것이 더 많은 것을 얻는 길이오."

진무우가 말했다.

"가르쳐주셔서 감사하오. 이 무우가 어찌 그 명령에 따르지 않을 수 있겠소."

그는 점유한 식읍과 재산을 모두 공문서 장부에 올리고 경공에게 바쳤다. 경공은 매우 기뻐했다. 진무우는 제 경공의 모부인母夫人인 맹희孟姬에게도 몰래 재물을 바쳤다. 맹희가 경공에게 말했다.

"진무우는 강력한 가문을 쳐서 없애고 우리 공실公室의 권위를 진작시켰으며 또 재산까지 공실로 귀속시켰소. 그 겸양의 덕을 덮어버려서는 아니 되오. 어찌 고당高唐(山東省 高唐) 땅을 그에게 하사하지 않으시오?"

경공은 모부인의 말을 따랐고 진씨는 비로소 부자가 되었다. 진무우는 좋은 사람이 되었다는 평판을 들으려고 이렇게 말했다.

"여러 공자가 지난번에 고채에게 쫓겨났사오나 그것은 기실 무고를 당한 일입니다. 이제는 불러서 복직시키십시오."

경공도 그렇게 생각했다. 진무우는 경공의 명령으로 자산, 자상, 자주 등을 불러왔다. 진무우는 그들의 장막과 기물 및 시종들의 의복과 신발까지 모두 자신의 재산에서 비용을 대주는 등 몰래 완벽하게 준비를 한 뒤

진씨가 재물을 풀어 제나라 민심을 얻다.

사람을 보내 그들을 한 사람씩 영접하게 했다. 공자들은 고국으로 돌아갈 수 있게 된 것만 해도 기뻤는데, 일상에 소용되는 기물까지 모두 갖춰진 것을 보고, 또 그것이 진무우가 보낸 물품이라는 사실을 알고 감격을 금치 못했다. 진무우는 제나라 공실에도 큰 혜택을 베풀었다. 즉 공자公子와 공손公孫 중에서 녹봉이 없는 자에게 자신의 사사로운 녹봉을 나눠줬다. 또 나라 안의 가난한 고아와 과부를 방문하여 개인의 곡식을 나눠줬다. 무릇 돈이나 곡식을 빌려줄 때도 많이 주고 적게 받았으며 가난해서 갚을 수 없는 경우에는 차용증까지 불살라버렸다. 제나라에서는 진씨의 덕을 칭송하지 않는 사람이 없게 되었고, 그를 위해 목숨을 바치려는 사람까지 부지기수로 늘어났다. 뒷날 사관은 이렇게 논했다.

진씨가 백성에게 은혜를 두텁게 베풀자 뒷날 점차 나라가 진씨에게 넘어갔다. 이것은 임금이 덕을 베풀지 않았기 때문에 신하가 사사로운 은혜와 작은 혜택에 의지해 백성의 마음을 사로잡은 것일 따름이다.

또 사관이 이 일을 시로 읊었다.

위엄, 복록 베푸는 임금 권한 침범하여	威福君權敢上侵
사사로운 은혜로 민심을 모았다네	輒將私惠結民心
제나라를 넘보는 진씨 계략을 보시라	請看陳氏移齊計
당시의 백성은 덕이 깊다고 감격했네	只爲當時感德深

진 경공은 안영을 상국으로 임명했다. 안영은 민심이 모두 진씨에게 귀

의하는 것을 보고 경공에게 형벌을 관대하게 적용하고, 세금을 낮추고, 재물을 풀어 가난한 사람을 도와주고, 백성에게 혜택을 베풀어 민심을 되돌려야 한다고 아뢰었으나 경공은 듣지 않았다.

이야기가 두 갈래로 나뉜다. 한편 초 영왕은 장화궁章華宮을 완공했지만 낙성식에 참여한 제후가 매우 적었다. 초 영왕은 진나라 사기궁 낙성식에는 제후들이 모두 사신을 보내 축하했다는 소문을 들었다. 이에 매우 큰 불만을 품고 오거를 불러 대책을 상의하고 군사를 일으켜 중원을 침범할 마음을 먹었다. 오거가 말했다.

"대왕마마께서 덕과 의로 제후들을 불렀는데도 그들이 오지 않았다면 이것은 그들의 죄입니다. 그런데 토목공사를 해서 제후들을 불러놓고 그들이 오지 않는다고 질책한다면 어떻게 그들을 복종시킬 수 있겠습니까? 군사를 일으켜 중원에 위엄을 보이고자 하신다면 반드시 죄가 있는 자를 골라 정벌해야 명분이 설 것입니다."

영왕이 말했다.

"지금 죄가 있는 자는 어느 나라 제후요?"

오거가 아뢰었다.

"채나라 세자 반이 자신의 부친을 죽인 지 9년이 되었습니다. 대왕마마께서 제후들과 처음 회맹을 할 때 채나라 군주도 참가했기 때문에 차마 그를 죽일 수 없었습니다. 그러나 임금을 시해한 죄는 비록 자손대로 넘어가더라도 응당 법의 집행을 받아야 하는데, 하물며 본인이야 말해 무엇하겠습니까? 또 채나라는 우리 초나라와 가까우므로 만약 채나라를 토벌하고 그 땅을 차지한다면 대의와 이득 두 가지를 모두 얻을 수 있을 것입니다."

말을 다 마치지도 않았는데 측근 내시가 보고를 올렸다.

"진陳나라에서 부고가 당도했사온데 진후 익이 세상을 떠나 공자 유留가 보위를 이었다고 합니다."

오거가 말했다.

"진나라의 세자 언사偃師는 이미 그 이름이 제후들의 문서에 기록되어 있습니다. 지금 공자 유가 보위에 올랐다면 어느 곳에 언사를 방치했단 말입니까? 신의 짐작으로는 진나라에 필시 변고가 생긴 듯합니다."

진나라에 무슨 일이 발생했는지는 다음 회를 보시라.

제69회

여기가 개 나라인가?

초 영왕은 사기술로 진과 채를 멸망시키고
안영은 교묘한 변설로 형만(초나라)을 굴복시키다
楚靈王挾詐滅陳蔡, 晏平仲巧辯服荊蠻.

진陳 애공哀公의 이름은 익溺[1]으로 그 원비元妃인 정희鄭姬가 아들 언사偃師를 낳자 그를 세자로 세웠다. 둘째 부인은 공자 유留를 낳았고 셋째 부인은 공자 승勝을 낳았다. 둘째 부인이 애교를 잘 부려 애공의 총애를 받았고 아들 유를 낳자 애공은 그를 지극히 총애했지만 이미 언사가 세자로 세워져 있어서 폐위할 명분이 없었다. 이에 애공은 자신의 동생으로 사도司徒직을 담당하던 공자 초招를 유의 태부로 삼고, 공자 과過를 소부少傅로 삼았다. 애공은 공자 초와 공자 과에게 당부하며 말했다.

"뒷날 반드시 언사가 유에게 보위를 전해주도록 하라."

주 경왕 11년 진 애공은 병으로 침상에 누워 오랫동안 조회를 보지 못

1_ 익溺: 『사기』「진기세가陳杞世家」에는 진 애공의 이름이 약弱으로 되어 있고, 이 소설 제60회에도 약弱으로 되어 있다.

했다. 공자 초가 공자 과에게 말했다.

"세자 언사의 아들 공손오公孫吳가 장차 성장하고 세자 언사가 보위를 잇게 되면 틀림없이 오를 세자로 세우지 어찌 공자 유에게 보위를 물려주겠는가? 그럼 주상의 부탁을 저버리게 된다. 지금 주상께서 병으로 누운 지 이미 오래이고 정사는 우리가 장악하고 있으니, 주상께서 돌아가시기 전에 거짓으로 주상의 명을 빙자하여 언사를 죽이고 공자 유를 세자로 세우면 후회가 없을 것이다."

공자 과도 그렇게 생각하고 대부 진공환陳孔奐과 대책을 상의했다. 진공환이 말했다.

"세자는 매일 입궁하여 반드시 세 차례 문병을 하오. 또 아침저녁으로 주상의 좌우에 붙어 있으므로 주상의 명을 거짓으로 지어낼 수가 없소. 차라리 거리에 갑사를 매복시켰다가 언사가 궁궐에 드나들 때 틈을 봐 칼로 찔러 죽이는 것이 더 나을 것이오. 이것은 한 사람의 힘만으로도 가능한 일이오."

공자 과는 마침내 공자 초와 계책을 상의하여 결정하고 그 일을 진공환에게 맡겼다. 공자 유가 보위에 오르는 날 진공환에게는 큰 고을을 봉토로 주기로 약속했다. 진공환은 자신이 직접 심복 장사를 불러 궁궐 문지기들 틈에 몰래 섞어 넣었다. 문지기들은 그를 세자의 측근으로 간주하고 전혀 의심하지 않았다. 세자 언사는 애공에게 문안 인사를 마친 후 한밤중에 궁궐 문을 나섰다. 장사들은 불을 끄고 있다가 세자를 칼로 찔러 죽였다. 그러자 궁궐 문이 큰 혼란에 빠졌다. 잠시 후 공자 초와 공자 과가 당도하여 거짓으로 깜짝 놀란 표정을 지어보이며, 한편으로는 사람을 시켜 역적을 잡는다고 수선을 떨고 다른 한편으로는 이렇게 공언했다.

"주상께서 환후가 위독하셔서 둘째 아드님이신 유를 보위에 올려야 한다."

진 애공은 변란 소식을 듣고 울분에 못 이겨 스스로 목을 매어 죽었다. 사관이 이 일을 시로 읊었다.

적장자가 임금 돼야 나라 근본이 안정되는데	嫡長宜君國本安
어찌 서자를 총애하여 분쟁의 단서 만들었나?	如何寵庶起爭端
자식 편애한 고금의 수많은 부친이여	古今多少偏心父
진 애공의 교훈을 자세히 살피시라	請把陳哀仔細看

사도인 공자 초는 공자 유에게 애공의 장례를 주관하게 하고 보위에 오르게 했다. 그러고는 대부 우징사于徵師를 초나라에 보내 애공의 죽음을 알렸다. 이때 오거는 초 영왕을 모시고 있다가 진나라에서 이미 공자 유가 즉위했다는 소식을 듣고 세자 언사의 행방을 알 수 없어 의혹을 품고 있던 참이었다. 그때 갑자기 또 보고가 올라왔다.

"진陳나라 군주의 셋째 아들 공자 승과 그의 조카 공손오가 알현을 청하고 있습니다."

영왕은 그들을 불러 초나라로 온 까닭을 물었다. 두 사람은 땅에 엎드려 통곡했다. 공자 승이 입을 열었다.

"적자嫡子 형님인 세자 언사가 사도인 공자 초와 공자 과에게 억울하게 피살되자 부친께선 스스로 목을 매어 자결했습니다. 저들이 마음대로 공자 유를 보위에 올렸기 때문에, 우리는 해코지를 당할까 두려워 특별히 이곳 초나라로 투신해온 것입니다."

그러자 영왕이 앞서 사신으로 온 우징사를 힐난하며 이유를 추궁했다.

우징사는 거짓말로 대충 얼버무리려 했으나 공자 승이 사실대로 지적하자 아무 대답도 하지 못했다. 영왕이 노하여 소리를 질렀다.

"네놈도 공자 초와 공자 과의 패거리로구나!"

그러고는 바로 도부수刀斧手를 시켜 우징사를 포박하여 끌고 나가서 참수하게 했다. 오거가 아뢰었다.

"대왕마마께서 역신의 사신을 죽이셨으니 이제 공손오를 받들고 초와 과의 죄를 토벌하러 가셔야 합니다. 명분이 바르면 명령이 순조로운 법입니다. 누가 감히 복종하지 않겠습니까? 진나라를 안정시킨 후 채나라까지 토벌한다면 선군이신 장왕의 치적은 이제 언급조차 할 수 없을 것입니다."

영왕은 크게 기뻐하며 군사를 일으켜 진나라를 정벌하라는 명령을 내렸다. 공자 유는 우징사가 초나라에서 참수되었다는 소식을 듣고 자신도 참화를 당할까 두려워 임금이 되는 것도 바라지 않고 정나라로 달아났다. 어떤 사람이 사도 초에게 권했다.

"어찌 공자 유와 함께 달아나지 않소?"

초가 말했다.

"초나라 군사가 도착하면 내게 그들을 물리칠 계책이 있소."

이윽고 초 영왕의 대군이 진陳나라에 당도하자, 진나라 사람들은 모두 세자 언사의 죽음을 불쌍하게 여기다가 공손오가 초나라 진영에 있는 것을 보고 펄쩍펄쩍 뛰며 기뻐하지 않는 사람이 없었다. 그들은 대바구니에 밥을 담고 호리병에 물을 담아가지고 나와서 초나라 군사를 환영했다. 사도 초는 사태가 급박해지자 대책을 의논한다는 핑계를 대고 사람을 보내 공자 과를 불러오게 했다. 공자 과가 와서 자리에 앉으며 물었다.

"사도께서 앞서 초나라를 물리칠 계책이 있다고 하셨는데, 그 계책이 무엇이오?"

초가 대답했다.

"초나라를 물리치려면 반드시 한 가지 물건이 필요한데, 자네가 좀 빌려 주게."

공자 과가 다시 물었다.

"그게 무슨 물건이오?"

초가 대답했다.

"바로 자네의 머리다!"

공자 과가 대경실색하며 몸을 일으키려 하자 공자 초는 좌우 시종에게 공자 과를 심하게 매질하게 하여 땅바닥에 쓰러뜨렸다. 공자 초는 즉시 칼을 뽑아 그의 목을 베어 그것을 가지고 자신이 직접 초나라 군영으로 갔다. 공자 초는 머리를 조아리며 호소했다.

"세자를 죽이고 공자 유를 보위에 세운 것은 모두 공자 과가 저지른 짓입니다. 저는 이제 대왕마마의 위엄에 의지하여 공자 과의 목을 베어 이렇게 바칩니다. 군후께선 신의 불민한 죄를 용서해주십시오."

초 영왕은 그의 말이 매우 겸손한 것을 보고 마음속으로 기뻐했다. 공자 초는 무릎걸음으로 초왕의 자리 가까이 와서 비밀리에 아뢰었다.

"지난날 귀국의 장왕께서 우리 진나라의 난리를 평정하신 후 진나라를 현縣으로 만드셨습니다. 그러나 나중에 다시 우리 진나라에 제후를 봉하여 결국 그 공적이 사라졌습니다. 지금 공자 유는 죄를 받을까 두려워 나라 밖으로 도망쳤으므로 진陳나라엔 주인이 없습니다. 원컨대 대왕마마께선 우리 진나라를 초나라의 군현郡縣으로 받아들이시어, 타성이 소유하지 못하게 하십시오."

초 영왕은 몹시 기뻐하며 말했다.

"네 말이 바로 내 뜻과 부합된다. 너는 귀국하여 과인을 위해 너희 궁실을 청소하고 과인의 순행을 기다리도록 하라."

공자 초는 머리를 조아리며 감사를 표하고 물러갔다. 공자 승은 영왕이 공자 초를 방면하여 귀국시켰다는 소식을 듣고 다시 와서 울며 호소했다.

"음모를 꾸민 건 모두 공자 초이고, 때가 되어 일을 실행한 것은 공자 과에게 부탁을 받은 대부 진공환입니다. 그런데도 지금 공자 초는 공자 과에게 모든 죄를 뒤집어씌운 뒤 자신은 빠져나가려 하고 있습니다. 그러므로 선군과 선태자께서는 지하에서 눈을 감지 못하실 것입니다."

말을 마치고 통곡을 그치지 않자 군사들도 모두 감동했다. 그러자 영왕이 그를 위로하며 말했다.

"공자는 슬퍼하지 마시오. 과인이 알아서 처리하겠소."

다음 날 공자 초는 어가와 의장을 준비하고 초왕을 영접하여 도성으로 들어갔다. 영왕이 조정에 앉자 진나라의 문무백관이 모두 영왕을 알현했다. 영왕은 진공환을 앞으로 불러내서 꾸짖었다.

"전 세자를 죽인 것은 모두가 네놈의 흉악한 행위다. 네놈을 주살하지 않고 어찌 사람들에게 경계의 교훈을 내릴 수 있겠느냐?"

이에 좌우 군사들을 질책하여 진공환의 목을 베게 하고 그의 목을 공자 과의 목과 함께 도성의 성문에 효수하게 했다. 그러고는 또 공자 초를 꾸짖으며 말했다.

"과인은 본래 너를 용서하고 싶었다만 공론이 너를 용서하지 않으니 어찌할 것이냐? 지금 내가 네 목숨은 살려줄 터이니 바로 온 집안 식구를 데리고 동해 가로 가서 숨어 살도록 하라."

공자 초는 당황한 나머지 제대로 변명도 하지 못하고 배례를 올리며 물러가겠다고 했다. 영왕은 사람을 시켜 그를 월나라로 압송하여 안치하게 했다. 공자 승은 공손오를 데리고 와서 역적을 토벌해준 은혜에 감사의 절을 올리게 했다. 영왕이 공손오에게 말했다.

"본래 그대를 보위에 올려 호공胡公의 제사를 잇게 하려 했으나 공자 초와 공자 과의 일당이 아직도 많이 남아 있어 틀림없이 그대를 깊이 원망하고 있을 것이다. 그래서 그대가 그자들에게 해를 입을까 두려우니 잠시 과인을 따라 초나라로 돌아가는 것이 좋겠다."

영왕은 마침내 진나라의 종묘를 헐라는 명령을 내리고 진나라를 초나라의 현으로 만들었다. 또한 지난번에 정나라 포로 황힐 때문에 다투었던 천봉수穿封戌가 아첨할 줄 모르는 충신이라 생각하고 그에게 진나라 땅을 지키게 하여 진공陳公이라 불렀다. 진나라 사람들은 크게 실망했다. 염옹이 시를 지어 탄식했다.

본래는 의군 일으켜 역적을 친다더니	本興義旅誅殘賊
그곳 산하 탐이 나서 현으로 만들었네	卻愛山河立縣封
소가 밭을 밟았다고 그 소를 뺏는 격이니	記得蹊田奪牛語
신숙시처럼 충간하는 이 없음을 한하노라	恨無忠諫似申公

초 영왕은 진나라 공손오를 데리고 귀국하여 1년 동안 전쟁을 하지 않다가 그 후 다시 채나라 정벌에 나섰다. 오거가 계책을 올렸다.

"채나라 군주 반은 악행을 저지른 지 벌써 오래되어 자신의 죄를 잊고 있을 것입니다. 만약 토벌하러 가면 그자가 오히려 무슨 망발을 내뱉을지 모릅니다. 차라리 유인하여 죽이는 것이 좋을 것입니다."

영왕은 그 계책에 따라 지방을 순시한다는 핑계를 대고 신申 땅에 군사를 주둔시킨 뒤 사신을 채나라로 보내 예물을 주고 신申 땅에서 채후蔡侯와 회합을 갖기를 청했다. 사신이 채후 반에게 초왕의 국서를 올리자 채후가 국서를 펼쳐 읽었다. 그 내용은 대략 다음과 같았다.

> 과인이 채나라 군후의 얼굴이 보고 싶으니 신 땅으로 왕림해주시면 고맙겠소. 보잘것없는 예물은 시종들을 위로하는 데 쓰시오.

채나라 군주(영공靈公) 반이 수레를 타고 출발하려 하자 대부 공손귀생公孫歸生이 간언을 올렸다.

"초왕은 사람됨이 탐욕스럽고 신의가 없습니다. 지금 초나라 사신은 후한 예물을 가지고 왔고 말도 매우 겸손합니다. 이는 아마도 우리를 유인하기 위한 계책인 듯하니 주상께선 가서는 안 됩니다."

채나라 군주가 말했다.

"우리 채나라 땅을 초나라의 현으로 만들 수는 없소. 저들이 부르는데 가지 않았다가 만약 군사를 일으키기라도 하면 누가 대항할 수 있겠소?"

귀생이 말했다.

"그럼 세자를 세워놓고 가십시오."

채나라 군주는 그 말에 따라 자신의 아들 유有를 세자로 세운 뒤 귀생을 시켜 세자를 도와 나라를 감독하게 했다. 그러고는 그날 바로 어가를 타고 신 땅으로 달려가 초 영왕을 알현했다. 영왕이 말했다.

"지난번 이곳에서 이별하고 나서 오늘까지 벌써 8년이 지났구려. 그런데도 군후의 풍채가 옛날과 같아서 매우 기쁘오."

채나라 군주가 대답했다.

"과인은 귀국을 따라 감히 회맹 문서에 서명했고, 대왕마마의 신령하심에 힘입어 보잘것없는 나라를 어루만지고 있으니 그 은혜에 깊이 감사하고 있소. 듣건대 대왕마마께서 상商나라 옛 땅(진陳나라 땅)을 개척하셨다고 하여 막 축하 인사를 드리러 가려던 참에 마침 부르시는 명령을 받았으니 어찌 감히 달려오지 않을 수 있겠소?"

영왕은 신 땅의 행궁으로 가서 잔치를 열고 채나라 군주를 융숭하게 접대했다. 가무가 크게 펼쳐지는 가운데 빈객과 주인이 통쾌하게 마시며 즐겼다. 그러고는 침소로 자리를 옮기게 하고, 오거에게는 채나라 군주의 시종들을 데리고 바깥 객관으로 가서 위로의 술자리를 마련하게 했다. 채나라 군주는 즐겁게 술을 마시다가 자기도 모르는 사이에 크게 취하고 말았다. 벽 뒤에는 갑사들이 매복해 있었다. 그들은 영왕이 술잔을 던지는 것을 신호로 모두 들고일어나 술자리에서 바로 채나라 군주를 포박했다. 채나라 군주는 술에 취하여 아직 아무것도 모르고 있었다. 초 영왕은 사자를 시켜 사람들에게 이렇게 선언하게 했다.

"채나라 군주 반이 자신의 부친을 시해했으므로 과인이 하늘을 대신하여 그를 토벌했다. 시종들은 아무 죄가 없으므로 항복하는 자에겐 상을 줄 것이고 귀국을 원하는 자는 마음대로 돌아가도 좋다."

원래 채나라 군주는 아랫사람들에게 지극한 은혜를 베풀었다. 그래서 그를 수행한 신하 중에서 한 사람도 항복하려는 이가 없었다. 초 영왕이 호령을 내리자 초나라 군사들은 채나라 신하들을 포위하여 모두 포로로 잡았다. 그제야 채나라 군주는 술에서 깨어 자신이 포박되어 있음을 알았다. 그는 눈을 크게 뜨고 영왕을 노려보며 말했다.

"내가 무슨 죄를 지은 것이오?"

영왕이 말했다.

"너는 직접 네 부친을 시해했으니 천리를 어긴 패륜아다. 오늘 죽는다 해도 벌써 늦은 셈이다."

채나라 군주가 탄식하며 말했다.

"내가 귀생의 말을 듣지 않은 것이 후회스럽도다."

초 영왕은 채나라 군주를 갈기갈기 찢어 죽였다. 채나라 신하 70명도 따라 죽었다. 그러자 초 영왕은 채나라 군주를 수행한 수레꾼 및 비천한 노복까지 한 사람도 남김없이 주살했다. 그러고는 채나라 군주의 시역弑逆죄를 판자에 크게 써서 나라 안에 널리 알린 뒤 마침내 공자 기질棄疾에게 대군을 이끌고 먼 길을 행군하여 채나라로 쳐들어가게 했다. 뒷날 송나라 유학자는 채나라 군주 반의 죄도 마땅히 주살당할 만한 것이지만, 그를 유인하여 죽인 것도 불법이라고 비난했다. 염옹이 이 일을 시로 읊었다.

채 영공은 애비도 없고 임금도 없었으니	蔡般無父亦無君
북을 울려 그를 토벌해 인륜을 바로잡아야 했네	鳴鼓方能正大倫
그를 유인해 주살한 걸 불법이라 탓하지 말라	莫怪誘誅非法典
초 영왕은 본래부터 임금 죽인 역적이니	楚靈原是弑君人

한편 채나라 세자 유는 자신의 부친이 떠나간 후 아침저녁으로 세작을 보내 상황을 탐지하게 했다. 그러던 중 갑자기 부친이 피살되었으며 초나라 군사들이 머지않아 채나라로 몰려올 것이란 보고가 올라왔다. 세자 유는

즉시 군사를 불러 모아 무기를 지급하고 성 위로 올라가 도성을 지키게 했다. 이윽고 초나라 군사들이 당도하여 채나라 도성을 여러 겹 포위했다. 공손귀생이 말했다.

"우리 채나라는 비록 오랫동안 초나라에 복종해왔지만 앞서 진晉과 초가 우호 회맹을 할 때 사실 저 귀생도 참여하여 맹약문에 서명을 했습니다. 그러니 진나라에 사신을 보내 구조를 요청하는 것이 좋을 것 같습니다. 만약 지난번 회맹을 돌이켜 생각한다면 혹시 구원병을 보내줄지도 모릅니다."

세자는 그 계책에 따라 진나라로 사신 갈 사람을 모집했다. 이때 채유蔡洧의 부친 채약蔡略은 신 땅으로 채후를 따라갔다가 그곳에서 채후의 신하 70명 속에 포함되어 함께 순절했다. 채유는 부친의 복수를 하려고 사신 모집에 응했다. 그는 밤을 틈타 국서를 가지고 성을 내려가 북쪽으로 내달렸다. 그는 바로 진晉나라로 가서 진 소공을 알현하고 울면서 채나라의 사정을 호소했다. 진 소공은 신료들을 불러 대책을 물었다. 순오가 아뢰었다.

"우리 진晉나라는 맹주입니다. 제후들은 우리 진나라에 의지하여 안전을 도모합니다. 진陳나라도 구원하지 못한 상황에서 또 채나라까지 포기한다면 맹주의 지위에서 추락할 것입니다."

진 소공이 말했다.

"초왕 건虔은 만행을 부리고 있는데 우리 병력은 그에 미치지 못하니 어찌하면 좋소?"

한기韓起가 대답했다.

"비록 힘이 모자라는 것은 알지만 어떻게 좌시할 수 있겠습니까? 그러니 제후들과 힘을 합쳐 일을 도모해보십시오."

이에 소공은 한기에게 제후들을 궐은厥憖(河南省 新鄉 경내) 땅에 모이도록 약속을 정하게 했다. 송宋, 제齊, 노魯, 위衛, 정鄭, 조曹나라에서는 각각 대부를 약속 장소로 파견하여 진晉나라의 명령을 듣게 했다. 한기가 채나라를 구원해야 한다고 하자 각국 대부는 모두 혀를 빼물고 고개를 가로저으며 한 사람도 그 일을 맡으려 하지 않았다. 한기가 말했다.

"여러분이 이처럼 초나라를 두려워하신다면 앞으로 초나라가 우리를 잠식하는 걸 그냥 내버려둘 작정이오? 그렇다면 초나라 군사가 진陳과 채를 병합하고 나서 다른 나라로 쳐들어가더라도 우리 주상께선 감히 그 일에 관여하지 않을 것이오."

이렇게 말을 해도 여러 나라 대부는 서로 얼굴만 쳐다보며 아무도 호응하지 않았다. 이때 송나라 우사 화해華亥가 그 회합에 와 있었다. 한기가 단독으로 화해에게 말했다.

"이전에 송나라에서 남북의 제후들이 우호의 회맹을 할 때 기실 대부의 선대인께서 그 계획을 제창하시며 남북이 싸우지 말자고 약속을 정하셨소. 그래서 먼저 군사를 일으키는 제후가 있으면 각국이 함께 정벌하기로 했소. 지금 초나라가 먼저 약속을 파기하고 진과 채에 무력을 사용하고 있소. 그런데도 대부께서 수수방관하시며 한마디도 하지 않으시니 초나라가 신의가 없는 것이 아니라 이는 대부의 나라가 다른 나라를 기만하는 것이오."

화해가 몹시 두려워하며 대답했다.

"소국이 어찌 감히 다른 나라를 기만하여 맹주에게 죄를 지을 수 있겠소? 다만 남쪽 오랑캐(초楚)가 신의를 돌아보지 않으니 우리 같은 작은 나라는 어떻게 할 수가 없소. 지금 각국이 오랫동안 무기를 내려놓고 있는 상태라 군대를 움직인다 해도 승부를 점칠 수 없소. 차라리 남북이 싸우지 말자고 한 맹약을 준수하면서 초나라에 사신을 파견해 채나라를 용서해달라고 청하면 초나라도 틀림없이 거절할 수 없을 것이오."

한기는 각국 대부가 초나라를 두려워하는 걸 보고 채나라를 구원하는 일을 억지로 부추길 수 없다고 생각했다. 이에 서로 상의 끝에 서찰 한 통을 써서 대부 호보狐父를 신성申城으로 보내 초 영왕을 뵙게 했다. 채유는 각국에서 채나라를 구원하는 일에 군사를 보내려 하지 않는다는 것을 알고 울면서 자리를 떴다. 호보는 신성으로 와서 서찰을 올렸다. 영왕이 서찰을 펼쳐 읽어보니 대략 다음과 같은 내용이었다.

지난번 송나라 회맹에서 남북 여러 나라는 진晉과 초에 상호 조공을 바치며 군사 행동을 하지 말자는 명분을 확인했습니다. 그리고 괵 땅에서 열린 회맹에서도 앞서의 맹약을 다시 확인했고 신령들도 회맹을 보살펴주었습니다. 그 후 우리 주상께서는 제후들을 이끌고 맹약을 성실하게 지키며 한 번도 무기를 사용하지 않았습니다. 지금 진陳과 채가 죄를 짓자 귀국은 불같이 진노하여 군사를 일으켜 토벌에 나섰습니다. 이는 의분에 찬 행동으로 잠시 긴급한 사태에 임기응변의 대처를 한 것이라 할 수 있습니다. 그런데 지금 죄인이 이미 주살되었는데도 군대를 해산하지 않고 있으니 귀국에 무슨 다른 이유가 있는지 모르겠습니다. 여러 나라 대부는 자기 나라의 정사를 맡고 있는 상황에서도 모두 우리 보잘것없는 진晉나라에 모여 우리 주상께서 약소국을 구원하고 분쟁을 해결해야 한다고 질책하고 있습니다. 이 때문에 우리 주상께선 매우 부끄러워하십니다. 군사를 징발하여 공격에 나설 수도 있지만 맹약을 어길까 걱정하시며 소신을 보내 여러 대부와 함께 이 서찰을 써서 채나라를 위해 용서를 청하게 한 것입니다. 만약 귀국에서 이전의 우호를 생각하시어 채나라의 종묘사직을 보존해주신다면 우리 주상과 동맹국 제후들은 모두 군후의 은혜에 깊이 감읍할 것입니다. 이 어찌 채나라만의 일이겠습니까?

서찰의 끝에는 송나라와 제나라 및 각국 대부의 이름이 서명되어 있었다. 초 영왕이 읽기를 끝내고 비웃으며 말했다.

"채나라 도성이 조만간에 함락될 것인데 너는 헛된 말로 포위를 풀라고 하는구나. 과인을 삼척동자로 아느냐? 너는 돌아가 네 주상에게 아뢰어라. 진과 채는 과인의 속국이다. 너희 북방 나라와는 아무 상관이 없으니 쓸데없이 간섭하지 말라!"

호보는 다시 슬프고 간절하게 요청했지만 초 영왕은 훌쩍 몸을 일으켜 안쪽으로 들어가버리고는 한 줄의 답서도 써주지 않았다. 호보는 원망을 가득 품고 돌아왔다. 진晉나라의 군신은 초나라가 한스러웠지만 어찌할 수 없었다. 바로 다음의 시에서 읊은 바와 같다.

힘만 있고 진심 없으면 부질없이 힘만 쓰고 有力無心空負力
진심만 있고 힘 없으면 쓸데없이 애만 쓰네 有心無力枉勞心
만약에 힘과 진심 한꺼번에 갖춘다면 若還心力齊齊到
바다 말리고 산을 옮겨도 누가 감히 막겠는가? 涸海移山孰敢禁

채유는 채나라로 돌아오다가 순찰병에게 사로잡혀 공자 기질의 군막 앞으로 끌려왔다. 기질이 투항하라고 위협했으나 채유는 따르지 않았다.

이에 채유를 후군에 가두었다. 기질은 진晉나라 군사가 오지 않는다는 것을 알고 더욱 힘을 내어 채나라 도성을 공격했다. 채나라의 공손귀생이 말했다.

"사태가 급박합니다. 신이 목숨을 걸고 초나라 군영으로 가서 저들에게 철군해달라고 유세하겠습니다. 만약 신의 말을 들어준다면 백성이 도탄에서 벗어날 수 있을 것입니다."

세자 유가 말했다.

"성안의 업무 처리를 전부 대부에게 의지했는데, 어찌 과인을 버리고 가신단 말이오?"

귀생이 말했다.

"전하께서 차마 신을 보내지 못하시겠다면 대신 신의 아들 조오朝吳를 사신으로 보내십시오."

세자 유는 조오를 불러오게 하여 눈물을 머금고 사신으로 보냈다. 조오는 성을 나가 공자 기질을 만났다. 기질은 그를 예의에 맞게 대우했다. 조오가 말했다.

"공자께서 막강한 군사로 채나라를 공격하시니 채나라는 이제 곧 망할 것입니다. 그러나 채나라의 죄가 무엇인지 모르겠습니다. 만약 선군 반이 덕을 잃었다면 용서를 받을 수 없겠지만, 세자 유는 무슨 죄가 있고, 채나라 종묘사직은 또 무슨 죄가 있습니까? 공자께서 채나라를 가엾게 여기시고 자세히 살펴주십시오."

기질이 말했다.

"나도 채나라가 망국의 죄를 짓지 않았다는 것은 알고 있지만 왕명을 받고 성을 공격하고 있는 처지요. 만약 아무 공도 세우지 못하고 귀환한다면 틀림없이 내가 죄를 뒤집어쓰게 될 것이오."

조오가 말했다.

"제가 한 가지 드릴 말씀이 있으니 좌우를 물리쳐주십시오."

기질이 말했다.

"말씀하시오. 좌우에 있는 사람은 그대의 말을 들어도 아무 관계가 없소."

조오가 말했다.

"지금의 초왕은 올바르지 않은 방법으로 나라를 얻었소. 공자께선 어찌 그것을 모르시오? 백성 중에도 그 일을 원망하지 않는 사람이 없소. 또 안으로는 토목공사를 일으켜 고혈을 다 짜내고 밖으로는 다른 나라와의 싸움에서 뼈와 살을 고갈시키고 있는 실정이오. 백성을 동원함에 인정사정이 없고, 다른 나라를 탐함에 싫증을 내지 않소. 지난해에는 진陳나라를 멸망시키더니 이번에는 다시 채나라를 유인하고 있소. 공자께선 돌아가신 선군의 원한은 생각지 않으시고, 지금 초왕의 명령만 받들어 말을 치달리시니, 지금 백성에게서 일어나는 원망도 공자께서 그 절반의 책임을 지셔야 할 것이오. 공자께선 지금 현명하다는 명성을 얻고 있을 뿐만 아니라 일찍이 '묻어둔 옥 위에서 절을 하는當璧' 상서로운 조짐을 드러내기도 하셨소. 이에 초나라 사람들은 모두 공자를 왕위에 모시고 싶어하오. 진실로 초나라 내부로 창을 돌려, 선군을 시해하고 백성을 학대한 초왕의 죄를 다스린다면 민심이 바로 호응할 것이오. 누가 감히 공자에게 대항할 수 있겠소? 이를 지금 공자께서 무도한 임금을 섬기면서 만민의 원성을 듣는 것과 비교해보면 어느 것이 더 좋은 일이겠소? 공자께서 만약 다행히 제 어리석은 계책을 따라주신다면 저는 살아남은 우리 채나라 군사를 이끌고 공자를 위해 선봉에 서겠소."

그러자 공자 기질이 노하여 소리쳤다.

"보잘것없는 놈이 감히 교묘한 언설로 우리 초나라 군신을 이간시키는구나. 내 마땅히 네 목을 벨 것이로되 잠시 네 목을 붙여두노니 어서 가서 세자에게 전하거라! 속히 스스로 몸을 포박한 후 성을 나와 항복해야 남은 목숨이라도 보존할 수 있을 것이라고 말이다."

그러고는 좌우 군사에게 소리쳐 조오를 군영 밖으로 끌어내라고 했다.

원래 초나라 공왕에게는 총애하는 첩의 아들이 다섯 명 있었다. 맏이는 웅소熊昭로 강왕康王이었고, 둘째는 웅위熊圍로 영왕靈王이었다. 또한 셋째는 웅비熊比로 자가 자간子干이었고, 넷째는 웅흑굉熊黑肱으로 자가 자석子晰이었으며, 막내아들이 공자 기질이었다. 공왕은 다섯 아들 중에서 한 명을 세자로 세우려 하면서도 마음의 결정을 내리지 못하고 있었다. 이에 여러 신에게 크게 제사를 지내면서 둥근 옥璧을 받들고 몰래 기도를 했다.

"신이시여! 저의 다섯 아들 중에서 어진 아들 하나를 선택하여 복을 내리시고 초나라 사직의 주인으로 삼아주십시오."

그러고 나서 종묘의 뜰에 둥근 옥을 몰래 묻고 다른 사람이 알아채지 못하도록 표시를 해두었다. 공왕은 다섯 아들에게 사흘 동안 목욕재계를 하게 한 후 이른 새벽에 종묘로 들어오게 하여 나이 순서대로 선왕의 신위에 절을 하게 했다. 공왕은 옥이 묻힌 장소 위에서 절을 하는 아들을 신이 선택한 후사後嗣로 여기고 그를 세자로 세울 심산이었다. 맏아들 소는 옥이 묻힌 곳을 바로 넘어가 그 앞에서 절을 했다. 둘째 아들 위는 절을 할 때 팔꿈치가 옥이 묻힌 곳에 닿았다. 셋째 아들 자간과 넷째 아들 자석은 그곳에서 매우 멀리 떨어진 곳에서 절을 했다. 막내 기질은 나이가 아직 어려서 보모가 안고 들어와 절을 하게 했는데도 옥이 묻힌 곳 바로 위에서 절을 했다. 공왕은 마음속으로 천지신명이 막내아들을 보우한다고 생각하고 그를 더욱 깊이 총애했다. 공왕이 세상을 떠났을 때 막내 기질은 아직 나이가 어렸기 때문에 맏아들인 강왕이 먼저 보위를 이었다. 그러나 초나라 대부들은 옥을 묻은 이야기를 듣고 공자 기질이 초나라 왕이 되리라는 사실을 모르는 사람이 없었다. 그래서 오늘 채나라 사신 조오도 기질에게 '옥 위에서 절을 하는當璧' 상서로운 조짐이 있었다고 말한 것이다. 공자 기질은 이 이야기가 퍼져나가 영왕의 미움을 받을까 두려워서 거짓으로 화를 내며 조오를 쫓아낸 것이다.

조오는 채나라 도성으로 돌아와 공자 기질의 말을 전했다. 그러자 세자 유가 말했다.

"나라의 군주는 사직을 위해 죽는 것이 올바른 도리요. 나는 비록 보위를 잇지는 못했지만 이미 섭정으로 나라를 지키고 있소. 그러니 이 도성의 존망과 운명을 함께할 것이오. 어찌 원수에게 무릎을 굽히고 스스로 노예가 될 수 있겠소?"

그는 도성을 더욱 강력하게 지켰다. 여름 4월부터 겨울 11월까지 공방전이 계속됐다. 공손귀생은 과로로 병이 나서 자리에서 일어날 수도 없었다. 성안에 먹을 것이 모두 떨어져 아사자가 절반을 넘었다. 성을 지키는 군사들도 극심한 피로로 적을 막을 수가 없었다. 이를 틈타 초나라 군사들이 개미 떼처럼 성 위로 기어올랐다. 채나라 도성은 마침내 함락되고 말았다. 세자 유는 성루에 단정히 앉아서 포박을 받았다. 초나라 공자 기질은 성으로 들어가서 백성을 위로했다. 그러고는 세자 유를 함거에 싣게 하고 채유와 함께 영왕이 있는 곳으로 보내 승리를 보고했다. 조오는 옥 위에서 절을 한 공자 기질의 이야기를 했기 때문에 채나라 도성에 잡아두고 보내지 않았다. 얼마 지나지 않아 병을 앓던 공손귀생이 죽었다. 이후 조오는 결국 초나라 공자 기질을 섬기게 되었다. 이것이 주 경왕 14년의 일이었다.

이때 초 영왕은 벌써 도읍 영도로 돌아와 있었다. 어느 날 영왕은 어떤 신인神人이 찾아오는 꿈을 꿨다. 그 신인은 스스로 구강산九岡山의 신령이라 하면서 다음과 같이 말했다.

"내게 제사를 지내주면 너를 천하의 주인으로 만들어주리라."

영왕은 꿈에서 깨고 나서 몹시 기뻐하며 마침내 어가를 구강산으로 몰라고 명령을 내렸다. 그때 마침 기질의 승전보가 도착했다. 그래서 채나라 세자 유를 제사의 희생물로 삼으라고 명령을 내리고, 그를 죽여 신령에게 제사를 올리겠다고 했다. 신무우가 간언을 올렸다.

"지난날 송 양공이 수수睢水의 신에게 증나라 군주를 제물로 바치자 제후들이 송나라를 배반했습니다. 그 전철을 밟아서는 안 됩니다."

초 영왕이 말했다.

"채나라 세자 유는 역적 반의 아들로 죄인의 후손이오. 어찌 제후들에 비교할 수 있겠소? 가축을 제물로 바치는 것과 같은 것이오."

신무우가 물러나 탄식했다.

"왕의 잔학함이 심히 지나치니 그 종말이 다가온 것이 아닌가?"

그러고는 마침내 늙음을 핑계로 전원으로 돌아갔다. 채유는 세자가 제사의 희생물로 피살된 것을 보고 사흘 동안 슬피 울었다. 초 영왕은 그의 충성심을 가상하게 여겨 그를 석방하고 벼슬에 등용했다. 채유는 자신의 부친이 앞서 영왕에게 피살되었기 때문에 몰래 복수의 마음을 품고 영왕에게 말했다.

초 영왕이 진陳과 채蔡를 멸망시키다.

"제후들이 진晉나라만 섬기고 초나라를 섬기지 않는 것은, 진나라는 가깝고 초나라는 멀기 때문입니다. 그러나 이제는 대왕마마께서 진陳나라와 채나라를 모두 소유하게 되어 중원 땅과 바로 경계를 맞대게 되었습니다. 만약 저 두 나라의 성을 더욱 높고 넓게 수리하고 각각 천승의 군대를 주둔시킨 뒤 그 위세를 제후들에게 과시하면 사방의 어느 나라가 복종하지 않을 수 있겠습니까? 그런 후 군사를 일으켜 먼저 동남쪽의 오와 월을 정복하고 다음으로 서북쪽을 도모한다면 주周나라를 대신하여 천자가 될 수 있을 것입니다."

초 영왕은 채유의 아첨에 기분이 좋아져서 날이 갈수록 그를 더욱 두텁게 총애했다. 이에 진나라와 채나라 성곽의 높이와 넓이를 두 배로 증축하고 공자 기질을 채공蔡公으로 임명하여 채나라를 멸망시킨 그의 공로에 보답했다. 또 동서 두 곳에 불갱성不羹城[2]을 쌓아 초나라의 요새지로 삼았다. 초 영왕은 이제 천하에 초나라보다 더 강한 나라는 없다고 생각하고 자신이 손가락만 까닥이면 천하를 얻을 것으로 확신했다. 그래서 태복太卜을 불러서 거북점을 쳐보라고 하며 물었다.

"과인이 언제 왕이 되겠느냐?"

태복이 말했다.

"주상께선 벌써 왕을 칭하고 계신데 무엇을 묻고자 하십니까?"

초 영왕이 말했다.

"초나라와 주周나라가 병립하고 있으니 진정한 왕이 아니다. 이제 천하를 얻는 자가 진정한 왕이 될 것이다."

2_ 불갱성不羹城: 동불갱성東不羹城은 하남성 무양舞陽 서북쪽, 서불갱성西不羹城은 하남성 양성襄城 동남쪽에 있었다.

태복이 거북 껍질에 열을 가하자 균열이 생겼다. 태복이 말했다.

"점을 쳐본 결과 아무것도 이룰 수 없습니다."

영왕은 거북 껍질을 땅바닥에 집어던지고 팔뚝을 휘두르며 고함을 질렀다.

"하늘이여! 하늘이여! 이 좁디좁은 천하를 나에게 주려 하지 않으십니까? 그럼 이 웅건熊虔(초 영왕)을 태어나게 하여 무엇에 쓰려 한 것입니까?"

옆에서 채유가 아뢰었다.

"일의 성패는 사람 하기에 달려 있는 것이지 저 썩어빠진 뼈다귀가 무엇을 알겠습니까?"

그러자 영왕이 크게 기뻐했다.

제후들은 초나라의 강성함에 겁을 먹고 작은 나라는 조공을 바치러 왔고 큰 나라는 우호의 사절을 파견했다. 그리하여 공물을 바치러 오는 사신 행렬이 도로에 끊이지 않았다. 그중 한 사람이 바로 제나라 대부 안영이었다. 그는 자가 평중으로 제 경공의 명령을 받들고 초나라로 친선을 맺으러 가는 길이었다. 초 영왕이 신하들에게 말했다.

"안평중은 키가 5척도 안 되지만 제후 사이에서 현인이라는 명성이 자자하오. 지금 해내海內의 여러 나라 중에서 오직 우리 초나라가 가장 강성하오. 과인은 안영에게 모욕을 주어 우리 초나라의 위엄을 과시하고 싶소. 경들에게 무슨 좋은 계책이 있소?"

태재 위계강이 비밀리에 아뢰었다.

"안평중은 응대를 잘하기 때문에 한 가지 일만으로는 그에게 모욕을 줄 수 없습니다. 반드시 여차여차하게 대처해야 할 것입니다."

영왕은 그의 말을 듣고 매우 기뻐했다. 위계강은 밤에 영성郢城의 동문 곁으로 병졸을 보내 겨우 5척 정도 되는 작은 개구멍을 별도로 뚫어놓게 했다. 그러고는 문지기 병사에게 분부했다.

"제나라 사신이 당도하면 성문은 단단히 닫아두고 이 개구멍으로 들어가게 하라."

잠시 후 안영이 해진 갖옷을 입고 여윈 말이 끄는 가벼운 수레를 탄 채 동문으로 다가왔다. 그러나 성문이 열려 있지 않은 것을 보고 어자를 시켜 문을 열도록 소리치게 했다. 그때 동문의 문지기가 개구멍을 가리키며 말했다.

"대부께선 이 구멍으로 들어가셔도 넉넉하실 것입니다. 어찌 성문을 열 필요까지 있겠습니까?"

안영이 말했다.

"이것은 개구멍이지 사람이 출입하는 문이 아니다. 내가 개 나라에 사신을 왔다면 개구멍으로 들어가겠지만 사람 나라에 사신을 왔다면 사람 다니는 문으로 들어가야 하지 않겠느냐?"

사자가 안영의 말을 영왕에게 나는 듯이 보고했다. 영왕이 말했다.

"내가 그자를 놀리려 하다가 오히려 그자에게 놀림을 당했구나!"

그러고는 바로 동문을 열어 그를 성안으로 맞아들이라고 명령을 내렸다.

안영은 초나라 도성 영도의 성곽이 견고하고 저잣거리가 밀집해 있는 것을 자세히 관찰했다. 진정 지령地靈에 의해 인걸人傑이 태어나는 곳으로 강남의 길지吉地라 할 만했다. 이를 어떻게 알 수 있는가? 후세 송나라 학사 소동파蘇東坡3가 지은 형문荊門을 노래한 시4로 그것을 증명할 수 있다.

나그네가 삼협을 벗어나오니 遊人出三峽

초 땅이 평평하게 끝이 없다　　楚地盡平川
북쪽 손님은 넓은 남쪽에 연이어 오고　　北客隨南廣
오국 돛대 촉 땅으로 길을 연다　　吳檣開蜀船
강물은 평야 침식해 땅을 나누고　　江侵平野斷
바람은 백사장을 휘감아 돈다　　風掩白沙旋
초나라 흥망을 물으려 해도　　欲問興亡意
겹쌓은 성 옛날부터 견고했다　　重城自古堅

안영이 초나라 도성 안을 구경하고 있을 때 문득 수레 두 대가 큰 거리에서 달려왔다. 수레에는 초나라에서 정선한 것으로 보이는 키가 크고 수염이 긴 거한들이 타고 있었다. 그들은 번쩍이는 갑옷과 투구로 몸을 장식하고 손에는 큰 활과 긴 창을 들고 있었다. 마치 하늘에서 내려온 천신天神처럼 안영을 맞으러 와서 고의로 안영의 왜소한 신체를 비웃으려는 것 같았다. 안영이 말했다.

"오늘 나는 우호의 사절로 온 것이지 싸우러 온 것이 아니다. 그런데 어찌하여 무사를 보낸 것인가?"

안영은 그들을 꾸짖어 길 한쪽으로 비키게 한 뒤 수레를 몰고 곧바로 나아갔다.

3_ 소동파蘇東坡: 중국 북송 시대의 대문호. 본명은 식軾, 동파東坡는 그의 자다. 부친 소순蘇洵, 아우 소철蘇轍과 함께 당송팔대가에 속한다. 유, 불, 도에 모두 통달했고 시, 서, 화에 모두 뛰어났다. 호방하고 씩씩한 기상의 사詞로도 일가를 이뤘다.

4_ 형문荊門을 노래한 시: 소식의 「형주荊州」 10수 중에서 첫 번째 시. 본래 시의 원문에는 함련頷聯이 "북쪽 손님은 남쪽으로 장사하러 오고, 오국吳國 돛대 사이에 촉선蜀船이 있네北客隨南賈, 吳檣間蜀船"로 되어 있다.

조정으로 들어가려 하는데 조정 문밖에 10여 명의 벼슬아치가 모여 있었다. 그들은 하나같이 높다란 관모를 쓰고 넓은 관대를 맨 채 의젓하고 멋진 모습으로 두 줄로 늘어서 있었다. 안영은 이들이 초나라의 호걸들임을 알고 얼른 수레에서 내렸다. 초나라 벼슬아치들은 앞으로 나와서 한 사람씩 안영에게 상견례를 했다. 그러고는 임시로 줄을 좌우로 나누고 도열한 채 초 영왕을 알현하기 위해 기다리고 있었다. 그중 한 젊은 사람이 먼저 입을 열었다.

"대부께선 이유夷維(山東省 高密) 땅의 안평중 아닙니까?"

안영이 바라보니 바로 투위구鬭韋龜의 아들 투성연이었다. 그는 교윤郊尹이란 관직을 맡고 있었다. 안영이 대답했다.

"그렇소만, 대부께선 무슨 가르침을 베풀어주시려는 것이오?"

투성연이 말했다.

"소문을 들으니 제나라는 바로 강태공께서 봉해진 나라라고 하오. 그 병력은 진秦, 초를 상대할 만하고, 재화는 노魯, 위衛에까지 통용된다고 하오. 그런데 어찌하여 환공께서 한 번 패업을 이룬 이후로 보위 찬탈이 계속 이어지고 송, 진晉과 끊임없이 전쟁을 했소? 지금에 이르러서는 아침에는 진나라를 섬기다가 저녁에는 또 초나라를 섬기기 위해 임금과 신하가 분주히 길 위를 오고 가니 아마도 나라에 편안한 세월이 없는 것 같소. 대저 지금 제나라 군후의 뜻이 어찌 환공보다 아래라고 할 수 있으며, 안평중의 현명함도 어찌 관중에 뒤지겠소? 그런데도 지금 제나라의 임금과 신하는 덕을 모아 경륜을 크게 펴서 옛 패업을 진작시키고 선군의 유업을 빛낼 생각은 하지 않고, 몸을 굽혀 대국이나 섬기며 스스로 신하 노릇을 하고 있으니 내 어리석은 소견으로는 그 뜻을 이해할 수가 없소."

안영은 소리를 높여 낭랑하게 대답했다.

"대저 현실의 급선무를 아는 자는 호걸이 될 수 있고, 대세의 은밀한 변화에 능통한 사람은 영웅이 될 수 있소. 무릇 주周나라의 강령이 해이해진 이래 오패五霸가 차례로 일어나 제와 진晉은 중원을 제패했고, 진秦나라는 서융을 제패했으며, 초나라는 남만을 제패했소. 이는 비록 인재가 계속 출현했기 때문에 가능한 일이라고 할 수 있지만, 기실은 천지의 기운이 그렇게 만든 것이오. 저 진 문공은 웅대한 방략을 품고 있었지만 상막에서 공격을 당했고, 진 목공은 강성했지만 그 자손들은 모두 미약해졌소. 또 장왕의 후손도 초나라에서 매번 진과 오에게 모욕을 당했소. 그런 일이 어찌 우리 제나라만의 일이겠소? 우리 주상께선 천운의 흥망성쇠를 아시고 현실의 급선무에 통달하신 분이오. 이 때문에 지금 군사를 양성하고 장수를 조련하면서 거병할 때를 기다리고 있소. 오늘 우호의 사절을 파견한 것은 이웃 나라끼리 왕래하는 예절에 의한 것으로 천자의 제도에도 규정되어 있소. 그런데 어찌 신하 노릇을 한다 하시오? 대부의 선조 자문은 초나라의 명신으로 현실의 변화에 통달했던 분이오. 대부는 그분의 직계 후예가 아니오? 그런데 어찌 선조의 언행과는 어긋나는 말을 하는 것이오?"

투성연은 부끄러움이 가득한 얼굴로 목을 움츠리고 물러났다.

잠시 후 왼쪽 줄에 있던 선비 하나가 또 물었다.

"안평중께선 자신이 현실의 변화에 통달한 사람이라고 자부하고 있구려. 그러나 최저와 경봉의 반란 때 제나라 신하들은 가거賈擧 이하로 무수한 사람이 절개와 대의를 위해 죽었소. 또 진문자陳文子(陳須無)는 수레 열 대가 있었지만 그것을 버리고 다른 나라로 망명했소. 그런데 대부께선 제나라에서 대대로 벼슬한 가문의 후손이면서도 위로는 역적을 토벌하지 못했고, 아래로는 벼슬도 내던지지 못했으며, 가운데로는 목숨을 바치지도 못했소. 어찌 그렇게 명예와 벼슬에 연연하시오?"

안영이 바라보니 바로 초나라 상대부 양개陽匄였다. 그는 자가 자하子瑕로 초 목왕의 증손자였다. 안영이 바로 대답했다.

"큰 절개를 지키는 자는 사소한 양해를 구하지 않소. 심모원려深謀遠慮를 품은 사람이 어찌 목전의 작은 계책에 얽매이겠소? 내가 듣건대 군주가 사직을 위해 죽으면 신하도 마땅히 그 뒤를 따라야 한다고 했소. 그런데 대부의 선군이신 장공께선 사직을 위해 죽지 않았소. 또 그분을 따라 죽은 사람도 모두 사사로운 친분 때문에 그렇게 한 것이오. 나 안영이 비록 재주는 없지만 어찌 감히 군주의 측근에서 총애를 구하며 사사로운 죽음으로 더러운 이름이나 사려는 사람이겠소? 또 신하된 사람이 국가의 환난을 만났을 때, 능력이 있으면 환난 구제를 도모해야 하지만 능력이 없으면 나라를 떠나야 하오. 내가 나라를 떠나지 않은 것은 새로운 군주를 세워 종사를 보존하려 했던 것이지 벼슬자리를 탐한 것이 아니오. 사람들이 모두 떠나버린다면 나랏일을 누구에게 의지하겠소? 하물며 군주를 시해한 변란이 일어나지 않는 나라가 어디에 있소? 대부께선 지금 조정에 줄지어 있는 초나라 신료들이 모두 역적을 토벌하고 환난에 목숨을 바칠 수 있는 사람들이라 보시오?"

이 한마디 말은 자신의 임금을 죽인 초나라 웅건의 행적을 몰래 지적한 것이었다. 그런데도 초나라 신하들은 오히려 웅건을 임금으로 추대했으니 이는 다른 사람만 꾸짖을 줄 알고 자신은 꾸짖을 줄 모르는 언행에 불과했다. 양개는 대답할 말을 찾을 수 없었다.

잠시 후 오른쪽 줄에 있던 어떤 사람이 또 앞으로 나서며 말했다.

"평중이시여! 그대는 지금 '새 군주를 세워 종사를 보존하려 했다'고 하셨지만 이는 지나치게 과장된 말씀이오. 최저와 경봉이 반역을 도모하고 난씨, 고씨, 진씨, 포씨가 서로 다툴 때 그대는 여전히 그 사이에서 관망만 하며 훌륭한 계책을 전혀 내놓지 않았소. 이는 성공한 사람에 빌붙어서 일을 처리하려는 태도라고 할 수밖에 없소. 마음을 다해 나라에 보답하려는 사람이 어찌 그런 태도에 그쳤단 말이오?"

안영이 바라보니 바로 우윤 정단鄭旦으로 그의 자는 자혁子革이었다. 안영이 웃으면서 말했다.

"대부께선 하나만 알고 둘은 모르는구려! 나는 최저와 경봉의 동맹에 참여하지 않았소. 또 난씨 등 네 가문이 환난을 일으켰을 때는 주상의 처소에 있었소. 그래서 상황에 따라 강온 양면 대책을 구사하며 주상과 나라를 보전하는 데 주력해야 했소. 이것이 어찌 방관자가 취할 수 있는 태도란 말이오?"

왼쪽 줄에 있던 또 한 사람이 앞으로 나서며 말했다.

"대장부가 세상을 바로잡으려고 한 임금을 만났다면 큰 재주와 지략을 갖추고 있을 것이고, 그럼 반드시 의장儀仗의 규모도 커야 할 것이오. 그러나 어리석은 이 사람이 보기에 안 대부께선 인색한 필부의 범위를 벗어나지 못하는 것 같소."

안영이 바라보니 바로 태재 위계강이었다. 안영이 말했다.

"족하께선 이 안영이 인색하다는 걸 어떻게 아셨소?"

계강이 말했다.

"대장부가 밝은 군주 밑에서 벼슬을 하며 상국이라는 고귀한 지위에 있다면 마땅히 복식을 아름답게 하고 거마를 성대하게 꾸며서 임금의 총애와 은택을 밝게 드러내야 할 것이오. 그런데 어찌하여 낡은 갖옷을 입고 여윈 말이 끄는 수레를 타고 외국에 사신을 다닐 수 있단 말이오? 이 얼마나 녹봉과 먹을 것이 부족한 모습이오? 또 듣건대 안평중께선 어려서 여우 갖옷을 입은 이래 30년 동안 옷을 바꾸지 않았고, 제사를 지낼 때도 돼지고기의 어깨가 제기祭器를 덮지 못할 정도로 작은 제물을 쓴다고 하니 이것이 인색함이 아니고 무엇이겠소?"

그러자 안영이 박장대소하며 말했다.

"족하의 견해야말로 이 얼마나 천박하오? 나 안영이 재상의 자리에 오른 이래 친가는 모두 갖옷을 입게 되었고, 외가는 모두 고기를 먹게 되었으며, 처가도 추위에 떨거나 굶주리는 사람이 없게 되었소. 초야의 선비들 중에도 내가 보내주는 곡식으로 밥을 해먹는 사람이 70여 집은 되오. 우리 집은 비록 검소하게 살지만 삼족이 모두 배불리 먹고 있고, 내 몸은 비록 인색한 것 같지만 여러 선비가 풍족하게 밥을 먹고 있소. 이러한 방법으로 임금의 총애와 은택을 밝게 드러내고 있으니 이 또한 큰 사업이 아니겠소?"

말을 아직 다 마치지도 않았는데, 오른쪽 줄에서 또 한 사람이 앞으로 나서서 안영을 손가락으로 가리키며 큰 소리로 웃었다.

"내가 듣건대 상나라 탕왕은 키가 9척이나 되는 분으로 어진 임금이 되었고, 공손지는 힘이 만 명을 당할 정도의 장사인지라 진秦나라 명장이 되었다 하오. 옛날 현명한 임금과 통달한 선비는 모두 용모가 웅위雄偉하고 용력도 뛰어났소. 이에 당대에 불후의 공적을 세워 그 이름을 후세에까지 전했소. 지금 그대는 키가 5척도 되지 않고 힘은 닭 한 마리도 잡을 수 없는 수준이오. 그런데도 한갓 혓바닥에만 의지하여 스스로 능력이 있다고 생각하시니 이 어찌 부끄러운 일이 아니겠소?"

안영이 바라보니 바로 공자 진眞의 손자 낭와囊瓦였다. 그는 자가 자상子常으로 초왕의 거우 직을 맡고 있었다. 안영은 보일 듯 말 듯 미소를 지으며 대답했다.

"내가 듣건대 저울추는 비록 작지만 능히 1000근의 무게를 달 수 있고, 배의 상앗대는 얇고 길지만 마침내 물을 저어 배를 앞으로 나아가게 할 수 있다고 하오. 교여喬如는 키가 매우 컸지만 노나라에서 주륙을 당했고, 남궁장만南宮長萬은 초절정의 용력을 갖고 있었지만 송나라에서 죽임을 당했소. 족하께서도 키가 크고 힘이 센 듯하니 그들과 비슷하지 않겠소? 나 안영은 스스로 무능하다는 사실을 알고 있소. 다만 여러 대부께서 질문을 하시기에 그냥 대답을 했을 뿐이오. 어찌 감히 함부로 혓바닥을 놀릴 수 있겠소?"

낭와는 더 이상 대꾸를 할 수 없었다. 그때 갑자기 보고가 올라왔다.

"영윤이신 위피 공께서 당도하셨습니다."

사람들이 모두 일어나 공수하고 기다렸다. 그때 함께 온 오거가 조정 문으로 들어와 안영에게 읍을 하며 대부들에게 말했다.

"안평중은 제나라의 현명한 선비요. 그런데 여러분께서는 어찌하여 말다툼이나 하고 있소?"

잠시 후 초 영왕이 탑전으로 오르자 오거가 안영을 인도하여 영왕을 알현하게 했다. 영왕은 안영을 보자마자 갑자기 물었다.

"제나라엔 본래 인물이 없소?"

안영이 말했다.

"제나라 안에는 인물이 많아서 숨을 쉬면 바로 구름이 되고 땀을 흘리면 바로 비가 될 정도이며,[5] 길 가는 사람이 서로 어깨를 부딪치고 서 있는 사람이 서로 발자국을 이을 정도입니다.[6] 그런데 어찌 인물이 없다고 하십니까?"

영왕이 말했다.

"그럼 어찌하여 난쟁이를 우리 나라에 사신으로 보낸 것이오?"

안영이 말했다.

"우리 나라에는 사신을 보낼 때 규칙이 있습니다. 어진 사람은 어진 나라로 사신을 보내고, 어리석은 사람은 어리석은 나라로 사신을 보냅니다. 또 거인은 대국大國으로 사신을 보내고, 난쟁이는 소국小國으로 사신을 보냅니다. 신은 난쟁이일 뿐만 아니라 제나라에서 가장 어리석은 사람이라 초나라로 사신을 온 것입니다."

초왕은 그 말에 부끄러움을 느끼며 마음속으로는 남몰래 경탄을 금치 못했다. 사신으로서 임무가 끝나자 마침 교외의 백성이 합환귤合歡橘을 헌상했다. 영왕은 먼저 한 개를 집어 안영에게 하사했다. 안영은 그 귤을 껍질째로 먹었다. 영왕은 박장대소하며 말했다.

"제나라 사람들은 귤도 먹어보지 못했단 말이오? 어찌 껍질도 벗기지 않고 드시오?"

5_ 휘한성우揮汗成雨: 땀을 흘리면 바로 비가 되어 내릴 정도라는 뜻. 인산인해를 이룰 정도로 사람이 많음을 비유한다. 휘한여우揮汗如雨라고도 한다.(『전국책戰國策』「제책齊策」)

6_ 비견접종比肩接踵: 어깨가 나란히 이어지고 발꿈치가 서로 닿는다는 뜻. 서로 몸이 닿고 발 디딜 틈이 없을 정도로 사람이 많이 붐비는 것을 비유한다. 비견계종比肩繼踵, 접종마견接踵摩肩이라고도 한다.(『안자춘추晏子春秋』「잡하雜下」)

안영이 뛰어난 변설로 초나라를 굴복시키다.

안영이 대답했다.

"신이 듣건대 '임금이 하사하신 물건은 오이나 복숭아도 껍질을 깎지 않으며 감귤도 껍질을 벗기지 않는다'고 합니다. 지금 대왕마마께서 하사하신 물건은 우리 주상께서 하사하신 것과 같습니다. 대왕마마께서 귤 껍질을 까서 먹으라 하지 않으셨는데 신이 어찌 감히 껍질째 먹지 않을 수 있겠습니까?"

영왕은 자기도 모르게 존경심이 우러나 안영에게 술을 하사하라고 명령을 내렸다.

잠시 후 무사 서너 사람이 죄수 한 명을 묶어서 대전 아래 뜰을 지나가고 있었다. 영왕이 갑자기 물었다.

"그 죄수는 어디 놈이냐?"

"제나라 놈입니다."

"무슨 죄를 범한 것이냐?"

"도둑질입니다."

이에 영왕이 안영에게 말했다.

"제나라 사람은 도둑질하는 것이 습관이오?"

안영은 영왕이 일부러 연극을 벌이며 자신을 조롱하려는 것을 알고 머리를 조아리며 말했다.

"신이 듣건대 '장강 남쪽의 귤을 장강 북쪽으로 옮기면 탱자로 변한다'[7]고 합니다. 그렇게 되는 까닭은 토질이 다르기 때문입니다. 지금 제나라 사람이 제나라에 살 때는 도둑질을 하지 않다가 초나라에 와서 도둑질을 하는

7_ 귤화위지橘化爲枳: 장강 남쪽의 귤이 장강 북쪽으로 가면 탱자가 된다는 뜻. 환경에 따라서 사람의 습성이나 기질이 변함을 비유한다. 남귤북지南橘北枳라고도 한다.(『안자춘추』「잡하雜下」)

까닭은 초나라의 토질이 그렇게 만든 것이지 어찌 제나라와 관계있는 일이겠습니까?"

초 영왕은 한참 동안이나 아무 말도 못하고 있다가 천천히 입을 열었다.

"과인이 본래 대부에게 모욕을 주려 하다가 오히려 모욕을 당하고 말았소."

영왕은 안영에게 후한 예물을 하사하여 제나라로 귀국하게 했다.

제 경공은 안영의 공로를 가상하게 여겨 벼슬을 상상上相으로 높여주고, 천금의 값어치에 해당하는 갖옷을 하사하고, 또 넓은 땅을 할양하여 그의 봉토에 보태주려 했다. 그러나 안영은 모두 받지 않았다. 또한 안영의 집도 더 넓게 지어주려 했지만 그것도 극구 사양했다. 어느 날 제 경공이 안영의 집에 행차했다가 그의 아내를 보고 안영에게 물었다.

"저분이 경의 내자內子요?"

안영이 대답했다.

"그렇습니다."

경공이 웃으면서 말했다.

"어허! 나이도 많고 용모도 참 못났소. 과인에게 사랑하는 딸이 있는데 나이도 어리고 아름답소. 원컨대 경에게 내려주고 싶소."

안영이 대답했다.

"여인이 나이가 젊고 모습이 고울 때 다른 사람을 섬기는 것은 나이가 들어 모습이 추해졌을 때 자신의 몸을 의탁하기 위함입니다. 신의 아내가 비록 지금 늙고 추한 모습이지만 옛날부터 신에게 몸을 의탁했사온데 어찌 차마 그 마음을 배반할 수 있겠습니까?"

경공이 감탄하며 말했다.

"경은 자신의 아내도 배신하지 않는데 하물며 임금이야 말해 무엇하겠는가?"

경공은 안영의 충성심을 깊이 신임하고 더욱더 많은 일을 맡겼다. 뒷일을 알고 싶으면 다음 회를 보시라.

제70회

폭군의 최후

세 형을 죽인 뒤 초 평왕은 보위에 오르고

제와 노를 협박하여 진 소공은 회맹을 하다

殺三兄楚平王卽位, 劫齊魯晉昭公尋盟.

주 경왕 12년에 초 영왕은 진陳나라와 채蔡나라를 모두 멸망시키고 또 허許, 호胡, 심沈, 도道, 방房, 신申 여섯 나라 백성을 형산荊山으로 옮겨 살게 했다. 이에 여섯 나라 백성은 유리걸식하며 길가에서 탄식과 원망을 그치지 않았다. 영왕은 스스로 손만 내밀면 천하를 얻을 수 있다고 생각하고 밤낮으로 장화대에서 연회를 열었으며 주周나라로 사신을 보내 구정九鼎을 달라고 하여 초나라를 진무鎭撫하는 보물로 삼으려고 했다. 그러자 우윤 정단이 말했다.

"지금 제와 진晉은 여전히 국력이 강하고 오와 월은 아직도 우리에게 복종하지 않고 있습니다. 주나라는 비록 우리 초나라를 두려워할지 모르나, 이후 다른 제후들이 우리를 비난할까 걱정입니다."

초 영왕이 화를 내며 말했다.

"과인이 거의 잊을 뻔했다! 앞서 신申 땅에서 회맹할 때 서徐나라 군주의 죄를 용서하고 함께 오나라를 쳤는데, 서나라는 얼마 지나지 않아 다시 오나라에 빌붙어 힘이 다하지 않았다. 이제 과인은 먼저 서나라를 정벌하고 다음으로 오나라를 치고자 한다. 장강 동쪽 땅이 모두 초나라 소유가 된다면 천하는 벌써 그 반이 정해진 것이나 다름없을 것이다!"

그리하여 위피와 채유를 시켜 세자 녹祿을 받들어 도성을 지키게 하고, 병거와 군마를 크게 사열한 뒤 동쪽 주래州來(安徽省 鳳台) 땅에서 사냥을 하고 영수潁水 가에 군사를 주둔시켰다. 그러고는 사마 독督에게 병거 300승을 이끌고 서나라로 쳐들어가 도성을 포위하게 했다. 영왕 자신은 건계乾谿(安徽省 渦陽)에 대군을 주둔시키고 전투를 지원했다. 이때가 주 경왕 15년, 초 영왕 11년이었다. 겨울에 큰 눈이 내려 세 자 넘게 쌓였다. 이를 증명한 시가 있다.

검은 구름 하늘 가리고 바람은 울부짖는데 　彤雲蔽天風怒號
거위 털 같은 눈발이 분분히 휘날리네 　飛來雪片如鵝毛
홀연히 산봉들이 푸른빛을 잃더니 　忽然群峯失青色
고요한 평지에 은빛 파도 일어나네 　等閑平地生銀濤

천 그루 추운 둥지에 까막까치 얼어붙고 　千樹寒巢僵鳥雀
붉은 화로도 온기 없고 겹 갖옷도 얇구나 　紅爐不暖重裘薄
이 시절 종군 병사는 더욱 가련하다 　此際從軍更可憐
쇠 갑옷에 얼음 얼어 입기도 어렵구나 　鐵衣氷凝愁難著

초 영왕이 좌우 신하에게 물었다.

"지난번에 진秦나라에서 바친 '복도구復陶裘'[1]와 '취우피翠羽被'[2]가 있느냐? 어서 가져오너라. 내가 입어야겠다."

좌우 근신이 복도구와 취우피를 올렸다. 영왕은 복도구를 입고 그 위에 또 취우피를 걸쳤으며 머리에는 가죽 관모를 쓰고 발에는 표범 가죽 신발을 신었다. 손에는 자줏빛 채찍을 들고 군막에서 나와 설경을 구경하고 있었다. 이때 우윤 정단이 다가왔다. 영왕은 관모와 취우피를 벗어서 채찍과 함께 정단에게 주며 말했다.

"몹시 춥다!"

정단이 대답했다.

"대왕마마께선 복도구를 입고 표범 가죽 신발을 신은 채 호피 장막 안에 계시면서도 추위에 고통을 당하시는데, 군사들은 홑 갈옷을 입고 복사뼈를 드러낸 채 머리에는 투구를 쓰고 몸에는 갑옷을 입고 눈보라 속에서 무기를 잡고 있으니 그 고통이 어떠하겠습니까? 상황이 이러한데 대왕마마께선 어찌 어가를 돌려 도성으로 돌아가지 않으십니까? 서나라 정벌에 나선 군사를 불러들여 날씨가 따뜻해지는 봄까지 기다렸다가 다시 정벌에 나선다면 모든 것이 편할 것입니다."

초 영왕이 말했다.

"경의 말씀이 매우 타당하오! 그러나 나는 군사를 부린 이래 가는 곳마다 반드시 승리를 쟁취했소. 조만간 사마 독에게서 틀림없이 승전보가 올라올 것이오."

1_ 복도구復陶裘: 비와 눈이 올 때 입는 방한용 옷. 짐승 털과 새의 깃으로 만든다.

2_ 취우피翠羽被: 물총새의 깃털로 만든 외투.

정단이 대답했다.

"서나라는 진陳과 채와는 다릅니다. 진과 채는 우리 초나라에 가까워서 오랫동안 우리 지붕 아래 있었지만 서나라는 초나라에서 동북쪽으로 3000리나 떨어져 있어 오나라에 복종하는 걸 중요하게 생각합니다. 대왕마마께선 지금 서나라를 정벌하여 전공을 얻으려고 삼군을 오랫동안 외지에 주둔시켜 엄동설한의 고통을 겪게 하고 계십니다. 이때 만일 국내에서 변란이라도 발생한다면 군사들의 마음이 이반될 것이니 대왕마마께선 위기에 처하실 것입니다."

영왕이 웃으면서 말했다.

"천봉수는 진나라를, 기질은 채나라를 지키고 있고, 또 오거는 세자와 함께 도성을 지키고 있소. 이렇듯 삼초三楚가 튼튼한데 과인이 또 무엇을 염려하리오?"

말을 다 마치지도 않았는데 좌사 의상倚相이 영왕의 앞을 빠른 걸음으로 지나가고 있었다. 영왕이 정단에게 말했다.

"저분은 박학다식한 사람이오. 삼분三墳, 오전五典, 팔삭八索, 구구九邱[3]에 관해 모르는 것이 없소. 자혁(정단의 자)께서도 잘 봐두시기 바라오."

정단이 대답했다.

"대왕마마의 말씀은 옳지 않습니다. 옛날 주 목왕은 여덟 마리 준마가 이끄는 수레를 타고 천하를 주유했는데, 그때 채공 모보[4]가 「기초祈招」[5]라는 시를 지어 목왕에게 주유를 그만두도록 간諫했고, 목왕은 그의 간언을 듣고 도성으로 돌아와 재앙에서 벗어날 수 있었습니다. 신은 일찍이 그 시

3_ '삼분三墳'은 삼황三皇에 관한 책, '오전五典'은 오제五帝에 관한 책, '팔삭八索'은 팔괘八卦에 관한 책, '구구九邱'는 중국 고대 구주九州에 관한 책으로 지지地志라고도 한다.

를 의상에게 물어본 적이 있는데, 의상은 아무것도 몰랐습니다. 본조本朝 주나라의 일도 모르는 사람이 어떻게 먼 시대의 일을 알 수 있겠습니까?"

초 영왕이 말했다.

"「기초」라는 시는 어떤 내용이오? 경이 과인을 위해 암송할 수 있겠소?"

정단이 대답했다.

"신이 암송할 수 있습니다."

기초의 노래 온화하게	祈招之愔愔
우리 주상의 덕을 밝히고 있네	式昭德音
우리 주상의 풍도를 생각하니	思我王度
옥과 같고	式如玉
금과 같네	式如金
백성의 힘을 보존해주시며	形民之力
술에 취하거나 배불리 먹지 않으시네	而無醉飽之心

초 영왕이 물었다.

"이 시를 어떻게 풀이해야 하오?"

정단이 대답했다.

4_ 채공祭公 모보謀父: 채祭는 기내畿內 지역의 제후국. 채祭나라의 군주를 채공祭公이라고 한다. 역대로 주공 단의 후손이 봉해졌다. 주 왕실의 경사 직을 겸임했다. 이름은 알려져 있지 않고, 자가 모보謀父다. 주 목왕이 견융을 정벌하려 하자, 극력 간언을 올려 중지하게 했다. 그때 지은 시가 「기초祈招」다.

5_ 「기초祈招」: 채공 모보가 주 목왕의 견융 정벌을 중지시키기 위해 지은 시. 『좌전左傳』 소공 12년에 실려 있다.

"음음愔愔이란 편안하고 화목한 모양입니다. 기보祁父가 거느린 군사가 편안하고 화목한 복락福樂을 누리고 있다는 뜻으로, 우리 임금의 덕을 밝히는 것을 옥의 단단함과 금의 귀중함에 비유하고 있습니다. 이렇게 될 수 있는 까닭은 우리 임금께서 백성의 힘을 아껴주시기 위해 적절하게 자제하시면서 술에 취하거나 배불리 먹고자 하는 마음을 버리셨기 때문입니다."

초 영왕은 정단이 자신을 풍자하고 있다는 것을 알고 아무 말도 하지 않고 묵묵히 앉아 있었다. 한참 후에 영왕이 말했다.

"경은 잠시 물러가시오. 과인이 생각해보도록 하겠소."

이날 밤 초 영왕은 군사를 거둘 마음을 먹었다. 그런데 갑자기 첩보가 올라왔다.

"독 사마께서 서나라 군대를 패퇴시키고 마침내 서나라 도성을 단단히 포위했습니다."

초 영왕이 말했다.

"마침내 서나라를 멸망시킬 수 있겠구나!"

그리하여 건계 땅에 계속 머물게 되었다. 영왕은 그해 겨울에서 이듬해 봄이 지나갈 때까지 날마다 사냥으로 소일했고 또 백성을 시켜 새로운 누대와 궁궐을 짓게 하면서 귀국할 생각을 하지 않았다.

이즈음 채나라 대부 공자 귀생歸生의 아들 조오朝吳는 채공으로 부임한 초나라 공자 기질을 섬기며 밤낮으로 채나라를 다시 일으킬 마음을 품고 재상 관종觀從과 상의를 거듭하고 있었다. 관종이 말했다.

"초왕은 무력을 남용하며 원정을 나가 오랫동안 돌아오지 않고 있소. 이에 국내의 방비는 허술하고 국외에선 원성이 들끓고 있소. 하늘이 초왕을 죽일 날을 마련하고 있는 것이오. 이번 기회를 놓치면 채나라를 다시 세울 수 없을 것이오."

조오가 말했다.

"채나라를 다시 세우려면 어떤 계책을 써야 하오?"

관종이 말했다.

"역적 건(초 영왕)이 보위를 찬탈한 뒤로 세 공자는 모두 마음속으로 불복하고 있소. 다만 힘이 부족하여 거사를 못하고 있을 뿐이오. 이제 채공의 명령을 빌려 공자 간과 공자 석을 소환한 뒤 여차여차하게 일을 추진하면 초나라 보위를 얻을 수 있을 것이오. 초나라 보위를 얻게 되면 역적 건의 소굴이 무너진 것이니 그자가 어떻게 죽지 않고 배겨낼 수 있겠소? 다음 임금의 세상에는 우리 채나라가 반드시 광복을 얻을 수 있을 것이오."

조오는 그 계책에 따라 관종에게 거짓 채공의 명령을 가지고 진晉나라로 가서 공자 간을 불러오게 했고, 또 정나라로 가서는 공자 석을 불러오게 했다. 관종이 말했다.

"채공께서 진陳과 채의 군사를 동원하여 두 분 공자를 다시 초나라로 맞아들이기 위해 역적 건과 맞서 싸우려 하십니다."

공자 간과 공자 석은 몹시 기뻐하며 모두 채나라 교외로 달려가 공자 기질과 힘을 합치려 했다. 관종은 먼저 귀국하여 조오에게 보고했다. 조오는 교외로 나가 두 공자를 맞이하며 말했다.

"사실 채공은 아직 그런 명령을 내리지 않았소. 그러나 그를 협박하면 거사를 성공시킬 수 있을 것이오."

공자 간과 공자 석은 두려운 표정을 지었다. 조오가 말했다.

"초왕이 사냥을 즐기느라 도성으로 돌아오지 않아 나라는 아무런 방비도 없이 텅 비어 있소. 채유는 자신의 부친을 죽인 원한을 잊지 않고 있으므로 변란이 발생하면 마음속으로 다행이라 여길 것이오. 또 투성연은 교윤 직을 맡고 있으면서 채공과 매우 친분이 두터우니 반드시 안에서 우리에게 호응할 것이오. 천봉수는 지금 진陳나라에 봉해져 있지만 초왕과는 평소에 친하지 않았소. 만약 채공이 부르면 틀림없이 달려올 것이오. 진과 채의 군사를 일으켜 텅 빈 초나라 도성을 기습하는 건 마치 주머니 속에서 물건을 꺼내는 것처럼 쉬운 일일 것이오. 두 분 공자께선 일이 성공하지 못할까 염려하지 마시오."

이 몇 마디로 당시 사람들의 이해관계를 명확하게 설파하자 공자 간과 공자 석도 그제야 마음을 놓으며 말했다.

"끝까지 가르침을 따르고자 하오."

조오는 이들과 맹약을 하자고 청했다. 이들은 희생을 마련하여 삽혈을 행하고 시해당한 선군 겹오郟敖의 원수를 갚기 위해 함께 맹세했다. 입으로는 비록 조오가 앞장서서 맹약을 했지만 맹약문에는 채공의 이름을 맨 앞에 올리고 공자 간과 공자 석이 힘을 합쳐 역적 건(초 영왕)을 습격하려 한다고 썼다. 그들은 땅을 파서 구덩이를 만들고 희생물을 넣은 뒤 그 위에 맹약문을 얹고 매장했다.

맹약이 끝나자 마침내 조오는 집안 사병을 이끌고 공자 간과 공자 석을 인도하여 채성蔡城으로 들어갔다. 채공은 아침을 먹다가 갑자기 두 형님이 들어오는 것을 보았다. 그는 너무나 뜻밖이라 깜짝 놀라 자리를 피하려고 했다. 그 뒤를 따라 조오가 들어와서 바로 앞으로 달려가 채공의 소매를 붙잡고 말했다.

"일이 이미 이렇게 되었는데, 채공께서는 어디로 가려 하십니까?"

공자 간과 공자 석도 채공을 끌어안고 대성통곡을 했다.

"역적 건이 무도하여 형님을 죽이고 조카까지 살해했으며 또 우리를 외국으로 쫓아냈네. 우리 두 사람이 이렇게 찾아온 건 자네의 군사를 빌려 형님의 복수를 하기 위함이네. 일이 성공하면 왕위를 자네에게 주겠네."

채공 공자 기질은 당황하여 아무 계책도 세울 수 없었다. 그래서 이렇게 대답했다.

"조용히 상의하도록 하는 게 좋겠소."

조오가 말했다.

"두 분 공자께서 끼니를 굶으셨으니 밥이 있으면 좀 차려주십시오."

공자 간과 공자 석이 밥을 다 먹자 조오는 속히 초나라를 공격하자고 하면서 군사들에게 이렇게 선언했다.

"사실 채공께서 큰일을 함께하자고 두 공자를 불러 교외에서 이미 맹약을 했다. 또 두 공자에게 먼저 초나라로 쳐들어가게 하셨다."

채공 기질이 조오를 제지하며 말했다.

"나를 모함하지 마시오."

조오가 말했다.

"교외에 묻은 희생물과 맹약문 맨 위에 공의 이름이 있는데 어찌 그것을 본 사람이 없겠소? 공은 피하지 마시오. 이제 조속히 군사를 일으켜 우리와 함께 부귀를 얻는 것이 최상의 대책이 될 것이오."

그러고 나서 조오는 다시 저잣거리에 가서 외쳤다.

"초왕이 무도하여 우리 채나라를 멸망시켰지만 이제 채공께서 우리 나라의 광복을 허락하셨다. 너희는 모두 채나라 백성인데 어찌 차마 종사의 멸망을 지켜보기만 할 것이냐? 우리 모두 채공을 따라 두 분 공자와 함께 초나라로 쳐들어가자!"

사람들은 조오의 호소를 듣고 일시에 함께 모여 각각 무기를 들고 채공의 문 앞에 집결했다. 조오가 채공에게 말했다.

"민심이 하나로 모였습니다. 공께서는 서둘러 저들을 위무慰撫하고 그 힘을 이용하셔야 합니다. 그렇지 않으면 민심이 금방 변하게 됩니다."

채공 기질이 말했다.

"그대는 나를 협박하여 호랑이 등에 타라는 것인가? 그럼 앞으로의 계책은 어떻게 되는가?"

조오가 말했다.

"두 공자께서 아직도 교외에 있사오니 시급히 힘을 합쳐 채나라 군사를 모두 일으키십시오. 저는 진공陳公(천봉수)을 설득하여 군사를 거느리고 공을 따르게 하겠습니다."

공자 기질은 결국 그 말에 따랐다. 공자 간과 공자 석은 군사를 거느리고 채공과 합진合陣했다. 중도에서 진陳나라 사람 하설夏齧을 만났다. 하설은 하징서의 현손玄孫으로 평소에 관종과 잘 아는 사이여서 그에게도 채나라를 새로 세우기 위한 뜻을 알렸다. 하설이 말했다.

"나도 진공 휘하에서 일을 하면서 역시 우리 진陳나라를 새로 세우기 위한 생각을 갖고 있었소. 지금 진공께선 환후 중이라 일어나지 못하시오. 그러니 가서 뵐 필요가 없소. 대부께서 먼저 채나라로 돌아가 계시면 내가 진나라 사람을 모아 군사 한 부대를 만들어 이끌고 가겠소."

관종은 돌아와 채공에게 보고를 올렸다. 조오는 또 서찰을 써서 비밀리에 채유에게 전달하고 안에서 호응하게 했다.

채공은 가신 수무모須務牟를 선봉장으로 삼고, 사패史猈를 부장으로 삼고, 관종을 길잡이로 삼아 정예병을 이끌고 먼저 출발하려 했다. 그때 마침 하설이 진나라 군사를 이끌고 당도했다. 하설이 말했다.

"천봉수는 벌써 죽었습니다. 그래서 제가 대의로써 진나라 사람들을 효유曉諭하여 특별히 그들을 이끌고 의거義擧를 도우러 온 것입니다."

채공은 크게 기뻐하며 조오에게 채나라 군사를 이끌고 우군이 되게 하고 하설에게는 진나라 군사를 이끌고 좌군이 되게 했다. 그러고는 명령을 내렸다.

"적을 기습하는 일을 늦춰서는 안 된다."

그들은 바로 밤을 틈타 초나라 영도를 향해 진격했다. 채유는 채공 기질의 군사가 당도하자 먼저 심복을 시켜 성을 나가 채공을 환대하게 했다. 또 투성연은 교외에서 채공을 영접했다. 영윤 위피가 군사를 모아 수비에 나서려고 했지만 채유가 벌써 성문을 열고 채나라 군사를 받아들였다. 수무모가 먼저 입성하여 소리쳤다.

"채공께서 건계에서 초왕을 죽였다. 그 대군이 벌써 성 아래에 이르렀다."

초나라 백성은 영왕의 무도함을 미워하고 있던 터라 모두 채공 기질이 왕이 되기를 원하면서 아무도 항거하지 않았다. 위피는 세자 녹을 모시고 달아나려 했지만 수무모의 군사가 이미 왕궁을 포위하고 있어서 안으로 들어갈 수 없었다. 그는 집으로 돌아와 스스로 목을 찌르고 자결했다. 슬프도다! 호증 선생이 이 일을 시로 읊었다.

사사로운 작당으로 임금 지킨다 떠벌리더니　漫誇私黨能扶主
강한 도성에 간적 자랄 줄 그 누가 알았으랴?　誰料強都已釀奸
만약에 황천에서 선군 겹오를 만난다면　若遇郟敖泉壤下

똑같은 비명횡사에 무슨 낯으로 대면하리? 一般惡死有何顔

채공 기질의 대군이 뒤이어 당도하여 바로 왕궁으로 쳐들어갔다. 그곳에서 세자 녹과 공자 파적罷敵을 만나 그들을 모두 죽였다. 채공은 왕궁을 깨끗이 소제하고 그의 형 공자 간을 왕위에 모시고자 했다. 그러나 공자 간은 왕위를 사양했다. 채공이 말했다.

"장유유서長幼有序의 예법을 폐지할 수 없습니다."

이에 공자 간이 즉위하여 공자 석을 영윤으로 삼고 채공 기질을 사마로 삼았다. 그러자 조오가 몰래 채공에게 말했다.

"공께서 맨 선두에서 의거를 일으켰는데 어찌하여 왕위를 다른 사람에게 양보하셨습니까?"

채공이 말했다.

"전왕이 아직 건계乾谿에 있으니 나라가 안정된 것이 아니오. 또 두 형님을 뛰어넘어 스스로 왕이 되면 사람들이 나를 비난할 것이오."

조오는 채공의 마음을 알아채고 계책을 올렸다.

"전왕의 병졸들은 밖에서 지낸 지 오래되어 틀림없이 집으로 돌아가고 싶을 것입니다. 만약 사람을 보내 이해득실로 그들을 설득하면 반드시 저절로 흩어질 것입니다. 그 뒤 바로 대군을 이끌고 가면 전왕을 사로잡을 수 있을 것입니다."

채공도 그렇게 생각하고 관종을 건계로 보냈다. 그가 군사들에게 알렸다.

"채공이 이미 초나라 도성으로 들어가서 왕의 두 아들을 죽이고 공자 간을 받들어 보위에 올렸다. 먼저 돌아가는 자는 자신의 고향으로 돌아갈 수 있지만 나중에 돌아가는 자는 코를 베이는 형벌을 받을 것이다. 또 전왕을 따르는 자는 삼족을 멸할 것이고 혹시라도 음식을 올리는 자도 같은 벌을 받을 것이다."

군사들은 그 말을 듣고 일시에 그 절반이 흩어졌다.

초 영왕은 아직도 술에 취한 채 건계의 누대에 누워 있었다. 그때 정단이 황망하게 뛰어들어와 보고를 올렸다. 영왕은 두 아들이 피살되었다는 소식을 듣고 침상에서 방바닥으로 몸을 던지며 대성통곡을 했다. 정단이 말했다.

"군사들의 마음이 이반되고 있으니 속히 돌아가셔야 합니다."

영왕은 눈물을 닦으며 말했다.

"다른 사람이 자기 자식을 사랑하는 마음도 과인의 마음과 같겠소?"

정단이 말했다.

"금수도 새끼를 사랑할 줄 아는데 하물며 사람이야 말해 무엇하겠습니까?"

영왕이 탄식하며 말했다.

"과인이 다른 사람의 자식을 많이 죽였으니 다른 사람이 과인의 자식을 죽인 것이 무슨 괴이한 일이겠소?"

잠시 후 전방을 살피러 갔던 기마병이 돌아와 보고했다.

"새 왕이 채공을 대장으로 삼고 또 투성연에게는 진나라와 채나라의 군사를 거느리게 하여 이곳 건계 땅으로 쇄도해오고 있습니다."

영왕이 진노하며 말했다.

"과인이 투성연을 박하게 대하지 않았거늘 어찌 감히 나를 배반한단 말이냐? 차라리 한 번 싸워 죽을지언정 속수무책으로 포박당할 순 없다!"

그리하여 마침내 진채를 뽑아 하구夏口6에서 한수漢水를 따라 올라가 양주襄州(湖北省 襄陽)에 당도한 뒤 영도를 기습하려 했다. 그러나 연도 내내 병졸들이 계속 도망쳤다. 영왕은 직접 칼을 뽑아 도망가는 병졸 몇 명을 참수했지만 끝내 그들을 제지할 수 없었다. 자량訾梁(河南省 信陽) 근처에 도착했을 때는 영왕을 따르는 군사가 겨우 100명에 불과했다. 영왕이 말했다.

"사태를 돌이킬 수 없게 되었다."

그는 의관을 벗어 강 언덕 버드나무에 걸었다. 정단이 말했다.

"대왕마마! 도성 교외까지 가서 백성의 동향을 살펴보시는 건 어떻겠습니까?"

영왕이 말했다.

"백성이 모두 나를 배반했는데 무엇을 살펴본단 말이오?"

정단이 말했다.

"그것도 아니라면 다른 나라로 망명하여 군사를 빌려와서라도 스스로를 구할 수 있을 것입니다."

영왕이 말했다.

"제후들 중 누가 나를 좋아하겠소? 듣건대 큰 복은 다시 오지 않는다고 하오. 한갓 모욕을 당할 뿐이오."

정단은 영왕이 자신의 계책을 따르지 않는 것을 보고 자신이 오히려 죄를 뒤집어쓸까 두려워 바로 의상과 함께 몰래 초나라로 도망쳤다.

초 영왕은 정단이 보이지 않자 수족조차 둘 데가 없어서 이택釐澤 사이를 배회했다. 그를 따르던 시종들도 모두 흩어져서 혈혈단신 혼자만 남았다. 배가 고파오자 마을로 들어가 먹을 것을 찾아보고 싶었지만 길을 알 수 없었다. 그곳 시골 마을 사람 중에 초 영왕을 아는 사람이 있었다. 그러나 도

6_ 하구夏口: 한수가 장강으로 유입되는 지점. 면양沔陽 하류의 한수는 하수夏水라고 부르기 때문에 하구夏口란 지명이 생겼다. 지금의 호북성 무한武漢 교구구礄口區 근처.

망치는 군사들이 새로 즉위한 왕의 금령이 아주 엄격하다는 말을 전했기 때문에 모두 두려워하며 멀리서부터 몸을 피했다. 초 영왕은 사흘 연속 아무것도 먹지 못하고 땅바닥에 쓰러졌다. 몸은 움직일 수 없었고 두 눈만 크게 뜨고 길옆을 바라보고 있었다. 오로지 아는 사람이 그곳을 지나가다가 자신을 구해주기만 바랐다. 문득 한 사람이 그곳으로 다가왔다. 그는 옛날에 궁궐 문을 지키던 관리로 그때는 연인涓人이라고 불리던 자였다. 그의 본명은 주疇였다. 영왕이 그를 알아보고 큰 소리로 불렀다.

"주야! 나를 좀 구해다오!"

주는 영왕이 부르는 것을 보고 앞으로 다가와 고개만 조아렸다. 영왕이 말했다.

"과인은 사흘 동안이나 굶었다. 과인을 위해 밥 한 그릇만 얻어와서 과인을 좀 살려다오!"

주가 말했다.

"백성이 모두 새 임금의 명령을 두려워하고 있는데 신이 어디서 밥을 구할 수 있겠습니까?"

영왕은 한숨을 쉬며 주에게 가까이 다가와 앉으라고 명령을 내렸다. 영왕은 그의 무릎을 베고 잠시라도 편히 쉬려고 했다. 주는 영왕이 잠들길 기다려서 흙덩이를 자신의 무릎 대신 영왕의 머리 밑에 밀어 넣고 마침내 도망쳤다. 영왕이 잠에서 깨어 주를 불렀으나 아무 대답도 없었다. 베개를 더듬어보니 흙덩이뿐이었다. 영왕은 자신도 모르게 하늘을 부르며 통곡했다. 소리만 억지로 기어 나올 뿐 숨은 끊어져가고 있었다.

잠깐 사이에 또 한 사람이 작은 수레를 타고 다가왔다. 그는 영왕의 목소리를 알아듣고 수레에서 내려 살펴보았다. 과연 영왕이 그곳에 있는 것을 보고 땅에 엎드려 절을 하며 물었다.

"대왕마마께서 어찌하여 이곳에 계십니까?"

영왕은 눈물을 줄줄 흘리며 물었다.

"경은 누구요?"

그 사람이 아뢰었다.

"신의 성은 신申이고 이름은 해亥입니다. 바로 우윤 신무우의 아들입니다. 신의 아비는 두 차례나 대왕마마께 죄를 지었으나 대왕마마께서 죽이지 않고 용서해주셨습니다. 신의 아비는 지난해 임종할 때 '나는 두 번이나 대왕께서 살려주신 은혜를 입었다. 뒷날 대왕께서 만약 고난에 처하시면 너는 반드시 목숨을 바쳐서라도 잘 모셔야 한다'는 유언을 남겼습니다. 신은 그 유언을 가슴에 새기고 감히 잊을 수 없었습니다. 그런데 근래에 소문을 들으니 영도가 함락되고 공자 간이 스스로 왕이 되었다고 했습니다. 그래서 밤을 새워 건계로 달려갔으나 대왕마마를 뵙지 못하고 연도 내내 수소문하며 이곳까지 오게 되었는데, 예기치 않게 하늘이 대왕마마를 상봉하게 해주셨습니다. 지금 온 천지가 모두 채공 기질의 파당들로 덮여 있사오니 다른 곳으로 가셔서는 안 됩니다. 신의 집은 이곳에서 멀지 않은 극촌棘村이란 곳에 있습니다. 대왕마마! 잠시 신의 집으로 왕림하셔서 뒷일을 다시 생각해보십시오!"

신해는 꿇어앉아 건량乾糧을 바쳤다. 영왕은 억지로 그것을 목구멍으로 삼키고 나서야 조금 몸을 움직일 수 있게 되었다. 신해는 영왕을 부축해 수레에 싣고 극촌으로 갔다. 영왕은 지난날 장화대에 거주했다. 그곳은 높다란 전각과 깊은 궁실이 즐비한 곳이었다. 그런데 지금은 신해의 누추한 시골집만 눈앞에 펼쳐져 있었다. 대나무로 엮은 사립문과 쑥대로 짠 방문으로는 고개를 숙이고 들어가야 했다. 영왕은 몹시 서글퍼서 끊임없이 눈물을 흘렸다. 신해가 무릎을 꿇고 아뢰었다.

"대왕마마! 성심을 넓게 가지십시오. 이곳은 궁벽하여 왕래하는 행인이 없으니 잠시 며칠 머무실 수 있을 것입니다. 그런 뒤 나라 안의 사정을 수소문해보시고 다시 진퇴를 결정하십시오!"

영왕은 슬픔에 겨워 말을 하지 못했다. 신해가 다시 무릎을 꿇고 음식을 올렸지만 영왕은 슬피 울며 전혀 입에 대지 않았다. 신해는 자신의 친딸 두 명을 들여보내 시침을 들게 하여 영왕의 마음을 기쁘게 하려 했지만 영왕은 밤새도록 비통하게 탄식만 했다. 시각이 오경 무렵이 되어서야 탄식 소리가 들리지 않았다. 그때 두 딸이 문을 열고 다급하게 부친께 알렸다.

"대왕마마께서 침소에서 스스로 목을 매셨습니다."

호증 선생이 이 일을 영사시로 읊었다.

망망하게 시든 풀에 장화대가 묻혔으니	茫茫衰草沒章華
영왕의 지난 사치가 가소롭기 짝이 없네	因笑靈王昔好奢
누대 흙이 마르기 전에 음악 소리 끊어졌고	臺土未乾簫管絕
가련하게도 그 자신은 시골집에서 죽었도다	可憐身死野人家[7]

신해는 영왕이 죽었다는 말을 듣고 비통함을 이기지 못하고 친히 장례를 치르면서 자신의 두 딸을 죽여 순장했다. 후인이 이 일을 논하면서 "영왕의 은혜에 보답하기 위해 장례를 치러준 것은 옳은 일이지만 두 딸을 순

7_ 이 시는 당대唐代 시인 호증이 지은 「영사시詠史詩 · 장화대章華臺」다.

장시킨 건 잘못된 일이 아닌가?"라고 했다. 그러면서 시를 지어 탄식했다.

장화대의 패업은 벌써 사라져 버렸는데 章華霸業已沉淪
두 딸을 무슨 죄로 함께 무덤에 묻었는가? 二女何辜伴穸窀
한스럽다 폭군은 그 몸이 죽은 후에도 堪恨暴君身死後
규방의 처녀에게 재앙이 미치게 했네 餘殃猶自及閨人

이때 채공 기질은 투성연, 조오, 하설 등 여러 장수를 거느리고 건계 땅으로 영왕을 추격하러 가고 있었다. 도중에 정단과 의상 두 사람을 만났다. 그들은 영왕의 상황을 이렇게 이야기했다.

"지금 시종들은 모두 흩어졌고 혼자 죽을 곳을 찾아다니고 있습니다. 저는 그것을 차마 지켜볼 수 없어서 이렇게 떠나온 것입니다."

채공이 물었다.

"그대들은 지금 어디로 가는 길이오?"

두 사람이 대답했다.

"귀국하는 중입니다."

채공이 물었다.

"그대들은 잠시 우리 군영에 머물면서 함께 전왕前王의 행방을 찾도록 하시오. 그 후에 우리와 함께 돌아가는 것이 좋겠소."

채공은 대군을 이끌고 영왕의 행방을 찾아 자량訾梁 땅에까지 이르렀지만 아무런 종적을 찾을 수 없었다. 그곳 촌사람이 채공을 알아보고 영왕의 의관을 바치며 말했다.

"이 의관을 사흘 전에 강 언덕 버드나무에서 발견했습니다."

채공이 물었다.

"너는 전왕의 생사를 알고 있느냐?"

촌사람이 대답했다.

"모릅니다."

채공은 그 의관을 받은 뒤 후한 상을 내렸다. 채공이 다시 영왕의 행방을 찾으려 하자 조오가 앞으로 나서며 아뢰었다.

"전왕이 의관을 벗어 던진 건 세력이 다했다는 뜻입니다. 아마도 십중팔구는 물도랑에 처박혀 죽었을 것입니다. 다시 찾지 마십시오. 다만 지금 공자 간이 보위에 있으면서 나라 안에 명령을 내려 민심을 수습하고 나면 대사를 도모하지 못할까 두렵습니다."

채공이 말했다.

"그럼 어찌하면 좋소?"

조오가 대답했다.

"전왕은 지금까지 외지에 있었으므로 나라 안 백성은 그의 행방을 모릅니다. 그러니 민심이 아직 정해지지 않은 이때를 틈타 병졸 수십 명을 패잔병으로 위장하여 도성을 돌며 '전왕의 대군이 곧 당도할 것이다!'라고 외치게 하십시오. 그러고는 다시 투성연을 보내 보위에 있는 공자 간에게 여차여차하게 보고를 올리게 하십시오. 공자 간과 공자 석은 유약하고 꾀가 없는 자들이어서 이 소식만 듣고도 틀림없이 경황 중에 자결할 것입니다. 그럼 명공께서는 천천히 군사를 정돈한 뒤 귀국하여 보위에 오르시기만 하면 됩니다. 이후로는 아무 걱정 없이 베개를 높이 베고 잠을 잘 수 있을 것이니 이 어찌 아름다운 일이 아닙니까?"

채공도 그렇게 생각하고 관종에게 병졸 100여 명을 주어 패잔병처럼 꾸민 뒤 영도로 데리고 돌아가 도성을 돌며 소리치게 했다.

"채공은 패전 끝에 피살되었고 전왕前王의 대군이 뒤따라올 것이다."

백성은 모두 그 말을 사실로 여기고 경악하지 않는 사람이 없었다. 잠시 후 도성으로 온 투성연의 말도 같은 내용이었다. 백성은 더욱 그 말을 믿고 성 위로 올라가 전왕의 대군이 언제 오는지 바라보기 시작했다. 투성연은 바쁘게 궁궐로 들어가 공자 간에게 아뢰었다.

"전왕이 진노하여 보위를 찬탈한 죄를 토벌하고 역적 채나라 반(영공)과 제나라 경봉의 경우처럼 처단하겠다고 했습니다. 그러니 주상께서도 일찌감치 계책을 마련하시어 치욕에서 벗어나야 할 것입니다. 신도 도망칠 수밖에 없습니다."

투성연은 말을 마치고 미친 듯이 궁궐을 빠져나갔다. 공자 간은 아우인 공자 석을 불렀다. 공자 석이 말했다.

"이 모든 것은 조오가 우리를 망친 것입니다."

두 형제는 서로를 끌어안고 통곡했다. 그때 궁궐 밖에서 또 고함 소리가 들려왔다.

"전왕의 군대가 벌써 입성했다!"

공자 석은 먼저 칼을 뽑아 자신의 목을 찌르고 죽었다. 공자 간도 급박하게 칼로 자신의 목을 찔렀다. 궁궐은 큰 혼란에 빠졌다. 환관과 궁녀들도 서로 죽이거나 자살하는 사람이 이어져 궁궐에 시체가 즐비했고 통곡 소리도 그치지 않았다. 투성연은 사람들을 이끌고 다시 궁궐로 들어가 시체를 치운 뒤 백관과 함께 채공을 영접했다. 백성은 상황을 알지 못하고 이번에 들어오는 사람이 영왕이라고 생각했다. 그러나 입성 당일에 채공이 들어오는 것을 보고 이 일을 전후하여 도성에 퍼진 소문들이 모두 채공의

세 형을 죽이고 초 평왕이 즉위하다.

계략임을 알게 되었다.

채공 기질은 도성으로 들어와 보위에 오른 뒤 자신의 이름을 웅거熊居로 고쳤다. 이 사람이 초 평왕이다. 지난날 초 공왕은 자신의 후계자를 정하기 위해 신에게 기도를 올린 일이 있다. 그는 자신이 묻어둔 옥돌 위에서 절하는 사람을 초나라 임금이 되게 해달라고 빌었다. 바로 그때의 징조가 지금에 이르러 영험하게 들어맞았다고 할 수 있다. 백성은 아직도 영왕의 죽음을 알지 못해 민심이 흉흉했다. 한번은 한밤중에 영왕이 돌아왔다는 유언비어가 전해져서 남녀노소 모두 깜짝 놀라 문을 열고 밖으로 나가 수소문하는 소동이 벌어졌다. 평왕은 근심에 싸여 비밀리에 관종과 대책을 상의했다. 이에 관종은 한수 가에 버려진 시신 하나를 주워 영왕의 관복을 입히고는 상류에서 하류로 띄워 보냈다. 그러고 나서 영왕의 시신을 찾았다고 거짓 소문을 낸 뒤 자량 땅에 빈소를 마련하고 돌아와 평왕에게 보고했다. 평왕은 투성연을 시켜 거짓 평왕의 시신을 장사 지내게 하고 영왕이란 시호를 내렸다. 그 후 영왕의 시신을 찾았다는 방을 붙여 백성을 무마하자 민심이 비로소 안정되었다. 그 뒤 3년이 지나고 평왕은 다시 영왕의 시신을 찾으려고 했다. 그때 신해가 영왕의 장지를 알려줘서 그 묘를 옮겼다. 이것은 뒷날의 이야기다.

한편 초나라 사마 독 등은 서나라를 포위했지만 오랫동안 아무 전공도 세우지 못해 영왕에게 주살을 당할까 두려워했다. 그래서 감히 귀국하지도 못하고 몰래 서나라와 연락하며 군영만 펼쳐놓고 지키기에 급급했다. 그들은 영왕의 군사가 모두 궤멸되고 영왕 자신도 목숨을 잃었다는 소문을 듣고는 포위를 풀고 군사를 거두었다. 그들의 행군이 예장豫章(江西省 南昌)에 이르렀을 때 오나라 공자 광光이 군사를 이끌고 추격해와서 전투 끝에 패하고 말았다. 사마 독과 초나라 병거 300승은 모두 오나라에 사로잡힌 신세가 되었다. 오나라 공자 광은 승세를 타고 초나라의 주래州來읍까지 빼앗았다. 이 모두가 영왕의 무도함이 야기한 결과였다.

그리하여 초 평왕은 초나라 백성을 편안하게 모여 살게 했다. 그러고는 자신의 형인 공자 간과 공자 석의 장례를 공자公子의 예에 맞게 치러주었다. 또한 공신의 공적을 기록하고 현인을 등용했다. 그는 투성연을 영윤으로 삼고 양개陽匄(자는 子瑕)를 좌윤으로 삼았다. 또 위엄薳掩과 백주리의 원통한 죽음을 생각하여 백주리의 아들 극완郤宛을 우윤으로 삼고 위엄의 아우 위사薳射와 위월薳越을 모두 대부에 임명했다. 조오, 하설, 채유도 모두 대부 직에 올랐다. 공자 방魴은 용감하게 전투를 잘해서 사마 직에 임명됐다. 이때 오거는 이미 세상을 떠났지만 평왕은 그가 생전에 늘 직간에 힘썼음을 아름답게 여겨 그의 아들 오사伍奢를 연連(미상) 땅에 봉하고 연공連公이라 부르게 했다. 또 오사의 아들 상尙을 당棠 땅에 봉하고 당재棠宰라 부르게 했다. 기타 위계강과 정단 같은 훈구대신들의 관직은 옛날처럼 유지하게 했다. 또한 관종에게 벼슬을 내리려 하자 관종은 자신의 선조가 점을 쳤기 때문에 자신도 복윤卜尹 벼슬을 원한다고 하여 그대로 따랐다.

신료들이 모두 평공의 은혜에 감사를 표했지만 조오와 채유만은 감사 인사도 없이 관직을 버리고 떠나가려 했다. 평왕이 이유를 묻자 두 사람이 아뢰었다.

"신들이 본래 대왕마마를 도와 군사를 일으켜 초나라를 기습한 것은 채나라를 새로 세우기 위한 것이었습니다. 그런데 지금 대왕마마의 보위는 안정되었지만 채나라의 종묘사직은 아직도 제사를 받지 못하고 있습니다. 이런 상황에서 신들이 무슨 면목으로 초나라의 조정에 설 수 있겠습니까?

지난날 영왕은 전공을 탐하여 채나라를 병탄하고 민심을 잃었습니다. 대왕마마께선 그것과는 반대로 행동하셔야 민심을 복종시킬 수 있을 것입니다. 영왕과 반대로 행동하시려면 진陳나라와 채나라의 제사를 다시 이어주는 것보다 더 좋은 일은 없을 것입니다."

평왕이 말했다.

"좋은 생각이오."

그는 사람을 시켜 진나라와 채나라 공실의 후예를 찾게 하여 마침내 진나라 세자 언사의 아들 오吳와 채나라 세자 유의 아들 여廬를 찾아냈다. 그러고는 태사에게 길일을 받게 하여 오를 진후陳侯에 봉하니 이 사람이 진 혜공惠公이고, 또 여를 채후蔡侯에 봉하니 이 사람이 채 평공平公이다. 두 사람은 본국으로 돌아가 종묘제사를 받들었다. 조오와 채유는 채 평공을 따라 채나라로 돌아갔고, 하설은 진 혜공을 따라 진나라로 돌아갔다. 그들을 따라온 진과 채의 군사들도 각각 자신의 임금을 따라갔다. 초 평왕은 그들에게도 후한 상금과 음식을 내려 위로했다. 지난번에 평왕이 약탈하여 초나라 왕실 창고에 감추어둔 두 나라의 보물도 모두 돌려줬다. 뿐만 아니라 형산으로 옮겨 살게 한 여섯 소국의 백성도 모두 고향으로 돌아가게 하고 털끝만큼도 그들의 재산을 침범하지 않았다. 각국의 임금과 신하들은 우레와 같은 환성을 질렀다. 마치 마른 나무에 다시 꽃이 피는 듯했고 썩은 해골이 다시 살아나는 듯했다. 이것은 주 경왕 16년의 일이었다. 염옹이 이 일을 시로 읊었다.

백성의 고혈 빨아 부질없이 두 성 세워 枉竭民脂建二城
뒷 임금平王을 머물게 하며 인정을 베풀었네 留將後主作人情

옛 보물이 주인에게 돌아갈 줄 알았다면 早知故物仍還主
당시에 악명 써가며 무엇하러 고생했나? 何苦當時受惡名

초 평왕의 장자는 이름이 건建, 자는 자목子木으로, 그의 모친은 채나라 운양鄖陽 땅 주인의 딸이었다. 당시에 이미 장성하여 바로 세자로 책봉되었다. 평왕은 연윤 오사를 세자의 스승太師으로 삼았다. 그때 초나라 사람 비무극費無極은 평소에 평왕을 섬기며 아부를 잘했다. 평왕은 그를 총애하며 대부로 삼았다. 또 비무극이 세자를 섬기겠다고 자청하여 그에게 소사少師 직을 맡겼다. 또한 분양奮揚을 동궁사마東宮司馬로 삼았다. 초 평왕은 자신이 즉위한 뒤 사방의 국경이 편안해지자 조금씩 음악과 여색을 즐기기 시작했다. 오나라가 주래 땅을 빼앗아갔지만 평왕은 보복할 수 없었다. 비무극은 세자의 소사가 되었지만 날마다 평왕의 좌우에서 음란한 쾌락만 부추겼다. 세자 건은 비무극의 아첨이 싫어서 점점 그를 멀리하게 되었다. 영윤 투성연이 자신의 공로만 믿고 전횡하자 비무극은 그를 참소하여 죽였다. 이에 평왕은 양개를 영윤으로 삼았다. 세자 건은 늘 투성연의 억울함을 이야기했고 비무극은 그런 세자를 두렵게 생각했다. 이로 인해 비무극과 세자 건은 더욱 사이가 벌어졌다. 비무극은 평왕에게 언장사鄢將師를 추천하여 우령右領 직에 임명하게 했다. 언장사도 평왕의 총애를 받았다. 이 이야기는 여기에서 잠시 접어두고자 한다.

이야기가 두 갈래로 나뉜다. 이즈음 진晉나라가 사기궁을 지은 이후로 각국 제후는 진나라 군주가 무사안일만 추구한다고 생각하고 모두 두마음을 품었다. 진 소공은 새로 보위에 오른 뒤 선군들의 패업을 다시 일으켜 세우려 했다. 그는 제나라 군주가 안영을 초나라로 보내 친선을 닦았다는 소식을 듣고 자신도 제나라에 사람을 보내 우호 사절을 보내달라고 요청했다. 그러자 제 경공은 진과 초 사이에 갈등이 많음을 알고 그 틈을 타 자신도 패업을 도모할 마음을 품었다. 또한 진 소공의 사람됨을 살펴보기 위해 제 경공 자신이 직접 행장을 꾸려 진나라를 향해 길을 떠났다. 용사 고야자古冶子가 경공을 수행했다. 행차가 바야흐로 황하를 건널 때였다. 제 경공은 어인에게 명령하여 자신이 가장 좋아하는 왼쪽 곁말左驂[8]을 배로 끌어올리게 하고 뱃머리에 매어두었다. 경공은 어인이 왼쪽 곁말에게 사료 주는 것까지 감독했다. 그때 갑자기 폭우가 몰아치며 배가 거의 뒤집어질 정도로 사나운 파도가 일었다. 그 와중에 거대한 자라 한 마리가 물 위로 머리를 내밀고 입을 크게 벌리더니 뱃머리를 향해 달려와서 왼쪽 곁말을 덥석 물고 깊은 물속으로 사라졌다. 경공이 대경실색하자 고야자가 곁에 있다가 말했다.

"주상께선 두려워 마십시오. 신이 말을 찾아오겠습니다."

그러고는 옷을 벗어 던지고 칼을 뽑아 든 채 물속으로 뛰어들었다. 그는 파도를 타고 물결을 헤치며 나아갔다. 물속으로 들어갔다 물 위로 나오는 동작을 반복하면서 9리 정도 헤엄쳐 가다가 문득 자취도 없이 사라져버렸다. 경공이 탄식하며 말했다.

"고야자가 죽었구나!"

잠시 후 파도가 잦아들고 물 위로 붉은 피가 흥건하게 떠올랐다. 그때

8_ 왼쪽 곁말左驂: 고대 중국에서 마차는 보통 네 마리 말이 나란하게 끌었다. 그중에서 안쪽의 두 마리는 '복服'이라 했고, 왼쪽 곁말은 '좌참左驂'이라 했으며, 오른쪽 곁말은 '우참右驂'이라고 했다.

고야자가 왼손으로 말 꼬리를 잡고 오른손으로는 피가 뚝뚝 흐르는 자라 대가리를 든 채 물속에서 치솟아 올랐다. 경공은 깜짝 놀라며 소리쳤다.

"진정 신이 내린 용맹함이로다! 선군께서는 용작勇爵이라는 관직을 설치하셨지만 어찌 이 같은 용사가 있었겠는가?"

마침내 고야자에게 후한 상을 내렸다.

제 경공은 진나라 도성 강주에 당도하여 진 소공과 만났다. 소공은 잔치를 베풀어 그들을 대접했다. 진나라에서는 순오가 의례를 집전했고, 제나라에서는 안영이 의례를 집전했다. 주흥이 무르익자 진 소공이 말했다.

"잔치 자리에서 즐길 거리가 없어서야 되겠소? 청컨대 군후와 함께 투호를 던져 벌주 내기를 하는 것이 어떻겠소?"

제 경공이 말했다.

"좋소!"

좌우에 투호 항아리를 갖다놓고 화살을 올렸다. 제 경공은 공수를 하며 진 소공에게 먼저 던지라고 차례를 양보했다. 소공이 손에 화살을 들자 순오가 아뢰었다.

"술은 회수淮水만큼 많고 고기는 모래언덕만큼 많습니다. 우리 주상께서 이번 화살을 적중시키시어 제후들을 통솔하십시오."

진 소공이 화살을 던지자 과연 화살이 항아리 속으로 들어갔다. 그러자 소공은 나머지 화살을 모두 땅바닥에 내던졌다. 진나라 신하들이 모두 땅에 엎드려 소리쳤다.

"천세千歲!"

제 경공은 매우 불쾌하여 화살을 들고 그들의 말을 흉내 내어 말했다.

"술은 승수澠水9만큼 많고 고기는 산언덕만큼 많다. 과인이 이 화살을 적중시켜 진나라 군후와 번갈아 패업을 일으키겠다."

화살을 휙 던지자 흡사 본래 항아리 안에 있었던 것처럼 진 소공의 화살과 나란하게 꽂혔다. 제 경공은 큰 소리로 웃으며 나머지 화살을 모두 땅바닥에 내던졌다. 그러자 안영도 땅바닥에 엎드려 외쳤다.

"천세!"

진 소공은 그런 모습을 보고 울화가 치밀어 안색이 변했다. 순오가 제 경공에게 말했다.

"군후께선 실언을 하셨습니다. 오늘 군후께서 우리 나라에 왕림하신 것은 우리 주상께서 대대로 중원의 맹주로 군림하고 계시기 때문입니다. 그런데 군후께서 지금 '번갈아 패업을 일으키겠다'고 하셨으니 이것이 대체 무슨 말씀입니까?"

안영이 대신 대답했다.

"맹주란 늘 한 사람만 하는 것이 아니라 오직 덕 있는 사람만이 차지할 수 있는 자리요. 지난날 우리 제나라가 패업을 잃게 되자 진晉나라가 그 자리를 대신했소. 만약 지금 진나라에 덕이 있다면 누가 감히 복종하지 않을 수 있겠소? 만약 덕이 없다면 오나라나 초나라도 번갈아 그 지위를 차지하려 할 것이오. 어찌 우리 제나라만 그런 마음을 먹겠소?"

그러자 양설힐이 말했다.

"우리 진나라가 이미 제후들을 통솔하고 있거늘 어찌 그까짓 투호로 장난을 치는가? 이것은 순荀 대부가 실언을 한 것이오."

9_ 승수澠水: 제나라 도성 임치 남쪽에서 발원하여 북쪽으로 흘러 시수時水로 유입되었다고 한다. 한진수漢溱水로 불렀다고도 한다. 역사 기록에 의하면 지금의 치하淄河와는 다른 강으로 확인된다. 현재는 흐름을 찾아볼 수 없으며 대체로 치하의 흐름과 통합된 것으로 추정된다.

순오는 자신의 잘못을 알고 아무 말도 하지 못했다. 그때 제나라의 신하 고야자가 계단 아래에 서 있다가 사납게 소리를 질렀다.

"벌써 해가 지고 있소. 군후들께서 피로하실 것이니 자리를 파하는 것이 좋겠소!"

제 경공은 즉시 겸손하게 감사 인사를 하고 연회장을 나왔다. 다음 날 마침내 귀국길에 올랐다. 양설힐이 말했다.

"제후들이 장차 이반할 마음을 품고 있는 것 같습니다. 저들을 힘으로 위협이라도 하지 않으면 틀림없이 패업을 잃게 될 것입니다."

진 소공도 그렇게 생각하고 갑사와 병거를 크게 사열했다. 그 총수는 병거 4000승에 갑사 35만 명이었다. 양설힐이 중얼거렸다.

"주상의 덕은 부족하지만 군사는 가히 쓸 만하다."

이에 먼저 주 왕실에 사신을 보내 천자의 신하가 왕림하여 회맹의 무게를 더해달라고 요청했다. 그러고는 두루 제후들을 청하여 가을 7월에 평구平丘(河南省 封丘)에서 회맹을 하자는 약속을 정했다. 제후들은 천자의 신하가 회맹에 참여한다는 소식을 듣고 감히 참석하지 않으려는 사람이 없었다.

회맹 기일이 당도하자 진 소공은 한기에게 도성을 지키게 하고 순오, 위서, 양설힐, 적담籍談, 양병梁丙, 장격張骼, 지역智躒 등을 이끌고 병거 4000승을 모두 일으켜 복양성濮陽城을 향해 출발했다. 연도에는 30여 곳의 군영이 끝없이 이어져서 위衛나라 땅은 온통 진나라 군사로 뒤덮였다. 주 왕실에서는 경사 직에 있는 유헌공劉獻公 지摯가 먼저 회맹 장소에 도착했다. 이어 제, 송, 노魯, 위衛, 정, 조曹, 거, 주邾, 등, 설, 기杞, 소주小邾 등 열두 나라 제후가 모두 모였다. 그들은 엄청난 규모의 진나라 군사를 보고 모두 두려운 기색을 드러냈다. 회맹이 시작되자 양설힐이 반우盤盂(희생의 피를 담은 용기)를 받들고 들어와서 말했다.

"선신先臣(고인이 된 신하) 조무가 전쟁을 그치자는 맹약弭兵之約에 잘못 추종하여 초나라와 우호를 맺었습니다. 초나라 웅건(영왕靈王)은 신의를 지키지 않다가 결국 스스로 멸망의 길로 빠져들고 말았습니다. 이제 우리 주상께서 천토 회맹을 본받아 천자에게 은혜를 베풀어주시길 요청하고 이에 힘입어 중원의 여러 나라를 진무하고자 합니다. 청컨대 여러 군후께서는 함께 삽혈을 하고 신의를 다져주시길 바랍니다."

제후들이 모두 머리를 조아리며 말했다.

"어찌 감히 명령에 따르지 않을 수 있겠습니까?"

그러나 오직 제 경공만 응답이 없었다. 양설힐이 말했다.

"제나라 군후께선 회맹에 참여하고 싶지 않으십니까?"

경공이 말했다.

"제후들이 불복하기 때문에 회맹을 하는 것이오. 만약 모든 제후가 명령에 따른다면 무엇 때문에 회맹을 하겠소?"

양설힐이 말했다.

"천토 회맹 때 어느 나라가 불복했단 말이오? 군후께서 만약 명령에 따르지 않으시면 우리 주상께선 오직 병거 4000승을 불러일으켜 제나라 도성 아래에서 죄를 물을 것이오."

말을 아직 다 마치지도 않았는데 단상에서 북소리가 울렸다. 그러자 각 군영에서 일제히 공격을 알리는 큰 깃발이 올라갔다. 제 경공은 공격을 당할까 두려워 얼른 말을 바꾸어 사과했다.

"귀국에서 회맹을 철회하지 않는데 과인이 어찌 감히 밖으로 나돌 수 있겠소?"

진晉 소공이 평구에서 회맹을 주재하다.

그리하여 진 소공이 먼저 삽혈을 하고 제나라와 송나라가 뒤를 이었다. 그러고는 제후국의 서열대로 계속해서 삽혈을 했다. 다만 유지劉摯는 천자의 신하였기 때문에 회맹에 참여하지는 않고 그 일의 증인으로만 임석했다. 회맹이 끝나자 주邾나라와 거나라 제후는 노나라가 빈번하게 자기 나라를 침략한다고 진 소공에게 하소연했다. 진 소공은 회의석상에서 노나라 제후를 꾸짖고 노나라 상경 계손의여季孫意如를 잡아서 군막 속에 가두었다. 그러자 자복혜백子服惠伯(子服椒)이 몰래 순오에게 말했다.

"노나라 땅은 주나라와 거나라의 10배나 되오. 진晉나라가 만약 노나라를 버리면 장차 노나라는 제나라나 초나라를 섬기게 될 것인데, 그럼 진나라에 무슨 이익이 있겠소? 또한 초나라가 진陳과 채를 멸망시킬 때도 진나라는 구해주지도 않더니 형제의 나라인 노나라까지 버리려 하는 것이오?"

순오도 그 말을 옳게 여기고 한기에게 알렸고, 한기는 또 진晉 소공에게 아뢰었다. 그리하여 계손의여를 석방하여 노나라로 돌아가게 했다. 이로부터 제후들은 더욱더 진나라를 정직하지 않다고 생각했고, 진나라도 더 이상 맹주국의 역할을 할 수 없었다. 사관이 시를 지어 탄식했다.

초나라의 사치 본떠 사기궁을 지은 이후	侈心效楚築虒祁
제후국들 이반하자 무력시위 벌였다네	列國離心復示威
투호가 영험하여 제후들 모두 흩어지니	壺矢有靈侯統散
산천은 의구한데 일은 전부 달라졌네	山河如故事全非

뒷일이 어떤지 알고 싶으면 다음 회를 보시라.

제71회

며느리를 취하고 아들을 내쫓다

안영은 복숭아 두 개로 세 장수를 죽이고
초 평왕은 며느리를 자신이 취하고 세자를 쫓아내다
晏平仲二桃殺三士, 楚平王娶媳逐世子.

제齊 경공은 평구에서 귀환했다. 그는 비록 진晉나라의 강대한 병력에 겁을 먹고 임시로 삽혈을 했지만 진나라에 원대한 계획이 없다는 것을 알아채고 마침내 제 환공의 패업을 회복하려는 마음을 먹었다. 그리하여 상국 안영에게 말했다.

"진나라는 서북을 제패하고, 과인은 동남을 제패하는 것이 어찌 불가한 일이란 말인가?"

안영이 대답했다.

"진나라는 토목공사를 일으켜 백성을 지치게 만들었고 이 때문에 제후들의 신망도 잃어버렸습니다. 주상께서 패업을 도모하시려면 백성을 긍휼히 보살피는 것보다 더 좋은 방법은 없습니다."

경공이 물었다.

"백성을 긍휼히 보살피려면 어떻게 해야 하오?"

안영이 대답했다.

"형벌을 줄여주면 백성이 원한을 품지 않습니다. 세금을 가볍게 해주면 백성이 주상전하의 은혜를 알게 됩니다. 옛날 선왕들은 봄이면 백성의 밭갈이를 직접 살피며 부족한 것을 보충해주었고, 여름이면 수확할 곡식을 직접 살피며 모자라는 것을 도와주었습니다.[1] 주상께선 어찌 이 좋은 방법을 본받지 않으십니까?"

이에 제 경공은 번거로운 형벌을 없애고 창고의 곡식을 풀어 빈궁한 백성에게 대여했다. 나라 안의 백성이 모두 감격하며 기뻐했다. 그런 후 동방의 제후들에게 우호 사절 파견을 요청하는 초청장을 보냈다. 서徐나라만 따르지 않자 제 경공은 전개강田開疆을 대장으로 삼아 서나라를 정벌했다. 포수蒲隧(江蘇省 睢寧) 근처에서 큰 싸움을 벌여 서나라 대장 영상嬴爽을 죽이고 갑사 500여 명을 사로잡았다. 서나라 군주는 공포에 질려 제나라에 사신을 보내 우호를 맺었다. 제 경공은 담郯, 거莒, 서나라 군주들과 포수에서 맹약을 맺었다. 서나라에서는 갑보甲父의 솥[2]을 제나라에 뇌물로 주었다. 진나라의 군신들은 제나라의 이러한 처사를 알았지만 감히 따져 묻지 못했다. 이때부터 제나라는 나날이 강성해져서 진나라와 패업을 다투게 되었다. 제 경공은 서나라를 평정한 전개강의 공을 기록하게 하고, 또 황하에서 큰 자라를 죽인 고야자의 공을 가상히 여겨 두 사람에게 오승지빈[3]의

1_ 이 구절의 원문은 『맹자』「양혜왕 하」에 "봄에는 밭갈이를 직접 살펴 부족한 것을 보충해주고, 가을에는 수확을 살펴 모자라는 것을 도와준다春省耕而補不足, 秋省斂而助不給"로 되어 있다.

2_ 갑보의 솥甲父之鼎: 갑보甲父는 고대 중국의 나라 이름. 지금의 산동성 금향金鄕에 있었던 것으로 추정된다. '갑보의 솥'은 본래 갑보국의 보물이었으나 서나라에서 빼앗아 자신들의 공실公室 창고에 보관하고 있었다.

깃발을 꽂고 다니게 했다. 또 전개강은 용력이 뛰어난 공손첩公孫捷을 추천했다. 공손첩은 얼굴색이 푸르뎅뎅했고 눈알은 퉁방울처럼 튀어나왔고 키는 10척이나 되었으며 힘은 천균을 들어 올릴 정도였다. 경공은 그를 보고 기이하게 여겨 마침내 함께 동산桐山으로 사냥을 갔다. 그때 갑자기 산속에서 눈이 찢어지고 이마가 하얀 호랑이 한 마리가 튀어나왔다. 그 호랑이는 포효하며 나는 듯이 앞으로 달려와 경공의 말을 덮쳤다. 경공은 대경실색하며 어쩔 줄 몰라 했다. 그러자 공손첩은 혼자서 수레에서 뛰어내려 칼이나 창도 쓰지 않고 두 손으로 맹호를 틀어쥐었다. 공손첩은 왼손으로 호랑이 정수리 가죽을 틀어잡고 오른 주먹을 휘둘러 호랑이를 세게 쳤다. 그는 호랑이를 맨주먹으로 때려잡고 경공을 구출했다. 경공은 그의 용력을 가상히 여겨 그도 오승지빈의 대열에 들어갈 수 있게 했다. 이에 공손첩, 전개강, 고야자는 결의형제를 맺고 스스로 '제나라 삼걸齊邦三傑'이라 불렀다. 그들은 자신들의 공로와 용력만 믿고 큰소리를 치며 거리를 휩쓸고 다녔고 공경대부에게도 함부로 대했다. 또 경공의 면전에서도 너나들이하며 전혀 예의를 차리지 않았다. 경공은 그들의 용력을 아끼느라 무례한 행동을 허용했다. 이때 제나라 조정에 양구거梁邱據라는 간신이 있었다. 그는 오로지 경공의 마음을 짐작하여 아첨을 일삼으며 임금을 기쁘게 했다. 제 경공은 그를 몹시 총애했다. 양구거는 궁궐 안에서는 경공에게 아첨을 해 그 총애를 더욱 단단하게 다졌고 궁궐 밖에서는 삼걸과 교분을 맺고 자신의 패거리를 늘려나갔다. 게다가 당시에 진무우도 막대한 재산을 풀며 민심을 얻고 있어서 이미 나라가 진씨에게 넘어갈 조짐을 보이고 있었다. 전개강도

3_ 오승지빈五乘之賓: 제 장공은 용력이 뛰어난 장수를 자신의 측근에 두고, 병거 다섯 대를 하사하여 그들을 우대했다. 제 경공이 장공의 제도를 본받은 것이다. 이 소설 제64회 참조.

진무우와 일가친척이었다. 그들은 강력한 세력에 의지해 서로 도우며 국가의 우환이 되고 있었다. 안영은 나라의 앞날을 깊이 근심하며 늘 이들을 제거하려고 했다. 그러나 경공이 자신의 말을 듣지 않아 결국 이 세 사람과 원한을 맺을까 걱정이 되었다.

어느 날 노魯 소공은 노나라가 당시 진나라와 원만하게 지내지 못했기 때문에 제나라와 친교를 맺으려고 직접 제나라 조정으로 왔다. 제 경공은 연회를 열어 그를 환대했다. 노나라에서는 숙손착叔孫婼[4]이 집례執禮를 했고 제나라에서는 안영이 집례를 했다. 삼걸은 칼을 차고 계단 아래에 시립했다. 그들의 거만한 자세는 마치 눈앞에 아무것도 뵈는 것이 없는 듯한 모습이었다. 두 군주의 주흥이 무르익자 안영이 아뢰었다.

"후원에 금 복숭아金桃가 벌써 익었으니 명령만 내리시면 그것을 따다가 두 분 군후마마의 만수무강을 빌겠습니다."

경공이 안영의 말을 윤허하고 후원지기에게 금 복숭아를 따다 바치게 했다. 그러자 또 안영이 아뢰었다.

"금 복숭아는 구하기 힘든 과일인지라 신이 직접 가서 따 올리겠습니다."

안영은 후원 열쇠를 받아가지고 갔다. 경공이 말했다.

"이 복숭아는 선군 때 동해 사람이 굵은 씨앗을 바치기에 그것을 심은 것이오. 이름은 '만수금도萬壽金桃'인데 해외의 도삭산度索山[5]에서 난 것으로 반도蟠桃라 하기도 하오. 심은 지 30여 년이 되어 가지와 잎이 무성해졌소. 그러나 꽃은 피우면서도 열매는 맺지 않더니 금년에야 복숭아 몇 덩어리가

4_ 숙손착叔孫婼: '婼'은 발음이 '야'가 아니라 '착'이다.(『강희자전』, 敕略切)

5_ 도삭산度索山: 『산해경山海經』「대황북경大荒北經」에 도삭산度朔山으로 나오므로 '索'은 '색'이 아니라 '삭'으로 읽어야 한다. 동해滄海 속에 도삭산度朔山이 있고, 그 위에 복숭아나무가 있는데, 구불구불한 뿌리가 3000리에 뻗쳐 있다고 한다. 그 복숭아나무가 반도蟠桃다.

열렸소. 과인은 그것이 아까워서 평소에 후원 문을 잠가두고 있소. 오늘 군후께서 왕림하셨으니 과인이 어찌 혼자만 먹을 수 있겠소? 특별히 금 복숭아를 따와서 어진 군신과 함께 맛을 보고자 하오."

노 소공은 공수를 하며 감사 인사를 올렸다.

잠시 후 안영은 후원지기에게 복숭아를 차린 화려한 상을 들고 들어와 바치게 했다. 상 위에는 복숭아 여섯 개가 놓여 있었다. 크기는 큰 사발만 했고 붉기는 숯불 같았으며 향기는 코를 찌를 정도로 진했다. 정말 진기한 과일이었다. 경공이 물었다.

"복숭아가 겨우 이것뿐이오?"

안영이 말했다.

"아직 서너 개가 덜 익어서 여섯 개만 따가지고 왔습니다."

경공은 안영에게 술을 따르라고 명령을 내렸다. 안영은 옥 술잔을 받쳐 들고 공손히 노 소공에게 올렸다. 좌우 시종들이 금 복숭아를 노 소공에게 바치자 안영이 축수를 했다.

"크기가 말斗만 한 복숭아는 천하에 드뭅니다. 두 분 군후마마께선 이 복숭아를 드시고 만수무강하십시오!"

노 소공은 술잔을 비우고 복숭아 한 개를 먹었다. 맛이 무척이나 달콤하여 끝없이 칭찬을 늘어놓았다. 다음으로 제 경공도 술 한 잔을 비우고 복숭아 하나를 먹었다. 경공이 말했다.

"이 복숭아는 쉽게 구할 수 없는 과일이오. 숙손 대부께서는 어진 명성이 사방에 알려졌고 오늘 또 집례의 공이 있으니 복숭아 한 개를 드셔야 하오."

숙손착이 무릎을 꿇고 아뢰었다.

“신은 안 상국의 만분의 일에도 미치지 못합니다. 안 상국께선 안으로 내정에 힘쓰시고 밖으로 제후들을 굴복시켰으니 그 공이 작지 않습니다. 이 복숭아는 마땅히 안 상국께서 드셔야 합니다. 신이 어찌 참람된 행동을 할 수 있겠습니까?”

경공이 말했다.

“숙손 대부께서 상국께 양보를 하니 두 분 모두에게 술 한 잔과 복숭아 하나씩을 하사하는 바요.”

두 신하는 무릎을 꿇고 그것을 받은 뒤 감사 인사를 올리고 일어났다.

안영이 아뢰었다.

“상 위에 아직 복숭아 두 개가 남아 있사오니 주상께선 신료들에게 명령을 내려 자신의 공로가 막중하다고 아뢰는 사람에게 이 복숭아를 먹게 하여 그 현명함을 표창하십시오.”

경공이 말했다.

“그 말씀이 참으로 훌륭하오!”

그러고는 바로 좌우 내시에게 명령을 전하게 하고, 계단 아래 신하 중에서 스스로의 공로가 막중하여 이 복숭아를 먹을 수 있다고 믿는 사람은 직접 앞으로 나와 공로를 아뢰라고 했다. 그리고 안영에게 그 공로를 평가하여 복숭아를 하사하라고 했다. 그러자 공손첩이 나서며 연회석 앞에 서서 말했다.

“나는 지난번에 주상께서 동산에서 사냥하실 때 사나운 호랑이를 제 힘으로 때려잡았습니다. 그 공로가 어떠합니까?”

안영이 말했다.

“하늘을 떠받치듯 어가를 보위했으니 그 공로가 막대하오! 술 한 잔과 복숭아 한 개를 드시고 자리로 돌아가시오."

그것을 본 고야자도 분연히 달려나와 말했다.

"호랑이를 잡은 건 별것도 아닙니다. 저는 지난번 황하에서 요사스러운 자라의 목을 베어 주상전하를 위험에서 구출했습니다. 그 공로가 어떻습니까?"

경공이 말했다.

"그때 파도가 사납게 몰아치는 가운데 장군께서 요사스러운 자라의 목을 베지 않았다면 틀림없이 배가 뒤집혀 과인이 익사했을 것이오. 그것은 참으로 세상을 뒤덮을 만한 특별한 공이오. 장군께서 술을 마시고 복숭아를 먹을 수 있다는 걸 누가 의심할 수 있겠소?"

안영은 서둘러 술과 복숭아를 내려줬다. 그러자 또 전개강이 옷깃을 잡고 달려와서 말했다.

"저는 일찍이 어명을 받들고 서나라를 정벌하여 저들의 명장을 참수하고 갑사 500여 명을 사로잡았습니다. 이에 서나라 군주가 두려움에 떨며 뇌물을 보내 회맹을 청했습니다. 그 소식을 듣고 담나라와 거나라 군주도 일시에 함께 모여 주상전하를 맹주로 받들었습니다. 나의 이 공로도 복숭아를 먹을 만하지 않습니까?"

안영이 경공에게 아뢰었다.

"전 장군의 공로는 앞의 두 장군에 비해 10배는 뛰어납니다. 그런데 나눠줄 복숭아가 없으니 어찌하면 좋겠습니까? 술 한 잔만 하사하고 내년을 기다려야 하겠습니다."

경공이 말했다.

"경의 공로가 가장 큰데 애석하게도 말을 늦게 했소. 이제 복숭아가 없으니 경의 큰 공로가 가려지게 됐소."

전개강이 칼을 잡고 말했다.

"자라를 죽이고 호랑이를 때려잡은 건 작은 일에 불과합니다. 저는 고생스럽게 천 리 밖에까지 군사를 이끌고 가서 피를 흘리며 전쟁을 하여 공을 세웠습니다. 그런데도 복숭아를 먹지 못하여 두 나라 군신이 보는 앞에서 치욕을 당했습니다. 이것은 만대萬代에까지 전해질 웃음거리입니다! 이제 무슨 면목으로 조정에 다시 설 수 있겠습니까?"

말을 마치고는 바로 칼을 뽑아 스스로 목을 찌르고 죽었다. 공손첩은 깜짝 놀라 역시 칼을 빼들고 말했다.

"우리 두 사람은 작은 공을 세우고도 복숭아를 먹었는데, 전 장군은 큰 공을 세우고도 복숭아를 먹지 못했습니다. 그러므로 복숭아를 양보하지 않은 건 염치없는 짓입니다. 또 그 사람이 죽는 것을 보고도 뒤따르지 않는다면 그건 용기 없는 짓입니다."

그러고는 바로 칼로 자기 목을 찌르고 죽었다. 고야자도 사나운 기세로 소리를 질렀다.

"우리 세 사람은 골육처럼 친하게 지내며 생사를 함께하기로 맹세했습니다. 두 사람이 이미 죽었는데 나만 홀로 구차하게 산다면 내 마음이 어찌 편하겠습니까?"

말을 마치고 역시 칼로 자신의 목을 찌르고 죽었다. 제 경공은 사람을 시켜 제지하려고 했으나 미칠 수 없었다.

노나라 소공은 자리에서 일어나며 말했다.

"과인은 세 사람이 모두 천하에 보기 드문 용력을 지녔다고 들었는데 한 순간에 모두 목숨을 끊었으니 애석하기 짝이 없소."

안영이 복숭아 두 개로 세 호걸을 죽이다.

제 경공은 그 말을 듣고 아무 말도 못했지만 얼굴에 불쾌한 기색이 드러났다. 안영이 조용히 앞으로 나서며 말했다.

"이 사람들은 모두 용력만 뛰어난 필부일 뿐입니다. 비록 미미한 공로는 세웠지만 그것이 어찌 입에 올릴 만한 일이겠습니까?"

노 소공이 말했다.

"귀국에 이와 같은 용장이 몇 명이나 더 있는가?"

안영이 대답했다.

"조정에서 계책을 마련하고 나라의 위세를 만 리에 떨칠 만한 장상將相감이 수십 명은 됩니다. 만약 혈기만 내세우는 용사라면 우리 주상께서 말채찍으로나 쓸 수 있을 뿐인데, 이자들의 생사가 우리 제나라에 무슨 영향이 있겠습니까?"

그제야 경공은 비로소 마음을 풀었다. 안영이 다시 두 군주에게 술을 권하자 그들은 즐겁게 마시고 자리를 파했다. 삼걸의 무덤은 탕음리蕩陰里(山東省 臨淄 齊都鎮 南關村)에 있다. 뒷날 촉한의 제갈공명諸葛孔明이 「양보음梁父吟」을 지어 이 일을 읊었다.

제나라 동문으로 길을 나서면	步出齊東門
저 멀리 탕음리가 보이네	遙望蕩陰里
마을 속에 세 무덤이 나란히 있어	里中有三墳
둥실둥실 봉분이 비슷하다	累累正相似
묻노니 누구의 무덤들이오?	問是誰家塚
전개강과 고야자의 무덤이라네	田疆古冶子
그 힘은 남산을 밀칠 만했고	力能排南山

문장은 지맥을 끊을 만했네　文能絕地紀
하루아침에 음모에 걸려들어서　一朝中陰謀
두 복숭아에 세 장수가 목숨 잃었네　二桃殺三士
그 일을 꾸민 사람이 누구였던가?　誰能爲此者
제나라 상국인 안자였다네　相國齊晏子

노 소공이 떠난 후 제 경공이 안영에게 물었다.

"경은 연회 자리에서 호언장담으로 우리 제나라의 체면을 잠시 세우기는 했으나 삼걸이 죽고 난 후 그 뒤를 이을 사람이 없을까 걱정이오. 어찌하면 좋겠소?"

안영이 대답했다.

"신이 삼걸의 능력을 모두 겸할 수 있는 사람 하나를 추천하겠습니다."

"그게 누구요?"

"전양저田穰苴라는 사람입니다. 문장으로도 백성을 따르게 할 수 있고, 무예로도 적을 위협할 수 있으니 진정으로 대장의 재목입니다."

"전개강의 일족이 아니오?"

"비록 같은 전씨이기는 하지만 미천한 서출庶出이어서 전씨 가문에서는 예우를 받지 못하고 있습니다. 이 때문에 지금 동해 가에 은둔해 있습니다. 주상께서 장수로 선발하시면 이보다 더 뛰어난 사람이 없을 것입니다."

"경은 그가 그렇게 현명한 것을 알면서도 어찌하여 일찍 말씀하지 않았소?"

"벼슬살이를 잘 하고자 하는 사람은 임금을 가릴 뿐만 아니라 함께 일할 동료도 가리는 법입니다. 전개강과 고야자와 같이 혈기만 내세우는 무리가 있는 곳에 전양저가 어찌 어깨를 나란히 하려 하겠습니까?"

제 경공은 비록 입으로는 승낙했지만 전양저가 전씨田氏와 진씨陳氏의 동족이라는 점 때문에 끝내 주저하며 결정을 하지 못했다. 그러던 어느 날 갑자기 변방의 관리가 보고를 올렸다.

"진晉나라가 우리 나라의 삼걸이 죽었다는 소식을 듣고 군사를 일으켜 동아東阿(山東省 東阿) 경계를 침범했습니다. 또 연燕나라도 이번 기회를 틈타 북쪽 변방을 침략하여 소란을 피우고 있습니다."

제 경공은 몹시 두려워하며 안영에게 비단 예물을 가지고 동해 가로 가서 전양저를 초빙해오게 했다. 조정으로 온 전양저가 병법을 펼치자 제 경공은 마음이 매우 흡족하여 그날로 장군에 임명했다. 그러고는 바로 500승의 병거를 거느리고 연나라와 진나라 군사를 막게 했다. 그러자 전양저가 경공에게 부탁을 했다.

"신은 평소 비천하게 살던 사람이었습니다. 그런데도 주군께서 시골 마을에서 발탁해주셨습니다. 이제 신에게 갑자기 병권을 주시면 사람들이 복종하지 않을 것입니다. 원컨대 주상께서 총애하시고 백성이 평소에 존중하는 사람에게 감군監軍(군사 감독)을 맡겨주시면 신이 명령을 내릴 수 있을 듯합니다."

경공은 그 말에 따라 근신近臣이면서 대부인 장가莊賈를 보내 전양저의 군대를 감독하게 했다. 전양저와 장가는 동시에 임금의 은혜에 감사 인사를 올리고 조정을 나왔다. 조정 문밖에 이르자 장가가 양저에게 출병 날짜를 물었다. 양저가 말했다.

"내일 오시午時(오전 11시~오후 1시)에 출발할 것이오. 나는 군문軍門에서 대부를 기다릴 테니 함께 떠나도록 하시지요. 정오를 넘기지 마시오."

말을 마치고는 서로 헤어졌다.

다음 날 오전에 전양저는 군영에 먼저 도착하여 군리軍吏(군 행정관)를 불러 나무 막대를 세우고 시간을 알기 위해 그림자를 살폈다. 또한 사람을 보내 장가를 재촉했다. 장가는 나이는 젊었지만 평소에 경공의 총애를 믿고 교만하게 행동했다. 그래서 전양저를 전혀 안중에 두지 않았다. 게다가 이제 감군의 직책까지 맡고 있는지라 권력은 높고 세력은 막강해 자기 행동의 완급을 제 마음대로 결정했다. 이날 친척과 빈객들이 모두 모여 주연을 베풀고 전별 인사를 하자 장가는 시간을 지체하며 즐겁게 술을 마시느라 사자의 연이은 재촉도 전혀 신경을 쓰지 않았다. 전양저는 태양이 서쪽으로 이동하고 군리가 미시未時(오후 1시~3시)가 되었다고 보고하자 장가가 오기를 기다리지도 않고 마침내 나무 막대를 쓰러뜨리고 물시계의 물을 쏟아버린 후 단상으로 올라가 군사들과 맹세를 하고 군사 규율을 거듭 밝혔다. 전양저의 호령이 끝나고 해가 기울어갈 무렵 저 멀리서 말 네 마리가 끄는 장가의 높다란 수레가 천천히 다가오는 것이 보였다. 장가의 얼굴은 술기운으로 불콰했다. 그는 군문에 도착하여 느긋하게 수레에서 내렸다. 좌우 시종들이 그를 옹위하자 거들먹거리는 걸음으로 단상으로 걸어 올라갔다. 전양저는 단정한 자세로 꼿꼿이 앉아 몸을 일으키지도 않고 물었다.

"감군께선 어인 연유로 이렇게 늦으셨소?"

장가는 공수로 예를 표시하며 대답했다.

"오늘 내가 멀리 전쟁터에 나간다고 친척과 친구들이 술을 가지고 와서 송별 인사를 했소. 그래서 좀 늦은 것이오."

양저가 말했다.

"대저 장수란 어명을 받은 날 바로 집을 잊어야 하는 법이오. 군사를 감독하고 규율을 잡으려면 가족을 잊어야 하고, 북채를 잡고 화살과 돌을 무릅쓰려면 자신의 몸까지 잊어야 하오. 지금 적국이 우리 나라를 침범하여 변경이 소란스럽소. 그래서 주상께선 잠도 제대로 못 주무시고, 수라도 달게 드시지 못하고 있소. 삼군의 군사를 모두 우리 두 사람에게 맡기시고 아침부터 저녁까지 승첩을 기다리며 백성의 시급한 고난을 구해주길 바라고 계시오. 그런데 지금 어느 겨를에 친척, 친구들과 음주를 즐길 여가가 있단 말이오?"

장가는 여전히 웃음을 머금고 대답했다.

"다행히 출발하기 전에 당도했으니 원수께선 지나치게 꾸짖지 마시오."

양저가 탁상을 두드리며 불같이 화를 냈다.

"네 이놈! 주상의 총애만 믿고 군심軍心을 태만히 여기는구나! 만약 적을 마주하고도 이와 같이 행동한다면 어찌 큰일을 그르치지 않을 수 있겠느냐?"

그러고는 바로 군정사軍政司(군대의 법 집행관)를 불러 물었다.

"군법에 약속 시간을 넘겨 도착하면 무슨 죄를 받아야 하는가?"

군정사가 대답했다.

"군법에 의하면 참수형입니다."

장가는 '참수'라는 말을 듣자 비로소 무서운 생각이 들어 단상 아래로 달아나려 했다. 전양저는 수하의 군사를 시켜 장가를 포박하게 하고 군문 밖으로 끌어내 목을 베라고 했다. 양저의 고함 소리에 장가는 술이 다 깨서 애걸복걸 용서를 빌었다. 장가를 수행하던 시종들이 황급히 제 경공에게 달려가 소식을 전하고 구조 요청을 했다.

경공도 대경실색하며 서둘러 양구거에게 부절符節을 가지고 가서 장가를 특별히 사면해달라고 요청하게 했다. 경공은 양구거가 너무 늦게 도착할까 두려워 초거를 타고 나는 듯이 달려가게 분부했다. 그러나 그때는 벌써 장가의 목이 군문에 효수된 뒤였다. 양구거는 아직 그 사실을 알지 못한 채 손에 경공의 부절을 받쳐 들고 군영을 향해 달려갔다. 전양저는 호령을 내려 수레를 가로막고 군정사에게 물었다.

"군영 안에서는 수레를 치달릴 수 없다. 사자使者는 무슨 벌을 받아야 하는가?"

군정사가 대답했다.

"군법에 의하면 참수형입니다."

양구거는 얼굴이 흙빛이 되어 부들부들 떨며 말했다.

"나는 어명을 받들고 왔을 뿐이오. 이것은 내가 간여할 수 있는 일이 아니오."

양저가 말했다.

"주상의 명령이시니 참수하기는 어렵겠다. 그러나 군법을 폐지할 수는 없는 일이다."

그러고는 수레를 부수고 말을 죽여 사자의 참형을 대신했다. 양구거는 목숨을 건진 후 머리를 싸매고 도망쳤다. 그리하여 삼군의 대소 장수들은 다리를 부들부들 떨지 않는 사람이 없었다. 전양저가 이끄는 군사가 교외로 나가기도 전에 진나라 군사는 소문을 듣고 일찌감치 도망을 쳤고 연나라 군사들도 황하를 건너 북쪽으로 되돌아갔다. 전양저는 그들을 추격하여 만여 명의 수급을 벴다. 연나라 군사는 대패하여 예물을 바치고 강화를 요청했다. 군사를 거두어 돌아오는 날 제 경공은 몸소 교외에까지 나가 군사를 위로했고, 전양저를 대사마에 임명하여 병권을 모두 맡겼다. 사관이 이 일을 시로 읊었다.

총신과 사자도 중형을 받았으니 寵臣節使且罹刑
국법을 사사로움 없이 반드시 집행했네 國法無私令必行
전양저는 오늘날 어떻게 일어섰나? 安得穰苴今日起
적개심을 펼치며 창생 위로한 때문일세 大張敵愾慰蒼生

제후들은 전양저의 명성을 듣고 두려워 굴복하지 않는 사람이 없었다. 제 경공이 안으로는 안영에게 정사를 맡기고 밖으로는 전양저에게 국경을 지키게 하자 나라는 잘 다스려지고 병력은 막강해졌다. 그리하여 사방의 국경이 무사태평해지자 경공은 날마다 사냥과 음주를 일삼으며 마치 모든 정사를 관중에게 맡겨버린 제 환공처럼 행동하려 했다.

어느 날 제 경공은 궁중에서 희첩들과 술을 마시다가 밤이 돼서도 아직 주흥이 미진하던 차에 갑자기 안영이 생각났다. 그래서 좌우 시종들을 시켜 술을 안영의 집으로 옮기게 했다. 앞서 수레를 타고 간 신하가 안영에게 보고했다.

"지금 주상께서 오실 것이오."

안영은 관복을 단정히 입고 홀笏을 든 채 대문 밖에서 손을 모으고 기다렸다. 경공이 아직 어가에서 내리지 않았을 때 안영이 앞으로 달려가 당황해하며 물었다.

"제후들에게 무슨 변고라도 생긴 것입니까? 아니면 나라에 무슨 변고라도 생긴 것입니까?"

"그런 일은 없소."

"그렇다면 주상께선 어찌하여 이 야심한 시각에 신의 집에 왕림하신 것입니까?"

"상국께서 정무에 몹시 많은 애를 쓰시기에 과인이 갖고 있는 맛있는 술과 아름다운 음악을 혼자 즐길 수가 없어서 상국과 함께 즐기러 온 것이오."

"대저 국가를 편안하게 하고 제후를 안정시키는 일이라면 신이 그 대책 논의에 함께 참여하겠습니다. 그러나 유흥의 자리를 펴고 음식 그릇을 늘어놓는 일은 주상전하의 좌우에 그 일을 할 수 있는 사람이 있을 것이니 신은 감히 참여하지 않겠습니다."

경공은 수레를 돌리라고 명령을 내리고 대사마 전양저의 집으로 자리를 옮기게 했다. 먼저 간 수레가 앞서와 같이 보고했다. 전양저는 관모의 끈을 매고 갑옷을 걸친 채 손에는 창을 들고 대문 밖에 서서 기다리다가 경공의 수레를 맞으러 달려가서 허리를 굽히고 물었다.

"제후들에게 병란이 발생했습니까? 아니면 신하들에게 반란이 발생했습니까?"

"그런 일은 없소."

"그럼 이 캄캄한 밤에 신의 집엔 어찌하여 왕림하신 것입니까?"

"과인에게 다른 연유가 있는 것이 아니라, 장군께서 군사 일에 노고가 많으신 것으로 생각되어 과인이 갖고 있는 맛있는 술과 아름다운 음악을 장군과 함께 즐기려고 온 것이오."

"대저 적군을 막아내고 역적을 주살하는 일이라면 신이 그 대책 논의에 함께 참여하겠습니다. 그러나 유흥의 자리를 펴고 음식 그릇을 늘어놓는 일은 주상전하의 좌우에 사람이 부족하지 않을 것인데, 어찌하여 갑옷 입은 장수에게 그 일을 시키려 하십니까?"

경공은 주흥이 모두 깨지고 말았다. 그러자 좌우 시종이 물었다.

"환궁하시겠습니까?"

경공이 말했다.

"양구거 대부의 집으로 가자."

먼저 간 수레가 앞서와 같이 보고했다. 그러자 양구거는 왼손에는 금琴을 들고 오른손에는 우竽(피리의 일종)를 든 채 입으로는 노래를 부르며 골목 어귀까지 나가 경공을 맞이했다. 경공은 몹시 기뻐하며 옷과 관모를 벗어놓고 양구거와 함께 음악을 즐기다가 닭이 울고 나서야 환궁했다. 다음날 안영과 전양저는 함께 조정으로 들어가 경공에게 사죄했다. 그러면서도 경공에게 한밤중에 신하의 집에서 술을 마셔서는 안 된다고 간언을 올렸다. 경공이 말했다.

"과인에게 두 분이 없으면 어떻게 나라를 다스릴 수 있겠소? 또 과인에게 양구거가 없다면 어떻게 내 일신을 즐겁게 할 수 있겠소? 과인은 감히 두 분의 직무를 방해하지 않을 터이니, 두 분께서도 과인의 일에 관여하지 마시오."

사관이 이 일을 시로 읊었다.

두 기둥이 하늘 받치며 장상으로 공을 세우니	雙柱擎天將相功
하찮은 총신이야 어찌 그들과 같겠는가?	小臣便辟豈相同
경공이 인재 얻어 전권을 맡긴 후에	景公得士能專任
아름다운 이름이 해동에까지 전해졌네	贏得芳名播海東

이때 중원에는 변란이 많이 발생했지만 진晉나라는 그것을 다스릴 수 없

었다. 진 소공이 재위 6년 만에 세상을 떠나고 세자 거질이 즉위하니 이 사람이 진晉 경공頃公이다. 진 경공 초년에 한기와 양성힐이 모두 죽자 위서에게 정사를 맡겼다. 또 진나라의 순역荀躒과 범앙은 일을 처리함에 탐욕스럽게 뇌물을 받아 챙긴다고 소문이 파다하게 퍼졌다. 그 무렵 기씨 집안의 가신 기승祁勝이 오장鄔臧의 아내와 간통하자 기영祁盈이 기승을 잡아 가뒀다. 기승은 순역에게 뇌물을 주고 자신의 방면을 요청했고 순역은 그 일을 경공에게 참소하여 경공은 오히려 기영을 잡아 가뒀다. 양설식아羊舌食我는 기씨와 한패여서 기영을 위해 기승을 죽였다. 그러자 진 경공이 진노하여 기영과 양설식아를 죽인 뒤 기씨와 양설씨 일족까지 모두 주살했다. 백성은 그 일을 원통해했다. 그 후 노 소공은 막강한 힘을 휘두르던 신하 계손의여에게 쫓겨났다. 순역은 다시 계손의여에게 뇌물을 받고 진晉나라로 들어오려던 노 소공을 받아들이지 못하게 했다. 이에 제 경공은 언릉 땅에서 제후들을 모아 회합을 주재하며 노나라의 변란에 대한 대책을 논의했다. 천하 사람이 모두 그 의로움을 존경했고, 제 경공의 명성은 제후들에게 널리 알려졌다. 이 일은 뒷날의 이야기다.

주周 경왕 19년, 오왕 이매는 4년 만에 병이 위독해졌다. 그는 부친과 형의 유언을 다시 상기시키며 보위를 막냇동생 계찰에게 전하려 했다. 계찰이 사양하며 말했다.

"보위에 오르지 않겠다는 제 마음은 분명합니다. 지난날 선군께서 명령을 내렸을 때도 저는 감히 따르지 않았습니다. 부귀는 제게 스쳐가는 가을바람과 같을 뿐입니다. 제가 무슨 애착이 있겠습니까?"

마침내 계찰은 연릉延陵(江蘇省 常州)으로 도피했다. 오나라 신료들은 이매의 아들 주우州于를 받들어 보위에 올렸다. 주우는 보위에 오른 뒤 이름을 요僚로 바꾸었으니, 이 사람이 오왕 요다. 제번의 아들 광光은 용병에 뛰어나 오왕 요는 그를 대장을 삼고 장안長岸(安徽省 當涂 博望山)에서 초나라와 전투를 하게 했다. 광이 초나라 사마 공자 방을 죽이자 초나라 사람들은 겁을 먹고 주래에 성을 쌓아 오나라에 대항했다. 이때 초나라 비무극은 아첨으로 초 평왕의 총애를 받고 있었다. 같은 시기 채 평공 여는 이미 적자嫡子인 주를 세자로 삼았으나 서자 동국東國이 세자의 지위를 찬탈할 마음을 품고 비무극에게 뇌물을 먹였다. 비무극은 먼저 채나라 대부 조오를 참소하여 정나라로 쫓아냈다. 그러나 조금 뒤 채 평공이 세상을 떠나자 세자 주가 보위를 이었다. 그러나 비무극은 거짓으로 초왕의 명령을 전하고 채나라에서 주를 쫓아낸 뒤 동국을 보위에 올렸다. 그러자 초 평왕이 물었다.

"채나라 사람들이 어찌하여 주를 쫓아냈소?"

비무극이 대답했다.

"주가 장차 우리 초나라를 배신할 뜻이 있자, 초나라 사람들이 그것을 원치 않아서 주를 쫓아냈다 합니다."

초 평왕은 더 이상 캐묻지 않았다.

비무극은 또 초나라 세자 건을 미워하며 평왕과의 부자 관계를 이간시키려 했지만 아직 이간책을 마련하지 못하고 있었다. 그러던 어느 날 비무극이 평왕에게 아뢰었다.

"세자가 벌써 장성했는데 어찌하여 혼처를 마련하지 않습니까? 혼처를 구하시려면 진秦나라가 가장 좋을 듯합니다. 진나라는 강국이고 우리 초나라와도 관계가 돈독하니 두 강국이 혼인을 맺으면 우리 초나라의 세력이 더욱 확장될 것입니다."

초 평왕은 그 말에 따라 마침내 비무극을 진나라로 보내 세자의 혼처를 구하게 했다. 진 애공은 신료들을 불러 모아 혼사의 가부를 논의하게 했다. 신료들이 모두 말했다.

"지난날에는 진秦과 진晉이 대대로 혼인을 했습니다만 지금은 진나라와 우호관계가 단절되었습니다. 이제 바야흐로 초나라의 세력이 강성해졌으니 혼사를 허락하지 않을 수 없습니다."

진 애공은 초나라로 대부 한 사람을 보내 자신의 여동생 맹영孟嬴을 출가시키겠다고 통보했다. 오늘날 세속의 소설에서 무상공주無祥公主라고 일컫는 이가 바로 이 사람이다. 그러나 공주라는 호칭은 뒷날 한漢나라 때부터 생겨난 것인데 춘추시대에 어찌 이런 호칭이 있었겠는가? 초 평왕은 다시 비무극에게 황금, 옥구슬, 채색 비단을 가지고 진秦나라로 가서 신부를 맞아오게 했다. 비무극은 사신을 따라 진나라로 들어가 빙례聘禮를 올렸다. 진 애공은 매우 기뻐하며 공자 포蒲를 불러 맹영을 초나라로 배웅하게 했다. 혼수를 실은 수레가 100대나 되었고 신부를 따르는 잉첩만도 수십여 명이 되었다. 맹영은 자신의 오라버니 진 애공에게 작별 인사를 하고 초나라로 향했다. 비무극은 귀국 도중에 맹영이 절세의 미녀임을 알았다. 또 잉첩 중에 한 여인이 용모와 몸가짐이 단정한 것을 보고 몰래 그 내력을 탐지했다. 그녀는 제齊나라 여인으로 진나라에서 벼슬살이하는 부친을 따라왔다가 궁궐로 들어가 맹영의 시비侍婢가 되었다고 했다. 비무극은 자세한 내막을 알고 나서 행차가 역관에 머물자 비밀리에 제나라 여인을 불러서 일렀다.

"내가 네 관상을 보니 귀인이 될 상이다. 내가 너를 천거하여 세자의 정비正妃가 되게 해주겠다. 네가 나의 계책을 숨겨준다면 네게서 부귀가 끊이지 않을 것이다."

제나라 여인은 고개를 숙이고 아무 말도 하지 못했다.

비무극은 신행 대열이 당도하기 하루 전에 먼저 궁중으로 들어가서 초 평왕에게 귀국 보고를 했다.

"진나라 신부가 도착하여 삼사三舍(90리) 밖에 와 있습니다."

초 평왕이 물었다.

"경은 벌써 신부를 보았을 텐데 그 용모가 어떠한가?"

비무극은 평왕이 술과 여색을 밝히는 사람이란 걸 알고 진나라 신부의 미색을 과장하여 그 사심을 부추길 심산이었다. 그러던 차에 마침 평왕이 이런 질문을 하자 자신의 마음과 딱 맞아떨어져서 마침내 이렇게 아뢰었다.

"신도 여자를 많이 봐왔습니다만 맹영만 한 미인은 아직 보지 못했습니다. 우리 초나라 후궁 중에는 맹영에 짝할 만한 여인이 없습니다. 옛날부터 전해지는 달기妲己나 여희驪姬 같은 천하절색도 아마 맹영의 만분의 일에도 미치지 못할 것입니다."

초 평왕은 며느릿감으로 오는 진나라 여인의 아름다움을 듣고 얼굴이 붉어지며 한동안 아무 말도 하지 못했다. 평왕은 한참 뒤에 천천히 입을 열었다.

"과인이 외람되게 왕을 칭하고 있지만 그런 절세가인을 만나지 못했으니 진실로 일생을 헛되이 산 것이나 다름없소."

비무극은 좌우 시종들을 물려달라고 청한 후 비밀리에 아뢰었다.

"대왕마마께서 진나라 여인의 아름다움을 사모하신다면 어찌하여 직접 취하지 않으십니까?"

평왕이 말했다.

"며느릿감으로 맞아왔으니 인륜을 해칠까 두렵소."

무극이 다시 아뢰었다.

"상관없는 일입니다. 세자를 위해 진나라 여인을 맞아왔습니다만 아직 동궁으로 들인 것은 아닙니다. 그러니 대왕마마께서 궁궐로 맞아들인다고 누가 감히 이의를 달겠습니까?"

평왕이 말했다.

"신료들의 입이야 막을 수 있겠지만 어찌 세자의 입까지 막을 수 있겠소?"

무극이 아뢰었다.

"신이 잉첩들을 살펴본즉 제나라 여인의 용모가 비범하여 진나라 여인 대신 쓸 수 있을 것 같았습니다. 청컨대 진나라 여인을 먼저 왕궁으로 들이신 후 다시 제나라 여인을 동궁으로 들이십시오. 그리고 기밀이 새나가지 않게 단단히 당부한다면 양측에서 모두 일을 숨기게 될 터이니 그야말로 만전지책萬全之策이 될 것입니다."

평왕은 크게 기뻐하며 비무극에게 극비리에 일을 추진할 것을 부탁했다. 비무극이 맹영을 수행해온 공자 포에게 말했다.

"우리 초나라의 혼례 절차는 다른 나라와 다르오. 먼저 왕궁으로 들어가 시부모를 알현한 후에 혼례를 치르게 되오."

공자 포가 말했다.

"명령을 따르겠소."

비무극은 마침내 병거軿車(부인이 타는 수레)를 대령하게 하여 맹영과 잉첩을 모두 싣고 왕궁으로 들어갔다. 비무극은 맹영을 왕궁에 남겨두고 제나라 여인을 동궁으로 보냈다. 또 궁중의 시첩侍妾들을 진나라에서 온 잉첩으로 위장했고 제나라 여인을 맹영으로 위장했다. 세자 건은 제녀齊女를 동

초 평왕이 며느리를 부인으로 맞아들이다.

궁으로 맞아들여 혼례를 올렸다. 만조백관과 세자들은 모두 비무극의 속임수를 알지 못했다. 어느 날 맹영이 물었다.

"제나라 여인은 어디 있느냐?"

곁에 있던 시녀가 대답했다.

"이미 세자 저하께 하사했습니다."

잠연潛淵이 영사시를 지어 이 일을 읊었다.

위 선공은 악행 저질러 신대를 짓더니 衛宣作俑是新臺
채 경공도 간음하여 반역 씨앗 키웠다 蔡國奸淫長逆胎
한스럽다 초 평왕도 윤리를 무시하고 堪恨楚平倫理盡
진나라 여인 불러서 궁궐로 들여놓았네 又招秦女入宮來

초 평왕은 세자가 진나라 여인에 관한 일을 알아챌까봐 세자의 입궁을 금지시키고 그들 모자간의 상봉까지 허락하지 않았다. 그리고 아침부터 저녁까지 진나라 여인과 후궁에서 주연을 즐기며 국정을 돌보지 않았다. 그러나 궁궐 밖에서는 여론이 들끓고 소문이 퍼져나가며 진녀秦女에 관한 일을 의심하는 사람이 많아졌다. 비무극은 세자가 낌새를 알아채고 변란을 일으킬까 겁이 나서 평왕에게 이렇게 말했다.

"진晉나라가 오랫동안 천하의 패자 노릇을 할 수 있는 것은 그들의 땅이 중원과 가깝기 때문입니다. 지난날 영왕께선 진陳과 채 두 곳에 큰 성을 쌓고 중원을 진압하여 패업을 쟁취하기 위한 기초를 놓았습니다. 그러나 지금 두 나라는 다시 제후국의 지위를 회복했고 우리 초나라는 남방으로 후퇴했사오니 어떻게 대업을 성취할 수 있겠습니까? 세자를 성보城父(安徽省 亳

州 譙城區 城父鎭) 땅으로 보내 그곳을 진압하여 북방과 교류를 트게 하고, 대왕마마께선 오로지 남방에만 전념한다면 앉아서도 천하를 호령할 수 있을 것입니다."

평왕이 주저하며 대답을 하지 않자 비무극은 비밀리에 평왕의 귀에 대고 속삭였다.

"진녀의 혼인에 관계된 일은 오래되면 말이 새어나가기 마련입니다. 만약 세자를 멀리 격리시킬 수 있다면 어찌 일거양득의 결과를 얻을 수 있지 않겠습니까?"

초 평왕은 밝은 깨달음을 얻은 사람처럼 마침내 세자 건을 내보내 성보 땅을 지키게 했다. 아울러 분양奮揚을 성보 사마로 임명하며 일렀다.

"과인을 섬기는 것처럼 세자를 섬겨라!"

오사는 비무극의 참소를 알아채고 평왕에게 간언을 올리려고 했다. 그러나 비무극이 먼저 그 동향을 알고 다시 평왕에게 말하여 오사를 성보로 보내 세자를 보좌하게 했다. 세자를 보낸 후 평왕은 마침내 진녀 맹영을 부인으로 삼고 채희를 운鄖 땅으로 돌려보냈다. 세자는 성보에 도착해서야 부왕이 진녀를 바꿔치기했다는 것을 알았지만 어찌할 수가 없었다. 맹영은 비록 평왕의 총애를 받았지만 평왕이 연로한 것을 보고 마음이 전혀 기쁘지 않았다. 평왕도 자신이 젊은 맹영의 짝으로 적합하지 않다는 것을 알고, 감히 맹영의 기분을 따질 수 없었다. 한 해가 지나서 맹영은 아들을 낳았다. 평왕은 진귀한 보배처럼 애지중지하면서 이름 또한 진珍이라고 지었다. 평왕이 비로소 맹영에게 물었다.

"부인은 입궁한 이래 수심에 젖어 한탄하는 날이 많고 기쁘게 웃는 날은 적으니 어찌된 일이오?"

맹영이 대답했다.

"신첩은 오라버니의 명령을 받들어 대왕마마를 섬기러 왔습니다. 처음 혼사 이야기가 나왔을 때 신첩은 진秦과 초가 서로 국력이 대등하다고 여겼고, 그래서 신첩도 청춘에 맞는 짝을 만날 것으로 생각했습니다. 그런데 초나라 궁궐로 들어와서야 대왕마마의 춘추가 높으신 것을 알았습니다. 신첩은 감히 대왕마마를 원망하는 것이 아니라 때맞춰 태어나지 못했음을 스스로 탄식하고 있을 따름입니다."

평왕이 웃으면서 말했다.

"이번 일은 지금 생애가 아니라 전생의 인연으로 맺어진 것이오. 부인께서 과인에게 시집온 것은 좀 늦었는지 모르지만 왕후가 된 것은 본래보다 몇 년이라도 더 빠르지 않았는지 모르겠소."

맹영은 평왕의 그 말에 의심이 들어 궁녀들에게 자세한 사정을 캐물었다. 궁녀들도 더 이상 속일 수 없어서 마침내 내막을 모두 털어놨다. 맹영이 슬프게 눈물을 흘리자 평왕은 그 마음을 짐작하고 온갖 방법으로 그녀를 기쁘게 하려고 했으며 마침내 아들 진을 세자로 삼겠다고 약속했다. 그러자 맹영의 마음이 조금 진정되었다.

비무극은 끝내 세자 건 때문에 마음을 놓을 수 없었다. 그는 뒷날 세자 건이 왕위를 이어받았을 때 틀림없이 참화가 자신에게 미칠 것이라 생각하고 다시 기회를 엿보아 평왕에게 세자를 참소했다.

"소문을 듣건대 세자와 오사가 역심을 품고 사람을 제와 진晉으로 보내 몰래 내통하고 있다고 합니다. 저들 두 나라도 세자를 돕겠다고 허락했다 하오니 대왕마마께서도 단단히 대비하지 않을 수 없습니다."

평왕이 말했다.

"내 아들은 평소에 언행이 유순한데 어찌 그런 일이 있을 수 있겠소?"

비무극이 말했다.

"세자는 진녀 때문에 원망을 품은 지 오래입니다. 그래서 지금 성보에서 갑사를 조련하고 무기를 정비하며 장기간 거사를 준비해오고 있습니다. 또 세자는 항상 목왕이 큰일을 이룬 후 초나라를 편안하게 다스렸으며 자손도 번성했다고 이야기하며, 목왕의 일을 본받고 싶어한다 합니다. 대왕마마께서 세자를 제거하지 않으시면 신은 먼저 벼슬을 버리고 다른 나라로 도피하여 주살을 면할까 합니다."

평왕은 본래 세자 건을 폐하고 어린 아들 진珍을 세자로 세우려는 마음을 품고 있었기 때문에 비무극의 말에 마음이 움직여 믿을 수 없는 일까지 곧이곧대로 믿게 되었다. 그리하여 바로 세자 건을 폐위하라고 명령을 내리려 했다. 그러자 비무극이 또 아뢰었다.

"세자는 외지에서 병력을 장악하고 있기 때문에 만약 폐위하라는 명령을 전하면 세자의 반역을 부추기는 꼴이 됩니다. 태사인 오사가 세자의 모사이므로 먼저 오사를 소환한 연후에 군사를 보내 세자를 잡아들이는 것이 더 좋을 듯합니다. 그렇게 하면 대왕마마의 우환을 제거할 수 있을 것입니다."

평왕은 그 계책이 그럴듯하다고 여기고 사람을 보내 오사를 불러오게 했다. 오사가 도착하자 평왕이 물었다.

"건이 역심을 품고 있다는데 경은 그것을 아시오?"

오사는 본래 강직한 성품이라 마침내 이렇게 대답했다.

"며느리를 부인으로 맞아들인 것도 벌써 잘못된 일인데, 간신의 말을 듣고 골육지친까지 의심하니 어떻게 참을 수 있겠습니까?"

평왕은 그 말을 듣자 부끄러운 마음이 들어 좌우 시종에게 소리를 질러 오사를 감옥에 가두게 했다. 비무극이 아뢰었다.

"오사가 대왕께서 며느리를 부인으로 맞아들였다고 질책하는 걸 보니 대왕마마를 원망하는 것이 분명합니다. 그러니 오사가 옥에 갇힌 것을 알면 세자가 어찌 군사를 움직이지 않겠습니까? 제와 진의 군사까지 합세하여 공격해오면 감당할 수 없을 것입니다."

평왕이 말했다.

"나는 사람을 보내 세자를 죽이고 싶은데 누구를 보내면 좋겠소?"

비무극이 대답했다.

"다른 사람을 보내면 세자가 틀림없이 항거할 것입니다. 차라리 성보 사마 분양에게 밀지를 내려 세자를 습격하여 죽이게 하십시오."

이에 평왕은 심복을 분양에게 보내 비밀 명령을 전달했다.

"세자를 죽이면 큰 상을 받을 것이나, 세자를 방면하면 죽음을 면치 못하리라."

분양은 명령을 받은 뒤 즉시 심복을 세자에게 보내 몰래 보고를 올렸다.

"한순간도 지체하지 말고 속히 도망치십시오!"

세자 건은 대경실색했다. 이때 그는 제나라 여인과의 사이에서 벌써 승勝이란 아들을 두고 있었다. 세자 건은 마침내 처자식을 데리고 밤새도록 말을 달려 송나라로 달아났다. 분양은 세자가 이미 떠나간 것을 알고 성보 사람들을 시켜 자신을 묶게 한 뒤 영도로 압송하게 했다. 그는 평왕을 보고 말했다.

"세자는 도망쳤습니다."

평왕이 진노하여 소리쳤다.

"내 입에서 명령이 나와 네놈 귀로 바로 들어갔는데 누가 세자에게 알렸단 말이냐?"

분양이 말했다.

"사실은 신이 알렸습니다. 대왕마마께서 지난번에 신에게 과인을 섬기듯이 세자를 섬기라고 명령하셨습니다. 신은 삼가 이 말을 지킨 것이지 감히 두마음을 품지는 않았습니다. 이러한 까닭에 세자에게 알려준 것입니다. 그 뒤 제 몸에 형벌이 미칠 것이라 생각이 들었지만 후회해도 소용없는 일이 되었습니다."

평왕이 말했다.

"네놈은 세자를 몰래 풀어주고도 감히 과인을 보러 오다니, 죽음이 두렵지도 않느냐?"

분양이 대답했다.

"대왕마마의 명령을 받들지 못한 처지에 죽음이 두려워오지 않는다면 이는 두 가지 죄를 범하는 것입니다. 또 세자에게 반역의 움직임이 없었는데도 그를 죽인다면 이는 명분이 서지 않는 일입니다. 만약 이를 계기로 대왕마마께서 세자를 살릴 수 있다면 신은 신의 죽음을 다행으로 여기겠습니다."

평왕은 슬퍼하면서 부끄러운 기색을 보였다. 한참 후에 평왕이 말했다.

"분양은 어명을 어겼지만 그 충직함은 가상히 여길 만하다."

마침내 그 죄를 용서하고 다시 성보 사마로 부임하게 했다. 사관이 이 일을 시로 읊었다.

죄도 없는 세자 건이 삶을 찾아 도망치자 無辜世子已偷生

분양은 피하지 않고 물 끓는 솥에 임했다	不敢逃刑就鼎烹
분분한 아첨으로 끝내 주살을 당할지라도	讒佞紛紛終受戮
천추만대에 분양의 명성 오래도록 남으리라	千秋留得奮揚名

초 평왕은 진녀의 소생 진을 세자로 세우고 비무극을 태사로 삼았다.

비무극이 또 아뢰었다.

“오사에게는 오상과 오운이라는 두 아들이 있는데 모두 호걸입니다. 만약 이들이 오나라로 도망치면 틀림없이 우리 초나라의 우환거리가 될 것입니다. 이제 그 아비를 시켜 죄를 방면해주겠다고 하고 저들을 소환하십시오. 저들은 아비를 지극히 사랑하기 때문에 반드시 소환에 응해 도성으로 올 것입니다. 그때 저들을 모두 죽이면 후환을 없앨 수 있을 것입니다.”

평왕은 매우 기뻐하며 옥에서 오사를 끌고 와 좌우 시종을 시켜 붓을 쥐어주며 말했다.

“너는 세자에게 모반을 부추겼으니 본래 참수하여 조리돌림을 시켜야 마땅하다. 그러나 네 조부가 선대 조정에서 이룬 공적을 생각하여 차마 네게 형벌을 가하지 않은 것이다. 이제 네가 서찰 한 통을 써서 두 아들을 조정으로 돌아오게 한다면 다시 관직을 주고 봉토로 돌아갈 수 있게 해주겠다.”

오사는 초왕이 거짓말로 자신의 부자를 소환하여 함께 죽이려 한다는 걸 알아채고 이렇게 대답했다.

“신의 맏아들 상은 온화하고 어진 성품을 가지고 있어서 신의 부름을 받고 반드시 올 것입니다. 그러나 둘째 아들 운은 어려서 문을 좋아했고 자라서는 무를 좋아했습니다. 이에 문으로는 나라를 편안하게 할 만하고, 무로는 나라를 안정시킬 만합니다. 장차 허물을 덮어쓰고 치욕을 참으며 큰

일을 이룰 수 있을 것입니다. 이렇듯 앞날을 내다보는 능력을 가진 인사가 어찌 아비가 부른다고 기꺼이 달려오겠습니까?"

평왕이 말했다.

"너는 과인의 말과 같이 서찰을 써서 부르기만 해라. 불러도 오지 않는다면 그것은 너와는 무관한 일이다."

오사는 임금의 명령이라 감히 항거하지 못하고 마침내 어전에서 바로 서찰을 썼다. 그 내용은 대략 다음과 같았다.

> 상과 운은 보아라. 나는 간언을 올리다가 주상의 마음을 거슬러 묶인 몸으로 죄를 기다리고 있다. 주상께선 선대 조정에서 공을 세우신 조부님을 생각하여 죽음만은 면하게 해주셨다. 또 장차 신료들에게 우리 공적을 논의하여 죄를 용서하게 한 뒤 너희의 관직을 다시 회복시켜주겠다고 하시는구나. 너희 형제는 밤을 새워 달려와야 할 것이다. 만약 어명을 어기고 시간을 지체한다면 반드시 죄를 받게 될 것이다. 서찰이 당도하는 즉시 조속히 달려오도록 해라!

오사는 쓰기를 마치고 서찰을 평왕에게 올려 읽어보게 했다. 평왕은 서찰을 단단하게 봉한 후 오사를 다시 감옥에 가두었다. 평왕은 언장사를 사자로 삼았다. 언장사는 네 필의 말이 끄는 수레에 올라 서찰과 인수印綬를 가지고 당읍棠邑(江蘇省 南京 六合區)으로 달려갔다. 그러나 오상은 이미 성보 땅으로 돌아간 뒤였다. 언장사는 다시 성보 땅으로 가서 오상을 만나 말했다.

"경하드리오!"

오상이 말했다.

"아버지께서 갇혀 계신데 무슨 경하란 말이오?"

언장사가 말했다.

"대왕마마께선 다른 사람의 말을 잘못 믿으시고 그대의 부친을 옥에 가두었소. 그런데 지금 신료들은 모두 그대 가문을 일컬어 삼대 동안 공을 세운 충신 집안이라 찬양하고 있소. 그래서 대왕께선 안으로 다른 사람의 말을 잘못 들은 일을 부끄럽게 여기시고, 또 밖으로 제후들에게도 수치스러운 면모를 보였다고 생각하시어, 그대의 부친을 상국에 임명하시고 맏아들 오상은 홍도후鴻都侯로, 둘째 아들 오운은 개후蓋侯로 봉한다고 하셨소. 그대의 부친께서는 오랫동안 묶여 있다가 석방되자마자 두 아들이 보고 싶다고 하시며 나를 시켜 두 분을 맞아오게 한 것이오. 한시라도 빨리 수레를 치달려 부친의 소망에 부응해야 할 것이오."

오상이 말했다.

"가친께서 옥에 갇혀 있어서 마음이 찢어지는 것 같았소. 이제 풀려나신 것만으로도 천만다행한 일인데 어찌 감히 인수印綬(벼슬)까지 탐할 수 있겠소?"

언장사가 말했다.

"이것은 어명이오. 사양하지 마시오!"

오상은 매우 기뻐하며 부친의 서찰을 가지고 방으로 들어가서 아우 오운에게 소식을 알렸다. 오운이 함께 갈 것인지 어떨지는 다음 회를 보시라.

제72회

하룻밤에 백발이 되다

당공은 자신의 몸을 바쳐 부친과 환난을 함께하고
오자서는 변복을 하고 소관을 통과하다
棠公尙捐軀奔父難, 伍子胥微服過昭關.

오운伍員은 자가 자서子胥이고 감리監利 사람이다. 키는 1장丈(10척), 허리 둘레는 10위圍[1], 미간은 1척이나 되었으며, 눈빛은 번개처럼 번쩍였다. 솥을 들어 올리고 산을 뽑을 만한 용력에다 문무에 모두 뛰어난 재능을 지니고 있었다. 그는 초나라 세자 건의 태사인 연윤 오사의 아들이었고 또 당군棠君 오상의 동생이었다. 오상과 오운은 모두 부친 오사를 따라 성보城父로 갔다. 언장사는 초 평왕의 명령을 받들고 오사의 두 아들을 유인하러 가서 먼저 오상을 만난 뒤 오운을 만나게 해달라고 부탁했다. 이에 오상은 부친의 서찰을 가지고 안으로 들어가 오운에게 보여주며 말했다.

"아버지께서 다행히 죽음을 면하셨고 우리 둘은 후작에 봉해졌다네. 사

1_ 10위圍: 1위는 5촌寸이므로 10위는 50촌이다. 또 10촌이 1척이므로, 10위는 5척이다.

자가 밖에 와 있으니 나가서 만나보도록 하게."

오운이 말했다.

"아버지께서 죽음을 면하신 것만도 지극한 은총인데, 우리 두 사람이 무슨 공이 있다고 다시 후작에 봉한단 말이오? 이것은 우리를 유인하기 위한 술책이오. 가면 틀림없이 죽을 것이오!"

오상이 말했다.

"아버지께서 친히 서찰을 보내셨는데 무슨 속임수가 있단 말인가?"

"아버지께서는 나라에 충성을 바치시는 분이오. 그래서 내가 반드시 복수한다는 걸 알고 나를 불러 초나라에서 함께 죽게 하여 후환을 끊으려고 하시는 것이오."

"아우의 말은 억측이네. 만에 하나 아버지의 서찰이 사실이라면 우리의 불효막심한 행위를 어떻게 면하려는가?"

"형님은 잠시 앉아 계시오. 내가 길흉을 점쳐보리다."

오운이 점괘를 펼쳐놓고 말했다.

"오늘 갑자일甲子日에 지금 시각 사시巳時를 보태겠소. 지주支柱가 꺾어지고 해가 지는 형상으로 기를 받지 못하는 모습이오. 임금이 신하를 속이고 아버지가 아들을 속이는 점괘이니 가면 주살을 당할 것이오. 그런데 무슨 벼슬을 받는단 말이오?"

"나는 벼슬을 탐내는 것이 아니라 아버지를 뵙고 싶은 마음뿐이네."

"초나라 사람들은 우리 형제가 외지에 살아 있는 것이 두려워 감히 아버지를 죽이지 못하고 있는 것이오. 형님께서 만약 가신다면 아버지의 죽음을 재촉하게 될 것이오."

"부자간의 사랑은 마음속에서 우러나오는 것이네. 만약 아버지를 만나 뵙고 죽을 수 있다면 나는 기꺼이 그곳으로 달려가겠네."

그러자 오운이 하늘을 우러러 탄식하며 말했다.

"아버지와 함께 죽는 것이 앞으로의 일에 무슨 도움이 되겠소? 형님께서 꼭 가시겠다면 이 아우는 이곳에서 작별 인사를 드릴 수밖에 없소."

오상이 울며 말했다.

"아우는 어디로 가려는가?"

"초나라에 복수할 수 있는 곳이면 어디든지 가겠소."

"나는 지혜와 힘이 아우에게 훨씬 못 미치네. 나는 초나라로 갈 테니 아우는 다른 나라로 가게. 나는 아버지와 함께 죽어 효도를 다하겠네. 아우는 아버지의 복수를 하여 효도를 이루도록 하게. 지금부터 각각 자신의 뜻을 이루려면 다시는 만날 수 없을 것이네."

오운은 오상에게 사배四拜를 올리고 영결을 고했다. 오상은 눈물을 닦고 밖으로 나와 언장사에게 말했다.

"내 아우는 벼슬을 원하지 않으니 억지로 가게 할 수가 없소."

언장사는 어쩔 수 없이 오상만 수레에 태우고 도성으로 가서 평왕을 뵈었다. 평왕은 오상을 감옥에 가두었다.

오사는 오상 혼자서 초나라로 온 것을 보고 탄식하며 말했다.

"나는 운이 오지 않을 줄 알았다."

비무극이 다시 평왕에게 아뢰었다.

"오운이 아직 성보 땅에 있을 것이니 급히 달려가서 사로잡아야 합니다. 조금이라도 늦으면 도주할 것입니다."

평왕은 그 말에 따라 대부 무성흑武城黑을 시켜 정예병 200명을 거느리고 가서 오운을 습격하라고 했다. 오운은 초나라 군사들이 자신을 잡으러 온다는 소식을 탐지하고 통곡하며 말했다.

"아버지와 형이 정말로 죽음에서 벗어나지 못했구나!"

그는 자신의 아내 가씨賈氏에게 말했다.

"나는 다른 나라로 가서 군사를 빌려 아버지와 형의 원수를 갚을 것이오. 이제 당신을 보살필 수 없으니 어찌하면 좋소?"

가씨는 눈을 크게 뜨고 오운을 바라보며 말했다.

"대장부가 부형父兄의 원한을 품으면 폐부가 찢어질 듯 아플 것인데 어느 겨를에 아녀자까지 돌아볼 수 있겠습니까? 저는 걱정하지 말고 속히 떠나십시오!"

가씨는 마침내 집안으로 들어가 목을 매고 자결했다. 오운은 한바탕 통곡을 하고 아내의 시신을 짚으로 싸서 급히 묻었다. 그러고는 즉시 봇짐을 꾸려 소복을 입고 활과 칼을 찬 채 집을 떠났다. 한나절도 되지 않아 초나라 군사가 들이닥쳐 집을 포위했으나 오운을 찾을 수 없었다. 무성흑은 오운이 틀림없이 동쪽으로 방향을 잡았으리라 짐작하고 어자에게 명하여 질풍같이 추격하게 했다. 약 300리를 치달려 아무도 없는 광야에 이르렀다. 무성흑의 수레가 오운을 발견했다. 그러자 오운이 활에 화살을 메겨 추격해오는 수레의 어자를 쏴 죽이고 다시 화살을 메겨 무성흑을 향해 발사하려 했다. 무성흑은 겁을 먹고 수레에서 뛰어내려 달아나려 했다. 오운이 말했다.

"본래 네놈을 죽이려 했지만 잠시 목숨을 살려줄 테니 돌아가서 초왕에게 보고해라. 초나라 종묘사직을 보존하고 싶으면 우리 아버지와 형의 목숨을 살려두라고 말이다. 만약 그렇지 않으면 내가 반드시 초나라를 멸망시키고 내 손으로 초왕의 목을 베어 원한을 갚을 것이다."

무성흑은 머리를 싸매고 도망쳐 돌아와 평왕에게 보고했다.

"오운은 벌써 도주했습니다."

평왕은 대로하여 즉시 비무극에게 오사 부자를 저잣거리로 압송하여 참형에 처하게 했다. 형장에 임하여 오상은 눈물을 흘리며 비무극을 꾸짖었다.

"네 이놈! 참언으로 임금을 미혹시키고 충신을 죽이는구나!"

오사가 그런 오상을 제지하며 말했다.

"위기를 만나 목숨을 바치는 건 신하된 직분이다. 충신과 간신은 공론으로 저절로 밝혀질 것인데 욕을 해서 무엇하겠느냐? 다만 운이 오지 않았으니 지금부터 초나라 군신들은 편안히 아침밥을 먹지 못하겠구나!"

말을 마치고는 목을 길게 빼고 칼을 받았다. 그것을 바라보는 백성 가운데 눈물을 흘리지 않는 사람이 없었다. 이날 하늘도 어두워지고 태양도 빛을 잃었으며 바람까지 사납게 불었다. 사관이 이 일을 시로 읊었다.

처참한 바람 불고 태양도 빛을 잃어	慘慘悲風日失明
삼대 충신 후예들이 횡액을 만났구나	三朝忠裔忽遭坑
초국 조정은 이로부터 간신배만 넘쳐나서	楚庭從此皆讒佞
오국 군사 이끌어와 영성으로 들였다네	引得吳兵入郢城

초 평왕이 물었다.

"오사가 형벌을 받을 때 뭐라고 원망했소?"

비무극이 말했다.

"별다른 말은 없었고, 초나라 군신들이 편히 밥을 먹을 수 없을 것이라

오상이 부친 오사와 함께 죽다.

고 했습니다."

평왕이 말했다.

"오운이 도주했으나 멀리 가지는 못했을 것이니 다시 추격해야 할 것이오."

이에 좌사마 심윤수沈尹戍[2]에게 군사 3000명을 이끌고 가서 오운의 행방을 찾게 했다. 오운은 장강 가에 도착하여 한 가지 계책을 생각해냈다. 그는 입고 온 흰 도포를 강변 버드나무에 걸어놓고 신발은 강변에 버렸다. 그러고는 짚신으로 바꿔 신고 장강을 따라 내려갔다. 심윤수는 강변까지 추격해왔다가 오운이 벗어놓은 옷과 신발을 들고 돌아가 보고를 올렸다.

"오운의 행방을 알 수 없습니다."

그러자 비무극이 말했다.

"신에게 오운의 도주로를 끊을 한 가지 계책이 있습니다."

초왕이 물었다.

"그게 무슨 계책이오?"

비무극이 대답했다.

"한편으로 사방에 방을 내걸고 어느 누구든 오운을 잡아오는 자에겐 곡식 5만 석을 하사하고 상대부上大夫에 임명한다고 하십시오. 그러나 그놈을 집으로 들이거나 풀어준 자는 온 가족이 참형에 처할 것이라 하십시오. 또 각 관문과 나루터에 조칙을 내려 오가는 행인을 엄격히 기찰하게 해야 합니다. 또 다른 한편으로는 여러 나라 제후에게 두루 사신을 보내 오운을 받아들이지 못하게 하십시오. 그놈의 진로와 퇴로가 모두 끊기면 그놈을

2_ 심윤수沈尹戍: 『좌전』에는 '심윤술沈尹戌'로 되어 있다.

금방 잡아들이지는 못할지라도 그 처지는 반드시 외롭게 될 것입니다. 그럼 어떻게 그놈이 마음먹은 일을 성취할 수 있겠습니까?"

평왕은 그 계책에 따라 그의 얼굴을 용모파기하여 오운을 찾게 했다. 또한 각 관문을 더욱 단단히 기찰하게 했다.

한편 오운은 장강을 따라 동쪽으로 내려가서 오나라에 투신할 생각이었다. 그러나 길이 무척이나 멀어서 짧은 시간에 도달하기가 어려웠다. 그러다가 문득 이런 생각이 들었다.

'건 세자께서 지금 송나라에 도피해 계신데 어찌 그분을 따라갈 생각을 하지 못했을까?'

그리하여 마침내 송나라 도성 수양睢陽을 향해 길을 잡았다. 길을 가는 도중 문득 저 멀리서 한 무리의 수레와 말이 치달려오는 것이 보였다. 오운은 길을 막는 초나라 군사들이 아닌가 의심이 되어 감히 몸을 드러내지 못하고 숲 속에 엎드려 상황을 살폈다. 달려오는 사람은 바로 오운의 옛 친구 신포서申包胥였다. 그는 오운과 결의형제를 맺은 사이로, 마침 다른 나라에 사신을 갔다가 돌아오는 길에 이곳을 지나게 되었다. 오운은 길가로 달려 나와 수레의 왼쪽에 섰다. 신포서도 황급히 수레에서 내려 인사를 하며 물었다.

"자서는 무슨 연유로 혼자 이곳에 있는가?"

오운은 평왕이 자신의 아버지와 형을 죽인 일을 울며불며 한바탕 이야기했다. 신포서는 그 이야기를 듣고 슬픈 표정으로 물었다.

"그럼 자네는 지금 어디로 가는 길인가?"

오운이 말했다.

"부모를 죽인 자는 불구대천의 원수라고 들었네. 나는 장차 다른 나라로 가서 군사를 빌려와 초나라를 정벌한 뒤 초왕의 살을 생으로 씹고 비무극의 몸을 수레로 찢어 이 원한을 갚을 것이네."

신포서가 타일렀다.

"초왕이 비록 무도하지만 그래도 임금이네. 자네 집안은 여러 대를 걸쳐 초나라의 녹봉을 먹었으니 군신 관계가 저절로 정해진 것이네. 어찌 신하의 몸으로 임금을 원수로 삼을 수 있겠는가?"

오운이 말했다.

"옛날 걸왕과 주왕紂王이 자신의 신하에게 주살을 당한 것은 오직 무도했기 때문이네. 지금 초왕은 며느리를 부인으로 삼았고, 적통 후계자를 버렸으며 참소를 믿고 충신을 죽였네. 나는 군사를 빌려 영도로 들어가 초나라를 위해 그 더러운 오물을 쓸어버리려 하는 것이네. 게다가 그자들이 내 골육의 원수임에랴? 만약 초나라를 멸망시킬 수 없으면 내 기필코 하늘과 땅 사이에 다시 서지 않겠네."

신포서가 말했다.

"내가 자네에게 초나라에 복수를 하라고 하면 불충을 저지르라는 것이 되고, 또 자네에게 복수를 하지 말라고 하면 불효를 저지르라는 것이 되는 셈이네. 그러니 자네는 자네대로 힘쓰게나. 어서 떠나게! 친구 간의 우정으로 다른 사람에게 자네를 만났다는 말은 하지 않겠네. 그러나 자네가 초나라를 멸망시키려 한다면 나는 반드시 초나라를 안정시키는 데 최선을 다할 것이네."

오운은 마침내 신포서와 작별하고 다시 길을 재촉했다. 하루도 되지 않아 오운은 송나라에 도착하여 세자 건을 찾아뵙고 서로 몸을 끌어안고 통곡했다. 그들은 각각 평왕의 지나친 악행을 하소연했다. 오운이 말했다.

"세자께서는 송나라 군주를 만나보셨습니까?"

건이 대답했다.

"송나라가 지금 혼란에 빠져서 군신 간에 서로 적대하고 있는 실정이오. 그래서 나는 아직도 송나라 군주를 배알하지 못했소."

한편 송나라 군주의 이름은 좌佐로 송 평공이 총애한 애첩의 아들이었다. 송 평공은 내시 이여伊戾의 참소를 믿고 세자 좌痤를 죽이고 그 대신 서자 좌佐를 세자로 삼았다. 주周 경왕 13년 평공이 세상을 떠나고 좌가 보위를 이으니 이 사람이 송 원공元公이다. 원공은 용모가 추하고 성격이 유약했으며 대부분의 일을 사사롭게 처리하며 신의를 지키지 않았다. 또 대대로 경卿의 벼슬을 세습해온 화씨華氏 집안의 강성함을 미워하여 공자 인寅, 공자 어융御戎, 상승向勝, 상행向行 등과 함께 화씨 집안을 제거할 모의를 했다. 상승은 그 모의 사실을 상영向寧에게 이야기했다. 상영은 평소에 화향華向, 화정華定, 화해華亥와 교분이 깊었기 때문에 저들보다 먼저 반란을 일으키자고 계책을 모의했다. 화해는 거짓으로 병이 났다고 소문을 퍼뜨렸다. 이에 신료들이 모두 문병을 왔을 때 공자 인과 공자 어융을 잡아 죽이고, 상승과 상행을 창고에 가두었다. 송 원공은 그 소식을 듣고 황급히 화씨 집 문 앞으로 어가를 몰고 와서 두 상씨의 석방을 요구했다. 그러나 화해는 원공을 위협하며 세자 및 측근을 인질로 보내야 그 요구를 들어주겠다고 했다. 원공이 말했다.

"주周 왕실과 정나라가 인질을 교환한 일이 옛날에 있었소. 과인도 세자를 경의 집에 보낼 테니 경도 아들을 과인에게 인질로 보내야 할 것이오."

화씨 집안에서는 상의 끝에 화해의 아들 화무척華無慼, 화정의 아들 화계華啓, 상영의 아들 상나向羅를 원공에게 인질로 보냈다. 그러자 원공도 세자 난欒, 자신의 동생 진辰, 공자 지地를 화해의 집에 인질로 보냈다. 화해는 비로소 상승과 상행을 석방하여 원공을 따라 조정으로 돌아가게 했다. 송 원공과 부인은 세자 난이 보고 싶어서 매일 화씨 집으로 왔다. 그들은 세자가 식사를 마치는 것을 보고서야 환궁했다. 화해는 그것이 몹시 불편하여 세자를 환궁시키려 했다. 원공은 매우 기뻐했다. 그러자 상영이 기꺼워하지 않으며 말했다.

"세자를 인질로 잡고 있는 까닭은 주상을 믿을 수 없기 때문이오. 만약 인질을 풀어주면 틀림없이 재앙이 닥칠 것이오."

원공은 화해가 후회하고 있다는 소식을 듣고 대로하여 대사마 화비수華費遂를 시켜 갑사를 거느리고 가서 화씨를 공격하게 했다. 그러자 화비수가 대답했다.

"세자께서 그곳에 있는데 주상께선 걱정되지도 않으십니까?"

원공이 말했다.

"죽고 사는 것은 다 천명이오. 과인은 이제 치욕을 참을 수 없소."

화비수가 말했다.

"주상전하의 뜻이 그렇게 굳건하시다면 노신이 어찌 감히 제 사사로운 가문을 비호하며 주상전하의 명령을 어길 수 있겠습니까?"

그리하여 그날 바로 무기와 갑사를 정돈했다. 송 원공은 마침내 인질로 잡고 있던 화무척, 화계, 상나를 모두 참수하고 장차 화씨를 공격하려 했다. 화등華登은 평소에 화해와 친분이 깊어서 서둘러 달려가 그 사실을 알렸다. 화해는 집안의 갑사를 모두 모아 응전했으나 싸움에 패하고 말았다. 그러자 상영이 세자를 죽이려 했다. 화해가 말했다.

"주상에게 죄를 짓고 세자까지 죽인다면 사람들이 나를 손가락질할 것이오."

이에 인질을 모두 돌아가게 한 후 자신의 파당을 거느리고 진陳나라로 도망쳤다.

화비수에겐 세 아들이 있었다. 맏아들은 화추華貙, 둘째 아들은 화다료華多僚이고 화등은 바로 그의 막내아들이었다. 화다료와 화추는 평소에 사이가 좋지 못했다. 그래서 화씨가 반란을 일으키자 화다료는 원공에게 화추를 참소했다.

"화추와 화해는 틀림없이 함께 공모했을 것입니다. 또한 근래에 화해는 진陳나라에서 화추를 불러들여 장차 내응하라고 지시했다 합니다."

송 원공은 그의 말을 믿고 내시 의요宜僚를 시켜 화비수에게 알렸다. 화비수가 말했다.

"이것은 필시 다료多僚란 놈의 참소일 것이오. 주상께서 내 아들 화추가 의심되시면 추방하라고 하시오."

그때 화추의 가신 장개張匄가 몰래 그 소식을 듣고 내시 의요를 다그쳤다. 의요가 내막을 말하려 하지 않자 장개가 칼을 뽑아 들고 말했다.

"네놈이 내게 내막을 털어놓지 않으면 지금 즉시 네놈을 죽일 것이다."

의요는 겁을 먹고 화다료가 화추를 참소한 사실을 모두 털어놓았다. 장개는 그 사실을 화추에게 알리고 화다료를 죽이자고 청했다. 화추가 말했다.

"동생 등이 진나라로 도망쳐서 아버지께서 벌써 마음이 많이 상하셨다. 그런데 또 우리 형제가 싸움을 벌인다면 어떻게 땅을 딛고 살 수 있겠느냐? 내가 피하는 것이 좋겠다."

화추가 아버지께 작별 인사를 하러 가기 위해 집을 나서자 장개도 그 뒤를 수행했다. 화추는 중도에 마침 조정에서 나오는 부친을 만났다. 그때 화다료가 자기 부친의 수레를 몰고 있었다. 장개는 화다료를 보자마자 머리 끝까지 화가 치밀어 칼을 빼들고 달려가 화다료를 마구 찔러 죽였다. 그러고는 화비수를 위협하여 함께 노문盧門 밖으로 나가 남리南里에 머물렀다. 또한 사람을 진陳나라로 보내 화해와 상영 등을 불러들여 함께 반란을 일으켰다. 송 원공은 악대심樂大心을 대장으로 삼아 군사를 거느리고 남리를 포위하게 했다. 그러자 화등은 초나라로 가서 구원병을 요청했다. 초 평왕은 위월薳越에게 군사를 거느리고 가서 화씨를 구원하게 했다. 오운은 초나라 군사가 당도할 것이라는 소문을 듣고 말했다.

"송나라도 거주할 곳이 못됩니다."

이에 세자 건 및 그 처자妻子를 데리고 정나라로 달아났다. 이를 증명한 시가 있다.

천 리 밖에 투신하여 쉬지도 못했는데	千里投人未息肩
노문 밖 쇠북 소리 하늘을 뒤흔드네	盧門金鼓又喧天
외로운 신하 불행한 아들 넘어지고 자빠지며	孤臣孽子多顚沛
또다시 형양 향해 말채찍을 재촉하네	又向滎陽快著鞭

초나라 군사가 화씨를 구원하러 오자 진晉 경공도 제후들을 이끌고 송나라를 구원하러 나섰다. 제후들은 초나라와 싸우려는 마음이 없어서 송나라에게 남리의 포위를 풀도록 권했다. 포위가 풀리자 화해와 상영 등은 초나라로 달아났다. 그러자 쌍방이 모두 군사를 거두었다. 이것은 뒷날의

이야기다.

이때 정나라 상경上卿 공손교(자산子産)가 세상을 떠났다. 정 정공은 애통함을 이기지 못했다. 그는 평소에 오운이 초나라 삼대 충신의 후예이며 누구에게도 비할 수 없는 영웅이라는 사실을 알고 있었다. 게다가 이 당시 정나라는 진晉나라와는 화목하게 지내는 사이였지만, 초나라와는 원수지간이 되어 있었다. 정 정공은 초나라 세자 건이 왔다는 소식을 듣고 몹시 기뻐하며 행인行人3을 객관으로 보내 음식을 융숭하게 대접했다. 세자 건과 오운은 정나라 군주를 볼 때마다 울면서 그들의 억울한 사정을 호소했다. 그러자 정 정공이 말했다.

"우리 정나라는 병력이 미약하여 별로 쓸 만한 군사가 없소. 그대들은 복수를 하고자 하면서 어찌 진晉나라와 모의를 하지 않으시오?"

그리하여 세자 건은 오운을 정나라에 남겨두고 직접 진나라로 가서 경공을 만났다. 경공은 자세한 내막을 물어본 뒤 세자 건을 잠시 객관으로 보냈다. 그러고는 육경六卿을 불러 초나라 정벌에 관한 일을 함께 논의하게 했다. 이때 진나라 육경은 누구였던가? 바로 위서魏舒, 조앙趙鞅, 한불신韓不信, 사앙士鞅, 순인荀寅, 순역荀躒이 그들이었다. 당시 진나라 육경은 정사를 처리함에 있어 서로 양보하지 않으려 했다. 또 임금은 약하고 신하는 강해서 경공도 마음대로 일을 추진할 수 없었다. 그중에서 위서와 한불신 두 사람만 어질다는 명성이 있었고 나머지 네 사람은 모두 권세에 의지하여 거들먹거리는 무리에 불과했다. 특히 순인은 노골적으로 뇌물을 밝혔다. 정나라 자산이 국정을 맡았을 때는 예법으로 대항했기 때문에 진나라 육

3_ 행인行人: 춘추전국시대 각국에 설치된 관직. 빈객과 사신 접대를 담당했다.

경도 모두 그를 두려워했다. 그러나 정나라 자산이 죽은 후 유길游吉이 국정을 맡자 순인은 몰래 사람을 보내 유길에게 뇌물을 요구했다. 유길이 따르지 않자 순인은 정나라를 미워하는 마음을 품게 되었다. 그래서 초나라 정벌을 논의하는 자리에서 몰래 진晉 경공에게 아뢰었다.

"정나라는 진晉과 초楚 사이를 오가며 마음을 정하지 못한 지가 하루 이틀이 아닙니다. 지금 초나라 세자가 정나라에 와 있사오니 정나라는 틀림없이 그를 신임할 것입니다. 그러므로 초나라 세자를 시켜 정나라 안에서 내응內應하게 하고 우리가 군사를 일으켜 정나라를 멸망시킨 후, 정나라에 초나라 세자를 제후로 봉하십시오. 그러고 나서 천천히 초나라를 멸망시킬 일을 논의한다면 어찌 좋은 일이 아니겠습니까?"

진 경공은 그 계책에 따라 즉시 순인을 시켜 그 일을 세자 건에게 알리게 했다. 세자 건은 흔쾌히 자신의 역할을 승낙했다. 세자 건은 진 경공에게 작별 인사를 하고 정나라로 돌아와서 그 일을 오운에게 상의했다. 그러자 오운이 간언을 올렸다.

"지난날 진秦나라 장수 기자杞子와 양손楊孫은 정나라를 습격하려다가 일을 이루지 못하고 도망칠 땅도 찾지 못했습니다. 대저 다른 사람이 나를 충정과 신의로 대하는데 어찌하여 그 사람을 해칠 모의를 하십니까? 이것은 요행수에 불과하니 틀림없이 실패할 것입니다."

세자 건이 말했다.

"나는 이미 진晉나라 군신과 약속을 했소."

오운이 말했다.

"진나라에 내응하지 않는 것은 죄가 되지 않는 일입니다. 그런데 만약 정나라를 해치고자 하시면 그것은 신용과 대의를 모두 잃는 일이니 어찌 사람으로 살아갈 수 있겠습니까? 세자께서 기필코 그 일을 실행하시겠다면 참화가 금방 닥칠 것입니다."

세자 건은 나라를 얻을 욕심에 결국 오운의 간언을 듣지 않고 재산을 털어 몰래 용사를 모집하기 시작했다. 또 정 정공의 좌우 측근들과도 교분을 맺고 도움을 요청했다. 정 정공의 측근들도 뇌물을 받고 서로 관계를 넓히며 여러 사람과 교분을 맺으려고 했다. 진나라에서도 세자 건에게 사람을 보내 거병 날짜를 정하게 했다. 그러나 그 음모는 점차 밖으로 새나가기 시작했고 결국 어떤 사람이 몰래 자수하고 말았다. 이 사실을 안 정 정공은 유길과 계책을 논의한 뒤 초나라 세자 건을 궁궐 후원으로 불렀다. 세자 건의 시종들은 후원으로 들어오지 못하게 했다. 술잔이 세 순배 돌고 나서 정 정공이 말했다.

"과인은 호의를 베풀어 세자를 우리 나라에 머물게 하고 한 번도 소홀하게 대접한 적이 없는데, 세자께선 어찌하여 우리를 해치려 하시오?"

세자 건이 대답했다.

"절대 그런 일은 없습니다."

정공이 좌우 시종을 시켜 자수한 자를 나오게 하여 대질을 시키자 세자 건은 자신의 음모를 숨길 수 없었다. 정 정공은 진노하여 역사에게 호령을 내려 그 자리에서 바로 세자 건을 포박하여 참수하게 했다. 아울러 좌우 측근 가운데 뇌물을 받고 자수하지 않은 자 20여 명을 주살했다. 이때 오운은 객관에 있었다. 그런데 그의 살가죽이 끊임없이 떨렸다. 오운이 말했다.

"세자가 위험에 처했구나!"

잠시 후 세자 건의 시종들이 객관으로 도망쳐 와서 세자가 피살된 소식을 전했다. 오운은 즉시 세자 건의 아들 승을 데리고 정나라 도성을 나섰다. 골똘히 생각해봐도 도피할 곳이 없어서 오직 오나라를 향해 길을 잡을 수밖에 없었다. 염옹이 시를 지어 세자 건의 죽음은 자신이 야기한 불행이라고 읊었다.

친부도 원수인 양 끓는 솥을 대령하더니 親父如仇隔釜鬻
객관 빌려준 정 군주는 외려 침범을 당했다 鄭君假館反謀侵
인간만사 이와 같이 예상하기 어려우니 人情難料皆如此
영웅의 의협심만 차갑게 쓸려갔다 冷盡英雄好義心

오운은 공자 승과 도주하다가 정나라 군사가 추격해올까 두려워서 낮에는 숨고 밤에만 길을 걸었다. 그간의 온갖 고생이야 세세하게 말해 무엇하겠는가? 그들은 진陳나라에 도착해서야 진나라도 발붙일 장소가 아니란 걸 알았다. 다시 동쪽으로 며칠을 걸어서 소관昭關(安徽省 含山 북쪽) 가까운 곳에 당도했다. 그 관문은 소현산小峴山(安徽省 含山 小峴山) 서쪽에 자리 잡고 있었는데 두 산이 서로 마주 보고 대치한 가운데 그 사이로 길이 나 있어서 여廬(安徽省 合肥) 땅과 호濠(安徽省 滁州) 땅을 왕래하는 요충지였다. 이 관문을 나가면 바로 장강이어서 오나라와 수로로 통할 수 있었다. 그곳은 산세가 험악하여 본래 관청에서 파수를 보던 곳이었고, 더욱이 근래에는 오운을 검문하는 일 때문에 특별히 초나라 우사마 위월이 대군을 이끌고 이곳에 주둔해 있었다. 오운은 역양산歷陽山(安徽省 和縣 鷄籠山)까지 다가갔다. 그곳은 소관에서 약 60리 정도 떨어진 곳이었다. 그들은 깊은 숲에서 쉬며 앞으로 더 나아가지 못하고 있었다. 그때 문득 한 노인이 지팡이를 짚고 다가왔다. 그는 곧바로 숲 속으로 들어와 오운을 바라봤다. 기이한 모습의 노인은 앞으로 다가와 읍을 했다. 오운도 답례를 올렸다. 노인이 말했다.

"그대는 혹시 오씨伍氏 댁 자제분이 아니시오?"

오운은 깜짝 놀라며 물었다.

"어찌하여 그런 걸 물으시오?"

노인이 말했다.

"나는 바로 편작의 제자 동고공東皐公이오. 어려서부터 의술을 행하며 열국을 주유하다가 몸이 늙어 금년부터 이곳에 은거해 살고 있소. 며칠 전 위월 장군의 몸이 좀 불편하다기에 그곳으로 진맥을 갔다가 관문 위에 오자서(伍員의 자)의 용모파기가 걸려 있는 것을 보았소. 그 그림이 바로 그대와 비슷하여 물어보는 것이오. 그대는 숨길 필요가 없소. 내 거처는 바로 이 산 뒤에 있소. 잠시 그곳으로 가서 앞으로의 일을 상의하는 것이 좋겠소."

오운은 그 노인이 보통 사람이 아니란 걸 알고 공자 승을 데리고 동고공을 따라나섰다. 대략 몇 리를 가자 초가집 한 채가 있었다. 동고공은 오운에게 읍을 하며 집 안으로 들어가게 했다. 초가집으로 들어가서 오운도 재배를 올렸다. 동고공은 황망히 답례를 하며 말했다.

"이곳은 아직 그대가 머물 곳이 아니오."

그러고는 다시 초가집 뒤 서쪽 외진 곳으로 안내했다. 그곳 작은 사립문으로 들어선 뒤 다시 대나무 밭을 지나자 그 뒤편에 세 칸 토옥土屋이 자리 잡고 있었다. 그 집 출입문은 개구멍과 같아서 고개를 낮게 숙여야 들어갈 수 있었다. 방 안에는 탁자와 안석이 놓여 있고 좌우에 작은 창문을 설치하여 빛을 받아들이고 있었다. 동고공이 오운을 상석에 앉히려고 하자 오운은 공자 승을 가리키며 말했다.

"어린 주인이 계시오. 나는 그 곁에 앉겠소."

동고공이 물었다.

"이분은 누구시오?"

오운이 말했다.

"이분이 바로 초나라 세자의 아드님으로 존함은 승이라고 하오. 기실은 나도 오자서가 맞소. 어르신께서 덕이 있는 장자長者로 보이시므로 감히 속이지 않겠소. 나는 뼈에 사무치는 부형의 원한을 품고 복수를 하려는 것이오. 다른 사람에게는 발설하지 마시오."

동고공은 공자 승을 상석에 앉게 하고 자신과 오운은 동서로 마주 보고 자리를 마련했다. 그러고는 오운에게 말했다.

"노부에겐 다만 사람을 구제하는 의술만 있소. 어찌 사람을 죽이는 마음을 품을 수 있겠소? 나는 이곳에 1년 반을 살았지만 아무도 나의 거처를 모르오. 다만 소관의 경비가 심히 엄중한데 공자께서 어떻게 통과하시려는지 모르겠소. 반드시 만전지책을 마련해야 재앙을 당하지 않을 것이오."

오운이 무릎을 꿇고 말했다.

"선생께서 무슨 계책을 마련하시어 저를 탈출시켜주시면 뒷날 반드시 후하게 보답하겠소."

동고공이 말했다.

"이곳은 사람의 왕래가 없는 궁벽한 곳이니 공자께서 마음 놓고 머물도록 하시오. 내가 계책을 마련하여 두 분 군신께서 관문을 나가도록 해드리겠소."

오운은 감사 인사를 올렸다. 동고공은 매일 술과 음식을 마련하여 두 사람을 극진하게 대접했다. 그러나 이레가 지나도록 관문을 나가는 일에 대해서는 아무런 언급이 없었다. 이에 오운이 동고공에게 말했다.

"나는 큰 원한을 가슴에 품고 있는지라 일각을 1년처럼 생각하오. 그런데 이곳에서 시간을 지체하고 있으니 나 자신이 송장처럼 느껴지오. 높으신 대의를 품고 계신 선생께선 이 몸이 애처롭지도 않으시오?"

동고공이 말했다.

"노부에게 이미 좋은 생각이 떠올랐으나 기다리는 사람이 아직 오지 않고 있소."

그 말을 듣고 오운은 의심을 지울 수 없었다.

이날 밤 오운은 잠을 이룰 수 없었다. 동고공에게 작별 인사를 하고 떠나려니 관문을 통과하지도 못하고 재앙만 초래할까 두려웠다. 그렇다고 다시 눌러앉아 기다리려니 시간만 지체할까 근심이 되었다. 또 기다리는 사람이 누구인지도 알 수 없었다. 마치 바늘방석에 앉은 것처럼 불안한 마음으로 밤새 몸을 뒤척이다가 다시 일어나 방 안을 끝없이 맴돌았다. 그러는 가운데 자기도 모르는 사이에 동녘이 환하게 밝아오고 있었다. 그때 동고공이 문을 두드리고 방으로 들어왔다. 동고공은 오운을 보고 깜짝 놀라며 말했다.

"족하의 수염과 귀밑머리가 어찌하여 갑자기 백발로 변한 것이오? 근심으로 밤을 지새우다가 이렇게 된 것이 아니오?"

오운은 그 말이 믿기지 않아서 거울을 꺼내 얼굴을 비춰보았다. 정말 자신의 수염과 귀밑머리가 백발로 변해 있었다. 전해오는 말에 의하면 오자서가 소관을 통과할 때 심한 근심으로 하룻밤 사이에 백발이 되었다고 하는데 그 말이 낭설이 아니었던 것이다. 오운은 거울을 방바닥에 내던지고 통곡했다.

"한 가지 일도 이루지 못하고 귀밑머리가 하얗게 세어버렸구나! 하늘이여! 하늘이여!"

동고공이 말했다.

"족하께선 너무 슬퍼하지 마시오. 이것이 족하에겐 길조吉兆라고 할 수 있소."

오운이 눈물을 닦으며 물었다.

"어찌하여 길조라 하시는 것이오?"

동고공이 말했다.

"족하의 모습은 매우 비범하여 사람들이 쉽게 알아보오. 그런데 이제 수염과 귀밑머리가 백발이 되었으니 잠시 알아보기가 어려울 것이고, 그럼 사람들의 눈을 쉽게 속일 수 있을 듯하오. 게다가 내 친구가 이미 이곳에 왔으니 내 계책은 이미 이루어진 것이나 진배없소."

"선생께선 어떤 계책을 가지고 계시오?"

"그 친구는 성이 황보皇甫이고 이름은 눌訥인데 이곳에서 서남쪽으로 70리 떨어진 용동산龍洞山에 살고 있소. 그 사람은 키가 9척이고 미간은 8촌으로 생긴 모습이 족하와 거의 흡사하오. 그 사람을 족하로 분장시키고 족하는 그 사람의 노복으로 위장하여 관문을 빠져나가려는 것이오. 만약 그가 잡혀서 분란이 벌어지면 족하는 그 틈을 타서 소관을 지나가시오."

"선생의 계책이 참으로 좋기는 하오만 그 친구 분께 누를 끼칠까 마음이 불안하오."

"걱정하지 마시오. 내게 친구를 구해낼 계책이 있소. 이 노부가 그 친구에게 벌써 자세하게 일러두었소. 그 친구도 불의를 보면 비분강개하는 선비인지라 이 일을 사양하지 않았소. 그러니 너무 염려할 것 없소."

말을 마치고는 마침내 사람을 시켜 황보눌을 방 안으로 들어오게 하여 오운과 인사를 나누게 했다. 오운 자신이 보기에도 황보눌의 모습이 자신과 흡사하여 마음속으로 기쁜 심정을 억누를 길 없었다. 동고공은 또 무슨 탕약을 오운에게 주고 세수를 하게 했다. 그러자 오운의 얼굴색이 완전히 바뀌었다. 황혼 무렵이 되자 동고공은 오운에게 소복을 벗게 한 뒤 그것을 황보눌에게 입혔다. 또한 몸에 딱 달라붙는 갈옷을 오운에게 입혀 노복으로 위장했다. 또 공자 승도 시골집 어린아이처럼 변장을 시켰다. 오운과 공자 승은 동고공에게 사배四拜를 올리며 말했다.

"뒷날 곤경을 벗어나 성공하면 반드시 후한 보답을 드리겠소."

동고공이 말했다.

"노부는 공의 원한이 애처로워 탈출을 도와드리는 것뿐이오. 어찌 보답을 바라겠소?"

오운과 공자 승은 황보눌을 따라 밤새도록 소관을 향해 길을 걸었다. 동틀 무렵이 되어서 소관에 당도하니 마침 관문을 열 시각이었다.

이때 초나라 장수 위월은 관문을 굳게 지키며 호령했다.

"동쪽으로 가는 북방 사람은 검색을 더욱 철저하고 분명하게 한 후 관문을 통과시켜라!"

관문 앞에서는 군사들이 오자서의 용모파기를 들고 행인들의 얼굴을 대조하고 있었다. 정말 "물샐틈없고 나는 새도 지나가지 못할水泄不通, 鳥飛不過" 정도였다. 그때 황보눌이 관문 앞에 도착하자 병졸이 그의 모습을 보고 오자서의 용모파기와 흡사하다고 생각했다. 게다가 그는 몸에 소복을 입고 놀라 두려워하는 모습까지 보였다. 병졸은 즉시 그를 붙잡고 위월에게 보고했다. 위월은 나는 듯이 관문으로 달려오며 멀리서 소리쳤다.

"그놈이 맞다."

위월은 큰 소리로 좌우 군사들에게 명령을 내려 한꺼번에 그를 덮쳐 관문 위로 끌고 오라고 했다. 황보눌은 아무것도 모르는 척 수선을 떨며 제발 살려달라고 애걸복걸했다. 관문을 지키는 장졸들과 관문 앞뒤의 백성은 모두 오자서가 잡혔다는 소식을 듣고 발돋움하며 구경하러 몰려들었다. 오운은 관문이 열린 틈을 타서 공자 승을 데리고 사람들 속에 섞여 들어 관문을 통과했다. 그가 쉽게 관문을 통과한 이유는 이렇다. 첫째, 군중이 시끄러운 틈을 탔기 때문이다. 둘째, 본모습과 다르게 변장했기 때문이다. 셋째, 오자서의 얼굴색이 바뀌었고 수염과 귀밑머리도 모두 백발이 되어서 늙은이로 분장한 젊은 오자서를 알아볼 수 없었기 때문이다. 넷째, 오자서가 이미 잡힌 줄 알고 검색을 철저하게 하지 않았기 때문이다. 그리하여 오자서는 빽빽한 사람들 틈에 끼여 무사히 소관을 통과했다. 그야말로 "잉어가 낚싯바늘에서 벗어나 꼬리를 흔들며 떠나간 뒤 다시 오지 않는다鯉魚脫卻金鉤去, 擺尾搖頭再不來"는 격이었다. 이를 증명한 시가 있다.

범과 표범 천 마리가 관문을 지켰어도 千群虎豹據雄關
망명객은 관문 지나 벌써 산을 내려갔네 一介亡臣已下山
이로부터 오나라는 승기를 잡았으니 從此勾吳添勝氣
초나라 영도는 전쟁 쉴 날 없어졌네 郢都兵革不能閒

한편 초나라 장수 위월은 황보눌을 단단히 묶어 마구 두들겨 팬 후 죄상을 자백받아 영도로 끌고 갈 작정이었다. 그러자 황보눌이 해명을 했다.

"나는 용동산 아래에 사는 은사隱士 황보눌이오. 동쪽으로 놀러 가려고 친구 동고공과 만나려던 참이오. 나는 법을 어긴 것이 아무것도 없는데 무

오자서가 변복을 하고 소관을 통과하다.

슨 까닭으로 나를 잡아들인단 말이오?"

위월은 멀찌감치 서서 그 목소리를 듣고 생각했다.

"오자서는 눈빛이 번개처럼 번쩍이고 목소리는 큰 종을 치는 것과 같다. 저자는 생긴 건 오자서와 비슷하지만 목소리가 너무 작다. 풍찬노숙하며 고생하느라 목소리가 작아진 것인가?"

이렇게 의심을 하고 있는데 갑자기 보고가 올라왔다.

"동고공이 장군을 뵈러 왔습니다."

위월은 황보눌을 관문 옆에 잡아두라고 한 뒤 동고공을 맞아들였다. 각자 주인과 손님의 예로 인사를 나누고 자리에 앉았다. 동고공이 말했다.

"오늘 이 늙은이가 동쪽으로 외유를 나가다가 장군께서 오자서를 잡았다는 소식을 들었소. 그래서 특별히 축하 인사를 드리러 왔소."

위월이 말했다.

"군졸이 어떤 자를 잡았는데 모습은 오자서 같지만 아직 자백을 받지 못하고 있소."

동고공이 말했다.

"장군께선 오자서 부자와 초나라 조정에서 함께 벼슬을 했으면서도 그 진위를 판별할 수 없단 말이오?"

위월이 말했다.

"오자서는 눈빛이 번갯불 같고 목소리는 커다란 종소리 같소. 그런데 이 자는 눈도 작고 목소리도 약하오. 그래서 오자서가 오래 고생을 해서 본래의 면모를 잃어버린 것이 아닌가 의심을 하던 중이오."

동고공이 말했다.

"이 늙은이도 오자서와 일면식이 있으니 내게 그 판단을 맡겨주시오. 내가 그자의 허실을 알 수 있소."

위월은 죄수를 앞으로 끌고 오게 했다. 그때 황보눌이 동고공을 보고 소리쳤다.

"자네는 나와 함께 놀러 가기로 약속해놓고 어찌 좀 일찍 오지 않았는가? 내가 지금 이렇게 치욕을 당하고 있네."

동고공이 웃으면서 위월에게 말했다.

"장군께서 잘못 보았소. 이 사람은 내 고향 친구 황보눌이오. 오늘 함께 놀러 가기로 하고 관문 앞에서 만나기로 약속했소. 그런데 뜻밖에도 좀 일찍 나왔다가 이런 변을 당한 것 같소. 장군께서 못 믿으시겠다면 노부가 가져온 통관증을 보시오. 내 친구를 어찌하여 망명객으로 모함하시는 것이오?"

말을 마치고는 소매 속에서 통관증을 꺼내 위월에게 보여줬다. 위월은 너무나 부끄러워 손수 황보눌의 포박을 풀어주고 술을 하사하여 놀란 마음을 진정시켜주라고 했다.

"이 일은 제 병졸이 친구 분을 알아보지 못한 탓이니 그리 심하게 나무라지는 마시오."

동고공이 말했다.

"장군께서 조정을 위해 법을 엄격히 집행하느라 벌어진 일인데 노부가 무엇을 탓할 수 있겠소?"

위월은 또 돈과 비단을 내놓으며 동쪽으로 놀러 가는 노자로 쓰라고 했다. 두 사람은 감사 인사를 하고 관문을 빠져나왔다. 위월은 장졸들에게 이전과 같이 튼튼히 관문을 지키라고 호령을 내렸다.

이즈음 오운은 소관을 빠져나왔다. 그는 기쁜 마음을 억누르며 성큼성큼 길을 걷고 있었다. 몇 리 못 가서 오운은 아는 사람을 만났다. 그의 성은 좌씨左氏이고 이름은 성誠으로 소관에서 경비를 보는 말단 관리였다. 그는 본래 성보城父 사람으로 일찍이 오씨伍氏 부자를 따라 사냥을 한 적이 있어서 오운은 그를 금방 알아볼 수 있었다. 그도 오운을 보고는 깜짝 놀라며 말했다.

"조정에서 매우 다급하게 공자를 찾고 있는데 공자께선 어떻게 관문을 빠져나오셨소?"

오운이 말했다.

"주상께서 내게 야광주夜光珠가 있다는 것을 아시고 내게 그것을 바치라고 하셨다. 그런데 그 야광주를 내가 이미 다른 사람에게 주어버려서 그것을 찾으러 가는 길이다. 그래서 마침 위월 장군에게 그 사실을 말씀드렸더니 나를 내보내주셨다."

좌성은 그 말을 믿지 못하고 말했다.

"초왕께서 공자를 풀어준 자는 온 집안을 참수하겠다고 명령을 내렸소. 공자께서는 저와 함께 관문으로 되돌아가셔서 위 장군에게 자세한 사정을 밝힌 후 다시 떠나도록 하시오."

오운이 말했다.

"만약 위 장군을 만나면 내가 이미 야광주를 네게 줬다고 말할 것이다. 그럼 너는 온몸이 찢길 것이다. 차라리 지금 나를 풀어준 뒤 나중에 좋은 얼굴로 만나는 것이 좋을 것이다."

좌성은 오운의 용력을 알기 때문에 감히 대항할 생각을 못하고 마침내 그를 동쪽으로 떠나가게 한 후 관문으로 돌아와 아무 말도 하지 않았다.

오운은 발걸음을 재촉하여 악저鄂渚(湖北省 鄂州)[4] 땅에 도착했다. 저 멀리 장강의 물살이 아득하고 도도하게 흘러가고 있었다. 만경창파가 끝없이 펼쳐져 있는 가운데 강을 건널 배가 한 척도 없었다. 앞으로는 큰 강물에 가로막히고 뒤로는 추격병이 쫓아올까봐 오운의 마음은 매우 다급했다. 그때 갑자기 한 어옹漁翁(늙은 어부)이 하류로부터 배를 저으며 물결을 거슬러 오고 있었다. 오운은 기쁜 마음으로 중얼거렸다.

"하늘이 내 목숨을 끊지 않는구나!"

그는 황급히 어옹을 불렀다.

"어르신! 저를 건네주시오. 어서 저를 좀 건네주시오!"

그 어부는 배를 대려다가 강 언덕 위에 또 다른 사람이 움직이는 걸 보고 다음과 같은 노래를 불렀다.

해와 달은 밝게 빛나다가 물속에 잠겨 치달리네 日月昭昭乎侵已馳
그대와 함께 갈대 언덕에서 만나리라 與子期乎蘆之漪

오운은 노래의 뜻을 짐작하고 하류를 향해 강기슭을 따라 치달렸다. 갈대가 무성한 모래톱에 당도하여 갈대로 몸을 가리고 숨었다. 잠시 후 어옹이 강 언덕에 배를 댔다. 그러나 오운이 보이지 않자 다시 노래를 불렀다.

해는 이미 저녁이라 日已夕兮
내 마음 서글프네 予心憂悲

4_ 악저鄂渚: 호북성 악주鄂州 장강長江 강변. 이는 원저자의 착오로 보인다. 안휘성 소관昭關을 나와 장강을 건너 닿는 곳은 마안산馬鞍山이 되어야 한다. 악주鄂州는 마안산에서 상류로 매우 멀리 거슬러 올라가는 곳에 있다. 초나라에서 도망쳐서 오나라 도성(지금의 蘇州)으로 가려는 오자서가 다시 장강을 거슬러 올라 초나라 가까운 곳으로 갈 리는 없다.

달은 이미 둥실 떴는데 　月已馳兮

어찌 강을 건너지 않나? 　何不渡爲

오운과 공자 승이 갈대숲을 헤치고 나오자 어옹이 그들을 불렀다. 두 사람은 바위를 밟고 배에 올랐다. 어옹은 상앗대로 배를 밀어낸 뒤 가볍게 노를 저었다. 배는 두둥실 물 위에 떠서 한 시간도 되지 않아 바로 맞은편 언덕에 닿았다. 어옹이 말했다.

"지난밤에 별이 내 배로 떨어지는 꿈을 꿔서 이 늙은이는 오늘 틀림없이 강을 건너는 이인異人을 만날 줄 알았소. 그래서 노를 저어 강으로 나왔는데 뜻밖에도 그대를 만났소. 모습을 보니 보통 사람이 아닌 듯하오. 속이지 말고 내게 사실을 말해주시오."

오운은 마침내 자신의 성명을 알려줬다. 어옹은 감탄을 금치 못하며 말했다.

"그대의 얼굴에 굶주린 기색이 역력하오. 내가 가서 먹을 것을 구해올 테니 여기서 잠시만 기다리시오."

어옹은 배를 버드나무 아래에 매어놓고 밥을 얻으러 마을로 들어갔다. 시간이 오래 지났는데도 어옹이 오지 않자 오운이 공자 승에게 말했다.

"사람의 마음은 헤아리기 어렵소. 그 어옹이 사람들을 모아 우리를 잡으러 올지 어찌 알겠소?"

이에 다시 갈대꽃이 무성한 곳으로 몸을 숨겼다.

잠시 후 어옹이 보리밥과 전복죽과 국 한 그릇을 가지고 버드나무 아래로 왔다. 그러나 오운이 보이지 않자 큰 소리로 불렀다.

"갈대숲 속 사람이여! 갈대숲 속 사람이여! 어서 나오시오. 나는 그대를 붙잡아 이익을 구하는 사람이 아니오."

그제야 오운은 갈대숲에서 몸을 드러내며 대답했다. 어옹이 말했다.

"두 분이 배가 고픈 것 같아서 특별히 밥을 얻어왔는데 어찌하여 나를 피하시오?"

오운이 말했다.

"사람의 목숨은 하늘에 달렸지만 지금은 어르신의 손에 달려 있소. 마음속에 근심이 쌓여 제정신이 아닌지라 자꾸 사람을 피하게 되는구려!"

어옹이 음식을 내놓자 오운과 공자 승은 허겁지겁 배불리 먹었다. 작별에 임해 오운은 자신의 패검을 풀어 어옹에게 주며 말했다.

"이 패검은 선왕께서 하사하신 것이오. 저의 조부님 이래로 삼대 동안 차고 있던 것이오. 이 가운데 별이 일곱 개 박혀 있어 그 값어치가 백금百金은 나갈 것이오. 어르신의 은혜에 보답하고자 이 칼을 드리겠소."

어옹이 웃으며 말했다.

"소문을 들으니 초왕이 오운을 잡는 자에겐 곡식 5만 석을 하사하고 상대부의 벼슬을 준다는 명령을 내렸다 하더이다. 나는 상대부 벼슬에도 뜻이 없는 사람인데 그까짓 백금의 칼을 탐내겠소? 또 군자는 칼이 없으면 먼 곳으로 갈 수가 없다고 했소. 이 칼이 그대에게는 반드시 필요한 물건이지만 내게는 아무 소용이 없는 것이오."

오운이 말했다.

"어르신께서 칼을 받지 않으시겠다면 성명이라도 알려주시오. 후일 반드시 보답하겠소."

어옹이 화를 내며 말했다.

"나는 그대의 원통하고 억울한 사정이 가여워서 강을 건네준 것뿐이오.

뒷날의 보답을 바란다면 장부가 아니오."

오운이 말했다.

"어르신께선 보답을 바라지 않으시지만 그러면 제 마음이 어찌 편할 수 있겠소?"

그러면서 재삼 성명을 가르쳐달라고 청하자 어옹이 말했다.

"오늘 우리가 만나 그대는 초나라 포위망에서 벗어났고, 나는 초나라의 역적을 풀어줬으니 어찌 성명을 알 필요가 있겠소? 게다가 나는 배를 저어 생활을 영위하며 파도 위에서 살아가는 사람이오. 비록 성명이 있다 해도 앞으로 어찌 만날 기약이 있겠소? 만일 하늘이 우리를 다시 만나게 해준다면 그때 나는 그대를 '갈대숲 속 사람蘆中人'이라고 부르겠소. 그럼 그대는 나를 '어부 노인漁丈人'이라 부르면 서로 충분히 기억할 수 있을 것이오."

오운은 기뻐하며 감사의 배례를 올렸다. 몇 발자국 가다가 오운은 다시 뒤를 돌아보며 어옹에게 말했다.

"뒤에 추격병이 당도하더라도 절대 오늘 일을 말하지 마시오."

단지 오운이 몸을 돌려 던진 그 말 한마디에 어옹의 목숨이 사라지고 말았다. 뒷일이 어떻게 될지는 다음 회를 보시라.

제73회

어장검 칼날 아래

오운은 퉁소를 불며 오나라 저자에서 구걸을 하고
전제는 구운 물고기 요리를 올리며 오왕 요를 찔러 죽이다
伍員吹簫乞吳市, 專諸進炙刺王僚.

어옹은 오운을 배에 태워 장강을 건네주고 음식까지 얻어준 뒤 답례로 주는 패검도 받지 않았다. 오운은 길을 가다가 다시 돌아서서 어옹에게 그 일을 비밀로 해달라고 부탁했다. 이는 추격병이 쫓아올까봐 걱정이 되어 한 말이었지만 결국 어옹의 호의를 의심하는 결과를 빚고 말았다. 어옹은 하늘을 우러러 탄식했다.

"나는 그대에게 덕을 베풀었는데 그대는 나를 의심하는구려. 만약 추격병이 다른 곳으로 건너가서 그대를 잡는다 해도 나의 결백함을 어떻게 밝힐 수 있겠소? 차라리 내 한목숨을 바쳐 그대의 의심을 풀어드리겠소."

말을 마치자 배를 맸던 줄을 풀고 키를 뽑아 노를 던져버렸다. 그러고는 배를 뒤집어 강물 속으로 몸을 던졌다. 사관이 이 일을 시로 읊었다.

여러 해를 이름 숨긴 채 낚시하며 은거하다	數載逃名隱釣綸
초나라 망명객을 일엽편주로 건네줬네	扁舟渡得楚亡臣
그대 후환 끊으려고 그대 위해 목숨 바쳐	絕君後慮甘君死
어부 노인 그 이름을 천고에 전했도다	千古傳名漁丈人

지금도 무창武昌(湖北省 武漢) 동북쪽 통회문通淮門 밖에 해검정解劍亭[1]이 있다. 바로 당년에 오자서가 패검을 풀어 어부에게 준 곳이다. 오운은 어옹이 스스로 강물에 투신하는 것을 보고 말했다.

"나는 어옹 때문에 살아났지만 어옹은 나 때문에 목숨을 잃었으니 이 어찌 애통한 일이 아니겠느냐?"

오운은 마침내 공자 승과 오吳나라 국경으로 들어섰다. 율양溧陽(江蘇省 溧陽)에 이르러 배가 고파 걸식을 하다가 한 여인을 만났다. 그 여인은 뇌수瀨水[2] 가에서 빨래를 하고 있었는데 마침 광주리에 밥이 담겨 있었다. 오운은 발길을 멈추고 물었다.

"부인! 밥 한 공기 얻어먹을 수 있겠소?"

여인은 고개를 숙이고 대답했다.

"저는 혼자서 어머니를 모시고 살면서 서른이 되도록 시집도 못 가고 있습니다. 그런데 어찌 지나가는 나그네에게 밥을 줄 수 있겠습니까?"

1_ 해검정解劍亭: 해검정이 있다고 한 무창武昌(武漢)은 악주鄂州에서도 더 서쪽으로 장강을 거슬러 올라가야 한다. 따라서 이 대목도 원저자의 착오로 보인다. 이후 오자서가 마안산馬鞍山 부근에서 중강中江(瀨水)을 거쳐 오나라 도성인 고소姑蘇(蘇州)로 이동했음을 감안해봐도 무창에 해검정이 있다는 것은 이치에 맞지 않는다.

2_ 뇌수瀨水: 춘추전국시대에는 중강中江으로 불렸다. 장강 연안 구자鳩茲(蕪湖)에서 동쪽으로 소주蘇州 태호太湖까지 이어주던 운하다. 명나라 때는 중강을 뇌수라고 불렀다.

오운이 말했다.

“나는 지금 곤궁한 나그네 신세라, 살기 위해 밥 한 공기를 구걸하고자 하오. 낭자께서 덕을 좀 베풀어주시오. 어려운 사람을 돕는 일에 어찌 그리 예의를 따지시오?”

여인은 고개를 들어 오운을 바라보았다. 오운의 모습이 장대하고 늠름한 것을 보고 말했다.

“제가 보기에 군자의 모습은 보통 사람이 아닌 듯하온데, 제가 어찌 사소한 예의를 따지며 곤궁한 사람을 좌시할 수 있겠습니까?”

이에 광주리를 펼치고 음식을 꺼내서 무릎을 꿇고 오자서에게 바쳤다. 오자서와 공자 승은 밥을 한 공기만 먹고 수저를 내려놓았다. 여인이 말했다.

“군자께선 먼 길을 가시는 듯한데 어찌하여 배불리 먹지 않으십니까?”

그러자 두 사람은 다시 한 공기를 퍼서 남은 밥을 다 먹었다. 오운은 길을 떠나면서 여인에게 말했다.

“낭자께선 우리 목숨을 살려주셨소. 이 은혜는 가슴 깊이 간직하겠소. 나는 기실 망명객이오. 혹시 다른 사람을 만나더라도 우리를 만났다는 말은 하지 마시오.”

여인은 처연하게 탄식하며 말했다.

“슬프다! 저는 홀어머니를 모시고 서른이 되도록 출가하지 못했지만 스스로 깨끗한 절개를 지켜왔습니다. 그런데 어찌하여 오늘 예기치 않게 외간 남자에게 밥을 대접하며 말까지 주고받게 되었는지 모르겠습니다. 오늘 저는 절개를 잃었으니 앞으로 어찌 사람 노릇을 할 수 있겠습니까? 군자께선 이제 가십시오!”

오운은 작별 인사를 하고 몇 걸음 가다가 뒤를 돌아보았다. 그러나 그 여인은 벌써 큰 돌멩이를 안고 뇌수로 뛰어들어 목숨을 끊은 뒤였다. 후세 사람이 이 일에 대한 사찬史贊을 남겼다.

율수 물결 출렁이는 북쪽 기슭에 瀨水之陽
빨랫감 두들겨 빠는 여인 있었네 擊綿之女
오로지 어머니를 봉양하느라 惟治母餐
남자와는 말도 한 번 하지 못했네 不通男語
어느 날 나그네를 긍휼히 여겨 矜此旅人
밥 소쿠리 꺼내서 펼쳐놓았네 發其筐筥
군자께선 비록 배를 채우셨지만 君腹雖充
내 몸의 절개는 잃어버렸네 吾節已窳
잔약한 그 한 몸 강물에 던져 捐此孱軀
여인의 규범을 지켜냈다네 以存壺矩
뇌수의 물결이 다함없듯이 瀨流不竭
천고에 이 여인의 행적 전하리 茲人千古

오운은 여인이 강물에 몸을 던진 것을 보고 슬픔을 이기지 못했다. 그는 손가락을 깨물어 그곳 돌 위에 스무 자의 혈서를 썼다.

그대가 빨래할 때 爾浣紗
이 몸은 밥 빌었네 我行乞
이 몸은 배부른데 我腹飽
그대는 익사했네 爾身溺

십 년이 지난 후에 十年之後

천금으로 보답하리 千金報德

오운은 쓰기를 마치고 다른 사람이 볼까 두려워 흙을 퍼올려 글씨를 덮었다. 율양을 지나 다시 300여 리를 가서 오나라 교외 성문 밖에 당도했다. 그곳에서 한 장사를 만났다. 그는 이마가 툭 튀어나왔고 눈은 깊숙했으며 모습은 마치 굶주린 호랑이 같았고 목소리는 천둥이 치는 듯했다. 그는 바야흐로 몸집이 거대한 어떤 사람과 싸움을 하고 있었고 옆의 사람들이 힘을 다해 말렸지만 싸움을 멈추지 않았다. 그때 대문 안에서 어떤 부인이 부르는 소리가 들렸다.

"전제專諸야! 그만두거라!"

그러자 그 사람은 두려워하는 모습으로 즉시 손을 멈추고 집으로 들어갔다. 오운은 매우 이상한 생각이 들어 옆에 있는 사람에게 물어봤다.

"저런 장수도 여자를 두려워하는가?"

옆 사람이 대답했다.

"저 사람은 우리 마을의 용사요. 힘이 혼자서 만 명을 당해낼 수 있을 정도요. 강한 적도 두려워하지 않고 평생 대의를 좋아하여 다른 사람에게 불공평한 일이 생기면 사력을 다해 도움을 주지요. 지금 대문 안에서 그를 부른 사람은 바로 그의 모친이고 전제는 바로 그 사람의 이름이오. 평소에 효성이 지극하여 모친을 섬김에 거스름이 없소. 불같이 화를 내다가도 모친이 온다는 소리를 들으면 바로 분노를 가라앉히오."

오운이 감탄하며 말했다.

"진정한 열사로다!"

다음 날 오운은 의관을 정제하고 그 집을 방문했다. 전제가 밖으로 나와 오운을 맞으며 자기 집에 온 까닭을 물었다. 오운은 자신의 성명과 자신이 겪은 억울한 사정을 모두 털어놓았다. 전제가 말했다.

"공은 그처럼 원통한 일을 겪고도 어찌 오왕을 만나 군사를 빌려 복수할 생각을 하지 않으시오?"

오운이 말했다.

"오왕께 나를 안내해주는 사람이 없으니 혼자서 어떻게 해볼 수가 없소."

전제가 말했다.

"공의 말이 옳소. 그런데 오늘 이처럼 황량한 우리 집에 왕림하신 건 무슨 가르침을 주시기 위함이오?"

오운이 말했다.

"그대의 효행을 존경하여 친구가 되고 싶소."

전제는 매우 기뻐하며 모친에게 그 사실을 알리고 바로 오운과 결의형제를 맺었다. 오운이 전제보다 두 살이 많았기 때문에 형이 되었다. 오운은 전제에게 청하여 그의 모친을 뵈었다. 그러자 전제는 자신의 처자식 또한 오운에게 인사시켰다. 닭을 잡아 마치 친형제처럼 오운과 공자 승을 환대했을 뿐만 아니라 아울러 자신의 집에 하룻밤 묵게 했다. 다음 날 아침 오운이 전제에게 말했다.

"나는 아우와 이별하고 도성으로 들어가서 오왕을 섬길 기회를 찾아보도록 하겠네."

전제가 말했다.

"오왕은 용맹하지만 교만하오. 차라리 공자 광을 찾아가시오. 그는 현인과 친한 데다 몸을 낮출 줄 아니 장래에 큰일을 성취할 수 있을 것이오."

오운이 말했다.

"아우의 가르침을 단단히 기억해두도록 하겠네. 뒷날 아우의 힘이 필요할 때는 절대 거절하지 마시게!"

전제가 응낙하자 세 사람은 서로 헤어졌다.

오운과 공자 승은 앞서거니 뒤서거니 앞을 향해 걸어 매리梅里3에 당도했다. 그곳은 성곽도 나지막했고 저잣거리도 엉성했으며 배와 수레도 질서 없이 시끄럽기만 했다. 하지만 오운은 눈을 들어봐도 아는 사람이 아무도 없었다. 오운은 공자 승을 교외에 숨겼다. 자신은 머리를 풀어헤치고 미치광이로 가장한 뒤 다리를 절며 얼굴에 흙을 발랐다. 손에는 반죽斑竹으로 만든 통소를 들고 저잣거리를 다니며 그것을 불어 밥을 빌어먹었다.

그 통소 곡조의 제1절 가사는 이러했다.

오자서야 오자서야	伍子胥 伍子胥
송과 정을 거쳐와도 몸 기댈 곳 하나 없네	跋涉宋鄭身無依
온갖 고통 다 겪어서 처량하고 비통한데	千辛萬苦凄復悲
아버지 원수 못 갚았으니	父仇不報
어떻게 살아갈꼬	何以生爲

제2절 가사는 이러했다.

오자서야 오자서야	伍子胥 伍子胥

3_ 매리梅里: 춘추전국시대 오나라의 초기 도읍지로 추정되는 곳. 강소성江蘇省 무석無錫 매리촌梅里村. 오나라의 건국자 태백太伯의 무덤太伯塚 등 관련 유적이 있다.

소관을 지나느라 수염과 눈썹 백발 됐네 昭關一度變須眉
온갖 공포 다 겪어서 처량하고 비통한데 千驚萬恐凄復悲
형님 원수 못 갚았으니 兄仇不報
어떻게 살아갈꼬 何以生爲

제3절 가사는 이러했다.

오자서야 오자서야 伍子胥 伍子胥
갈대꽃 핀 포구와 율양 강물 거쳐왔네 蘆花渡口溧陽溪
생사 난관 이겨내고 오나라 구석에 왔건마는 千生萬死及吳陲
퉁소 불고 걸식하니 처량하고 비통한데 吹簫乞食凄復悲
내 몸 원수 못 갚았으니 身仇不報
어떻게 살아갈꼬 何以生爲

저잣거리 사람들은 아무도 그 의미를 알아듣는 사람이 없었다. 이때가 주 경왕 25년, 오왕 요 7년이었다.

오나라 공자 희광姬光은 오왕 제번의 아들이었다. 제번이 세상을 떠났을 때 그 아들 광光이 보위를 이어야 했지만, 제번은 동생에게 보위를 전하며 막냇동생 계찰에게까지 보위가 이어지게 하라는 유언을 남겼다. 이 때문에 여제와 이매가 차례로 보위를 이어받았다. 그러나 이매가 세상을 떠난 뒤 계찰은 보위를 이어받지 않았다. 그럼 당연히 제번의 아들인 광이 보위를 이어야 했지만 어찌된 일인지 이매의 아들 요가 보위를 탐내어 양보하지 않고 결국 스스로 보위에 올랐다. 공자 광은 마음속으로 불복하고 몰래 요

오자서가 퉁소를 불며 걸식하다.

를 죽일 마음을 품었다. 그러나 조정의 신료들이 모두 오왕 요의 파당이어서 함께 대사를 도모할 사람이 없었다. 그는 은인자중하며 관상을 잘 보는 사람 피이被離를 오나라 시장의 관리인으로 천거했다. 그는 피이에게 자신을 보좌해줄 호걸을 찾아달라고 했다. 어느 날 오운은 퉁소를 불며 시장통을 지나가고 있었다. 피이는 매우 구슬픈 그의 퉁소 소리를 듣고 다시 귀를 기울였다. 그 노래의 의미를 언뜻 알아챈 후 피이는 거리로 나왔다. 그는 오운을 보고 깜짝 놀라며 말했다.

"내가 다른 사람의 관상을 많이 봤지만 이 같은 사람의 관상은 아직 보지 못했다."

그러고는 읍을 하고 그를 불러들여 상좌에 앉히려 했다. 그러나 오운은 겸양하며 상좌에 앉으려 하지 않았다. 피이가 말했다.

"소문을 들으니 초나라에서 충신 오사를 죽이자 그의 아들 자서(伍員의 자)가 외국으로 망명했다는데, 혹시 그대가 아니오?"

오운은 두려워하는 모습으로 대답하지 않았다. 피이가 또 말했다.

"나는 그대를 해치려는 사람이 아니오. 그대의 관상이 매우 비범하여 그대에게 부귀를 누릴 곳을 찾아주려는 것이오."

이에 오운은 자신의 사정을 모두 이야기했다. 이들의 모습은 일찌감치 오왕의 측근에게 탐지되어 오왕 요에게 보고되었다. 오왕 요는 피이를 불러들였다. 피이는 한편으로 몰래 사람을 공자 광에게 보내 상황을 알리고, 다른 한편으로는 오운을 목욕재계시키고 옷을 갈아입힌 뒤 함께 궁궐로 들어가 오왕 요를 알현하게 했다. 오왕 요는 오운의 비범한 모습을 보고 그와 이야기를 나눴다. 그러고는 금방 그의 현명함을 알아보고 대부의 관직에 임명했다. 다음 날 오운은 감사 인사를 올리러 입궁하여 자기 부친과 형의 원한을 이야기했다. 그는 이빨을 갈고 눈에 불을 뿜으며 오왕 요에게 하소연했다. 오왕 요는 그의 기상을 장하게 여기고 마음 깊이 그를 동정하면서 장차 군사를 일으켜 그의 복수를 해주겠다고 약속했다.

공자 광은 평소에 오운의 지혜와 용력에 대한 소문을 듣고 그를 자신의 휘하에 거두어들일 마음을 품고 있었다. 그러나 오운이 먼저 오왕 요를 알현했다는 소문을 듣고 그가 오왕 요에게 등용될까 걱정이 되어 마음이 좀 불편했다. 이에 오왕 요를 찾아뵙고 말했다.

"소문에 초나라 망명객 오운이 우리 나라로 도망 왔다는데 대왕마마께서 보시기엔 그가 어떤 사람이었습니까?"

오왕이 말했다.

"현명하고도 효성스러웠소."

"그걸 어떻게 아셨습니까?"

"그는 매우 용감하고 씩씩한 데다 과인과 국사를 논의할 때는 타당한 계책을 내놓지 않는 경우가 없었소. 그래서 그가 현명하다는 걸 알았소. 또한 부친과 형의 원한을 생각하며 잠시도 복수할 생각을 그치지 않고, 과인에게 군사를 빌려달라고 했소. 그래서 그가 효성스럽다는 것을 알았소."

"대왕마마께선 복수를 윤허하셨습니까?"

"과인은 그의 사정이 애처로워 이미 복수를 윤허했소."

그러자 공자 광이 간언을 올렸다.

"만승을 거느리는 군주는 필부를 위해 군사를 일으키지 않습니다. 지금 우리 오나라와 월나라는 전쟁을 한 지 이미 오래인데, 아직 큰 승리를 얻지 못하고 있습니다. 이런 가운데 오자서를 위해 군사를 일으킨다면 이는 필부의 원한이 나라의 치욕보다 더 중요한 것이 됩니다. 초나라와 싸워 승리를 거둔다 해도 필부의 울분을 설욕하는 것에 불과하고, 패배하면 우리 나라의 치욕은 더욱 심하게 될 것입니다. 그러니 절대로 윤허해서는 안 됩니다."

오왕 요는 그의 말을 옳게 여기고 마침내 초나라를 정벌하려는 계획을 중지했다. 오운은 공자 광이 간언을 올렸다는 말을 듣고 말했다.

"공자 광은 나라 안의 보위에 뜻이 있는 듯하니, 아직 나라 밖의 일을 이야기해서는 안 되겠다."

그리하여 대부 직을 사양하고 받지 않았다. 그러자 공자 광이 다시 오왕에게 이야기했다.

"오자서는 대왕마마께서 군사를 일으키려 하지 않자 벼슬을 사양했습니다. 이는 원망하는 마음을 품고 있는 것이니 등용해서는 안 됩니다."

이 때문에 오왕 요는 오운을 멀리하며 그의 사직辭職을 받아들였다. 그러나 양산陽山(江蘇省 無錫 安陽山) 땅 100무畝[4]를 오운에게 하사했다. 오운과 공자 승은 마침내 양산 들판에서 농사를 지으며 살아가게 되었다. 공자 광은 몰래 오운을 만나러 가서 식량과 비단을 선물로 주고 물었다.

"그대는 오나라와 초나라의 경계를 출입하면서 재주와 용력을 갖춘 선비를 만났을 것인데, 담략이 그대와 같은 자가 있었소?"

오운이 말했다.

"저 같은 사람을 어찌 입에 올릴 수 있겠습니까? 제가 만나본 사람 중에는 전제가 가장 진정한 용사였습니다."

"그대가 다리를 놓아주시오. 전 선생과 교분을 맺고 싶소."

4_ 무畝: 면적 단위. 사방 6자尺가 1보步, 100보가 1무畝다.

"전제는 이곳에서 멀지 않은 곳에 살고 있습니다. 지금 부르면 내일 아침에는 도착할 수 있을 것입니다."

"재주와 용력을 갖춘 선비라면 내가 직접 배알해야지, 어찌 감히 오라고 부를 수 있겠소?"

공자 광은 오운과 함께 수레를 타고 직접 전제의 집으로 갔다. 그때 마침 전제는 동네 골목에서 칼을 갈아 다른 사람을 위해 돼지를 잡고 있었다. 그는 수레가 분분히 달려오는 것을 보고 길옆으로 피하려고 했다. 오운이 수레 위에서 그를 불렀다.

"못난 형이 여기 왔다네."

전제는 황망히 칼질을 멈추고 오운이 수레에서 내리길 기다려 서로 인사를 나눴다. 오운이 공자 광을 가리키며 말했다.

"이분은 오나라의 첫째 공자이시네. 영웅인 내 아우를 사모하여 특별히 만나러 오셨다네. 아우는 피하지 마시게."

전제가 말했다.

"저는 비천한 골목에 사는 무지렁이인데 제게 무슨 덕과 능력이 있다고 이처럼 번거로운 행차를 하셨는지 모르겠습니다."

그러고는 마침내 공자 광에게 읍을 하고 집 안으로 이끌었다. 작은 사립문은 머리를 낮춰야 들어갈 수 있었다. 공자 광이 먼저 절을 하며 평소에 사모하던 마음을 말했다. 전제도 답례로 절을 올렸다. 공자 광은 황금과 비단을 방문 예물로 바쳤다. 전제는 굳이 사양했지만 오운이 옆에서 힘써 권하자 마지못해 예물을 받았다. 이때부터 전제는 공자 광의 휘하에 투신했다. 공자 광은 날마다 식량을 보내줬고 또 달마다 옷감을 보내줬다. 또 시도 때도 없이 전제의 어머니를 방문하여 문안 인사를 드렸다. 전제는 그

후의에 매우 감격했다.

어느 날 전제가 공자 광에게 물었다.

"저는 시골의 소인배인데 두텁게 보살펴주시는 공자의 은혜를 입고 보니 보답할 방법을 모르겠습니다. 만약 시키실 일이 있으면 명령에 따르고자 합니다."

이에 공자 광이 좌우 시종들을 물리치고 오왕 요를 암살하려는 뜻을 이야기했다. 전제가 말했다.

"선왕 이매가 세상을 떠나셨으니 그 아드님이 보위에 오르는 것은 당연한 일인데 공자께선 무슨 명분으로 그를 해치려 하십니까?"

공자 광은 조부와 부친의 유언 때문에 보위가 아우에게로 이어진 까닭을 자세히 서술했다.

"계찰 숙부께서 굳이 사양하셨으니 보위가 의당 장자에게로 귀속되어야 하오. 그 장자의 후손이 바로 나 광이오. 그런데 요가 어떻게 임금이 될 수 있단 말이오? 나는 지금 힘이 약해 대사를 도모할 수 없기 때문에 힘있는 사람들에게 도움을 받고자 하는 것이오."

전제가 말했다.

"어찌 측근을 시켜 지금 대왕께 선왕의 유언을 조용하게 전하여 보위에서 물러나도록 하지 않고, 하필이면 몰래 검객을 써서 선왕의 덕망을 손상시키려 하십니까?"

공자 광이 말했다.

"지금 임금 요는 탐욕스럽고 힘만 믿는 자요. 또한 나아가는 이익만 알지 물러나는 겸양은 모르오. 만약 그자에게 물러나라는 얘기를 했다가는 오히려 피해만 보게 될 것이오. 그러니 나와 요는 함께 살 수 없는 관계인 셈이오."

전제가 흥분하여 말했다.

"공자의 말씀이 옳습니다. 그러나 제겐 아직 노모가 살아 계시므로 죽음을 허락할 수 없습니다."

공자 광이 말했다.

"나도 그대에게 노모와 어린 자식이 있다는 걸 알고 있소. 그러나 그대가 아니면 큰일을 도모할 수 없소. 만약 큰일을 이루면 그대의 노모와 자식을 나의 노모와 나의 자식으로 삼아 마음을 다해 부양하도록 하겠소. 내가 어찌 감히 그대의 희생을 저버릴 수 있겠소?"

전제는 오랫동안 깊이 생각한 뒤 대답했다.

"모든 일은 경거망동해서는 안 되고 반드시 만전의 계책을 마련해야 합니다. 대저 깊이가 천 길이나 되는 연못 속 물고기를 어부의 손에 낚아내려면 맛있는 미끼가 있어야 합니다. 요를 찔러 죽이려면 반드시 그가 좋아하는 것을 던져주어 가까이 접근하게 해야 합니다. 그런데 저는 임금이 무엇을 좋아하는지 모릅니다."

"맛있는 음식이오."

"음식 중에서도 가장 좋아하는 것이 무엇입니까?"

"특히 생선구이를 좋아하오."

"저는 잠시 공자께 작별 인사를 드리겠습니다."

"장사께선 어디로 가시려는 것이오?"

"요리를 배우러 가려고 합니다. 그럼 오왕에게 접근할 수 있을 것입니다."

마침내 전제는 태호太湖(江蘇省 蘇州 太湖)로 가서 생선구이 요리를 배웠다. 3개월이 지난 뒤 그의 생선구이를 먹어본 사람은 모두 맛있다고 칭찬했다.

그런 뒤 전제는 다시 공자 광을 만났다. 공자 광은 전제를 자신의 저택 안에 숨겼다. 염옹이 이 일을 시로 읊었다.

강직한 사람으로 오자서를 추천하는데 剛直人推伍子胥
오자서도 아첨하느라 전제를 천거했네 也因獻媚進專諸
임금 시해 계책이 어디에서 시작됐나? 欲知弑械從何起
호반에서 3개월간 생선구이 배울 때라네 三月湖邊學炙魚

공자 광은 오자서를 불러서 말했다.

"전제는 벌써 생선구이를 아주 맛있게 할 수 있소. 그럼 어떻게 오왕에게 접근시킬 수 있겠소?"

오자서가 대답했다.

"대저 큰기러기를 잡을 수 없는 까닭은 날개가 있기 때문입니다. 그러므로 큰기러기를 잡으려면 반드시 날개부터 제거해야 합니다. 소문을 들으니 오왕 요의 아들 경기慶忌는 근육과 뼈가 무쇠와 같아서 만 명의 장정으로도 상대할 수 없다고 합니다. 또 손놀림은 날아가는 새처럼 신속하고 발걸음은 맹수를 쫓아갈 수 있을 정도로 날래다고 합니다. 오왕 요는 경기를 아침부터 저녁까지 데리고 다니고 있으니 우리가 손을 쓰기가 매우 어렵습니다. 게다가 오왕 요의 친동생인 엄여掩餘와 촉용燭庸이 병권을 잡고 있으니 비록 용과 범을 사로잡는 용력과 귀신도 알아챌 수 없는 꾀를 가지고 있다 해도 어찌 큰일을 성취할 수 있겠습니까? 공자께서 오왕 요를 제거하시려면 반드시 이 세 사람을 먼저 제거해야 보위를 도모할 수 있을 것입니다. 그렇지 않으면 비록 요행으로 성공한다 해도 공자께서 어찌 보위에 편하게 앉아 있을 수 있겠습니까?"

공자 광은 고개를 숙이고 한참 동안이나 생각에 잠겼다가 문득 무엇을 깨달은 듯이 말했다.

"공의 말이 맞소. 공은 잠시 전원으로 돌아가서 기회가 오길 기다리시오. 기회가 오면 다시 상의를 드리도록 하겠소."

이에 오운은 공자 광과 작별했다.

이해 주 경왕景王이 세상을 떠났다. 경왕의 아들로는 적통 태자인 맹猛, 그 동생 개匄와 서자의 맏이인 조朝가 있었다. 경왕은 서자인 조를 총애하여 대부 빈맹賓孟에게 조를 세자로 세워달라고 부탁했다. 그러나 그 계획을 실행하기도 전에 죽었다. 그즈음 유헌공劉獻公 지摯도 세상을 떠나 아들 유권劉卷(자는 伯蚡)이 부친의 작위를 세습했다. 유권은 평소에 대부 빈맹과 사이가 좋지 못해 마침내 선목공單穆公 기旗와 힘을 합쳐 빈맹을 죽이고 태자 맹을 보위에 올렸다. 이 사람이 주 도왕悼王이다. 윤문공尹文公 고固, 감평공甘平公 어추魚鰌, 소장공召莊公 환奐은 평소 경왕의 서자 조를 추종했다. 그래서 이 세 사람은 상장上將 남궁극南宮極을 시켜 유권을 공격하게 했다. 유권은 양揚 땅으로 도망쳤다. 선목공 기는 주왕을 받들고 황皇 땅에 주둔했다. 경왕의 서자 조는 자신의 파당인 심힐鄩肸을 시켜 황 땅을 공격하게 했으나 심힐은 싸움에 패하여 죽었다. 진晉 경공은 주 왕실이 큰 혼란에 빠졌다는 소식을 듣고 대부 적담과 순역荀躒을 시켜 도왕을 왕성王城(河南省 洛陽 서북)으로 모시게 했다. 그러자 윤문공 고固도 낙양 도성에서 서자 조를 보위에 올렸다. 오래지 않아 주 도왕이 병으로 세상을 떠났다. 선목공 기와 유권은 도왕의 동생 개를 보위에 올렸다. 이 사람이 주 경왕敬王이다. 경왕은 적천翟泉(河南省 洛陽 孟津 平樂鎭)에 거주했기 때문에 주나라 백성은 그를 동왕東王이라 불렀고, 서자 조를 서왕西王이라 불렀다. 두 왕은 서로를 공격하며 살상전을 벌이면서 6년 동안이나 결말을 짓지 못했다. 그 무렵 소장공 환이 죽고 남궁극도 벼락에 맞아 죽자 모든 백성이 두려워했다. 그러자 진晉나라 대부 순역이 다시 여러 나라 제후의 군사를 거느리고 경왕을 성주成周로 맞아들이고는 윤문공 고를 사로잡았다. 서자 조의 군대가 무너지자 소장공 환의 아들 소은召嚚은 군사를 돌려 서자 조를 공격했고 서자 조는 초나라로 달아났다. 그리하여 제후들은 마침내 성주에 성을 쌓고 귀환했다. 주 경왕은 소은이 반복해서 변절을 일삼는다 생각하고 윤문공 고와 함께 저잣거리로 끌어내 참수했다. 주나라 사람들은 매우 통쾌하게 생각했다. 이것은 물론 뒷날의 이야기다.

주 경왕 즉위 원년은 오왕 요가 즉위한 지 8년째 되던 해였다. 이때 이미 고인이 된 초나라 세자 건의 모후가 운鄖(湖北省 安陸) 땅에 있었다. 비무극은 그녀가 오운과 내통할까봐 걱정이 되어 초 평왕에게 그녀를 죽이라고 권했다. 세자 건의 모후는 그 소문을 듣고 몰래 오나라로 사람을 보내 구원을 요청했다. 오왕 요는 공자 광을 운 땅으로 보내 세자 건의 모후를 데려오게 했다. 행차가 종리鍾離(安徽省 鳳陽 동북) 땅에 이르렀을 때 초나라 장수 위월이 군사를 거느리고 그들의 앞길을 막은 뒤 영도로 급보를 띄웠다. 초 평왕은 영윤 양개를 대장으로 삼고 진陳, 채蔡, 호胡, 심沈, 허許 다섯 나라에 군사 파견을 요청했다. 호나라 군주 곤髡과 심나라 군주 영逞은 직접 군사를 이끌고 왔다. 진나라에서는 대부 하설에게, 돈頓과 호 두 나라에서도 대부급 장수에게 군사를 거느리고 초나라를 돕게 했다. 이에 호, 심, 진나라 군사는 오른쪽에 군영을 세웠고 돈, 허, 채 군사는 왼쪽에 군영을 세웠으며, 초나라 대장 위월은 중앙에 군영을 세웠다. 오나라 공자 광도 오왕에게 급보를 띄웠다. 그러자 오왕 요와 공자 엄여는 대군 만 명과 죄인 3000명을 거느리고 계부鷄父(河南省 固始 동남) 땅으로 달려와 군영을 세웠다. 양국이 아직 싸움을 시작하기도 전에 마침 초나라 영윤 양개가 급환으로 세상을 떠났고, 위월이 그의 지위를 대신하여 군사를 통솔하게 되었다. 공자 광이 오왕 요에게 말했다.

"초나라는 지금 대장이 죽었으므로 군사들의 사기가 크게 꺾였을 것입니다. 제후들의 군사가 비록 많기는 하지만 모두 약소국들인지라 초나라의 힘이 두려워서 어쩔 수 없이 군사를 보낸 것입니다. 또 호나라와 심나라 군주는 나이가 어려서 전투에 익숙하지 못하고, 진陳나라 대부 하설은 용력은 있지만 지모智謀가 없으며, 돈나라, 허나라, 채나라 삼국은 오랫동안 초나라 명령에 곤욕을 당하며 불만을 품어왔기 때문에 결국 힘을 다하려 하지 않을 것입니다. 일곱 나라가 함께 전투에 참여했지만 마음이 서로 다르고, 또 초나라 장수 위월은 벼슬이 낮아서 위엄이 없습니다. 만약 군사를 나누어 먼저 호, 심, 진의 군영을 공격하면 틀림없이 앞다투어 도망칠 것입니다. 여러 제후국의 군대가 어지러워지면 초나라도 놀라 겁을 먹을 것이니 우리가 완전한 승리를 거둘 수 있을 것입니다. 청컨대 우리 군사의 힘이 약한 듯이 위장하여 저들을 유인하시고 뒤에서 정예병으로 적을 맞아 싸우십시오."

오왕 요는 그 계책에 따랐다. 전군을 삼진으로 나누고 오왕 자신이 직접 중군中軍을 이끌었다. 공자 광에게는 좌군左軍을 거느리게 했으며, 공자 엄여에게는 우군右軍을 거느리게 했다. 또 각각 군사를 배불리 먹이고 대열을 정비한 뒤 전투를 기다리게 했다. 마침내 죄수 부대 3000명으로 초나라 오른쪽 진영을 급습했다. 그때가 가을 7월 그믐날이었다. 병가兵家에서는 그믐날 전투하는 걸 꺼리기 때문에 호나라 군주 곤과 심나라 군주 영 및 진나라 대부 하설은 대열을 정비하지 않고 있었다. 그러던 중 오나라 군사가 쳐들어온다는 소식을 듣고 군영을 열고 나가 맞아 싸웠다. 죄수 부대는 본래 규율이 없어서 더러는 도망치기도 하고 더러는 멈춰서 있었다. 세 나라 군사는 오나라 군사가 어지럽게 흩어져 있는 것을 보고 서로 전공을 다투느라 맹렬하게 추격했다. 그리하여 이들도 전혀 전열을 맞추지 못했다. 이때 오나라 공자 광은 좌군을 거느리고 적의 혼란을 틈타 진격을 명령했다. 마침 공자 광은 진나라 대부 하설과 만나 창을 들어 단번에 말 아래로 거꾸러뜨렸다. 호나라와 심나라 군주는 당황하여 길을 벗어나 도망치려고 했다. 그때 또 오나라 공자 엄여의 우군이 당도하자 호나라와 심나라 군주는 그물 속에 날아든 새처럼 도망갈 길이 없었다. 그들은 모두 오나라 군사들에게 사로잡혔다. 세 나라 연합군 중에는 죽은 자가 무수하게 많았고 생포된 갑사만 800여 명이 되었다. 공자 광은 호나라와 심나라 군주를 모두 참수하라고 호령을 내렸고 갑사들을 모두 석방하여 초나라 좌군으로 돌아가 보고하게 했다.

"호나라와 심나라 군주 및 진나라 대부가 모두 피살되었습니다."

그 소식을 들은 허, 채, 돈 세 나라 장수와 군사들은 간담이 땅에 떨어질 정도로 놀라서 감히 출전할 엄두도 내지 못하고 각각 도망치기에 바빴다. 오왕 요는 좌우 2군과 힘을 합쳐 마치 태산이 내리누르듯 적군을 압도해나갔다. 중군 위월이 진영을 정비하기도 전에 초나라 군사 태반이 흩어졌다. 오나라 군사들은 그 뒤를 추격하며 마음껏 살육전을 벌였다. 시체가 들판을 덮었으며 피가 흘러 도랑을 이루었다. 위월은 대패하여 50리를 도망쳐서야 추격에서 벗어났다. 공자 광은 바로 운양鄖陽(湖北省 安陸)으로 들어가 세자 건의 모후를 맞아서 귀환했다. 초나라 사람들은 감히 항거하지도 못했다. 위월이 패잔병을 수습하니 겨우 반만 남아 있었다. 그는 공자 광이 자신의 일군一軍만 거느리고 운양으로 와서 초부인을 데리고 갔다는 소식을 듣고 밤새도록 추격했으나 초나라 군사가 채나라 땅에 당도했을 때는 이미 오나라 군사가 운양 땅을 떠난 지 이틀이나 지난 뒤였다. 위월은 이제 추격할 수 없음을 알고 하늘을 우러러 탄식하며 말했다.

"나는 어명을 받고 관문을 지키면서도 도망가는 신하를 잡지 못했으니 이는 아무 전공도 세우지 못한 것이다. 게다가 일곱 나라 군사를 상하게 하고 군부인까지 잃었으니 이는 죽을죄를 지은 것이다. 한 가지 전공도 세우지 못하고 두 가지 죄까지 지었으니 무슨 면목으로 우리 초나라 대왕마마를 뵐 수 있단 말이냐?"

위월은 마침내 스스로 목을 매고 죽었다.

초 평왕은 오나라의 군사력이 막강하다는 소식을 듣고 매우 두려워했다. 이에 낭와를 영윤으로 삼고 양개의 직위를 대신하게 했다. 낭와는 영성郢城이 낮고 협소하다며 그 동쪽에 새로 땅을 개척하여 큰 성을 쌓도록 계책을 올렸다. 그 성은 옛 성보다 7척이 높았고, 넓이도 20리에 달했다. 이후로 옛 성은 기남성紀南城이라 부르게 했다. 왜냐하면 옛 성이 기산 남쪽에 있었기 때문이다. 새로운 성은 여전히 영성이라 부르게 하고 도읍을 그곳으로 옮겼다. 또 서쪽에도 성을 하나 쌓고 도성의 오른팔 역할을 하게 하면서 맥성麥城이라 부르게 했다. 세 성은 품자品字 형태로 자리 잡고 서로 연락을 주고받으며 세력을 형성했다. 초나라 사람들은 이를 모두 낭와의 공이라고 여겼지만 심윤수는 그것을 비웃으며 이렇게 말했다.

"자상(囊瓦의 자)이 덕으로 정치를 하는 데는 힘쓰지 않고 부질없이 성을 쌓는 데만 골몰하는구나. 오나라 군사가 쳐들어오면 영성이 열 개가 있다 한들 무슨 도움이 되겠는가?"

낭와는 계부 전투의 패배에 복수하기 위해 수많은 선박을 만들고 수군을 조련했다. 3개월이 지나 군사들이 물에 익숙해지자 낭와는 수군을 이끌고 장강을 따라 오나라 땅을 핍박하면서 무력을 과시하고 돌아왔다. 오나라 공자 광은 초나라 군사가 변경을 침범했다는 소식을 듣고 밤새워 구원병을 이끌고 변경에 도착했으나 낭와의 초나라 군사는 이미 회군한 뒤였다. 공자 광이 말했다.

"초나라 군사들이 무력을 과시하고 방금 돌아갔으니 저들의 변방 부대가 지금 틀림없이 방비를 하지 않을 것이다."

그는 몰래 군사를 이끌고 소巢(安徽省 巢湖) 땅을 습격하여 궤멸시키고 아울러 종리鍾離 땅까지도 함락시킨 뒤 개선가를 울리며 귀환했다.

초 평왕은 두 고을이 함락되었다는 소식을 듣고 대경실색하여 마침내 마음의 병을 얻었다. 시간이 오래 지나도 낫지 않았고 주 경왕 4년에는 병이 위독해졌다. 평왕은 영윤 낭와 및 공자 신申을 탑전으로 불러 세자 진珍의 장래를 부탁하고는 세상을 떠났다. 낭와는 극완과 상의하며 말했다.

"세자 진은 나이가 어릴 뿐만 아니라 그 모후도 본래 과거 폐세자 건의 부인으로 들어온 여자이니 정상이 아니오. 지금 자서子西(公子 申)는 선왕의 아들 중에서 가장 연장자이고 선행을 좋아하오. 연장자를 보위에 올리면 명분도 생기고, 선한 사람을 군주로 세우면 나라도 잘 다스려지오. 진실로 자서를 보위에 올리면 초나라 사람들이 틀림없이 의지할 것이오."

극완은 낭와의 말을 공자 신에게 알렸다. 그러자 공자 신이 화를 내며 말했다.

"세자를 폐위하는 건 선왕의 악행을 드러내는 것이 되오. 진녀가 세자를 낳았지만 그 모후는 이미 우리 초나라의 군부인이 되었소. 그런데도 적자가 보위를 잇는 것이 아니란 말이오? 적자를 버리면 나라 안팎으로 큰 도움이 끊기게 되고, 모두 우리를 혐오할 것이오. 영윤은 지금 사사로운 이득을 위해 나를 해치려 하는데 혹시 미친 것이 아니오? 다시 이 말을 꺼냈다간 내가 반드시 그를 죽일 것이오."

낭와는 겁을 먹고 세자 진을 받들어 장례를 주관하게 한 뒤 보위에 올리고 이름을 진軫으로 고쳤다. 이 사람이 초 소왕昭王이다. 낭와는 여전히 영윤 직을 유지했고 백극완伯郤宛을 좌윤으로, 언장사鄢將師를 우윤으로 삼았다. 비무극도 세자의 옛 사부였던 은공이 있다고 해서 함께 국정에 참여하게 했다.

한편 정 정공은 오나라 사람들이 운 땅에서 초나라 부인을 데려갔다는 소식을 듣고, 사신에게 보옥과 비녀와 귀고리를 갖고 가서, 초나라 폐세자 건을 죽인 원한을 완화해보라고 했다. 초 부인이 오나라에 도착하자 오왕은 서문 밖에 주택을 하사하고 손자인 공자 승을 시켜 봉양하게 했다. 오운은 평왕이 죽었다는 소식을 듣고 가슴을 치며 대성통곡했다. 온종일 통곡을 그치지 않자 공자 광이 이상하게 생각하며 물었다.

"초왕은 그대의 원수인데 그가 죽었다는 소식을 들었으니 응당 쾌재를 불러야지 어찌하여 통곡을 한단 말이오?"

오운이 말했다.

"저는 초왕을 위해 통곡하는 것이 아닙니다. 제가 한스러운 것은 그놈의 목을 효수하여 내 원한을 풀지도 못하고, 그놈이 자기 침실의 창문 아래에서 세상을 끝마치도록 내버려둘 수밖에 없었다는 것입니다."

공자 광도 그 말을 듣고 탄식을 금치 못했다. 호증 선생이 이 일을 시로 읊었다.

부형의 원한을 아직 갚지 못했는데 父兄冤恨未曾酬
음란한 여우는 제 소굴에서 죽었다네 已報淫狐獲首邱
손에 든 패검으로 오랜 염원 못 이루니 手刃不能償夙願
슬픔으로 귀밑머리가 더욱 희어졌네 悲來霜鬢又添秋

오운은 평왕의 몸에 자신이 직접 원한을 갚지 못한 것을 한탄하며 사흘 밤 동안 잠을 이루지 못했다. 그러고는 마음속으로 한 가지 계책을 생각하여 공자 광에게 말했다.

"공자께선 큰일을 이루려 하시면서도 아직도 그 기회를 잡지 못하셨습니까?"

공자 광이 말했다.

"밤낮없이 생각해봐도 좋은 방도를 모르겠소."

오운이 말했다.

"지금 초왕이 죽고 난 뒤 초나라 조정에는 훌륭한 신하가 없습니다. 공자께선 어찌하여 오왕에게 계책을 아뢰고 국상으로 혼란한 초나라를 치지 않으십니까? 이번 기회에 패업을 도모할 수 있을 것입니다."

"만약 나를 장수로 임명하면 어찌하오?"

"공자께선 고의로 수레에서 떨어져 발에 상처를 만드십시오. 그럼 오왕이 틀림없이 전쟁터에 보내지 않을 것입니다. 그런 뒤 엄여와 촉용을 장수로 삼게 하시고, 또 공자 경기에게는 정나라, 위衛나라 군사와 연합하여 초나라를 치게 하면 그야말로 일석삼조의 효과를 보게 될 것입니다. 그럼 오왕의 죽음을 바로 눈앞에서 볼 수 있을 것입니다."

"연릉의 계찰 숙부께서 지금 조정에 계신데 내가 왕위를 찬탈하는 것을 보고도 나를 용납하시겠소?"

"우리 오나라와 진晉나라가 지금 돈독한 관계를 유지하고 있으니, 다시 계찰 공을 진晉나라로 보내 중원의 틈새를 살피게 하십시오. 지금 오왕은 일을 크게 벌이는 것은 좋아하지만 정교한 계책은 세울 줄 모릅니다. 그러므로 틀림없이 공자의 말씀을 들어줄 것입니다. 계찰 공께서 먼 나라로 사신을 갔다가 돌아왔을 때는 보위가 이미 정해진 뒤인데 어찌 다시 폐위를 거론할 수 있겠습니까?"

공자 광은 자기도 모르게 자리에서 내려와 오운에게 절을 올리며 말했다.

"내가 자서를 얻은 것은 하늘의 은혜인 것 같소!"

이튿날 공자 광이 국상을 틈타 초나라를 정벌하자는 말을 오왕 요에게 아뢰자 오왕 요는 흔쾌히 그 말에 따랐다. 공자 광이 말했다.

"이번 일에 제가 온 힘을 다 바쳐야 하나 오늘 수레에서 떨어져 정강이를 다쳤습니다. 지금 치료 중이라 임무를 맡을 수 없습니다."

오왕 요가 말했다.

"그럼 누구를 장수로 삼아야 하겠소?"

"이번 일은 국가 대사이므로 가까운 친척 중에서 신임할 만한 사람이 아니면 맡길 수 없을 것입니다. 대왕마마께서 친히 선택하십시오."

"엄여와 촉용이면 가능하겠소?"

"아주 적절하다고 생각됩니다."

공자 광이 또 말했다.

"지금까지는 진과 초가 패업을 다투는 가운데 우리 오나라는 저들의 속국에 불과했습니다. 그러나 이제 진나라는 쇠퇴했고 초나라도 여러 차례 우리에게 패했습니다. 그래서 지금 천하의 제후들 마음이 저들에게서 떠나 머무를 곳을 모릅니다. 그러니 앞으로 남북의 정사는 동쪽 땅으로 귀의하게 될 것입니다. 이때 공자 경기를 보내 정나라와 위나라의 군사와 힘을 합쳐 초나라를 공격하게 하십시오. 그리고 연릉의 계찰 공을 진나라로 보내 중원의 빈틈을 살피게 하십시오. 그런 뒤 대왕마마께서 수군을 조련하여 그 뒤를 받친다면 패업도 도모하실 수 있을 것입니다."

오왕 요는 몹시 기뻐하며 엄여와 촉용에게 군사를 거느리고 초나라를 치게 하고 계찰을 진나라로 보냈다. 다만 경기만은 오나라에 남겨두고 보내지 않았다.

엄여와 촉용은 군사 2만을 거느리고 수륙 양면으로 진격하여 초나라 잠읍潛邑(安徽省 潛山) 서북을 포위했다. 잠읍을 지키는 대부는 성을 굳게 지키면서 사람을 초나라로 보내 위급을 알렸다. 이때 초나라에서는 소왕이 새로 즉위했다. 그는 나이가 어려서 신하들이 서로 참소를 일삼았다. 초 소왕은 오나라 군사가 잠읍을 포위했다는 소식을 듣고 당황하여 어쩔 줄 몰라 했다. 그러자 공자 신이 아뢰었다.

"오나라 놈들이 우리 국상을 틈타 공격을 해왔는데도 만약 군사를 보내 싸우지 않는다면 이는 우리의 허약함을 드러내 보여 장차 저들이 우리 땅으로 더욱 깊숙이 침략해올 마음을 촉발시키게 될 것입니다. 신의 어리석은 생각으로는 좌사마 심윤수에게 육군 1만 명을 거느리고 가서 잠읍을 구제하게 하고, 또 좌윤 극완에게는 수군 1만 명을 거느리고 회수 물굽이에서 흐름을 따라 내려가 오나라 군사의 후방을 끊게 하십시오. 그러면 저들은 머리와 꼬리에서 우리 초나라 군사를 맞이하게 될 터이니 앉아서도 오나라 장수를 사로잡을 수 있을 것입니다."

소왕은 크게 기뻐하며 공자 신의 계책에 따라 두 장수를 보내 수륙으로 길을 나누어 진격하게 했다.

한편 엄여와 촉용은 잠읍을 포위하고 있던 중 첩보를 받았다.

"초나라 구원병이 오고 있습니다."

두 장수는 몹시 놀라 군사를 반으로 나누어 절반은 성을 포위하게 하고 나머지 반으로는 적을 맞아 싸우게 했다. 육로를 따라온 심윤수는 근처의 견고한 성벽에 의지하여 지키기만 할 뿐 싸우려 하지 않았다. 그러고는 군사를 사방으로 풀어 나무하고 물 긷는 길에 돌멩이를 쌓아 길을 모두 차단했다. 엄여와 촉용은 대경실색했다. 이때 또 적정을 탐지하러 갔던 기마병이 달려와 보고했다.

"초나라 장수 극완이 수군을 이끌고 회수로부터 물길을 타고 내려와 강구江口를 차단했습니다."

오나라 군사는 진퇴양난의 곤경에 빠져, 군사를 나누어 두 곳에다 진채를 세우고, 서로 의지하며 초나라 장수와 대치했다. 또 한편으로는 사람을 오나라로 보내 구원을 요청했다. 공자 광이 아뢰었다.

"신이 앞서 정나라와 위나라 군사의 힘을 빌리자고 한 것은 바로 이런 상황에 대처하기 위함이었습니다. 오늘이라도 사신을 파견하신다면 아직 늦지 않았습니다."

이에 오왕 요는 경기를 보내 정, 위의 군사와 힘을 합치게 했다. 마침내 오나라의 네 공자는 모두 밖으로 나가고 공자 광만 도성에 남아 있게 되었다.

오운이 공자 광에게 말했다.

"공자께선 날카로운 비수를 찾아놓으셨습니까? 전제를 써야 할 때가 바로 지금입니다."

공자 광이 말했다.

"준비해뒀소. 지난날 월왕 윤상允常은 구야자5를 시켜 명검 다섯 자루를 만들게 하여 우리 오나라에 세 자루를 바쳤소. 그 첫째 검이 잠로湛盧, 둘째 검이 반영磐郢, 셋째 검이 어장魚腸이오. 그런데 이 어장검魚腸劍이 바로 비수요. 길이는 짧고 폭은 협소하지만 강철을 진흙처럼 자를 정도로 날카롭소. 선군께서 내게 하사하셔서 지금까지도 보배로 여기며 침상 머리맡에 감춰두고 비상시를 대비하고 있었소. 이 검은 근간에 여러 날 밤새도록 빛을 뿜었소. 그래서 나는 '이 신물神物이 자신의 몸에 오왕 요의 피를 듬뿍 먹여주기를 바라는구나!'라고 생각하고 있었소."

그러고 나서 마침내 어장검을 꺼내 오운에게 보여줬다. 오운은 찬탄을 금할 수 없었다. 공자 광은 전제를 불러 어장검을 건네줬다. 전제는 아무 말도 듣지 않았지만 이미 공자 광의 마음을 짐작했다. 그가 슬프게 탄식하며 말했다.

"이제 오왕을 정말 죽일 수 있게 되었습니다. 왕의 두 동생은 먼 곳에 가 있고 그 아들 경기도 사신으로 갔으니 왕은 고립되었습니다. 제가 어찌 그것 하나 처리하지 못하겠습니까? 다만 지금 생사를 결단해야 할 순간이나 제 마음대로 할 수가 없습니다. 노모께 말씀을 올리고 명령을 따르겠습니다."

5_ 구야자歐冶子: 중국 춘추시대 월나라 사람으로 명검名劍 주조의 명인.

전제는 집으로 돌아가 노모를 뵙고 말없이 눈물만 흘렸다. 노모가 말했다.

"제야! 어찌 그리 슬피 우느냐? 공자께서 너를 쓰고 싶어하셨느냐? 우리 온 집안은 공자께서 부양해주시는 은혜를 입고 있다. 그 큰 은덕에는 마땅히 보답을 해야 한다. 충과 효를 어찌 모두 온전히 성취할 수 있겠느냐? 너는 이 어미를 걱정하지 말고 어서 가보거라! 네가 인간 도리를 하고 후세에까지 이름을 남긴다면 나는 죽어서도 살아 있는 것과 진배없을 것이다."

전제가 그래도 차마 노모를 떠나지 못하자 노모가 또 말했다.

"내가 맑은 샘물을 마시고 싶다. 가서 떠오도록 해라."

전제가 노모의 명령을 받들고 샘물을 길어서 집으로 돌아왔을 때는 마루에 있던 노모가 보이지 않았다. 아내에게 묻자 아내가 대답했다.

"어머님께서 피로해서 문을 닫고 주무시겠다 하시면서 절대 깨우지 말라고 하셨습니다."

전제가 의심이 들어 문을 열고 들어가니 노모는 벌써 목을 매고 스스로 목숨을 끊은 뒤였다. 염선이 이 일을 시로 읊었다.

아들 명성 이뤄주려 당신 몸도 아끼지 않고	願子成名不惜身
효자를 기꺼이 충신으로 바꿨도다	肯將孝子換忠臣
세간에는 모두들 목숨 탐해 잘못 살며	世間盡爲貪生誤
하잘것없는 노부인에게도 미치지 못하는도다!	不及區區老婦人

전제는 한바탕 통곡을 하고 모친의 시신을 염하여 서문 밖에 장사 지냈다. 그러고는 아내에게 말했다.

"내가 광 공자의 큰 은혜를 입고도 목숨을 바치지 않았던 것은 연로하신 어머니 때문이었소. 이제 어머니께서 돌아가셨으므로 나는 광 공자의 다급한 일을 처리하러 나설 것이오. 나는 죽지만 당신 모자는 반드시 광 공자의 보살핌을 받을 것이니 나를 붙잡지 마시오."

말을 마치고는 공자 광을 뵙고 어머니의 죽음을 알렸다. 공자 광은 매우 미안해하며 전제를 위로했다. 그러고는 시간이 한참 지난 후에 다시 오왕 요를 죽일 일을 의논했다. 전제가 말했다.

"공자께서 연회 자리를 마련하여 오왕을 초청하십시오. 오왕이 만약 온다면 십중팔구는 대사를 성공시킬 수 있습니다."

이에 공자 광은 궁궐로 들어가 오왕 요에게 말했다.

"태호太湖에서 온 요리사가 생선구이 요리를 새로 배웠는데 맛이 참으로 신선하여 다른 구이와는 비교가 되지 않습니다. 대왕마마께서 신의 거처로 왕림하시어 한번 맛을 보십시오."

오왕 요는 생선구이를 매우 좋아했기 때문에 마침내 흔쾌히 승낙하며 말했다.

"내일 형님의 저택으로 갈 터이니 너무 많은 준비는 하지 마시오."

공자 광은 그날 밤에 미리 갑사들을 지하실에다 매복시키고 다시 오운에게도 결사대 100명을 몰래 준비하게 하여 밖에서 호응하도록 했다. 또한 연회를 위한 음주 도구도 크게 차려놓았다.

이튿날 아침 공자 광은 다시 궁궐로 가서 오왕 요를 초청했다. 오왕 요는 내궁으로 들어가 그 모후를 뵙고 말했다.

"공자 광이 술자리를 마련하고 저를 청하는데 다른 음모는 없겠습니까?"

모후가 말했다.

"광은 앙심을 품고 늘 원한의 표정을 감추고 있었소. 이번에 주상을 초청한 것도 호의가 아닐 터인데, 왜 사양하지 않으셨소?"

오왕 요가 말했다.

"사양하면 서로 틈이 벌어질 것 같았기 때문입니다. 준비만 단단히 한다면야 두려워할 것이 무엇이겠습니까?"

오왕 요는 사자 가죽으로 만든 갑옷을 세 겹으로 입고 호위병도 빈틈없이 배치했다. 왕궁으로부터 공자 광의 저택 대문까지 거리 가득 군사를 세우고 끊임없이 연락을 주고받도록 했다. 오왕 요의 어가가 대문에 당도하자 공자 광이 직접 마중을 나와 절을 올리고 대청으로 안내하여 자리를 잡게 했다. 공자 광은 오왕 요를 모시고 그 곁에 앉았다. 오왕 요의 친척과 측근들은 모두 대청과 계단을 가득 메웠다. 술자리 옆을 지키고 선 역사도 100명이나 되었다. 그들은 모두 긴 창과 날카로운 칼을 들고 오왕의 곁을 잠시도 떠나지 않았다. 요리사가 음식을 올릴 때는 모두 뜰아래에서 옷을 철저히 수색당해야 했다. 그런 뒤에는 무릎걸음으로 앞으로 나아가야 했으며, 그때도 10여 명의 역사가 칼을 들고 양쪽에서 감시하며 전진하도록 했다. 요리사가 음식을 상 위에 진설할 때도 감히 고개를 들고 위쪽을 쳐다볼 수 없었고, 그 일이 끝나면 다시 무릎걸음으로 물러나야 했다. 공자 광은 잔을 들어 공경의 건배를 올리다가 갑자기 발을 굽혀 주저앉으며 짐짓 고통스러운 표정을 지었다. 그러고는 앞으로 나아가 아뢰었다.

"앞서 다친 다리가 지금 또 아파와서 골수가 쑤시는 듯합니다. 넓은 천으로 다시 단단히 싸매야 고통이 그칠 것 같습니다. 대왕마마께선 잠시 편안히 앉아 계십시오. 발을 다시 싸매고 나오겠습니다."

오왕 요가 말했다.

"형님 편하신 대로 하시오!"

공자 광은 한 발을 절뚝이며 안으로 들어가 바로 지하실로 내려갔다. 잠시 후 전제가 생선구이를 올리겠다고 아뢰었다. 몸수색은 앞과 같았으나 이 생선 배 속에 단검이 몰래 감춰져 있을 줄 누가 짐작이나 했겠는가? 역사들은 양쪽에서 전제를 감시하며 무릎걸음으로 오왕 앞으로 가게 했다. 그 뒤 전제는 생선구이를 받들어 올리면서 갑자기 비수를 꺼내 오왕 요의 가슴을 곧추 찔렀다. 손놀림이 매우 묵중하여 비수는 곧바로 오왕 요의 삼중 갑옷을 뚫고 등짝까지 관통했다. 오왕 요는 크게 비명을 지르며 금방 숨이 끊어졌다. 그러자 호위 무사들이 일제히 몰려나와 칼과 창을 한꺼번에 들고 전제를 마구 찔러 고깃덩이로 만들었다. 대청마루가 순식간에 난장판이 되었다. 공자 광은 지하실에서 이미 일이 성사되었음을 알고 갑사들을 이끌고 몰려나왔다. 양편 사이에 전투가 벌어졌다. 이쪽은 전제가 이미 성공한 것을 알고 열 배가 넘는 힘을 발휘했고, 저쪽은 오왕 요가 이미 죽은 것을 보고 금방 기가 죽었다. 오왕 요가 거느리고 온 군사들 가운데 반은 죽고 반은 도망쳤다. 그가 거리에 세워두었던 호위병들도 모두 오운이 이끌고 온 군사들에게 피살되거나 쫓겨났다.

오운은 공자 광을 수레 위에 모시고 조정으로 들어가 신료들을 소집했다. 그러고는 오왕 요가 선왕들의 약속을 어기고 스스로 왕이 된 죄를 온 나라 백성에게 분명하게 선포했다.

> 오늘의 거사는 나 광이 보위를 탐해서 일어난 일이 아니라, 기실 오왕 요가 불의해서 일어난 일이다. 나 광은 보위를 섭정하다가 계찰 숙부께서 돌아오시면 나라를 되돌려드리고 그분을 보위에 모실 것이다.

전제가 오왕 요를 시해하다.

그러고 나서 오왕 요의 시신을 수습하여 예에 맞게 염을 하게 했다. 또 전제를 후하게 장사 지내고 그의 아들 전의專毅를 상경으로 삼았으며, 오운을 행인 직에 임명하여 객경客卿으로 우대하면서 신하로 대하지 않았다. 이어서 시리市吏 피이는 그가 오운을 추천한 공로를 인정하여 대부로 승진시켰다. 아울러 재물과 곡식을 풀어 빈궁한 사람들을 구제하니 백성이 안정을 되찾았다. 공자 광은 오왕 요의 아들 경기가 국외에 있음을 염려하여 발이 빠른 사람을 시켜 그가 돌아오는 날짜를 염탐하게 했다. 자신은 대군을 이끌고 장강 변에 주둔한 채 경기가 돌아오기를 기다렸다. 경기는 중도에 변란 소식을 듣고 다른 나라로 도망치려 했다. 공자 광은 네 마리 말이 끄는 수레를 타고 그를 추격했다. 경기는 자신의 수레를 버리고 도주했다. 그 발걸음이 마치 나는 듯해서 말이 끄는 수레로도 그를 추격할 수 없었다. 공자 광은 궁수를 모아 일제히 활을 쏘게 했다. 그러나 경기는 손으로 화살을 전부 잡아채서 한 발도 맞지 않았다. 공자 광은 경기를 잡을 수 없다는 것을 알고 서쪽 변방을 엄중하게 감시하라고 명령을 내린 뒤 결국 오나라로 되돌아왔다. 또 며칠이 지나서 계찰이 진晉나라에서 귀국했다. 그는 오왕 요가 죽었다는 사실을 알고 곧바로 그의 무덤으로 가서 곡을 한 뒤 상복을 입었다. 공자 광은 친히 묘소에까지 찾아가서 계찰을 뵙고 왕위를 양보하면서 말했다.

"이는 할아버지와 아버지 그리고 숙부님들의 유지입니다."

계찰이 말했다.

"자네가 구해서 얻어놓고 어찌 내게 양보하는가? 만약 나라에 제사가 끊어지지 않게 하고 또 백성이 그 임금을 폐하지 않는다면 지금 보위에 오른 사람이 바로 나의 임금일세."

공자 광은 억지로 권할 수 없어서 바로 자신이 오나라 왕위에 올라 스스로 합려闔閭라고 했다. 계찰은 완전히 벼슬에서 물러나 은거했다. 이것은 주 경왕 5년의 일이었다. 계찰은 보위를 다투는 일을 치욕스럽게 생각하고 연릉 땅에서 노년을 보내며 종신토록 오나라로 들어가지도 않았고 오나라 국사에 참여하지도 않았다. 당시 사람들은 그를 고귀하게 생각하고 계찰이 죽은 뒤에도 그를 연릉에 장사 지냈다. 공자孔子께서 친히 '오나라 연릉 계자의 묘有吳延陵季子之墓'라는 묘비 앞 글자를 썼다. 사관이 이 일에 대한 사찬을 지었다.

탐욕자는 이익 위해 목숨을 거니 貪夫殉利
한 소쿠리 콩을 놓고도 얼굴 붉혔네 簞豆見色
춘추시대엔 임금 시해 자주 일어나 春秋爭弑
골육지친도 돌아보지 않았었다네 不顧骨肉
계찰 공과 같은 사람 누가 있으랴? 孰如季子
시종일관 보위를 양보했다네 始終讓國
요와 광을 부끄럽게 만들면서도 堪愧僚光
자신은 태백6에 부끄럼 없었네 無慚泰伯

그러나 송나라 유학자는 계찰이 왕위를 사양하여 결국 변란이 발생했으므로 이는 그의 어진 명성에 오점을 남긴 것이라고 비평했다. 이를 읊은 시가 있다.

6_ 태백泰伯: 주나라 태왕太王의 맏아들이었지만 막내아들 계력季歷에게 왕위를 양보하고 동남쪽으로 피신하여 오吳나라에 봉해졌다. 이 소설 제65회 참조.

한결같이 양위한 게 분쟁의 길을 열었으니　只因一讓啓群爭
아우에게 보위 전하라는 선왕의 뜻 저버렸네　辜負前人次及情
만약에 계찰이 부왕의 뜻을 받들었다면　若使延陵成父志
고소대[7]의 왕위 다툼이 어찌 일어났겠는가?　蘇臺麋鹿豈縱橫

한편 엄여와 촉용[8]은 잠성에서 곤궁에 빠진 뒤 날짜가 오래되어도 구원병이 오지 않자 전투를 주저하며 몸을 빼낼 계책을 상의하기 시작했다. 그때 갑자기 공자 광이 오왕을 시해하고 보위를 찬탈했다는 소식이 들려왔다. 두 사람은 대성통곡한 뒤 앞일을 상의했다. 엄여가 말했다.

"광이 임금을 죽이고 보위를 찬탈했으므로 우리를 용납하지 않을 것이다. 초나라로 투신하려니 초나라에서 우리를 믿어주지 않을까 걱정이구나. 정말 '집이 있어도 달려가기 어렵고, 나라가 있어도 투항할 수 없다有家難奔, 有國難投'는 격이다. 어찌하면 좋겠느냐?"

촉용이 말했다.

"지금 이곳에서 곤혹스럽게 지키고 있다간 부지하세월일 것이오. 그러니 어두운 밤을 틈타 오솔길로 빠져나가 작은 나라로 도피하여 후일을 도모하는 것이 어떻겠소?"

엄여가 말했다.

"초나라 군사들이 앞뒤로 포위하고 있으니 마치 나는 새가 새장으로 들

7_ 고소대姑蘇臺: 오왕 합려闔閭의 뒤를 이어 즉위한 부차夫差가 월나라와의 전쟁에서 승리하고 또 중원 쟁패에 성공한 후 오나라 수도 고소성姑蘇城에 건설한 높고 호화로운 궁전. 높이가 300장에 달했다고 한다. 흔히 오나라 도성이나 궁궐을 비유한다.

8_ 엄여掩餘와 촉용燭庸: 모두 오왕 요의 동생이나 형제의 순서는 불분명하다. 그러나 대부분의 역사책에 엄여가 먼저 기록되어 있으므로 엄여가 형으로 보인다.

어가는 것과 같이 될 수도 있다. 어떻게 빠져나갈 수 있겠느냐?"

촉용이 말했다.

"내게 한 가지 계책이 있소. 우리 오나라 두 진영 장졸들에게 전령을 보내 거짓말로 내일 초나라와 전투를 하겠다고 알리시오. 그런 뒤 한밤중에 형님과 제가 군졸의 옷으로 갈아입고 몰래 탈출하면 초나라 군사들이 의심하지 않을 것이오."

엄여는 그 말을 그럴듯하게 여기고 두 진영 장졸들에게 밥을 배불리 먹이고 군마에게도 꼴을 충분히 먹이게 했다. 그러고는 오로지 군령이 내려지기만을 기다리라고 했다. 그런 뒤 엄여와 촉용 및 심복 몇 사람은 전방을 염탐하는 기병으로 가장하고 본영을 탈출했다. 엄여는 서徐나라로 도망갔고, 촉용은 종오국鍾吾國으로 도망갔다. 날이 밝은 뒤 두 진영 장졸들은 모두 장수가 보이지 않자 각각 배를 탈취해 타고 오나라로 도망쳤다. 내버린 갑옷과 무기를 이루 다 헤아릴 수 없었다. 그것들을 모두 초나라 극완이 거두어갔다. 초나라 장수들은 오나라가 혼란한 틈을 타 마침내 오나라 정벌에 나서려고 했다. 극완이 말했다.

"저놈들이 우리 국상 기간을 노린 것은 대의가 아니오. 우리가 어찌 그것을 본받을 수 있겠소?"

이에 심윤수와 함께 군사를 거두어 돌아갔다. 잡은 오나라 포로를 바치자 초 소왕은 극완의 전공을 높이 사서 포로의 반을 그에게 하사했다. 그러고는 모든 일을 자문하며 존경의 예를 매우 융숭하게 베풀었다. 그러자 비무극은 극완을 더욱 깊이 시기하며 그를 해칠 한 가지 계책을 생각해냈다. 결국 비무극이 어떤 계책을 사용할지는 다음 회를 보시라.

제74회

잔인하고 악독한 자들

낭와는 비방이 두려워 비무극을 주살하고

요이는 명성을 탐하여 경기를 칼로 찔러 죽이다

囊瓦懼謗誅無極, 要離貪名刺慶忌.

비무극은 백극완을 시기하여 언장사와 한 가지 계책을 꾸몄다. 그는 영윤 낭와에게 거짓으로 이렇게 말했다.

"자악子惡(伯郤宛의 자)이 연회를 마련하여 상국을 초청하고 싶다고 나에게 상국의 뜻을 물어보라고 했소. 상국께선 왕림하실 의향이 있으시오?"

낭와가 말했다.

"그 사람이 나를 부르는데 어찌 가지 않는단 말이오?"

그러고는 또 극완에게도 이렇게 말했다.

"영윤께서 내게 대부의 집에서 술을 마시고 싶다고 하면서, 대부께서 술자리를 마련해주실 수 있는지 좀 물어봐달라고 했소."

극완은 비무극의 계략을 아무것도 모른 채 대답했다.

"나는 직위가 낮은 벼슬아치인데 영윤께서 왕림하신다면 진실로 크나큰

영광일 것이오. 내일 거친 술이나마 준비하여 영윤을 모시도록 하겠소. 수고스러우시더라도 대부께서 내 뜻을 전해주시면 고맙겠소."

비무극이 말했다.

"대부께선 영윤께 주연을 베푸실 때 어떤 물건으로 경의를 표하겠소?"

극완이 말했다.

"영윤께서 좋아하시는 것이 무엇인지 아직 모르오."

비무극이 말했다.

"영윤께서 가장 좋아하시는 건 견고한 갑옷과 날카로운 무기요. 그래서 대부의 집에서 술을 마시려는 것이오. 지난번 포획한 오나라 포로와 무기의 절반이 대부에게 있기 때문에 이번 기회를 빌려 구경을 하고자 하는 것이오. 대부께서 그것을 내게 전부 보여주시면 내가 대부를 위해 물건을 선택해드리겠소."

극완은 과연 초 소왕1에게서 받은 무기 및 그동안 보관해온 무기와 갑옷을 전부 꺼내 비무극에게 보여줬다. 비무극은 그중에서 견고하고 날카로운 무기 각각 50점을 고른 뒤 말했다.

"이것으로 충분하오. 대부께선 장막을 치고 이것들을 문 뒤에 감추어두시오. 내일 영윤께서 틀림없이 무기에 대해 물으실 것이오. 그때 이것들을 바로 보여주면 영윤께서 감상하고 즐기실 것이오. 그러고는 바로 이것들을 선물하시오. 만약 다른 물건을 드리면 좋아하지 않으실 것이오."

극완은 그의 말을 전부 믿고 마침내 문 왼쪽에 장막을 설치하고 갑옷과 무기를 비치해두었다. 또한 풍성한 음식을 차려놓고 비무극에게 낭와를 초

1_ 초楚 소왕昭王: 이 소설 원문에는 초 평왕으로 되어 있으나, 앞 장과의 문맥을 살펴보면 초 소왕이 분명하다.

청해달라고 부탁했다.

한편 낭와가 극완의 집으로 출발하려 하자 비무극이 말했다.

"사람의 마음은 예측할 수 없소. 내가 상국을 위해 먼저 가서 주연을 어떻게 차려놓았는지 살펴보고 오겠소. 그런 뒤에 가도 늦지 않을 것이오."

비무극은 잠시 후 허둥지둥 달려와 숨을 헐떡이며 낭와에게 말했다.

"내가 오늘 상국을 그르칠 뻔했소. 자악(백극완)이 오늘 상국을 초청한 건 호의가 아니라 상국을 해치려는 의도 같소. 그 집 문 장막 뒤에 무기와 갑옷이 숨겨져 있는 것을 봤소. 상국께서 잘못 가셨으면 틀림없이 해를 당할 뻔했소."

낭와가 말했다.

"자악은 평소에 나와 아무런 허물이 없는데 어찌 그럴 리가 있겠소?"

비무극이 말했다.

"그자가 대왕마마의 총애를 믿고 영윤 자리를 노리는 모양이오. 또 소문을 들으니 자악이 몰래 오나라와 내통하고 있다고 하오. 지난번 우리 군사들이 잠읍을 구하러 갔을 때, 모든 장수가 오나라를 정벌하자고 했지만 자악은 몰래 오나라의 뇌물을 받아먹고, 적국의 변란을 틈타 정벌에 나서는 건 불의한 일이라 하면서, 결국 좌사마 심윤수에게 군사를 거두어 돌아가자고 강요했다 하오. 대저 오나라도 우리 국상을 틈타 공격을 해왔으므로 우리도 저들의 변란을 틈타 공격하는 건 아주 좋은 보복 방법이라고 할 수 있소. 그런데 어찌하여 그 좋은 방법을 내친단 말이오? 오나라의 뇌물을 받아먹지 않고서야 어찌 많은 장수의 의견을 무시하고 가볍게 군사를 돌이킬 수 있단 말이오? 자악이 만약 뜻을 얻는다면 초나라가 위태로워질 것이오."

낭와는 여전히 믿지 못하고 다시 좌우 시종을 시켜 극완의 집을 살펴보게 했다. 시종들이 돌아와 보고했다.

"문 뒤 장막 속에 정말로 갑옷과 무기가 감춰져 있었습니다."

낭와는 격노하여 바로 사자를 시켜 언장사를 오게 했다. 그는 극완이 자신을 해치려 한다는 이야기를 언장사에게 들려줬다. 언장사가 말했다.

"극완은 양영종陽令終, 양완陽完, 양타陽佗 및 진晉, 진陳 삼족三族과 파당을 만들어 초나라 정사를 마음대로 주무르려 한 지가 하루 이틀이 아닙니다."

낭와가 말했다.

"어찌 외국 망명객2의 자식이 감히 반란을 일으키려 하는가? 내가 직접 그자를 칼로 베리라!"

마침내 그 일을 초 소왕에게 아뢰고 언장사에게 군사를 거느리고 가서 백극완을 공격하게 했다. 백극완은 비무극에게 속은 것을 알았지만 어쩔 수 없이 스스로 칼로 목을 찌르고 자결했다. 그의 아들 백비伯嚭는 화를 당할까 두려워 교외로 달아났다. 낭와는 백씨 저택을 불사르라고 명령을 내렸다. 그러나 백성은 아무도 호응하지 않았다. 낭와는 더욱 진노하여 명령을 내렸다.

"백씨 집을 불태우지 않는 자는 그 역적과 같은 죄로 다스리겠다!"

많은 백성은 극완이 어진 신하였다는 것을 알고 있었다. 그러므로 누가 기꺼이 그의 집을 불태우려 하겠는가? 다만 낭와의 핍박에 못 이겨 각자 볏짚을 한 단씩 손에 들고 가서 백씨의 문밖에 던져놓고 도망쳤다. 낭와는

2_ 망명객: 백극완은 진晉나라에서 초나라로 망명한 백주리의 아들이다.

할 수 없이 자기 집안 사병을 거느리고 와서 백씨 댁 앞뒷문을 단단히 포위한 채 마구 불을 질렀다. 가련하게도 좌윤부左尹府에서 첫째가던 저택은 순식간에 잿더미로 변했다. 극완의 시체는 흔적도 없이 불탔고 백씨 댁 가족들도 모두 남김없이 불타 죽었다. 또한 양영종, 양완, 양타 및 진晉나라와 진陳나라에서 망명한 사람들을 모두 잡아들여 오나라와 내통한 뒤 반란을 모의했다는 혐의를 뒤집어씌워 모두 죽였다. 나라 안 백성 가운데 이 일을 원통해하지 않는 사람이 없었다.

어느 날 낭와가 달밤에 누대에 올라 달구경을 하는데 저잣거리에서 노랫소리가 들려왔다. 그 노랫소리는 낭랑하고도 분명하여 알아들을 수 있었다. 낭와는 귀를 기울였다.

극완 대부를 본받지 말라	莫學郤大夫
충성을 다하고도 주살당했네	忠而見誅
몸은 이미 죽었고	身旣死
뼈도 남지 않았다네	骨無餘
초나라엔 임금 없고	楚國無君
비씨와 언씨만 있네	惟費與鄢
영윤은 허수아비라	令尹木偶
간신배에 갇혀 있네	爲人作繭
하늘이 만약 아신다면	天若有知
보복을 하고 공적을 드러내리	報應立顯

낭와는 급히 좌우 시종을 보내 노래 부르는 사람을 찾게 했으나 끝내

찾을 수 없었다. 다만 시장의 가게 집집마다 어떤 신에게 제사 지내는 향불이 이어져 있었다. 이에 시장 사람들에게 물었다.

"무슨 신에게 제사를 올리는 것이오?"

그들이 대답했다.

"바로 초나라 충신 백극완이란 분이오. 그분이 죄도 없이 억울하게 돌아가셨는지라 하늘에 그 원통함을 호소하기를 기원하는 것이오."

시종들이 돌아와 낭와에게 그 사실을 보고했다. 낭와가 조정에 들어가자 공자 신 등 신료들이 모두 말했다.

"극완은 오나라와 내통하지 않았소."

낭와는 후회의 마음이 일었다. 심윤수는 교외에서 귀신을 숭배하는 사람들이 모두 영윤을 저주한단 소식을 듣고 낭와를 찾아와서 말했다.

"백성이 모두 상국을 원망한다는데 상국만 그 소식을 듣지 못하셨소? 비무극은 우리 초나라의 간신으로 언장사와 함께 많은 사람을 기만하고 있소. 그자는 뇌물을 받고 채나라 대부 조오를 정나라로 쫓아낸 뒤, 채나라 군주 주朱를 추방했소. 또한 선왕에게 패륜을 저지르게 했으며, 세자 건을 외국에서 죽게 했소. 이뿐만 아니라 오사 부자를 억울하게 죽게 했으며 지금 다시 좌윤을 살해하고 그 참화가 양씨陽氏와 진씨晉氏에게까지 파급되게 했소. 이 두 놈에 대한 백성의 원망은 골수에 사무쳐 있소. 백성은 모두 이 두 놈이 마음대로 악행을 저지르도록 상국께서 방관하고 있다 여기고 있소. 지금 백성의 원망과 저주가 나라 안에 가득 퍼져 있소. 대저 살인을 하여 비방을 막는 건 어진 사람이 해서는 안 되는 일인데 오히려 살인을 하여 비방을 불러일으킨단 말이오? 대부께선 영윤의 직위에 있으면서 아첨꾼을 내버려두어 민심을 잃고 있으니, 뒷날 초나라에 변고가 생겨

도적들이 나라 밖에서 일어나고 또 백성이 나라 안에서 반란을 일으키면 상국의 목숨이 위태로워질 것이오. 그러니 간신배를 믿고 스스로 위기를 자초하는 것과 간신배를 제거하여 스스로 안전한 길로 나아가는 것 중에서 어느 것이 더 바람직한 길이겠소?"

낭와는 두려운 모습으로 자리에서 내려와 말을 했다.

"모두가 나의 죄요. 원컨대 사마께서 나의 한 팔이 되어주시면 저 두 역적을 주살하겠소."

심윤수가 말했다.

"그렇게만 해주시면 사직의 복이 될 터이니 어찌 감히 명령에 따르지 않을 수 있겠소?"

심윤수는 즉시 사람을 시켜 나라 안 백성에게 말을 전하게 했다.

"좌윤을 살해한 자는 비무극과 언장사 두 놈이다. 영윤께서 두 간적의 소행을 아시고 지금 토벌에 나서려 하신다. 그 뒤를 따르려는 사람은 모두 나서라!"

말을 아직 마치지도 않았는데 백성은 모두 무기를 잡고 다투어 선봉에 나서려 했다. 이에 낭와는 비무극과 언장사를 잡아 죄를 열거한 뒤 목을 베어 저잣거리에 효수했다. 백성은 영윤의 명령을 기다리지도 않고 두 역적의 집에 불을 질러 그 파당을 몰살시켰다. 그리하여 비방과 참소가 그치게 되었다. 사관이 이 일을 시로 읊었다.

백씨 집은 태우지 않고 언씨와 비씨 집 불태웠으니 不焚伯氏焚鄢費
세상의 공론 공심은 백성에게 있다 公論公心在國人
영윤이 일찌감치 사마의 계책 따랐다면 令尹早同司馬計

낭와가 간신 비무극을 주살하다.

참소로 어떻게 충신을 해쳤으리? 讒言何至害忠臣

이에 관한 또 한 수의 시가 있다. 그 내용은 언장사와 비무극이 평생 다른 사람을 해치다가 결국 자신을 해치는 결과를 빚고 말았으므로 참소와 악행이 무슨 이익을 가져다주겠는가 하고 한탄한 것이다. 그 시는 다음과 같다.

바람 타고 불을 질러 다른 사람 태우더니 順風放火去燒人
홀연히 역풍 불어 자기 몸을 태웠다네 忽地風回燒自身
독수毒手와 간계란 모두가 이 같은 법 毒計奸謀渾似此
악인 중에 몇 명이나 액운 만나지 않았던가? 惡人幾個不遭屯

오왕 합려 원년은 주 경왕 6년이었다. 합려는 오운을 방문하여 국정에 대해 물었다.

"과인은 나라를 부강하게 하고 제후들의 패자가 되고 싶소. 어떻게 하면 좋소?"

오운은 고개를 떨구고 눈물을 흘리며 말했다.

"신은 초나라에서 망명한 포로일 뿐입니다. 부친과 형이 원한을 품고 세상을 떠난 뒤 그 유골을 장례도 치르지 못하여 지금까지 혼백이 제사도 받지 못하고 있습니다. 신은 온갖 치욕을 겪고 나서 이제 겨우 대왕마마를 찾아와 목숨을 의지하고 있습니다. 이런 상황에서 주륙을 당하지 않은 것만 해도 천만다행이라고 할 수 있는데 어찌 감히 오나라 국정에 참여할 수 있겠습니까?"

합려가 말했다.

"경이 아니었다면 과인은 다른 사람 밑에서 몸을 굽히고 사는 신세를 면치 못했을 것이오. 다행히 한 말씀 가르쳐주신 은혜를 입어 오늘을 맞이하게 되었소. 이제 바야흐로 경에게 나라를 맡기려 하는데 무슨 까닭으로 중도에 물러날 마음이 생긴 것이오? 과인이 부족하기 때문이오?"

"신은 대왕께서 부족하다고 생각한 적이 없습니다. 신이 듣건대 '관계가 소원한 사람은 관계가 친밀하고 가까운 사람 사이에 끼어들 수 없다疏不間親, 遠不間近'고 합니다. 신이 나그네의 몸으로 어찌 감히 오나라 모신謀臣의 윗자리에 앉을 수 있겠습니까? 게다가 신은 불구대천의 원수도 갚지 못하여 마음이 흔들리고 있습니다. 그래서 지금 제 몸을 건사할 계책도 마련하지 못하고 있는데 어찌 감히 국정에 대한 계책을 낼 수 있겠습니까?"

"우리 오나라의 모신 중에는 경보다 더 뛰어난 사람이 없소. 경은 사양하지 마시오. 나랏일이 좀 안정된 후에 과인이 경을 위해 복수를 해주리다. 경은 명령만 내리시오!"

"대왕마마께서 도모하시려는 일이 무엇입니까?"

"우리 나라는 동남쪽에 치우쳐 있어서 땅이 험하고 음습한 데다 해일까지 발생하오. 창고도 갖추지 못했고 땅도 개간하지 못했소. 백성은 굳은 믿음을 갖고 있지 못하여 이웃 나라에 우리 나라의 위엄을 과시할 방법이 없소. 어찌하면 좋소?"

"신이 듣건대 백성을 다스리는 방법은 편안하게 살게 해주는 데 있다고 합니다. 그러므로 패왕이 되기 위한 대업은 가까운 데서 시작하여 먼 곳을 제압해야 합니다. 먼저 성곽을 쌓고 수비를 튼튼히 한 뒤 창고를 채우고 군사를 정비해야 합니다. 안으로 지킬 수 있어야 밖으로 외적을 맞아 싸울 수 있을 것입니다."

"훌륭하오. 과인은 이제 경에게 어명을 맡길 터이니 경은 과인을 위해 대업을 도모해주시오."

이에 오운은 지형이 높은지 낮은지를 살피고 물맛이 담백한지 짠지를 맛보았다. 그러고는 고소산姑蘇山(江蘇省 蘇州 서남) 동북 30리에 좋은 땅을 골라 큰 성을 쌓았다. 그 성은 둘레가 47리로 육문陸門을 여덟 개 만들어 하늘의 팔풍八風3을 모방했고, 수문水門을 여덟 개 만들어 땅의 팔총八聰4을 본받았다. 육문 여덟 개는 무엇이었던가?

남쪽: 반문盤門, 사문蛇門.

북쪽: 제문齊門, 평문平門.

동쪽: 누문婁門, 장문匠門.

서쪽: 창문閶門, 서문胥門.

반문은 강물이 휘감아 도는 곳이고, 사문은 방위가 사방巳方(정남에서 동쪽으로 30도)이라 뱀에 속하는 곳이다. 제문은 북쪽으로 제齊나라가 있는 곳이고, 평문은 물과 땅이 서로 균형을 이루고 있는 곳이다. 누문은 누강婁江5의 물이 모여드는 곳이고, 장문은 장인들이 모여서 일하는 곳이다. 창

3_ 팔풍八風: 여덟 방위를 상징하는 바람. 동북: 염풍炎風(融風). 동방: 도풍滔風(庶風). 동남: 훈풍熏風(清明風). 남방: 거풍巨風(凱風). 서남: 처풍凄風(涼風). 서방: 요풍飂風(閶闔風). 서북: 여풍厲風(不周風). 북방: 한풍寒風(廣莫風).

4_ 팔총八聰: 팔괘八卦. 건乾: 서북. 태兌: 서방. 이離: 남방. 진震: 동방. 손巽: 동남. 감坎: 북방. 간艮: 동북. 곤坤: 서남.

5_ 누강婁江: 강소성 태호太湖에서 흘러나와 소주의 누문婁門을 거쳐 동쪽으로 100여 리를 흘러 유가항劉家港에서 장강으로 유입된다.

문은 창합閶闔(가을 기운으로 西風을 가리킴)의 기운이 통하는 곳이고, 서문은 고서산姑胥山(지금의 姑蘇山)을 바라보고 있는 곳이다. 월나라가 동남쪽에 있고 그곳이 바로 사방巳方이기 때문에 사문 위에 나무로 뱀을 조각하여 그 머리를 성안으로 향하게 했다. 이것은 월나라가 오나라에 신하로 복종한다는 의미다. 남쪽에 또 다른 작은 성을 쌓았는데 이 성은 둘레가 10리였고, 남쪽, 북쪽, 서쪽에 모두 문을 냈지만 동쪽에는 문을 내지 않았다. 왜냐하면 월나라에서 들어오는 빛을 막으려 했기 때문이다. 오나라 땅은 동쪽 진방辰方에 위치해 있고 용이 오나라를 상징하는 동물이어서 작은 성의 남문 위에 도롱뇽 두 마리를 만들어 용의 뿔을 나타내게 했다. 성곽이 완성되자 오운은 매리梅里에서 오왕 합려를 맞아와서 이곳으로 도읍을 옮기게 했다. 성안에는 앞쪽에 조당朝堂, 뒤쪽에 시장을 마련했고, 왼쪽에 종묘, 오른쪽에 사직단을 두었으며 창倉, 늠廩, 부府, 고庫6까지 빠짐없이 갖췄다. 또 백성 가운데 병졸을 여럿 뽑아 전투, 진법, 궁술, 수레몰기 등의 기술을 가르쳤다. 또한 봉황산鳳凰山(江蘇省 蘇州 鳳凰山) 남쪽에 또 하나의 성을 쌓아 월나라의 침입에 대비했고, 그 성을 남무성南武城이라 불렀다.

합려는 어장검魚腸劍을 불길한 물건으로 여기고 함 속에 넣어 밀봉하고는 사용하지 않았다. 그리고 우수산牛首山 남쪽에 쇠를 주조하기 위한 성을 쌓고 검劍 수천 자루를 만들어 그 검劍들을 '편제扁諸'라고 이름 붙였다. 또 구야자와 동문수학한 오나라 사람 간장干將을 찾아서 장문 밖에 거주하게 하고 따로 날카로운 검을 만들게 했다. 간장은 오악五嶽7의 정기가 서린 깨

6_ 창倉, 늠廩, 부府, 고庫: 창倉은 쌀을 제외한 온갖 곡식 창고. 늠廩은 쌀 창고. 부府는 왕실 공식 도서 및 문서 창고. 고庫는 보물 및 무기 창고.

7_ 오악五嶽: 원문에는 오산五山으로 되어 있다. 동악 태산, 서악 화산, 북악 항산, 남악 형산, 중악 숭산을 가리킨다.

끗한 철과 사방 곳곳의 기운이 깃든 고운 황금을 채취한 뒤 천지의 기운이 조화롭기를 기다려 정묘하게 길일을 선택했다. 그리하여 하늘과 땅의 신이 강림하고 수많은 신령이 다가와 살펴보는 가운데 숯을 산언덕처럼 모아놓고 동남동녀童男童女 300명을 시켜 용로鎔爐 안에 숯을 채워 넣고 풀무를 돌리게 했다. 이와 같이 3개월 동안 불을 피웠지만 금철金鐵의 정수는 녹지 않았다. 간장은 그 까닭을 알 수 없었다. 그러자 그의 아내 막야莫邪가 말했다.

"대저 신물神物이 녹으려면 모름지기 사람의 기가 보태져야 합니다. 지금 당신은 검을 만든 지 벌써 3개월이나 지났지만 아직도 성공하지 못하고 있는데, 어찌하여 사람의 기를 보태지 않으십니까?"

간장이 말했다.

"지난날 나의 스승님께서는 쇠가 녹지 않자 부부가 함께 용로 속으로 몸을 던졌소. 그런 뒤에야 쇠가 녹아 명검을 만들 수 있었소. 나는 산에서 쇠를 정련할 때 반드시 베옷을 입고 두건을 쓴 채 용로에 제사를 올린 뒤에야 불을 피웠소. 지금 내가 검을 만들지 못하고 있으니 또 이와 같이 해야 할 것 같소."

막야가 말했다.

"스승님께서 자신의 몸을 녹여 신검神劍을 만드셨다면 그것을 본받는 것이 뭐 그리 어렵겠습니까?"

이에 막야는 목욕재계를 마치고 머리카락과 손톱을 자른 뒤 용로 곁에 서서 동남동녀들에게 다시 풀무질을 하게 했다. 숯불이 맹렬하게 타오르자 막야는 스스로 용로 속으로 몸을 던졌다. 그녀의 몸은 순식간에 녹았고 그제야 금철이 모두 액체로 변했다. 간장은 마침내 보검 두 자루를 만들었다. 먼저 만든 것은 양검陽劍이어서 이름을 간장이라 했고, 나중에 만든 것은 음검陰劍이어서 이름을 막야라 했다. 양검에는 거북 무늬를 새겼고, 음검에는 물결무늬를 새겼다.

간장은 양검을 감춰두고 음검인 '막야검莫邪劍'만 오왕에게 바쳤다. 오왕 합려는 막야검을 휘둘러 바위에다 시험했다. 막야검의 칼날을 맞은 바위가 둘로 갈라졌다. 지금의 호구虎邱8에 있는 시검석試劍石이 바로 그것이다. 오왕 합려는 간장에게 백금百金의 상을 내렸다. 얼마 뒤 합려는 간장이 양검을 감췄다는 사실을 알고 사자를 시켜 그것을 찾아오게 했다. 만약 양검을 주지 않으면 간장을 죽이라고 했다. 간장이 양검을 꺼내려는 순간 그 검이 저절로 칼집에서 튀어나와 청룡으로 변했다. 간장은 청룡을 타고 하늘로 올라갔다. 사람들은 그가 검선劍仙이 되었다고 의심했다. 사자가 돌아와 보고하자 오왕 합려는 탄식을 금치 못했다. 그는 이때부터 막야검을 더욱 보배로 여겼다. 막야검은 계속 오나라 왕실에 전해지다가 아무도 간 곳을 알지 못하게 되었다. 그러다가 600여 년이 흐른 뒤 진晉나라 승상 장화張華가 견우성과 북두칠성 사이에 자줏빛 서기가 서려 있는 것을 보았다. 그는 뇌환雷煥이란 사람이 천문에 뛰어나다는 소문을 듣고 그를 불러 물었다. 뇌환이 말했다.

"저것은 보검의 정기가 서린 것입니다. 그 보검이 예장豫章(江西省) 땅 풍성豐城(江西省 豐城) 고을에 있습니다."

장화는 즉시 뇌환을 풍성령豐城令에 임명했다. 뇌환은 풍성에 도착하여

8_ 호구虎邱: 강소성 소주에 있는 호구산虎邱山. 본래 이름은 해용산海涌山이었다. 이 소설의 전개보다 나중의 일이지만 오왕 합려를 이 산에 장사 지낸 뒤 사흘 만에 백호白虎가 산 위에 웅크리고 있었다고 해서 호구산虎邱山으로 불린다. 시검석試劍石도 이 산에 있다. 높이는 해발 30여 미터밖에 안 되지만 춘추시대 오나라 유적을 비롯한 많은 문물이 분포되어 있다.

감옥 밑을 파고 돌함 하나를 찾아냈다. 길이는 여섯 자가 넘었고, 넓이는 세 자였다. 돌함을 열자 그 안에 보검 두 자루가 들어 있었다. 그것을 남창南昌(江西省 南昌) 땅 서산西山의 흙으로 닦아내자 칼이 선연하게 빛났다. 뇌환은 한 자루를 장화에게 보내고 남은 한 자루는 자신의 몸에 찼다. 장화에게서 답신이 왔다.

> 검의 명문銘文을 자세히 살펴보니 바로 '간장검干將劍'이었다. 아직 '막야검莫邪劍'이 남아 있을 터인데 어째서 보내지 않는가? 신검은 응당 함께 있어야 하는 법이니라.

그 후 뇌환과 장화는 각각 그 보검을 차고 연평延平(福建省 南平 延平區) 나루를 지나가게 되었다. 그러자 보검이 갑자기 튀어 올라 물속으로 들어가 버렸다. 그들은 황급히 사람을 물속으로 들여보내 보검을 찾게 했다. 그러나 그 사람은 물속에서 두 마리 용이 갈기를 휘날리며 서로 마주 보고 있는 가운데 오색 빛이 찬란하게 덮여 있는 것을 보았다. 그는 몹시 무서워서 수면 위로 튀어나오고 말았다. 이후에는 두 보검이 다시 나타나지 않았다. 사람들은 모두 신검이 결국 하늘로 돌아간 것이라고 생각했다. 지금도 풍성豐城에는 검지劍池라는 연못이 있고, 그 연못 앞에 흙에 반쯤 묻힌 돌함이 있는데 사람들은 그것을 석문石門이라 부른다. 그곳이 바로 뇌환이 보검을 찾았던 곳이다. 이것이 바로 간장검과 막야검의 결말이다. 후세 사람이 「보검명寶劍銘」을 지었다.

오악의 정기 받은 깨끗한 쇠와　　五山之精

육기六氣9의 기운 서린 고운 황금을 六氣之英
정련하고 벼려내어 신검 만드니 煉爲神器
번갯불이 서리처럼 스며들었네 電熚霜凝
무지갯빛 음검陰劍은 물결무늬이고 虹蔚波映
용 같은 양검陽劍은 거북 무늬일세 龍藻龜文
쇠와 옥을 자를 정도로 날카로우니 斷金切玉
그 위엄이 삼군을 진동했다네 威動三軍

한편 오왕 합려는 막야검을 보배로 여기며 다시 백금의 상금을 내걸고 황금 고리를 만들 수 있는 사람을 모집했다. 많은 백성이 고리를 만들어 헌상했다. 그중에 어떤 자는 왕이 내건 막대한 상금에 욕심이 났다. 그는 두 아들을 죽여 그 피를 황금에 섞어 마침내 고리 두 개를 완성한 뒤 오왕 합려에게 바쳤다. 며칠 후 그 사람은 궁궐 문 앞으로 가서 상금을 달라고 했다. 그러자 오왕 합려가 말했다.

"황금 고리를 만들어 바친 사람이 매우 많은데 어찌 너만 홀로 상금을 요구하느냐? 네가 만든 고리가 다른 사람 것과 무엇이 다르단 말이냐?"

그 고리 장인이 말했다.

"신은 대왕마마의 상금을 타려고 두 아들을 죽여 고리를 만들었습니다. 그것을 어찌 다른 사람의 고리와 비교할 수 있겠습니까?"

합려가 황금 고리를 찾아오라고 명령을 내렸다. 그러자 좌우 시종이 아뢰었다.

9_ 육기六氣: 동서남북 사방과 상하를 합쳐서 육합六合이라 하고, 그곳의 정기를 육기라고 한다.

"이미 수많은 황금 고리 속에 섞여 있고, 모양이 비슷하여 판별할 수 없습니다."

그 장인이 말했다.

"신이 살펴보겠습니다."

좌우 시종들이 수많은 황금 고리를 모두 들고 와서 그 장인 앞에 펼쳐 놓았다. 그도 자신이 만든 황금 고리를 쉽게 판별할 수 없었다. 그러자 그는 자신의 두 아들 이름을 불렀다.

"오홍吳鴻아! 호계扈稽야! 아비가 왔다. 너희는 어찌하여 대왕마마 앞에서 영험함을 드러내 보이지 않느냐?"

부르는 소리가 아직 끝나지도 않았는데 홀연히 두 개의 황금 고리가 날아와서 그 장인의 가슴에 붙었다. 오왕 합려는 몹시 놀라며 말했다.

"네 말이 진정 틀림이 없구나!"

이에 백금의 상금을 하사했다. 그 후 오왕 합려는 마침내 막야검에 그 황금 고리를 달고 늘 몸에 차고 다녔다.

그즈음 초나라 백비伯嚭는 교외로 달아났다가 오운이 오나라에서 중용되었다는 소식을 듣고 다시 오나라로 달아나 먼저 오운을 만났다. 오운은 그를 마주 보고 눈물을 흘렸다. 오운은 마침내 그를 데리고 궁궐로 가서 오왕 합려를 알현하게 했다. 합려가 물었다.

"과인은 동해 가 궁벽한 곳에 살고 있는데 그대가 불원천리하고 이곳으로 오셨으니 과인에게 무슨 가르침을 베풀어주시겠소?"

백비가 말했다.

"신의 선조는 2대 동안 초나라에 전력을 다해 충성을 바쳤습니다. 그런데도 신의 아비는 아무 죄도 없이 함부로 주륙을 당했습니다. 신은 사방으로 망명을 다녔지만 머물 곳이 없었습니다. 마침 소문을 들으니 대왕마마께서 정의로운 뜻을 발휘하시어 오자서를 횡액에서 구해주셨다 했습니다. 신은 이러한 까닭에 불원천리하고 대왕마마께 귀의하고자 달려왔습니다. 이제 신의 생사를 대왕마마께 의탁합니다."

합려는 그를 측은하게 여기고 대부로 삼아 오운과 함께 국정에 참여하게 했다. 오나라 대부 피이가 몰래 오운에게 물었다.

"대부께선 무엇을 보고 백비를 믿으시오?"

오운이 대답했다.

"나의 원한은 바로 백비의 원한과 같소. 속담에 이르기를 '같은 병을 앓는 사람들은 서로가 서로를 가엾게 여기고, 같은 근심이 있는 사람들은 서로서로 도움을 주고받는다同疾相憐, 同憂相救'[10]라고 했소. 그러므로 놀라서 날아오른 새는 서로의 뒤를 따르며 함께 모이고, 여울 아래로 흐르는 물은 그 물결을 따라 다시 함께 굽이치는 법이오. 그런데 대부께선 무엇을 이상하게 생각하시오?"

피이가 말했다.

"대부께선 그 사람의 외면만 보고 내면은 보지 않으시는군요. 내가 백비의 관상을 보니 새매의 눈에 호랑이 걸음이었소. 이런 자는 성격이 탐욕스럽고 아첨에 능하여 혼자서 공로를 차지하고 함부로 사람을 죽이니 가까이 해서는 안 되오. 만약 중용하면 반드시 선생에게 누가 될 것이오."

그러나 오운은 그렇게 생각하지 않고 마침내 백비와 함께 오왕 합려를 섬겼다. 후세 사람들은 피이가 오자서의 현명함을 알아보았을 뿐만 아니라

10_ 동병상련同病相憐: 같은 병을 앓는 사람들은 서로가 서로를 가엾게 여긴다는 뜻. 괴로운 처지에 있는 사람들끼리 서로 도움을 주며 의지함을 비유한다.(『오월춘추吳越春秋』「합려내전闔閭內傳」)

백비의 간악함도 간파했기 때문에 진정 '귀신 같은 관상가神相'라고 평가했다. 그런데 오운이 그의 말을 믿지 못했으니 어찌 천명이 아니겠는가? 이를 읊은 시가 있다.

충신도 알아보고 간신도 분별했으니 能知忠勇辨奸回
피이 같은 관상가는 정말로 기이하다! 神相如離亦異哉
일찌감치 오자서 시켜 대책을 마련했어도 若使子胥能預策
어떻게 침략자들이 고소대로 왔겠는가? 豈容麋鹿到蘇臺

이야기가 두 갈래로 나뉜다. 한편 공자 경기는 애성艾城(江西省 永修) 북쪽으로 도피하여 결사대를 모으고 이웃 나라와 연락하여 오나라를 치고 복수할 기회를 엿보고 있었다. 오왕 합려는 경기의 음모 소식을 듣고 오운에게 말했다.

"지난번 전제의 거사는 과인이 모든 것을 경의 힘에 의지했소. 지금 경기가 또 우리 오나라를 해칠 모략을 꾸미고 있다 하니 과인은 음식을 먹어도 단맛을 모르겠고 자리에 앉아도 편안한 줄 모르겠소. 경은 다시 과인을 위해 좋은 계책을 마련해주시오."

오운이 대답했다.

"신은 불충한 자로 아무 특별한 행적도 없었는데, 지난번 대왕마마와 함께 오왕 요를 사저私邸에서 주살했습니다. 그런데 지금 또 그 아들까지 죽이려 하는 것은 아마도 하늘의 뜻이 아닌 듯합니다."

합려가 말했다.

"옛날 주 무왕은 은 주왕을 주살한 뒤 다시 그 아들 무경武庚까지 죽였지만 주나라 사람들이 잘못된 일이라 생각하지 않았소. 하늘이 그들을 죽이려 했기 때문에 천명에 따라 그들을 주살했던 것이오. 경기가 계속 살아 있으면 오왕 요가 아직 죽지 않은 것과 같소. 과인은 경과 더불어 성패를 함께할 것이오. 어찌 작은 일을 참다가 큰 우환을 자초할 수 있겠소? 과인이 다시 전제 같은 용사를 한 분만 더 얻으면 일을 끝낼 수 있을 것 같소. 경은 용사를 찾아다닌 지 하루 이틀이 아닌데 혹시 그런 사람이 없소?"

"말씀드리기 어려우나 신과 친하게 지내는 사람 중에 미천한 사람이 하나 있는데, 그가 일을 함께 도모할 만합니다."

"경기는 한꺼번에 만 명을 상대할 수 있을 정도로 용력이 뛰어난 자요. 어찌 미천한 자가 그를 상대할 수 있겠소?"

"그는 비록 미천하나 기실 만 명을 상대할 수 있을 정도로 용기가 뛰어납니다."

"그 사람이 누구요? 경은 어떻게 그 사람의 용기를 알게 되었는지 과인에게 좀 들려주시오."

오운은 마침내 그 용사의 성명과 출신지를 자세하게 얘기했다. 바로 다음 시에서 읊은 것과 같은 사람이었다.

유세를 펼칠 때엔 화산華山도 흔들렸고	說時華岳山搖動
그 언변이 장강에 닿아 강물조차 역류했네	話到長江水逆流
오로지 오자서의 천거에 힘입어	只爲子胥能擧薦
요이의 성명이 역사에 전해졌네	要離姓字播春秋

오운이 말했다.

"그의 성은 요要이고, 이름은 이離로 오나라 사람입니다. 신은 일찍이 그가 장사 초구흔椒邱訢에게 모욕을 주며 굴복시키는 것을 보았습니다. 이 때문에 그가 용기가 뛰어난 사람이란 걸 알게 되었습니다."

합려가 말했다.

"모욕을 주며 굴복시킨 일이란 어떤 일이오?"

오운이 대답했다.

"초구흔이란 자는 동해 가에 사는 사람입니다. 그의 친구가 우리 오나라에서 벼슬하다 죽어서 초구흔이 조문을 하러 달려왔습니다. 수레가 회수 나루를 지나갈 때 말에게 물을 먹이려 했습니다. 그때 나루를 지키던 관리가 이렇게 말했습니다. '물속에 귀신이 있소. 말을 보면 바로 나와서 잡아가버리오. 여기서 물을 먹이지 마시오.' 그러나 초구흔은 이렇게 말했습니다. '장사가 여기 있는데 귀신이 어찌 감히 나에게 달려든단 말이오?' 그러고는 시종을 시켜 말을 풀어 나루에서 물을 먹이게 했습니다. 그러자 말이 과연 슬피 울며 물속으로 끌려 들어갔습니다. 나루를 지키던 관리가 말했습니다. '귀신이 말을 잡아간 것이오.' 초구흔은 격노하여 옷을 벗어 던진 뒤 칼을 뽑아 들고 물속으로 뛰어들어 귀신과 사생결단을 내려고 했습니다. 그러나 귀신이 사나운 파도를 일으켜 끝내 귀신에게 해를 입히지 못했습니다. 사흘 밤낮이 지난 후 초구흔이 물속에서 나왔을 때는 한 눈이 귀신에게 찔려서 애꾸가 되어 있었습니다. 그는 오나라로 와서 조문을 한 뒤 자리에 앉아 자신이 물귀신과 결전을 벌인 용기를 떠벌리며 자랑했습니다. 그는 사람들을 능멸했고 심지어 사대부에게까지 경거망동을 일삼았습니다. 그의 언사는 오만불손하기 그지없었습니다. 그때 요이가 초구흔과 마주 앉아 있다가 갑자기 불만을 드러내며 초구흔에게 이렇게 말을 했습니다. '당신은 사대부를 보고도 오만한 태도를 보이니, 스스로 용사라고 자처해서는 안 되는 사람이오. 내가 듣건대 용사란 태양과 싸우더라도 달아나지 않고, 귀신과 싸우더라도 후퇴하지 않고, 사람과 싸울 때도 자신이 내뱉은 말을 어기지 않는다고 하오. 차라리 죽을지언정 모욕을 당할 수 없기 때문이오. 그런데 당신은 물속에서 귀신과 싸워 말도 찾아오지 못했고 한 눈까지 잃는 모욕을 당했소. 몸은 찢어지고 명예는 수모를 당했는데도 귀신과 함께 죽지 않고 남은 삶에 연연했으니 당신은 천지간에 가장 쓸모없는 폐물일 뿐이오. 이런 상황이라면 다른 사람을 마주 볼 면목도 없을 것인데 어찌 선비들 앞에서 오만을 부린단 말이오?' 초구흔은 요이에게 힐난을 당하고 잠시 아무 말도 하지 못하다가 수치심을 느끼고 그 자리를 떴습니다. 요이는 저녁 때쯤 집으로 돌아와서 아내에게 조심하라고 당부하며 이렇게 말했습니다. '내가 대갓집 상막喪幕에서 용사 초구흔에게 모욕을 줬소. 그가 원한과 울분을 품고 오늘 밤 틀림없이 수치심을 씻기 위해 나를 죽이러 올 것이오. 나는 방 안에 누워 그가 오기를 기다릴 테니 문을 잠그지 마시오.' 그 아내는 요이의 용기를 알았기 때문에 그의 말을 따랐습니다. 과연 그날 밤 초구흔이 날카로운 칼을 들고 요이의 집으로 달려왔습니다. 대문도 잠겨 있지 않았고 방문도 활짝 열려 있었습니다. 그가 곧바로 방으로 달려가니 어떤 사람이 손을 모으고 머리를 풀어헤친 채 창문 곁에 죽은 듯이 누워 있었습니다. 초구흔이 자세히 살펴보니 바로 요이였습니다. 그는 초구흔이 온 걸 보고도 몸을 쭉 편 채 조금도 두려운 기색이 없었습니다. 초구흔은 요이의 목에 칼을 대고 꾸짖었습니다. '네놈에겐 죽어야 할 이유가 세 가지 있다. 아느냐?' 요이가 대답했습니다. '모른다.' 초구흔이 말했습니다. '네놈은 대갓집 상막에서 내게 모욕을 줬다. 이것이 첫째 이유다. 집으로 돌아와서도 문을 잠그지 않았다. 이것이 둘째 이유다. 나를 보고도 피하지 않았다. 이것이 셋째 이유다. 네놈이 죽음을 자초했으니 나를 원망하진 마라.' 그러자 요이가 대답했습니다. '나는 죽어야 할 세 가지 잘못을 저지르진 않았다만, 네놈은 마땅히 부끄러워해야 할 세 가지 추한 행동을 보였다. 네놈은 그것을 알고 있느냐?' 초구흔이 말했습니다. '모른다.' 요이가 말했습니다. '내가 많은 사람 앞에서 네놈에게 모욕을 줬는데도, 한 마디 대꾸도 하지 못했으니 이것이 첫 번째 추행이다. 대문을 들어설 때 기척도 없었고 마루로 올라설 때도 아무 소리도 없었다. 이는 사람을 습격하려는 마음을 품은 것이니 이것이 두 번째 추행이다. 칼을 내 목에 대고서야 큰소리를 치니 이것이 세 번째 추행이다. 네놈에게 세 가지 추행이 있으면서 오히려 나를 질책하는구나! 이 어찌 비루한 행동이 아니냐?' 이에 초구흔은 칼을 거두고 감탄하며 말했습니다. '나는 용기로는 세상에 나를 따라올 사람이 없다고 자부했다. 그런데 요이 네가 내 위에 있구나. 너는 정말 천하의 용사다! 내가 만약 몰래 너를 죽이면 다른 사람에게 어찌 웃음거리가 되지 않겠느냐? 그렇다고 너를 죽이지 않아도 세상에 용사로 칭해지기 어렵게 되었다.' 그는 땅바닥에 칼을 내던지고 머리를 창문에 부딪쳐 스스로 목숨을 끊었습니다. 그가 상막에 있을 때 신도 그 자리에 있었기 때문에 당시 상황을 자세하게 알고 있습니다. 이런 상황만 보더라도 요이가 어찌 만 명을 상대할 만한 용사가 아니겠습니까?"

합려가 말했다.

"경은 나를 위해 그를 좀 불러주시오."

그리하여 오운은 요이를 만나러 가서 말했다.

"오나라 대왕께서 그대의 높은 뜻을 아시고 한번 만나자고 하시네."

요이가 놀라며 말했다.

"저는 오나라의 하찮은 천민인데, 무슨 덕과 능력이 있다고 감히 오왕의 부름을 받들 수 있겠습니까?"

오운이 거듭 오나라 왕이 만나고 싶어한다는 뜻을 전하자 그제야 요이는 오왕을 알현하기 위해 오운을 따라나섰다.

오왕 합려는 오운이 요이의 용기를 칭찬하는 말을 처음 들었을 때 틀림없이 기골이 장대한 사람일 것이라 생각했다. 그러나 요이를 만나보니 키는 겨우 5척이 넘을 정도였고 허리둘레도 한 줌에 불과했으며 생김새도 추했다. 합려는 몹시 실망하여 마음이 불쾌했다. 합려가 물었다.

"자서가 용사로 칭한 요이라는 사람이 바로 그대인가?"

요이가 말했다.

"신은 미천하고 용력도 없어서 앞에서 바람을 맞으면 자빠지고, 뒤에서 바람을 맞으면 엎어집니다. 무슨 용기가 있겠습니까? 그러나 대왕마마께서 신에게 일을 시키시면 온 힘을 다 바치겠습니다."

합려는 잠자코 앉아 아무 대답도 하지 않았다. 오운이 합려의 마음을 알고 아뢰었다.

"대저 좋은 말이란 몸집의 크기에 달려 있지 않고 멀리까지 치달릴 수 있느냐에 달려 있습니다. 요이가 겉모습은 추하지만 그 지혜와 술수는 매우 뛰어납니다. 이 사람이 아니면 거사를 이룰 수 없습니다. 대왕마마께선 이 사람을 놓치지 마십시오."

합려는 요이를 이끌고 궁궐 뒷방으로 들어가서 자리를 권했다. 요이가 앞으로 가까이 나아가 아뢰었다.

"대왕마마의 마음속 근심이 죽은 임금의 아들 때문이 아닙니까? 신이 그자를 죽일 수 있습니다."

합려가 웃으면서 말했다.

"경기는 뼈와 힘살이 모두 날아다닐 정도로 민첩하여,[11] 그 발걸음이 치달리는 말보다 빠르다. 날래기가 귀신과 같아서 만 명의 장사도 그를 당해내지 못한다. 그대가 대적하지 못할까 두렵다!"

"사람을 잘 죽이는 자는 지혜를 쓰지 힘을 쓰지 않습니다. 신이 경기에게 접근할 수만 있으면 닭을 잡듯 그를 죽일 수 있습니다."

"경기는 밝은 지혜를 가진 사람으로 사방의 망명객을 받아들이고 있다. 어찌 가볍게 오나라 손님인 그대를 믿고 자신의 가까이에 두겠는가?"

"경기가 망명객을 받아들이는 건 장차 오나라를 해치기 위해서입니다. 신이 죄를 짓고 도망쳐 왔다고 경기를 속이겠습니다. 원컨대 대왕마마께선 신의 처자를 죽이시고 신의 오른손을 자르십시오. 그럼 경기가 틀림없이 신을 가까이할 것입니다. 이와 같이 된 연후에야 대사를 도모할 수 있을 것입니다."

합려는 정색을 하며 불쾌한 심정으로 말했다.

"그대에게 죄가 없는데 내가 어찌 차마 그대의 처자에게까지 재앙을 내릴 수 있겠는가?"

요이가 말했다.

"신이 듣건대 자식과의 즐거운 생활에 안주하느라 임금 섬기는 대의를 다하지 못하는 것은 불충이라 합니다. 또 아내를 사랑하느라 임금의 우환

11_ 골등육비骨騰肉飛: 뼈가 튀어 오르고 힘살이 날아다닌다는 뜻. 몸과 마음의 약동 또는 용사의 동작이 매우 민첩함을 비유한다. 혹은 미인이 다른 사람을 심하게 홀리거나, 그런 미인을 보았을 때 몸과 마음에 심한 충동이 일어남을 비유하기도 한다.(『오월춘추』「합려내전」)

을 제거하지 못하는 것은 불의라고 합니다. 신은 충의로운 사람으로 이름을 드러낼 수 있다면 비록 온 가족이 다 죽는다 해도 기꺼이 그 길을 가겠습니다."

오운도 곁에서 아뢰었다.

"요이가 나라를 위해 가족의 안위를 잊고, 임금을 위해 자기 몸의 안위를 잊는다 했사오니 이는 진정 천고의 호걸입니다. 다만 일이 성공한 후에 정려각을 세워 요이의 처자를 표창하고 그 공적을 매몰시키지 않으면 될 것입니다. 그렇게 되면 그 이름이 후세에까지 길이길이 전해질 것입니다."

오왕 합려는 결국 그 일을 윤허했다.

이튿날 오운은 요이와 함께 입조했다. 오운은 요이를 천거하여 대장으로 삼은 뒤 바로 군사를 동원해 초나라를 치자고 했다. 그러자 합려는 짐짓 그를 매도하며 말했다.

"과인이 요이의 힘을 보니 어린아이보다 못하오. 그런데 어찌 초나라 정벌의 대임을 맡길 수 있겠소? 게다가 과인은 이제야 겨우 국사를 안정시켰는데 어찌 감히 또 군사를 움직일 수 있겠소?"

그러자 요이가 앞으로 나서며 말했다.

"불인不仁하도다! 왕이시여! 오자서는 왕을 위해 오나라를 안정시켰는데 왕은 어찌하여 자서를 위해 복수를 해주지 않으시오?"

그러자 합려가 진노하여 소리쳤다.

"그 일은 국가 대사인데 시골 무지렁이가 뭘 안다고 조정에서 과인을 질책하며 능멸한단 말이냐?"

그리하여 역사力士를 불러 요이를 잡아들여 오른팔을 자르게 한 뒤 옥에 가두었다. 이어 사람을 보내 그의 처자식을 잡아들였다. 오운은 탄식하며 조정에서 물러났다. 신료들은 모두 어찌된 영문인지 그 연유를 알지 못했다. 며칠 후 오운은 비밀리에 옥리獄吏를 찾아가 요이의 감금을 좀 느슨하게 해달라고 요청했고, 요이는 그 틈을 타 감옥에서 탈출했다. 오왕 합려는 결국 요이의 처자식을 참하고 그 시신을 저잣거리에서 불태웠다. 송나라 유학자가 이 일을 다음과 같이 논평했다.

> 무고한 사람 하나를 죽여서 천하를 얻을 수 있다 해도, 어진 사람은 그렇게 하지 않을 것인데, 아무 까닭도 없이 다른 사람의 처자식을 죽여 속임수를 구했으니 합려의 잔인함이 갈 데까지 간 것이다. 또한 요이는 오왕에게서 평소에 아무런 은혜도 입은 것이 없는데 오직 용기 있는 협객이란 이름을 탐하여 자기 몸을 죽이고 가족까지 해쳤으니 이 어찌 훌륭한 선비라고 할 수 있겠는가.

그러고는 이 일을 시로 읊었다.

오로지 성공하여 임금에게 보답하려고	只求成事報吾君
무고한 처자 죽이고 자신도 죽었다	妻子無辜枉殺身
다른 나라 향해서 용맹하다 자랑 말라	莫向他邦誇勇烈
잔인하고 악독한 자는 오나라 사람들이니	忍心害理是吳人

요이는 오나라 국경을 탈출하여 만나는 사람마다 자신의 원통함을 호소했다. 마침내 위衛나라에 있던 경기를 찾아가 뵙기를 청했다. 경기는 속임수가 있을까 의심하며 그를 안으로 들이지 않았다. 이에 요이는 옷을 벗고

자신의 몸을 보여줬다. 경기는 그의 오른팔이 잘려나간 것을 보고서야 비로소 그의 망명을 사실로 믿게 되었다. 경기가 물었다.

"오왕이 그대의 처자식을 죽이고 그대의 몸에까지 형벌을 내렸는데, 지금 나를 찾아온 것은 무슨 까닭인가?"

요이가 말했다.

"신은 오왕이 공자公子의 부왕을 시해하고 보위를 찬탈했으며 그래서 지금 공자께서 제후들과 힘을 합쳐 복수를 도모하고 있다고 들었습니다. 이 때문에 신은 남은 목숨을 공자께 의탁하고자 하는 것입니다. 신은 오나라의 사정을 잘 알고 있습니다. 진실로 공자의 용맹을 바탕으로 삼고 또 신을 길잡이로 삼으시면 오나라로 깊이 쳐들어갈 수 있을 것입니다. 그럼 공자께선 부왕의 원수를 갚을 수 있을 것이고 신도 처자식의 원한을 조금이나마 갚을 수 있을 것입니다."

그러나 경기는 여전히 그의 말을 깊이 신임하지 않았다. 얼마 지나지 않아 오나라의 상황을 탐지한 심복이 돌아와 요이의 처자가 저잣거리에서 불태워졌다는 보고를 올렸다. 그리하여 마침내 경기는 깨끗하게 의심을 풀었다. 경기가 요이에게 물었다.

"내가 소문을 들으니 오왕은 오자서와 백비를 모사로 임명하여 군사를 조련하고 장수를 선발했고, 이에 따라 오나라가 지금 크게 다스려지고 있다고 한다. 그런데 나의 이 미약한 병력으로 어떻게 가슴속의 원한을 풀 수 있겠는가?"

"백비는 꾀가 없는 자이니 염려할 것이 없습니다. 오나라 신하로는 오직 오자서 한 사람이 있을 뿐입니다. 그는 지혜와 용력을 모두 갖추고 있지만 지금 오왕과 사이가 벌어져 있습니다."

"오자서는 오왕의 은인으로 군신 간에 서로 마음을 터놓고 지낸다는데 어찌 사이가 벌어졌다고 하는가?"

"공자께선 하나만 알고 둘은 모르십니다. 오자서가 합려에게 마음을 다 바치는 까닭은 군사를 빌려 초나라를 정벌하고 부형의 원수를 갚기 위해서입니다. 그런데 지금 초 평왕도 죽었고 비무극도 죽었습니다. 그리고 합려는 보위를 얻은 뒤 부귀에 안주하며 오자서를 위해 복수할 생각은 하지 않고 있습니다. 이에 신이 자서를 위해 간언을 올리다가 오왕의 노여움을 사서 끔찍한 형벌을 받게 된 것입니다. 그러므로 오자서가 마음속으로 오왕을 원망한다는 것은 분명한 사실입니다. 신이 다행히 감옥을 탈출할 수 있었던 것도 자서가 힘을 다해 주선해줬기 때문입니다. 그때 자서가 신에게 이렇게 부탁했습니다. '이번에 오나라를 떠나면 반드시 경기 공자를 찾아 뵙고 어떤 마음을 갖고 계신지 살펴보게나. 만약 우리 오씨를 위해 복수해 주신다면, 내가 오나라 안에서 공자를 위해 호응할 것이네. 그리하여 지난번에 지하실에서 지금 오왕과 공모하여 선왕을 시해한 죄를 씻고자 하네.' 공자께서 이번 기회에 군사를 동원해 오나라로 쳐들어가지 않으시고 저들 군신이 다시 화합하기를 기다린다면 더 이상 신과 공자의 원수를 갚을 날은 없을 것입니다."

요이는 말을 마치고 대성통곡하며 머리를 기둥에 부딪쳐 자결하려 했다. 경기는 황급히 그를 제지하며 말했다.

"내가 그대의 말을 듣겠네. 말을 듣겠어!"

그리하여 마침내 요이와 함께 애성으로 가서 그를 심복으로 삼아 사졸을 훈련시키고 배를 수리했다.

3개월이 지나 오나라를 습격하기 위해 강물을 따라 출발했다. 경기와 요

요이가 경기를 창으로 찔러 죽이다.

이는 같은 배를 타고 강물 가운데로 들어갔다. 뒤따라오는 배가 아직 쫓아오지 못했을 때 요이가 말했다.

"공자께서 여기 뱃머리에 앉아 수군을 직접 지휘하십시오."

경기가 뱃머리로 와서 좌정하자 요이는 한 손으로 짧은 창을 잡고 시립했다. 그때 갑자기 강 위에서 일진광풍이 불어왔다. 요이는 바람을 맞으며 서 있다가 몸을 획 돌렸다. 그러고는 바람의 힘을 빌려 창을 내뻗어 날쌔게 경기를 찔렀다. 창은 경기의 심장을 관통하여 등짝 밖까지 뚫고 나갔다. 경기는 쓰러지며 요이를 잡아채서 그의 머리를 물속에 처박았다. 이렇게 연이어 세 번 처박고는 요이를 끌어안아 자신의 무릎 위에 앉혔다. 그러고는 요이를 바라보고 웃으며 말했다.

"천하에 이 같은 용사가 있었던가? 감히 내게 무기를 댈 생각을 하다니?"

좌우 장졸들이 창을 들고 요이를 찌르려 하자 경기가 손을 가로저으며 말했다.

"이 사람은 천하의 용사다. 어찌 하루 사이에 천하의 용사 두 사람을 죽일 수 있겠느냐?"

이에 좌우 장졸들에게 훈계했다.

"요이를 죽이지 말고 오나라로 돌아가게 하여 그 충성심을 표창받을 수 있게 하라."

말을 마치고는 자신의 무릎 아래로 요이를 떠밀었다. 그러고는 자신의 손으로 심장에 박힌 창을 뽑은 뒤 피를 쏟으며 죽었다. 요이의 목숨이 어떻게 될지는 다음 회를 보시라.

제75회

훈련을 위해 미녀를 죽이다

손무는 진법 연습을 하며 오왕의 총희를 죽이고
채 소후는 인질을 바치고 오나라에 군사를 빌리다
孫武子演陣斬美姬, 蔡昭侯納質乞吳師.

경기는 죽음에 임하여 좌우 장졸들에게 요이를 죽이지 말고 그 명성을 이루게 해주라고 당부했다. 좌우 장졸들이 요이를 석방하려 하자 요이는 그곳을 떠나려 하지 않으며 말했다.

"나는 이 세상에 용납될 수 없는 세 가지 악행을 저질렀소. 그러니 비록 공자께서 나를 용서하라는 명을 내렸지만 내가 어찌 감히 생명을 도둑질할 수 있겠소?"

주위 장졸이 물었다.

"세상에 용납될 수 없는 세 가지 악행이라는 것이 무엇이오?"

요이가 말했다.

"내 처자식을 죽이고 임금을 섬겼으니 이것은 어질지 못한 일이요, 새 임금을 위해 옛 임금의 아들을 죽였으니 이것은 의롭지 못한 일이요, 다른 사람의 일을 이루어주려고 내 몸을 죽이고 집안을 파멸시켰으니 이것은 지혜롭지 못한 일이오. 이렇게 세 가지 악행을 저지르고 무슨 면목으로 세상에서 살아갈 수 있겠소?"

말을 마치고는 마침내 강물로 투신했다. 뱃사공이 그를 건져냈다. 요이가 말했다.

"나를 왜 건져내시오?"

뱃사공이 말했다.

"그대는 귀국하면 틀림없이 높은 작록爵祿을 받을 것인데 어찌하여 가지 않으려는 것이오?"

요이가 웃으면서 말했다.

"나는 집과 목숨도 아까워하지 않았는데 그까짓 작록이 무슨 대수겠소? 여러분이 내 시체를 가지고 가면 후한 상금을 받을 수 있을 것이오."

그는 옆에 있던 사람의 패검을 빼앗아 자신의 발을 자른 뒤 다시 자신의 목을 찌르고 죽었다. 사관이 이에 대한 사찬을 지었다.

고인들은 자신의 한 번 죽음을	古人一死
새털처럼 가볍게 생각했다네	其輕如羽
제 목숨만 가벼이 여겼을 뿐만 아니라	不惟自輕
처자식 목숨까지 가벼이 여겼네	并輕妻子
온 가족 모두가 목숨 바쳐서	闔門畢命
한 사람 죽이는 데 헌신했다네	以殉一人
그 한 사람 목숨이 끊어진 뒤에	一人既死
나의 뜻 남김없이 펼쳐졌다네	吾志已伸

전제는 죽음을 맞은 후에도　專諸雖死
아직도 그 후손이 남아 있다네　尙存其胤
슬프고 슬프다 용사 요이는　傷哉要離
죽은 뒤에 남은 후손 하나도 없네　死無形影
어찌하여 자기 목숨 아끼지 않고　豈不自愛
다른 사람 공적만 이루어줬나?　遂人之功
그 공적 이뤄지니 내 명성 살아　功遂名立
죽어서도 영예를 누리고 있네　雖死猶榮
칼 두드리며 목숨 걸고 의협 되는 길　擊劍死俠
그 이후로 점점 더 풍속이 됐네　釀成風俗
지금에 이르도록 오국 사람들　至今吳人
대의 위해 죽기를 갈망한다네　趨義如鶩

또 만 명을 상대할 수 있을 정도로 용력이 뛰어났던 경기가 한 평범한 불구자의 손에 죽었으니, 자신의 용력만 믿고 있는 세상 사람들은 이를 경계로 삼아야 한다고 읊은 시가 있다.

경기는 천하에 드문 용감한 영웅이나　慶忌驍雄天下少
외팔이 필부에게 순식간에 당했다　匹夫一臂須臾了
세인들아 함부로 강한 힘만 자랑 마라　世人休得逞強梁
소뿔이 부러지면 쥐들이 배 채우네　牛角傷殘鼷鼠飽

경기의 장졸들은 요이의 시신을 수습하여 경기의 시신과 함께 수레에 싣고 오왕 합려에게 투항했다. 합려는 몹시 기뻐하며 항복한 장졸에게 후한 상을 내리고 자신의 군대로 받아들였다. 그러고는 상경上卿의 예로 요이를 여문閭門성 아래에 장사 지냈다. 합려가 말했다.

"그대의 용력으로 나의 성문을 지켜주게."

아울러 죽은 요이의 처자에게도 작위를 추증하고 전제와 같은 사당에 모신 뒤 철마다 제사를 올리게 했다. 또한 공자公子의 예에 맞춰 경기를 오왕 요의 묘소 곁에 장사 지내고 신료들에게 큰 잔치를 베풀었다. 이때 오운이 울면서 아뢰었다.

"대왕마마의 우환은 모두 제거되었지만 신의 원수는 언제 갚을 수 있겠습니까?"

백비도 눈물을 흘리며 군사를 일으켜 초나라를 정벌하자고 했다. 합려가 말했다.

"내일 다시 논의하도록 하오."

이튿날 아침 오운과 백비는 다시 궁궐로 들어가 오왕 합려를 알현했다. 합려가 말했다.

"과인은 두 분 경을 위해 군사를 일으킬 작정이오. 그런데 누가 대장이 되겠소?"

오운과 백비가 한목소리로 대답했다.

"대왕마마께서 임명하신다면 누가 감히 목숨을 바치지 않겠습니까?"

합려는 마음속으로 걱정이 됐다.

'두 사람은 모두 초나라 사람으로 단지 복수만 하려고 하지 오나라를 위해 전력을 다하지 않을지도 모른다.'

이런 생각을 하며 합려는 아무 말도 하지 않고 앉아 남풍이 불어오는 쪽을 향해 길게 한숨을 내쉬었다. 오운은 합려의 뜻을 짐작하고 또 아뢰었다.

"대왕마마께선 초나라에 군사와 장수가 많음을 걱정하십니까?"

합려가 말했다.

"그렇소!"

오운이 말했다.

"신이 필승을 보증할 만한 사람을 천거하겠습니다."

합려가 기뻐하며 물었다.

"경이 추천하고자 하는 사람은 얼마만 한 능력을 가졌소?"

오운이 대답했다.

"그의 성은 손孫이고 이름은 무武로 오나라 사람입니다."

합려는 그가 오나라 사람이란 말을 듣고 희색이 만면했다. 오운이 다시 아뢰었다.

"그 사람은 『육도삼략六韜三略』에 정통했고 귀신도 엿보지 못할 기지와 천하를 뒤덮을 만한 묘책을 갖고 있습니다. 스스로 『병법兵法』 13편을 지었으나 세상 사람들 중 그의 능력을 알아주는 사람이 아무도 없어 지금 나부산羅浮山 동쪽에 은거해 있습니다. 진실로 그 사람을 군사軍師로 임명할 수 있다면 비록 온 천하를 다 동원한다 해도 그를 대적할 수 없을 것인데 어찌 초나라 따위를 입에 담을 수 있겠습니까?"

합려가 말했다.

"경이 과인을 위해 그 사람을 좀 불러다주시오."

오운이 대답했다.

"그 사람은 가볍게 벼슬길에 나서지 않습니다. 보통 사람에 비할 수 없으니 반드시 예를 갖추어 초빙해야 벼슬에 나설 것입니다."

합려는 그 말에 따라 황금 10일鎰[1]과 백벽白璧 한 쌍雙을 갖추어 오운을 시켜 말 네 마리가 끄는 수레를 몰고 나부산으로 가서 손무를 초빙해오게 했다. 오운은 손무를 만나 오왕이 그를 흠모하는 마음을 자세히 이야기했다. 이에 손무는 오운을 따라 산에서 나와 합려를 만났다. 합려는 계단 아래까지 내려와 손무를 맞았다. 또 앉을 자리를 마련해준 뒤 병법에 대해 물었다. 손무는 자신이 지은 『병법』 13편을 차례로 진상했다. 합려는 오운을 시켜 처음부터 한 편씩 낭송하게 했다. 매 편이 끝날 때마다 찬탄을 금치 못했다. 그 13편은 어떤 내용인가?

제1편 「시계始計」, 제2편 「작전作戰」, 제3편 「모공謀攻」, 제4편 「군형軍形」, 제5편 「병세兵勢」, 제6편 「허실虛實」, 제7편 「군쟁軍爭」, 제8편 「구변九變」, 제9편 「행군行軍」, 제10편 「지형地形」, 제11편 「취지就地」, 제12편 「화공火攻」, 제13편 「용간用間」.

오왕 합려가 오운을 돌아보며 말했다.

"이 『병법』을 들어보니 정말 천지를 관통하는 재주가 들어 있소. 다만 과인의 나라는 국토가 작고 병력이 미약하여 그것이 한스럽소. 어찌하면 좋소?"

손무가 대답했다.

"신의 『병법』은 병졸들에게 시행할 수 있을 뿐만 아니라 여인들에게도 시행하여 신의 명령을 받들게 할 수 있으며, 그 여인들을 전쟁터로 데리고

1_ 일鎰: 중국 고대 무게 단위로 대체로 20~24냥兩 정도다.

가서 군사로 부릴 수도 있습니다."

합려가 박장대소하며 말했다.

"선생의 말씀은 군대의 실정과는 매우 동떨어진 말씀이오. 천하 어느 나라에 무기를 들고 전투를 익히는 여인들이 있단 말이오?"

손무가 말했다.

"대왕마마께서 신의 말이 실정과 어긋난다고 생각하시면 후궁과 궁녀를 모아주십시오. 신이 한번 시험해보겠습니다. 만약 후궁과 궁녀를 부리지 못한다면 신이 기꺼이 임금을 기만한 죄를 받겠습니다."

오왕 합려는 즉시 궁녀 300명을 불러 손무에게 군사 훈련을 시키게 했다. 손무가 말했다.

"대왕마마께서 총희 두 사람을 추천해주시면 장수로 임명하겠습니다. 장수가 있어야 명령에 체계가 설 것입니다."

합려는 자신이 총애하는 우희右姬와 좌희左姬를 불러 앞으로 오게 했다. 그러고는 손무에게 말했다.

"과인은 이 두 여인을 총애하오. 장수로 충당할 수 있겠소?"

손무가 말했다.

"가능합니다. 그런데 군사 일은 먼저 호령을 엄격하게 하고 다음에 상벌을 시행해야 합니다. 지금 비록 사소하게 군사 훈련을 시험하고 있지만 호령과 상벌을 폐지할 수 없습니다. 청컨대 군법 집행관 한 사람을 임명해주시고, 또 명령 전달을 주관할 군리 두 사람을 임명해주십시오. 더불어 북을 칠 수 있는 두 병졸과 아장으로 쓸 만한 역사力士 몇 명을 보내주십시오. 이들에게 도끼와 창칼을 들려 단상에 세워놓아야 군영의 위엄이 갖춰질 것입니다."

합려는 중군에서 필요한 인원을 선발해서 쓰도록 했다. 그러자 손무는 궁녀들에게 분부하여 좌우 두 부대로 나누게 하여 우희에게 우대右隊를 통솔하게 하고, 좌희에게는 좌대左隊를 통솔하게 했다. 그러고는 갑옷을 입히고 무기를 들려 군법을 알려줬다. 첫째, 행군 대오를 어지럽히지 말라. 둘째, 시끄럽게 떠들지 말라. 셋째, 약속 시간을 어기지 말라. 이렇게 군법을 알려주고는 내일 오경五更(새벽 3시~5시) 북소리가 울리면 모두 훈련장에 모여서 훈련 내용을 경청하라고 했다. 오왕 합려도 누대에 올라 여인들의 군사 훈련을 구경하기로 했다.

이튿날 오경의 북소리가 울리자 궁녀 두 부대는 모두 훈련장에 당도했다. 모두 갑옷을 입고 투구를 썼으며 오른손에는 칼을 들고 왼손에는 방패를 들었다. 좌희와 우희도 갑옷을 입고 투구를 쓴 채 장수의 임무를 맡았다. 두 부대는 양편으로 나누어 서서 손무가 군막 단상에 오르기를 기다리고 있었다. 손무는 직접 새끼줄을 쳐서 구획을 나누고 진영을 정해줬다. 이어서 전령에게 황색 깃발 두 자루를 가져가서 두 총희에게 나눠준 뒤 그것을 잡고 선도의 역할을 맡게 했다. 나머지 여인들은 각자의 장수 뒤를 따르며 다섯 사람이 오伍를 구성하고 열 사람이 총總을 구성하게 했다. 또 각각 발걸음을 맞추어 행진하다가 북소리에 따라 앞뒤 진퇴 훈련과 좌우 선회 훈련을 하도록 했다. 이때도 사소한 혼란조차 있어서는 안 된다고 군령을 내렸다. 훈시가 끝난 뒤 두 부대 궁녀들에게 땅에 엎드려 명령을 듣게 하고는 잠시 후 명령을 내렸다.

"북소리가 한 번 울리면 두 부대가 일제히 일어나라. 북소리가 두 번 울리면 좌대는 오른쪽으로 선회하고, 우대는 왼쪽으로 선회하라. 북소리가 세 번 울리면 각각 칼을 들고 전투 대형을 취하다가 징 소리가 울리면 진영을 거두고 뒤로 물러나라."

궁녀들은 모두 입을 가리고 시시덕거렸다. 그러자 고수鼓手가 소리쳐 아뢰었다.

"첫 번째 북이오!"

궁녀들은 일어선 사람도 있고 앉은 사람도 있어서 대열이 들쭉날쭉 매우 혼란스러웠다. 손무는 자리에서 몸을 일으키며 말했다.

"군령의 약속이 불분명하여 명령을 잘 시행하지 못하면 그것은 장수의 죄다."

그는 군리를 시켜 앞의 명령을 다시 전달하게 하고, 고수에게는 다시 북을 울리게 했다. 그제야 궁녀들은 모두 일어났지만 서로 비스듬히 기대서서 여전히 시시덕거리기를 그치지 않았다. 손무는 두 소매를 걷어붙인 뒤 친히 북채를 잡고 북을 치면서 다시 한번 앞의 명령을 반복했다. 두 총희 및 궁녀 가운데 웃지 않는 사람이 없었다. 손무는 격노했다. 두 눈은 날아갈 듯이 치켜 올라갔고, 머리칼은 솟구쳐서 투구가 튕겨나갈 정도였다. 그는 바로 호통을 쳤다.

"군법 집행관은 어디 있느냐?"

집행관이 앞으로 달려와 무릎을 꿇었다. 손무가 말했다.

"군령의 약속이 불분명하여 명령을 잘 시행하지 못하면 그건 장수의 죄다. 그런데 약속을 재삼 반복했는데도 군사들이 명령을 따르지 않으면 그것은 군사들의 죄다. 군법에서는 어떻게 처리해야 하느냐?"

집행관이 말했다.

"참수해야 합니다."

손무가 말했다.

"군사들을 모두 참수하기는 어려우니 그 죄를 각 부대의 장수가 져야 할 것이다."

그러고는 좌우를 돌아보며 말했다.

"궁녀 부대의 장수를 참수하여 본보기를 보여라!"

좌우 병졸들은 격노한 손무의 모습을 보고 감히 명령을 어기지 못했다. 그리하여 바로 달려가 좌우 부대의 두 총희를 포박했다.

합려는 망운대望雲臺 위에서 손무의 훈련 모습을 구경하고 있었다. 그때 갑자기 자신이 총애하는 우희와 좌희가 포박당하는 것을 보고 황급히 백비를 보내 그녀들을 구출하라고 했다. 백비가 어명을 전달하며 말했다.

"과인은 이미 장군의 용병 능력을 알았소. 다만 우희와 좌희는 과인의 곁에서 세면을 도와주며 시중드는 사람이라 과인도 마음속으로 아주 흡족하게 생각하고 있소. 과인이 이 두 여인을 잃게 되면 밥을 먹어도 밥맛을 모를 것이니 장군께서 부디 용서해주시기 바라오!"

손무가 말했다.

"군중軍中에서는 실없는 말을 해서는 안 됩니다. 신은 이미 어명을 받고 대장이 되었습니다. 대장이 군영에 있을 때는 어명도 받지 않는 법입니다. 만약 어명에 따라 죄인을 석방하면 어떻게 군사를 복종시킬 수 있겠습니까?"

그러고는 바로 좌우 병졸에게 소리쳤다.

"속히 저 두 여인을 참수하라!"

손무는 참수한 두 여인의 목을 군영 앞에 효수하게 했다. 그러자 두 궁녀 부대에는 다리를 떨며 대경실색하지 않는 사람이 없었다. 모두 군영 위를 쳐다보지도 못할 정도였다. 손무는 다시 두 부대에서 각각 한 명씩 좌우

손무가 진법 훈련을 위해 미녀를 참하다.

부대의 장수를 선발하고 다시 명령을 내린 뒤 북을 울렸다. 첫 번째 북이 울리자 모두 일어섰고, 두 번째 북이 울리자 좌우로 선회했고, 세 번째 북이 울리자 모여서 전투 대형을 갖췄으며 징이 울리자 군사들이 진영을 거두었다. 좌우로 진퇴하는 대열과 선회하면서 왕래하는 진법이 모두 법도에 맞아 한 치도 틀림이 없었다. 처음부터 끝까지 하나의 잡음도 들리지 않고 정적을 유지했다. 손무는 군법 집행관을 오왕에게 보내 아뢰었다.

"군사들의 질서가 잡혔사오니 대왕마마께서 한번 살펴보십시오. 대왕마마께서 이들을 부리신다면 끓는 물이나 뜨거운 불 속으로 뛰어들라고 해도 감히 후퇴하지 않을 것입니다."

염옹이 시를 지어 손무의 군사 훈련을 읊었다.

강병으로 패업을 다투는지라	強兵爭霸業
군사를 훈련하며 군용 뽐냈네	試武耀軍容
아리따운 궁녀들을 모두 뽑아서	盡出嬌娥輩
전투하는 영웅처럼 조련했다네	猶如戰鬪雄
비단 소매 걷고서 창을 휘두르니	戈揮羅袖卷
분 바른 얼굴, 갑옷 위에 내비쳤다네	甲映粉顏紅
웃음 참고 깃발 아래 나뉘어 섰고	掩笑分旗下
부끄럼 참고 대열 속에 나란히 섰네	含羞立隊中
북소리 듣곤 엄숙하게 달려야 하고	聞聲趨必肅
명령 어기면 군법을 벗기 어렵네	違令法難通
아리따운 여인의 목을 빌려서	已借妖姬首
대장의 기풍을 알게 했다네	方知上將風

뜨거운 물과 불 속으로 뛰어들어도 驅馳赴湯火
백전백승 전공을 세울 수 있네 百戰保成功

오왕 합려는 총애하는 우희와 좌희의 죽음이 애통하여 횡산橫山에 후하게 장사 지내고 사당을 세워 제사를 올리게 했다. 그러고는 그 사당을 애희사愛姬祠라 부르게 했다. 합려는 총애하는 여인이 그리워서 마침내 손무를 등용할 마음이 없어졌다. 그러자 오운이 앞으로 나아가 아뢰었다.

"신이 듣건대 '군대란 흉기다兵者, 凶器也'라고 합니다. 그러니 허언을 해서는 안 됩니다. 군법을 어긴 자를 주살함에 과감하지 않으면 군령을 시행할 수 없습니다. 대왕마마께서 초나라를 정벌하고 천하의 패자가 되시려면 좋은 장수를 얻어야 합니다. 대저 장수는 과감함을 가장 큰 능력으로 치는데, 손무 같은 장수가 아니고서야 어느 누가 회수와 사수를 건너 천 리 먼 길을 달려가 전투를 할 수 있겠습니까? 대저 아름다운 여인은 쉽게 얻을 수 있지만 좋은 장수를 구하기는 매우 어렵습니다. 만약 두 총희 때문에 한 어진 장수를 버린다면 잡초를 사랑하다 좋은 벼를 버리는 일과 무엇이 다르겠습니까?"

합려는 비로소 사태를 깨닫고 손무를 상장군에 봉했다. 그리하여 그를 군사軍師로 부르게 하고 마침내 초나라를 정벌할 책임을 맡겼다. 오운이 손무에게 물었다.

"장차 군사를 어느 쪽에서 출정시킬 계획이오?"

손무가 대답했다.

"대저 군사를 출정시키려면 먼저 내환內患을 제거한 연후에야 원정에 나설 수 있을 것이오. 내가 소문을 들으니 전왕의 아우 엄여는 서나라에 있고 촉용은 종오국에 있다고 하오. 두 사람은 모두 원한을 갚으려고 흉측한 마음을 품고 있소. 오늘 군사를 출정시키려면 의당 저 두 공자를 먼저 제거해야 하오. 그런 후에야 남쪽으로 정벌을 떠날 수 있을 것이오."

오운도 그렇게 생각하고 그 사실을 오왕 합려에게 아뢰었다. 합려가 말했다.

"서와 종오는 모두 작은 나라요. 사신을 보내 저들을 잡아 올리라 하면 우리 명령에 따르지 않을 수 없을 것이오."

그리하여 사신 두 명을 뽑아서 한 명은 서나라로 보내 엄여를 잡아오게 했고, 또 한 명은 종오국으로 보내 촉용을 잡아오게 했다. 서나라 군주 장우章羽는 차마 엄여를 죽일 수가 없어서 몰래 사람을 시켜 엄여에게 사실을 알렸다. 엄여는 도망치는 길에서 마침 다른 곳으로 도망치는 촉용을 만나 마침내 함께 상의한 뒤 모두 초나라로 달아났다. 초 소왕이 기뻐하며 말했다.

"두 공자가 틀림없이 오나라에 대한 원한이 깊을 터이니, 두 사람이 궁지에 몰린 이때에 과인이 그들과 교분을 두텁게 맺는 것이 좋겠소."

이에 서성舒城(安徽省 舒城)에 거주하게 하고 그들에게 군사를 훈련시켜 오나라의 침략을 방어하도록 했다. 오왕 합려는 두 나라가 자신의 명령을 어긴 데 분노하여 손무에게 군사를 거느리고 가서 서나라를 정벌하게 했다. 손무는 마침내 서나라를 멸망시켰다. 서나라 군주 장우는 초나라로 도망쳤다. 손무는 다시 종오국을 정벌하여 그 군주를 사로잡아 귀환했다. 이어서 또 서성을 습격하여 성을 함락시키고 엄여와 촉용까지 죽였다. 오왕 합려는 바로 승세를 타고 초나라 도읍 영성으로 쳐들어가려 했다. 그러자 손무가 아뢰었다.

"군사들이 피로에 지쳐 있으니 급하게 군사를 부려서는 안 됩니다."

그리하여 마침내 군사를 물렸다. 이때 오운이 계책을 올렸다.

"무릇 적은 수의 군사로 많은 수의 적을 이기고, 약한 나라가 강한 나라에 승리하려면 먼저 피로함과 편안함의 이치에 밝아야 합니다. 이것은 진晉 도공이 사군四軍을 셋으로 나누어 초나라 군사를 지치게 만들고 마침내 소어에서 승리를 거둔 병법으로, 자신은 편안하게 쉬면서 적을 피로하게 만들 수 있는 계책입니다. 지금 초나라의 정사를 맡고 있는 자들은 모두 탐욕스러운 속인뿐이어서 나라의 우환을 책임지려는 사람이 없습니다. 청컨대 우리 삼사三師로 초나라를 시끄럽게 하십시오. 우리 일사一師가 출병하면 저들은 모든 군사가 몰려나올 것입니다. 저들이 출동하면 우리는 귀환하고, 저들이 귀환할 때 우리는 쳐들어가면 됩니다. 그렇게 하여 저들의 힘을 피로하게 하고 군사를 지치게 한 연후에 기회를 틈타 갑자기 쳐들어가면 반드시 승리할 수 있을 것입니다."

합려도 그렇게 생각했다. 이에 전군을 셋으로 나누고 번갈아 출병하여 초나라 국경을 소란하게 했다. 그러다가 초나라가 군사를 파견하여 구원에 나서면 오나라는 군사를 바로 귀환시켰다. 초나라 사람들은 오나라의 이러한 행위를 매우 고통스럽게 생각했다.

오왕 합려에게는 승옥勝玉이라는 사랑하는 딸이 있었다. 한번은 궁궐 안에서 연회가 열렸을 때 요리사가 생선찜을 바쳤다. 합려는 그것을 반쯤 먹고 나머지를 딸에게 하사했다. 그러자 그 딸이 화를 내며 말했다.

"아바마마께서 먹다 남은 생선으로 제게 모욕을 주십니까? 제가 어찌 이런 모욕을 당하고 살 수 있겠습니까?"

그러고는 자신의 방으로 물러나 스스로 목숨을 끊었다. 합려는 매우 슬퍼하며 장례 용품을 후하게 갖춰 도성 서쪽 창문閶門 밖에 장례를 치렀다. 합려는 무덤 근처에 연못을 파고 흙산을 쌓았다. 흙을 판 곳이 마침내 큰 호수가 되었는데 오늘날 여분호女墳湖2라 부르는 곳이 바로 그곳이다. 또 무늬가 있는 돌을 쪼개어 덧널槨을 만들고, 황금 솥, 옥 술잔, 은 술병, 구슬 저고리와 같은 보배 등 왕실 창고의 거의 반을 기울여 부장품을 마련했다. 또 반영磐郢이라는 명검도 딸을 위해 함께 묻었다. 이뿐만 아니라 오나라 저잣거리에서 백학무白鶴舞를 추게 하고 백성에게 그 뒤를 따르며 구경하게 했다. 합려는 구경하는 백성을 모두 대형 지하 무덤까지 들어가게 하여 딸 승옥을 전송하게 했다. 지하 무덤 안에는 비밀 잠금 장치가 매설되어 있어서 수많은 남녀가 들어가자마자 비밀 장치가 작동하여 마침내 무덤 문이 닫혔다. 그러자 무덤을 흙으로 메웠다. 당시에 죽은 남녀가 모두 만 명이나 되었다. 합려가 말했다.

"내 딸을 위해 만 명을 순장시켰으니 아마 내 딸이 적막하지는 않을 것이다."

지금도 오吳나라 지방에서는 상막喪幕에서 백학을 만드는 풍속이 있는데 이것이 바로 당시의 유풍이다. 합려가 산 사람을 죽여 죽은 사람을 전송한 일은 무도함의 극치라고 할 수 있다. 사관이 이 일을 시로 읊었다.

삼량3을 순장함에도 모두 진을 비난했는데 三良殉葬共非秦

2_ 여분호女墳湖: 강소성 소주 창문閶門 조교吊橋 북쪽 수역. 그 곁에 백거이기념관白居易紀念館이 조성되어 있다.

3_ 삼량三良: 진秦 목공穆公의 사후 함께 순장된 삼량三良. 즉 엄식奄息, 중항仲行, 겸호鍼虎. 이 소설 제47회 참조.

저자에서 학춤 추며 어찌 만 명을 죽였는가? 鶴市何當殺萬人
부차의 폭정을 기다릴 필요도 없이 不待夫差方暴骨
합려 때 벌써 민심을 잃었구나 闔閭今日已無民

이야기가 두 갈래로 나뉜다. 한편 초 소왕은 궁궐에서 잠을 자다가 깨어나서 머리맡에 차가운 빛이 피어나는 것을 보았다. 자세히 살펴보니 보검 한 자루가 놓여 있었다. 아침이 되자 소왕은 칼을 잘 감정하는 풍호자風胡子를 입궁하게 하여 보검을 보여줬다. 풍호자가 그 보검을 보고 깜짝 놀라며 말했다.

"대왕마마! 이 보검을 어디서 얻으셨습니까?"

소왕이 말했다.

"과인이 잠을 자다 깨어났더니 머리맡에 놓여 있었소. 이 보검 이름이 무엇이오?"

풍호자가 대답했다.

"이것은 잠로湛盧라는 명검입니다. 오나라 검장 구야자가 만든 것입니다. 지난날 월왕越王이 명검 다섯 자루를 만들었는데 오왕 수몽이 소문을 듣고 그것을 구하자 월왕이 그중 세 자루를 바쳤습니다. 그것이 바로 어장魚腸, 반영磐郢, 잠로湛盧입니다. '어장'은 전제가 오나라 전왕 요를 죽일 때 썼던 보검이고, '반영'은 합려가 자신의 죽은 딸을 장사 지낼 때 함께 묻었고, 오직 '잠로'만이 세상에 남아 있습니다. 신이 듣건대 이 명검은 오금五金의 영기와 태양의 정기로 만들어졌다 합니다. 이런 연유로 칼을 뽑으면 신기한 힘을 발휘하고 칼을 몸에 차고 있으면 저절로 위엄이 생긴다 합니다. 그러나 그 나라 임금이 순리를 역행하면 저절로 그 나라를 떠나간다고 합니다.

이 보검이 있는 나라는 틀림없이 좋은 국운이 영원히 이어지고 나라가 번성할 것입니다. 지금 오왕 합려는 전왕 요를 죽이고 스스로 왕이 됐을 뿐만 아니라 무고한 양민 만 명을 죽여서 자기 딸의 장례에 순장시켰다고 합니다. 그래서 오나라 백성의 비난과 원망이 넘쳐나고 있습니다. 이로 인해 '잠로검'이 무도한 나라를 떠나 올바른 도가 있는 나라로 온 것입니다."

초 소왕은 매우 기뻐하며 그 보검을 항상 몸에 차고 지극한 보배로 여겼다. 그리고 이를 초나라 백성에게 널리 알리고 하늘이 내린 상서로운 징조라고 자랑했다.

오왕 합려는 잠로검을 잃고 나서 사람을 시켜 찾게 했다. 어떤 사람이 보고했다.

"그 보검이 초나라로 갔다 합니다."

합려가 화를 내며 말했다.

"이는 틀림없이 초왕이 내 좌우 측근에게 뇌물을 먹이고 내 보검을 훔쳐간 것이다."

합려는 자신의 측근 수십 명을 죽였다. 그러고는 손무, 오운, 백비에게 군사를 거느리고 초나라를 정벌하게 했다. 또 월나라에도 사신을 보내 군사 파병을 요청했다. 그러나 월왕 윤상은 초나라와 친교를 끊지 않고 있던 터라 군사를 보내려 하지 않았다. 손무 등은 초나라의 육六(安徽省 六安 북쪽)과 잠潛(安徽省 潛山 서북) 두 고을을 함락시킨 후 지원병이 오지 않자 결국 군사를 거두었다. 오왕 합려는 월나라가 초나라 정벌에 동참하지 않은 것에 분노하여 다시 월나라 정벌을 계획했다. 그러자 손무가 간언을 올렸다.

"금년은 세성歲星(木星)이 월나라에 있어서 월나라를 정벌하는 것은 이롭지 못합니다."

합려는 듣지 않고 마침내 월나라를 정벌하여 그들의 군사를 취리檇李(浙江省 嘉興 서쪽)에서 격파한 뒤 월나라 땅을 크게 약탈하고 돌아왔다. 돌아오는 길에 손무가 오운에게 말했다.

"40년 후에는 월나라가 강해지고 오나라는 멸망할 것이오."

오운은 그의 말을 묵묵히 기억해두었다. 이때가 오왕 합려 5년이었다.

이듬해 초나라 영윤 낭와는 수군을 이끌고 오나라 정벌에 나서 잠읍과 육읍의 패배에 보복하려 했다. 합려는 손무와 오운을 시켜 그들을 맞아 싸우게 하여 소巢(安徽省 巢湖) 땅에서 그들을 패배시키고 장수 미번羋繁을 사로잡아 귀환했다. 합려가 말했다.

"영도로 들어가기 전에는 비록 초나라 군사를 격파했다 해도 아무 전공을 세우지 못한 것과 마찬가지요."

오운이 대답했다.

"신이 어찌 영도를 잠시라도 잊을 수 있겠습니까? 다만 초나라의 막강한 국력을 고려하여 가볍게 적을 대하지 않고 있을 뿐입니다. 낭와는 비록 초나라의 민심을 얻지는 못했으나 제후들의 미움을 받고 있지는 않습니다. 그런데 소문을 들으니 그자가 뇌물을 좋아한다 합니다. 오래지 않아 제후들 사이에 무슨 변화가 있을 것이니 그때 기회를 잡으면 될 듯합니다."

그리하여 마침내 합려는 손무를 시켜 강구에서 수군을 훈련시키게 했다. 오운은 세작을 보내 초나라 사정을 하루 종일 염탐하게 했다. 그러던 어느 날 갑자기 보고가 올라왔다.

"당棠과 채蔡 두 나라 사신이 친교를 맺기 위해 교외에 와 있습니다."

오운은 기뻐하며 말했다.

"당과 채 두 나라는 모두 초나라의 속국인데, 아무 변고도 없이 멀리까지 사신을 보낸 것은 틀림없이 초나라에 원한을 품었기 때문이다. 하늘이 우리에게 초나라 영도를 격파할 기회를 주시는구나."

한편 초 소왕이 잠로검을 얻었다는 소문이 퍼져나가자 제후들이 모두 축하했고, 당唐 성공成公과 채蔡 소후昭侯도 축하를 위해 초나라로 입조했다. 채 소후는 양지백옥패羊脂白玉佩[4] 한 쌍과 은초서구銀貂鼠裘[5] 두 벌을 갖고 있었다. 그는 은초서구 한 벌과 양지백옥패 한 개를 초 소왕에게 바치고 하례를 했다. 그러고는 자신도 은초서구 한 벌을 입고 양지백옥패 한 개를 찼다. 낭와는 이를 보고 탐이 나서 사람을 시켜 채나라 군주에게 그것을 달라고 했다. 그러나 채나라 군주도 이를 아끼는 터라 낭와에게 주지 않았다. 당나라 군주에게는 '숙상肅霜'이라는 명마 두 필이 있었다. 본래 숙상은 기러기를 부르던 이름이었다. 그 명마의 털은 새로 누인 하얀 명주와 같았고, 높다란 머리에 긴 목이 마치 기러기 모습과 닮아서 숙상이라는 이름을 붙였다. 후세 사람들은 다시 그 글자 옆에 말 마馬 자 변을 붙여 '숙상驌驦'이라고 불렀다. 그 말은 천하에 드문 명마였다. 당나라 군주는 이 말이 끄는 수레를 타고 초나라로 왔다. 그 수레는 속도가 빠르면서도 매우 편안해 보였다. 낭와는 또 이 말도 탐이 나서 당나라 군주에게 사람을 보내 그것을 달라고 했다. 그러나 당나라 군주 역시 낭와에게 말을 주지 않았다. 두 나라 군주가 입조의 예를 마치자 낭와가 소왕에게 몰래 아뢰었다.

"당나라와 채나라가 비밀리에 오나라와 내통하고 있다 합니다. 만약 그냥 돌려보내시면 틀림없이 오나라를 끌어들여 초나라를 칠 것입니다. 차라

4_ 양지백옥패羊脂白玉佩: 양의 비계처럼 새하얀 패옥佩玉.

5_ 은초서구銀貂鼠裘: 은색 담비 가죽으로 만든 가죽옷.

리 잡아두는 것이 좋을 것입니다."

이에 두 나라 군주를 역관에 잡아두고 각각 1000명의 군사를 동원해 지키게 했다. 명목은 호위를 위해서라고 했지만 사실은 감금이나 다를 바 없었다. 그때 초 소왕은 나이가 어려서 초나라 국정의 명령은 모두 낭와에게서 나오고 있었다. 두 나라 군주는 감금되어 3년이란 세월을 보내게 되었다. 그들은 고국으로 돌아가고 싶은 마음이 간절했으나 그곳을 벗어날 수 없었다.

당나라 세자는 당나라 군주가 귀국하지 못하자 대부 공손철公孫哲을 초나라로 보내 부친을 찾아보게 했다. 이에 자신의 부친이 구류된 까닭을 알고 공손철을 시켜 아뢰었다.

"말 두 마리와 한 나라 중에 어느 것이 더 귀중합니까? 주상께선 어찌하여 말을 주고 귀국하지 않으십니까?"

당나라 군주가 말했다.

"이 말은 세상에 드문 보배인지라 과인이 몹시 아끼는 것이다. 또 초왕에게도 바치지 않았는데 한갓 영윤에게 바칠 수 있겠느냐? 또 그자는 탐욕이 끝이 없고, 자신의 위세로 과인을 위협하고 있다. 과인은 차라리 죽을지언정 결코 그자의 요구를 들어주지 않을 것이다."

그 말을 듣고 공손철이 몰래 자신을 수행한 시종에게 말했다.

"우리 주상께서 차마 말 한 마리를 내주지 못하여 오랫동안 초나라에 억류되어 있다. 이것이 어찌 가축을 귀중하게 여기고 나라를 경시하는 일이 아니겠는가? 우리가 차라리 몰래 명마 숙상을 훔쳐 초나라 영윤에게 바치는 것이 좋을 듯하다. 만약 주상께서 귀국하신 뒤 우리를 말 도둑으로 몰아 벌을 내린다 해도 무슨 여한이 있겠는가?"

시종도 그렇게 생각하고 마구간을 지키는 어인에게 취하도록 술을 마시게 한 뒤 몰래 숙상을 끌어내 낭와에게 바치며 말했다.

"우리 주상께서 영윤의 높으신 덕과 명망을 사모하여 저를 시켜 이 명마를 헌상하게 했습니다. 앞으로 수레를 탈 때 요긴하게 쓰십시오."

낭와는 매우 기뻐하며 그들이 주는 명마를 받았다. 다음 날 낭와는 조정으로 들어가 소왕에게 아뢰었다.

"당나라는 땅이 궁벽한 데다 병력도 미약하니 진실로 큰일을 도모할 수 없을 것입니다. 죄를 용서하고 귀국하게 하십시오."

초 소왕은 마침내 당 성공을 석방하여 초나라 도성을 나가게 했다. 당 성공이 귀국하자 공손철과 여러 시종은 모두 대전 앞에 스스로 몸을 묶고 죄를 받기를 기다렸다. 당 성공이 말했다.

"경들이 그 탐욕스런 놈에게 말을 바치지 않았다면 과인은 귀국할 수 없었을 것이오. 이것은 모두 과인의 죄이니 경들은 과인을 원망하지 마오."

그러고는 각자에게 모두 후한 상을 내렸다. 지금의 덕안부德安府(湖北省 安陸) 수주성隨州城(湖北省 隨州) 북쪽에 숙상피驌驦陂라는 언덕이 있는데, 바로 숙상이라는 명마가 지난 곳이라고 해서 그런 이름이 붙었다. 뒷날 당唐나라 호증 선생이 이 일을 시로 읊었다.

서쪽으로 가고 가서 거친 언덕에 당도하여	行行西至一荒陂
기미를 살피지 못한 당공을 비웃노라	因笑唐公不見機
영윤에게 숙상 주는 걸 아끼지 않았다면	莫惜驌驦輸令尹
한수 동쪽 궁궐로 일찌감치 돌아갔으리	漢東宮闕早時歸[6]

염선도 이 일을 시로 읊었다.

3년 동안 구금되어 치욕 견디기 어려웠던 건 三年拘系辱難堪
탐욕스런 자에게 명마를 주지 않았기 때문 只爲名駒未售貪
시의에 맞게 남몰래 말을 훔치지 않았다면 不是便宜私竊馬
당공이 어떻게 초를 떠날 수 있었으리? 君侯安得離荊南

채나라 군주는 당나라 군주가 귀국했다는 소식을 듣고 자신의 양지백옥패를 풀고 은초서구를 벗어서 낭와에게 바쳤다. 그러자 낭와가 또 초 소왕에게 아뢰었다.

"당나라와 채나라는 한 몸과 같은 나라입니다. 당나라 군주가 벌써 귀국했으니 채나라 군주만 머물게 할 수 없습니다."

초 소왕이 또 그 말에 따랐다.

채나라 군주는 영도를 벗어나자 분노를 터뜨렸다. 그는 백벽白璧을 한수漢水에 던지며 맹세했다.

"과인이 만약 초나라를 정벌하지 않고 다시 이 나루를 건넌다면 저 강물처럼 흘러서 사라져버릴 것이다."

채나라 군주는 귀국한 바로 다음 날 세자 원을 진晉나라에 인질로 보내 초나라를 정벌할 군사를 빌리고자 했다. 진 정공은 채나라의 입장을 주周 왕실에 알렸다. 주 경왕은 경사卿士 유권에게 명령을 내려 천자의 군대를 한데 모은 뒤 송, 제, 노, 위, 진, 정, 허, 조, 거, 주, 돈, 호, 등, 설, 기, 소

6_ 이 시는 당대 시인 호증이 지은 「영사시·숙상피驌驦陂」다.

주의 군주들로 하여금 채나라와 연합하게 했다. 17개국 제후는 모두 낭와의 탐욕에 원한을 품고 있었기 때문에 기꺼이 군사를 거느리고 달려왔다. 진나라에서는 사앙士鞅을 대장으로 임명하고 순인荀寅을 부장으로 임명했다. 여러 나라 군사들은 모두 소릉 땅에 모였다. 순인은 자신이 채나라를 위해 군사를 일으켰으므로 채나라에 큰 공을 세운 것이라 생각하고는 후한 뇌물을 받고 싶어했다. 그래서 사람을 보내 채나라 군주에게 일렀다.

"소문에 의하면 군후께선 초나라 군신에게 은초서구와 양지백옥패를 주셨다는데 어찌 유독 우리 나라에만 그런 선물이 없습니까? 우리는 천 리를 멀다 하지 않고 군사를 일으켜 오로지 군후를 위해 달려왔습니다. 그런데 무엇으로 우리 군사를 위로해주실지 모르겠습니다."

채나라 군주가 대답했다.

"과인은 초나라 영윤 낭와의 탐욕과 불인 때문에 초나라를 버리고 진晉나라에 투신했소. 대부께서 맹주의 대의를 생각하신다면 강한 초나라를 멸하고 약소국을 도와야 할 것이오. 그렇게 되면 초나라 땅 5000리가 모두 진나라 군사를 위로하는 선물이 될 것인데, 지금 요구하시는 것과 그것 중에서 어느 것이 더 큰 이익이겠소?"

순인은 그 말을 듣고 심한 부끄러움을 느꼈다. 당시는 주 경왕 14년 봄 3월이었다. 우연히 큰 비가 열흘을 이어 내렸다. 주 왕실 경사 유권이 학질에 걸리자 순인은 마침내 대장 사앙에게 말했다.

"지난날 오패 중에는 제 환공보다 강한 군주가 없었지만 소릉에 주둔한 채 초나라에 아무런 손해도 끼치지 않았소. 우리 진나라 선군이신 문공께서도 초나라에 겨우 한 번 승리했을 뿐이오. 그 후로도 교전이 그치지 않았지만 우호를 맺은 뒤로는 우리 진나라와 초나라가 간격이 없이 친하게 지내왔소. 그러니 우리가 다시 전쟁을 시작하는 것은 불가한 일이오. 게다가 지금 큰 비가 쏟아지고 학질이 돌고 있으니 진격했다가는 이기지 못할 것 같고, 물러났다가는 초나라 군사들이 그 틈을 노릴까 두렵소. 잘 생각하지 않을 수 없는 일이오."

사앙도 탐욕스러운 장수에 불과했다. 그도 채나라 군주가 감사의 보답을 해오기를 바라고 있었지만 결국 자신의 욕심을 채우지 못했다. 그래서 비가 많이 내려 전투에 불리하기 때문에 군사를 진격시키기 어렵다는 핑계를 대고 결국 채나라 군주가 보낸 인질을 풀어준 뒤 군사를 거두라는 명령을 내렸다. 각국 제후도 진나라가 맹주 노릇을 하지 않는 것을 보고 각각 흩어져 본국으로 돌아갔다. 염선이 이 일을 시로 읊었다.

의관 갖춘 장졸들이 병거 타고 모여드니	冠裳濟濟擁兵車
곧바로 초를 쳐도 역량이 넉넉했네	直搗荊襄力有餘
중원에 의사 없다고 그 누가 말했던가?	誰道中原無義士
어쩐지 낭와처럼 뇌물 찾는 자뿐이로다	也同囊瓦索苞苴

채나라 군주는 제후들의 군사가 해산하는 것을 보고 크게 실망했다. 그는 귀국 도중 심나라에 들러 심나라 군주 가嘉가 초나라 정벌에 동참하지 않은 것을 나무라며 대부 공손성公孫姓을 시켜 심나라를 습격하게 했다. 채나라 군주는 마침내 심나라를 멸망시킨 뒤 그 군주를 사로잡아 죽이고 자신의 울분을 풀었다. 이 소식을 듣고 초나라 영윤 낭와는 대로했다. 그는 군사를 일으켜 채나라 도성을 포위했다. 공손성이 앞으로 나서며 말했다.

“진나라는 믿을 수 없으니 차라리 동쪽으로 가서 오나라에 구원을 요청하는 것이 좋을 것입니다. 오자서와 백비 등 여러 신하는 초나라와 원수지간이니 틀림없이 힘을 보태줄 수 있을 것입니다.”

채나라 군주는 그 말에 따라 공손성을 보내 당나라 군주와 약속을 정하게 한 뒤 함께 오나라로 가서 군사를 빌리게 했다. 그러고는 자신의 둘째 아들 공자 건乾을 오나라에 인질로 보냈다. 오운은 그들을 인도하여 오왕 합려를 알현하게 했다. 오운이 말했다.

“당나라와 채나라가 모두 초나라에 마음이 상해 원한을 품고 앞장서서 달려가겠다 합니다. 대저 채나라를 구해주면 대왕마마의 명성이 천하에 드러날 것이요, 초나라를 격파하면 우리가 막대한 이익을 얻을 수 있을 것입니다. 대왕마마께서 영도로 들어가시려면 이번 기회를 놓쳐서는 안 됩니다.”

오왕 합려는 채나라 군주가 보낸 인질을 받아들이고 출병을 허락했다. 그러고는 먼저 공손성을 귀국시켜 상황을 보고하게 했다. 오왕 합려가 막 군사를 조련하려고 할 때 근신이 보고를 올렸다.

“지금 군사 손무가 강구에서 돌아와 뵙기를 청합니다.”

합려는 그를 불러들여 도성으로 온 연유를 물었다. 손무가 대답했다.

“초나라를 공격하기 어려운 까닭은 바로 속국이 많기 때문입니다. 그래서 곧바로 초나라의 경계로 들어갈 수 없었습니다. 그러나 얼마 전 진晉나라가 제후들을 소집하자 18개국이 운집했고, 그 가운데 진陳, 허, 돈, 호나라는 모두 평소에 초나라에 의지했습니다. 이런 나라들이 초나라를 버리고 진나라를 따르는 것은 민심이 초나라를 원망하고 있는 것이니, 그 원망이 당나라와 채나라에만 그치지 않는 것입니다. 이는 초나라의 세력이 고립되었다는 뜻입니다.”

합려는 매우 기뻐하며 피이와 전의에게 태자 파波를 보좌하여 도성을 지키게 했다. 이에 손무를 대장에 임명하고 오운과 백비를 부장에 임명했다. 또 자신의 친동생 부개夫概에게는 선봉장을 맡기고, 공자 산山에게는 군량미와 사료를 전담하게 했다. 그런 뒤 오나라 군사 6만 명을 모두 일으켜 10만 대군이라 부르게 했다. 그들은 수로를 따라 회수를 건너 곧바로 채나라에 당도했다. 초나라 영윤 낭와는 오나라의 병력이 막강한 것을 보고는 포위를 풀고 도주했다. 또 오나라 군사가 추격해올까 두려워 바로 한수를 건너서야 진채를 세우고 연이어 급보를 띄워 영도에 위급한 상황을 알렸다.

채나라 군주는 오왕 합려를 영접하고는 초나라 군신의 악행을 눈물로 하소연했다. 얼마 지나지 않아 당나라 군주도 당도했다. 두 나라 군주는 좌우익을 맡아 초나라를 멸망시키기를 원했다. 출발에 임해 손무는 갑자기 군사들에게 전선戰船을 모두 회수 굽이에 남겨두고 뭍으로 오르라고 명령을 내렸다. 오운은 손무에게 몰래 배를 버리고 가는 이유를 물었다. 손무가 말했다.

"배로 가면 물을 거슬러 오르게 되어 속도가 느려지오. 그럼 초나라 사람들이 천천히 준비를 할 수 있을 것이고 결국 초나라를 격파할 수 없게 되오."

오운을 그 말에 탄복했다. 대군은 강물 북쪽 길을 따라 장산章山[7]을 거쳐 곧바로 한양漢陽(湖北省 武漢 서남쪽)으로 치달려갔다. 초나라 군사는 한수 남쪽에 진을 치고 있었다. 낭와는 밤낮으로 오나라 군사가 한수를 건너올

7_ 장산章山: 호북성 종상鍾祥 서남. 내언산內言山 또는 내방산內方山이라고도 한다.

채 소후가 오나라 군사를 빌리다.

까봐 전전긍긍했다. 그러나 그들이 회수에 배를 버리고 왔다는 소식을 듣고는 다소 안심이 됐다. 초 소왕은 오나라 대군이 몰려온다는 보고를 받고 신하들을 불러 계책을 물었다. 공자 신이 말했다.

"자상(囊瓦의 자)은 대장의 재목이 아니니, 속히 좌사마 심윤수를 보내 오나라 군사들이 한수를 건너오지 못하게 막으십시오. 그럼 저들은 먼 길을 달려온 데다 구원병도 없을 것이니 틀림없이 오래 지탱할 수 없을 것입니다."

소왕은 그 말에 따라 심윤수에게 군사 1만5000명을 거느리고 가서 영윤과 힘을 합쳐 적을 막아내게 했다.

심윤수가 한양에 당도하자 낭와가 그를 맞아 본영으로 안내했다. 심윤수가 물었다.

"오나라 군사들이 어떻게 이처럼 신속하게 왔단 말이오?"

낭와가 말했다.

"회수 굽이에다 배를 버리고 육로를 통해 예장豫章에서 이곳으로 왔소."

그러자 심윤수는 연이어 비웃음을 터뜨리며 말했다.

"사람들은 손무가 귀신처럼 군사를 부린다고 하더니 지금 행동을 보니 정말 어린아이 장난에 불과하구려!"

"그게 무슨 말이오?"

"오나라 사람들은 배에 익숙하고 수전水戰에 장점을 갖고 있소. 그런데 지금 배를 버리고 육로를 따라 달려왔소. 이는 행진을 민첩하게 하기 위한 것이지만 만일 싸움에 지게 되면 다시는 돌아갈 길이 없게 되오. 그래서 내가 그를 비웃은 것이오."

"저놈들이 한수 북쪽에 진을 치고 있는데 무슨 계책으로 깨뜨릴 수 있단 말이오?"

"내가 군사 5000명을 나누어 영윤께 드릴 테니 영윤께서는 한수를 따라 군영을 벌여 세운 뒤 오가는 배를 모두 남쪽 연안에 모아서 매어두시오. 그러고는 다시 우리의 가벼운 배를 아침부터 저녁까지 강 위로 오고 가게 하여 오나라 군사가 우리 배를 약탈하지 못하게 하시오. 그러면 나는 일군一軍을 이끌고 신식新息(河南省 息縣 서남)에서 회수 굽이를 습격하여 저들의 배를 모두 불태워버리고 다시 한수 동쪽 사잇길을 나무와 돌로 가로막아 놓겠소. 그런 뒤 영윤께서는 군사를 이끌고 한수를 건너가서 놈들의 본채를 공격하시오. 나는 배후에서 놈들을 치겠소. 수로와 육로를 모두 끊은 상황에서 머리와 꼬리를 한꺼번에 공격하면 우리가 오나라 군신의 목숨을 모두 거둘 수 있을 것이오."

낭와는 크게 기뻐하며 말했다.

"사마의 고견에는 내가 정말 미칠 수가 없소."

이에 심윤수는 장수 무성흑武城黑에게 군사 5000명을 거느리고 낭와를 돕게 하고, 자신은 1만 명의 군사를 이끌고 신식을 향해 출발했다. 승패가 어떻게 될지는 다음 회를 보시라.

제76회

오자서의 한풀이

초 소왕은 영도를 버리고 서쪽으로 달아나고
오자서는 평왕의 무덤을 파헤쳐 시신을 매질하다
楚昭王棄郢西奔, 伍子胥掘墓鞭屍.

심윤수가 떠난 뒤 오나라와 초나라 군사는 한수를 사이에 두고 군영을 세운 채 여러 날을 대치했다. 이때 무성흑이 영윤에게 잘 보이려고 이렇게 아뢰었다.

"오나라 놈들이 배를 버리고 육로를 따라온 건 자신들의 장기를 버린 것입니다. 또 놈들은 이곳 지리를 잘 모르는 데다, 사마께서 이미 놈들을 패퇴시킬 대책까지 마련해놓았습니다. 지금 대치한 지 벌써 여러 날이 지났건만 놈들은 강을 건너올 기미가 없습니다. 이는 놈들의 마음이 나태해진 것이오니 우리가 서둘러 공격해야 합니다."

낭와가 아끼는 장수 사황史皇도 이렇게 말했다.

"초나라 사람 중에 영윤을 좋아하는 사람은 드물지만 사마를 좋아하는 사람은 많습니다. 게다가 이번에 만약 사마께서 군사를 이끌고 오나라 배를 불사른 뒤 사잇길을 막으면 오나라를 격파한 공로는 사마께서 첫째를 차지할 것입니다. 그런데 영윤께선 벼슬이 높고 명성이 널리 퍼져 있으면서도 누차 군사를 후퇴시켰습니다. 이런 상황에서 영윤께서 지금 다시 첫 번째 전공을 사마에게 양보하고서야 어떻게 백관의 윗자리에 앉을 수 있겠습니까? 장차 사마께서 영윤 대신 정권을 잡을 수도 있을 터이니 무성흑 장군의 계책을 따르는 것이 좋겠습니다. 강을 건너가서 승부를 걸고 결사전을 벌이는 것이 최선의 대책입니다."

낭와는 그 말에 미혹되어 마침내 삼군에 명령을 내려 모두 한수를 건너라고 지시했다. 그들은 강을 건너가 소별산小別山[1]에 진영을 세웠다. 사황이 군사를 이끌고 나가 싸움을 걸었다. 오나라 진영에서는 손무가 선봉장 부개를 시켜 그를 맞아 싸우게 했다. 부개는 용사 300명을 선발하여 모두 단단한 나무로 만든 몽둥이를 들고 싸움에 나가게 했다. 이들 부대는 초나라 군사를 만나자마자 몽둥이로 머리고 얼굴이고 할 것 없이 마구 두들겨 팼다. 초나라 군사들은 여태 이런 진법을 본 적이 없어서 손발을 어디다 둬야 할지도 몰랐다. 초나라 군사는 오나라 군사에게 한바탕 난타를 당했고 사황은 크게 패하여 도망쳤다. 낭와가 말했다.

"장군은 나에게 강을 건너자고 하더니 교전이 벌어지자마자 대패하고서 무슨 면목으로 나를 보러 왔소?"

사황이 말했다.

"싸움에서 적장을 베지 못하고, 공격해서 적의 임금을 사로잡지 못하면 병가에서 큰 용기를 가졌다고 하지 않습니다. 지금 오왕은 대별산大別山[2]

1_ 소별산小別山: 호북성 한천漢川 동남쪽 한수漢水 변에 있다.

아래에 본영을 세우고 있습니다. 그러니 오늘 밤 예상하지 못한 틈에 적을 습격하여 큰 전공을 세우는 것이 더 좋을 것입니다."

낭와는 그 계책에 따라 마침내 정예병 1만 명을 선발한 뒤 모두 갑옷을 단단히 입히고 나뭇가지를 입에 물려 지름길을 따라 대별산 뒤편으로 쇄도해 들어가게 했다. 군사들은 그 명령을 받고 계획에 맞추어 행군을 시작했다.

한편 손무는 부개가 첫 싸움에서 승리를 거뒀다는 소식을 들었다. 모든 장수가 축하 인사를 하자 손무가 말했다.

"낭와는 지혜가 모자라는 위인으로 전공을 탐하며 요행이나 바라는 자요. 지금 사황이 조금 패배했다고는 하나 큰 손실을 입은 것은 아니오. 오늘 밤 틀림없이 우리 본영을 기습하러 올 것이니 단단히 준비를 해야 하오."

그러고는 부개와 전의를 시켜 자신의 소속 부대를 이끌고 대별산 좌우에 매복하게 했다. 다만 나팔 소리를 신호로 모두 뛰쳐나오라고 약속을 정했다. 또 그때 당나라와 채나라 두 군주는 길을 나누어 양쪽에서 호응하도록 했다. 아울러 오운에게는 군사 5000명을 이끌고 소별산으로 몰래 나가 낭와의 본영을 습격하게 했고 백비를 시켜 그 뒤를 지원하게 했다. 손무는 또 공자 산山에게 오왕 합려를 보호하여 한음산漢陰山[3]으로 군영을 옮기게 하고 직접 충돌을 피하게 했다. 또 본래 본영을 세웠던 곳에는 거짓으로 깃발을 꽂아놓고 노약자 수백 명만 남겨 지키게 했다. 명령 전달이 모두 끝났다. 삼경三更(밤 11~새벽 1시)의 북소리가 울리자 낭와가 과연 정예병을

2_ 대별산大別山: 안휘성, 호북성, 하남성의 경계에 있다. 동남쪽에서 서북쪽으로 펼쳐져 있으며 장강과 회하의 분수령이다.

3_ 한음산漢陰山: 호북성 한양漢陽(武漢 서남쪽) 서쪽 40리 근방에 있는 한수산漢水山으로, 일명 마안산馬鞍山이라고도 한다. 안휘성 마안산과는 다른 곳이다.

이끌고 대별산 뒤쪽을 돌아 몰래 습격을 해왔다. 오나라 본영이 아무 준비도 하지 않은 듯 고요한 것을 보고 초나라 군사들은 함성을 지르며 적진으로 쇄도해 들어갔다. 그러나 오왕이 보이지 않자 복병이 있을 것으로 의심하고 황급히 진영 밖으로 빠져나왔다. 그때 갑자기 나팔 소리가 일제히 울리며 전의와 부개가 좌우에서 초나라 군사를 협공해왔다. 낭와는 한편으로 싸우면서 한편으로는 도망치기에 바빴다. 와중에 병사 삼분의 일을 잃고서야 그곳에서 탈출할 수 있었다. 그러나 그때 또 우레와 같은 포성이 울리며 오른쪽에서는 채나라 군주가, 왼쪽에서는 당나라 군주가 양쪽 도주로를 끊었다. 당나라 군주가 벽력같이 고함을 질렀다.

"내 숙상마를 돌려주면 목숨은 살려주겠다!"

그러자 채나라 군주도 크게 소리쳤다.

"내 은초서구와 양지백옥패를 돌려주면 살 길을 열어주겠다!"

낭와는 수치스럽기도 하고 괴롭기도 했으며, 당황스럽기도 하고 두렵기도 했다. 상황이 매우 위급한 순간 무성흑이 군사를 이끌고 달려와서 한바탕 살육전을 벌이고 낭와를 구출했다. 대략 몇 리를 갔을 때 본영을 지키는 병졸이 모두 달려와 보고했다.

"본영은 이미 오나라 장수 오운에게 빼앗겼고, 사황 장군은 대패한 뒤 그 행방을 모르겠습니다."

낭와는 심장이 찢어질 듯 아파왔다. 그는 패잔병을 이끌고 밤새도록 도망쳐서 백거柏擧(湖北省 麻城) 경내에 이르러서야 군사를 주둔시켰다. 오랜 시간이 지난 후에 사황도 패잔병을 이끌고 도착했고 나머지 군사들도 조금씩 모여들자 그는 다시 군영을 세웠다. 낭와가 말했다.

"손무의 용병술이 과연 임기응변에 능하오. 차라리 군영을 버리고 돌아가서 다시 군사를 요청해 싸우는 것이 더 낫겠소."

그러자 사황이 말했다.

"영윤께서는 대군을 이끌고 오나라 군사를 막으러 나섰는데 지금 만약 군영을 버리고 돌아간다면, 오나라 군사들이 일제히 한수를 건너올 것이오. 그 뒤 저들이 먼 길을 마구 치달려 바로 영도까지 침입해 들어오면 영윤께선 그 막중한 죄를 어떻게 벗을 수 있겠소? 차라리 온 힘을 다해 일전을 벌이고 군영에서 죽는 것이 아름다운 이름을 후세에 남기는 길일 것이오."

낭와가 주저하고 있는 사이 갑자기 또 보고가 올라왔다.

"대왕마마께서 우리를 돕기 위해 또 일군을 보냈습니다."

낭와는 군영을 나가 그들을 맞이했다. 바로 대장 위사가 이끌고 온 군사였다. 위사가 말했다.

"주상께서 오나라 군사의 세력이 강대하다는 소식을 듣고 영윤께서 혹시 승리하지 못하실까 염려하여 특별히 소장에게 1만 군사를 거느리고 영윤의 명령을 따르라고 했소."

그러고는 바로 앞서의 교전 상황에 대해 물었다. 낭와는 자세하게 전투 상황을 들려줬다. 낭와의 얼굴에는 부끄러운 기색이 역력했다. 위사가 말했다.

"만약 사마 심윤수의 말씀을 들었다면 어찌 이 지경에 이르렀겠소? 오늘의 계책은 해자를 깊이 파고 보루를 높이 세운 뒤, 오나라와 전투를 하지 말고 사마의 군사가 도착하길 기다리다가 이후 함께 힘을 합쳐 오나라 군사를 치는 것이 좋겠소."

낭와가 말했다.

"나는 적을 가벼이 보고 저들의 본영을 쳤다가 도리어 기습을 당했소.

만약 우리 두 진영이 서로 힘을 합친다면 초나라 군사가 어찌 오나라 군사보다 약하겠소? 이제 장군께서도 오셨으니 이 기세를 타고 죽을 각오로 싸워야 할 것이오."

그러나 위사는 낭와의 말에 따르지 않고 마침내 낭와의 군영과는 다른 곳에 따로 자신의 진영을 세웠다. 명분은 서로 의지하는 형세를 이루어 도움을 주기 위한 것이라고 했지만 떨어진 거리가 10여 리나 됐다. 낭와는 스스로 높은 지위만 믿고 위사를 존경하지 않았으며 위사도 낭와의 무능함을 깔보며 그 아래에 있으려 하지 않았다. 두 사람은 각자 다른 마음을 품고, 서로 화합하여 상의하려 하지 않았다. 오나라 선봉장 부개는 초나라 장수들이 화합하지 못하고 있다는 사실을 탐지하여 오왕 합려를 만나 뵙고 말했다.

"낭와는 탐욕스럽고 불인하여 평소에 인심을 잃었습니다. 위사가 구원하러 왔지만 서로 약속을 지키지 않고 있습니다. 저들의 삼군은 모두 싸울 마음이 없으니 지금 만약 쫓아가서 공격하면 완전한 승리를 거둘 수 있을 것입니다."

그러나 오왕 합려는 허락하지 않았다. 부개는 물러나오며 중얼거렸다.

"임금이 명령을 내릴 때 신하는 임금의 뜻을 실행하면 된다. 내가 혼자 가더라도 초나라 군사를 격파할 수 있으면 바로 영도까지도 치고 들어갈 수 있을 것이다."

그러고는 자기 휘하의 군사 5000명을 이끌고 마침내 낭와의 본영으로 달려갔다. 손무는 그 소식을 듣고 황급히 오운을 불러 군사를 거느리고 가서 부개를 돕게 했다.

한편 부개는 낭와의 본영으로 쳐들어갔다. 낭와는 아무런 준비도 하지 않고 있다가 공격을 당하자 군영이 대혼란에 빠졌다. 무성흑은 목숨을 걸고 오나라 군사를 막았다. 낭와는 병거에 오를 겨를도 없이 군영 뒤쪽으로 달아나다가 왼쪽 어깨에 화살 한 발을 맞았다. 그때 사황이 자기 휘하의 군사를 이끌고 달려와서 병거에 낭와를 실어주며 말했다.

"영윤께선 편하신 곳으로 피하십시오. 소장은 여기서 죽겠습니다."

낭와는 전포와 갑옷을 벗어 던지고 병거를 몰고 질풍같이 달아났다. 그러나 감히 영도로 돌아가지는 못하고 결국 정나라로 달아났다. 염옹이 이 일을 시로 읊었다.

담비 갖옷에 흰 패옥 차고 명마에 수레 매고 披裘佩玉駕名駒
천년토록 영도에서 살아가길 꿈꿨다네 只道千年住郢都
전쟁에서 대패한 뒤 도망치기 급급해서 兵敗一身逃難去
수많은 사람이 그 탐욕을 비웃었네 好教萬口笑貪夫

오운이 또 군사를 이끌고 쳐들어오자 사황은 그가 낭와를 추격할까 두려워서 자신의 휘하 군사를 이끌고 오나라 군사들 속으로 쇄도해 들어가 적병 200여 명을 죽였다. 초나라 군사의 사상자 수도 거의 비슷했다. 이 과정에서 사황은 몸에 중상을 입고 전사했다. 무성흑은 부개와 맞서 싸우며 물러나지 않다가 부개에게 죽임을 당했다. 위사의 아들 위연은 전방의 아군 진영이 무너지고 있다는 소식을 듣고 부친에게 보고했다. 그는 군사를 거느리고 전방 부대를 구원하러 달려가려고 했다. 그러나 위사는 허락하지 않고 스스로 군영 앞에 서서 군사들의 전진을 막으며 군영에 호령을 내렸다.

"함부로 날뛰는 자는 목을 벨 것이다!"

낭와가 거느리던 패잔병들은 모두 위사의 부대로 귀환했다. 위사가 점검해보니 아직도 1만여 명이나 되었다. 위사는 그들을 합쳐서 다시 일군으로 편성하고 군세를 크게 떨쳤다. 위사가 말했다.

"오나라 군대가 승세를 타고 몰려오면 감당할 수가 없다. 저들이 아직 오지 않았을 때 군사를 정돈하여 영도로 후퇴한 뒤 다시 상황에 따라 대처하는 것이 좋겠다."

그는 대군에 진채를 뽑으라고 명령을 내렸다. 위연이 선두에서 군사를 이끌고 위사가 맨 뒤에서 몸소 적의 공격을 막았다. 부개는 위사가 군영을 옮긴 사실을 탐지하고 그 뒤를 추격하여 청발수清發水(湖北省 溳水)에 이르렀다. 초나라 군사들은 막 배를 수습하여 강을 건너려 하고 있었다. 오나라 군사들이 앞으로 달려가 공격하려 하자 부개가 제지하며 말했다.

"짐승도 곤궁에 빠지면 싸우러 달려드는데, 하물며 사람이랴! 만약 너무 다급하게 핍박하면 죽을힘을 다해 반격해올 것이다. 차라리 잠시 군사를 주둔시켰다가 저들이 강을 반쯤 건넌 후에 공격을 하는 것이 좋겠다. 그럼 이미 건넌 자들은 목숨을 건질 수 있을 것이고 아직 건너지 못한 자들은 그것을 보고 앞다투어 건너려 하지 누가 사력을 다하겠느냐? 우리가 반드시 승리할 수 있을 것이다."

이에 20리를 물려 군영을 세웠다. 중군 원수 손무 등 오나라 장수들은 부개의 군영으로 가서 그의 말을 듣고는 모두 그의 계책이 훌륭하다고 칭찬했다. 합려가 오운에게 말했다.

"과인에게 이처럼 훌륭한 아우가 있으니 초나라 도성으로 들어가지 못할까 무엇을 근심하겠소?"

오운이 말했다.

"신은 이전에 부개의 관상을 본 피이의 말을 들은 적이 있습니다. 그의 말에 의하면 부개는 몸에 솜털이 거슬러 나 있기 때문에 틀림없이 나라를 배반할 것이라고 했습니다. 비록 용감하기는 하오나 일을 독단으로 처리하게 해서는 안 됩니다."

그러나 합려는 그렇게 생각하지 않았다.

한편 위사는 오나라 군사가 추격해온다는 소식을 듣고 진영을 펼쳐 적을 맞아 싸울 준비를 했다. 그러나 적이 다시 물러갔다는 보고를 받고는 기뻐하며 말했다.

"오나라 놈들이 겁이 많다더니 감히 우리를 끝까지 추격하지도 못하는구나!"

이에 그는 오경의 북소리가 울리면 음식을 배불리 먹고 일제히 강을 건너라고 명령을 내렸다. 초나라 군사가 십분의 삼 정도 강을 건넜을 때 부개의 군사가 몰려왔다. 초나라 군사들은 먼저 강을 건너려 하다가 큰 혼란에 빠졌다. 위사는 혼란을 수습할 수 없어서 병거에 올라 급히 달아날 수밖에 없었다. 대장이 달아나자 아직 강을 건너지 못한 군사들은 모두 어지럽게 쥐구멍을 찾기에 바빴다. 오나라 군사들은 그들의 뒤를 쫓으며 살육전을 벌였다. 약탈한 깃발, 북, 창, 갑옷들이 헤아릴 수 없이 많았다. 손무는 당나라와 채나라 군주에게 각각 본국의 장졸을 이끌고 초나라 군사의 배를 빼앗아 강을 따라가며 육로의 군사를 지원하도록 했다. 위사가 옹서雍澨(湖北省 京山 石龍鎭) 경내까지 달아났을 때 휘하 장졸들은 피곤하고 배가 고파서 걸을 수조차 없었다. 다만 오나라 추격군을 멀리 따돌렸다는 사실에 안도하며 잠시 도주를 멈춘 채 솥을 걸고 밥을 하기 시작했다. 그러나 밥이 겨우 익을 무렵 오나라 군사들이 또다시 들이닥치자 초나라 군사들은 밥을 목구멍에 넘길 겨를도 없이 다 해놓은 밥을 버리고 도망칠 수밖에 없었다. 그들이 남겨놓은 따뜻한 밥은 오나라 군사들이 모두 먹었다. 오나라 군사들은 밥을 배불리 먹은 뒤 다시 힘을 다해 초나라 군사를 추격했다. 초나라 군사는 아군끼리 서로 밟고 넘어지며 도망치느라 사망자가 더욱 많아졌다. 위사는 자신의 병거가 뒤집혀서 도망치지도 못하고 결국 부개의 창을 맞고 죽었다. 그의 아들 위연도 오나라 군사에게 포위되었다. 위연은 용감하게 부딪쳐 싸웠으나 포위를 뚫을 수 없었다. 그때 갑자기 동북쪽 일각에서 큰 함성이 울렸다. 위연이 말했다.

"오나라에서 또다시 군사를 파견했으니 내 목숨도 여기서 끝이로구나!"

그러나 그것은 좌사마 심윤수가 거느리고 온 군사였다. 좌사마 심윤수는 신식까지 갔다가 낭와의 군사가 패배했다는 소식을 듣고 결국 갔던 길을 되돌아올 수밖에 없었다. 그때 마침 옹서에 이르러 오나라 군사에게 포위된 위연의 군사와 마주쳤다. 심윤수는 휘하 장졸 1만 명을 세 갈래로 나누어 오나라 군사를 공격하게 했다. 마침 부개는 여러 번 승리한 상황만 믿고 아무 걱정도 하지 않다가 갑자기 세 갈래로 진격해오는 초나라 군사를 만났다. 그는 초나라 군사와 병마가 얼마나 많은지 몰라서 아무런 대항도 하지 못하고 마침내 포위를 풀고 도망쳤다. 심윤수는 한바탕 살육전을 벌여 오나라 군사 1000여 명을 죽였다. 심윤수는 계속해서 추격전을 감행하려다 오왕 합려의 대군이 벌써 당도한 것을 보고 진영을 세워 서로 대치했다. 심윤수가 자신의 가신 오구비吳句卑에게 말했다.

"영윤이 전공을 탐하여 나의 계획을 망쳤다. 이것은 천운이다. 지금 적의 우환이 벌써 심각한 지경에 이르렀으니 내일 나는 목숨을 걸고 적과 싸울 것이다. 다행히 승리하면 적군이 영도에까지 오지 못할 것이니, 이는 우리 초나라에 다행한 일일 것이다. 그러나 만에 하나 적에게 패배하면 내 목을 네게 맡기겠다. 절대로 오나라 놈들이 내 목을 갖고 가게 하지 말라!"

그러고는 위연에게도 말했다.

"자네 부친께서 이미 적과 싸우다 전사하셨네. 그러니 자네를 또 여기서 죽게 할 수는 없네. 조속히 돌아가서 자서子西(공자 申의 자)에게 영도를 단단히 보위하라고 당부해주시게."

위연이 절을 올리며 말했다.

"원컨대 사마께서 동쪽 오랑캐를 물리치시고 큰 전공을 세우시길 바랍니다."

그러고는 눈물을 흘리며 작별했다. 다음 날 아침 쌍방 간에 진영을 펼친 채 교전이 벌어졌다. 심윤수는 옛날부터 법도에 맞게 군사를 잘 어루만졌기 때문에 휘하 군사들이 목숨을 걸고 싸움에 나서지 않는 사람이 없었다. 오나라에서는 부개가 용감하게 싸웠지만 승리할 수 없었고 오히려 패색이 짙어졌다. 그때 손무가 대군을 이끌고 쇄도해왔다. 오른쪽에서는 오운과 채나라 군주가, 왼쪽에서는 백비와 당나라 군주가 앞장섰다. 그들은 앞에다 강궁과 쇠뇌를 배치하고 또 뒤에다 도부수를 거느린 채 초나라 진영으로 곧추 쳐들어왔다. 그들은 초나라 군사를 가랑잎 흩어버리듯 뒤흔들었다. 심윤수는 목숨을 걸고 겹겹의 포위망을 뚫으려 하다가 결국 여러 발의 화살을 맞고 병거에 뻣뻣하게 쓰러졌다. 그는 더 이상 싸울 수 없게 되자 가신 오구비를 불렀다.

"너는 속히 내 머리를 잘라서 대왕마마께 갖다 드려라."

오구비는 차마 주인의 목을 자를 수 없었다. 그러자 심윤수는 힘을 다해 고함을 지르며 눈을 감고 뜨지 않았다. 오구비는 어쩔 수 없이 칼을 들어 심윤수의 머리를 잘랐다. 그는 자신의 전포를 벗어 그의 머리를 싸고 가슴에 품었다. 그러고는 땅을 파고 그의 시신을 묻은 뒤 영도를 향해 말을 치달렸다. 오나라 군사들도 영도로 진격해 들어갔다. 사관이 이 일에 관한 사찬을 지었다.

초나라의 계책은 좋지 못하여 楚謀不臧
어진 사람 적대하고 간신 높였네 賊賢升佞
오자서의 가족이 화를 당한 후 伍族既捐
백극완의 집안도 멸족되었네 郤宗復盡
우뚝하게 뛰어난 심윤수만이 表表沈尹
기둥 되어 기우는 집을 지탱했다네 一木支廈
손바닥 안에 적을 잡을 계책 있어도 操敵掌中
탐욕스런 낭와 때문에 패배했다네 敗於貪瓦
전공 잃고 목숨까지 잃고 말았지만 功隳身亡
늠름한 기상은 밝게 드러났네 凌霜暴日
하늘이 충신을 보우하시어 天祐忠臣
그 머리는 고국으로 귀환했다네 歸元於國

한편 위연은 먼저 영도로 돌아가 초 소왕을 뵙고 영윤 낭와가 패배한 일과 자신의 부친이 피살된 일을 울면서 아뢰었다. 소왕은 대경실색하며 황급히 자서子西와 자기子期(공자 結의 자)를 불러 대책을 상의하고 다시 군사를 보내 심윤수를 도와주려 했다. 그러나 뒤이어 오구비가 당도하여 심윤수의 목을 바치고 초나라 군사가 패배한 이유를 자세히 아뢰었다.

"모두가 영윤이 사마의 계책을 따르지 않아서 이 지경에까지 이른 것입니다."

소왕이 통곡하며 말했다.

"일찍이 사마를 높이 쓰지 않았으니 모두가 과인의 죄요!"

그러고는 낭와에게 마구 욕을 퍼부었다.

"나라를 그르친 간신배가 목숨이 아까워서 정나라로 도망쳤단 말인가? 그놈의 고기는 개나 돼지도 먹지 않을 것이다."

오구비가 말했다.

"오나라 군사가 조만간 들이닥칠 것입니다. 대왕마마께서도 일찌감치 영도를 보위할 계책을 마련하셔야 합니다."

소왕은 한편으로 심제량沈諸梁을 불러 부친 심윤수의 머리를 돌려주고 장례 용품을 후하게 하사했다. 또한 심제량을 섭공葉公에 봉했다. 또 다른 한편으로는 도성을 버리고 서쪽으로 도피할 계책을 상의했다. 그러자 자서가 통곡하며 간언을 올렸다.

"종묘사직과 열성조의 능침이 모두 영도에 있습니다. 대왕마마께서 이곳을 버리고 떠나신다면 다시는 돌아올 수 없을 것입니다."

소왕이 말했다.

"우리 초나라가 믿는 것은 장강과 한수의 험준함인데 지금 벌써 그곳까지 무너졌다 하오. 이제 조만간 오나라 군사들이 들이닥칠 것인데 어찌 속수무책으로 포로가 되란 말이오?"

자기가 아뢰었다.

"성안의 장정들이 아직 수만은 됩니다. 대왕마마께선 궁궐 안의 곡식과 비단을 모두 풀어 장사들을 격려하고 성곽을 굳게 지키면서 사방으로 사신을 보내십시오. 한수 동쪽 제후국들에게 지원군을 보내달라고 요청해야 합니다. 오나라 군사들은 지금 우리 나라 경계 안으로 깊숙이 들어와 있으므로 식량을 계속 조달하지 못하고 있습니다. 그러니 어떻게 버틸 수 있겠습니까?"

소왕이 말했다.

"오나라는 우리 나라에서 양식을 조달할 것인데 어찌 양식이 떨어질까 걱정하겠소? 진晉나라 사람들이 부르자 우리 속국인 돈나라와 호나라 사람들까지 모두 달려갔고, 오나라 군사들이 동쪽에서 내려오자 당나라와 채나라가 길잡이 노릇을 하고 있소. 우리 초나라 천하의 일각에서 벌써부터 민심이 이반되고 있으니, 저들 제후국조차 믿을 수 없게 되었소."

자서가 또 아뢰었다.

"신 등이 군사를 모두 거느리고 적을 맞아 싸울 것입니다. 싸우다가 이기지 못하면 그때 다른 곳으로 피해도 아직 늦지 않을 것입니다."

소왕이 말했다.

"국가의 존망이 모두 두 형님께 달려 있소. 할 수 있는 일이 있으면 바로 실행하시오. 과인은 더 이상 형님들과 상의할 수도 없소."

말을 마치고는 눈물을 머금고 내궁으로 들어갔다. 자서와 자기는 대책을 상의한 후 대장 투소鬭巢에게 군사 5000명을 이끌고 맥성의 수비를 돕게 하면서 북쪽을 방어하게 했다. 또 대장 송목宋木에게는 군사 5000명을 주어 기남성의 수비를 돕게 하면서 서북쪽을 방어하게 했다. 자서는 스스로 정예병 1만 명을 이끌고 노보강魯洑江(湖北省 夏水)에 군영을 세운 뒤 동쪽에서 강을 건너오는 적의 길목을 지켰다. 다만 서쪽 천강川江[4]과 남쪽 상강

湘江(湖南省 湘江)은 땅이 험하고 거리도 먼 곳인 데다 오나라가 초나라를 침략하는 길목이 아니어서 군사를 배치하지 않았다. 자기는 왕손 유우繇于, 왕손 어圉, 종건鍾建, 신포서申包胥 등의 장수를 독려하여 성안을 순시하며 경비를 더욱 엄격하게 강화했다.

한편 오왕 합려는 장수들을 불러 모아 영도로 입성할 날짜를 자문했다. 오운이 앞으로 나서며 말했다.

"초나라가 지금 여러 번 패배했지만 영도는 아직 온전합니다. 또 세 성이 긴밀하게 의지하며 서로 도움을 주고받고 있기 때문에 쉽게 함락시킬 수 없습니다. 조금 더 서쪽으로 가면 노보강인데, 그곳이 바로 초나라 도성 영도로 들어가는 지름길입니다. 그곳에는 틀림없이 강력한 군대가 지키고 있을 것입니다. 그러므로 북쪽으로 크게 휘돌아 군사를 셋으로 나누어 공격해야 합니다. 즉 일군一軍은 맥성을 공격하게 하고, 또 다른 일군은 기남성을 공격하게 하십시오. 그리고 대왕마마께선 나머지 대군을 거느리고 직접 영도를 치십시오. 급박하게 울리는 우레에는 귀를 막을 틈이 없다는 격으로 저들은 한곳을 막다가 다른 곳을 돌아볼 틈이 없을 것입니다. 만약 두 성이 함락되면 영도는 더 이상 버틸 수 없게 됩니다."

손무가 말했다.

"오자서의 계책이 참으로 훌륭합니다."

손무는 맥성을 공격하기 위해 오운과 공자 산山에게 군사 1만을 내준 뒤, 채나라 군주를 시켜 그를 돕게 했다. 또 손무와 부개에게도 군사 1만을 주어 기남성을 공격하게 했고, 당나라 군주를 시켜 그를 돕게 했다. 합

4_ 천강川江: 사천성 의빈宜賓에서 호북성 의창宜昌에 이르는 장강 상류를 천강이라고 한다.

려 자신은 백비 등과 함께 직접 대군을 이끌고 영성을 공격했다.

오운이 동쪽으로 몇 리를 갔을 때 세작이 보고를 올렸다.

"여기에서 맥성까지는 30리 거리이고, 대장 투소가 지키고 있습니다."

오운은 군마軍馬를 주둔시키라고 명령을 내린 뒤 일반 백성의 옷으로 갈아입고 병졸 두 사람을 대동한 채 군영 밖으로 걸어 나가 지형을 살폈다. 어떤 마을에 이르렀을 때 그곳 시골 사람이 나귀로 연자방아를 돌리며 보리를 빻고 있었다. 그 사람이 채찍으로 나귀를 치자 나귀는 연자방아를 빙글빙글 돌렸다. 연자방아에서 보릿가루가 분분히 쏟아져 나오는 것을 보고 오운은 문득 무엇을 깨달은 듯 중얼거렸다.

"내가 맥성을 깨뜨릴 방법을 알았다."

그러고는 당장 군영으로 돌아가 몰래 명령을 전하게 했다.

"모든 군사는 한 명당 하나씩 자루를 준비하여 그 속을 흙으로 채우라. 또 내일 오경五更까지 풀 한 다발을 베어오라. 명령을 어기는 자는 참수하겠다!"

이어서 또 한 가지 명령을 내렸다.

"모든 병거에 돌멩이를 실으라. 명령을 어기는 자는 참수하겠다!"

날이 밝을 무렵 오운은 자신의 부대를 둘로 나누고, 그중 한 부대는 채나라 군주에게 주어 맥성 동쪽으로 가게 했고, 다른 한 부대는 공자 건乾에게 주어 맥성 서쪽으로 가게 했다. 그러고 나서 모든 군사가 가져간 흙과 돌, 풀을 쏟아부은 뒤 작은 성을 쌓아 군영의 보루로 삼게 했다. 오운이 스스로의 계책에 따라 군사를 독려하니 순식간에 성이 이루어졌다. 동쪽 성은 좁고 길게 나귀 모양으로 쌓아서 '여성驢城'이란 이름을 붙였고, 서쪽 성은 연자방아처럼 동그란 모양으로 쌓아서 '마성磨城'이란 이름을 붙였다.

채나라 군주는 그 의미를 이해할 수 없었다. 그러자 오운이 미소를 지으며 말했다.

"동쪽의 나귀驢가 서쪽의 연자방아磨를 돌릴 것이니 '보리麥성'을 함락시키지 못할까 무얼 근심하겠습니까?"

이때 초나라 장수 투소는 오나라 군사들이 맥성의 동쪽과 서쪽에 성을 쌓는다는 보고를 받고 다급하게 군사를 이끌고 싸우러 달려나왔다. 그러나 두 성이 이미 견고한 보루처럼 우뚝 솟아 있을 줄 어찌 상상이나 했겠는가? 투소는 먼저 동쪽 성으로 달려갔다. 성 위에는 깃발이 가득 꽂혀 있었고 방울 소리가 끊임없이 들렸다. 투소는 격노하여 바로 성을 공격하려고 했다. 그때 오나라 군영의 문이 열리면서 한 소년 장수가 군사를 이끌고 싸우러 나왔다. 투소가 성명을 묻자 그가 대답했다.

"나는 채나라 주상전하의 어린 아들 희건姬乾이다!"

투소가 말했다.

"어린애는 나의 적수가 아니다. 오자서는 어디 있느냐?"

희건이 말했다.

"벌써 너의 맥성을 빼앗으러 가셨다."

투소는 더욱 화가 나서 긴 창을 내지르며 바로 희건을 잡으려 했다. 희건도 창을 휘두르며 투소를 맞아 싸웠다. 두 장수가 대략 20여 합을 겨뤘을 때 홀연 초나라의 파발마가 나는 듯이 달려와서 보고했다.

"지금 오나라 군사가 맥성을 공격하고 있습니다. 장군께선 속히 회군하십시오!"

투소는 자신의 소굴을 빼앗길까 겁이 나서 황급히 징을 울려 군사를 거두게 했으나 대오는 이미 혼란에 빠지고 말았다. 희건은 그 틈을 노려 한

바탕 살육전을 벌였으나 끝까지 추격하지는 않고 군사를 되돌렸다.

투소가 맥성으로 돌아왔을 때 오운은 군마를 지휘하여 맥성을 포위하고 있었다. 투소가 창을 가로로 비껴들고 손을 앞으로 모으며 말했다.

"자서는 별고 없었는가? 족하의 선대先代 원한은 모두 비무극에게서 비롯된 것이다. 그 간신은 이미 주살을 당했다. 그러니 족하께서 갚을 원한도 모두 사라진 셈이다. 고국에서 삼대 동안 받은 은혜를 어찌 잊을 수 있단 말인가?"

오운이 대답했다.

"우리 선조께선 초나라에 큰 공을 세웠지만 초왕은 그것도 생각하지 않고 우리 부친과 형을 원통하게 죽게 만들었다. 또 내 목숨까지 끊으려 했지만 다행히 하늘이 도우시어 난리에서 벗어날 수 있었다. 그 이후 19년 동안 나는 오늘 같은 날을 고대하며 살았다. 그대가 나의 사정을 이해한다면 서둘러 몸을 피하여 나의 칼끝에 닿지 말기를 바란다. 그래야 목숨을 온전하게 지킬 수 있을 것이다."

그러자 투소는 마구 욕설을 퍼부었다.

"임금을 배반한 도적놈아! 내가 네놈을 피한다면 장부가 아니다!"

그러고는 바로 창을 내지르며 오운에게 싸움을 걸었다. 오운도 창을 잡고 그를 맞아 싸웠다. 대략 몇 합을 겨룬 뒤 오운이 말했다.

"네놈은 벌써 지친 듯하니 내가 너를 성으로 돌려보내주겠다. 내일 다시 싸우자."

투소도 말했다.

"좋다! 내일 결전을 벌이자!"

쌍방은 각각 군사를 거두었다. 맥성 위에서도 자신의 군사와 병마가 돌아오는 것을 보고 문을 열어 성안으로 맞아들였다. 한밤중이 되었을 때 갑자기 성 위에서 함성 소리가 일었다. 그때 보고가 올라왔다.

"오나라 군사가 벌써 성안으로 들어왔습니다."

상황은 이러했다. 본래 오운의 군사들 속에는 초나라에서 항복한 병졸이 많았다. 그래서 일부러 투소와 전투를 중지하고 투소를 맥성으로 돌아가게 했다. 그 틈에 항복한 병졸 여러 명을 초나라 군장으로 변장시킨 뒤 초나라 군사들이 입성할 때 섞여 들어가게 했다. 그리고 외진 곳에 숨어 있다가 한밤중에 성 위에서 긴 밧줄을 내려주어 오나라 군사가 그것을 타고 올라오게 했다. 초나라 군사가 그것을 알아차렸을 때는 이미 오나라 군사 100여 명이 일제히 함성을 지르며 기세를 올리고 있었다. 또 성 밖에서도 오나라 대군이 호응하며 성을 공격했다. 성을 지키는 초나라 군사는 어지럽게 뒤엉켜 쥐구멍을 찾기에 바빴다. 투소도 그들을 제지할 수 없어서 1인용 병거를 타고 서둘러 달아났다. 오운도 그를 추격하지 않았다. 오운은 맥성을 함락시킨 후 사람을 보내 오왕 합려에게 승첩을 보고했다. 잠연선생이 이 일을 시로 읊었다.

서쪽 마성과 동쪽 여성으로 맥성을 빼앗은 건 西磨東驢下麥城
우연하게 목격한 일로 큰 전공을 세운 것이네 偶因觸目得功成
오자서의 지혜와 용기엔 진정 적수가 없음이니 子胥智勇眞無敵
초나라 도성 오른쪽 요새를 단번에 빼앗았네 立見荊蠻右臂傾

한편 손무는 군사를 이끌고 호아산虎牙山(湖北省 荊門 서남)을 지나 당양當陽(湖北省 當陽) 언덕을 돌아가고 있었다. 멀리 북쪽으로 장강漳江(湖北省 漳河)의 물결이 도도하게 흘러가는 것이 보였다. 또 남쪽에 있는 기남성은 지세가 낮은 데다 서쪽 적호赤湖의 물길이 기남성 및 영도 아래로 흘러가고 있었다. 손무는 마음속으로 한 가지 계책을 생각해내고 군사들에게 높은 언덕에 군영을 세우게 했다. 그러고는 각자 삼태기와 삽을 준비하게 하여 하룻밤 사이에 깊은 도랑을 파서 장강漳江의 물길을 적호와 통하게 했다. 이어서 장강을 가로질러 길게 둑을 쌓아 강물을 막았다. 강물은 흘러갈 곳이 없어서 평지보다 두세 길은 높게 고였다. 또 때는 마침 겨울이어서 서쪽에서 세찬 바람이 불어오자 막힌 강물이 즉시 기남성으로 흘러들었다. 기남성을 지키는 초나라 장수 송목宋木은 강물이 불어난 것을 보고 성안의 백성을 영도로 옮겨가게 했다. 그러나 물결이 도도하게 퍼져나가면서 영도성 아래까지도 일망무제의 호수처럼 물이 가득 차올랐다. 손무는 군사들을 시켜 산 위에서 대나무를 베어 뗏목을 만들게 했다. 오나라 군사는 뗏목을 타고 성으로 다가갔다. 성안에서는 장강의 물이 불어난 것이 오나라 군사의 소행임을 알고 모두들 두려움에 떨며 도망치기에 바빴다. 초왕은 영도를 지키기 어렵게 되었다는 사실을 알고 급히 잠윤 고를 시켜 서문西門에 배를 대기하게 했다. 그러고는 자신이 아끼는 여동생 계미季芈와 함께 배에 올랐다. 자기는 성 위에서 군사를 이끌고 홍수를 막아내려 하다가 초왕이 이미 성을 떠났다는 소식을 듣고, 자신도 백관들과 함께 어가를 보호하기 위해 성을 나설 수밖에 없었다. 그는 가족을 돌아볼 틈도 없이 혼자 몸으로 초왕의 피란 대열에 합류했다. 주인이 사라진 영도는 오나라 군사의 공격도 받지 않고 저절로 함락되고 말았다. 사관이 이 일을 시로 읊었다.

방성산에 들어앉아 한수로 막았으나 虎踞方城阻漢川

초 소왕이 도읍을 버리고 달아나다.

오나라 군사 신속하게 바람처럼 날아왔네 吳兵迅掃若飛煙
충신을 모두 죽이고 아첨꾼만 횡행했으니 忠良棄盡讒貪售
하늘에 닿은 높은 성도 두렵지 않았다 不怕隆城高入天

손무는 마침내 오왕 합려를 모시고 영도성으로 들어갔다. 그러고는 즉시 휘하 군사들을 시켜 장강을 가로막은 긴 둑을 허물고 물길을 본래의 강으로 흐르게 했다. 또 군사들을 합하여 사방 교외를 단단히 지키게 했다. 오운도 맥성에서 합려를 뵈러 왔다. 합려가 초왕의 궁전으로 올라가자 백관들이 모두 절을 올리며 하례를 드렸다. 그 뒤 당나라와 채나라 군주도 입조하여 경하의 인사를 올렸다. 합려는 매우 기뻐하며 술을 가져와 큰 잔치를 베풀었다. 이날 밤 합려는 초왕의 침궁에서 묵었다. 좌우 시종들이 초왕의 부인을 데리고 와서 합려에게 바쳤다. 합려는 수청을 받고 싶었으나 마음을 정하지 못하고 있었다. 그러자 오운이 말했다.

"나라까지도 우리가 갖게 되었는데, 그까짓 초왕의 마누라야 무슨 대수겠습니까?"

이에 오왕 합려는 초왕의 침궁에 유숙했다. 그곳에 묵는 동안 초왕의 비빈을 거의 모두 한 번씩 데리고 잤다. 좌우 시종 중에서 어떤 자가 말했다.

"초 소왕의 모후 백영伯嬴(孟嬴)은 본래 초나라 세자 건建의 아내로 들여왔습니다. 그런데 초 평왕이 그 여자의 미색을 보고 빼앗아 데리고 살았습니다. 아직 나이가 어리고 미색도 쇠퇴하지 않았습니다."

합려는 색욕이 동하여 사람을 보내 불러오게 했으나 백영은 자신의 침전 밖으로 나오려 하지 않았다. 합려는 분노하여 좌우 시종에게 명했다.

"끌고라도 와서 과인에게 보여라!"

그러나 백영은 문을 걸어 잠근 채 칼로 문을 치며 소리쳤다.

"첩이 듣기로 제후는 한 나라의 사표라 하오. 또한 예법에 의하면 남녀간에는 자리를 함께해서도 안 되고 식사를 할 때 그릇을 함께 써도 안 된다고 하오. 이것은 남녀유별의 법도를 보이기 위함이오. 그런데 지금 군왕께선 법도를 팽개치고 음란한 짓을 하여 백성에게까지 소문이 들리게 하고 있소. 이 미망인은 차라리 칼 위에 엎어져 죽을지언정 감히 추한 명령을 받들지 못하겠소."

합려는 몹시 부끄러워하며 백영에게 사과했다.

"과인이 부인을 경모하여 얼굴이나 알고 지내려 했던 것이오. 어찌 감히 부인에게 음란한 짓을 할 수 있겠소. 부인께선 마음 편히 쉬시기 바라오."

그러고는 초나라의 옛 시종들을 시켜 백영의 방문을 지키게 하고 자신의 수하들이 함부로 들어가지 못하게 했다. 오운은 초왕을 잡지 못하자 손무와 백비 등을 시켜 초나라 대부들의 집에 나누어 거주하게 하고 그 처첩을 욕보이게 했다. 당나라 군주와 채나라 군주 및 공자 산은 낭와의 집을 수색했다. 은초서구와 양지백옥패가 여전히 상자에 담겨 있었고, 숙상마도 마구간에 묶여 있었다. 당, 채 두 나라 군주는 그 물건을 가져다 모두 오왕 합려에게 바쳤다. 기타 보배와 황금과 비단도 집 안에 가득 쌓여 있었다. 그들은 휘하 장졸들에게 보물을 마음대로 가져가게 했고 운반하는 도중에 도로에까지 온갖 보물이 넘쳐흘렀다. 낭와는 한평생 뇌물 모으기에만 급급했을 뿐 어찌 한 가지라도 써본 적이 있었겠는가? 공자 산은 낭와의 부인을 취할 생각이었으나 마침 부개가 도착하여 공자 산을 내쫓고 자신이 낭와의 부인을 취했다. 이때 오나라 군신들은 음행을 함부로 저지르며 남녀유별의 법도를 지키지 않았다. 영도성은 그야말로 금수가 떼거리로 모여 있는 형국이었다. 염옹이 이 일을 시로 읊었다.

초나라 군신의 처첩들을 가리지 않고 범하면서	行淫不避楚君臣
사욕만 채우고 인륜은 더럽혔네	但快私心瀆大倫
오로지 백영만이 늦은 절개 지켰으니	只有伯嬴持晩節
한 줄기 맑은 바람이 미망인에게서 불어왔네	淸風一線未亡人

오운은 오왕 합려에게 초나라 종묘를 모두 헐어버리자고 건의했다. 그러자 손무가 앞으로 나서며 아뢰었다.

"군사는 의롭게 행동해야 명분이 생기는 것입니다. 초 평왕은 세자 건을 폐위하고 진秦나라 여자를 자신의 부인으로 세웠으며, 참소와 탐욕을 일삼는 간신배를 임용했습니다. 또한 안으로 충신을 죽이고 밖으로 제후들에게 포악한 짓을 저지른 탓에 오늘 이 지경에 빠지게 된 것입니다. 지금 초나라 도성이 함락되었으니 세자 건의 아들 공자 승을 불러 보위에 올리고 초나라 소왕을 대신해 종묘사직의 주인이 되게 해야 합니다. 초나라 백성은 세자 건의 억울함을 가련하게 여기고 있기 때문에 틀림없이 안정을 되찾을 수 있을 것입니다. 또한 공자 승도 우리 오나라의 은덕을 생각하며 대대로 조공을 바칠 것입니다. 이것이 바로 대왕마마께서 초나라를 용서해주면서도 초나라를 얻을 수 있는 길입니다. 이와 같이 하면 진정으로 명실상부한 대책이 될 것입니다."

그러나 합려는 초나라를 멸망시킬 욕심으로 마침내 손무의 말을 듣지 않고 초나라 종묘에 불을 질렀다. 당나라와 채나라 군주는 각각 작별 인사를 하고 본국으로 돌아갔다. 오왕 합려는 다시 장화대 위에 술을 마련하고 신료들에게 큰 잔치를 베풀었다. 악공들이 승리를 축하하는 음악을 연주하자 모든 신료가 즐거워했지만 오직 오운만은 통곡을 그치지 않았다. 합려가 말했다.

"초나라에 복수하겠다던 경의 소망이 벌써 이루어졌는데 어찌하여 슬퍼하시오?"

오운은 눈물을 머금고 대답했다.

"평왕은 이미 죽었고 초왕은 도주했습니다. 그러니 제 선친과 형의 원수를 아직 만분의 일도 갚지 못한 것입니다."

합려가 말했다.

"그럼 경은 어떻게 하실 생각이오?"

오운이 대답했다.

"바라옵건대 신이 평왕의 분묘를 파내어 부관참시를 할 수 있도록 윤허해주십시오. 그렇게 하면 신의 원한이 풀릴 듯합니다."

합려가 말했다.

"경은 과인에게 많은 은덕을 베풀었소. 그런데 과인이 어찌 그까짓 썩어빠진 뼈를 아끼며 경의 사사로운 마음을 위로해주지 않을 수 있겠소?"

그러고는 마침내 그 일을 윤허했다.

오운은 평왕의 분묘가 어디에 있는지 수소문했다. 소문에 의하면 평왕의 분묘는 동문 밖 실병장室丙莊 요대호寥臺湖에 있다고 했다. 오운은 자신의 휘하 군사를 이끌고 그곳으로 갔다. 그러나 그곳 들판에는 시든 풀이 가득 덮여 있었고, 호수의 물만 망망하게 펼쳐져 있어서 무덤이 있는 곳을 전혀 짐작도 할 수 없었다. 군사를 시켜 사방을 수색했지만 역시 종적을 찾을 수 없었다. 오운은 가슴을 두드리며 하늘을 향해 울부짖었다.

"하늘이여! 하늘이여! 선친과 형의 원한을 진정 갚을 수 없단 말입니까?"

그때 홀연히 늙은이 하나가 오운의 앞으로 다가와서 읍揖을 하며 물었다.

"장군께선 무슨 까닭으로 평왕의 무덤을 찾으시오?"

오운이 대답했다.

"초 평왕은 세자를 버리고 며느리를 빼앗았으며 충신을 죽이고 간신을 등용했고, 또 우리 종족까지 씨를 말렸소. 나는 살아 있는 그자의 목을 칠 수는 없었지만 죽은 시체에 형벌을 가하여 지하에 계신 선친과 형의 원한을 갚고자 하오."

늙은이가 말했다.

"평왕은 많은 사람과 원한을 맺었다는 사실을 알고 자신의 무덤이 파헤쳐질까봐 두려워했소. 그래서 자신의 시신을 호수 가운데에 장사 지내게 했소. 장군께서 평왕의 관을 찾으려면 호수의 물을 다 퍼내야 할 것이오."

그러고 나서 요대寥臺로 올라가 무덤이 있는 곳을 가리켰다. 오운은 잠수를 잘하는 사람을 시켜 호수 속으로 들어가 무덤을 찾게 했다. 그는 과연 요대 동쪽 물속에서 석곽을 발견했다. 오운은 군사들에게 각각 모래 자루를 하나씩 지고 오게 하여 무덤 곁에 쌓고 물이 흘러들어가지 않게 했다. 그런 뒤 석곽을 열고 아주 무거운 관을 하나 발견했다. 그 관을 열자 그 속에는 의관 및 정련된 쇠 수백 근이 들어 있었다. 늙은이가 말했다.

"이 관은 눈속임을 위한 것이오. 진짜 관은 그 아래에 있소."

그리하여 다시 돌바닥을 제거하자 그 아래에 관이 또 하나 놓여 있었다. 오운은 관을 열고 시신을 꺼내 꼼꼼히 살폈다. 그것은 과연 평왕의 시신이었다. 평왕의 시신은 수은으로 염을 해서 피부가 전혀 손상되지 않았다.

오운은 그 시신을 보자 원한이 하늘까지 사무쳐 올라서 손에 아홉 마디로 된 동銅 채찍을 들고 평왕의 시신을 300번이나 후려갈겼다. 살이 문드러지고 뼈가 부러졌다. 그러고는 왼발로 평왕의 배를 짓밟고 오른손으로 그의 눈알을 파내며 죄목을 열거했다.

"네놈은 생시에 이런 멍청한 눈을 가져서 충신과 간신을 구별하지 못한 채 참언을 믿고 우리 선친과 형을 죽였다. 이 어찌 원통한 일이 아니냐?"

그리하여 마침내 평왕의 목을 자르고 그 옷과 관을 부수어 해골과 함께 들판에 버렸다. 염옹이 이 일에 대한 사찬을 지었다.

원한을 함부로 쌓아서는 안 되고	怨不可積
원통함을 끝 간 데로 몰아서는 안 되네	冤不可極
원통함이 극에 달하면 임금도 무시하고	極冤無君長
원한이 쌓이면 생사도 따지지 않네	積怨無存歿
필부가 죽음에서 도망을 쳐서	匹夫逃死
임금의 썩은 뼈를 욕보였다네	僇及朽骨
피눈물로 채찍을 씻어낼 때	淚血灑鞭
원한으로 태양조차 어두워졌네	怨氣昏日
효심이 충성심을 빼앗게 되자	孝意奪忠
집안 원한이 나라에까지 미치게 됐네	家仇及國
열렬하고 열렬하다 오자서 공이여	烈哉子胥
천고 역사가 그대로 인해 피울음 우네	千古猶爲之飮泣

오운은 평왕의 시신에 매질한 뒤 늙은이에게 물었다.

오자서가 평왕의 시신에 채찍질을 하다.

"어르신께선 어떻게 평왕의 분묘와 가짜 관을 알게 되셨소?"

늙은이가 말했다.

"나는 다른 사람이 아니라 바로 그때 동원됐던 석공이오. 그때 평왕은 석공 50여 명을 시켜 가짜 관을 만들게 했소. 그리고 우리가 비밀을 누설할까 두려워 무덤이 완성된 후 모든 석공을 무덤 속에서 죽였소. 이 늙은이만 몰래 도망쳐서 죽음에서 벗어날 수 있었소. 오늘 장군의 지극한 효심에 감동하여 특별히 알려주러 온 것이오. 그때 억울하게 죽은 50여 명의 원귀들도 이제 좀 한을 풀었을 것이오."

오운은 황금과 비단으로 그 늙은이에게 후한 상을 내렸다.

한편 초 소왕은 배를 타고 서쪽 저수沮水(湖北省 沮水)를 건넜다. 그러고는 다시 방향을 틀어 남쪽 장강長江을 건넌 뒤 운중雲中[5]으로 들어갔다. 그때 초적草賊 수백 명이 밤에 소왕의 배를 약탈하면서 소왕을 창으로 찌르려 했다. 왕손 유우繇于가 그 곁에서 등 뒤에 소왕을 감추고 고함을 질렀다.

"이분은 초나라 대왕마마이시다. 네놈들이 감히 무슨 짓을 하려느냐?"

말을 다 마치지도 않았는데 초적들이 그의 어깨를 창으로 찔러서 선혈이 발꿈치까지 흘러내렸고 유우는 땅바닥에 쓰러져 혼절했다. 초적이 말했다.

"우리는 다만 재물만 알 뿐 왕이 누군지는 모른다. 한 나라의 대신인 영윤조차 탐욕스럽게 뇌물을 받아먹는데, 하물며 우리 같은 소인배들이야 말해 무엇하겠느냐?"

5_ 운중雲中: 운몽택雲夢澤. 중국 고대에 존재했던 장강과 한수 일대의 대소택지. 이 소설 제35회 해당 각주 참조.

그들은 배에 실린 황금과 비단과 보배를 크게 약탈했다. 잠윤 고가 황급히 소왕을 부축하여 강 언덕으로 올라가 몸을 피하게 했다. 소왕이 울부짖었다.

"누가 내 사랑하는 누이를 보호할 수 있느냐? 절대로 다치게 해서는 안 된다!"

그러자 하대부下大夫 종건鍾建이 소왕의 누이동생 계미를 업고 소왕을 따라 강 언덕으로 올라왔다. 강쪽을 돌아보니 초적들이 배를 마구 불태우고 있었다. 그들 군신은 밤새도록 몇 리를 걸었다. 다음 날 해가 뜰 무렵에야 자기, 송목, 투신鬪辛, 투소 등 여러 장수가 계속해서 소왕의 종적을 찾아 그곳에 당도했다. 투신이 말했다.

"신의 집이 운鄖(湖北省 安陸) 땅에 있고, 이곳에서 40리도 되지 않습니다. 누추하지만 대왕마마께선 그곳으로 가셔서 다시 상황을 봐가며 대책을 마련하십시오."

잠시 후 왕손 유우도 그곳으로 왔다. 소왕은 깜짝 놀라 물었다.

"경은 중상을 입었는데 어떻게 탈출할 수 있었소?"

유우가 말했다.

"신은 고통으로 일어날 수 없었고 불길이 신의 몸에까지 닥쳐왔습니다. 그런데 홀연히 어떤 사람이 신을 떠밀어 강 언덕으로 올려주었습니다. 정신이 혼미한 가운데 그가 신에게 이렇게 말했습니다. '나는 옛날 초나라의 영윤 손숙오다. 내 말을 대왕께 전하거라. 오나라 군사는 오래지 않아 스스로 물러갈 것이고 초나라 사직은 오래 지속될 것이다.' 그러고 나서 신의 어깨에 약을 발라주었습니다. 정신을 차려보니 피는 멎고 고통도 사라져서 이곳으로 올 수 있었습니다."

소왕이 말했다.

"손숙오는 이곳 운중 출신이어서 그 영혼이 사라지지 않고 있는 듯하오."

이에 서로 감탄을 금치 못했다.

투소는 건량과 밥을 꺼냈고 잠윤 고는 표주박을 풀어 물을 떠서 소왕에게 바쳤다. 소왕은 투신을 시켜 성구成臼(湖北省 鍾祥 舊口鎭) 나루에서 배를 구하게 했다. 투신은 멀리 동쪽에서 어떤 사람이 배에 처자식을 태우고 다가오는 것을 보았다. 자세히 살펴보니 바로 대부 남윤藍尹 미亹였다. 투신이 그를 불렀다.

"대왕마마께서 여기 계시니 어서 와서 태워주시오."

남윤 미가 말했다.

"나라를 망하게 한 임금을 어찌 내 배에 태울 수 있겠소?"

그는 마침내 뒤도 돌아보지 않고 가버렸다. 투신은 한참이나 기다리다가 고깃배 한 대가 다가오는 것을 보았다. 그는 옷을 벗어주고서야 그 고깃배를 강안에 대게 할 수 있었다. 소왕은 마침내 누이동생 계미와 함께 배를 타고 운읍鄖邑에 당도했다. 투신의 둘째 동생 투회鬭懷가 소왕이 온다는 소식을 듣고 마중을 나왔다. 투신은 음식을 장만하게 했고 잠시 후 투회가 새로 음식을 해서 올렸다. 투회는 자주 곁눈질로 소왕을 훑어봤다. 투신은 그런 그가 의심스러워서 막냇동생 투소와 소왕의 침소를 지켰다. 한밤중이 되자 밖에서 칼 가는 소리가 들려왔다. 투신이 문을 열고 나가보니 바로 자신의 아우 투회였다. 그는 손에 서릿발 같은 칼을 잡고 노기등등하게 일을 벌일 참이었다. 투신이 말했다.

"아우야! 칼을 갈아서 뭘 하려는 게냐?"

투회가 말했다.

"왕을 죽일 작정이오."

투신이 말했다.

"어찌하여 그런 역심을 품었느냐?"

투회가 말했다.

"지난날 아버지께서는 평왕에게 충성을 바쳤지만 평왕은 비무극의 참소를 믿고 아버지를 죽였소. 평왕이 우리 아버지를 죽였으니, 내가 평왕의 아들을 죽여서 복수하는 것이 어찌 불가한 일이오?"

그러자 투신이 화를 내며 투회를 나무랐다.

"임금은 하늘과 같다. 하늘이 사람에게 재앙을 내렸다고 사람이 어찌 감히 하늘에 복수를 할 수 있겠느냐?"

투회가 말했다.

"임금이 나라를 다스릴 때는 임금이지만, 지금은 나라를 잃었으니 원수일 뿐이오. 원수를 보고도 죽이지 않는다면 사람이 아니오."

투신이 말했다.

"옛말에 원한은 자식이 이어받지 않는다고 했다. 또 대왕마마께선 선왕의 잘못을 후회하시고 우리 형제에게 벼슬까지 내렸다. 그런데 지금 그분의 위기를 틈타 시해한다면 하늘이 용서치 않을 것이다. 네가 만약 계속 그런 마음을 먹는다면 내가 먼저 너를 참수할 것이다."

그러자 투회는 칼을 품고 대문 밖으로 나가며 울분을 금치 못했다. 초소왕은 문밖에서 질책 소리와 고함 소리가 들리자 옷깃을 여미고 일어나 몰래 귀를 기울였다. 그는 밖에서 두 형제가 싸운 까닭을 모두 알고 나자 결국 운 땅에 머물 생각이 없어졌다. 투신과 투소는 자기와 상의한 뒤 결국 소왕을 모시고 북쪽 수隨나라로 갔다.

이때 자서는 노보강魯洑江에서 수비를 하다가 영도가 이미 함락되었고 소왕은 도성 밖으로 도피했다는 소식을 들었다. 그는 백성이 의지처가 없이 흩어질까 두려워 초왕의 복장을 한 채 어가를 타고 스스로 왕이라고 칭했다. 그는 비설脾泄(湖北省 江陵 경내) 땅에 도읍을 정하고 민심을 추스렸다. 그러자 오나라의 침략을 피해 도망갔던 백성이 그를 믿고 그곳으로 와서 거주했다. 이윽고 초 소왕이 수나라에 있다는 소식을 듣고 백성에게 소왕의 소재지를 알려줬다. 그런 후 자서는 수나라로 달려가서 소왕을 모셨다. 오운은 끝내 초 소왕을 잡지 못한 것을 한탄하며 오왕 합려에게 말했다.

"초왕을 잡지 못했으니 초나라는 아직 멸망한 것이 아닙니다. 바라옵건대 신이 일군을 이끌고 서쪽으로 가서 혼군昏君의 종적을 찾아 반드시 잡아오겠습니다."

합려가 그의 말을 윤허했다. 오운은 연도 내내 초왕의 행적을 추적한 끝에 초왕이 수나라에 있다는 소식을 들었다. 그는 수나라 군주에게 서찰을 보내 초왕의 반환을 요청하려 했다. 초왕이 결국 어떻게 위험에서 벗어나는지는 다음 회를 보시라.

제77회

피눈물로 군사를 빌리다

진나라 조정에서 통곡하며 신포서는 군사를 빌리고
오나라 군사를 물리치고 초 소왕은 고국으로 돌아오다
泣秦庭申包胥借兵, 退吳師楚昭王返國.

오운은 수나라 남쪽 변방에 군사를 주둔시킨 채 수나라 군주에게 서찰을 보냈다. 그 내용은 대략 이러했다.

주周나라의 자손으로 한수 근처에 기반을 둔 나라는 거의 초나라에게 병탄되었습니다. 이제 하늘이 오나라를 도우셔서 초나라 군주에게 죄를 묻게 했습니다. 만약 초나라 군주 진珍을 내주시고 우리 오나라와 우호를 맺는다면 한수 북쪽의 땅은 모두 군후께 귀속될 것입니다. 그리고 우리 주상과 수나라 군후께선 대대로 형제간이 되어 함께 주나라 왕실을 섬길 수 있을 것입니다.

수나라 군주는 서찰을 다 읽고 나서 신료들을 소집해 대책을 상의했다.

초나라 신하 자기子期가 자신의 얼굴이 소왕과 닮았다며 수나라 군주에게 말했다.

"사태가 급합니다. 제가 왕으로 가장할 테니 저를 보내십시오. 그럼 우리 대왕께서 화를 면할 수 있을 것입니다."

수나라 군주는 태사太史를 시켜 이 일의 길흉에 대해 점을 쳐보게 했다. 태사가 점사占辭를 바쳤다.

평지가 있으면 비탈이 있고	平必陂
가는 것이 있으면 다시 오는 것이 있다	往必復
옛것을 버리지 말고	故勿棄
새것을 바라지 말라	新勿欲
서쪽 이웃은 호랑이요	西鄰爲虎
동쪽 이웃은 고기로다	東鄰爲肉

수나라 군주가 말했다.

"초나라는 옛것이요, 오나라는 새것이니 귀신이 나를 깨우쳐주신 것이다."

그는 사람을 보내 오운에게 말했다.

"우리 나라는 초나라에 의지하여 나라를 지탱하며 대대로 우호의 맹약을 맺어왔소. 그러므로 초나라 군주가 욕을 당하면 감히 받아들이지 않을 수 없소. 그러나 지금은 초나라 군주가 벌써 다른 곳으로 옮겨 갔으니 장군께서 잘 살펴주시기 바라오."

오운은 지금 낭와가 정나라에 있기 때문에 초 소왕도 정나라로 도망갔을 것으로 의심했다. 또 정나라 사람들이 세자 건을 죽였는데도 아직 원수를 갚지 못한 일이 생각났다. 그래서 마침내 정나라로 군사를 이동시켜 정나라 교외를 포위했다. 이때 정나라에서는 현신賢臣 유길이 세상을 떠나서 정 정공은 엄청난 공포에 사로잡혀 있었다. 그가 그 잘못을 낭와에게 돌리자 낭와는 결국 자결하고 말았다. 정 정공은 낭와의 시신을 오나라 군사에게 바치고 초왕이 아직 정나라에 오지 않았다고 해명했다. 그러나 오나라 군사는 물러갈 생각을 하지 않고 정나라를 멸망시켜 세자 건의 원수를 갚으려고 했다. 정나라 대부들은 도성을 등지고 일전을 벌여 나라의 존망을 결정짓자고 청했다. 정 정공이 말했다.

"우리 정나라의 군사와 군마를 초나라와 비교하면 어느 나라가 강한가? 저 강대한 초나라도 깨졌는데 하물며 우리 정나라야 말해 무엇하겠소?"

정공은 나라 안에 명령을 내렸다.

"오나라 군사를 물리칠 수 있는 사람은 과인과 함께 나라를 나누어 다스릴 것이다!"

명령을 내린 지 사흘 만에, 악저鄂渚 어부 노인漁丈人[1]의 아들이 전쟁을 피해 정나라 도성으로 와 있다가 오나라에서 오운을 대장으로 삼아 정나라를 침략했다는 소문을 듣고 정 정공에게 알현을 청했다. 그가 말했다.

"제가 오나라 군사를 물리칠 수 있습니다."

정 정공이 말했다.

"경이 오나라 군사를 물리치려면 병거가 얼마나 필요하오?"

그가 대답했다.

"신은 한 치의 무기나 한 말의 군량도 축내지 않을 것입니다. 다만 신에

1_ 어부 노인漁丈人: 소관昭關을 탈출한 오자서를 고깃배에 태워 장강을 건너게 해준 노인. 이 소설 제72회 참조.

게 배를 저을 수 있는 노 한 자루만 주시면 신이 길에서 노래를 불러 오나라 군사를 물리치겠습니다."

정 정공은 믿을 수 없었으나 다른 대책이 없었기 때문에 좌우 시종을 시켜 노 한 자루를 가져다주며 말했다.

"진정으로 오나라 군사를 물리칠 수 있으면 과인이 가장 후한 상을 내릴 것이오."

어부 노인의 아들은 밧줄을 타고 성을 내려가 곧바로 오나라 군영으로 들어갔다. 그는 군영 앞에서 노를 두드리며 노래를 불렀다.

갈대숲 속 사람이여!	蘆中人
갈대숲 속 사람이여!	蘆中人
허리에는 칠성 무늬 보검을 차고	腰間寶劍七星文
장강을 건널 때를 기억하지 못하네	不記渡江時
보리밥에 생선국을 드셨지	麥飯鮑魚羹

군사들이 그를 잡아 오운에게 데리고 왔다. 그는 앞서와 같이 계속 '갈대숲 속 사람蘆中人'이란 노래를 불렀다. 오운은 그를 자리에 앉게 하고 놀라 물었다.

"족하께선 누구시오?"

그는 노를 들어 보이며 대답했다.

"장군께선 제가 손에 들고 있는 것이 보이지 않으시오? 내가 바로 악저땅 어부 노인의 아들이오."

오운이 처연한 목소리로 말했다.

“족하의 부친은 나 때문에 돌아가셨소. 늘 은혜에 보답할 생각을 하고 있었지만 그 길을 찾을 수 없었소. 그런데 오늘 다행스럽게도 그 아드님을 만났구려. 족하께서 노래를 부르며 나를 찾아오셨으니 무슨 의도가 있는 것 같습니다만?”

어부 노인의 아들이 대답했다.

“특별히 바라는 것은 없소. 지금 정나라는 장군이 거느리고 온 군사의 위세에 겁을 먹고, 나라 안에 ‘오나라 군사를 물리칠 수 있는 사람이 있으면 그와 나라를 나누어 다스릴 것이다’라는 어명을 내렸소. 그래서 내가 우리 선친과 장군께서 창졸간에 만난 인연이 있음을 알고 이렇게 온 것이오. 이제 장군께서 정나라를 용서해주시길 바랄 뿐이오.”

오운은 하늘을 우러러 탄식하며 말했다.

“슬프다! 나 오운에게 오늘이 있게 해준 것은 모두 어부 노인의 은혜다. 저 푸른 하늘이 내려다보고 있는 이상 어찌 그 은혜를 잊을 수 있겠는가?”

그리하여 바로 그날로 포위를 풀고 돌아갔다. 어부 노인의 아들은 돌아와 정 정공에게 결과를 보고했다. 정 정공은 매우 기뻐하며 100리의 땅을 떼서 그의 봉토로 하사했다. 그래서 정나라 사람들은 그를 어대부漁大夫라고 불렀다. 지금도 진수溱水[2]와 유수洧水[3] 사이에 장인촌丈人村이 있는데 바로 이곳이 어대부가 봉해진 곳이다. 염옹이 이 일을 시로 읊었다.

2_ 진수溱水: 역대로 진수溱水가 어디에 있느냐에 대해 두 가지 학설이 존재해왔다. 첫째는 하남성 신정新鄭 정한鄭韓 고성古城 북쪽을 흐르는 황수黃水를 진수라고 보는 학설, 둘째는 하남성 신밀新密 동남쪽 교류채交流寨 북쪽을 흐르는 강을 옛날 진수로 보는 학설이 그것이다. 현재까지도 이 두 가지 학설은 논쟁 중에 있다.

3_ 유수洧水: 하남성 등봉登封 양성산陽城山에서 발원하여 신정에서 진수와 합류하고, 다시 서화西華에서 영수潁水와 합류한다.

갈대숲 비밀 부탁에 삶과 죽음 나뉘었더니　　密語蘆洲隔死生
아들이 부른 뱃노래는 초나라 노래와 흡사했네　　橈歌強似楚歌聲
삼군을 철수시켜 봉토를 받게 했으니　　三軍旣散分茅土
지난날 강가의 정을 저버리지 않았다네　　不負當時江上情

오운은 정나라에서 포위를 풀고 초나라 경내로 회군했다. 그러고는 군사를 나누어 각 요로를 지키게 한 뒤 미麋(陝西省 白河) 땅에 오나라 대군의 군영을 세웠다. 또 사방으로 사람을 보내 초나라 군사의 항복을 유도하고 아울러 초 소왕의 행방도 급박하게 수소문했다.

한편 신포서申包胥는 영도가 함락된 후 이릉夷陵(湖北省 宜昌)의 석비산石鼻山으로 몸을 피했다. 그는 오자서가 평왕의 무덤을 파헤쳐 시신에 채찍질을 했고, 또 초왕을 찾고 있다는 소문을 듣고 사람을 시켜 오자서에게 서찰을 보냈다. 그 내용은 대략 이러했다.

> 자네는 지난날 평왕의 신하로서 북향을 하고 그분을 섬겼네. 그런데도 지금 그분의 시신을 욕보이고 복수를 했다고 운운하는 것은 너무 심한 짓이 아닌가? 사물의 이치란 끝 간 데까지 가면 반드시 되돌아오는 법이니 자네는 조속히 돌아가야 할 것이네. 그렇지 않으면 이 신포서가 초나라를 다시 세우겠다는 약속을 실천할 것이네.

오운은 편지를 읽고 한참 동안이나 깊이 음미했다. 그러고는 편지를 갖고 온 사자에게 일렀다.

"나는 군사 업무에 바빠서 답장을 쓸 시간이 없으니 그대의 입을 빌리고자 하오. 이제 돌아가서 나 대신 신군申君에게 감사를 표하고 이렇게 말을 전해주시오. '나는 충성과 효도를 모두 온전하게 실천할 수 없네. 날은 저무는데 갈 길은 멀어서,[4] 어쩔 수 없이 만사에 거꾸로 행동하고 역으로 시행할 수밖에 없었던 것이네.[5]'"

사자가 돌아와 신포서에게 그렇게 보고했다. 그러자 신포서가 말했다.

"오자서는 반드시 초나라를 멸망시킬 것이지만 나는 그것을 좌시하지만은 않을 것이다!"

그는 초 평왕의 부인이 바로 진秦 애공의 딸이고 초 소왕은 바로 진나라 왕실의 외손임을 상기하고 초나라의 국난을 해결하려면 진나라에 구원을 청하는 수밖에 없다고 생각했다. 이에 그는 밤낮없이 서쪽으로 달려갔다. 그의 두 발은 발꿈치가 모두 갈라져 걸을 때마다 피가 흘렀다. 그는 옷을 찢어 발을 싸맸다. 신포서는 옹주雍州로 달려가 진 애공을 알현했다.

"오나라는 그 탐욕스러움이 흡사 돼지와 같고, 그 악랄함은 마치 독사와 같습니다. 오랫동안 제후들을 병탄할 욕심을 품고 있다가 우리 초나라에서부터 군사 행동을 시작한 것입니다. 우리 주상께선 사직을 잃고 황량한 숲속으로 몸을 피하신 채 특별히 신에게 명령을 내려 귀국에 위급함을 고하게 한 것입니다. 바라옵건대 군후께선 사위의 나라를 생각하시어 군사를 보내 우리를 곤경에서 구해주십시오!"

4_ 일모도원日暮途遠: 날은 저무는데 갈 길은 멀다는 고사성어가 여기서 나왔다. 급박하게 할 일은 많지만 시간이 많지 않음을 비유한다.(『사기』「오자서열전伍子胥列傳」)

5_ 도행역시倒行逆施: 어떤 일을 급박하게 처리하느라 순리를 거슬러 행동하고 이치에 맞지 않게 시행하는 것을 말한다. 상식적인 이치에서 벗어나 무리하게 일을 실천하는 것을 비유한다.(『사기』「오자서열전」)

진 애공이 말했다.

"우리 진나라는 서쪽 변방에 치우친 나라로 군사는 미약하고 장수는 부족하오. 우리 스스로를 지키기에도 겨를이 없는데 어찌 다른 나라를 도와줄 힘이 있겠소?"

신포서가 말했다.

"초나라와 진나라는 경계를 맞대고 있습니다. 초나라가 외국의 군사 침략을 받고 있는데 진나라가 구해주지 않으면, 오나라가 초나라를 멸망시킨 후에 진나라까지 칠 것입니다. 군후께서 초나라를 살려주시는 건 바로 진나라를 튼튼하게 하는 길이기도 합니다. 만약 진나라가 마침내 우리 초나라를 다시 존속시켜주신다면 진나라의 국력이 오히려 오나라보다 더욱 강해지지 않겠습니까? 만약 진나라가 우리 초나라를 위무하여 광복을 이뤄주시고 종묘의 제사를 끊기지 않게 해주시면 대대로 북쪽을 향해 진나라를 섬길 것입니다."

진 애공은 결정을 미루면서 말했다.

"대부께선 잠시 역관으로 물러나 쉬시오. 과인이 신료들과 상의해보도록 하겠소."

신포서가 대답했다.

"우리 주상께서 지금 황량한 숲 속을 떠돌며 고초를 겪고 계신데, 소신이 어찌 감히 역관에서 편히 쉴 수 있겠습니까?"

이 무렵 진 애공은 음주에 탐닉하며 국사를 돌보지 않고 있었다. 그래서 신포서가 급하게 도움을 청할수록 애공은 더욱 군사를 보내려 하지 않았다. 그러자 신포서는 의관도 벗지 않고 진나라 조정에 서서 밤낮으로 통곡을 그치지 않았다. 이처럼 일곱 낮 일곱 밤을 계속하며 물 한 모금도 입에 대지 않았다. 진 애공은 그 소식을 듣고 깜짝 놀라며 말했다.

"초나라 신하가 급하게 자기 임금을 구하려는 마음이 저 정도로 지극하단 말인가? 초나라에 저와 같은 현신이 있는데도 오나라가 멸망시키려 하는데, 과인에겐 저런 현신이 없으니 장차 오나라가 어찌 우리 진나라를 용납하겠는가?"

이에 애공은 신포서를 위해 눈물을 흘리며 「무의無衣」라는 시를 지어 그의 충성심을 표창했다.

어찌 옷이 없다고 하시오?	豈曰無衣
그대와 도포를 함께 입겠소	與子同袍
왕께서 군사를 일으키시면	王于興師
그대와 원수를 함께 갚겠소	與子同仇[6]

신포서는 머리를 조아리며 감사의 인사를 올린 후에야 비로소 음식을 먹기 시작했다. 진 애공은 장수 자포子蒲와 자호子虎에게 병거 500승을 주고 신포서를 따라가 초나라를 구원하게 했다. 신포서가 말했다.

"우리 주상께선 지금 수나라에서 마치 심한 가뭄에 비가 오기를 기다리듯 구원을 바라고 계시오. 내가 한 걸음 먼저 가서 주상께 이 소식을 알려야겠소. 원수께선 상商(陝西省 丹鳳 서쪽) 땅과 곡穀(湖北省 穀城) 땅을 거쳐 동쪽으로 가면 닷새 만에 양양襄陽(湖北省 襄陽)에 닿을 수 있을 것이오. 그곳에서 방향을 꺾어 남쪽으로 가면 바로 형문荊門(湖北省 荊門)이오. 나는 초나라

6_ 이 시는 『시경詩經』 「진풍秦風·무의無衣」의 첫째 연이다. 그러나 넷째 구 "짧은 창 긴 창을 닦아脩修戈矛" 부분이 생략되었다.

신포서가 울면서 진秦나라 군사를 빌리다.

의 남은 군사를 이끌고 석량산石梁山 남쪽으로 나올 테니 두 달을 넘기지 않고 서로 만날 수 있을 것이오. 지금 오나라는 승리만 믿고 틀림없이 방비를 하고 있지 않을 것이오. 또 군사들은 외지에 있은 지 오래되어 집으로 돌아가고 싶어할 것이오. 이때 만약 저들의 일군이라도 격파하면 다른 군사는 저절로 무너지게 될 것이오."

자포가 말했다.

"나는 초나라의 길을 아직 잘 모르니 반드시 초나라 군사의 안내를 받아야 하오. 대부께선 약속을 어기지 마시오."

신포서는 진나라 군사와 작별한 후 밤새도록 수나라로 달려가 초 소왕을 알현했다. 신포서가 말했다.

"신이 진나라에 군사를 청하여 저들 군사가 벌써 국경을 나섰습니다."

소왕은 크게 기뻐하며 수나라 군주에게 말했다.

"태사의 점괘에 이르기를 '서쪽 이웃은 호랑이요, 동쪽 이웃은 고기로다西鄰爲虎, 東鄰爲肉'라고 했소. 지금 진나라는 초나라의 서쪽에 있고, 오나라는 초나라의 동쪽에 있으니 과연 그 점괘가 맞았소."

이때 위연과 송목 등은 초나라의 남은 군사를 수습하여 수나라에서 소왕을 수행하고 있었다. 또 자서와 자기도 함께 수나라 군사를 일으켜 일제히 진군의 깃발을 올렸다. 진나라 군사는 양양에 주둔하고 초나라 군사를 기다렸다. 신포서는 자서와 자기 등 초나라 장수를 이끌고 가서 진나라 군사와 상면했다. 초나라 군사는 앞장서서 길을 인도하고 진秦나라 군사는 그 뒤를 따라 행군하여 기수沂水에서 오나라 부개의 군사와 맞닥뜨렸다. 자포가 신포서에게 말했다.

"대부께서는 초나라 군사를 이끌고 먼저 오나라 군사와 전투를 벌이시오. 내가 뒤에서 적을 습격하겠소."

그리하여 신포서는 바로 부개와 교전을 벌였다. 부개는 자신의 용력만 믿고 신포서는 전혀 안중에 두지 않았다. 그러나 약 10여 합을 겨뤘지만 승부가 나지 않았다. 그때 자포와 자호가 대군을 이끌고 진격해왔다. 부개는 저 멀리서 '진秦' 깃발이 펄럭이는 것을 보고 깜짝 놀라며 말했다.

"서쪽 나라 군사들이 어떻게 여기까지 왔단 말인가?"

그리하여 황급히 군사를 거두었지만 이미 군사 절반을 잃은 뒤였다. 자서와 자기 등 초나라 장수도 승세를 타고 오나라 군사를 50리나 추격한 뒤 공격을 멈추었다. 부개는 영도까지 도주하여 오왕을 만났다. 그는 진나라 군사의 공격이 몹시 날카로워 도저히 막을 수 없었다고 떠벌렸다. 합려가 두려운 기색을 보이자 손무가 앞으로 나서며 말했다.

"군사란 흉기입니다. 잠시 사용할 수는 있으나 오래 사용할 수는 없습니다. 또 초나라 땅은 광대하고 민심은 아직도 우리 오나라에 복종하고 있지 않습니다. 신이 앞서 공자 승을 초나라 보위에 올려 민심을 무마하자고 청한 것도 바로 오늘의 변고를 대비하기 위한 것이었습니다. 지금 우리 계책으로는 사신을 보내 진나라와 우호를 맺고 초나라 임금을 다시 보위에 올린 뒤 초나라 동쪽 땅을 할양받아 우리 오나라의 영토를 넓히는 것이 가장 좋습니다. 그렇게 하는 것이 대왕마마에게도 유리할 것입니다. 만약 초나라 궁궐에 미련을 두고 저들과 오래 대치하게 되면 초나라 사람들은 울분을 품고 힘을 모을 것이지만 우리 오나라 군사들은 교만하고 나태해질 것입니다. 게다가 범 같고 이리 같은 진나라 군사까지 가세하면 온전한 계책을 마련할 수 없게 됩니다."

오운은 이제 초 소왕을 잡을 수 없게 되었다는 사실을 알고 역시 손무의 말을 옳게 여겼다. 오왕 합려도 손무의 말을 따르려 했다. 그러나 백비가 앞으로 나서며 말했다.

"우리 군사는 오나라를 떠난 이래 연도 내내 파죽지세로 진격하여 다섯 번의 전투 만에 영도를 함락시키고 마침내 초나라의 종묘사직을 모두 파괴했습니다. 그런데 지금 진나라 군사를 겨우 한 번 만나고 나서 바로 군사를 거둔다면, 이 어찌 처음에는 용감하게 싸우다가 나중에는 비겁하게 도망가는 꼴이 아니겠습니까? 바라옵건대 신에게 1만의 군사를 주시면 반드시 진나라 군사를 한 명도 살려 보내지 않겠습니다. 만약 싸움에서 이기지 못하면 군령을 달게 받겠습니다."

오왕 합려는 그 말을 장하게 여기고 싸움을 허락했다.

손무와 오운은 교전을 해서는 안 된다고 극력 만류했지만 백비는 그들의 말을 듣지 않고 군사를 이끌고 성을 나섰다. 양쪽 군사들은 군상軍祥에서 만나 진영을 펼쳤다. 백비는 멀리서 초나라 군사의 대열이 정비되지 않을 것을 보고 바로 공격의 북을 울리게 한 뒤 병거를 휘몰아 적진으로 돌진했다. 그는 적진 앞에서 초나라 장수 자서를 만나 욕설을 퍼부었다.

"네놈은 만 번 죽었다가 겨우 살아난 놈이다. 아직도 식은 재에 다시 불이 붙을 수 있다고 생각하느냐?"

자서도 욕설을 퍼부었다.

"나라를 배반한 역적 놈아! 오늘 무슨 염치로 얼굴을 내미느냐?"

백비는 불같이 화를 내며 창을 들어 자서를 찌르려 했다. 자서도 창을 휘두르며 백비를 맞아 싸웠다. 그러나 몇 합도 겨루지 못하고 자서가 패배를 가장하고 달아나기 시작했다. 백비가 그를 추격하며 2리도 가지 못했을 때 왼쪽에서 심제량이 군사를 이끌고 치달려왔다. 또 오른쪽에서는 위연薳

延이 군사를 이끌고 쇄도해왔다. 게다가 진秦나라 장수 자포와 자호도 새로 투입된 젊은 군사를 거느리고 중앙에서 바로 오나라 진영을 꿰뚫었다. 세 갈래 군사들은 오나라 군사를 세 곳으로 절단했다. 백비는 좌충우돌하며 힘을 다해 싸웠으나 탈출할 수 없었다. 그때 오운의 군사가 당도하여 한바탕 살육전을 벌이며 백비를 구출했다. 백비가 거느린 1만의 군사 중 살아남은 자는 겨우 2000명도 되지 않았다. 백비는 스스로 몸을 묶고 오왕 합려 앞에서 죄를 청했다. 손무가 몰래 오운에게 말했다.

"백비는 공로만 믿고 제 마음대로 설치는 사람이오. 나중에 틀림없이 오나라의 우환거리가 될 것이오. 차라리 이번에 패전한 기회를 틈타 군령으로 참수하는 것이 좋을 것이오."

오운이 말했다.

"이번에 그가 군사를 잃은 죄는 있지만 이전에 세운 공이 적지 않소. 게다가 적이 눈앞에 있는 이때 훌륭한 장수의 목을 벨 수는 없는 일이오."

이에 마침내 오왕에게 그의 죄를 용서해달라고 청했다. 진나라 군사는 곧바로 영도를 핍박했다. 오왕 합려는 부개와 공자 산에게 영도성을 지키라고 명령을 내리고 자신은 대군을 이끌고 기남성에 주둔했다. 오운과 백비는 군사를 나누어 마성과 여성에 주둔하고 서로 의지하는 형세를 만든 뒤 진나라 군사와 대치했다. 또 당나라와 채나라에 사신을 보내 군사 파병을 요청했다. 초나라 장수 자서가 진나라 장수 자포에게 말했다.

"오나라가 영도를 근거지로 삼고 성벽을 튼튼히 한 채 우리와 대치하고 있소. 만약 당나라와 채나라가 다시 군사를 보내 저들을 도와주면 우리가 도저히 대적할 수 없게 되오. 차라리 틈을 보아 당나라를 치는 것이 좋겠소. 당나라를 격파하고 나면 채나라 사람들은 틀림없이 겁을 먹고 스스로 지키기에 급급할 것이오. 그때 우리가 오나라를 전력으로 공격하면 승리를 거둘 수 있을 것이오."

자포는 그의 계책을 옳게 여기고 자서와 자기에게 군사를 나누어준 뒤 당나라 도성을 공격하게 했다. 그들은 당나라를 공격하여 당 성공을 죽이고 당나라를 멸망시켰다. 이에 채 애공은 겁을 먹고 감히 오나라를 지원할 군사를 파견하지 못했다.

한편 부개는 초나라를 격파할 때 제1등 전공을 세웠다고 자부하고 있던 터에, 기수에서 한 번 패배했다고 오왕이 그에게 영도를 지키고 있으라고만 하자 몹시 우울하고 불쾌했다. 또한 오왕이 진秦나라와 대치한 채 결전을 벌이려 하지 않는다는 소식을 듣고 갑자기 마음속으로 이런 생각이 들었다.

'오나라의 제도에는 형이 죽으면 아우가 왕위를 잇게 되어 있으니 내가 마땅히 다음 보위에 올라야 한다. 그런데 지금 임금은 자기 아들 파波를 세자로 세웠으므로 나는 다음 보위에 오를 수가 없다. 이번에 대군이 원정을 나가 국내가 텅 빈 틈을 타서 내가 몰래 귀국하여 왕위를 빼앗으면 어찌 나중에 왕위를 다투는 것보다 낫지 않겠는가?'

그리하여 부개는 자기 휘하의 군마를 거느리고 몰래 영도의 동문을 빠져나와 한수를 건너 오나라로 돌아갔다. 그는 귀국하여 거짓말을 퍼뜨렸다.

"합려가 진나라 군사에게 패배하여 지금 종적을 모른다. 그러니 내가 다음 왕위에 올라야 한다."

부개는 마침내 스스로 오나라 왕을 참칭했다. 그리고 자신의 아들 부장扶臧을 시켜 모든 군사를 거느리고 회수에 주둔하게 한 뒤 오왕 합려의 귀로를 막게 했다. 오나라 세자 파와 전제의 아들 전의는 부개의 변란 소식을 듣고 도성의 성곽에 올라 수비를 단단히 하며 부개의 입성을 허락하지 않았다. 그러자 부개는 삼강三江7을 거쳐 사신을 월나라로 보내 군사 파견을 설득했다. 그는 월나라가 오나라를 협공하는 데 참전하면 오나라 동쪽 다섯 성을 월나라에 할양하여 사례를 하겠다고 했다.

이즈음 오왕 합려는 진나라 군사가 당나라를 멸망시켰다는 소식을 듣고 몹시 놀랐다. 그리하여 여러 장수를 불러 진나라 군사를 막을 계책을 상의하려고 했다. 그때 갑자기 공자 산山이 보고를 올렸다.

"부개가 아무 이유도 없이 자기 휘하 군사를 거느리고 몰래 오나라로 돌아갔습니다."

오운이 말했다.

"부개가 이번에 돌아간 것은 틀림없이 반역을 하기 위한 것입니다."

합려가 말했다.

"그럼 장차 어찌하면 좋소?"

오운이 말했다.

"부개는 용력만 믿는 필부에 불과하오니 염려하실 것이 없습니다. 지금 염려가 되는 것은 월나라 사람들이 변란 소식을 듣고 군사를 움직이는 것입니다. 그러니 대왕마마께선 조속히 귀국하시어 먼저 내란을 평정하십시오."

합려는 손무와 오자서에게 영도를 지키게 하고, 자신은 백비와 함께 배를 타고 강물을 따라 하류로 내려갔다. 한수를 건너자 세자 파가 급보를

7_ 삼강三江: 『한서漢書』 「지리지地理志」에 따르면 지금의 상해上海 송강松江(蘇州河), 또 송강에서 갈라져서 동북쪽으로 장강에 이르는 누강婁江, 그리고 송강에서 갈라져서 동남쪽으로 흐르는 동강東江을 삼강三江이라 불렀다고 한다. 대체로 지금의 장강 하류 소주와 상해 일대를 가리키는 것으로 보인다. 지금은 송강의 물길만 남아 있고, 누강과 동강은 거의 사라졌다.

보내왔다.

"부개가 반란을 일으켜 왕호를 참칭하고 월나라와 연합하여 적병을 불러들였습니다. 지금 오나라 도성의 위기가 경각에 달려 있습니다."

합려가 깜짝 놀라며 말했다.

"오자서의 예상이 빗나가지 않았구나."

그리하여 마침내 사자를 영도로 보내 손무와 오운의 군사를 돌아오게 했고, 자신은 밤을 새워 오나라를 향해 군사를 치달렸다. 그러고는 강물을 따라 명령을 전하면서 장졸들을 회유했다.

"부개의 군영을 떠나 돌아오는 자에겐 본래의 지위를 회복시켜주겠지만 나중에 도착하는 자는 참수할 것이다."

그러자 회수 가에 주둔하고 있던 오나라 군사들은 모두 창을 거꾸로 잡고 귀순했다. 부장은 견딜 수 없어서 곡양谷陽(安徽省 固鎭 谷陽城)으로 달아났다. 부개는 백성을 내몰아 갑옷을 입히려 했지만 백성은 오왕 합려가 아직도 건재하다는 소문을 듣고 모두 달아나 숨었다. 할 수 없이 부개는 단독으로 휘하 군사를 이끌고 싸움에 나섰다. 오왕 합려가 전장에서 부개를 보고 물었다.

"나는 너를 내 수족처럼 여기며 의지했는데, 어찌하여 반역을 했느냐?"

부개가 대답했다.

"네가 오왕 요를 죽인 일은 반역이 아니란 말이냐?"

합려는 화를 내며 백비에게 일렀다.

"저 역적 놈을 잡아오라!"

두 장수가 몇 합도 겨루지 않았을 때 오왕 합려가 대군을 지휘하여 부개의 진영으로 곧추 쳐들어갔다. 부개가 용력을 갖추었다 해도 중과부적이라 어쩔 수 없었다. 그는 크게 패하여 달아났다. 부개의 아들 부장은 장강가에 배를 준비해두고 있다가 부친을 건네준 뒤 함께 송나라로 달아났다. 합려는 백성을 안정시키고 오나라 도성으로 돌아왔다. 세자 파는 부왕을 맞아들여 성안으로 모셨다. 그들은 월나라를 맞아 싸울 대책을 함께 상의했다.

손무는 군사를 거두어 돌아오라는 오왕의 명령을 받고 오운과 대책을 상의했다. 그때 갑자기 보고가 올라왔다.

"초나라 군영에서 어떤 사람이 서찰을 갖고 왔습니다."

오운이 서찰을 가져오라고 해서 보니 바로 신포서가 보낸 것이었다. 대략 내용은 이러했다.

> 자네들 군신이 영도를 점거한 지 오랜 시간이 지났지만 초나라를 안정시키지 못했으니, 하늘도 초나라의 멸망을 바라지 않는다는 사실을 알 수 있을 것이네. 자네는 '초나라를 멸망시킨다'는 공언을 실천하고 있겠지만, 나도 '초나라를 다시 세우겠다'는 뜻을 이뤄가고 있는 중이네. 친구 간의 의리는 서로의 뜻을 이뤄주면서 서로를 해치지 않는 것이라고 생각하네. 그러니 자네도 오나라를 위해 온 힘을 다 바치지 말게. 나도 진나라의 힘을 더 이상 빌리지 않겠네.

오운은 서찰을 손무에게 보여주며 말했다.

"대저 우리 오나라는 수만의 병력을 동원하여 먼 길을 치달려 초나라로 들어왔소. 이제 저들의 종묘를 불태우고 사직단도 파괴했으며 죽은 임금의 시체에 매질을 했고, 산 임금의 궁궐에 거처했소. 자고로 신하된 자의 복수가 이처럼 통쾌하게 이뤄진 적은 아직 없었소. 또 우리의 일부 군사가 진秦나라 군사에게 패배하기는 했지만 그리 큰 손상을 입은 것은 아니오. 병법에도 이르기를 '승리의 조짐이 보이면 진격하고, 사정이 어려워지면 후퇴하라見可而進, 知難則退'고 했소. 다행히 초나라에서는 아직 우리 국내 사정이 다급하다는 걸 모르고 있기 때문에 조용히 후퇴할 수 있을 것 같소."

손무가 말했다.

"우리가 아무 소득도 없이 물러나면 초나라 사람들이 우리를 비웃을 것이오. 대부께선 어찌하여 저들에게 공자 승을 받아들이라고 청하지 않소?"

오운이 말했다.

"좋은 말씀이오."

오운은 신포서에게 답서를 썼다.

평왕은 죄 없는 세자를 내쫓고 죄 없는 신하를 죽였네. 나는 울분을 참을 수 없어서 여기까지 온 것이네. 지난날 제 환공은 형나라를 존속시키고 위나라를 다시 세워주었네. 또 진秦 목공은 세 번이나 진晉나라 보위를 안정시켜주었네. 그러나 그분들은 그 땅에 욕심을 내지 않아서 지금까지도 칭송을 받고 있네. 나는 비록 재주 없는 사람이지만 그분들의 대의를 들어서 알고 있다네. 지금 폐위된 세자 건의 아들 승이 오나라에서 한 치의 봉토도 없이 밥을 빌어먹고 있는 실정이네. 초나라에서 만약 공자 승을 귀국시켜 세자 건의 제사를 받들게 한다면 내가 어찌 감히 군사를 물리지 않을 수 있겠는가? 그럼 자네의 뜻도 이루어지는 셈이 될 것이네.

신포서는 오자서의 서찰을 받고 자서子西에게 알렸다. 자서가 말했다.

"억울하게 돌아가신 세자의 후사를 봉하는 일은 바로 나의 뜻이기도 하오."

그리하여 즉시 오나라로 사신을 보내 공자 승을 맞아오게 했다. 그러자 심제량이 간언을 올렸다.

"세자 건은 벌써 오래전에 폐위되었고 그의 아들 공자 승은 원수가 되었소. 어찌하여 원수를 양육하여 나라에 해를 끼치려 하시오?"

자서가 말했다.

"공자 승은 이제 필부일 뿐이오. 우리에게 무슨 해를 끼칠 수 있겠소?"

이에 마침내 초왕의 어명으로 그를 소환하여 큰 고을을 봉토로 주었다.

초나라 사신이 돌아간 후 손무와 오운도 군사를 거두어 귀환했다. 아울러 초나라 왕실 창고의 보물을 수레에 가득 싣고 돌아왔고, 또 초나라 국경의 백성 1만 호戶를 오나라의 빈 땅으로 옮겨 살게 했다. 오운은 손무에게 수로를 따라 앞서 가게 했고, 자신은 육로를 따라 역양산歷陽山에 들러 동고공의 은혜에 보답하려 했다. 그러나 그가 살던 초가집은 모두 뜯기고 없었다. 오운은 다시 용동산으로 사람을 보내 황보눌皇甫訥을 찾게 했으나 역시 종적을 찾을 수 없었다. 오운이 감탄하며 말했다.

"진정한 고사高士들이로다!"

그리하여 그 땅에 재배를 올리고 물러났다. 소관에 이르자 초나라 수비병이 아무도 없었다. 오운은 명령을 내려 소관을 허물게 했다. 또 율양溧陽의 뇌수 가에 들러 탄식하며 말했다.

"내 일찍이 이곳에서 굶주림에 지쳐 한 처녀에게 밥을 빌었다. 그 처녀는 국과 밥을 내게 주고 강물에 몸을 던져 목숨을 끊었다. 내가 그때 이곳 바위 위에 시를 써놓았는데 아직까지 남아 있는지 모르겠다."

그는 좌우 병졸을 시켜 덮어놓은 흙을 걷어내게 했다. 그러자 바위 위에 옛날 글자가 지워지지 않고 분명하게 남아 있었다. 오운은 천금으로 보답하고 싶었지만 그 처녀의 집을 알 수 없었다. 오운은 뇌수 가운데에 금을 던져 넣으라고 명령을 내리고 말을 했다.

"처녀의 영혼이 있다면 내가 은혜를 저버리지 않았음을 알 것이다."

다시 행군을 시작하여 1리도 채 가지 못했을 때 길가에서 한 노파가 군대 행군을 보고 슬피 울었다. 군사들이 노파를 붙잡고 물었다.

"할머니! 무슨 연유로 그렇게 슬피 우십니까?"

노파가 말했다.

"이 늙은이에게 딸이 하나 있었는데 서른이 되도록 시집도 가지 않고 혼자 살았소. 지난날 뇌수에서 빨래를 하다가 곤궁에 처한 군자를 만나 밥을 주었소. 그러나 그 일이 새나갈까 두려워 뇌수에 몸을 던져 죽었다오. 소문에는 그때 밥을 얻어먹은 사람이 바로 초나라의 망명객 오자서 장군이라고 하더이다. 지금 오자서 장군이 승리하여 귀환하고 있다는데, 우리 딸은 그때 베푼 은혜에 보답도 받지 못하니, 부질없이 목숨만 버린 것 같아서 내 가슴이 미어지는구려. 그래서 슬피 울고 있소!"

그 군사가 노파에게 말했다.

"우리 대장이 바로 오자서 장군이오. 할머니에게 천금으로 보답하려고 했지만 집을 몰라서 그 황금을 물속에 던져 넣었소. 어서 가서 건져내시오!"

노파는 마침내 황금을 건져서 집으로 돌아갔다. 지금까지도 그 강물을 투금뢰投金瀨라 부른다. 염선이 이 일을 시로 읊었다.

투금뢰의 물결은 도도하게 흘러가며　　投金瀨下水澌澌

망명객 오자서의 보은을 기억하네 猶憶亡臣報德時
나이 서른이 되도록 좋은 짝은 없었지만 三十年來無匹偶
아름다운 명성은 오자서와 함께 전해지네 芳名已共子胥垂

월나라 군주 윤상은 손무 등이 군사를 거느리고 오나라로 돌아왔다는 소식을 들었다. 그는 손무가 용병술에 뛰어나다는 사실을 알고 있었기 때문에 자신이 승리하기 어려울 것으로 예상하고 군사를 거두어 돌아갔다. 윤상이 말했다.

"월나라는 오나라를 적으로 삼을 것이다."

그러고는 마침내 스스로 월왕越王이라고 칭했다.

오왕 합려는 초나라를 격파한 일에 대한 논공행상을 하면서 손무의 공을 으뜸으로 쳤다. 그러나 손무는 관직을 맡으려 하지 않고 옛날 살던 산속으로 돌아가기를 청했다. 그러나 합려는 오운을 시켜 그를 잡아두라고 했다. 손무가 몰래 오운에게 말했다.

"대부께선 천도를 아시오? 더위가 가면 추위가 오고, 봄이 가면 가을이 오는 법이오. 대왕마마께선 군사의 강성함만 믿고 계시오. 그러니 사방에 근심거리가 없어지면 틀림없이 교만과 환락에 빠질 것이오. 대저 공을 이루고 물러나지 않으면 후환이 닥치게 되오.[8] 나는 나 자신의 목숨만 온전히 하려는 것이 아니라 대부의 목숨도 온전히 해드리려는 것이오."

그러나 오운은 그렇게 하려고 하지 않았다. 손무는 마침내 벼슬을 버리

8_ 공성신퇴功成身退: 공을 이루고 물러난다는 뜻. 성공을 이루었으나 자신의 공을 자랑하지 않고 겸허하게 뒤로 물러남을 비유한다. 본래 이 말은 『노자』 제9장에 나온다. "공을 이루고 몸이 물러남은 하늘의 도다功遂身退, 天之道."

고 표연히 떠나버렸다. 자신이 받은 황금과 비단 여러 수레는 연도의 가난한 백성에게 모두 나누어줬다. 그 후 그가 간 곳을 아는 사람은 아무도 없었다. 사관이 이 일에 대한 사찬을 지었다.

손무는 뛰어난 재능을 지녀	孫子之才
오운에게 환하게 드러났다네	彰於伍員
군법을 두 총희에게 시행하여	法行二嬪
위엄을 삼군에 두루 떨쳤네	威振三軍
일사불란 군사를 지휘하면서	御衆如一
귀신처럼 적의 동태 예상했다네	料敵若神
초나라에 군세를 크게 떨쳤고	大伸於楚
진秦나라에 근소하게 패배했다네	小挫於秦
지혜는 편벽되거나 졸렬하지 않았고	智非偏拙
계책은 깡그리 드러내지 않았네	謀不盡行
벼슬과 봉록도 받지 않았으니	不受爵祿
존망의 이치에 통달했다네	知亡知存
나가서는 정도를 드러내었고	身出道顯
물러나선 명성을 이루었다네	身去名成
손수 지은 병법은 열세 편이니	書十三篇
병가에서 지금도 존중한다네	兵家所尊

오왕 합려는 오운을 상국으로 삼고 제나라에서 관중을 중보仲父로 높여 부른 일과 초나라에서 투누오도鬭穀於菟를 자문子文으로 높여 부른 일을 본

받아 자서子胥라는 자로 부르게 하고 본명인 오운으로는 부르지 못하게 했다. 또 백비도 태재에 임명하여 함께 국정에 참여하게 했으며 창문閶門을 파초문破楚門으로 고쳐 부르게 했다. 아울러 남쪽 경계에 돌로 보루를 쌓아 관문을 만들고 파수병을 두어 월나라 침입을 막게 했으며, 그 관문 이름을 석문관石門關이라 했다. 월나라 대부 범여范蠡도 절강浙江(浙江省 錢塘江) 입구에 성을 쌓고 오나라 침입에 대비하면서 그 성을 고릉固陵이라 부르게 했다. 이는 튼튼하게 지킨다는 뜻이다. 이것은 주周 경왕 15년의 일이었다.

이야기가 두 갈래로 나뉜다. 한편 초나라의 자서와 자기는 영도로 다시 돌아와 한편으로는 평왕의 뼈를 수습하고 종묘사직을 새로 건축했다. 다른 한편으로는 신포서를 수나라로 보내 뱃길로 소왕을 맞아오게 했다. 소왕은 마침내 수나라 군주와 맹약을 맺고 앞으로 수나라를 침략하지 않겠다고 맹세했다. 수나라 군주는 친히 소왕이 타고 갈 배에까지 올라 소왕을 전송하고서야 되돌아갔다. 배가 강물 가운데로 나아가자 소왕은 난간에 의지해 사방을 둘러보며 지난날의 고생을 떠올렸다. 그러나 오늘 다시 이 강을 건너며 강물 가운데를 자유롭게 떠가니 마음속에서 희열이 용솟음쳤다. 그때 문득 수면에 어떤 물건 하나가 떠내려왔다. 그것은 크기가 말斗만 했고 색깔은 빨간색이었다. 소왕은 뱃사공을 시켜 그것을 건져 올려 신료들에게 두루 물었다. 그러나 그것이 무엇인지 아는 사람은 아무도 없었다. 소왕은 패검을 뽑아 그것을 쪼갰다. 그 속은 마치 오이와 같았고 먹어보니 매우 감미로웠다. 소왕은 좌우 신료들에게 두루 나누어주며 말했다.

"이 이름 없는 과일을 알아보려면 박학다식한 선비를 만나야겠소."

하루도 되지 않아 소왕의 행차는 운중雲中에 당도했다. 소왕이 탄식하며 말했다.

"이곳은 과인이 도적을 만난 곳이라 잊을 수 없는 곳이오."

바로 강변에 배를 정박시킨 뒤 투신에게 인부를 감독하여 운몽택 사이에 작은 성을 쌓게 하고 그곳에 잠시 투숙했다. 지금도 운몽雲夢에 초왕성楚王城 유지가 있는데 바로 그곳이 당시에 쌓았던 성이다. 자서와 자기 등은 영도 교외 50리 밖에까지 나와 소왕을 영접했다. 군신들은 서로 만나 노고를 위로했다.

영도에 도착하니 성 밖에는 백골이 끝도 없이 나뒹굴고 있었고 성안에는 궁궐이 절반 이상 파괴되어 있었다. 그들은 모두 자신도 모르는 사이에 처연하게 눈물을 흘렸다. 소왕은 마침내 궁궐로 들어가 모후 백영을 뵈었다. 두 모자는 서로 얼굴을 바라보며 울었다. 소왕이 말했다.

"국가가 불행하여 이런 참변을 만났습니다. 종묘사직이 모두 파괴되었고 선왕의 능묘까지 굴욕을 당했사온데 이 원한을 언제 갚을 수 있겠습니까?"

백영이 말했다.

"오늘은 겨우 보위를 회복했으니 먼저 상벌을 분명하게 시행한 연후에 백성을 위로해야 하오. 그리고 우리 역량이 충분해지기를 기다려 복수를 도모해야 할 것이오."

소왕은 재배를 올리고 모후의 가르침을 받들었다. 이날은 감히 침전에서 잠을 자지 못하고 재궁齋宮9에 묵었다. 이튿날 종묘사직에 고유제告由祭를 올리고 선왕들의 분묘를 돌아봤다. 그 후 대전에 올라 백관들의 하례를

9_ 재궁齋宮: 임금이 종묘에 제사를 올리기 위해 묵으며 재계齋戒하는 궁전.

초 소왕이 영도로 돌아오다.

받았다. 소왕이 말했다.

"과인이 악인을 등용하여 거의 망국에 이를 뻔했소. 만약 경들이 아니었다면 어찌 다시 하늘의 태양을 볼 수 있었겠소? 나라를 잃은 것은 과인의 죄고, 나라를 다시 얻은 것은 경들의 공로요."

대부들은 모두 머리를 조아리며 감히 그런 말을 들을 자격이 없다고 사양했다. 소왕은 먼저 진秦나라 장수들을 위해 연회를 열고 그들의 군사까지 융숭하게 대접한 뒤 귀국하게 했다. 그 뒤 논공행상을 하여 자서를 영윤으로 삼고 자기를 좌윤으로 삼았다. 또한 신포서의 공로가 가장 컸기 때문에 그를 우윤에 임명하고자 했다. 신포서가 말했다.

"신이 진나라에서 군사를 빌린 건 대왕마마를 위한 것이지 제 몸을 위한 것이 아니었습니다. 이제 대왕마마께서도 조정으로 돌아오셨으니 신의 뜻은 이루어졌습니다. 어찌 감히 제 이익을 도모할 수 있겠습니까?"

그는 굳게 사양하며 벼슬을 받지 않았다. 소왕이 억지로 권하자 신포서는 처자식을 데리고 몸을 피했다. 그러자 그의 아내가 말했다.

"당신은 심신의 피로를 마다하지 않고 진나라로 가서 군사를 빌려와 초나라를 안정시켰습니다. 그러니 이제 당신의 몫으로 상을 나누어 받아야지 어째서 몸을 피하십니까?"

신포서가 말했다.

"나는 처음에 친구 간의 의리 때문에 오자서의 음모를 발설하지 않았소. 따라서 오자서가 초나라를 파괴한 것은 모두 나의 죄요. 죄인의 몸으로 공훈을 받는 걸 나는 치욕스럽게 생각하오."

그리하여 마침내 깊은 산으로 숨어 들어가서 죽을 때까지 밖으로 나오지 않았다. 소왕은 사자를 보내 그를 데려오려 했으나 끝내 뜻을 이룰 수 없자 그가 숨어사는 동네 앞에 '충신지문忠臣之門'이란 정려문을 세워서 그의 공로를 기렸다. 그러고는 왕손 유우를 우윤으로 임명하며 말했다.

"경은 운중에서 과인을 대신해 도적의 창에 찔렸소. 과인은 그 공로를 감히 잊을 수 없소."

그 나머지 심제량, 종건, 송목, 투신, 투소, 위연 등에게도 벼슬을 올려주고 봉읍을 더해줬다. 또 소왕은 운 땅에서 자신을 시해하려던 투회까지 불러 상을 주려 했다. 그러자 자서가 말했다.

"투회는 시역弑逆을 행하려던 자입니다. 죄를 줘야 마땅한데 어찌 상을 주려 하십니까?"

소왕이 말했다.

"그는 자기 부친의 원수를 갚기 위해 그런 마음을 먹은 것이니 효자라고 할 수 있소. 효자가 될 수 있는 사람이 어찌 충신이 되기 어렵겠소?"

소왕은 그를 대부에 임명했다. 그때 남윤 미가 또 소왕을 알현하려고 했다. 소왕은 앞서 성구 땅에서 자신을 배에 태워주지 않은 일이 생각나서 그를 잡아들여 주살하려고 사람을 보내 물었다.

"네놈은 피란길에서 과인을 내버렸다. 그러고도 지금 다시 나타난 것은 무슨 까닭이냐?"

남윤 미가 대답했다.

"지난날 낭와는 덕행을 버리고 원한만 쌓다가 결국 백거에서 대패했습니다. 대왕마마께선 낭와를 본받으려 하십니까? 그때 성구에서 신의 배를 타셨다 해도 영도 궁궐의 편안함과 어찌 비교할 수 있겠습니까? 신이 성구에서 대왕마마를 버린 건 대왕마마를 깨우치기 위한 행동이었습니다. 오늘 신이 이렇게 온 것은 대왕마마께서 지난 일을 뉘우치시는지 보기 위함입니다. 대왕마마께서 스스로 나라를 잃은 잘못은 성찰하지 않으시고 대왕마마를 배에 실어주지 않은 신의 죄만 기억하신다면 신은 이제 죽어도 아까울 것이 없습니다. 다만 초나라의 종묘사직이 아까울 뿐입니다."

자서가 아뢰었다.

"남윤 미의 말이 옳습니다. 그를 용서해주시고 지난날의 패배를 잊지 마십시오!"

이에 소왕은 남윤 미의 알현을 허락하고 그를 옛날처럼 대부에 임명했다. 소왕의 도량이 넓어진 것을 본 신료들은 기뻐하지 않을 수 없었다. 소왕의 부인은 합려에게 몸을 더럽혔기 때문에 자신의 남편인 소왕을 보기가 부끄러워 스스로 목을 매어 목숨을 끊었다. 이때 월나라는 오나라와 원한을 맺고 있던 차에 초왕이 다시 보위를 되찾았다는 소식을 듣고 사신을 보내 축하 인사를 올렸다. 그러고는 내친김에 월나라 왕실의 종녀宗女 월희越姬를 초왕의 계실繼室로 바쳤다. 월희는 현숙한 덕이 있어서 초왕의 존경을 받았다. 초 소왕은 자신과 환난을 함께했던 누이동생 계미에게 좋은 배필을 구해주기 위해 고심했다. 그러자 계미가 말했다.

"여자의 예의범절은 외간 남자를 가까이하지 않는 것입니다. 지난날 피란길에서 종건이 늘 저를 업어주었습니다. 그러니 그 사람이 바로 제 남편입니다. 어찌 감히 다른 사람에게 시집갈 수 있겠습니까?"

초 소왕은 계미를 종건에게 시집보내고 종건을 사악대부司樂大夫로 삼았다. 또 손숙오의 혼령이 나타나 도와준 일을 생각하고 운중에 그의 사당을 세워 제사를 올리게 했다.

자서는 영도가 심하게 파괴되었을 뿐만 아니라 오나라 사람들이 오래 거주하여 도로를 익숙하게 알고 있음이 걱정되었다. 이에 다시 약鄀(湖北省

宜城 동남) 땅에 성곽을 쌓고 궁궐과 종묘사직을 지어 도성을 옮긴 뒤 그곳을 신영新郢이라 했다. 초 소왕은 새로운 궁전에 술을 마련하고 신료들과 큰 잔치를 벌였다. 주흥이 무르익을 무렵 악사樂師 호자扈子는 소왕이 지금의 안락에 젖어 지난날의 고통을 잊고 다시 평왕의 전철을 밟을까 걱정이 되었다. 그는 소왕 앞에서 금琴을 안고 아뢰었다.

"신이 「궁뉵窮衄」이라는 노래를 대왕마마께 들려드리고 싶습니다."

소왕이 말했다.

"과인도 들어보고 싶구나!"

호자는 금을 끌어당겨 연주하며 노래를 불렀다. 노랫소리가 매우 처연하면서도 원망이 담겨 있었다. 그 가사는 이러했다.

왕이시여 왕이시여 어찌 그리 졸렬했소?	王耶王耶何乖劣
종묘사직 돌보지 않고 참소만 들었다네	不顧宗廟聽讒孽
비무극을 임용하여 살상을 많이 저질렀고	任用無極多所殺
충신 효자 주살하여 나라 기강 끊었다네	誅夷忠孝大綱絕
오운과 백비 도망쳐서 오월 땅에 망명하니	二子東奔適吳越
오왕은 슬퍼하며 그들의 원망 부추겼네	吳王哀痛助忉怛
눈물 흘리며 거병하여 서쪽을 정벌한 건	垂涕舉兵將西伐
오자서와 백비와 손무의 군사였네	子胥伯嚭孫武決
오전五戰 만에 영도 함락, 대왕은 도망쳤고	五戰破郢王奔發
군사들은 제 맘대로 대궐을 약탈했네	留兵縱騎虜荊闕
선왕의 유골도 무덤에서 파헤쳐지고	先王骸骨遭發掘
시신은 채찍 맞아 그 치욕 씻기 어렵네	鞭辱腐屍恥難雪

종묘사직 멸망 위기 몇 번을 겪었던가? 幾危宗廟社稷滅
임금도 도망치며 산 넘고 물 건넜네 君王逃死多跋涉
공경대부 슬퍼하고 백성도 피눈물 흘려 卿士悽愴民泣血
오나라 군사 돌아갔지만 공포는 남아 있네 吳軍雖去怖不歇
원컨대 왕이시여 충신 열사 위무하고 願王更事撫忠節
간신들이 충신을 모함하지 말게 하소 勿爲讒口能謗褻

초 소왕은 이 노래의 뜻을 깊이 깨닫고 하염없이 눈물을 흘렸다. 호자가 금琴을 거두어 계단 아래로 내려가자 소왕은 마침내 잔치를 파했다. 그날 이후로 소왕은 아침 일찍 조회를 열고 저녁 늦게야 정무를 마치면서 국정에 전념했다. 형벌과 세금을 줄이고 군사를 길러 착실하게 훈련을 시켰다. 또 관문을 다시 수리하고 정예병을 보내 튼튼하게 지키게 했다. 오나라에서 공자 승이 귀국하자 초 소왕은 그를 백白 땅에 봉한 뒤 백공白公 승勝이라 부르게 하고 또 그곳에 성을 쌓아 백공성白公城이라 부르게 했다. 마침내 공자 승은 백을 성씨로 삼아 친족들과 함께 살게 되었다. 또 오왕 합려의 동생 부개도 초 소왕이 지난 원한에 연연하지 않는다는 소문을 듣고 송나라에서 초나라로 투항했다. 초 소왕은 그의 용력을 알아주어 당계堂谿 땅을 봉토로 하사한 뒤 당계씨堂溪氏라고 부르게 했다. 변란이 당나라와 채나라에서 시작됐는데도 이미 망한 당나라에 비해 채나라는 아직 존속해 있었다. 그것을 본 자서는 소왕에게 채나라를 정벌해 복수를 하자고 청했다. 그러나 소왕은 이렇게 말했다.

"나라의 큰일을 이제야 대략 마무리 지었소. 이런 마당에 과인은 다시 백성을 피로하게 할 수가 없소."

『춘추전春秋傳』에는 이렇게 기록되어 있다.

초 소왕은 즉위 10년에 난리를 피해 도망갔다가 11년에 귀국했다. 그 이후 20년에 이르러 군사를 동원해 돈頓나라를 멸망시키고 돈나라 군주 장牂을 사로잡았다. 또 21년에 호胡나라를 멸망시키고 호나라 군주 표豹를 사로잡아 이전에 그가 진晉나라를 따라 초나라를 침략한 원수를 갚았다. 22년에는 채나라를 포위하고 그들이 오나라를 따라 영도로 침입한 죄를 물었다. 채 소후昭侯가 항복하자 채나라를 장강長江과 여수汝水 사이로 옮겼다. 그 사이에 거의 10년 동안 백성에게 휴식을 주었기 때문에 군사를 일으키자마자 많은 전공을 세우게 된 것이다. 초나라의 부흥은 명검 잠로가 저절로 초나라로 오고 또 '평실萍實'[10] 열매가 소왕이 탄 배로 떠내려온 길상에 부합하는 일이었다.

뒷일을 알고 싶으면 다음 회를 보시라.

10_ 평실萍實: 앞에서 초楚 소왕昭王이 귀국할 때 강물 위에서 만난 빨간 열매를 말한다. 바로 뒤 제78회 참조.

제78회

성인의 정치

협곡 회맹에서 공자孔子는 제나라를 물리친 뒤
세 성을 헐고 문인聞人에게 법을 집행하다
會夾谷孔子卻齊, 墮三都聞人伏法.

제 경공은 진晉나라가 초나라를 정벌하지 못하여 제후들의 마음이 뿔뿔이 흩어지는 것을 보고 진나라를 대신하여 맹주가 되고 싶은 마음이 더욱 급해졌다. 이에 위나라와 정나라를 규합하여 맹주를 자처했다. 앞서 노 소공이 계손의여에게 추방되자 제 경공은 그를 다시 노나라 보위에 올리려고 했다. 그러나 계손의여가 한사코 거절해서 뜻을 이루지 못했다. 노 소공은 방향을 바꾸어 진晉나라의 힘을 빌리려고 했지만 이번에는 진나라 순역이 계손의여의 뇌물을 받고 일을 방해했다. 노 소공은 결국 노나라로 돌아가지 못하고 남의 땅에서 객사하고 말았다. 계손의여는 노 소공의 세자 연衍 및 그 아우 무인務人을 폐하고 서자 송宋을 끌어와서 군위에 올렸는데, 이 사람이 노 정공定公이다. 계손씨는 순역에게 뇌물을 주고 서로 교분을 텄기 때문에 제나라를 섬기지 않고 진나라를 섬겼다. 제 경공은 진노하여 세신世臣 국하國夏를 대장으로 삼아 자주 노나라 국경을 침범했다. 그러나 노나라는 보복할 수 없었다. 얼마 지나지 않아 계손의여가 죽고 그 아들 계손사季孫斯가 그 지위를 계승했다. 이 사람이 계강자季康子[1]다. 계손씨季孫氏, 맹손씨孟孫氏, 숙손씨叔孫氏 등 세 권세가는 노魯 소공昭公이 재위할 때부터 이미 노나라를 삼분하고 각각 가신家臣을 이용하여 정치를 했다. 따라서 노나라 군주는 더 이상 공실公室에 속한 신하를 가질 수 없었다. 또 가신들은 세 대부의 권력을 훔쳐 제멋대로 휘두르며 자신의 주인까지 능멸했다. 당시 계손사季孫斯, 맹손무기孟孫無忌, 숙손주구叔孫州仇가 마치 솥발처럼 정립하고 있었지만 각 가문의 읍재邑宰는 세 대부의 봉토를 자신의 사유물로 생각했다. 세 권세가의 대부는 가신들이 자신의 명령을 제대로 시행하지 않아도 어쩔 도리가 없었다. 계씨 가문의 종읍宗邑은 비費(山東省 費縣 서북) 땅이었고 그 읍재는 공산불뉴公山不狃였다. 또 맹씨 가문의 종읍은 성成(郕: 山東省 寧陽) 땅이었고 그 읍재는 공염양公斂陽이었다. 그리고 숙씨 가문의 종읍은 후郈(山東省 東平 彭集鎭 后亭村) 땅이었고 그 읍재는 공약막公若藐이었다. 이 세 곳의 성곽은 세 권세가에서 직접 견고하고 두텁게 증축을 하여 그 규모를 도성인 곡부曲阜와 완전히 똑같게 했다. 이들 세 권세가의 읍재 중에서 공산불뉴가 가장 포악했다. 계씨 가문의 또 다른 가신으로 양호陽虎(자는 貨)라는 자가 있었다. 양호는 어깨가 두터우면서 위로 솟아올랐으며 이마는 넓었고 키는 9척이 넘었다. 용력勇力이 뛰어날 뿐만 아니라 지모智謀까지 두루 갖추었다. 계손사는 처음에 그를 심복으로 생각하고 가재家宰로 임명했다. 그러나 그는 점점 계씨 집안의 일을 마음대로

1_ 계강자季康子: 계손의여季孫意如는 계평자季平子, 계손의여의 아들 계손사季孫斯는 계환자季桓子, 계손사의 아들 계손비季孫肥가 계강자季康子다. 이 소설 원저자의 착오로 보인다.

처리하며 위세를 부렸다. 결국 계씨도 그에게 제어당했지만 어찌할 수가 없었다. 계씨는 안으로 가신에게 제어당하고 밖으로는 제나라에 침략을 당하면서 거의 속수무책이었다. 당시에 또 소정묘少正卯라는 사람이 있었는데, 그는 견문이 넓고 기억력이 좋았으며 변론에도 뛰어나서 노나라에서 '문인聞人'(견문이 넓은 사람)으로 통했다. 노나라의 세 권세가에서는 그를 매우 존중했다. 소정묘는 겉과 속이 다른 사람으로 자신의 말을 마음대로 바꾸었다. 그는 세 권세가 사람들을 만나면 그들이 임금과 국가를 위해 큰 공을 세웠다고 떠벌리다가도 양호 등 가신을 만나면 세 권세가를 누르고 공실公室의 권위를 강화해야 한다고 아첨을 했다. 그는 양호 등에게 노나라 군주를 끼고 세 권세가를 호령하라고 하면서 그들을 각각 물과 불처럼 갈라놓으려 했다. 그러나 사람들은 모두 그의 뛰어난 변설만 칭찬하며 그의 간사함은 깨닫지 못하고 있었다. 세 권세가 중에서 맹손무기란 사람은 중손확仲孫玃의 아들이며 중손멸의 손자였다. 중손확은 아직 벼슬자리에 있을 때 노나라의 공중니孔仲尼를 흠모하여 자기 아들을 그에게 보내 예禮를 배우게 했다.

공중니는 본명이 구丘로 그의 부친은 추읍鄒邑(山東省 鄒城) 대부를 역임한 숙양흘叔梁紇이었다. 그는 이전에 핍양에서 무거운 성문을 손으로 떠받치고 군사들을 안전하게 탈출시킨 용사였다. 숙양흘은 노魯나라 시씨施氏를 아내로 맞았으나 딸만 많이 낳고 아들을 낳지 못했다. 그러다가 숙양흘의 첩이 아들 맹피孟皮를 낳았으나 다리에 병을 앓아 장애인이 되었다. 그는 안씨顔氏에게 다시 구혼했다. 안씨에게는 시집 안 간 다섯 딸이 있었다. 안씨는 숙양흘이 나이가 많다고 생각하고 딸들에게 물었다.

"누가 추읍 대부에게 시집가겠느냐?"

그러나 아무도 대답하지 않았다. 그때 나이가 가장 어린 딸 징재徵在가 이렇게 대답했다.

"여자의 예의범절은 집에서 아버지의 명령을 따르는 것입니다. 아버지께서 명령하시면 되는 것을 무슨 까닭으로 물으시는지요?"

안씨는 그 말을 기특하게 생각하고 징재를 숙양흘에게 시집보내기로 약속했다. 안징재가 숙양흘에게 시집간 뒤 부부는 아들을 낳지 못할까 걱정이 되어 함께 이산尼山 계곡으로 가서 치성을 드렸다. 징재가 산으로 올라가자 초목의 잎이 모두 위로 치솟았고, 치성을 마치고 내려오자 초목의 잎이 모두 아래로 처졌다. 이날 밤 징재는 꿈에 흑제黑帝[2]의 부름을 받았다.

"너는 성스러운 아들을 낳을 것이다. 만약 산기産氣가 있으면 반드시 공상空桑[3]으로 가거라."

꿈을 깨고 보니 태기가 있었다. 어느 날 안징재는 비몽사몽간에 자기 집 마당에 다섯 노인이 서 있는 것을 보았다. 그들은 '오성[4]의 정령五星之精'이라고 하면서 기이한 짐승 한 마리를 데리고 있었다. 그 짐승은 송아지처럼 생겼고 뿔이 하나밖에 없었으며 몸에 용의 비늘 같은 무늬가 있었다. 그 짐승은 징재를 향해 엎드려 옥척玉尺(옥으로 만든 자)을 토해냈다. 그 옥척에는 이렇게 쓰여 있었다.

물의 정령의 아들이 쇠미한 주周나라를 계승하여 지위가 없는 왕이 되리라.

水精之子, 繼衰周而素王.[5]

2_ 흑제黑帝: 중국 신화에 북방을 관장하는 신으로 알려져 있다.

3_ 공상空桑: 상나라 탕왕의 재상 이윤도 공상空桑에서 태어났다는 전설이 있다.

4_ 오성五星: 수성水星, 금성金星, 화성火星, 목성木星, 토성土星.

징재는 기이하다고 생각하고 비단실을 그 짐승의 뿔에 묶어 떠나보냈다. 숙양흘에게 그 이야기를 하자 숙양흘이 말했다.

"그 짐승은 틀림없이 기린일 것이오."

분만일이 가까워오자 징재가 물었다.

"이 근처에 공상이란 곳이 있습니까?"

숙양흘이 말했다.

"남산에 빈 동굴이 하나 있는데 입구에 석문이 있고 그 속에 물은 없소. 사람들이 그곳을 공상이라고 부르오."

징재가 말했다.

"제가 그곳으로 가야 합니다."

숙양흘이 그 까닭을 묻자 징재는 지난 꿈 이야기를 해주고 마침내 이부자리를 들고 빈 동굴로 갔다. 그날 밤 하늘에서 창룡蒼龍 두 마리가 내려와 남산의 좌우를 지켰고, 또 신녀神女 두 명이 공중에서 향기 나는 이슬을 징재에게 뿌리며 목욕을 시켰다. 시간이 한참 지나서 안징재는 공자孔子를 낳았다. 그때 마침 석문에서 맑은 샘물이 흘러나와 저절로 따뜻해졌다. 그 물로 갓난아이를 목욕시키자 바로 샘이 말랐다. 지금도 곡부曲阜 남쪽 28리에 속칭 여릉산女陵山이 있는데 그곳이 바로 공상空桑이다. 공자는 태어나면서부터 모습이 특이했다. 입술은 소 같았고, 손바닥은 범 같았고, 어깨는 원앙 같았고, 등뼈는 거북 같았고, 입은 매우 컸으며 목은 아주 굵었다. 또 정수리는 대접을 올려놓은 것처럼 가운데는 우묵하고 사방은 높았다. 공자의 부친 숙양흘이 말했다.

5_ 이 구절은 『습유기拾遺記』 권3 「주영왕周靈王」 조에 나온다.

"이 아이는 이산의 정기를 타고났소."

그리하여 이름을 산언덕이라는 뜻에서 구丘라고 지었고, 자는 이산尼山의 이尼 자를 따와서 중니仲尼라고 했다. 중니가 태어난 지 얼마 지나지 않아 숙양흘이 세상을 떠나서 중니는 어머니 안징재의 손에서 자랐다. 장성하자 키가 9척 6촌이나 되어 사람들이 '키다리長人'라고 불렀다. 성스러운 덕이 있었고 배움을 좋아하며 싫증을 내지 않았다. 여러 나라를 주유하여 제자가 천하에 가득했다. 각 나라 제후는 그의 명성을 존경하고 흠모하지 않는 사람이 없었다. 그러나 권세가들에게 시기를 당해 끝내 중요하게 쓰이지 못했다.

공자가 마침 노나라에 있을 때 맹손무기가 계손사에게 말했다.

"나라 안팎의 변란을 안정시키기 위해서는 공자를 등용하지 않으면 안 되겠소."

계손사가 공자를 불러 하루 종일 이야기를 나누었다. 그의 학문은 마치 바다와 같아서 도저히 그 끝을 짐작할 수 없었다. 계손사가 일어나 옷을 갈아입으러 들어갈 때 갑자기 비읍費邑에서 사자가 당도해 보고를 올렸다.

"우물을 파던 사람이 흙으로 만든 항아리를 발굴했는데, 그 속에 양이 한 마리 들어 있었습니다. 그런데 그것이 무슨 물건인지 모르겠습니다."

계손사는 공자의 학문을 시험해보고 싶어서 사자에게 더 이상 말을 하지 못하게 하고 자신의 자리로 가서 앉아 공자에게 말했다.

"어떤 자가 우물을 파다가 흙 속에서 개를 발견했다 하오. 그것이 무엇이오?"

공자가 말했다.

"내 생각으로는 그건 틀림없이 양이지 개가 아닐 것이오."

계손사가 깜짝 놀라며 그 까닭을 물었다. 공자가 말했다.

"내가 듣건대 산의 괴물은 기夔6와 망량魍魎7이라고 하고, 물의 괴물은 용龍과 망상罔象8이라고 하며, 흙의 괴물은 분양羵羊이라 한다고 하오. 지금 우물을 파다가 그 물건을 발견했으므로 본래 땅속에 있던 것이오. 그러므로 틀림없이 양일 것이오."

계손사가 말했다.

"어째서 그걸 분양이라고 하오?"

공자가 말했다.

"수컷도 아니고 암컷도 아니면서 단지 양의 형상만 있기 때문이오."

계손사가 비읍에서 온 사자를 불러 물어보니 과연 암컷도 아니고 수컷도 아닌 양이라고 했다. 계손사는 깜짝 놀라며 말했다.

"중니의 학문은 미치지 않는 데가 없구나!"

계손사는 마침내 공자를 중도재中都宰9로 임명했다. 이 소문은 초나라에까지 전해졌다. 초 소왕은 사자를 보내 공자에게 예물을 드리고 지난번 자

6_ 기夔: 중국 전설에 나오는 일종의 도깨비. 다리가 하나밖에 없으며, 머리는 소처럼 생겼고, 몸은 회색이고 뿔이 없다고 한다. 동해의 유파산流波山에 살고 광풍폭우가 불 때 나타나며 울음소리가 우레와 같다고 한다.

7_ 망량魍魎: '망량魍魎'은 그림자 바깥에 생기는 더 희미한 그림자. '망량罔兩'으로도 쓴다.(『장자』「제물론齊物論」) 사물의 본질을 이중으로 둘러싸고 있는 그림자이므로 귀신이나 도깨비의 의미로 쓰이게 되었다. 흔히 산천이나 목석木石의 귀신 모두를 가리키지만 위 본문에서는 산도깨비를 가리킨다. 얼굴은 사람 같고 몸은 원숭이 같으며 네 발로 걷는다고 한다. 산길을 가는 사람을 홀려 길을 잃게 만든다고 한다.

8_ 망상罔象: 『국어』「노어 하」에 "물의 괴물을 용龍과 망상罔象이라고 한다水之怪曰龍罔象"라는 구절이 있다. 『사기』「공자세가」에도 거의 같은 기록이 나온다. 어린아이의 모습을 하고 있으며 몸은 검붉은 색이고 귀가 크고 긴 팔을 가지고 있다고 한다. 물속에 사는 도깨비다.

9_ 중도재中都宰: 중도재中都宰란 고을의 원님. 중도는 지금의 산동성 문상汶上이다.

신이 강을 건널 때 건져 올린 물건이 무엇인지 물었다. 공자가 사자에게 대답했다.

"그것은 평실萍實이란 과일인데 쪼개서 먹을 수 있소."

사자가 물었다.

"선생님께서는 그걸 어떻게 아십니까?"

공자가 말했다.

"내가 일찍이 초나라에 가서 나루를 물어보다가 어린아이들이 부르는 동요를 들은 적이 있소. 그 가사가 다음과 같았소."

초왕이 강을 건너다 평실을 건졌네	楚王渡江得萍實
크기는 말斗만 하고	大如斗
붉기는 해와 같네	赤如日
쪼개서 먹으니 꿀처럼 달콤했네	剖而嘗之甜如蜜

"이런 까닭에 그것이 평실인 줄 알았소."

사자가 말했다.

"그걸 늘 얻을 수 있습니까?"

공자가 말했다.

"부평초萍란 것은 뿌리 없이 물에 떠다니는 풀이오. 그것이 서로 얽혀 열매를 맺는 일은 1000년이 지나도 쉽게 이루어지기 어렵소. 평실은 흩어졌던 사람이 모이고 쇠약한 국운이 다시 일어나려는 조짐이오. 진정 초왕에게 축하할 만한 일이오."

사자가 돌아가 초 소왕에게 아뢰자 소왕은 감탄을 금치 못했다. 공자가 중도中都 고을을 잘 다스리자 사방에서 모두 사람을 보내 공자의 정교政教를 관찰한 뒤 법도로 삼았다. 노 정공은 공자가 어질다는 사실을 알고 조정으로 불러 사공司空 직에 임명했다.

주 경왕 19년, 양호는 노나라에서 반란을 일으켜 정치를 제 마음대로 주무르려 했다. 그는 숙손첩이 숙손씨 가문에서 총애를 받지 못하고 비 땅의 읍재邑宰 공산불뉴와 친하게 지낸다는 사실을 알았다. 그는 두 사람과 상의한 뒤 먼저 계손씨를 죽이고 그다음에 중손씨를 제거하려 했다. 그리하여 공산불뉴는 계손사의 지위를, 숙손첩은 숙손주구의 지위를, 양호 자신은 맹손무기의 지위를 대신하기로 약속했다. 양호는 공자의 현명함을 흠모하여 자신의 휘하에 초빙한 뒤 도움을 받으려 했다. 그는 사람을 보내 말을 은근하게 에둘러 공자와 만나고 싶다는 의향을 비쳤다. 공자가 말을 듣지 않자 양호는 삶은 돼지고기를 예물로 보냈다. 공자가 말했다.

"내가 감사 인사를 오도록 유혹하여 나와 만나려고 하는구나!"

공자는 제자를 시켜 양호가 외출한 틈에 자신의 명자名刺**10**를 그 집에 전해주고 돌아오게 했다. 양호는 결국 공자를 굴복시킬 수 없었다. 공자가 비밀리에 맹손무기에게 말했다.

"양호는 틀림없이 반란을 일으킬 것이고, 그 반란은 틀림없이 계씨를 공격하는 것에서 시작할 것이오. 대부께서도 미리 대비를 해야 재앙을 면할 수 있을 것이오."

이에 맹손무기는 남문 밖에 집을 짓는다고 거짓말을 퍼뜨린 뒤 목책을 설치하고 재목材木을 겹겹이 쌓았다. 또 가축을 방목하던 장사 300명을 선

10_ 명자名刺: 옛날의 명함. 이름, 주소, 신분을 적은 종이다.

발하여 일을 시키며 만일의 사태에 대비했다. 명목은 집을 짓는 공사라고 했지만 실질은 반란에 대비하기 위한 조처였다. 그러고는 성 땅의 읍재 공염양에게도 갑사를 잘 정돈하여 명령을 기다리고 있다가 만약 반란 소식이 들리면 밤을 새워 구원병을 보내라고 당부했다.

이해 가을 8월, 노나라에서는 체제禘祭[11]를 올리게 되어 있었다. 양호는 제사를 올린 다음 날 포포蒲圃[12]에서 계손사에게 잔치를 베풀고 싶다고 청했다. 맹손무기가 그 소식을 듣고 말했다.

"양호가 계손씨에게 잔치를 베풀겠다니 참으로 의심스러운 일이다!"

그는 사자에게 말을 치달려가 공염양에게 상황을 알리게 했다. 또한 체제를 올린 다음 날 정오에 갑사를 이끌고 동문을 거쳐 남문으로 오도록 약속을 정하고, 연도 내내 사태의 변화를 자세히 살피라고 했다. 잔칫날이 되자 양호는 직접 계씨의 대문 앞으로 와서 계손사에게 수레에 오르기를 권했다. 그러고는 양호가 앞에서 계손사의 수레를 인도하고 양호의 사촌동생 양월陽越이 수레 뒤를 따랐으며 좌우에도 모두 양씨의 파당이 에워쌌다. 오직 계손사의 수레를 모는 임초林楚만이 대대로 계손씨 휘하의 문객 노릇을 하던 사람이었다. 계손사는 변란이 일어날까 의심스러워 몰래 임초에게 말했다.

"너는 수레를 맹손씨 댁으로 몰고 갈 수 있겠느냐?"

임초는 그 뜻을 짐작하고 고개를 끄덕였다. 행차가 큰길로 나오자 임초는 갑자기 고삐를 당겨 쥐고 남쪽으로 방향을 잡았다. 말에 연거푸 채찍질을 하자 말이 화를 내며 마구 앞으로 치달렸다. 양월이 뒤에서 그것을 보

11_ 체제禘祭: 임금이 천신이나 조상에게 올리는 큰 제사.

12_ 포포蒲圃: 산동성 곡부 남문 밖 근처.

고 있다가 고함을 질렀다.

"멈춰라!"

그러나 임초는 대꾸도 하지 않고 다시 채찍으로 말을 갈겼다. 말은 더욱 급하게 앞으로 질주했다. 양월은 화가 나서 화살을 발사했으나 모두 맞지 않았다. 그는 이어서 말에 채찍질을 가하다가 마음이 급해져서 채찍을 떨어뜨리고 말았다. 채찍을 다시 주워들었을 때는 계손사의 수레가 이미 멀리까지 가버린 뒤였다. 계손사는 남문으로 나서서 곧장 맹손씨의 집으로 달려 들어간 뒤 목책을 단단히 잠그고 소리를 질렀다.

"맹손은 나를 구해주시오!"

맹손무기는 장정 300명에게 궁시弓矢를 들고 목책 문에 매복한 채 대기하게 했다. 잠시 후 양월이 달려와 휘하 군사를 이끌고 맹손씨의 목책을 공격했다. 목책 안에 매복해 있던 300명의 장사들이 일제히 화살을 발사했다. 화살에 맞은 양월의 군사들은 순식간에 쓰러졌다. 양월도 몸에 여러 발의 화살을 맞고 죽었다.

한편 양호는 행차가 동문에 당도하고서야 뒤를 돌아보고 계손사가 보이지 않는다는 것을 알았다. 그는 다시 수레를 돌려 큰 거리로 달려와서 길 가는 사람에게 물었다.

"상국을 보지 못했느냐?"

길 가는 사람이 말했다.

"말이 놀라서 남문으로 나가셨습니다."

말을 아직 다 마치지도 않았는데 양월의 패잔병이 몰려왔다. 그제야 양호는 양월이 이미 화살에 맞아 죽었고 계손사도 벌써 맹손씨의 새 저택으로 도망쳐 들어갔다는 사실을 알게 됐다. 양호는 격노하여 자기 휘하의 군사를 휘몰아 급하게 궁궐로 들어갔다. 그는 노 정공을 위협하여 궁궐에서 나오게 했다. 양호는 궁궐을 나오는 도중에 숙손주구를 만나자 역시 무력으로 위협하여 궁궐 갑사와 숙손씨 가문의 사병을 모두 동원하게 했다. 그들은 힘을 합쳐 남문에서 맹손씨를 공격했다. 맹손무기는 장사 300명을 이끌고 양호에 대항했다. 양호가 목책에 불을 지르자 계손사는 싸움에서 패배할까봐 몹시 두려워했다. 그러나 맹손무기는 때가 정오가 되어가는지를 살피며 말했다.

"조만간 성읍郕邑의 군사들이 도착할 것이오. 염려할 것 없소."

말을 다 마치지도 않았는데 동쪽 성곽 모서리에서 어떤 맹장 하나가 군사를 이끌고 달려오며 소리쳤다.

"우리 주인을 침범하지 말라! 공염양이 여기 있다!"

양호는 머리끝까지 화가 나서 긴 창을 잡고 공염양을 죽이기 위해 달려나갔다. 두 장수는 각자 실력을 뽐내며 50여 합을 싸웠다. 양호는 싸울수록 더욱 기세가 충천했지만 공염양은 점점 수세에 몰렸다. 그때 위협을 당해 끌려왔던 숙손주구가 갑자기 뒤편에서 거짓말로 소리쳤다.

"양호가 패했다!"

그러고는 바로 자기 집안 군사를 이끌고 앞에서 노 정공을 호위한 채 서쪽으로 달아났다. 궁궐 군사들도 그 뒤를 따랐다. 그러자 맹손무기도 장사들을 이끌고 목책 문을 열고 쇄도해 나왔다. 때마침 계손씨의 가신 점월苫越도 갑사를 거느리고 달려왔다. 양호는 아무도 도와주는 이 없이 외롭게 싸우다가 창을 거꾸로 잡고 도망쳤다. 그는 환양관讙陽關(山東省 泰安 남쪽)으로 들어가 근거지를 틀었다. 세 권세가는 군사를 합쳐 환양관을 공격했다. 양호는 더 이상 버틸 힘이 없자 환양관의 관문인 내문萊門에 불을 지르게 했다. 노나라 군사들이 불을 피해 후퇴하는 틈에 양호는 불길을 무릅쓰고 달려나와 마침내 제齊나라로 달아났다. 그는 제 경공을 만나 자신이 근거지로 삼았던 환양 땅을 바치고 군사를 빌려 노나라를 공격하려고 했다. 그러자 제나라 대부 포국이 앞으로 나서며 말했다.

"노나라는 지금 공구孔丘를 등용해서 우리가 대적할 수 없습니다. 차라리 양호와 환양 땅을 돌려주고 공구를 기쁘게 하는 것이 좋겠습니다."

경공은 그 말에 따라 서쪽 변방에 양호를 잡아 가두었다. 그러자 양호는 자신을 지키는 병졸들에게 술을 취하도록 마시게 한 뒤 수레를 타고 송나라로 달아났다. 송나라에서는 양호를 광匡(河南省 長垣 서남) 땅에 거주하게 했다. 양호는 광 땅에서도 사람들을 학대하여 그곳 사람들이 그를 죽이려고 했다. 양호는 다시 진晉나라로 도주하여 조앙趙鞅의 신하가 되었다. 뒷날 송나라 유학자들이 양호를 이렇게 논평했다.

가신으로서 주인을 죽이려고 한 건 진실로 대역무도한 짓이다. 그러나 계손씨도 자기 임금을 축출하고 노나라 정치를 마음대로 주물렀다. 따라서 가신이 그 옆에서 역모를 배운 것이 하루 이틀이 아니다. 이제 양호가 자신이 배운 것을 모두 실천했으니 이는 하늘이 인과응보의 당연한 이치를 보인 것이다. 전혀 이상한 일이 아니다.

이어서 이렇게 시를 지었다.

지난날에 계손씨는 외로운 임금 능멸했고	當時季氏凌孤主
오늘날 그 가신은 주인을 배반했다	今日家臣叛主君

충성과 배반에는 인과응보 따르는 법 自作忠奸還自受
앞 수레의 바퀴소리를 뒤 수레가 듣는다 前車音響後車聞

또 어떤 사람은 이렇게 논평했다.

노魯나라는 혜공惠公 때부터 참람되게도 천자의 예악을 사용했다. 그 뒤 세 권세가에서도 팔일八佾13 춤을 추었고, 옹雍14 음악을 연주하며 제상祭床을 거두었다. 대부들이 제후를 안중에도 없어했기 때문에 가신들도 대부를 안중에도 없이 여겼다. 패륜과 역모가 이어진 유래가 오래된 것이다.

이어서 이렇게 시를 지었다.

천자의 음악에 천자의 춤 즐기는 자여 九成干戚舞團團
묻노니 그 누가 참람의 단서 열었는가? 借問何人啓僭端
만약 나라 안에 역적을 없애려면 要使國中無叛逆
다시금 예악을 주관에게 물어야 하리 重將禮樂問周官

제 경공은 양호를 놓치고 나서 노나라 사람들이 역적을 용납했다고 나무랄까봐 걱정이 되었다. 이에 노 정공에게 사신을 보내 서찰을 전달하고 양호가 송나라로 달아난 까닭을 설명하도록 했다. 그다음 노나라 군주와

13_ 팔일八佾: 팔일八溢이라고도 쓴다. 일佾과 일溢은 모두 열列의 뜻이다. 고대의 악무樂舞 규정에 의하면 천자는 가로 8명 세로 8명, 제후는 가로 8명 세로 6명, 대부는 가로 8명 세로 4명, 사士는 가로 8명 세로 2명으로 춤을 출 수 있는 인원수를 제한했다.(주희, 『논어집주論語集註』「팔일」)

14_ 옹雍: 고대에 천자가 종묘의 제사를 끝내고 제상祭床을 물릴 때 연주하던 음악.

제, 노 경계인 협곡夾谷[15]에서 수레를 타고 회맹을 하여 양국 간의 우호를 다지면서 영원히 전쟁을 끝내자고 했다. 노 정공은 제 경공의 서찰을 받고 세 권세가의 대부를 불러 대책을 상의했다. 맹손무기가 말했다.

"제나라 사람들은 속임수를 많이 쓰니, 주상께선 경솔하게 가서는 안 됩니다."

계손사가 말했다.

"제나라는 누차 군사를 동원해 우리를 침략했는데도 이제 우호 맺기를 청하고 있습니다. 어떻게 거절할 수 있겠습니까?"

노 정공이 말했다.

"과인이 간다면 누가 나를 보호할 수 있겠소?"

맹손무기가 말했다.

"신의 스승 공자孔子가 아니면 불가할 것입니다."

노 정공은 공자를 불러 회맹의 의례를 맡아보도록 했다. 타고 갈 수레가 갖추어지자 정공이 회맹 장소로 가려 했다. 공자가 아뢰었다.

"신이 듣건대 문사文事를 펼칠 때는 반드시 무비武備도 갖춰야 한다고 합니다. 문文과 무武는 서로 떨어질 수 없는 것입니다. 옛날 제후들이 강역 밖으로 나갈 때는 반드시 필요한 관리를 갖추어 뒤따르게 했습니다. 송 양공이 우盂 땅 회맹에서 당한 일을 거울삼아야 합니다. 청컨대 좌우 사마를 모두 대동하여 불의의 사태에 대비하십시오."

노 정공은 그 말에 따라 대부 신구수申句須를 우사마로 삼고 악기樂頎를

15_ 협곡夾谷: 이때 제나라와 노나라가 회맹한 협곡이 어디인지에 대해서는 몇 가지 학설이 있다. 첫째, 지금의 강소성 북부 연운항連雲港 감유구贛榆區 서쪽. 둘째, 산동성 내무萊蕪 남쪽. 셋째, 산동성 치박淄博 서남쪽.

좌사마로 삼은 뒤 각각 병거 500승을 이끌고 멀찌감치 떨어져 뒤를 따라 오게 했다. 또 대부 자무환茲無還에게 병거 300승을 인솔하고 회맹 장소에서 10리 떨어진 곳에 주둔하게 했다.

이윽고 협곡에 도착하자 제 경공이 먼저 와서 회맹단을 설치해두고 있었다. 회맹단으로 올라가는 계단은 3층이었으며 모든 회맹 절차는 간략하게 시행하자고 했다. 제 경공은 회맹단 오른쪽 장막을 이용했고, 노 정공은 왼쪽 장막을 이용했다. 공자는 제나라 군사가 강성하다는 소식을 듣고 신구수와 악기에게 명하여 회맹단에 바짝 붙어 있게 했다. 당시 제나라에서는 대부 여미黎彌가 지략이 뛰어나다고 해서 칭송이 자자했다. 제 경공은 양구거梁邱據가 죽은 뒤로 특히 여미를 총애했다.

이날 밤 여미는 경공의 막사를 두드려 뵙기를 청했다. 제 경공이 그를 불러들이며 물었다.

"경은 어두운 밤중에 무슨 일로 이곳에 온 것이오?"

여미가 아뢰었다.

"우리 제나라와 노나라가 원수지간이 된 것은 하루 이틀의 일이 아닙니다. 이제 공구 같은 어질고 성스러운 사람이 노나라에서 정사를 맡으면 아마도 뒷날 우리 제나라에 손해를 끼치게 될 것입니다. 그런 까닭에 오늘의 회맹을 개최하게 된 것입니다. 신이 보건대 공구라는 위인은 예禮만 알고 용기는 없어서 전투에 관한 일은 배우지 않은 듯합니다. 내일 주상께서는 회맹 의례를 마친 뒤 사방 속국의 음악을 연주하여 노나라 군주를 즐겁게 해주겠다고 청하고, 내이萊夷[16] 부족 군사 300명을 악공으로 가장하게 하십시오. 그런 다음 그들에게 시끄럽게 북을 울리며 앞으로 달려나가 빈틈을 노려 노나라 군주와 공구를 사로잡게 하십시오. 그때 신은 단 아래에서 우리 병거와 약속을 하고 노나라 군사를 기습해서 죽이겠습니다. 그럼 노나라 군주와 신하의 목숨은 우리 손에 달려 있게 되니 주상께서 마음대로 처리할 수 있을 것입니다. 군사를 일으켜 노나라를 정벌하는 것보다 좋은 계책이 아닙니까?"

제 경공이 말했다.

"이 일을 상국과도 의논해야 되지 않겠소?"

여미가 말했다.

"상국께선 평소에 공구와 친분이 있습니다. 그분께 알리면 틀림없이 이 계책을 시행하지 못하게 할 것입니다. 청컨대 신에게만 맡겨주십시오."

제 경공이 말했다.

"과인은 경만 믿겠소. 경이 세심하게 잘 처리해주시오."

여미는 자신의 계책을 실행하기 위해 몰래 내이 부족 군사들과 약속을 정했다.

이튿날 아침 두 나라 군주는 회맹단 아래에서 만나 읍양揖讓하며 단상으로 올라갔다. 제나라에서는 상국 안영을 의례 집행관으로 삼았고, 노나라에서는 공자를 의례 집행관으로 삼았다. 두 집행관은 서로 허리를 굽혀 읍을 한 뒤 각각 자신의 임금을 따라 단상으로 올라가 정식으로 절을 했다. 그러고는 그 옛날 강태공姜太公(제나라의 시조)과 주공周公(노나라의 시조)의 우호관계를 널리 알리고 옥백玉帛을 주고받는 의례를 거행했다. 의례가 끝나자 제 경공이 말했다.

16_ 내이萊夷: 내萊 땅의 오랑캐란 뜻으로 중국 고대 산동성 중동부에 살던 부족이다. 서쪽에서 보리 재배 기술을 가지고 온 부족으로 알려져 있으며, 춘추시대 초기 강성하다가 기원전 567년(주 영왕 5) 인근 강국인 제나라에 완전히 복속했다. 지금도 산동성 동부에 내주萊州, 내서萊西, 내양萊陽이란 지명이 남아 있다.

"과인에게 사방 속국에서 즐기는 음악이 있소. 원컨대 군후와 함께 감상하고 싶소!"

경공은 먼저 내인萊人들을 앞으로 나오게 하여 그들 본토의 음악을 연주하게 했다. 그러자 회맹단 아래에서 북소리를 크게 울리며 내이萊夷 부족 300명이 깃발과 깃털과 창과 방패를 잡다하게 들고 벌 떼처럼 올라왔다. 그들은 입으로 소리를 지르고 서로 끊임없이 화답하며 회맹단의 계단 반까지 뛰어올라오고 있었다. 노 정공의 안색이 변했다. 그러나 공자는 전혀 두려운 기색 없이 제 경공의 앞으로 달려가 소매를 들고 말했다.

"우리 두 나라 군후께서 오늘 좋은 만남을 갖는 것은 본래 중화의 예법을 행하기 위한 것입니다. 그런데 어찌하여 오랑캐의 음악을 연주하려 하십니까? 청컨대 유사有司에게 명하여 그만두게 하십시오."

안영도 여미의 계책을 알지 못하고 제 경공에게 말했다.

"공중니의 말씀이 옳습니다."

경공은 몹시 부끄러워졌다. 그는 황급히 손을 저어 내이 사람들을 물러나게 했다. 여미는 회맹단 아래에 매복하고 있다가 내이 사람들이 손을 쓰면 일제히 군사를 움직일 작정이었다. 그러나 제 경공이 내이 사람들을 내치는 것을 보고 몹시 화가 나서 제나라 광대를 불러 분부했다.

"연회가 열리면 너희를 불러 음악을 연주하게 할 것이다. 그럼 너희는 「폐구敝笱」[17]란 노래를 부르면서 마음대로 음란한 연기를 하거라. 만약 노나라 임금과 신하를 웃기거나 화나게 만들면 내가 너희에게 후한 상을 내리겠다."

17_ 폐구敝笱: 노 환공의 부인 문강文姜이 자신의 이복 오라비인 제 양공과 사통한 것을 풍자한 시. 『시경』「제풍齊風」에 실려 있다. 이 소설 제14회 참조.

원래 「폐구」란 시는 문강文姜의 음행을 풍자한 내용을 담고 있다. 이제 그것을 노래하여 노나라 임금과 신하에게 모욕을 주려는 것이었다. 여미는 계단을 올라가 제 경공에게 아뢰었다.

"청컨대 우리 궁중의 음악을 연주하여 두 군후마마께 축수祝壽를 드리고자 합니다."

제 경공이 말했다.

"우리 궁중의 음악은 오랑캐 음악이 아니니 속히 연주하도록 하시오."

여미가 제 경공의 명령을 전하자 광대 20여 명이 기이한 복장을 입고 얼굴에 분장을 한 뒤, 각각 남자와 여자로 가장하여 두 대열로 나뉜 채 노 정공 앞으로 몰려갔다. 펄쩍펄쩍 뛰는 자도 있었고 너울너울 춤을 추는 자도 있었지만, 입으로는 모두 일제히 음란한 대사를 지껄이며 한편으로 노래를 부르기도 하고, 한편으로 제나라 군신을 비웃기도 했다. 그러자 공자가 칼을 잡고 눈을 부라리며 제 경공을 노려본 채로 말했다.

"필부가 제후를 희롱하면 사형으로 다스려야 합니다. 제나라 사마를 시켜 법을 집행하게 하십시오."

제 경공은 공자의 말에 응하지 않았고 광대들도 여전히 희학질을 계속했다. 공자가 말했다.

"우리 두 나라가 이미 우호를 맺어서 형제와 같이 되었으므로 노나라의 사마가 바로 제나라의 사마와 마찬가지입니다."

그러고는 회맹단 아래를 향해 소매를 흔들며 고함을 질렀다.

"신구수와 악기는 어디에 있는가?"

두 장수는 나는 듯이 단상으로 올라가 남녀로 분장한 두 대열에서 각각 대장을 한 사람씩 잡아내 그 자리에서 목을 벴다. 그러자 나머지 광대들은 모두 대경실색하며 줄행랑을 놓았다. 제 경공이 경악하자 노 정공도 즉시 몸을 일으켰다. 여미는 애초에 회맹단 아래에서 노 정공을 가로막을 작정이었다. 그러나 공자의 신속한 수단을 보았고, 노나라 두 장수 신구수와 악기의 용맹함을 보았으며, 10리 밖에 노나라 대군이 주둔하고 있다는 소식이 들려와 결국 목을 움츠리고 후퇴할 수밖에 없었다.

회맹이 끝나고 제 경공은 자신의 장막으로 돌아와서 여미를 불러 질책했다.

"공구는 자신의 군주를 보좌하며 모두 옛사람들의 법도를 올바르게 행했다. 그런데 네놈은 한사코 과인에게 오랑캐 풍속을 행하게 했다. 과인은 본래 우호를 다지고자 했는데 지금은 오히려 두 나라가 다시 원수가 되고 말았다."

여미는 한 마디 변명도 하지 못한 채 "황공합니다"를 연발하며 사죄했다. 안영이 앞으로 나서며 말했다.

"신이 듣건대 '소인은 자기 잘못을 알면 허황된 말로만 사과하지만 군자는 자기 잘못을 알면 실제 마음을 담은 선물로 사과한다小人知其過, 謝之以文, 君子知其過, 謝之以質'고 합니다. 우리가 본래 노나라에 돌려줘야 할 문양汶陽[18] 땅 세 곳이 있습니다. 첫째, 환讙(山東省 泰安 남쪽) 땅으로 얼마 전 양호가 바친 불의한 물건입니다. 둘째, 운鄆(山東省 沂水 북쪽) 땅으로 지난날 보위에서 쫓겨난 노 소공이 거주하던 곳입니다. 셋째, 구음龜陰(山東省 新泰 서남) 땅으로 선군이신 경공께서 진晉나라 힘에 의지해 노나라에서 빼앗은 것입니다. 이 세 곳은 모두 노나라의 옛 땅인데 옛날 환공께서 살아 계실 때 노나라

18_ 문양汶陽: 구체적으로는 산동성 비성肥城 문양汶陽이다. 그러나 지역 명칭으로 쓰일 때는 산동성 대청하大淸河와 대문하大汶河 유역에서 태산 남쪽 일대를 가리킨다.

공자가 협곡 회맹에서 제나라를 물리치다.

조말曹沫이 회맹단에서 환공을 위협하여 우리가 그 땅을 돌려주기로 했습니다. 그러나 우리 제나라는 그 땅을 돌려주지 않았고 노나라에서도 굳이 돌려받으려 하지 않았습니다. 주상께서 이번 기회에 이 세 땅을 돌려주시고 사과를 하면 노나라 군신이 틀림없이 기뻐할 것이고 제나라와 노나라의 친교는 더욱 튼튼해질 것입니다."

제 경공은 매우 기뻐하며 안영을 보내 그 세 곳의 땅을 노나라에 돌려주게 했다. 이것은 주 경왕 24년의 일이었다. 사관이 이 일을 시로 읊었다.

어지럽게 북을 치며 내이를 일으켰으나	紛然鼓噪起萊戈
회맹단 앞 한마디 말에 어떻게 할 수 없었다	無奈壇前片語何
예법 아는 그분께서 용기까지 지녔으니	知禮之人偏有勇
세 곳 땅을 돌려받고 두 임금을 화목케 했네	三田買得兩君和

제 경공이 허심탄회하게 사과를 했기 때문에 현명한 군주로 이름이 나서 지난날의 패업을 거의 회복하게 되었다고 찬양한 시가 있다.

회맹단에서 실수하여 여미의 말을 들었으나	盟壇失計聽黎彌
임금이 간언 따르니 양국에 득이 됐네	臣諫君從兩得之
세 땅 주고 사과한 걸 애석하게 생각 말라	不惜三田稱謝過
명성이 천고토록 사방에 전해지네	顯名千古播華夷

문양 땅은 본래 옛날 노 희공僖公이 계우季友에게 하사한 것이었다. 이제 겉으로는 노나라가 그 땅을 돌려받았다고 했으나 기실은 계손씨에게 귀속

되었다. 이 때문에 계손사는 공자에게 감사한 마음을 갖게 됐다. 그래서 구음 땅에 특별히 성을 쌓고 사성謝城(감사의 성)이라는 이름을 붙여 공자의 공로를 널리 알렸다. 또 노 정공에게 말을 하여 공자를 대사구大司寇로 승진시키게 했다.

이 무렵 제나라의 남쪽 경계에 갑자기 큰 새가 나타났다. 그 새는 길이가 대략 세 자 정도였는데 몸은 검고 목은 흰색이었으며 긴 부리에 다리가 하나였다. 그 새가 들판 밭에서 두 날개를 부딪치며 춤을 추는 것을 보고 시골 사람들이 쫓아다니며 잡으려 했으나 잡지 못했다. 그러다가 하늘로 솟구쳐 올라 북쪽을 향해 날아가버렸다. 계손사는 그 기괴한 새 이야기를 듣고 공자에게 물었다. 공자가 대답했다.

"그것은 '상양商羊'이라는 새요. 북해北海 가에 사는데, 하늘에서 큰 비가 올 때면 상양이 춤을 추오. 그 새가 나타난 땅에도 틀림없이 큰 비가 내려 수재가 발생할 것이오. 제나라와 노나라 경계 지역 사람들에게 단단히 대비하게 해야 하오."

계손사는 문수汶水(山東省 大汶河) 가에 사는 백성에게 미리 조심하라는 명령을 내리고 제방과 지붕을 수리하게 했다. 그 뒤 사흘도 되지 않아 과연 큰 비가 내려 문수가 범람했다. 노나라 백성은 미리 철저하게 대비를 했기 때문에 아무런 피해도 입지 않았다. 이 일은 제나라 전역에 소문이 났고 제 경공은 공자를 신神으로 생각했다. 이때부터 박학다식한 공자의 명성이 천하에 두루 퍼져서 모든 사람이 공자를 성인聖人이라고 불렀다. 후세 사람이 시를 지어 이 일을 증명했다.

오전이니 삼분19이니 두루두루 연구해봐도　　五典三墳漫究詳

평실과 상양을 그 누가 알리요? 誰知萍實辨商羊
다재다능 성인은 하늘이 내는 법이니 多能將聖由天縱
아름다운 이름을 사해에 드날렸네 贏得芳名四海揚

계손사가 공자의 문하에서 인재를 등용하려고 하자, 공자는 중유仲由(子路)와 염구冉求(子有)를 천거하여 정사를 맡기게 했다. 계손사는 그들을 모두 가신으로 삼았다. 그러던 어느 날 계손사가 문득 공자에게 물었다.

"양호는 쫓아냈으나 공산불뉴가 다시 반란을 일으키면 어떻게 제압해야 하오?"

공자가 말했다.

"그자를 제압하려면 먼저 예제禮制를 밝혀야 하오. 옛날에는 신하가 무장한 사병私兵을 둘 수 없었고, 대부는 높이가 백치白雉[20]인 성을 소유할 수 없었소. 이 때문에 읍재들이 반란을 일으킬 근거지가 없었던 것이오. 대부께선 어찌 봉읍의 높은 성을 헐고 군사들을 철수시키지 않으시오? 그렇게 되면 상하가 안정을 되찾아 영원히 편하게 지낼 수 있을 것이오."

계손사도 그렇게 생각하고 그 계책을 맹손씨와 숙손씨에게도 전했다. 맹손무기가 말했다.

"가문과 나라에 이롭다면 내 어찌 사사로운 이익에 연연하겠는가?"

이즈음 소정묘는 공자와 그 제자들이 등용되어 정사를 담당하고 있는 것을 시기하여 그들이 공을 세우지 못하도록 방해하고 있었다. 그는 숙손

19_ 삼분오전三墳五典: '삼분三墳'은 삼황三皇에 관한 책, '오전五典'은 오제五帝에 관한 책이라고 한다. 다양한 옛 전적을 가리키는 말이다.

20_ 백치白雉: 1치雉는 성벽의 높이가 10자, 길이가 30자인 것을 말한다.

첩을 시켜 몰래 공산불뉴에게 서찰을 보냈다. 공산불뉴도 자신의 읍성을 근거지로 반란을 일으키려는 과정에서 공자가 평소에 노나라 사람들에게 존경을 받는 것을 알고 공자의 도움을 받으려 했다. 그는 공자에게 후한 예물과 함께 서찰을 보냈다.

우리 노나라는 세 권세가三桓 가문이 정치를 전횡한 이래 임금은 허약하고 신하는 강성해져서 민심이 분노하고 있소. 불뉴는 비록 계손씨의 읍재이지만 공명정대한 대의를 사모하고 있소. 나는 비읍을 공실에 돌려주고 공실의 신하가 되어 주상을 돕고 강포한 신하를 제거하고자 하오. 그리하여 노나라에 다시 주공의 옛 제도를 회복하고자 하오니 부자夫子(선생님)께서 허락하신다면 수레를 몰고 이곳 비읍으로 왕림하시어 서로 얼굴을 마주 보고 대사를 결정했으면 하오. 변변찮은 선물을 보내오니 비루하다고 생각하지 말아주시면 좋겠소.

공자가 노 정공에게 아뢰었다.

"공산불뉴가 반란을 일으키면 우리도 군사를 일으킬 수밖에 없습니다. 신이 한번 가서 그자의 마음을 돌려보겠습니다. 어떻습니까?"

노 정공이 말했다.

"지금 국가의 많은 일을 전부 부자께 의지하고 있소. 그런데 어찌 과인의 곁을 떠나려고 하시오?"

공자는 마침내 공산불뉴의 서찰과 예물을 물리쳤다. 공산불뉴는 공자가 오지 않는 것을 보고 결국 성읍成邑의 읍재 공염양公斂陽, 후읍郈邑의 읍재 공약막公若藐과 동시에 군사를 동원해 반란을 일으키기로 약속하려 했다. 그러나 공염양과 공약막은 공산불뉴의 말을 듣지 않았다.

한편 후읍의 마정馬正[21] 후범侯犯은 용력이 뛰어나고 활을 잘 쏴서 후읍 사람들이 모두 두려워했다. 그는 평소에 남의 신하 노릇을 하지 않으려 했다. 결국 어인을 시켜 공약막을 칼로 찔러 죽이고 스스로 후읍의 읍재가 되어 후읍 군사를 거느리고 성 위로 올라가 조정의 명령에 항거했다. 숙손주구는 후범의 반란 소식을 듣고 맹손무기에게 달려가 사실을 알렸다. 맹손무기가 말했다.

"내가 대부의 한 팔이 되어 드릴 테니 함께 저 역적 놈을 토벌합시다."

이에 맹손씨와 숙손씨 두 가문은 군사를 연합하고 토벌에 나서 후읍의 성곽을 포위했다. 그러나 후범이 있는 힘을 다해 항전했기 때문에 성을 공격하던 군사들 중 사상자가 많이 나서 성을 함락시킬 수 없었다. 맹손무기는 숙손주구를 시켜 제나라에 구원을 요청하게 했다. 이때 숙손씨의 가신 중에 사적駟赤이라는 자가 후읍 성안에서 거짓으로 후범에게 복종하고 있었다. 후범은 사적을 매우 신임했다. 사적이 후범에게 말했다.

"숙손씨가 제나라로 사신을 보내 구원병을 요청하고 있다 하오. 만약 제나라와 노나라가 병력을 합치면 우리가 당해낼 수 없소. 읍재께서는 어찌 후읍을 제나라에 바치고 항복하지 않으시오? 지금 제나라는 겉으로 노나라와 친한 척하지만 안으로는 기실 미워하고 있소. 이런 상황에서 후읍을 얻어 노나라를 핍박할 수 있게 되면 제나라도 틀림없이 아주 기뻐할 것이오. 그런 다음 제나라가 그 보답으로 다른 곳의 땅을 읍재께 하사하면 결국 땅은 그대로 갖게 되는 것이 되오. 이것은 위기를 극복하고 안정을 찾

21_ 마정馬正: 말을 키우고 관리하는 어인의 장長.

는 길이오. 그러니 읍재께 무슨 불리한 점이 있겠소?"

후범이 말했다.

"그 계책이 참으로 훌륭하다!"

그러고는 바로 제나라로 사신을 보내 후읍을 바치고 항복하겠다고 했다. 제 경공은 안영을 불러 물었다.

"숙손씨는 우리에게 군사를 빌려 후읍을 치겠다 하고, 후범은 후읍을 우리에게 바치고 항복하겠다 하오. 과인은 누구의 말을 따라야 하오?"

안영이 대답했다.

"우리는 방금 노나라와 강화를 맺었습니다. 그런데 어떻게 반역자가 바치는 후읍을 받을 수 있겠습니까?"

경공이 웃으면서 말했다.

"후읍은 숙손씨의 사유지이니 노나라 군주와는 아무 상관이 없소. 게다가 숙손씨는 주인과 가신 간에 죽고 죽이는 살육전을 벌이고 있소. 이것은 노나라에게는 불행이지만 우리 제나라에게는 행운이오. 과인에게 적당한 계책이 있소. 이제 과인은 양쪽 모두의 요청을 허락하고 저들을 수렁에 빠뜨릴 것이오."

제 경공은 사마 직에 있는 양저穰苴를 시켜 국경에 군사를 주둔시키고 상황을 봐가며 임기응변으로 대처하게 했다. 즉 만약 후범이 숙손씨를 제압하면 군사를 나누어 후읍을 점령한 뒤 후범을 제나라로 맞아오게 했고, 만약 숙손씨가 후범에게 승리할 것으로 보이면 바로 그들의 후읍 공격을 도와주도록 했다. 이를 보면 제 경공은 정말 간웅이라 할 만한 사람이었다.

이때 사적은 후범이 제나라로 사신을 보내는 걸 보고 후범에게 이렇게 일렀다.

"제나라는 얼마 전 새로 노나라 군주와 회맹을 했기 때문에 노나라를 도와줄지 우리 후읍을 도와줄지 아직 결정하지 못했을 것이오. 그러니 성문에 갑사를 많이 배치하여 만일의 사태에 대비하면서 우리 자신을 보호해야 하오."

후범은 용력만 믿고 설치는 일개 필부에 불과했기 때문에 사적의 입에 발린 말을 믿고 마침내 정예병을 선발한 뒤 날카로운 무기를 주어 성문을 지키게 했다. 사적은 화살에 서찰을 매달아 성문 밖으로 날려 보냈다. 노나라 군사가 그것을 주워서 숙손주구에게 바쳤다. 숙손주구가 서찰을 펼쳐 읽어보니 그 내용이 대략 이러했다.

신 사적은 이미 역적을 잡을 수 있게 7, 8할 정도 대책을 세워두었습니다. 조만간 성안에서 내란이 발생할 터이니 주인께선 걱정하지 마십시오.

숙손주구는 매우 기뻐하며 그 소식을 맹손무기에게 전하고 군사를 정비하여 대기하게 했다. 며칠 뒤 제나라로 갔던 후범의 사신이 돌아와서 말을 전했다.

"제나라 군주께서 이미 우리 요청을 허락했습니다. 장군께 제나라의 다른 읍성을 주겠다고도 약속했습니다."

사적은 후범에게 축하 인사를 하고 나왔다. 그러고는 사람을 시켜 군사들에게 이렇게 알렸다.

"후씨가 제나라에 귀순하려고 후읍 백성을 제나라로 옮기려 한다. 오늘 돌아온 사신의 말에 의하면 제나라 군사도 곧 당도할 것이라고 했다. 어찌하겠는가?"

그러자 일시에 민심이 흉흉해졌고 사적이 있는 곳으로 와서 그 말이 사실인지 묻는 사람도 많았다. 사적이 말했다.

"나도 소문을 들었소. 제나라는 노나라와 새로 우호를 맺었기 때문에 그냥 땅을 차지하기에는 마음이 좀 불편한 모양이오. 그래서 여러분의 호적을 제나라로 옮겨 그곳 변경의 비어 있는 땅을 채우려 하는 것 같소."

옛날부터 전해오는 '안토중천安土重遷'22이라는 말이 있다. 이처럼 고향을 등지고 타향으로 이사 가는 것을 그 누가 두려워하지 않겠는가? 후읍 백성은 자신이 들은 말을 서로 전하며 각자 원망하는 마음을 품었다.

그러던 어느 날 사적은 후범이 술에 만취했다는 소식을 접하고 마침내 심복 수십 명을 시켜 성을 포위하고 고함을 질렀다.

"제나라 군사가 벌써 성 밖에 당도했다. 우리에게 조속히 행장을 꾸려 사흘 안에 출발하라고 한다."

그러고는 이어서 통곡을 했다. 후읍 백성은 깜짝 놀라 후범의 대문 앞에 모여들었다. 이때 노약자는 울고만 있었으나 건장한 장정들은 이빨을 갈며 후범에게 분노를 터뜨리지 않는 사람이 없었다. 그때 그들의 눈에 후범의 집 대문 안쪽에 갑옷과 무기가 쓰기 좋게 쌓여 있는 것이 보였다. 그들은 그곳으로 달려들어가 갑옷을 빼앗아 입고 각자 무기까지 손에 들고 나왔다. 백성은 소리를 지르며 후범의 저택 사방을 물샐틈없이 포위했다. 후읍의 성곽을 지키는 군사들까지도 후범을 배반하고 백성을 도왔다. 사적은 짐짓 후범의 집으로 들어가 상황을 알렸다.

22_ 안토중천安土重遷: 자신이 살고 있는 땅을 편안히 여기고 이사 가는 것을 무겁게 여긴다는 뜻. 익숙한 곳에 편안하게 머물며 다른 곳으로 쉽게 이사 가려 하지 않는 경향을 가리키는 말이다.(『한서』「원제기元帝紀」)

"후읍의 백성이 제나라로 가려 하지 않는구려. 온 성안이 반란군으로 가득 찼소. 장군에게 또 다른 군사가 있는지 모르겠소. 만약 있다면 내가 군사를 이끌고 반란군을 공격하겠소."

후범이 말했다.

"군사들을 모두 반란군에 빼앗겼다. 오늘은 우선 이 재앙에서 벗어나는 것이 상책일 듯싶다."

사적이 말했다.

"내가 목숨을 걸고 장군을 밖으로 보내드리겠소."

그러고는 마침내 빽빽하게 몰려든 백성 앞에 나서서 말했다.

"여러분! 후씨가 나갈 수 있도록 길을 열어주시오. 후씨가 제나라로 가면 제나라 군사가 이곳으로 오지 않을 것이오."

백성은 그 말에 따라 한곳으로 길을 열었다. 사적이 앞장서고 후범이 뒤를 따랐다. 후범의 가족 100여 명도 수레 열 대에 나누어 타고 있었다. 사적은 그들을 동문까지 배웅한 뒤 노나라 군사를 이끌고 후읍으로 돌아와 백성을 위로했다. 맹손무기는 후범을 추격하자고 했으나 사적이 말했다.

"신이 이미 그를 재앙에서 구해주기로 약속했습니다."

그는 더 이상 후범을 추격하지 않고 후읍의 성곽을 헐어 높이를 3자나 낮추었다. 또한 곧바로 사적을 후읍의 읍재로 임명했다. 후범이 제나라로 도망치자 양저는 노나라 군사들이 이미 후읍을 안정시켰다는 사실을 알고 군사를 거두어 제나라로 돌아갔다. 숙손주구와 맹손무기도 노나라 도성으로 돌아갔다.

공산불뉴는 애초에 후범이 후읍을 근거지로 반란을 일으켰고, 숙손씨와 맹손씨가 그를 토벌하러 갔다는 소식을 듣고 기뻐하며 말했다.

"계손씨가 고립되었다. 이 빈틈을 타고 노나라 도성을 습격하면 노나라 전체를 얻을 수 있을 것이다."

그리하여 마침내 비읍의 군사를 모두 동원하여 도성 곡부로 쇄도해 들어갔다. 숙손첩이 도성 안에서 호응하며 성문을 열고 공산불뉴를 맞아들였다. 노 정공은 황급히 공자를 불러 계책을 묻자 공자가 말했다.

"궁궐의 군사는 나약하여 지금 쓸 수가 없습니다. 신이 주상전하를 모시고 계손씨의 집으로 가겠습니다."

공자는 마침내 어가를 몰고 계손씨의 저택으로 갔다. 그곳은 궁궐과 다름이 없었고 저택 안에 높은 누대까지 설치되어 있었다. 담장도 외부의 공격을 막아낼 수 있을 정도로 튼튼해서 정공은 그곳에 머물게 되었다. 잠시 후 사마 직을 맡고 있는 신구수와 악기도 그곳으로 달려왔다. 공자는 계손사에게 그들 사병을 모두 사마에게 주고 누대 주위에 매복하게 했다. 공산불뉴는 숙손첩에게 대책을 상의하며 말했다.

"우리가 이번에 거사를 일으킬 때, 공실을 도와 권세가를 누른다는 명분을 내세웠소. 그러므로 노나라 군주를 받들지 못하면 계손씨를 이길 수가 없소."

그들은 일제히 노나라 궁궐을 뒤지며 정공을 찾았으나 찾을 수 없었다. 오랫동안 궁궐을 빙빙 돌다가 결국 정공이 계손씨 저택으로 갔다는 사실을 알고 그곳을 공격하기 위해 군사를 이동시켰다. 그곳을 지키던 궁궐 군사들은 공격을 받자마자 모두 흩어져 달아났다. 그때 갑자기 좌우에서 큰 함성이 일며 신구수와 악기 두 장수가 정예병을 이끌고 달려나왔다. 또 공자는 정공을 부축하고 누대 위에서 비읍 군사들을 향해 소리쳤다.

"우리 주상께서 여기 계시다. 너희는 어찌하여 순리와 역리를 구별도 하지 못하느냐? 조속히 무기를 내려놓으면 허물을 묻지 않겠다."

비읍 사람들도 공자가 성인이라는 사실을 알고 있었으므로 감히 그의 말을 듣지 않을 수 없었다. 그들은 모두 무기를 내려놓고 누대 아래에 엎드려 절을 올렸다. 공산불뉴와 숙손첩은 처지가 곤궁해지자 결국 오나라로 달아났다.

숙손주구는 노나라 도성으로 돌아와 후읍의 성벽을 낮춘 사실을 알렸다. 그러자 계손사도 비읍의 성벽을 허물어 높이를 낮추고 처음의 모습을 회복하라고 명령을 내렸다. 맹손무기도 성읍의 성벽을 낮추려고 했다. 그러자 성읍의 읍재 공염양이 소정묘(별명 聞人)에게 계책을 물었다. 소정묘가 말했다.

"후읍과 비읍은 반란을 했기 때문에 성벽을 낮게 허문 것이오. 만약 이곳 성읍도 그들처럼 성벽을 허문다면 충신과 반역자를 어떻게 구별할 수 있겠소? 장군께선 이렇게 말씀하시면 되오. '성읍은 노나라 북문을 지키는 요충지인데 만약 이곳 성벽을 허문다면 어떻게 적을 방어할 수 있겠습니까?' 이 말을 굳게 견지하시오. 그러면 비록 명령을 거부한다고는 할 수 있지만 반역이라고는 할 수 없을 것이오."

공염양은 그 계책에 따라 군사들에게 갑옷을 입혀 성 위로 올려 보내 수비를 튼튼히 하게 했다. 그러고는 숙손씨에게 사과하며 말했다.[23]

"나는 숙손씨를 위해 성을 지키는 것이 아니라 노나라 사직을 위해 성을 지키고 있소. 제나라 군사가 조만간 들이닥칠지 모르는데 적을 방어할 수 있는 높고 튼튼한 성벽이 없으면 어떻게 되겠소? 원컨대 목숨을 바쳐

23_ 숙손씨叔孫氏가 가장 먼저 성곽의 높이를 낮추고 계손씨와 맹손씨에게도 성곽을 높이를 낮추자고 건의했다. 이 때문에 공염양公斂陽이 숙손씨에게 사과하는 척한 것이다.

이 성벽과 함께 부서질지언정 이곳의 벽돌 하나 흙 한 줌도 다른 곳으로 옮길 수 없소."

그 말을 듣고 공자가 웃으면서 말했다.

"공염양이 자신의 말이 헛된 말인지 아닌지 구별도 못 하고 있소. 틀림없이 '문인聞人'이 시킨 짓이오."

계손사는 비읍을 평정한 공자의 공을 칭송했다. 그는 자신이 공자의 만분의 일도 따라가지 못한다는 사실을 알고 모든 일을 공자에게 자문을 받아 시행했다. 그러나 공자가 말을 하면 소정묘가 번번이 중간에서 공자의 말을 어지럽혔다. 이에 듣는 사람 중 공자의 말에 의구심을 갖는 사람이 많았다. 공자가 정공을 비밀리에 알현하고 말했다.

"우리 노나라가 국력을 떨치지 못하는 이유는 충신과 간신을 구별하지 못하고, 형벌과 상을 제대로 시행하지 못하기 때문입니다. 대저 곡식의 싹을 잘 보호하는 농부는 반드시 잡초를 제거합니다. 원컨대 주상께선 임시방편으로 정사를 처리하지 마시고, 내일 태묘에 있는 부월을 꺼내 대궐 아래에 진열해놓으신 채 정사를 논의하십시오. 신에게 한 가지 계책이 있습니다."

정공이 말했다.

"좋소!"

이튿날 정공은 신료들에게 성읍의 높은 성벽을 허물지 않으면 어떤 이득과 손실이 있는지 논의하게 하고 공자의 판결을 따르게 했다. 신료들 중 어떤 사람은 허물어야 한다고 했고, 어떤 사람은 허물지 말아야 한다고 했다. 그러자 소정묘는 이번에 공자의 뜻에 영합하려고 성읍의 성벽을 허물어야 할 여섯 가지 타당한 점을 이야기했다. 그 여섯 가지 타당한 점이란 무엇인가? 첫째, 나라에 임금처럼 존귀한 분이 두 사람이 있어서는 안 된다. 둘째, 도성의 형세를 중요하게 생각해야 한다. 셋째, 사사로운 권세가를 억압해야 한다. 넷째, 가신들이 발호할 근거지를 없애야 한다. 다섯째, 세 권세가의 마음을 편하게 할 수 있을 것이다. 여섯째, 이웃 나라에서 노나라가 개혁 정치를 펼치고 있다는 소문을 듣고 존경하는 마음을 갖게 될 것이다. 그러나 공자는 오히려 이렇게 아뢰었다.

"소정묘의 말은 틀렸습니다. 성읍은 이미 고립되어 있는데 무슨 반란을 일으킬 수 있겠습니까? 게다가 그곳의 읍재 공염양은 우리 공실에 충성을 바치고 있습니다. 어찌 반란을 일으키며 함부로 발호하는 자들에 비할 수 있겠습니까? 소정묘는 교묘한 변설로 정치를 어지럽히고 임금과 신하를 이간시키는 자이니 법에 따라 마땅히 참수해야 합니다."

그러자 신료가 모두 말했다.

"소정묘는 우리 노나라에서 견문이 넓은 것聞人으로 유명합니다. 말이 좀 타당하지 않기는 하지만 죽을죄를 짓지는 않았습니다."

공자가 다시 아뢰었다.

"소정묘는 거짓말로 교묘한 변설만 일삼고 편벽된 행동을 끝까지 고집하고 있습니다. 또 한갓 헛된 명성으로 사람들을 미혹시키고 있으니 저런 자를 주살하지 않고서는 올바른 정치를 펼칠 수 없을 것입니다. 신은 지금 법을 집행하는 대사구大司寇 직에 있으니 부월을 써서 올바른 법도를 밝히겠습니다."

공자는 역사에게 명하여 소정묘를 포박하게 하고 대궐 아래서 목을 벴다. 그것을 보고 안색이 변하지 않는 신하가 아무도 없었다. 세 권세가들도 오싹 소름이 돋았다. 사관이 이 일을 시로 읊었다.

공자가 소정묘를 주살하다.

고상한 은사 화사곤제[24]를 강태공이 주살했고　養高華士太公誅
공자는 한사코 소정묘를 제거했다　孔子偏將少正除
성인께서 바른 눈을 열어주지 않았다면　不是聖人開正眼
세인世人들은 두 사람 책만 남김없이 읽었으리　世間盡讀兩人書

소정묘가 주살된 후 공자의 뜻이 비로소 펼쳐지기 시작했다. 노 정공과 세 권세가도 모두 마음을 비우고 공자의 말을 들었다. 공자는 나라의 기강을 바로잡고 예의로써 백성을 가르쳐 부끄러움이 무엇인지 알게 했다. 이 때문에 백성은 분란을 일으키지 않고 기꺼이 조정의 정치를 따랐다. 그렇게 3개월이 지나자 풍속이 크게 바뀌었다. 시장에서 양고기와 돼지고기를 파는 사람도 값을 부풀리지 않았으며, 남녀가 길을 갈 때도 좌우로 길을 나누어 문란하지 않게 분별했다. 도로에 떨어진 물건이 있어도 자기 것이 아니면 주우려 하지 않았다. 사방에서 온 손님들도 일단 노나라 국경으로 들어오면 늘 제공받는 물품이 넉넉했기에 곤궁을 겪지 않았고, 마치 자기 집으로 돌아온 것처럼 편안함을 느꼈다. 당시 백성이 이런 노래를 불렀다.

곤복을 입고 장보관을 쓴 성인께서　袞衣章甫
우리가 사는 곳에 내려오셨다　來適我所
장보관을 쓰고 곤복을 입은 성인께서　章甫袞衣

24_ 화사곤제華士昆弟: 주나라 강태공이 제나라에 봉해진 후 봉지로 가서 동해 가에 천자를 섬기지도 않고 제후와 사귀지도 않으면서 손수 농사를 지어 먹고 사는 고귀한 은사 광휼狂矞과 화사곤제華士昆弟가 있다는 소문을 들었다. 강태공이 두 사람을 여러 번 불렀으나 초빙에 응하지 않자 결국 사람을 보내 죽였다. 주공이 이유를 묻자, '천자를 섬기지 않고 제후와 사귀지도 않으면서 초빙에도 응하지 않는 자는 반역의 무리와 같다'고 했다.(『한비자』「외저설우상外儲說右上」)

사심 없이 우리를 위로해주신다 慰我無私

이 노래가 제나라에까지 전해지자 제 경공이 깜짝 놀라며 말했다.

"우리 나라가 틀림없이 노나라에 병탄되겠구나."

제 경공이 어떤 계책을 쓸 것인지는 다음 회를 보시라.

제79회

천하를 떠도는 공자

제나라 여미는 미녀를 보내 공자의 정치를 가로막고
월나라 문종은 회계에서 오나라 백비와 내통하다
歸女樂黎彌阻孔子, 棲會稽文種通宰嚭.

제 경공이 협곡에서 노 정공과 회맹을 하고 돌아온 뒤 얼마 지나지 않아 안영이 병으로 세상을 떠났다. 제 경공은 며칠을 슬피 울며 조정에 인재가 부족함을 걱정했다. 그때 마침 공자가 노나라 군주를 보필하여 노나라가 매우 잘 다스려지고 있다는 소문이 들려왔다. 경공이 놀라며 말했다.

"노나라가 공자의 도움을 받으면 틀림없이 천하의 패자가 될 것이다. 패자가 되면 또 반드시 땅을 다투게 될 것인데, 우리 제나라는 노나라의 바로 이웃에 있기 때문에 아마도 재앙이 먼저 미치게 될 것이다. 그러면 이를 어찌해야 하는가?"

그러자 대부 여미가 앞으로 나서며 말했다.

"주상께서는 노나라에서 공자를 등용한 것을 걱정하시면서 어찌하여 그를 막을 생각은 하지 않으십니까?"

경공이 말했다.

"노나라에서 이제 막 그에게 국정을 맡겼는데, 내가 어찌 막을 수 있단 말이오?"

여미가 말했다.

"신이 듣건대 나라가 편안하게 다스려진 후에는 반드시 교만과 방탕이 생겨난다 합니다. 청컨대 여자 악사女樂를 화려하게 꾸며 노나라 군주에게 보내십시오. 다행히 노나라 군주가 받으면 틀림없이 정사를 게을리하고 공자를 멀리할 것입니다. 공자가 배척을 당하면 반드시 노나라를 버리고 다른 나라로 갈 것이니 주상께선 베개를 높이 베고 편안히 주무실 수 있을 것입니다."

경공은 매우 기뻐하며 바로 여미에게 명하여 궁궐 소속 기녀들 중 스무 살 안쪽의 미녀 80명을 선발하게 했다. 그다음 그 미녀들을 열 개의 대열로 나누어 고운 비단옷을 입히고 노래와 춤을 익히게 했다. 무곡舞曲 제목은 「강악康樂」이었고, 노래와 안무는 모두 새로 만든 것이었다. 거기에다 전에는 한 번도 본 적 없는 온갖 아름다운 교태를 모두 섞어 넣었다. 연습이 끝나자 명마 120필에 황금 재갈을 물리고 화려한 조각을 한 안장을 얹었다. 말들의 털 색깔도 모두 달라 멀리서 바라보면 마치 비단을 펼쳐놓은 듯했다. 제 경공은 사신을 보내 미녀와 명마를 모두 노 정공에게 바치게 했다. 사신은 노나라 고문高門(노나라 도성 남문) 밖 두 곳에 비단 장막을 설치했다. 동쪽 장막에는 명마를 늘어세우고, 서쪽 장막에는 미녀 악사를 늘여 세운 뒤 먼저 노 정공에게 국서를 보냈다. 노 정공이 국서를 펼쳐보니 대략 내용이 이러했다.

제나라 군주 저구는 노나라 현후賢侯 전하께 머리를 조아리고 아뢰오. 과인은 지난번 협곡에서 죄를 지은 이래 부끄러운 마음을 잊을 수가 없소. 다행히 현후 전하께서 과인의 사과를 진실하게 받아들이시어 마침내 회맹의 우호를 다질 수 있었소. 근래에는 나라에 재난이 많아 사신을 보내 문후 인사도 여쭈지 못했소. 이에 노래 잘하는 비첩婢妾 10대열을 보내오니 다소나마 즐거움을 누릴 수 있을 것이오. 그리고 명마 120필도 함께 보내오니 수레에 매어 쓰시기 바라오. 삼가 좌우 신료들에게도 나누어주시어 그분들을 흠모하는 과인의 마음을 전해주시오. 바라옵건대 잘 받아주시면 감사하겠소.

노나라 상국 계손사는 나라가 안락하고 태평해지자 자신이 해야 할 일을 잊어버리고, 가슴속에서 사치스럽게 즐기고 싶은 마음이 꿈틀대기 시작했다. 그때 제나라에서 미녀 악사를 보내왔다는 소문을 듣고는 그 아름다운 모습을 보고 싶어 안달이 났다. 그는 즉시 미복으로 갈아입고 심복 몇 명과 함께 수레를 타고 남문 밖으로 나갔다. 마침 그곳에서는 제나라 미녀들이 노래와 춤을 연습하고 있었다. 노랫소리는 구름에까지 닿았고 고운 춤사위에서는 맑은 바람이 일었다. 나아가고 물러나는 동작의 화려함이 사람의 눈길을 휘어잡았다. 마치 하늘에서 내려온 선녀를 보는 것 같아서 도저히 인간 세상 사람의 생각이 미칠 수 있는 바가 아니었다. 계손사는 오랫동안 미녀들의 아름다운 용모를 두루 살폈다. 복식의 화려함을 보고 있는 동안 자신도 모르는 사이에 손이 저려오고 다리가 풀렸으며 눈이 휘둥그레지고 입을 다물지 못했다. 마음이 혼란스럽고 정신이 아득해져서 혼백까지 다 빠져나갈 지경이었다. 노 정공은 그날 세 번이나 사람을 보내 계손사를 불렀으나 그는 제나라 미녀들의 음악에 탐닉하여 끝내 노 정공의 부름에 응하지 않았다.

이튿날 계손사가 궁궐로 들어가 정공을 알현하자 정공은 제나라에서 보내온 국서를 보여줬다. 계손사가 아뢰었다.

"이것은 제나라 군주의 아름다운 마음입니다. 물리치지 마십시오!"

정공도 미녀를 보고 싶은 마음이 동하여 물었다.

"미녀 악사들은 지금 어디에 있소? 과인도 좀 가볼 수 있겠소?"

계손사가 말했다.

"고문 밖에 있습니다. 수레를 타고 가시면 신이 수행하겠습니다. 다만 백관들을 경동시킬까 두려우니 미복을 하는 것이 좋겠습니다."

두 사람은 모두 조복을 벗고 각각 작은 수레를 타고 남문으로 치달려 가서 서쪽 장막 근처에 당도했다. 그 소식은 일찌감치 그곳에 전해졌다.

"노나라 군주가 미복으로 갈아입고 친히 미녀 악사를 구경하러 오신다."

사신은 미녀들에게 더욱 마음을 다해 기예를 펼치도록 분부했다. 목소리는 더욱 아리땁게 가다듬었고 소매는 더욱 곱게 장식했다. 열 줄의 미녀들이 번갈아 나오며 노래를 하고 춤을 추는 모습이 눈과 귀에 가득 차올라서 잠시도 한눈팔 겨를이 없었다. 노나라 임금과 신하 두 사람은 자기도 모르게 손뼉을 치고 발을 구를 정도로 좋아했다. 후세 사람이 시를 지어 이 일을 증명했다.

한 곡조 고운 노래는 한 덩어리 금과 같고	一曲嬌歌一塊金
한바탕 예쁜 춤은 한 상의 보배 같네	一番妙舞一盤琛
오로지 열 줄 미녀 아름다운 얼굴 앞에서	只因十隊女人面
임금과 신하 두 사람이 마음을 뺏겼네	改盡君臣兩個心

그때 수행한 시종이 또 동쪽 장막의 명마를 칭찬했다. 노 정공이 말했다.

"이 미녀들만 해도 이렇게 장관인데 명마 이야기가 필요하겠느냐?"

이날 밤 노 정공은 궁궐로 돌아와 밤새도록 잠을 이루지 못했다. 귓속에는 아직도 음악 소리가 쟁쟁했고 곁에는 미녀가 누워 있는 듯했다. 정공은 신료들의 의견이 일치하지 않을까 걱정이 되었다. 다음 날 아침 그는 계손사만 입궁하라고 하여 제나라에 보낼 답서를 쓰게 했다. 답서에는 제나라의 호의에 감격한다는 내용을 자세하게 썼다. 또 황금 100일을 제나라 사신에게 하사했다. 바로 미녀 악사를 궁중으로 맞아들인 뒤 30명을 계손사에게 하사했고 명마는 궁궐 어인에게 맡겨 기르게 했다. 노 정공과 계손사는 각각 새 미녀 악사를 받아들인 뒤 낮에는 가무를 즐기고 밤에는 잠자리를 즐기며 연이어 사흘 동안이나 정무 처리를 위한 조회를 열지 않았다. 공자는 그 소식을 듣고 슬프게 장탄식을 했다. 이때 제자 자로가 곁에 있다가 아뢰었다.

"노나라 주상께서 정사를 태만히 하시니 스승님께서 이제 떠나실 때가 된 듯합니다."

공자가 말했다.

"교제郊祭 날이 가까이 왔구나. 만약 이번 큰 행사를 폐지하지 않는다면 그래도 나라를 어떻게든 다스려볼 수 있을 듯하다."

제삿날이 되자 정공은 제례를 대강 마친 후 바로 내궁으로 들어가 조정에 나오지 않았다. 아울러 음복을 위한 제육祭肉도 나눠줄 생각을 하지 않았다. 제육을 담당하는 관리가 내궁으로 들어가 명령을 기다렸으나 정공은 그 일을 계손사에게 미뤘고 계손사는 자기 집 가신에게 위임했다. 공자는 교제를 지내고 돌아와 밤늦게까지 기다렸으나 제육을 받지 못하자 자로

제나라 여미가 미인계로 공자를 축출하다.

에게 말했다.

"내 올바른 도를 펼치지 못하게 되었다. 이것도 천명인가?"

그러고는 바로 금을 연주하며 노래를 불렀다.

저 여자들 노래 때문에 彼婦之口
내가 떠나게 되었구나 可以出走
저 여자들 아첨 때문에 彼女之謁
내가 죽게 되었구나 可以死敗
자유롭게 세상을 떠돌며 優哉遊哉
그렇게 세상을 마치리라 聊以卒歲[1]

공자는 노래를 마치고 노나라를 떠나기 위해 행장을 꾸렸다. 자로와 염유도 벼슬을 버리고 공자를 따랐다. 이로부터 노나라는 다시 쇠퇴하게 되었다. 사관이 이 일을 시로 읊었다.

붉은 분 바른 여인들이 강철 칼보다 강했던 건 幾行紅粉勝鋼刀
여미의 술수가 뛰어난 것만은 아니었네 不是黎彌巧計高
천운이 쇠퇴하여 와해되기에 이르렀으니 天運凌夷成瓦解
어떻게 노나라 홀로 천하 화육할 수 있으랴? 豈容魯國獨甄陶

공자는 노나라를 떠나 위衛나라로 갔다. 위 영공은 공자를 기쁘게 영접

1_ 이 노래는 현재 『사기』 「공자세가」에 실려 있고, 마지막 두 구절이 "蓋優哉遊哉, 維以卒歲"로 되어 있다.

하고 진법陣法에 관한 일을 물었다. 공자가 대답했다.

"저는 진법에 대해서 아직 배우지 못했습니다."

그러고는 바로 다음 날 위나라를 떠났다. 송나라 광읍匡邑을 지나던 중, 평소 양호를 미워하던 광읍 사람들이 양호와 비슷한 공자의 모습을 보고는 그가 다시 왔다고 생각하여 공자 일행을 포위했다. 자로가 나가서 싸우려 하자 공자가 제지하며 말했다.

"나는 광읍 사람들에게 원한을 맺은 일이 없다. 틀림없이 무슨 까닭이 있을 것이니 오래지 않아 오해가 풀릴 것이다."

말을 마치고는 편안히 앉아 금을 연주했다. 때마침 위 영공이 사자를 보내 공자를 다시 불렀다. 광읍 사람들은 자신들이 오해한 것을 알고 사죄한 뒤 물러갔다. 공자는 다시 위나라로 돌아가 어진 대부 거원蘧瑗(蘧伯玉)의 집에 묵었다.

위 영공의 부인 남자南子는 송나라 여인으로 미색이 뛰어났고 음란했다. 송나라에 있을 때 그녀는 공자 조朝와 사통했다. 공자 조도 남자 중에서는 절색이어서 두 미남 미녀는 서로 사랑하며 부부 관계 이상으로 가까이 지냈다. 그러다가 남자는 위 영공에게 시집가 아들 괴귀蒯聵[2]를 낳았고, 괴귀가 성장하자 세자로 세웠다. 그러나 남자는 옛날 정인情人과의 관계를 끊지 못했다. 이때 또 위衛나라에 미자하彌子瑕라는 미남이 있었다. 그는 평소에 위 영공의 총애를 받았다. 일찍이 미자하가 복숭아를 먹다가 나머지 반을 영공의 입속으로 밀어 넣은 적이 있었다. 영공은 기뻐하며 그것을 먹고 사람들에게 자랑했다.

2_ 괴귀蒯聵: 이 소설에서는 괴귀蒯聵로 되어 있으나 『사기』「위강숙세가衛康叔世家」에는 괴외蒯聵로 되어 있다.

"자하가 과인을 매우 사랑하는구려. 복숭아를 먹다가 무척 맛있어서 차마 다 먹지 못하고 반을 남겨 과인에게 주었소."

그 말을 듣고 신료들 가운데 몰래 영공을 비웃지 않는 사람이 없었다. 미자하는 총애를 믿고 권력을 농단하면서 저지르지 않는 짓이 없었다. 영공은 밖으로는 미자하를 애첩처럼 아꼈지만 안으로는 부인인 남자를 두려워하여 그녀에게 잘 보이려 했다. 그는 때때로 송나라 공자 조를 불러 남자와 만나게 해주었다. 추악한 소문이 두루 퍼지는데도 영공은 부끄럽게 생각하지 않았다. 세자 괴귀는 그 일을 깊이 한탄하며 가신 희양속戲陽速을 시켜 조정으로 들어갔을 때 자신의 모친 남자를 칼로 찔러 죽이고 그 추문을 없애려고 했다. 남자가 그 사실을 알고 영공에게 일러바쳤다. 영공은 괴귀를 추방했고 괴귀는 송나라로 달아났다가 다시 방향을 바꾸어 진晉나라로 갔다. 위 영공은 괴귀의 아들 첩輒을 세자로 세웠다. 공자가 다시 위나라에 당도하자 군부인 남자가 공자와 만나고자 했다. 그녀는 공자가 성인聖人임을 알고 융숭한 예를 곱절로 베풀었다. 어느 날 위 영공과 부인 남자는 함께 수레를 타고 외출을 하다가 공자를 배승陪乘하게 하여 저잣거리를 지나가게 되었다. 시장 사람들이 그 광경을 보고 노래를 불렀다.

수레에 함께 태운 것은 남자의 미색 때문인가? 同車者色耶
수레에 배승하게 한 것은 공자의 덕망 때문인가? 從車者德耶

공자가 탄식하며 말했다.

"위나라 군주가 덕을 좋아하는 것은 미색을 좋아하는 것보다 못하구나!"

공자는 위나라를 떠나 송나라로 갔다. 이때 공자는 큰 나무 아래에서 제자들과 예를 익히고 있었다. 송나라 사마 환퇴桓魋는 남색男色(동성애)으로 송 경공에게 총애를 받으며 권력을 행사하고 있었기 때문에 공자가 오는 것을 싫어했다. 환퇴는 큰 나무를 베어 공자를 죽이려 했다. 이에 공자는 평복으로 갈아입고 송나라를 떠나 정나라로 갔다. 그곳에서 다시 진晉나라로 가려고 황하에 이르렀을 때 조앙이 현신 두주竇犨와 순화舜華를 죽였다는 소식을 들었다. 공자가 탄식하며 말했다.

"금수도 자기 족속 해치는 걸 싫어하는데 하물며 사람이랴?"

공자는 다시 위나라로 돌아왔다. 얼마 지나지 않아 위 영공이 세상을 떠났다. 위나라 사람들은 세자 첩을 보위에 올렸다. 이 사람이 위 출공出公이다. 위나라에서 쫓겨난 세자 괴귀도 진晉나라의 원조를 받아 양호와 함께 척戚(河南省 濮陽 戚城) 땅을 습격하여 근거지로 삼았다. 이때 위나라 군주 부자가 나라를 다투자 진나라는 그 부친 괴귀를 지원했고, 제나라는 아들인 출공을 지원했다. 이렇게 순리에 어긋난 짓을 본 공자는 다시 위나라를 버리고 진陳나라로 갔다가 채나라로 가려 했다.

초 소왕은 공자가 진陳나라와 채나라 사이에 있다는 소식을 듣고 사람을 보내 공자를 초빙하려 했다. 그러자 진나라와 채나라 대부들이 초나라에서 공자를 등용하면 진, 채 두 나라가 모두 위태로워질 것이라 의견을 모으고 함께 군사를 풀어 들판에서 공자를 포위했다. 공자는 식량이 떨어졌지만 사흘 동안 금을 타며 노래를 그치지 않았다. 지금의 개봉부開封府 진주陳州(河南省 淮陽) 경계 상락桑落이란 곳에 높다란 언덕이 있고 그곳을 위대危臺라고 부르는데, 그곳이 바로 당시 공자의 식량이 떨어졌던 곳이다. 뒷날 송나라 유창劉敞[3]이 이 일을 시로 읊었다.

천하를 정처 없이 떠도는 나그네가 　四海棲棲一旅人
사흘 동안 식량 떨어져 생사기로에 놓였다 　絕糧三日死生鄰
이로부터 천심은 목탁[4]을 수고롭게 하려는지 　自是天心勞木鐸
진, 채의 우둔한 신하가 어찌 앞길을 가로막았나? 　豈關陳蔡有愚臣

그러던 어느 날 키가 9척이 넘는 이상한 사람이 밤중에 검은 옷에 높다란 관을 쓴 채 겉에는 갑옷 차림으로 무기를 들고 공자를 향해 벽력같이 고함을 질렀다. 그 소리에 좌우에 있던 제자들이 깜짝 놀랐다. 자로가 달려나가 그 사람과 싸웠다. 그러나 그는 힘이 장사여서 자로가 이길 수 없었다. 공자가 곁에서 한참 동안 그 사람을 자세히 살피다가 자로에게 말했다.

"그자의 옆구리를 찔러라!"

자로가 그자의 옆구리를 찌르자 기력을 잃고 손을 떨구면서 땅바닥에 쓰러져 거대한 메기로 변했다. 제자들이 괴이하게 생각하자 공자가 말했다.

"무릇 사물이 늙어서 노쇠해지면 온갖 정령이 붙는 법이고, 그것을 죽이면 사라지게 된다. 이상할 게 무엇이냐?"

공자는 제자들에게 메기를 삶아 허기를 채우게 했다. 제자들이 모두 기뻐하며 말했다.

"하늘이 내려준 음식입니다!"

3_ 유창劉敞: 강서성 신여新餘 출신. 자는 원보原父다. 북송의 문인으로 경학과 사학 및 문장에 뛰어났다. 벼슬은 집현원학사集賢院學士에 이르렀다. 구양수歐陽修, 매요신梅堯臣과 교분이 깊었다. 경서, 사서, 천문, 지리, 의학, 불학, 노장 등 모든 학문에 무불통지였다. 그의 아우 유반劉攽과 더불어 북송이유北宋二劉로 칭해졌다. 저작으로 『공시집公是集』을 남겼다.

4_ 목탁木鐸: 공자를 비유한다. 『논어』 「팔일」에 "천하에 도가 없어진 지 오래되어 하늘이 장차 스승님을 목탁으로 삼으셨다天下之無道也久矣, 天將以夫子爲木鐸"라는 구절이 있다.

마침내 초나라 사신이 군사를 풀어 공자를 영접했다. 공자가 초나라에 당도하자 초 소왕은 매우 기뻐하며 1000사社[5]의 봉읍封邑을 공자에게 내리려 했다. 그러자 영윤 자서子西가 간언을 올렸다.

"옛날에 주周 문왕이 풍豐(陝西省 西安 灃河) 서쪽 땅에 있고, 무왕이 호鎬(陝西省 西安 長安區 서북) 땅에 있을 때 땅이 겨우 100리였는데도 덕을 닦아 마침내 은나라를 대신하게 되었습니다. 지금 공자의 덕은 문왕과 무왕보다 못하지 않은 데다가 제자들도 모두 뛰어난 현인들입니다. 만약 공자가 의지할 땅을 갖게 되면 우리 초나라를 대신하기 어렵지 않을 것입니다."

이에 소왕은 공자에게 봉읍을 주려던 계획을 그만뒀다. 공자는 초나라에서도 등용될 수 없음을 알고 다시 위衛나라로 돌아갔다. 위나라 출공은 공자에게 국정을 맡기려 했지만 공자가 거절했다. 이때 노나라 상국 계손비季孫肥가 위나라로 와서 공자의 문인 염유冉有를 초빙했고 이를 인연으로 공자는 노나라로 귀국했다. 노나라에서는 연로한 대부의 퇴임 예법에 따라 공자를 대우했다. 제자들 중에서 자로子路, 자고子羔는 위나라에서 벼슬했고, 자공子貢, 염유, 유약有若, 복자천宓子賤은 노나라에서 벼슬했다. 이것은 물론 뒷날의 일이다. 여기에서 먼저 밝혀 이후 단락의 이야기 단서로 삼는다.

한편 오왕 합려는 초나라를 패배시키고 돌아온 뒤 그 위세가 중원까지 진동하자 유흥과 쾌락에 신경을 쓰면서 건물도 크게 짓기 시작했다. 도성 안에 장락궁長樂宮을 짓고 고소산姑蘇山에는 높은 누대를 쌓았다. 고소산은 도성 서남쪽 30리에 있었고 일명 고서산姑胥山이라고도 했다. 또 도성의 서문 밖에 아홉 굽이 길을 만들어 고소산의 산길과 통하게 했다. 그리하여

5_ 사社: 25호戶가 1사社다.

봄과 여름에는 도성 밖에서, 가을과 겨울에는 도성 안에서 나라를 다스렸다. 합려는 어느 날 문득 월나라가 오나라를 정벌한 원한을 상기하고 복수를 하고자 했다. 때마침 제나라와 초나라가 친교를 맺고 사신을 교환했다는 소문이 들려오자 합려는 화가 나서 소리를 질렀다.

"제나라와 초나라 놈들이 우호를 맺었다니 우리 나라 북쪽에 우환거리가 생긴 것이다."

합려는 먼저 제나라를 정벌하고 난 다음 월나라를 정벌할 계획을 세웠다. 상국 오자서가 아뢰었다.

"우호를 맺고 사신을 주고받는 건 서로 이웃한 나라의 일상사입니다. 제나라가 초나라를 도와 우리 오나라를 해친다는 보장이 없습니다. 그러니 갑자기 군사를 일으켜서는 안 됩니다. 지금 태자마마의 원비元妃가 세상을 떠났는데도 아직 계실繼室을 맞아들이지 못하고 있습니다. 대왕마마께선 제나라로 사신을 보내 청혼을 하십시오. 만약 저들이 따르지 않는다면 그때 제나라를 정벌해도 늦지 않을 것입니다."

오왕 합려가 그 말에 따라 대부 왕손 낙駱을 제나라로 보내 세자를 위해 청혼을 했다. 제나라에는 당시 경공이 연로하여 기력이 쇠퇴해져서 나라의 위엄도 점점 줄어들고 있었다. 궁중에는 아직 시집 안 간 어린 딸이 하나 있었지만 제 경공은 차마 오나라로 출가시키고 싶지 않았다. 그러나 조정에 훌륭한 신하가 없고 변방에 훌륭한 장수가 없어서 오나라의 명령을 거절하면 침략을 받아 초나라처럼 참화를 당할까 몹시 두려웠다. 그렇게 되면 후회해도 소용없는 일이었다. 이 때문에 대부 여미는 경공에게 오나라의 분노를 사지 않도록 어린 딸을 오나라에 출가시키라고 권했다. 경공은 어쩔 수 없이 어린 딸 소강少姜을 오나라 세자와 혼인시키기로 결정했다. 왕손 낙은 돌아가 오왕 합려에게 상황을 보고했다. 합려는 다시 그에게 폐백을 가지고 제나라로 가서 소강을 맞아 귀국하라고 했다. 제 경공은 딸을 사랑하는 마음과 오나라를 두려워하는 마음이 교차되어 자기도 모르게 눈물을 줄줄 흘리며 탄식했다.

"만약 평중(안영)이나 양저 중 한 사람이라도 살아 있다면 과인이 어찌 오나라 놈들을 두려워하겠는가?"

그러고는 대부 포목鮑木에게 말했다.

"수고스럽더라도 경은 과인을 위해 내 딸을 오나라에 데려다주시오. 또 오왕에게 이 아이는 내가 사랑하는 딸이니 잘 보살펴달라는 부탁도 좀 해 주시오."

출발에 임해 경공은 친히 소강을 부축하여 수레에 태운 뒤 남문까지 배웅하고 돌아왔다. 포목은 소강을 모시고 오나라로 가서 공경스럽게 제 경공의 부탁을 전했다. 또한 오자서의 현명함을 흠모하여 예물을 주고 깊은 교분을 맺었다.

소강은 아직 나이가 어려 부부간의 즐거움을 몰랐다. 오나라 세자 파波와 결혼한 이후에도 일심으로 부모님을 생각하며 밤낮으로 슬피 울었다. 세자 파는 계속 그녀를 위로했지만 그녀는 슬픔을 그치지 못하고 마침내 우울함이 쌓여 병이 났다. 오왕 합려는 며느리를 불쌍하게 생각하고 북문의 성루를 개조하여 화려하게 장식한 뒤 망제문望齊門이란 이름을 붙였다. 그러고는 며느리 소강에게 날마다 그곳에 올라가 놀며 마음을 풀도록 했다. 그러나 소강은 망제문 누대 난간에 기대 북쪽을 바라봐도 제나라가 보이지 않자 슬픔이 심해졌고 병도 더욱 깊어졌다. 소강은 목숨을 거두는 순간에 세자 파에게 이렇게 부탁했다.

"첩이 듣기로 우산虞山 꼭대기에서는 동해를 볼 수 있다 합니다. 청컨대 저를 그곳에 묻어주십시오. 만약 혼백이 있다면 제 고향 제나라를 다시 한 번 보고 싶습니다."

세자 파가 부왕 합려에게 그 이야기를 하고 마침내 우산 꼭대기에 소강을 장사 지냈다. 지금도 상숙常熟 우산에 제녀묘齊女墓가 있고 또 그곳에 망해정望海亭이 있다. 장홍張洪6이 지은 「제녀분齊女墳」이란 시가 있어 증거로 삼을 만하다.

남풍은 거세게 불고 북풍은 미약하여	南風初勁北風微
중원 패업 다투려고 제녀齊女에게 청혼했네	爭長諸姬復娶齊
국경을 넘을 때엔 천 냥의 황금 보내줬지만	越境定須千兩送
시집오는 도중엔 많은 눈물 흘려야 했네	半途應拭萬行啼
고향 그리워 거리낌 없이 누대에 올라 멀리 바라봤지만	望鄉不憚登臺遠
한스럽게도 묻힌 곳은 무덤 아래 낮은 곳이었네	埋恨惟嫌起塚低
우거진 덩굴풀엔 이슬 눈물 맺혔으니	蔓草垂垂猶泣露
누구라도 이 이슬로 고향 흙을 적셔주오	倩誰滴向故鄉泥

세자 파도 소강을 그리워하다가 병을 얻어 얼마 지나지 않아 세상을 떠났다. 오왕 합려는 자신의 여러 아들 중에서 세자를 세우려 했지만 마음을 정할 수 없어 오자서를 불러 결정하려 했다. 당시 세자 파에게는 전비前

6_ 장홍張洪: 본래 성은 후씨侯氏였으나 장형張炯의 양자로 들어가면서 성을 바꿨다. 자는 종해宗海, 호는 지암止庵으로 명나라 전기의 문인이다. 일본, 토번吐藩, 조선 등의 나라에 사신을 다녀왔고, 나중에 『영락대전永樂大典』을 편찬할 때 부총재관副總裁官에 임명되었다. 오경五經에 밝고 역사에 뛰어났다. 『남이서南夷書』 『귀전고歸田稿』 등의 저작을 남겼다.

妃가 낳은 아들 부차夫差가 있었다. 그는 나이가 벌써 스물여섯이었고 비범한 용모에 영웅다운 기상이 있어 일세의 인재라 할 만했다. 그는 자신의 조부 합려가 후계자를 선택한다는 소문을 듣고 먼저 오자서에게 달려가 이렇게 말했다.

"나는 적손嫡孫이오. 태자를 세우려 한다면 나를 빼고 누구를 세울 수 있겠소? 이것은 상국의 한마디에 달린 일이오."

오자서가 그의 말을 들어줬다. 잠시 후 오왕 합려가 세자를 세우는 일을 상의하기 위해 시종을 보내 오자서를 불렀다. 오자서가 말했다.

"적손으로 후사를 세우면 반란이 일어나지 않을 것입니다. 지금 세자는 세상을 떠났지만 적손인 부차가 있습니다."

합려가 말했다.

"내가 보기에 부차는 우둔하고 어질지 못하오. 우리 오나라의 왕통을 제대로 잇지 못할까 두렵소."

"부차는 신의가 있고 다른 사람을 아낄 줄 압니다. 또 예법도 성실하게 지키고 있습니다. 아버지가 죽으면 아들이 대를 잇는 법도가 문서에도 분명하게 밝혀져 있습니다. 무엇을 의심하십니까?"

"과인이 경의 말을 들을 테니 부차를 잘 보좌해주시오."

그리하여 마침내 부차를 세손으로 세웠다. 부차는 오자서의 집으로 가서 머리를 조아리며 감사 인사를 했다.

주 경왕 24년, 오왕 합려는 연로할수록 성격이 더욱 조급해졌다. 그는 월왕 윤상이 세상을 떠나고 그 아들 구천이 새로 왕위에 올랐다는 소식을 듣고 월나라의 국상을 틈타 정벌군을 일으키려 했다. 그러자 오자서가 간언을 올렸다.

"월나라는 비록 우리 오나라를 기습한 죄가 있지만 국상을 틈타 정벌군을 일으키는 건 상서롭지 못한 일입니다. 조금 더 기다리십시오."

합려는 그 말을 듣지 않고 오자서와 세손 부차를 도성에 남겨 나라를 지키게 하고 자신은 백비, 왕손 낙, 전의 등 장수를 거느리고 정예병 3만 명을 선발하여 남문을 나서 월나라를 향해 출발했다. 월왕 구천도 친히 군사를 독려하며 방어에 나섰다. 그는 제계영諸稽郢을 대장으로 삼고 영고부靈姑浮를 선봉으로 삼았으며, 또 주무여疇無餘와 서안胥犴을 좌우익 장수로 삼아 취리檇李(浙江省 嘉興 서쪽)에서 오나라 군사와 대치했다. 양국의 군사는 서로 10리의 거리를 두고 각각 군영을 세웠다. 양측이 서로 도전하며 전투를 벌였으나 승부를 내지 못했다. 오왕 합려는 진노하여 마침내 오대산五臺山에 모든 군사의 군영을 세우게 하고 군사들에게 경거망동하지 말라고 경계를 내렸다. 합려는 월나라 군사가 해이해지기를 기다려 공격을 할 심산이었다. 월왕 구천은 오나라 군사의 대오가 질서정연하게 펼쳐져 있고 갑옷과 무기가 번쩍이는 장관을 보고 제계영에게 말했다.

"저들의 위세가 저렇듯 대단하니 가볍게 대적해서는 안 되고 반드시 좋은 계책을 써서 혼란에 빠뜨려야 하겠소."

그는 대부 주무여과 서안에게 결사대를 감독하여 왼쪽 500명에게는 각각 긴 창을 들게 하고, 오른쪽 500명에게는 각각 큰 화극畫戟을 들게 했다. 그다음 이들 결사대를 거느리고 일제히 고함을 지르며 오나라 군영을 습격하게 했다. 그러나 오나라 군영에서는 이들을 전혀 상관하지 않고 군영 발치에 궁노수를 배치하여 방어를 했다. 오나라 군영은 견고하기가 철벽과 같아서 세 차례나 부딪치며 공격했지만 도저히 뚫고 들어갈 수가 없었다. 월나라 군사는 결국 후퇴할 수밖에 없었다. 월왕 구천이 아무런 방법도 찾지 못하자 제계영이 비밀리에 아뢰었다.

"죄인을 쓰십시오!"

구천은 금방 그 말의 의미를 깨달았다.

이튿날 구천은 몰래 군령을 내려 군중에 가두어둔 사형수를 모두 끌어내게 했다. 전부 300명에 달하는 사형수를 세 열로 나누고 모두 웃옷을 벗긴 채 목에 칼을 매달아 오나라 군영 앞으로 천천히 데리고 갔다. 죄수의 대장인 듯한 자가 말을 전했다.

"우리 주상 월왕은 자신의 역량도 생각지 않고 귀국에 죄를 지어 토벌을 자초했소. 신들은 죽음을 사랑하는 것은 아니지만 원컨대 목숨을 끊어 월왕의 죄를 대신할까 하오."

말을 마치고는 차례로 스스로 칼로 목을 찔러 죽었다. 오나라 군사들은 이제까지 듣도 보도 못한 그들의 행동을 보고 몹시 기괴하게 생각했다. 죄수들의 기괴한 행동은 모두의 눈길을 모았고, 다들 그들을 구경하느라 정신이 없었다. 오나라 군사들은 계속해서 설왕설래하면서도 월나라 군사의 저의를 알지 못했다. 그때 갑자기 월나라 군영에서 북소리가 크게 울렸다. 주무여와 서안은 결사대 두 부대를 이끌고 각각 큰 방패와 짧은 검을 들고 고함을 지르며 몰려왔다. 죄수들이 스스로 목을 찌르는 걸 구경하느라 정신이 없던 오나라 군사들은 마음이 바빠져 대오가 혼란스러워졌다. 이를 틈타 월왕 구천도 대군을 거느리고 뒤이어 공격을 개시했다. 오른쪽에는 제계영, 왼쪽에는 영고부가 오나라 군영으로 부딪쳐왔다. 왕손 낙은 목숨을 걸고 제계영과 대치했다. 영고부는 긴 칼을 휘두르며 좌충우돌 오나라 군사를 죽이려고 전장을 누볐다. 그러다가 오왕 합려와 마주치자 영고부는 긴 칼로 합려를 내리쳤다. 합려는 날쌔게 뒤로 몸을 피했지만 영고부의 칼에 오른발을 맞아 엄지발가락이 잘리면서 그의 신발 한 짝이 수레 아래로 떨어졌다. 때마침 전의가 군사를 이끌고 달려와 합려를 구했다. 그러나 전의는 그 와중에 중상을 당하고 말았다. 왕손 낙은 오왕 합려가 승기를 놓쳤다는 것을 알고는 싸움에 미련을 두지 않고 황급히 군사를 거두었지만 이미 군사의 과반수가 월나라 군사들에게 살육을 당한 상태였다. 합려는 부상이 심해서 즉시 군사를 거두어 본영으로 돌아갔다. 영고부는 오왕의 신발을 가지고 와서 구천에게 전공을 바쳤다. 구천은 매우 기뻐했다.

한편 오왕 합려는 나이가 많아서 고통을 참지 못했다. 본영 7리 밖까지 왔을 때 합려는 크게 비명을 지르고는 바로 죽었다. 백비가 합려의 상여를 호송하며 앞장섰고, 왕손 낙이 군사를 이끌고 맨 뒤에서 월나라 군사의 추격을 끊으며 천천히 회군했다. 월나라 군사들도 더 이상 오나라 군사를 추격하지 않았다. 사관이 시를 지어 합려가 전쟁을 그치지 않다가 결국 이런 참화를 당했다고 비평했다.

초를 깨고 제를 능멸, 호기를 부리면서	破楚凌齊意氣豪
또 월을 삼키려고 칼날을 높이 들었다	又思呑越起兵刀
전쟁을 좋아하면 전쟁 중에 사망하니	好兵終在兵中死
물결 따라가면서 부디 상앗대를 놓지 마라	順水叮嚀莫放篙

오나라 세손 부차는 조부 합려의 상여를 맞아 도성으로 돌아가서 염殮을 마친 뒤 보위를 잇고, 파초문破楚門 밖 해용산海湧山에 장지를 마련했다. 장지 공사를 시작하여 산을 뚫고 묘혈을 만들었다. 전제가 사용한 어장검을 같이 묻고 기타 검과 갑옷 6000부副, 금과 옥 장신구로 무덤을 채웠다.

장례가 끝난 후에는 장지 공사에 참여했던 일꾼을 모두 죽여 순장했다. 사흘 뒤 어떤 사람이 합려의 장지에 백호白虎가 웅크리고 앉아 있는 것을 보고 그 후로 해용산을 호구산虎邱山(江蘇省 蘇州 虎邱)이라 불렀다. 식자들은 무덤에 묻힌 쇠의 기운이 밖으로 드러나서 백호가 되었다고 생각했다. 뒷날 진시황秦始皇이 사람을 시켜 합려의 무덤을 파고 검을 찾으려 했으나 찾지 못했다. 결국 그가 판 곳은 깊은 못이 되었는데, 지금의 호구虎邱와 검지劍池가 그곳이다. 전의도 중상을 입고 죽은 뒤 이 산 뒤에 부장되었으나 지금까지도 묻힌 곳을 찾지 못하고 있다. 부차는 조부를 장사 지내고 나서 자신의 맏아들 우友를 세자로 세웠다. 그러고는 시종 열 명을 차례로 조정의 뜰 가운데 번갈아 세우고 자신이 출입할 때마다 반드시 큰 소리로 자신의 이름을 부르며 이렇게 외치게 했다.

"부차야! 너는 월왕이 네 조부를 죽인 것을 잊었느냐?"

그러면 부차는 눈물을 흘리며 대답했다.

"어찌 감히 잊을 수 있겠습니까?"

이것은 자신의 마음을 경계하고 다잡으려는 방법이었다. 또한 부차는 오자서와 백비에게 명하여 태호太湖에서 수군을 조련하게 했고 또 영암산靈巖山(江蘇省 蘇州 靈巖山)에 활터를 만들어놓고 활쏘기 훈련을 하게 했다. 삼년상이 끝나자 부차는 복수의 칼날을 높이 들었다. 이것은 주 경왕 24년의 일이었다.

이 무렵 진晉나라는 경공頃公이 정치를 망친 이후, 육경六卿[7]이 각각 자신의 파당을 만들고 정권 쟁탈에 혈안이 되어 서로 죽고 죽이기에 바빴다. 순인荀寅[8]과 사길석士吉射[9]은 평소에 서로 사이가 좋았고 혼인으로 맺어진 인척이었다. 그 때문에 한불신韓不信과 위만다魏曼多는 그 두 사람을 미워했다. 또 순역荀躒**10**의 총신 중에 양영보梁嬰父라는 자가 있었다. 순역은 그를 경卿으로 임명하고 싶어했다. 그래서 영보는 순역의 총애를 믿고 순인을 내쫓은 뒤 그의 자리를 대신 차지하려고 음모를 꾸몄다. 이 때문에 순역은 범씨范氏(사길석의 가문), 중항씨中行氏(순인의 가문)와 사이가 좋지 않았다. 또한 상경上卿 조앙에게는 조오趙五라는 집안 조카가 있어서 그를 한단에 봉했다. 조오의 모친이 바로 순인의 여동생이었기 때문에 순인은 조오를 생질甥姪이라고 불렀다. 앞서 위 영공과 제 경공이 힘을 합쳐 진晉나라를 배반한 적이 있다. 그때 조앙이 군사를 거느리고 위나라를 정벌하자 위나라는 몹시 두려워하며 자신의 백성 500호를 공물로 바치고 사죄했다. 조앙은 한단에 500호의 백성을 머물러 살게 하고 그들을 '위공衛貢'**11**이라 불렀다. 얼마 지나지 않아 조앙은 그 500호의 백성을 다시 옮겨 진양晉陽(山西省 太原晉源區 일대) 땅 빈 곳을 채우려 했다. 그러나 한단의 영주 조오는 위나라에

7_ 육경六卿: 춘추시대 진晉나라의 권력을 좌지우지한 여섯 가문. 한씨韓氏, 위씨魏氏, 조씨趙氏, 지씨智氏(荀首의 후손), 중항씨中行氏(荀林父의 후손), 범씨范氏(士會의 후손). 이 가운데 한씨, 위씨, 조씨는 전국시대에 독립하여 전국칠웅으로 군림했다.

8_ 순인荀寅: 일찍이 순인의 고조부 순임보荀林父가 진晉나라 중항원수中行元帥를 역임했기 때문에 그 후손들이 관직명을 성씨로 삼았다. 이에 순인을 중항인中行寅이라고도 한다. 바로 뒷부분에서 언급한 범씨范氏와 중항씨中行氏 중에서 중항씨는 바로 순인의 가문을 가리킨다.

9_ 사길석士吉射: '射'는 발음이 '사'가 아니라 '석'이다. 두예杜預의 『춘추경전집해』 정공定公 13년에 '士吉射'의 '射' 발음을 '食亦切'(석)으로 달아놓았다. 사길석의 고조부 사회士會가 범范 땅에 봉해져서 그 후손들이 봉토명을 성씨로 삼았다. 바로 뒷부분에서 언급한 범씨范氏와 중항씨中行氏 중에서 범씨는 바로 사길석의 가문을 가리킨다.

10_ 순역荀躒: 순역의 고조부 순수荀首가 지智 땅에 봉해져서 그 후손들이 봉토명을 성씨로 삼았다. 순수는 중항씨中行氏의 시조인 순임보荀林父의 동생이다. 바로 뒷부분에서 언급한 지씨는 바로 순역의 가문을 가리킨다.

11_ 위공衛貢: 위나라에서 바친 공물이라는 뜻.

서 온 백성이 복종하지 않을까봐 걱정되어 조앙의 명령을 즉시 받들지 않았다. 조앙은 조오가 자신에게 항거한다고 생각하고 불같이 화를 내며 마침내 조오를 진양으로 유인하여 잡아 죽이고 말았다. 순인은 조앙이 자신의 생질을 몰래 죽인 것에 분노하여 사길석과 모의한 뒤 함께 조씨를 쳐서 한단 대부 조오의 원수를 갚으려 했다. 당시 조씨 집안에 모사謀士 동안우董安于란 자가 있었다. 그는 조씨 집안을 위해 진양성을 지키다가 순인과 사길석의 모의 소식을 듣고 특별히 강주絳州(山西省 新絳)로 가서 조앙에게 사태를 알리며 말했다.

"범씨와 중항씨가 바야흐로 교분을 두터이 하고 있는데, 저들이 어느 날 반란을 일으키면 제압하지 못할까 두렵습니다. 주인께선 먼저 대비를 하셔야 합니다."

조앙이 말했다.

"우리 진나라에는 법령이 있어 먼저 변란을 일으키면 반드시 주살하게 되어 있소. 저들이 먼저 도발하기를 기다렸다가 대응해도 되오."

동안우가 말했다.

"죄 없는 백성을 많이 죽게 하기보다 저 혼자 죽는 것이 더 낫습니다. 만약 일이 생기면 제가 맞서 싸워보도록 하겠습니다."

조앙은 그의 말을 허락하지 않았다. 그러나 동안우는 몰래 갑옷과 무기를 갖춘 채 저들의 반란을 기다렸다. 그즈음 순인과 사길석은 군사들 앞에서 공공연히 외쳤다.

"동안우가 군사를 준비하고 우리를 해치려 하고 있다."

그들은 군사를 연합하여 조씨를 치기 위해 조씨의 저택을 포위했다. 그러나 동안우는 먼저 사태에 대비하고 있다가 한 줄기 혈로를 뚫고 조앙을 보호하며 진양성으로 달아났다. 그러고는 두 집안이 함께 공격하러 올까 봐 보루를 튼튼히 하고 성을 굳게 지켰다. 순역이 한불신과 위만다에게 말했다.

"조씨는 육경의 장長인데 순인과 사길석이 주상의 명령도 없이 마음대로 쫓아냈소. 이제 진나라 정권은 저 두 집안에 돌아가게 생겼소."

한불신이 말했다.

"먼저 변란을 일으킨 자가 죄를 받게 되어 있소. 우리 함께 저들을 축출하는 것이 어떻겠소?"

세 사람은 진 정공에게 청하여 각각 자신의 집안 사병을 인솔하고 정공을 받들어 모신 뒤 두 집안 토벌에 나섰다. 순인과 사길석이 극력 항전하여 쉽게 승부가 나지 않았다. 그때 사길석이 정공을 공격하며 위협하려 했다. 한불신은 사람을 시켜 시장통에서 이렇게 소리를 지르게 했다.

"범씨와 중항씨가 모반하여 우리 주상을 위협하고 있다."

백성은 그 말을 믿었다. 그들은 각각 무기를 들고 정공을 구원하러 나섰다. 세 집안은 백성의 힘을 빌려 범씨와 중항씨의 군사를 패퇴시켰다. 순인과 사길석은 결국 조가朝歌(河南省 淇縣)로 도주하여 진나라를 배반했다. 한불신이 정공에게 말했다.

"범씨와 중항씨는 실로 반란의 수괴인데 지금 우리가 힘을 합쳐 축출했습니다. 조씨는 대대로 우리 진나라에 큰 공을 세웠사오니 이제 조앙의 지위를 회복시켜주십시오."

정공은 그 말에 따르지 않을 수 없어 진양에서 조앙을 불러 그의 작위와 녹봉을 회복시켜주었다.

순역은 순인 대신 양영보를 경의 지위에 올리려고 조앙에게 슬쩍 이야기했다. 그러자 조앙은 동안우에게 대책을 물었다. 동안우가 말했다.

"우리 진나라의 정치는 힘있는 가문들에서 나오기 때문에 참화와 변란이 그치지 않고 있습니다. 만약 양영보를 경의 자리에 앉히면 또다시 순인과 같은 짓을 하게 될 것입니다."

조앙이 결국 순역의 말을 따르지 않자 양영보는 화가 났다. 그는 동안우가 자신의 앞길을 가로막은 것을 알고 순역에게 말했다.

"한씨와 위씨가 조씨와 파당을 맺고 있으니 지씨智氏(순역의 가문)는 외로운 신세입니다. 조씨가 믿는 것은 자기 집안의 모사 동안우입니다. 그런데 어찌 그자를 제거하지 않으십니까?"

순역이 물었다.

"그자를 제거하려면 어떤 계책을 써야 하는가?"

영보가 말했다.

"동안우는 몰래 갑옷과 무기를 갖추고 범씨와 중항씨의 변란을 촉발했으니 변란의 시작을 따지자면 동안우가 그 수괴일 것입니다."

순역이 양영보의 말에 따라 조앙을 책망하자 조앙은 겁이 났다. 그때 동안우가 말했다.

"신은 지난번에 스스로 목숨을 걸겠다고 했습니다. 신이 죽어 조씨가 편안해진다면 죽는 것이 사는 것보다 현명한 행동일 것입니다."

그는 물러나와 스스로 목을 매고 죽었다. 조앙은 그의 시신을 저잣거리에 전시하고 사자를 보내 순역에게 말했다.

"동안우가 이미 죄를 인정하고 죽었소."

그리하여 순역은 조앙과 동맹을 맺고 서로 해치지 않았다. 조앙은 몰래 자기 집안 사당에 동안우의 위패를 모시고 그의 공로를 위로했다. 순인과 사길석은 오랫동안 조가를 근거지로 삼았다. 이에 제후들 중에서 진晉나라를 배반한 자는 모두 두 사람의 힘을 빌려 진나라를 해치려고 했다. 조앙은 여러 번 군사를 일으켜 두 사람을 공격했으나 제, 노, 정, 위에서 군량미와 군사를 보내주며 두 사람을 도왔기 때문에 그들을 이길 수 없었다. 이후 주 경왕 30년에 이르러서야 조앙은 한씨, 위씨, 지씨 세 가문의 병력을 빌려 조가를 함락시켰다. 순인과 사길석은 한단으로 도망갔다가 다시 백인柏人(河北省 柏鄕 서남)으로 도주했다. 얼마 지나지 않아 또 백인성이 함락되자 그 파당인 범고이范皐夷와 장유삭張柳朔은 모두 전사했고, 예양豫讓은 순역의 아들 순갑荀甲에게 포로가 되었다. 후에 순갑의 아들 순요荀瑤가 부친에게 청하여 예양의 목숨을 구해주자 예양은 마침내 지씨의 신하가 되었다. 순인과 사길석은 제나라로 망명했다. 애석하게도 순임보에서 5세五世를 전하여 순인에 이르렀고, 사위士蔿에서 7세를 전하여 사길석에 이르렀는데, 이들의 선조는 모두 진나라의 고굉지신股肱之臣(팔다리 같은 신하)이었지만 자손들이 탐욕스럽고 횡포하여 마침내 멸문지화를 당했으니 어찌 슬프지 않은가? 이로부터 진나라의 육경은 조씨, 한씨, 위씨, 지씨 네 가문만 남게 되었다. 이것은 뒷날의 이야기다. 염선이 이 일을 시로 읊었다.

진晉의 육경이 협력하다 다투기도 한 것은	六卿相并或存亡
결국은 가문 위해 주도권 잡기 경쟁이었다	總是私門作主張
네 가문의 분쟁이 갈수록 급해졌으니	四氏瓜分謀愈急
차라리 범씨 중항씨를 남겨두느니만 못했다	不如留卻范中行

주 경왕 26년 봄 2월 오왕 부차는 조부의 상례를 마친 지 오래되자 종

묘에 고유제를 올린 뒤 온 나라의 군사를 일으켰다. 그는 오자서를 대장으로, 백비를 부장으로 삼아 태호에서 물길을 따라 월越나라로 공격해 들어갔다. 월왕 구천은 신료들을 불러 모아 대책을 상의하고 적을 맞아 싸우기 위해 군사를 일으켰다. 이때 대부 범여范蠡(자는 少伯)가 출정에 앞서 아뢰었다.

"오나라는 선군 합려가 전사한 것을 치욕으로 여기고 복수를 맹세한 지 3년이 지났습니다. 지금 저들의 마음은 울분으로 가득 차 있고 저들의 힘은 하나로 모여 있으므로 우리가 감당할 수 없습니다. 군사를 거두어 튼튼하게 지키는 것이 상책입니다."

또 대부 문종文種(자는 會)도 아뢰었다.

"신의 어리석은 의견으로는 겸손한 말로 사죄하고 강화를 요청한 뒤 저들의 군사가 물러가길 기다려 후일을 도모하는 것이 좋겠습니다."

그러자 구천이 말했다.

"두 경께서 한 분은 튼튼히 지키자 하고 한 분은 강화를 해야 한다고 하는데 이는 모두 좋은 계책이 아닌 것 같소. 대저 오나라는 대대로 우리 월나라의 원수요. 지금 저들이 쳐들어왔는데도 싸우지 않는다면 과인은 앞으로 군사를 거느릴 수 없을 것이오."

구천은 나라 안의 장정을 모두 일으켜 3만 명의 군사를 거느리고 초산椒山 아래에서 오나라 군사를 맞았다.

구천은 처음 교전을 벌여 오나라 군사를 물리치고 대략 110여 명의 적을 죽였다. 구천은 승세를 타고 몇 리를 진격해가다가 바로 오왕 부차의 대군을 만났다. 두 나라 군사는 진영을 펼치고 대전大戰에 돌입했다. 부차가 뱃머리에 서서 직접 북채를 잡고 북을 치며 장졸을 격려하자 그들은 용기백배하여 전투에 나섰다. 그때 갑자기 북풍이 사납게 불어와 파도가 마구 솟구쳤다. 오자서와 백비는 각각 여황餘皇이라는 큰 배를 타고 순풍에 돛을 크게 펼친 채 물길을 따라 내려가고 있었다. 이들은 강한 활과 쇠뇌로 메뚜기 떼처럼 새카맣게 화살을 쏘아 보냈다. 월나라 군사들은 바람을 타고 화살이 날아오자 도저히 싸울 수가 없었다. 월나라 군사들이 대패하여 달아나자 오나라 군사들은 세 갈래로 나뉘어 그들을 추격했다. 월나라 장수 영고부는 배가 뒤집혀 물에 빠져 죽었고 서안은 화살을 맞아 죽었다. 오나라 군사들은 승세를 타고 추격전을 벌이며 헤아릴 수 없을 정도로 많은 적을 죽였다. 월왕 구천은 고성固城으로 달아나 방어에 나섰다. 오나라 군사들은 고성을 겹겹이 포위하고 물길을 끊었다. 부차가 기뻐하며 말했다.

"열흘 안에 월나라 놈들이 목이 말라 죽을 것이다."

그러나 고성의 산꼭대기에 신령스런 샘물이 있고, 또 그곳에 맛있는 물고기가 살고 있다는 걸 누가 알았겠는가? 구천이 물고기 수백 마리를 잡아 오왕에게 보내자 오왕 부차는 깜짝 놀랐다. 구천은 범여에게 고성을 지키게 하고 자신은 패잔병을 이끌고 샛길로 빠져나가 회계산會稽山(浙江省 紹興 會稽山)으로 도망쳤다. 구천이 갑옷 입은 군사를 점검하니 겨우 5000여 명만 남아 있었다. 구천이 탄식하며 말했다.

"선군으로부터 과인에 이르는 30여 년 동안 일찍이 이와 같이 패한 적은 없었다. 범여와 문종의 말을 듣지 않았다가 이 지경에 이르렀으니 정말 후회막심이다."

오나라 군사는 더욱 세차게 고성을 공격했다. 오자서는 고성 오른쪽에 군영을 세웠고 백비는 고성 왼쪽에 군영을 세웠다. 범여가 하루 세 차례씩 다급함을 알려왔고, 월왕 구천이 매우 두려워하자 문종이 계책을 올렸다.

"사태가 급박하지만 지금도 강화를 청해야 합니다."

구천이 말했다.

"오나라가 강화를 거절하면 어찌하오?"

문종이 대답했다.

"오나라 태재 백비라는 자는 재물을 밝히고 여자를 좋아하며 공이 많은 사람과 능력 있는 사람을 심하게 시기합니다. 지금 오자서와 함께 오나라 조정에 있지만 서로 뜻이 맞지 않습니다. 오왕 부차는 오자서를 두려워하며 백비와 친하게 지내고 있습니다. 만약 몰래 태재 백비의 군영에 찾아가서 그자의 환심을 살 수만 있다면 강화 약속을 받아낼 수 있을 것입니다. 이후 백비는 오왕에게 말을 할 것이고 그럼 오왕이 듣지 않을 수 없을 것입니다. 나중에 오자서가 알고 강화를 저지하고자 해도 손쓸 틈이 없을 것입니다."

"경은 오나라 태재를 만나 무슨 뇌물을 쓸 것이오?"

"군영에 부족한 것은 여색입니다. 만약 미녀를 헌상하고 하늘이 우리 월나라에 복을 내리신다면 백비가 우리 청을 들어줄 것입니다."

구천은 사자를 시켜 밤새도록 도성으로 달려가 군부인에게 부탁하여 궁녀 중 용모가 뛰어난 여덟 명을 뽑게 했다. 그다음 그 여덟 명을 매우 아름답게 장식하여 백벽白璧 20쌍과 황금 1000일을 주고 한밤중에 태재의 군영으로 보내 백비의 면회를 청했다. 백비는 처음에 그들을 거절하려고 몰래 사람을 보내 상황을 알아보게 했다. 보물과 미녀를 보내왔다는 말을 들은 그는 곧바로 그들을 불러들였다. 백비는 오만하게 앉아 그들을 맞았다. 문종은 무릎을 꿇고 공손하게 말을 했다.

"우리 주상 구천이 나이도 어리고 무지하여 대국을 잘 섬기지 못하고 결국 죄를 짓고 말았습니다. 이제 우리 주상께선 후회막급이나 지금이라도 온 나라를 바치고 오나라의 신하가 되고자 합니다. 그러나 오나라 대왕마마께서 우리 허물을 탓하시며 강화를 받아들이지 않으실 것 같습니다. 우리 주상은 태재께서 높은 공로를 세우시어 밖으로는 오나라의 간성 역할을 맡으시고, 안으로는 오나라 대왕마마의 심장 역할을 하신다는 사실을 잘 알고 있습니다. 그래서 소신 문종을 보내 먼저 태재의 군영에 머리를 조아리게 하고, 우리 주상을 오나라 지붕 아래 받아들여달라고 부탁하시는 것입니다. 여기 보잘것없는 예물로 작은 정성을 다했고, 이후로도 계속해서 예물을 보내겠습니다."

그러고는 바로 뇌물 목록을 바쳤다. 그러나 백비는 정색을 하며 말했다.

"월나라가 조만간에 멸망하면 월나라 땅이 모두 우리 것이 될 텐데 무엇을 근심하겠는가? 그런데도 이 구구한 뇌물을 내게 먹이려 한단 말이냐?"

문종이 다시 앞으로 나서며 말했다.

"우리 월나라 군사는 비록 패했지만 아직도 회계를 지키는 정예병 5000명이 최후의 일전을 벼르고 있습니다. 만약 싸워서 이기지 못하면 왕실 창고의 모든 보물을 불사르고 외국으로 몸을 피해 초왕을 섬길 것입니다. 그 보물들이 어찌 오나라 소유가 될 수 있겠습니까? 설령 오나라 소유가 된다 하더라도 태반은 왕궁으로 귀속될 것이니, 태재와 여러 장수는 열에 한둘을 가지는 데 그칠 것입니다. 만약 우리 월나라와의 강화를 주선해주신다면 우리 주상께선 오왕에게 몸을 맡기는 것이 아니라 기실 태재에게 몸을 맡기는 것이 됩니다. 그러면 봄가을로 바치는 공물은 왕궁으로 들어가지 않고 먼저 태재의 저택으로 들어갈 것이니 이는 태재께서 우리 월나라 전체를 혼자 소유하게 되는 것입니다. 여러 장수도 이것에 간여할 수 없을 것입니다. 짐승도 막다른 골목에 몰리면 사납게 달려드는 법인데 우리 월나라 군사도 성을 등지고 마지막 일전을 벌인다면 아무도 예측할 수 없는 일이 일어날 수 있을 것입니다."

이 말에 백비는 마음이 흔들렸다. 백비는 자기도 모르게 고개를 끄덕이며 미소를 지었다. 또 문종은 뇌물 목록의 미인 명단을 가리키며 말했다.

"이 여덟 명은 모두 월나라 궁궐에서 데려왔습니다. 만약 민간에 이보다 더 아름다운 미녀가 있으면 우리 주상께서 월나라로 생환하신 뒤 온 힘을 다해 찾고 또 찾아 태재 곁에서 시중을 들도록 해드리겠습니다."

백비가 몸을 일으키며 말했다.

"대부께서 오른쪽 오자서의 군영을 버려두고 왼쪽 나의 군영으로 온 것은 내가 위기를 틈타 다른 사람을 해칠 마음이 없다는 걸 알고 있기 때문일 것이오. 내가 당장 대부를 우리 대왕마마께 안내하여 강화를 결정하도록 해드리겠소."

그리하여 백비는 마침내 모든 뇌물을 받아들이고 문종을 자신의 군영에 머물게 하면서 주인과 빈객의 예로 대했다.

이튿날 백비와 문종은 함께 중군으로 가서 오왕 부차를 알현했다. 백비가 먼저 들어가서 월왕 구천이 사신 문종을 보내 강화를 요청한 뜻을 자세하게 설명했다. 그러나 부차는 발끈 화를 내며 말했다.

"월나라와 과인은 불구대천의 원수인데 어찌 강화를 허락할 수 있겠소?"

백비가 대답했다.

"대왕마마께선 손무의 말을 기억하지 못하십니까? 그는 '전쟁은 흉기이므로 오래 사용해서는 안 된다'고 했습니다. 월나라는 비록 우리 오나라에 죄를 지었지만 지금 항복을 청하는 사신이 당도했습니다. 그는 자신의 임

문종이 뇌물과 미녀로 백비를 녹이다.

금이 우리 오나라의 신하가 되겠다고 하고, 자신의 군부인이 우리 오나라의 첩이 되겠다고 하며, 또 월나라의 진기한 보물을 전부 오나라에 바치겠다고 하면서 대왕마마께 강화를 요청하고 있습니다. 저들이 바라는 건 단지 자신들의 종묘사직에 제사를 드릴 수 있게 해달라는 것뿐입니다. 그러므로 월나라의 항복을 받아들이면 우리는 실로 막대한 이익을 얻을 수 있고, 월나라의 죄를 용서해주면 우리 오나라가 천하에 혁혁한 명성을 드러낼 수 있습니다. 이처럼 명분과 실속을 모두 얻게 된다면 오나라는 장차 천하의 패자가 될 수도 있을 것입니다. 우리가 모든 병력을 동원하여 반드시 월나라를 멸망시키고자 한다면 저 구천이란 자는 자신의 종묘를 불태우고, 처자를 죽이고, 황금과 보옥을 강물에 던져버린 후 우리 오나라와 결사전을 벌일 것이니 대왕마마의 좌우에 과연 상하는 사람이 없겠습니까? 저들을 끝까지 죽이는 것과 저들 나라를 앉아서 얻는 것 중 어느 것이 이득이겠습니까?"

부차가 말했다.

"지금 문종은 어디에 있소?"

백비가 대답했다.

"군막 밖에서 명령을 기다리고 있습니다."

부차는 문종에게 군막 안으로 들어오라고 명령을 내렸다. 문종은 무릎걸음으로 기어들어와 비굴할 정도로 겸손한 자세로 앞에서 한 말을 다시 반복했다. 그러자 오왕 부차가 말했다.

"너희 임금 부부가 과인의 신하와 첩이 되기를 청했는데 그럼 과인을 따라 오나라로 갈 수 있겠느냐?"

문종이 머리를 조아리며 말했다.

"이미 신하와 첩이 되기로 작정했사오니 그 목숨은 대왕마마께 달려 있습니다. 대왕마마를 곁에서 섬기는 일을 어찌 감히 마다할 수 있겠습니까?"

백비가 말했다.

"구천 부부는 오나라로 가기를 원하고 있습니다. 우리 오나라가 명목으로는 월나라를 용서하지만 실제로는 저들의 왕을 사로잡는 것이니 대왕마마께선 더 이상 무엇을 바라십니까?"

이에 오왕 부차는 월나라의 강화 요청을 받아들였다.

이 사실은 일찌감치 오른쪽 군영에 있는 오자서에게 보고되었다. 오자서는 황급히 중군으로 달려와 오왕 부차의 곁에 서 있는 백비와 문종을 목격했다. 오자서는 불같이 화를 내며 오왕에게 물었다.

"대왕마마께선 월나라의 강화 요청을 받아들이셨습니까?"

부차가 말했다.

"이미 허락했소."

오자서가 연이어 소리를 질렀다.

"불가합니다! 불가합니다!"

그 소리에 깜짝 놀라 문종이 몇 걸음 뒤로 물러서서 조용히 오자서의 말을 들었다. 오자서가 오왕 부차에게 간언을 올렸다.

"월나라와 오나라는 이웃이면서도 공존할 수 없는 원수 관계이므로 월나라는 틀림없이 우리 오나라를 멸망시키려 할 것입니다. 대저 진秦나라와 진晉나라는 우리가 공격하여 승리한 뒤 그 땅을 얻었다 해도 거주할 수 없고 수레를 얻었다 해도 탈 수 없습니다. 그러나 월나라를 공격하여 승리하면 그 땅에 거주할 수도 있고 저들의 배를 탈 수도 있습니다. 이것은 우리 오나라 사직의 큰 이익이므로 버려서는 안 됩니다. 게다가 월나라는 선왕의 철천지원수인데 월나라를 멸망시키지 않고 어떻게 지난날 대왕마마께서 조정 뜰에서 반복하던 맹세를 이룰 수 있겠습니까?"

부차는 말문이 막혀 아무 대답도 하지 못하고 백비만 바라봤다. 그러자 백비가 앞으로 나서며 말했다.

"오伍 상국의 말은 옳지 않습니다. 선왕께서 나라를 세우실 때 물과 땅을 모두 중시하셨습니다. 때문에 오와 월은 물로 이어져 있어서 서로 친하려 했고, 진과 진은 땅으로 이어져 있어서 서로 친하려 한 것입니다. 만약 그 땅에 거주할 수 있고 또 그들의 배를 탈 수 있기 때문에 오나라와 월나라가 공존할 수 없다면, 진秦나라와 진晉나라 그리고 제나라와 노나라 같은 이웃 나라도 서로 상대의 땅에 거주할 수 있고 서로의 배를 탈 수 있을 것입니다. 그렇다면 저들 네 나라도 장차 병합되어 하나의 나라가 되어야 한단 말입니까? 월나라가 선왕의 철천지원수이기 때문에 용서할 수 없다면 오 상국의 원수인 초나라는 더욱 심한 경우에 해당될 것입니다. 그런데 어찌하여 오 상국은 초나라를 멸망시키지 않고 그들의 강화 요청을 허락했습니까? 지금 월왕 부부가 모두 우리 오나라에서 노역을 살겠다고 하는 것과 오 상국이 공자 승을 초나라에 돌려보낸 일을 비교해보면 이는 완전히 상반된 조치라는 걸 알 수 있습니다. 오 상국은 지금 스스로 충후한 덕행을 행사하면서도 대왕마마께는 각박한 오명을 남기라고 권하고 있습니다. 충신은 이와 같을 수 없습니다!"

오왕 부차가 기뻐하며 말했다.

"태재의 말씀이 일리가 있소. 상국께선 잠시 물러나 계시오. 월나라에서 공물을 보내오는 날 상국께도 응분의 몫을 내려줄 것이오."

오자서는 안색이 흙빛으로 변할 정도로 화가 나서 탄식했다.

"내가 관상가 피이의 말을 듣지 않고 이와 같은 간신배와 함께 일을 한 것이 후회스럽도다."

오자서는 입으로 끊임없이 한탄을 내뱉으며 군막을 나와 대부 왕손 웅雄에게 말했다.

"월나라는 10년 뒤에 다시 모일 것이며, 다시 10년이 지나면 우리에게 교훈을 줄 것이오. 불과 20년 만에 우리 오나라 궁궐은 깊은 늪으로 변하고 말 것이오."

왕손 웅은 생각이 달라서 오자서의 말을 깊이 믿지 않았다. 오자서는 울분을 품고 오른쪽에 있는 자신의 군영으로 돌아갔다.

오왕 부차는 문종을 시켜 월왕 구천에게 이 사실을 알리게 했다. 문종은 돌아갔다가 다시 오나라 군영으로 와서 월왕의 감사 인사를 전했다. 이때 부차가 월왕 부부의 오나라 입국 날짜를 묻자 문종이 대답했다.

"우리 주상은 대왕마마의 사면을 받아 죽음을 면했으니 이제 잠시 귀국하여 보옥과 비단, 자녀를 모두 거두어 오나라에 공물로 바치려 할 것입니다. 원컨대 대왕마마께선 좀 넉넉하게 기한을 주십시오. 혹시 믿음을 배신한다 해도 어떻게 대왕마마의 주살을 면할 수 있겠습니까?"

부차는 그의 말을 허락하고 5월 중순까지 월왕 부부가 오나라로 들어와 신하 노릇을 하라고 명령을 내렸다. 또한 왕손 웅을 시켜 문종을 볼모로 삼고 월나라까지 동행하여 월왕 부부의 출발을 재촉하게 했다. 백비에게는 1만 명의 군사를 오산吳山(浙江省 杭州 西湖 동남)에 주둔시키고 기다리다가 만약 월왕 부부가 기한 내에 입국하지 않으면 월나라를 멸망시켜 보복하기로 했다. 그리하여 오왕 부차는 먼저 대군을 이끌고 귀국했다. 월왕이 과연 어떻게 오나라로 입국하는지는 다음 회를 보시라.

제80회

고래를 바다에 풀어주다

부차는 간언을 물리쳐 월왕을 석방하고
구천은 있는 힘을 다해 오왕을 섬기다
夫差違諫釋越, 勾踐竭力事吳.

월나라 대부 문종은 오왕 부차의 강화 승낙을 받고 돌아가 월왕 구천에게 보고했다.

"오왕은 이미 군사를 거두어 돌아갔습니다. 이제 대부 왕손 웅을 신과 함께 이곳으로 보낸 것은 출발 일정을 재촉하려는 것입니다. 태재 백비도 절강浙江 가에 군사를 주둔시키고 대왕마마께서 강을 건너시길 기다리고 있습니다."

그 말을 듣고 월왕 구천은 자기도 모르게 두 줄기 눈물을 주르륵 흘렸다. 문종이 말했다.

"5월 기한도 촉박합니다. 대왕마마께선 서둘러 국사를 처리하셔야지 쓸데없이 슬퍼만 해서는 안 됩니다."

월왕은 눈물을 거두고 월나라 도성으로 돌아갔다. 저잣거리는 옛날과 같았지만 젊은 장정들은 거의 보이지 않았다. 월왕은 몹시 부끄러웠다. 오나라 사신 왕손 웅을 역관에 머물게 하고 왕실 창고의 보물을 수레 두 대에 가득 실었다. 또 나라 안의 미녀 330명을 모아 300명은 오왕에게 보내고 30명은 태재 백비에게 보냈다. 아직 출발할 날짜가 되지 않았는데도 왕손 웅은 연이어 일정을 재촉했다. 구천은 울면서 백관들에게 일렀다.

"과인은 선왕의 유업을 계승한 이래 부지런히 힘쓰며 감히 게으름을 피우지 않았소. 그러나 이제 초산에서 한 번 패하여 국가를 망치고 결국 천 리 타국에 포로로 잡혀가게 되었소. 이번 행차는 가는 날은 있어도 돌아올 날은 없을 것 같소."

신료 중에서도 눈물을 흘리지 않는 사람이 없었다. 그러자 문종이 앞으로 나서며 말했다.

"옛날 상나라 탕왕은 하대夏臺(河南省 禹州)에 갇혔고, 주周나라 문왕은 유리羑里[1]에 구금되었지만 떨쳐 일어나 왕업을 이루었습니다. 또 제 환공은 거나라로 망명했고, 진晉 문공은 적나라로 망명했지만 뒷날 이를 떨치고 일어나 패업을 이루었습니다. 무릇 곤경은 하늘이 왕업과 패업을 열어주는 방법입니다. 대왕마마께선 하늘의 뜻을 잘 받드셔서 스스로 부흥의 기약을 간직하십시오. 지나치게 슬퍼하며 미리 의지를 꺾을 필요가 있겠습니까?"

구천은 그날 바로 종묘에 제사를 올렸고 왕손 웅도 하루 먼저 오나라로 떠났다. 월왕 구천과 그 부인이 뒤이어 출발하자 백관들은 모두 절강 가로 나와서 전송했다. 범여는 고릉(浙江省 杭州 錢塘江) 남안에서 배를 준비하고 있

1_ 유리羑里: 하남성 탕음湯陰 유리성羑里城 지역으로 추정. 이 소설 제63회 해당 각주 참조.

다가 월왕을 영접했다. 신료들은 물가에서 월왕의 앞날에 평안이 깃들기를 축원했다. 문종은 월왕에게 술잔을 올리며 이렇게 축원했다.

하늘이여 도움을 내려주시어	皇天祐助
침몰했다 일어서게 하십시오	前沉後揚
이 참화가 덕의 근본이 되게 하시고	禍爲德根
이 우환이 복의 터전이 되게 하소서	憂爲福堂
위세를 부리는 자 멸망시키고	威人者滅
천명에 따르는 자 일으키소서	服從者昌
대왕께선 지금 비록 막히셨지만	王雖淹滯
이후론 재앙이 없게 하소서	其後無殃
군신이 살아서 이별하오니	君臣生離
이 지성에 하늘이여 감동하소서	感動上皇
모든 이들 슬픔에 젖어 있으니	衆夫哀悲
마음 느껍고 가슴이 아픕니다	莫不感傷
소신은 육포 안주 함께 곁들여	臣請薦脯
술 두 잔을 정성으로 올립니다	行酒二觴

월왕 구천은 하늘을 우러러 탄식했다. 그는 문종의 술잔을 받아들고 눈물을 흘리며 아무 말도 하지 못했다. 이어서 범여가 앞으로 나서며 말했다.

"신이 듣건대 '사는 곳이 궁벽하지 않은 자는 그 뜻이 넓지 못하고, 자신의 몸에 고초를 겪어보지 않은 자는 생각이 심원하지 못하다居不幽者志不廣,

形不愁者思不遠'고 합니다. 옛날 성현들도 모두 곤경을 겪었고, 아울러 씻을 수 없는 치욕을 당했습니다. 어찌 대왕마마만 고초를 겪는 것이겠습니까?"

구천이 말했다.

"옛날 요 임금께선 순 임금과 우 임금에게 대임을 맡겨 천하가 잘 다스려지도록 했고 중간에 비록 홍수가 있었음에도 사람들이 피해를 보지 않았소. 과인도 오늘 우리 월나라를 떠나 오나라로 가는 마당에 이 나라를 여러 대부께 맡기고자 하오. 대부들께선 어떻게 과인의 소망을 이루어주시겠소?"

범여가 같은 대열에 있는 대부들에게 말했다.

"내가 듣건대 '임금에게 근심이 있으면 신하된 자가 치욕으로 생각해야 하고, 임금이 치욕을 당하면 신하된 자는 죽어야 한다主憂臣辱, 主辱臣死'고 하오. 지금 주상께선 나라를 떠나는 근심과 오나라의 신하가 되는 치욕을 감당하고 있소. 그런데 우리 절동浙東[2]의 선비 중에 주상과 함께 근심과 치욕을 나누려는 호걸이 어찌 한두 명도 없단 말이오?"

그러자 대부들이 일제히 대답했다.

"누가 주상의 신하가 아니란 말이오? 오직 어명이 있기만을 기다릴 뿐이오!"

구천이 말했다.

"대부들께선 과인을 버리지 마시고 각자 자신의 뜻을 말해보시오. 누가 나의 고난을 수행할 것이고, 누가 남아서 나라를 지킬 것이오?"

문종이 말했다.

"우리 나라 사방 경계 내의 백성을 다스리는 일은 범여가 신보다 못합니

2_ 절동浙東: 절강(浙江省 錢塘江)의 동쪽이라는 뜻. 춘추시대 월나라의 강역으로 지금의 절강성 지방을 가리킨다.

다. 그러나 주상전하와 더불어 행동을 함께하며 임기응변으로 일을 처리하는 것은 신이 범여보다 못합니다."

범여가 말했다.

"문종이 자처하는 일이 매우 타당하오니 주상께선 국사를 그에게 맡기십시오. 그럼 식량과 군비를 넉넉하게 마련하면서도 백성을 화목하게 이끌 수 있을 것입니다. 위기에 처한 주상을 돕고 치욕을 참으면서 오나라로 갔다가 반드시 돌아와 주상과 함께 복수를 도모하는 일은 신이 사양하지 않겠습니다."

이에 대부들도 차례대로 자신의 뜻을 이야기했다. 태재 고성苦成이 말했다.

"주상전하의 명령을 백성에게 선포하고 주상전하의 덕을 밝게 펼치면서, 번거롭고 어려운 일을 순리대로 통솔하여 백성에게 분수를 알게 하는 것이 신의 일입니다."

행인行人 예용曳庸이 말했다.

"여러 제후와 사신을 교환하고 나라 사이의 분란과 의혹을 해소하면서, 나가서는 주상전하의 명령을 욕되게 하지 않고 들어와서는 허물을 뒤집어쓰지 않는 것이 신의 일입니다."

사직司直 호皓가 앞으로 나서며 말했다.

"주상전하께서 잘못하시면 신이 간언을 올리고, 잘못을 저지른 모든 사람에게 의혹 없는 판결을 내리면서 곧은 마음을 꺾지 않고 주상전하의 친척이라 해도 아부하지 않는 것이 신의 일입니다."

사마 제계영이 말했다.

"적을 바라보며 진을 친 뒤 화살을 날리고 무기를 휘두르며, 피투성이가 되더라도 물러서지 않고 진격하는 것이 신의 일입니다."

사농司農 고여皐如가 말했다.

"몸소 백성을 위로하며 죽은 자를 조문하고, 병든 자를 살리면서 두 가지 반찬을 먹지 않고, 묵은 곡식 위에 또 햇곡식을 비축하는 것이 신의 일입니다."

태사太史 계예計倪가 말했다.

"하늘과 땅의 변화를 살핀 뒤 음양을 계산해 달력을 만들고, 복의 징조가 나타나면 그 길함을, 요사한 징조가 출현하면 그 흉함을 미리 알아내는 것이 신의 일입니다."

구천이 말했다.

"과인은 이제 북쪽으로 들어가 오나라의 곤궁한 포로로 살겠지만, 대부들께서 덕망과 재능을 가슴에 품고 각각 자신의 장점을 발휘하여 사직을 안전하게 보호해주신다면 과인이 무엇을 염려하겠소?"

구천은 대부들을 도성에 남겨 나라를 지키게 한 뒤 범여만 데리고 길을 떠났다. 임금과 신하가 절강 입구에서 이별을 할 때 눈물을 흘리지 않는 사람이 없었다. 구천은 하늘을 우러러 탄식했다.

"사람들은 모두 죽음을 두려워하지만 과인은 오늘 죽음이란 말을 듣고도 가슴속에 전혀 두려움이 생기지 않는구나."

구천은 마침내 배에 올라 오나라로 직행했다. 배웅 나온 신하들은 모두 강기슭 아래에서 울며 절을 올렸다. 월왕 구천은 끝까지 돌아보지 않고 길을 떠났다. 이 일을 증명할 만한 시가 있다.

석양 비낀 산맥 밖에 돛단배가 떠가는데 斜陽山外片帆開

봄바람에 파도 일어 땅을 적시며 돌아온다 風捲春濤動地回
오늘은 술 한 동이로 백사장에서 이별하나 今日一樽沙際別
강을 건너오는 그대를 어느 때 다시 보랴? 何時重見渡江來

이때 월왕의 부인은 뱃전에 기대앉아 울었다. 그녀는 까마귀와 까치들이 강가에서 새우를 쪼아 먹느라 한적하게 오가는 것을 보고 울음을 머금은 채 노래를 불렀다.

나는 새를 바라본다, 까마귀와 솔개여 仰飛鳥兮烏鳶
하늘을 타고 넘는다, 훨훨 날아가네 凌玄虛兮翩翩
백사장에 모였다, 우아하고 고고하네 集洲渚兮優恣
세찬 깃촉 펼친다, 구름까지 치솟았네 奮健翮兮雲間
흰 새우를 쪼아 먹는다, 그러고 물 마시네 啄素蝦兮飲水
본성대로 노닌다, 날아갔다 돌아오네 任厥性兮往還
첩에겐 죄가 없지만, 이 땅을 떠나가네 妾無罪兮負地
너무나 억울하다, 하늘을 원망하네 有何辜兮譴天
표표히 바람 분다, 서쪽으로 나아가네 風飄飄兮西往
다시 돌아오는 날이여, 그것이 언제일까? 知再返兮何年
괴로운 마음이여, 칼로 에는 듯하네 心輟輟兮若割
두 줄기 눈물이여, 끝없이 흘러내리네 淚泫泫兮雙懸

월왕 구천은 부인의 원망에 찬 노래를 듣고 가슴이 찢어지는 듯했지만 억지로 미소를 지으며 부인의 마음을 위로했다.

"과인에겐 날개가 있으니 높이 하늘을 날 때가 있을 것이오. 뭘 그렇게 걱정하시오?"

월왕은 오나라 경계로 들어서자 먼저 범여를 오산으로 보내 태재 백비를 만나게 하고 황금과 비단, 미녀를 바쳤다. 백비가 물었다.

"문文(文種) 대부는 왜 오지 않으셨소?"

범여가 말했다.

"우리 주상 대신 나라를 지켜야 하기 때문에 함께 올 수가 없었소."

백비는 마침내 범여를 따라서 월왕을 만났다. 월왕은 백비의 비호에 깊이 감사한다고 말했다. 그러자 백비는 힘을 다해 월왕을 다시 귀국시켜주겠다고 약속했다. 그 말을 듣고 월왕 구천은 다소 안심이 되었다. 백비는 군사를 이끌고 월왕을 오나라 도성에까지 압송하고 오왕을 뵙도록 인도했다. 구천은 맨어깨를 드러낸 채 궁궐 계단 아래에 부복했다. 부인도 그를 따랐다. 범여는 보물과 미녀의 목록을 적은 장부를 올려바쳤다. 월왕은 재배를 하고 머리를 조아리며 말했다.

"동해의 천신賤臣 구천은 스스로 능력도 헤아리지 못하고 변방에서 죄를 지었습니다. 그런데 이제 대왕마마께서 중죄를 용서해주시고 빗자루를 잡게 해주시니 참으로 두터운 은혜를 입고 잠시나마 목숨을 보전할 수 있게 되어 감격을 이길 수 없습니다. 이에 구천은 삼가 머리를 찧으며 감사의 배례를 올립니다."

오왕 부차가 말했다.

"과인이 만약 선군의 원한을 생각했다면 그대는 오늘 목숨이 붙어 있지 않았을 것이다."

구천은 다시 머리를 조아리며 말했다.

"신은 실로 죽어 마땅한 놈인데 대왕마마께서 가련하게 생각해주신 것입니다."

이때 오자서가 곁에 서 있다가 눈으로는 불길을 뿜고 입으로는 벽력같은 고함을 지르며 앞으로 달려나와 아뢰었다.

"대저 날아가는 새가 구름 위에 있을 때도 활을 당겨 쏘려 하는데, 지금 이처럼 조정 뜰 앞에 가까이 와 있는 경우에야 말해 무엇하겠습니까? 구천은 임기응변에 능하고 음험한 성격을 가졌습니다. 지금 솥 속의 물고기 신세가 되어 요리사에게 칼질을 당할 운명에 처했기 때문에 아첨을 늘어놓고 비굴한 표정을 지으며 주살을 면하고자 하는 것입니다. 어느 날 조금이라도 뜻을 얻게 되면 호랑이를 산속에 풀어놓은 것처럼, 고래를 바다에 풀어놓은 것처럼 제어할 수 없을 것입니다."

부차가 말했다.

"과인이 듣기로 항복한 자를 주살하면 삼대에까지 화가 미친다고 하오. 과인은 월나라를 사랑해서 그를 죽이지 않는 것이 아니오. 다만 하늘에 죄를 지을까 두려운 것이오."

태재 백비가 또 이렇게 아뢰었다.

"오자서는 일시의 계책에는 밝지만 나라를 안정시키는 이치는 모릅니다. 대왕마마의 말씀은 진실로 어진 임금의 가르침입니다."

오자서는 오왕 부차가 백비의 아첨만 믿고 자신의 간언은 채택하지 않는 것을 보고 울분에 가득 차서 조정에서 물러나왔다. 부차는 월나라에서 바친 공물을 받은 뒤 왕손 웅을 시켜 선왕 합려의 묘 곁에 석실 한 채를 짓게 하고 구천 부부를 그곳에서 살게 했다. 구천 부부는 의관도 벗어 던진 채 봉두난발에 때 묻은 옷을 입고 말을 기르는 일을 관장했다. 백비가 몰래 음식물을 갖다줘서 겨우 굶주림을 면할 수 있었다. 오왕이 매일 수레를 타고 밖으로 나갈 때 구천은 말채찍을 잡고 오왕의 수레 앞에서 걸었다. 오나라 사람들이 모두 손가락질하며 말했다.

"저자가 월나라 임금이라네!"

그래도 구천은 머리를 숙이고 앞서 걸었다. 이 일을 증명할 만한 시가 있다.

고난에 빠져든 영웅을 탄식하니	堪歎英雄値坎坷
평생의 기상이 사라져버렸다네	平生意氣盡銷磨
옛 동산을 떠나와 돌아갈 기약 없어	魂離故苑歸應少
장강에 한은 넘치고 눈물만 많아지네	恨滿長江淚轉多

구천이 석실에서 거주한 지도 2개월이 지났다. 그사이 범여는 아침부터 저녁까지 구천의 곁을 지키며 한 걸음도 떨어지지 않았다. 어느 날 갑자기 부차가 구천을 불렀다. 구천은 부차 앞에 무릎을 꿇고 엎드렸고 범여는 그 뒤에 서 있었다. 부차가 범여에게 말했다.

"과인이 듣기로 '총명한 여자는 패망한 집에 시집가지 않고, 현명한 선비는 멸망한 나라에서 벼슬을 하지 않는다哲婦不嫁破亡之家, 名賢不官滅絕之國'고 한다. 지금 구천이 무도하여 나라가 망해버렸고, 너희 군신은 모두 나의 노예가 되어 석실에 갇혀 살고 있다. 이 어찌 비천한 일이 아니냐? 과인은 네 죄를 용서해주고 싶다. 네가 개과천선하여 월나라를 버리고 오나라에 귀의한다면 과인은 반드시 너를 중용할 것이다. 그러면 너는 우환에서 벗어나 부귀를 얻을 수 있을 것인데, 네 생각은 어떠하냐?"

이때 월왕은 땅에 엎드려 눈물만 줄줄 흘렸다. 그는 범여가 오나라로 귀의할까봐 몹시 두려웠다. 범여가 머리를 조아리며 대답했다.

"신이 듣건대 '망한 나라의 신하는 감히 정치를 입에 담을 수 없고, 싸움에 패배한 장수는 감히 용기를 입에 담을 수 없다亡國之臣, 不敢語政, 敗軍之將, 不敢語勇'고 합니다. 신은 월나라에 있을 때 충성도 부족하고 신의도 부족하여 월왕을 선행으로 이끌지 못한 채 대왕마마께 죄를 짓게 했습니다. 다행히 대왕마마께서 우리를 죽이지 않으시고 군신끼리 서로 도우며 청소 일을 하라 하셨고, 또 대왕마마께서 외출하실 때 수레를 따를 수 있게 해주셨습니다. 신은 이것만으로도 충분하온데 어찌 감히 부귀를 바랄 수 있겠습니까?"

오왕 부차가 말했다.

"네가 마음을 바꾸지 않겠다면 그대로 석실에 거주하도록 하라."

범여가 말했다.

"삼가 어명을 받들겠습니다."

부차는 일어나 내궁으로 들어갔고 구천과 범여는 다시 석실로 돌아왔다. 월왕 구천은 잠방이를 입고 나무꾼이 쓰는 두건을 두른 채 여물을 썰어 말을 먹였다. 월왕의 부인은 꿰매지도 않은 통치마를 몸에 두르고 저고리 깃을 왼쪽으로 여민 채左衽(오랑캐 풍속) 물을 길어와 말똥을 치웠다. 범여는 땔감을 주워와 밥을 하느라 얼굴이 점점 메말라갔다. 오왕 부차는 사람을 시켜 그들을 감시하다가 그들이 열심히 일만 하면서 전혀 원한의 표정을 짓지 않고, 또 온밤 내내 괴로움의 탄식 소리조차 내지 않는다는 것을 알았다. 이 때문에 부차는 그들이 이제 고향으로 돌아갈 뜻이 없는 것이라 짐작하면서 점점 신경을 쓰지 않고 그냥 내버려두게 되었다.

어느 날 오왕 부차는 고소대姑蘇臺에 올라가 멀찌감치에서 월왕 부부가 말똥 곁에 단정히 앉아 있는 것을 보았다. 그때 범여는 말채찍을 잡고 그들 부부 왼쪽에 서 있었다. 임금과 신하 간에 예의를 갖추고 있었고 부부간에도 예절을 갖추고 있었다. 부차는 태재 백비를 돌아보며 말했다.

"저 월왕은 작은 나라의 군주에 불과하고 범여는 일개 선비에 불과한데 지금 곤경을 당한 처지에서도 임금과 신하 간의 예의를 잃지 않고 있구려. 과인은 정말 저들에게 존경의 마음이 우러나오."

백비가 대답했다.

"존경할 만도 합니다. 그러나 한편으로 가련하기도 합니다."

부차가 말했다.

"나 또한 태재의 말씀과 같소. 과인도 차마 눈뜨고는 볼 수 없소. 만약 저들이 잘못을 뉘우치고 새로운 삶을 살겠다면 용서해도 되지 않겠소?"

백비가 대답했다.

"신이 듣건대 '보답을 받지 못하는 덕은 없다無德不復'고 했습니다. 대왕마마께서 성왕聖王의 마음으로 곤궁에 처한 사람들을 어여삐 여기시고 은혜를 베푸신다면 월나라에서도 어찌 두터운 보답을 하지 않겠습니까? 원컨대 대왕마마께서 결단을 내리십시오."

부차가 말했다.

"태사에게 길일을 잡게 하여 월왕을 귀국시키도록 하시오."

백비는 이른 새벽에 몰래 집안사람을 석실로 보내 구천에게 기쁜 소식을 전했다. 구천은 뛸 듯이 기뻐하며 범여에게 소식을 알렸다. 범여가 말했다.

"대왕마마를 위해 점을 쳐보겠습니다. 오늘이 무인일戊寅日이고 묘시卯時에 소식을 들었습니다. 무戊는 죄수가 되는 날이며 묘卯는 또 무戊와 상극입니다. 점사占辭에 이렇게 나왔습니다."

하늘의 그물이 사방에 펼쳐져 天網四張
만물이 모두 상한다 萬物盡傷
길상吉祥이 뒤집혀 재앙이 된다 祥反爲殃

"비록 소식이 있더라도 기뻐할 만한 일이 아닙니다."

구천은 그 말을 듣고 기쁜 마음이 바로 근심으로 바뀌고 말았다.

한편 오자서는 오왕이 월왕을 사면하려 한다는 소식을 듣고 황급히 조정으로 들어와서 말했다.

"옛날 하나라 걸왕은 상나라 탕왕을 구금시켰다가 죽이지 않았고, 상나라 주왕은 주나라 문왕을 구금시켰다가 죽이지 않았습니다. 이에 천도天道가 뒤집혀 탕왕과 문왕의 재앙이 결국 복으로 바뀌었습니다. 이 때문에 걸왕은 탕왕에게 쫓겨났고, 상나라는 주나라에게 멸망되었습니다. 지금 대왕마마께서 월나라 임금을 구금해놓고도 죽이지 않으시면 진실로 하나라와 상나라의 우환이 다시 닥칠까 두렵습니다."

오왕 부차는 오자서의 말을 듣고 다시 월왕 구천을 죽일 마음이 생겨서 사람을 보내 그를 불렀다. 그러자 백비가 또 그 사실을 먼저 구천에게 알렸다. 구천은 대경실색하며 범여에게 이야기했다.

"대왕마마께선 두려워하지 마십시오. 오왕은 우리를 이미 3년 동안이나 가두었습니다. 그 3년 동안도 우리를 차마 죽이지 못했는데 오늘 하루 만에 우리를 죽일 수 있겠습니까? 가보십시오. 틀림없이 아무 탈도 없을 것입니다."

구천이 말했다.

"과인이 은인자중하며 죽지 않은 것은 오로지 대부의 계책을 믿고 있기 때문이오."

그러고는 도성 안으로 들어가 오왕을 알현했다. 사흘을 기다려도 오왕은 월왕 구천을 조정으로 불러들이지 않았다. 그때 백비가 궁궐에서 오왕의 명령을 받들고 나와 구천을 다시 석실로 돌아가게 했다. 구천이 이상하게 생각하고 그 까닭을 묻자 백비가 대답했다.

"대왕께서 오자서의 말에 미혹되어 그대를 죽이려고 궁궐로 불렀소. 그러나 마침 대왕께서 감기에 걸려 몸을 일으킬 수 없게 되신 거요. 내가 문병을 위해 입궁하여 이렇게 말씀드렸소. '재난을 물리치려면 복을 지어야 합니다. 지금 월왕이 대궐 아래 엎드려 죽음을 기다리고 있습니다. 그래서 그 원통하고 괴로운 기운이 하늘에까지 닿았습니다. 대왕마마께서 건강을 유지하시려면 잠시 그를 석방하여 석실로 보내셨다가 이후 환후가 완쾌된 뒤에 다시 일을 처리하십시오.' 이에 대왕마마께서 나의 말을 듣고 그대를 성 밖으로 나가게 한 것이오."

구천은 감사 인사를 그치지 않았다.

그 뒤 구천은 다시 석실에 거주하게 되었다. 그렇게 3개월이 지났는데도 오왕의 병은 완쾌되지 않았다. 구천은 범여에게 앞날의 길흉을 점쳐보게 했다. 범여는 괘卦를 늘어놓은 뒤 이렇게 대답했다.

"오왕은 죽지 않습니다. 기사일己巳日에 이르면 차도가 있을 것이고, 임신일壬申日에는 완전히 병이 나을 것입니다. 원컨대 대왕마마께선 문병을 청하십시오. 궁궐로 들어가 오왕을 만나면 그의 똥을 달라고 하여 맛을 보시고 그 색깔을 살핀 뒤 재배하며 경하 인사를 올리십시오. 그런 다음 환후에서 일어날 날짜가 박두했다고 말씀을 올리십시오. 그리하여 그 날짜가 되어 병이 나으면 틀림없이 대왕마마께 감사의 마음을 갖게 되고 바로 대왕마마를 사면해줄 마음을 먹게 될 것입니다."

구천은 눈물을 흘리며 말했다.

"과인이 비록 불초하지만 일찍이 남면南面하고 임금 노릇을 했던 사람이오. 그런데 어찌 치욕을 참고 똥까지 맛보며 사람들의 구설수에 오르내릴 수 있단 말이오?"

범여가 대답했다.

"옛날 은나라 주왕은 주나라 서백西伯(文王)을 유리羑里에 가둔 후 그의 아들 백읍伯邑 고考를 죽여 고기를 삶아 맛을 보게 했습니다. 서백은 고통을 참으며 아들의 고기를 먹었습니다. 대저 큰일을 이루려는 사람은 사소한 행동에 구애받지 않습니다. 오왕에겐 아녀자 같은 동정심은 있지만 대장부의 결단력은 없습니다. 그는 이미 우리 월나라를 용서하려 했다가 갑자기 중간에 마음을 바꿨습니다. 그러니 이와 같은 방법으로 그의 연민을 끌어내는 것이 가장 좋은 대책일 것입니다."

그러자 구천은 그날로 바로 태재의 저택으로 가 백비를 보고 말했다.

"신하된 도리는 임금이 환후 중일 때 함께 근심하는 것이오. 지금 소문을 들으니 주상께서 옥체 미령하여 일어나지 못하신다 하오. 나는 마음속에 희망이 사라진 듯하여, 잠잘 때나 밥 먹을 때나 불안한 마음을 금할 수가 없소. 원컨대 태재를 따라 궁궐로 들어가 주상전하를 문병하고 신하로서의 정을 펼치고 싶소."

백비가 말했다.

"그대에게 이처럼 아름다운 마음이 있는데 내가 어찌 감히 전해드리지 않을 수 있겠소?"

백비는 입궁하여 오왕을 알현하고 구천의 염려하는 마음을 간곡하게 아뢴 후 그가 문병을 하고 싶어한다고 했다. 부차는 병으로 지쳐 있는 가운데 그 말을 듣자 구천의 마음이 가련하게 생각되어 마침내 문병을 허락했다. 백비는 구천을 인도하여 부차의 침실로 들어갔다. 부차가 멍한 눈으로 구천을 바라보며 말했다.

"구천도 과인을 보러 왔느냐?"

구천이 머리를 조아리며 아뢰었다.

"갇혀 지내는 신도 대왕마마의 옥체가 미령하시다는 소식을 듣고 간담이 찢어지는 것 같았습니다. 이에 용안을 한번 뵙고 싶었을 뿐 다른 이유는 없습니다."

말을 아직 마치지도 않았는데 부차는 아랫배가 당기면서 대변이 마려워 시종을 시켜 자신을 일으키게 했다. 구천이 말했다.

"신은 동해에 있을 때 용한 의원을 스승으로 모신 적이 있습니다. 그래서 사람의 대변을 보고 병의 차도를 알 수 있습니다."

그러고 나서 구천은 침실 문 옆에 손을 모으고 섰다. 시종은 변기통을 침상 가까이 들고 들어온 뒤 구천을 부축하여 대변을 보게 했다. 시종이 변기통을 문밖으로 들고 나갈 때 구천은 변기통 뚜껑을 열고 손으로 똥을 잡아 올려 무릎을 꿇고 입으로 가져가 맛을 봤다. 주위의 시종과 신하들은 모두 코를 막았다. 구천은 다시 침상 가까이로 들어와 머리를 조아리며 말했다.

"죄수 구천은 감히 대왕마마께 재배를 올리며 경하드립니다. 대왕마마의 환후는 기사일己巳日에 낫기 시작하여 3월 임신일壬申日에 완쾌되실 것입니다."

부차가 말했다.

"그걸 어떻게 아느냐?"

구천이 말했다.

"신은 제 의술醫術 사부에게서 이렇게 들었습니다. '대저 인분이란 곡식의 맛을 지니고 있다. 그것이 계절의 변화와 맞아떨어지면 사람은 살고, 계절의 변화에 역행하면 사람은 죽는다.' 지금 신이 대왕마마의 인분을 몰래 먹어본 바로는 그 맛이 쓰고도 시었습니다. 이것은 바로 봄과 여름의 생기에 부응하는 맛입니다. 이러한 까닭에 대왕마마께서 완쾌되리란 걸 알 수 있었습니다."

부차가 매우 기뻐하며 말했다.

"어질다! 구천이여! 신하가 임금을 섬김에 있어서 어느 누가 인분을 맛보고 질병의 치유를 판단할 수 있겠는가?"

이때 태재 백비가 옆에 있는 것을 보고 부차가 물었다.

"태재께선 인분의 맛을 볼 수 있겠소?"

백비가 고개를 가로저으며 말했다.

"신은 비록 대왕마마를 지극히 사랑하오나 그 일은 할 수 없습니다."

부차가 말했다.

"태재뿐만 아니라 우리 태자도 그 일을 할 수 없을 것이오."

부차는 바로 구천에게 석실을 떠나 편한 곳으로 옮겨 살도록 명령을 내렸다. 그러고는 이렇게 덧붙였다.

"과인의 병이 나으면 즉시 그대를 귀국시켜주겠노라."

구천은 다시 재배를 올린 뒤 오왕의 은혜에 감사 인사를 드리고 물러나왔다. 이때부터 구천은 보통 백성의 집에 거주하며 이전처럼 말을 기르는 일을 계속했다.

부차의 병은 과연 점점 좋아져서 구천이 말한 그 날짜에 완쾌되었다. 부차는 구천의 충성심을 생각하고 조정에서 나와 문대文臺에 술을 갖다놓으라고 한 뒤 구천을 그곳으로 불러 잔치를 열었다. 구천은 아무것도 모르는 듯 가장을 하고 여전히 죄수복을 입은 채 문대로 갔다. 오왕 부차는 그 소식을 듣고 구천을 즉시 목욕시키고 좋은 의관으로 갈아입히라고 명령을 내렸다. 구천은 두세 번 사양하고 나서야 못 이기는 척 명령에 따라 옷을 갈아입고 오왕을 알현하면서 재배를 올린 뒤 다시 머리를 조아렸다. 오왕 부차는 황망하게 구천을 부축해 일으키며 바로 명령을 내렸다.

"월왕은 어질고 덕이 있는 사람인데 어찌 오래 모욕을 줄 수 있으리오? 과인은 장차 이 사람의 노역을 풀어주고 죄를 사면한 뒤 귀국할 수 있도록 할 작정이오. 오늘은 월왕을 북면北面으로 앉게 할 터이니 경들은 모두 손님을 모시는 예로 월왕을 대하기 바라오."

부차는 겸손한 태도로 구천을 객좌客座에 앉게 한 뒤 대부들도 모두 그의 곁에 늘어앉게 했다. 오자서는 오왕이 원한을 잊고 적을 우대하는 것을 보고 불평불만이 끓어올라 자리에 앉을 생각도 하지 않고 소매를 떨치며 연회장을 나가버렸다. 백비가 앞으로 나서서 말했다.

"대왕마마께서 어진 마음으로 어진 분의 과오를 용서해주셨습니다. 신이 듣건대 '같은 종류의 소리는 서로 어울리고, 같은 종류의 기운은 서로 찾는다同聲相和, 同氣相求'고 합니다. 오늘 자리는 어진 사람만 남고 어질지 못한 사람은 떠나가는 자리입니다. 상국 오자서는 강경한 사람이라 오늘 이 자리에 앉지 못하는 걸 보니 아마도 스스로 부끄러움을 느끼는 것 같습니다."

부차가 웃으면서 말했다.

"태재의 말씀이 참으로 지당하오!"

술이 세 순배 돌자 범여와 월왕은 모두 일어나 술잔을 올리며 오왕 부차의 만수무강을 빌었다. 그리고는 입으로 다음과 같이 축사를 했다.

높으신 대왕께서 위에 계시니 皇王在上
따뜻한 봄날처럼 은혜 퍼지네 恩播陽春
어진 마음 누구에 비할 수 없고 其仁莫比
덕망은 날마다 새로워지네 其德日新
오호라 아름답고 위대하도다 於乎休哉
그 은덕 끝도 없이 전해지누나 傳德無極
오래오래 만세토록 장수하시어 延壽萬歲
길이길이 오나라를 보우하소서 長保吳國
천하 모두 오나라를 받들고 있고 四海咸承
제후들도 모두 신복臣服하도다 諸侯賓服
술잔을 드높게 받쳐 올리니 觴酒旣升
영원히 만복을 받으시옵소서 永受萬福

오왕 부차는 크게 기뻐하며 이날 만취하고서야 잔치를 끝냈다. 그리고 왕손 웅雄을 시켜 구천을 객관으로 배웅해주게 했다. 아울러 이렇게 말했다.

"사흘 안에 과인이 그대를 귀국시키도록 하겠소."

이튿날 아침 오자서는 오왕을 알현하고 말했다.

"어제 대왕마마께서는 손님을 대하는 예로 원수를 우대하셨는데 도대체 무슨 생각으로 그리하셨습니까? 구천은 속으로 범이나 이리 같은 흉심을 품고 있으면서도 밖으로는 온화하고 공손한 모습을 가장하고 있습니다. 그런데 대왕마마께서는 일순간의 아첨을 좋아하시며 뒷날의 우환은 염려하지 않고 계십니다. 또한 충언은 버리고 참소는 들으시며, 사소한 인정에 빠져 큰 원수를 기르고 계십니다. 비유컨대 타오르는 화로의 숯불 위에 깃털 하나를 올려놓고 그것이 타지 않기를 바랄 수 있겠습니까? 3만 근의 무게 밑에 계란을 놓아두고 그것이 온전하기를 바란다면, 그것이 어떻게 가능한 일이겠습니까?"

오왕 부차는 발끈 화를 내며 말했다.

"과인이 석 달 동안 몸이 아파 누워 있을 때 상국께선 과인을 위로하는 말 한 마디도 해주지 않았소. 이것은 상국의 불충이오. 또 과인에게 좋은 물건 한 가지도 보내주지 않았소. 이것은 상국의 불인不仁이오. 신하된 자가 불인하고 불충하다면 그 사람을 어디에 쓰겠소? 월왕은 자기 나라를 버리고 천 리 길을 달려와 과인에게 귀의한 후 재물을 바치고 스스로 노비가 됐소. 이것은 그의 충성스런 마음이오. 또한 과인이 아플 때 몸소 과인의 대변을 맛보았으니 마음속에 원한이 이미 사라진 것이오. 이는 그의 어진 마음 덕분이라 할 수 있소. 과인이 만약 상국의 사사로운 뜻에 따라 이렇듯 선량한 사람을 죽인다면 틀림없이 하늘이 과인을 돕지 않을 것이오."

오자서가 말했다.

"대왕마마께서는 어찌하여 말을 상반되게 하십니까? 대저 호랑이가 자세를 낮추는 건 장차 공격을 펴기 위함이요, 살쾡이가 몸을 움츠리는 건 뭔가 잡아챌 것이 있기 때문입니다. 월왕은 우리 오나라에 들어와 신하 노릇을 하고 있지만 마음속에 원한을 품고 있습니다. 대왕마마께서 어찌하면 그자의 속마음을 알 수 있겠습니까? 그자가 몸을 낮추어 대왕마마의 인분을 맛본 것은 기실 대왕마마의 마음을 잡아먹기 위한 행동입니다. 대왕마마께서 자세히 살피지 않으시고 그자의 간계에 빠져들면 우리 오나라는 틀림없이 월나라에 먹히게 될 것입니다."

오왕 부차가 말했다.

"상국은 더 이상 거론하지 마시오. 과인의 마음은 이미 굳어졌소!"

오자서는 자신의 간언이 받아들여질 수 없음을 알고 울분에 찬 마음으로 물러났다.

이후 사흘째 되던 날 오왕은 사문蛇門(오나라 도성 남문) 밖에 술자리를 마련하라고 명령을 내렸다. 그는 친히 그곳으로 왕림하여 월왕의 귀국을 배웅했다. 신료들도 모두 술잔을 바치며 월왕을 전별했다. 그러나 오직 오자서만 그곳에 나타나지 않았다. 오왕 부차가 월왕 구천에게 말했다.

"과인이 이제 군후를 사면하여 귀국하게 하니 군후께선 우리 오나라의 은혜만 생각하고 오나라에 대한 원한은 기억하지 말기 바라오."

구천이 머리를 조아리며 말했다.

"대왕마마께서 신의 곤궁함을 불쌍히 여기시어 고국으로 살아 돌아가게 해주시니 현세와 내세에 이르도록 대대손손 힘을 다해 보답하겠습니다. 푸른 하늘이 신의 마음을 환하게 아실 것이며, 만약 신이 오나라를 배반한다 해도 하늘이 돕지 않을 것입니다."

부차가 말했다.

"군자는 한번 약속을 하면 반드시 지키는 법이오. 부디 노력하고 또 노력해주시기 바라오!"

구천은 재배를 올리고 꿇어앉아 차마 떠나지 못하겠다는 표정을 지어보

오왕 부차가 월왕 구천을 석방하다.

였다. 그러자 부차가 친히 구천을 부축하여 수레에 오르게 했다. 범여가 수레의 말고삐를 잡자 구천의 부인도 부차에게 재배를 올리고 감사 인사를 했다. 그들은 함께 수레에 올라 남쪽을 향해 말을 몰았다. 이때가 주 경왕 29년이었다. 사관이 이 일을 시로 읊었다.

월왕은 이미 솥 속의 물고기가 되었는데	越王已作釜中魚
회계로 살아갈 줄 어찌 짐작했겠는가?	豈料殘生出會稽
가소롭다 부차는 원대한 계획도 없이	可笑夫差無遠慮
그물을 열어젖히고 고래를 풀어줬네	放開羅網縱鯨鯢

월왕 구천은 절강 가로 돌아와 강을 사이에 두고 수려한 산천과 맑은 천지를 아득히 바라보며 탄성을 질렀다.

"과인은 우리 만백성을 이별하고 이역에 뼈를 묻을 줄 알았다. 어찌 다시 돌아와 선조의 제사를 받들 수 있게 되리라 생각이나 했겠는가?"

말을 마치고는 부인과 서로 마주 보며 울었다. 좌우 시종들도 모두 감동의 눈물을 흘렸다. 문종은 월왕이 돌아온다는 소식을 일찌감치 보고받고 나라를 지키던 백관과 도성 안의 백성을 모두 인솔하여 절강 가로 환영을 나왔다. 환호성이 땅을 진동했다. 구천은 범여에게 명하여 도성으로 들어갈 길일을 점쳐보게 했다. 범여는 손가락을 꼽아보다가 말했다.

"기이합니다. 대왕마마의 택일은 내일보다 더 길한 날이 없습니다. 서둘러 내일에 맞추어 말을 치달려야 합니다."

이에 말채찍을 더욱 세차게 휘두르며 나는 듯이 수레를 몰아 밤새도록 치달려 도성으로 귀환했다. 구천은 종묘에 자신의 귀환을 고하고 조정에 들어가 백관들의 하례를 받았다. 그는 지난번 회계會稽(浙江省 紹興)에서 당한 치욕을 생각하고 바로 회계에다 성곽을 쌓아 도읍을 옮기고자 했다. 이것은 스스로 경계하고 조심하려는 대책이었다. 구천은 그 일을 범여에게 일임했다. 범여는 천문을 관측하고 지리를 살펴 새로운 성안에 회계산會稽山이 포함되도록 하는 축성 계획을 수립했다. 서북쪽으로는 와룡산臥龍山(浙江省 紹興 臥龍山)에 비익루飛翼樓(紹興 臥龍山 정상에 있음)를 세워 하늘의 문을 본떴고, 동남쪽으로는 땅에 돌구멍을 뚫어 땅의 문을 본떴다. 바깥 성곽 주위로는 유독 서북쪽만 비워두었다. 겉으로는 '이미 오나라에 신복했기 때문에 공물을 바치는 길을 감히 막을 수 없다'고 공언했지만, 기실은 몰래 오나라로 진격할 때의 편의를 도모하기 위한 조치였다. 성이 완성되자 갑자기 성 안에 산 하나가 우뚝 솟아났다. 그 산은 주위가 수 리里나 되었고 모양은 거북과 같았으며 저절로 자라난 초목이 무성했다. 어떤 사람이 그 산을 알아보고 낭야瑯琊(山東省 青島 黃島區 瑯琊鎭)의 동무산東武山이라고 했다. 그런데 무슨 연유로 하룻밤 사이에 이곳으로 날아왔는지 모를 일이었다. 범여가 아뢰었다.

"신이 성을 쌓는 일이 위로 천문과 맞아떨어져서 하늘이 '곤륜산崑崙山'을 내려 우리 월나라에게 천하의 패자가 되는 길을 열어준 것입니다."

월왕 구천은 매우 기뻐하며 그 산을 괴산怪山(浙江省 紹興 塔山)이라 부르게 했다. 또 날아왔다는 의미로 비래산飛來山, 거북 모양과 같다고 하여 구산龜山이라고도 부른다. 산 정상에 영대靈臺를 세우고 3층의 누각을 올려 신령스런 사물을 관망하게 했다. 성곽이 갖추어지고 제도가 완비되자 월왕 구천은 제기諸暨(浙江省 諸暨)에서 회계로 도읍을 옮기고는 범여에게 말했다.

"과인이 부덕하여 나라는 망했고 몸은 노예가 되었는데 상국 및 대부들의 도움이 아니었다면 어찌 오늘이 있을 수 있겠소?"

범여가 말했다.

"이것은 신들의 공로가 아니라 대왕마마의 홍복이십니다. 다만 바라옵건대 대왕마마께선 항상 석실에서 지낸 고난의 날을 잊지 마십시오. 그럼 우리 월나라는 흥성할 것이며 오나라에게도 복수할 수 있을 것입니다."

구천이 말했다.

"삼가 가르침을 받들겠소!"

구천은 문종에게 국정을 다스리게 하고 범여에게 군사 일을 맡겼다. 또한 현인을 존중하고 선비를 예우하며 노인을 공경하고 빈자貧者를 구제하자 백성이 크게 기뻐했다.

월왕 구천은 오왕 부차의 인분을 맛본 후로 늘 입에서 악취가 나서 고통을 겪었다. 범여는 성 북쪽 산에 즙蕺(삼백초)이라는 산나물이 나는 것을 알았다. 그 산나물은 먹을 수 있는 것이었으나 이상한 냄새가 났다. 범여는 사람을 시켜 즙을 뜯어오게 하여 조정의 신료들에게 먹게 했다. 그리하여 즙에서 나는 냄새로 부차의 입에서 나는 악취를 어지럽히고 중화시켰다. 이로 인해 후세 사람들은 그 산을 즙산蕺山(浙江省 紹興 蕺山)이라고 불렀다. 구천은 조속히 복수를 하기 위해 자신의 몸과 마음을 밤낮으로 괴롭혔다. 눈이 피로하여 서서히 감겨오면 독한 여뀌풀로 눈을 비볐고, 발이 시려 움츠리고 싶으면 오히려 찬물에 발을 담갔다. 겨울에는 늘 차가운 얼음을 안고 살았고 여름에도 뜨거운 불을 끼고 살았다. 장작을 겹쳐 쌓고 그 위에서 잠을 자면서 침대와 이불은 사용하지 않았다. 아울러 앉고 눕는 처소에 쓸개를 매달아 음식을 먹거나 기거할 때 반드시 쓸개를 잡고 맛을 보았다.[3] 한밤중에도 소리 죽여 울다가 다시 한숨을 쉬기도 하면서 '회계의 치욕'이란 말을 끊임없이 입으로 되뇌었다.[4] 지난번 전투에서 패배한 나머지 월나라의 인구가 많이 줄어들었다. 이에 구천은 명령을 내려 젊은 남자가 늙은 아내를 얻지 못하게 했고, 늙은 남자가 젊은 아내를 맞지 못하게 했다. 또 여자 나이 17세가 되어도 시집을 가지 않거나 남자 나이 20세가 되어도 장가를 가지 않으면 그 부모에게 벌을 내렸다. 임산부가 출산일이 다가와 관청에 알리면 의원을 보내 출산을 돕게 했다. 아들을 낳으면 술 한 병과 개 한 마리를 하사했고, 딸을 낳으면 술 한 병과 돼지 한 마리를 하사했다. 아들 셋을 낳으면 관청에서 둘을 키워줬고, 아들 둘을 낳으면 관청에서 그 하나를 키워줬다. 죽은 사람이 있으면 구천이 직접 가서 곡을 하고 조문을 했다. 또 구천은 매번 외출할 때마다 반드시 수레에 밥과 국을 싣고 가다가 어린아이를 만나면 음식을 나눠주며 이름을 물었다. 밭가는 시기가 되면 몸소 쟁기를 잡고 밭을 갈았다. 그 부인도 친히 베를 짜며 민간의 부녀자들과 고생을 함께했다. 그리하여 구천은 7년 동안 백성에게서 세금을 받지 않으면서 고기를 먹지 않고 채색옷도 입지 않았다. 그러나 오나라로 보내는 문후問候 사절만은 한 달도 빠짐없이 보냈다. 또 남녀 백성을 산으로 보내 칡을 캐오게 하여 황사黃絲 갈포葛布를 곱게 짜서 오왕에게 헌상하려 했다. 그런데 아직 그것을 바치기도 전에 오왕은 구천의 순종을 가상하게 여기고 사신을 보내 봉토를 더해줬다. 동쪽으로는 구용句甬(浙江省 동해 舟山島)까지, 서쪽으로는 취리檇李(浙江省 嘉興 서쪽)까지, 남쪽으로는 고멸姑

3_ 와신상담臥薪嘗膽: 장작더미 위에서 잠을 자고 쓰디쓴 쓸개를 맛본다는 뜻. 치욕을 잊지 않고 고통을 감수하며 복수를 도모함을 비유한다.(『사기』「월왕구천세가越王勾踐世家」)

4_ 회계지치會稽之恥: 월왕 구천이 회계산에서 오왕 부차에게 패하여 노예로 잡혀가는 치욕을 당했다는 의미. 이후 그 치욕을 잊지 않고 20년간 와신상담으로 결국 오나라를 멸망시켰다.(『사기』「월왕구천세가」)

蔑(浙江省 衢州)까지, 북쪽으로는 평원平原(未詳)까지 사방 800여 리에 이르는 땅이 모두 월나라의 영토가 되었다. 이에 구천은 황사 갈포 10만 필, 벌꿀 100동이, 여우 가죽 다섯 쌍, 좋은 대나무를 실은 배 10척을 봉토를 더해 준 데 대한 예물로 오나라에 바쳤다. 부차는 매우 기뻐하며 월왕에게 제후의 상징인 우모羽毛의 의관 장식을 하사했다. 오자서는 그 소문을 듣고 병을 핑계로 조정에 나가지 않았다. 부차는 월나라가 자신에게 변함없이 신복臣服하는 것을 보고 마침내 백비의 말을 깊이 신임하게 되었다. 부차가 어느 날 백비에게 물었다.

"오늘날 사방이 무사하고 태평하니 과인은 궁궐을 크게 짓고 즐거운 생활을 하고 싶소. 어디가 적당하겠소?"

백비가 아뢰었다.

"우리 오나라 도성에서 높은 누대가 있고 경치가 좋은 곳으로는 고소산보다 뛰어난 곳이 없습니다. 그래서 선왕께서 누대를 지으셨지만 크기가 부족합니다. 대왕마마께서 그 누대를 다시 고쳐 짓는 것이 좋을 듯합니다. 그 높이는 100리를 조망할 수 있게 하고 넓이는 6000명이 들어갈 수 있게 하십시오. 그런 다음 노래 잘하는 어린아이들과 춤 잘 추는 미녀들을 그 위에 모아 놓으면 인간 세상에서 누릴 수 있는 즐거움이 끝이 없을 것입니다."

부차도 그렇게 생각했다. 그는 막대한 상금을 내걸고 큰 목재를 구했다. 문종이 그 소식을 듣고 월왕 구천에게 아뢰었다.

"신이 듣건대 '높이 나는 새는 맛있는 먹이 때문에 죽게 되고, 깊은 연못에 사는 새는 달콤한 미끼 때문에 죽는다高飛之鳥, 死於美食, 深泉之魚, 死於芳餌'고 합니다. 이제 대왕마마께서 오나라에 복수할 마음이 있으시다면 먼저 그가 좋아하는 것을 던져준 연후에 목숨을 노리십시오."

구천이 말했다.

"비록 그가 좋아하는 것을 던져준다 해도 어찌 그의 목숨까지 취할 수 있겠소?"

문종이 대답했다.

"신에게 오나라를 깨뜨릴 수 있는 일곱 가지 방법이 있습니다. 첫째, 뇌물을 써서 저들의 임금과 신하를 기쁘게 하는 것입니다. 둘째, 오나라의 곡식을 비싸게 사들여 저들의 창고를 비게 하는 것입니다. 셋째, 미녀를 보내 오왕의 마음을 미혹시키는 것입니다. 넷째, 솜씨 좋은 목수와 좋은 목재를 보내 궁궐을 지어주면서 저들의 재물을 고갈시키는 것입니다. 다섯째, 아첨하는 신하를 보내 저들의 계략을 혼란시키는 것입니다. 여섯째, 간언을 올리는 저들의 신하를 자살하게 만들어 보필하는 힘을 약화시키는 것입니다. 일곱째, 우리 재물을 축적하고 군사를 잘 훈련하여 저들의 폐습을 이용하는 것입니다."

구천이 말했다.

"훌륭하오! 그럼 지금은 먼저 어떤 계책을 써야 하는가?"

문종이 대답했다.

"지금 오왕이 고소대를 개축改築하고 있다 합니다. 그러니 명산의 신목神木을 골라 그것을 베어 오나라에 바치십시오."

그리하여 월왕은 목공 3000여 명을 산으로 보내 신목을 베어오게 했지만 한 해가 다 가도록 적당한 나무를 찾을 수 없었다. 목수들은 집으로 돌아가고 싶은 생각에 모두 원망을 품고 「목수의 노래木客之吟」를 불렀다.

아침에도 나무를 베고　朝採木

저녁에도 나무를 베네　　暮採木
아침마다 저녁마다 골짜기로 들어가서　　朝朝暮暮入山曲
막힌 바위 끊어진 계곡 하릴없이 오고 가네　　窮巖絕壑徒往復
하늘도 낳지 않고 땅도 기르지 않는 신목인데　　天不生兮地不育
목수만 무슨 죄로 이 고통을 당하는 건가?　　木客何辜兮受此勞酷

매일 밤이 이슥하도록 길게 노래를 부르자 듣는 사람도 모두 처절한 슬픔을 느꼈다.

그러던 어느 날 밤 갑자기 하늘이 신목 두 그루를 내려 보냈다. 굵기는 20아름이나 되었고, 크기는 50심尋[5]이나 되었다. 산의 남쪽에 있는 것은 가래나무梓였고, 산의 북쪽에 있는 것은 녹나무楠였다. 목수들이 깜짝 놀라 살펴보니 지금까지 본 적이 없던 나무였다. 그들은 분주히 달려가 월왕에게 보고했다. 신료들이 모두 축하 인사를 했다.

"대왕마마의 정성이 하늘에까지 닿아서 하늘이 신목을 내려 대왕마마의 충정을 위로하고 있습니다."

월왕 구천은 매우 기뻐하며 친히 그곳으로 가서 하늘에 제사를 올린 후 두 나무를 벴다. 그런 다음 그것을 깎고 다듬어 단청丹靑으로 획을 그은 뒤 오색찬란한 용과 뱀을 그려 넣었다. 이어서 문종을 시켜 강물에 배를 띄워 그 나무를 싣고 가서 오왕 부차에게 바치게 하고, 이렇게 말을 전하게 했다.

"동해의 비천한 신하 구천은 대왕마마 덕분에 작은 궁전을 지으려 하다

5_ 50심尋: 1심尋은 8척이므로 50심은 400척이다.

가 우연히 이 거대한 목재를 얻게 되었습니다. 그러나 감히 제가 쓸 수가 없어서 신하를 보내 대왕마마께 바치옵니다."

부차는 그 기이한 목재를 보고 놀라움과 기쁨을 금치 못했다. 이때 오자서가 또 간언을 올렸다.

"옛날 하나라 걸왕은 영대靈臺를 짓고 나서, 상나라 주왕은 녹대鹿臺를 짓고 나서 백성의 힘이 고갈되어 마침내 나라가 멸망했습니다. 월왕 구천은 우리 오나라를 해치려고 이런 목재를 바친 것입니다. 대왕마마께선 이 목재를 받아서는 안 됩니다."

부차가 말했다.

"구천은 이 좋은 목재를 얻고 나서도 자신이 쓰지 않고 과인에게 바쳤소. 이것은 그의 호의인데 어찌 그것을 거절하란 말이오?"

오왕 부차는 끝내 오자서의 말을 듣지 않았다. 그는 그 목재를 고소대 건축에 사용했다. 3년 동안 목재를 모아 5년 동안 공사를 한 끝에 고소대를 완공했다. 높이는 300장丈이었고 넓이는 84장이었다. 고소대 위에 올라가면 사방 200리까지 막힘없이 다 보였고, 궁궐에서 고소산으로 직접 오를 수 있는 구곡九曲 옛길도 이때 더욱 넓게 확장했다. 백성은 밤낮없이 노역에 동원됐기 때문에 피로에 지쳐 죽은 사람이 헤아릴 수 없을 정도로 많았다. 양백룡梁伯龍6이 시를 지어 이를 증명했다.

천 길의 높은 누대가 태호에 면해 있어　　千仞高臺面太湖

6_ 양백룡梁伯龍: 곤산昆山(江蘇省 昆山) 사람으로 본명은 진어辰魚이고 자가 백룡伯龍이다. 명대 곤곡昆曲의 대가. 그가 지은 『완사기浣紗記』는 곤곡을 이용한 최초의 극본으로 이후 곤곡 유행의 전기를 마련한 작품이다. 서시西施와 범여范蠡를 주인공으로 내세워 춘추시대 오나라와 월나라의 흥망사를 다룬다.

월왕 구천이 힘을 다해 오나라를 섬기다.

아침 종소리 저녁 북소리로 고소대에서 잔치했네　朝鍾暮鼓宴姑蘇
바다 밖 3000리까지 그 위엄이 진동했고　威行海外三千里
강남 땅 제일 도성에 패자로 군림했네　霸占江南第一都[7]

월왕 구천은 오나라의 소식을 듣고 문종에게 말했다.

"경이 말한 '솜씨 좋은 목수와 좋은 목재를 보내 궁궐을 지어주면서 저들의 재물을 고갈시키는' 계획은 이미 실행했소. 이제 틀림없이 저 높은 고소대를 가무에 뛰어난 미녀로 채우려 할 것이오. 천하절색이 아니면 오왕의 마음을 사치스럽게 만들 수 없을 것이니 경은 과인을 위해 이 일을 잘 추진해주시오."

문종이 대답했다.

"나라가 흥하고 망하는 운수는 천명으로 정해져 있습니다. 하늘이 신목까지 내려주셨는데 어찌 미인이 없을까 염려하십니까? 그러나 민간에서 미녀를 구하면 민심이 놀랄까 두렵습니다. 신에게 나라 안의 미녀를 두루 살펴볼 수 있는 한 가지 계책이 있으니 대왕마마께선 나중에 미녀를 선택하기만 하십시오."

문종이 어떤 계책을 마련할 것인지는 다음 회를 보시라.

7_ 이 시는 명대 양진어梁辰魚의 『완사기』 제4척第四齣 벌월伐越에 나온다. 몇 글자가 다른데 본래 시는 다음과 같다. 百尺高臺面太湖, 朝鍾暮鼓宴姑蘇. 威行海外三千國, 霸占江南第一都.

제81회

오왕 부차, 서시에 빠지다

미인계에 넘어간 오왕 부차는 서시를 총애하고
언어에 뛰어난 자공은 여러 나라를 다니며 유세하다
美人計吳宮寵西施, 言語科子貢說列國.

월왕 구천은 나라 안의 미녀를 뽑아 오왕 부차에게 바치려 했다. 이때 문종이 계책을 올리며 아뢰었다.

"원컨대 대왕마마의 측근 내시 100명을 뽑되, 그 속에 관상을 잘 보는 사람을 섞어 넣어 그 관상 기술을 가지고 전국을 두루 다니며 미녀를 찾게 하십시오. 만약 미녀를 발견하면 이름과 사는 곳을 기록하게 하고 대왕마마께선 그 기록을 보고 미녀를 뽑으시면 어찌 나라 안에 미녀가 없다고 근심하실 필요가 있겠습니까?"

구천은 그 계책에 따라 미녀를 찾게 했다. 반년 사이에 보고된 미녀가 2000여 명이 넘었다. 구천은 다시 사람을 시켜 꼼꼼하게 살핀 후 특히 아름다운 두 명을 뽑아 그 모습을 그림으로 그려 올리게 했다. 그 두 명의 미녀는 누구였던가? 바로 서시西施와 정단鄭旦이었다. 서시는 저라산苧蘿山(杭州

蕭山區 臨浦鎭 浣紗溪 동쪽 아래)에 사는 나무꾼의 딸이었다. 그 산에는 동쪽과 서쪽으로 두 마을이 있었고 시씨施氏가 많이 살았다. 뽑힌 미녀는 서쪽 마을에 살았기 때문에 서시라 불리게 됐다. 정단도 서쪽 마을에 살았고 서시와 이웃이었다. 두 미녀의 집은 강가에 있었기 때문에 매일 함께 강가에 나와 빨래를 했다. 두 미녀의 발그스레한 얼굴과 꽃다운 용모가 서로 비추듯 반짝이면 마치 연꽃이 나란하게 피어 있는 것처럼 찬란했다. 월왕 구천은 범여를 시켜 각각 백금百金을 주고 두 미녀를 불러오게 했다. 범여는 두 미녀에게 아름다운 비단옷을 입히고 두터운 휘장을 친 수레에 태웠다. 월나라 사람들은 미녀의 명성을 흠모하여 모두 교외에까지 나와 구경을 하겠다고 앞다투며 기다렸다. 이 때문에 도로가 미어터질 지경이었다. 범여는 서시와 정단을 별관에 머물게 하고 이렇게 명령을 내렸다.

"미녀를 보고 싶은 사람은 먼저 금전 1문文을 내시오."

돈을 넣는 궤짝을 갖다 놓고 돈을 받기 시작하자 순식간에 궤짝에 돈이 가득 찼다. 그때 두 미녀가 붉은 누각에 올라가 난간에 기대섰다. 사람들이 아래에서 우러러보니 마치 하늘의 선녀가 너울너울 허공을 밟고 서 있는 것 같았다. 두 미녀가 사흘간 교외에 머무는 동안 벌어들인 금전은 이루 헤아릴 수 없을 정도로 많았다. 그 금전은 모두 나라의 창고에 넣어 두고 국가 공금으로 사용했다. 월왕 구천은 친히 두 미인을 토성土城으로 보내 거주하게 했다. 또한 나이 많은 악사를 시켜 그들에게 가무와 행동거지를 가르치게 했다. 기예가 완성되자 미녀를 오나라에 바쳤다. 이때가 주 경왕 31년, 월왕 구천 재위 7년째였다.

이보다 한 해 앞서 제 경공 저구가 세상을 떠나고 어린 아들 도荼가 보위를 이었다. 또 이해에 초 소왕 진도 세상을 떠나고 세자 장章이 보위를 이었다. 이 무렵 초나라엔 변고가 많았고 진晉나라는 정치가 다시 쇠퇴하고 있었다. 제나라는 안영이 죽은 뒤로 국력이 침체했고, 노나라는 공자孔子가 떠난 뒤로 나라가 약해졌다. 오직 오나라의 강성함만이 천하의 으뜸이었다. 오왕 부차가 자신의 강한 군대를 믿고 산동山東을 잠식할 마음을 품자 제후들 중에서 두려워하지 않는 사람이 없었다. 제 경공은 그의 정실부인 연희燕姬에게서 아들을 보았으나 요절했고, 첩에게서 태어난 서자 여섯 명을 두었다. 그중에서 양생陽生이 가장 나이가 많았고 도荼가 가장 나이가 어렸다. 도의 어머니 육사鬻姒[1]는 신분이 비천했으나 총애를 받았다. 제 경공은 어미인 육사뿐만 아니라 그 아들 도까지도 두텁게 사랑하며 별명을 안유자安孺子[2]라 했다. 제 경공은 즉위한 지 57년, 자신의 나이 70여 세가 되도록 세자를 세우려 하지 않고 안유자가 장성하면 그를 세자로 세울 작정이었다. 그러나 병으로 쓰러져 다시 일어나지 못할 줄 어찌 생각이나 했겠는가? 제 경공은 세신世臣 국하와 고장高張을 불러 도를 보좌해 보위에 올려달라고 당부했다. 이때 대부 진걸陳乞은 평소에 공자 양생과 친하게 지냈다. 그는 양생이 살해당할까 두려워 양생에게 외국으로 도피하도록 권했다. 양생은 자신의 아들 임壬 및 가신 감지闞止를 데리고 노魯나라로 달아났다. 제 경공은 결국 국하와 고장을 시켜 여러 공자를 쫓아내고 그들을 내읍萊邑(山東省 龍口 萊子城)으로 옮겨 살게 했다. 제 경공이 세상을 떠나자 안유자 도가 즉위했고 국하와 고장은 좌우에서 정권을 장악했다. 진걸은 겉으로 국하와 고장에게 순종하는 척했지만 속으로는 그들을 미워하며 여러 대부 면전에서 거짓말을 했다.

1_ 육사鬻姒: '鬻'은 성으로 읽을 때 발음이 '육'이다.

2_ 안유자安孺子: 나라를 편안하게 해주는 아이라는 뜻.

"고장과 국하가 음모를 꾸며 옛 신하들을 몰아내고 안유자의 패거리를 등용한다 하오."

대부들은 그 말을 믿고 모두 진걸에게 가서 대책을 물었다. 진걸은 포목鮑牧과 함께 우두머리가 되어 대부들의 사병을 이끌고 고장과 국하를 공격했다. 이에 고장은 죽고 국하는 거나라로 도망쳤다. 그 뒤 포목은 우상右相이 되었고 진걸은 좌상이 되었다. 진걸은 국서國書와 고무평高無平을 국씨와 고씨의 후계자로 세우고 그들의 조상 제사를 이어가게 했다.

안유자는 나이가 어려서 자립할 수 없었다. 그는 말과 행동을 모두 다른 사람에게 의지했다. 진걸은 공자 양생을 보위에 올릴 마음을 먹고 몰래 노나라로 사람을 보냈다. 양생은 밤새도록 달려와 제나라 교외에 당도했다. 그는 가신 감지와 아들 임壬을 교외에 머물게 하고 자신은 단신으로 도성 안에 들어가 진걸의 집에 숨었다. 진걸은 자신의 조상 제사를 지낸다는 핑계를 대고 대부들을 집으로 초청해 음복을 함께하자고 했다. 대부들이 모두 당도했지만 포목은 다른 곳에서 따로 술을 마시느라 맨 마지막에 도착했다. 진걸은 대부들이 좌정하기를 기다려 이렇게 말했다.

"제가 새로 좋은 갑옷을 마련했는데 함께 구경하시겠소?"

대부들이 모두 말했다.

"구경하고 싶소."

그가 신호를 하자 역사力士가 큰 자루를 메고 집 안에서 대청 앞으로 나왔다. 진걸이 직접 자루 끈을 풀자 어떤 사람이 자루 속에서 머리를 내밀었다. 그는 바로 공자 양생이었다. 대부들은 깜짝 놀랐다. 진걸은 양생을 부축하여 남쪽을 향해 서게 한 뒤 대부들에게 말했다.

"맏이를 보위에 올리는 건 고금을 관통하는 법도요. 안유자가 지금 나이가 어려서 임금 노릇을 하지 못하니 포 상국의 명을 받들어 이제 장자로 보위를 바꾸고자 하오."

그러자 포목이 눈을 부라리며 말했다.

"나는 본래 그런 계획을 세우지 않았소. 어찌하여 나를 모함하시오? 내가 취했다고 속임수를 쓰는 것이오?"

양생이 포목에게 읍을 하며 말했다.

"옛 임금을 폐하고 새 임금을 세우는 일이 어느 나라엔들 없겠소? 다만 대의가 있느냐 없느냐가 관건이오. 대부께서 지금 대의가 있다고 생각하신다면, 앞서 계획이 있었는지 없었는지가 뭐 그리 중요하단 말이오?"

진걸은 말이 끝나기를 기다리지도 않고 강제로 포목을 꿇어앉혀 양생에게 절을 하게 했다. 다른 대부들도 어쩔 수 없이 모두 북쪽을 향해 머리를 조아렸다. 진걸과 대부들은 삽혈 동맹을 맺고 충성을 다짐했다. 수레가 갖추어지자 모두 양생을 받들며 수레를 타고 조정으로 들어가 어전에서 즉위 의식을 거행했다. 이 사람이 제 도공悼公이다. 그날 그는 바로 안유자를 궁궐 밖으로 옮겨 살해했다. 제 도공은 포목이 자신을 옹립하지 않으려 한 사실이 꺼림칙하여 진걸을 방문했다. 진걸도 포목이 자신의 윗자리에 있는 것이 싫어서 포목이 쫓겨난 공자들과 왕래하고 있으므로 그를 죽이지 않으면 나라가 안정을 찾을 수 없다고 참소했다. 그리하여 제 도공은 또 포목을 죽이고 포식鮑息을 가문의 후계자로 세워 포숙아鮑叔牙의 제사를 받들게 했다. 이로부터 진걸은 혼자서 제나라의 재상을 맡았다. 백성은 도공이 무고한 사람을 죽이는 것을 보고 원망을 분분하게 쏟아냈다.

한편 제 도공에게는 누이동생이 있었다. 그녀는 주邾나라 군주 익益에게 출가했다. 그런데 익은 오만무례하여 노나라와 사이가 좋지 못했다. 노나라 상경 계손사는 노 애공에게 아뢴 뒤 군사를 이끌고 주나라를 정벌했다. 그리하여 주邾나라를 깨뜨리고 그 임금 익을 사로잡아 부하負瑕(山東省 濟寧袞州區 북쪽)에 가두었다. 그러자 제 도공이 진노하여 말했다.

"노나라가 주나라 군주를 잡아 가둔 것은 우리 제나라를 업신여긴 것이다."

제 도공은 오나라에 사신을 보내 군사 파견을 요청하고 함께 노나라를 정벌하기로 약속했다. 오왕 부차가 기뻐하며 말했다.

"과인이 산동으로 군사를 보내고 싶었는데 이제야 명분이 생겼다!"

오왕은 마침내 제나라에 군사를 보내기로 했다. 노 애공은 몹시 두려워하며 즉시 주나라 군주 익을 석방하여 자기 나라로 돌아가게 했고 제나라에 사신을 보내 사죄했다. 제 도공은 대부 맹작孟綽을 오왕에게 보내 군사 파견을 사양하며 말했다.

"노나라가 이미 사죄했기 때문에 감히 대왕의 군사를 피로하게 할 수 없습니다."

그러자 부차가 벌컥 화를 내며 말했다.

"오나라 군사의 진퇴가 오로지 제나라의 명령에 달려 있다면 오나라가 제나라의 속국이란 말이냐? 과인이 친히 제나라로 가서 전후 사정을 따져 볼 것이다."

오왕 부차는 맹작을 꾸짖어 물러가게 했다. 이때 노나라에서는 오왕이 제나라에 분노하고 있다는 소식을 듣고 오나라로 사신을 보내 예물을 전한 뒤 오왕과 함께 제나라를 정벌하자고 했다. 부차는 흔쾌히 응낙하고 그날로 바로 군사를 일으켜 노나라와 함께 제나라 정벌에 나섰다. 오왕이 제나라 남쪽 변경을 포위하자 제나라 전국이 공포에 떨었다. 제나라 백성은 모두 도공이 쓸데없이 외국 군사를 끌어들였다고 더욱 심한 원성을 쏟아냈다. 이때 제나라에서는 진걸이 죽고 그 아들 진항陳恒이 정권을 잡고 있었다. 그는 백성이 도공에게 순종하지 않자 포식에게 말했다.

"대부께선 어찌하여 대사를 일으켜, 밖으로 오나라의 원한을 해소하고 안으로 가문의 원수를 갚지 않으시오?"

포식은 그렇게 할 수 없다고 사양했다. 진항이 말했다.

"내가 대부를 위해 거사하겠소."

그는 도공이 군사를 사열하는 틈을 타 짐독을 탄 술을 올려 도공을 독살했다. 그런 다음 급히 오나라 군사에게 부고를 띄웠다.

"귀국은 천명을 받은 나라인데 우리 주상이 귀국에 죄를 지어 마침내 급환으로 세상을 떠났습니다. 이는 하늘이 대왕을 대신하여 우리 주상을 주살한 것입니다. 다행히 동정을 베푸시어 우리 사직을 손상시키지 않으시면 대대손손 오나라를 상국으로 섬기겠습니다."

부차는 군사를 거두어 물러갔고 노나라 군사도 역시 귀국했다. 제나라 백성은 모두 도공이 비명횡사한 줄 알았지만 진씨陳氏를 두려워했기 때문에 감히 왈가왈부하는 사람이 없었다. 진항은 도공의 아들 임壬을 보위에 올렸다. 이 사람이 제 간공簡公이다. 진항은 우상右相이 되었고, 감지는 좌상左相이 되었다. 옛사람이 제나라의 재앙은 모두 제 경공에게서 비롯되었다고 논평했다. 이에 관한 시가 있다.

옛날부터 편애로 인해 사람 더욱 멍해졌으니	從來溺愛智逾昏
형제 서열 어지럽히며 어찌하여 대통大統 전했나?	繼統如何亂弟昆
강한 신하와 강한 외적을 원망하지 말아라	莫怨強臣與強寇

월왕 구천이 3년 동안 가르친 두 미녀는 기예와 용모가 지극히 아름다웠다. 고운 수레에 구슬로 장식한 휘장을 치고 미녀들을 태운 채 거리를 지나가면 멀리까지 그 향기가 가득 퍼져나갈 정도였다. 또한 구천은 아름다운 비첩 선파旋波와 이광夷光 등 여섯 명을 두 미녀의 시녀로 삼고 상국 범여를 시켜 오나라에 바치게 했다. 그때 마침 오왕 부차는 제나라에서 오나라로 귀국해 있었다. 범여는 궁궐로 들어가 오왕을 뵙고 재배하며 월왕 구천 대신 이렇게 아뢰었다.

"동해의 비천한 신하 구천은 대왕마마의 은혜에 감복하고 있으나 직접 처첩을 거느리고 대왕마마를 곁에서 모실 수 없습니다. 이에 월나라 경내를 두루 뒤져 가무에 뛰어난 두 미녀를 찾았습니다. 이제 근신近臣을 보내 대왕마마께 바치오니 장차 청소나 하는 노비로 쓰시기 바라옵니다."

부차는 선녀가 하늘에서 내려온 줄 알고 넋이 다 빠질 지경이었다. 그러자 오자서伍子胥가 간언을 올렸다.

"신이 듣건대 하나라는 말희妺姬 때문에 망했고, 은나라는 달기妲己 때문에 망했으며, 서주西周는 포사褒姒 때문에 망했다고 합니다. 대저 미녀란 나라를 망치는 요물이니 대왕마마께선 저들이 바치는 미녀를 받아서는 안 됩니다."

부차가 말했다.

"미녀를 좋아하는 건 인지상정이오. 구천은 이처럼 아름다운 여인을 얻고서도 자신이 즐기지 않고 과인에게 바쳤소. 이것은 그가 우리 오나라에 충성을 다 바치고 있다는 증거요. 상국께선 의심하지 마시오."

그러고는 마침내 미녀를 받아들였다. 두 미녀는 모두 절색이어서 부차는 두 미녀를 모두 총애했다. 그러나 용모가 요염하고 아첨을 잘하기로는 서시가 훨씬 뛰어났다. 또한 서시는 가무에도 빼어난 솜씨를 발휘하여 늘 고소대에 거주하며 오왕의 총애를 독차지했고 그녀가 출입할 때의 의례는 왕비 다음으로 화려했다. 정단은 궁궐에 거주하며 서시를 질투하다가 우울증에 걸려 1년도 넘기지 못하고 세상을 떠났다. 부차는 정단의 죽음을 슬퍼하며 황모산黃茅山(江蘇省 蘇州 黃毛山)에 장사 지내고 사당을 세워 제사를 올리게 했다. 이것은 물론 뒷날의 이야기다.

오왕 부차는 서시를 총애하여 왕손 웅을 시켜 영암산靈巖山3에 특별히 관왜궁館娃宮을 짓게 했다. 부차는 그곳에 동銅으로 물도랑을 만들고 옥으로 난간을 세워 주옥珠玉으로 장식한 후 서시를 그곳에서 휴식하게 했다. 또 그 안에 향섭랑響屧廊이란 회랑을 만들었다. 향섭랑을 만들 때 그 밑에 있는 땅을 파서 큰 독을 나란히 길게 묻고 그 위에 두꺼운 판자를 덮어놓았다. 때문에 서시와 궁녀들이 섭이라는 신발을 신고 그 회랑을 따라 돌면 쟁그랑쟁그랑 소리가 울린다 하여 섭屧이라는 신발 이름을 따서 향섭랑이라는 이름을 붙였다. 지금 영암사靈巖寺 원조탑圓照塔(靈巖塔) 앞에 약간 경사가 진 회랑이 있는데, 그곳이 바로 향섭랑의 유적지다. 명明나라 고계高啓4가 「관왜궁館娃宮」이란 시를 남겼다.

3_ 영암산靈巖山: 강소성 소주 서남쪽 교외에 있는 바위산. 오왕 부차가 서시를 위해 지은 관왜궁館娃宮은 지금 영암사靈巖寺로 바뀌었다. 그러나 아직도 오왕정吳王井, 유화지流花池, 완월지玩月池, 서시동西施洞, 궁장宮牆, 금대琴臺, 사향암思鄕巖 등 서시와 관련된 유적지가 남아 있다.

4_ 고계高啓: 강소성 소주 출신으로 자는 계적季迪, 호는 사헌槎軒. 원말 명초의 유명한 시인. 양기楊基, 장우張羽, 서분徐賁과 함께 오중사걸吳中四桀로 불렸다. 국사편수관國史編修官, 호부우시랑戶部右侍郎 등을 역임했다. 장사성張士誠을 찬양했다는 죄목으로 주살당했다. 『고태사대전집高太史大全集』『부조집鳧藻集』 등의 저작을 남겼다.

오왕 부차가 서시를 총애하다.

관왜궁 속에 또 관왜각이란 누각이 있어 館娃宮中館娃閣
구름에 닿은 화려한 기둥이 산 정상에 늘어서 있네 畫棟侵雲峯頂開
한스럽다 부차夫差 당시에 극한까지 높이지 못해 猶恨當時高未極
월군越軍이 몰려오는 걸 멀리서 보지 못했으니 不能望見越兵來

송나라 왕우칭王禹偁[5]도 「향섭랑響屧廊」[6]이라는 시를 지었다.

회랑은 파괴되도 향섭이란 이름이 남은 건 廊壞空留響屧名
서시가 회랑을 따라 한가롭게 걸었기 때문 爲因西子繞廊行
가련하다 오자서가 목숨 걸고 간諫했건만 可憐伍相終屍諫
당시의 신발 소리를 그 누가 기억하랴? 誰記當時曳履聲

영암산 위에는 완화지玩花池와 완월지玩月池가 있고 또 오왕정吳王井이란 우물도 있어서 맑은 샘물이 솟아오르고 있다. 그곳에서 서시가 샘물에 비친 모습을 보며 화장을 하면 부차가 곁에 서 있다가 친히 머리를 빗겨주었다고 한다. 또 서시동西施洞이란 동굴도 있는데 부차와 서시가 그곳에서 함께 앉아 놀았다고 전해진다. 동굴 바깥 바위에 조금 패인 곳은 속칭 서시적西施迹(서시의 자취)이라고 한다. 부차가 서시와 산 정상에서 금琴을 타고 놀았다고 하여 금대琴臺라는 지명도 있다. 또 사람을 보내 향산香山(江蘇省 蘇州

5_ 왕우칭王禹偁: 산동성 거야巨野 출신으로, 자는 원지元之. 북송의 유명한 시인이며 산문가. 특히 그는 당대 백거이의 시풍을 이어받은 백체白體 시인으로 이름이 났다. 좌습유左拾遺, 지제고知制誥, 한림학사翰林學士 등을 역임했다. 직간으로 정치의 잘못을 바로잡으려다 여러 차례 폄적되었다. 저작으로 『소축집小畜集』을 남겼다.

6_ 원 제목은 「제향섭랑벽題響屧廊壁」이다.

香山)에다 향초香草를 심게 하고 서시와 미녀들을 시켜 배를 타고 가서 향초를 뜯어오게 하기도 했다. 지금도 영암산에서 남쪽을 바라보면 마치 화살처럼 곧게 뻗은 물줄기가 있는데, 그것을 전경箭涇이라고 부른다. 그곳이 바로 서시가 향초를 뜯던 곳이다. 도성 동남쪽에 있는 채련경採蓮涇은 오왕과 서시가 연꽃을 꺾던 곳이다. 또 오왕은 성안에 큰 물길을 만들어 남쪽에서 북쪽으로 직통하게 하고 서시와 함께 비단 돛錦帆을 단 배를 타고 놀았는데 그 물길을 금범경錦帆涇이라 부른다. 고계高啓가 이곳 경치를 시로 읊었다.

오왕이 재위할 땐 온갖 꽃이 만발했고	吳王在日百花開
화려한 배에 음악 울리며 섬 곁을 오고 갔네	畫船載樂洲邊來
오왕이 죽은 후엔 온갖 꽃이 모두 지자	吳王去後百花落
노랫소리 들리지 않고 섬엔 적막만 가득하네	歌吹無聞洲寂寞
해마다 봄이 되면 꽃 피고 또 꽃이 지는데	花開花落年年春
앞뒤 시대 꽃을 본 이 몇 명이나 되겠는가?	前後看花應幾人
물결 속에 비쳐든 꽃가지만 감상하며	但見枝枝映流水
길 위에서 먼지가 된 꽃잎들은 모른다네	不知片片墮行塵
해마다 비바람이 황대荒臺 곁으로 불어오면	年年風雨荒臺畔
해 저물녘 꾀꼬리 소리 애간장을 끊는구나	日暮黃鸝腸欲斷
어찌 이 세상에 꽃구경하는 이만 드물겠나?	豈惟世少看花人
옛날부터 이곳에는 구경할 꽃도 없었다네	從來此地無花看[7]

7_ 이 시는 명나라 고계高啓의 「백화주-재고소대하百花洲在姑蘇臺下」다.

또 도성 남쪽에 있는 장주원長洲苑은 오왕 부차가 사냥을 하던 곳이었으며, 물고기를 기르던 어성魚城, 오리를 기르던 압성鴨城, 닭을 기르던 계피鷄陂, 술을 빚던 주성酒城도 있다. 또 오왕이 일찍이 서시와 서동정西洞庭[8]의 남쪽 만灣에서 피서를 한 적이 있다. 그곳의 만은 길이가 10여 리나 되고 삼면이 모두 산으로 둘러싸여 있는 가운데 남쪽만 마치 대궐 문처럼 열려 있다. 오왕이 말했다.

"이곳에서 여름 더위를 해소할 만하다."

그래서 그곳을 소하만消夏灣이라 부르게 됐다. 장우張羽[9]가 또 「소대가蘇臺歌」[10]라는 시를 지었다.

관왜궁 가운데 온갖 꽃이 만발한 때 館娃宮中百花開
서시가 새벽녘에 고소대로 오르네 西施曉上姑蘇臺
노을빛 치마 비취색 소매 하늘 위로 휘날리니 霞裙翠袂當空擧
나풀나풀 바람을 타고 깃털 날개 펼친 것 같네 身輕似展凌風羽
삼강三江을 바라보니 물 한 잔을 담아놓은 듯 遙望三江水一杯
아득한 두 개의 점은 숲에 싸인 태호로다 兩點微茫洞庭樹

8_ 서동정西洞庭: 강소성 소주 태호 가운데에 솟은 두 봉우리 중 서쪽 봉우리를 서동정산西洞庭山 또는 서산西山이라고 하고 그 정상을 표묘봉縹緲峯이라고 한다. 서동정산은 완전한 섬이다. 그리고 물 건너 동쪽 봉우리를 동동정산東洞庭山 또는 동산東山이라고 하고 그 정상을 막리봉莫厘峯이라고 한다. 동동정산은 호수 속으로 길게 뻗은 반도의 형태다. 중국 전설에 의하면 이곳 태호가 호남성 동정호洞庭湖와 물속 지하로 통하기 때문에 동정산이라 부른다고 한다.

9_ 장우張羽: 강서성 구강九江 출신으로 자는 내의來儀 또는 부봉附鳳이고, 호는 정거靜居다. 원말 명초의 문인이다. 고계, 양기, 서분과 함께 오중사걸로 일컬어진다. 벼슬은 태상승太常丞에 이르렀고 저작으로 『정거집靜居集』을 남겼다.

10_ 원 제목은 「오궁춘사의왕건吳宮春詞擬王建」이다.

얼굴 돌려 저쪽 보며 고개 돌리지 않는 것은 轉面凝眸未肯回
고라니 쏘는 군왕의 모습 보고 싶기 때문일세 要見君王射麋處
성 머리에 해가 질 때 까마귀들 쉬려 하고 城頭落日欲棲鴉
계단 내려가 장난삼아 당리화를 꺾는구나 下階戲折棠梨花
강 건너 행인들아 이곳을 엿보지 말라 隔岸行人莫倚盼
간장 막야 명검이 찬란하게 빛나고 있다 干將莫邪光粲粲

오왕 부차는 서시를 얻은 후 고소대를 집으로 삼고 사시사철 마음대로 사냥을 다녔다. 또한 관악기와 현악기의 연주 소리를 들으며 궁궐로 돌아갈 마음조차 잊어버렸다. 오직 태재 백비와 왕손 웅만이 항상 부차를 좌우에서 모셨다. 그러나 오자서가 뵙기를 청하면 왕왕 다른 핑계를 대고 만나주지 않았다.

월왕 구천은 오왕이 서시를 총애하며 날마다 유희에만 힘쓴다는 소식을 듣고 다시 문종과 대책을 상의했다. 문종이 대답했다.

"신이 듣건대 '나라는 백성을 근본으로 삼고 백성은 밥을 하늘로 삼는다國以民爲本, 民以食爲天'고 합니다. 올해는 곡식이 흉작이어서 곡식값이 비싸질 것입니다. 대왕마마께선 오나라에서 곡식을 빌려 백성의 배고픔을 구제하십시오. 하늘이 만약 오나라를 버릴 양이면 틀림없이 우리에게 곡식을 빌려줄 것입니다."

구천은 즉시 문종에게 명하여 값비싼 폐백을 백비에게 뇌물로 주고 오왕을 만나라고 했다. 이에 오왕은 문종을 고소대의 궁전으로 불렀다. 문종이 재배를 올리며 청했다.

"월나라는 땅이 저습한 데다 홍수와 가뭄까지 순조롭지 못해 올해 곡식을 많이 수확하지 못했습니다. 지금 백성이 굶주림으로 곤경에 처해 있사오니 대왕마마께선 태창太倉의 곡식 1만 석石을 우리 월나라에 빌려주시어 눈앞의 기아를 구제해주십시오. 내년에 곡식이 익으면 상환하겠습니다."

부차가 말했다.

"월왕은 지금 우리 오나라의 신하로 복종하고 있소. 그러니 월나라 백성의 굶주림은 바로 우리 오나라 백성의 굶주림이오. 과인이 어찌 비축해둔 곡식을 아끼며 월나라를 구해주지 않을 수 있겠소?"

이때 오자서는 월나라 사신이 왔다는 소식을 듣고 고소대로 달려가 오왕 부차를 알현했다. 그는 부차가 이미 월나라의 식량 원조 요청을 허락했다는 소식을 듣고 다시 간언을 올렸다.

"불가하고 불가합니다. 오늘의 형세는 오나라가 월나라를 삼키는 것이 아니라 곧 월나라가 오나라를 삼킬 것입니다. 신이 보건대 월왕이 지금 사신을 보낸 것은 진정한 기아 때문이 아니라 우리 식량을 실어내어 우리 창고를 텅 비게 만들려는 계책입니다. 식량을 준다고 더 친해지는 것도 아니고 주지 않는다고 해서 다시 원수를 맺는 것도 아닙니다. 그러니 대왕마마께선 저들의 요청을 사양하는 것이 좋겠습니다."

오왕이 말했다.

"구천은 우리 나라에서 죄수로 지내며 과인의 말 앞에서 고삐를 잡기까지 했소. 이 사실을 모르는 제후는 아무도 없소. 지금 과인이 월나라 사직을 다시 일으켜 세워준 것은 죽은 자를 다시 살려준 은혜와 같소. 때문에 월나라는 공물을 끊임없이 바치고 있소. 그런 월왕이 어찌 과인을 배반할 마음을 먹을 수 있겠소?"

오자서가 말했다.

"신이 소문을 들으니 월왕은 아침 일찍 조회를 열고 밤늦게 파하면서 백성을 구제하고 무사를 기르고 있다고 합니다. 이것은 그가 우리 오나라에 복수할 마음을 먹고 있다는 증거입니다. 이런 상황에 대왕마마께서 다시 식량을 보내 원조한다면 신은 장차 고소대에 고라니와 사슴이 뛰어놀까 두렵습니다."

오왕 부차가 말했다.

"구천은 이미 과인의 신하를 칭하고 있소. 신하가 어찌 임금을 정벌할 수 있단 말이오?"

오자서가 말했다.

"탕왕은 신하로서 임금인 걸왕을 정벌했고, 무왕도 마찬가지로 주왕을 정벌했습니다. 이것은 신하가 임금을 정벌한 것이 아니란 말씀입니까?"

그러자 곁에 있던 백비가 오자서를 꾸짖었다.

"상국은 말씀이 몹시 지나치시오. 우리 대왕마마를 어찌 폭군인 걸왕이나 주왕에 견준단 말이오?"

그러고는 바로 부차에게 아뢰었다.

"신이 듣건대 규구葵邱 회맹[11] 때 식량 원조를 막지 말라고 한 것은 바로 이웃 나라를 구제하기 위한 조치였다고 합니다. 게다가 월나라는 우리 공물이 나오는 곳입니다. 내년에 또 곡식이 익으면 빌려준 숫자대로 다시 받을 수 있으니 우리 오나라는 아무 손해도 없이 월나라에 덕을 베풀 수 있습니다. 그런데 무엇을 꺼리기에 이런 좋은 일을 하지 않는단 말씀입니까?"

그리하여 오왕 부차는 월나라에 곡식 1만 석을 주며 문종에게 말했다.

11_ 규구葵邱 회맹: 이 소설 제24회 참조.

"과인은 신료들의 반대 의견을 물리치고 월나라에 곡식을 보내는 것이오. 내년에 풍년이 들면 반드시 갚아서 신의를 잃지 않도록 하시오."

문종이 재배를 올리고 머리를 조아리며 말했다.

"대왕마마께서 월나라를 가련히 여기시고 우리의 굶주림을 구해주시는데 어찌 감히 약속을 지키지 않을 수 있겠습니까?"

문종은 곡식 1만 석을 가지고 월나라로 귀환했다. 월왕이 매우 기뻐하자 신료들이 모두 외쳤다.

"대왕마마 만세!"

구천은 즉시 오나라에서 가져온 곡식을 모두 가난한 백성에게 골고루 나눠줬다. 그러자 구천의 공덕을 칭송하지 않는 사람이 없었다.

이듬해 월나라에는 큰 풍년이 들었다. 월왕 구천이 문종에게 물었다.

"과인이 오나라에 곡식을 갚지 않자니 신용을 잃을 것 같고, 곡식을 갚자니 우리 월나라에 손해를 끼치고 오나라를 이롭게 할 것 같소. 어찌하면 좋소?"

문종이 대답했다.

"좋은 곡식을 골라 쪄서 보내십시오. 저들이 우리 곡식을 좋아하여 찐 곡식을 파종하면, 우리의 계책이 맞아떨어지는 것입니다."

월왕은 문종의 계책에 따라 찐 곡식을 빌려온 양만큼 오나라에 보냈다. 그러자 오왕 부차가 감탄하며 말했다.

"월왕은 진정으로 신의가 있는 사람이다."

월나라가 상환한 곡식이 보통 곡식과는 다르게 매우 굵은 것을 보고 백비에게 말했다.

"월나라 땅은 비옥하여 곡식 종자도 매우 알차구려. 우리 백성에게 나뉘주어 심게 하시오."

이에 오나라 백성은 모두 월나라에서 보내온 종자를 심었다. 그러나 종자가 싹이 트지 않아 오나라 백성은 심한 기아에 시달리게 됐다. 오왕 부차는 토질의 차이 때문인 줄 알았지 월나라에서 찐 곡식을 보냈다는 것은 알지 못했다. 문종의 계책은 이와 같이 악랄했다. 이것은 주 경왕 36년의 일이었다. 월왕은 오나라에 기황이 들었다는 소식을 듣고 바로 군사를 일으켜 오나라를 정벌하려 했다. 그러나 문종이 간언을 올렸다.

"아직 시기가 아닙니다. 충신 오자서가 살아 있기 때문입니다."

월왕은 또 범여에게 대책을 물었다. 범여가 대답했다.

"때가 멀지 않았습니다. 원컨대 대왕마마께선 군사들을 더욱 숙련되게 훈련시키면서 시기를 기다리십시오."

월왕이 말했다.

"공격 채비가 아직 다 갖춰지지 않았단 말이오?"

범여가 대답했다.

"전투를 잘 지휘하는 사람에겐 반드시 정예병이 있어야 하고, 또 정예병은 반드시 두 가지 무예를 겸비해야 합니다. 장수는 칼과 창을 두루 잘 써야 하고 병졸은 활과 쇠뇌를 잘 쏠 수 있어야 합니다. 게다가 이런 무예는 밝은 스승이 가르쳐주지 않으면 모든 걸 다 배울 수 없습니다. 신은 남림南林에서 칼과 창에 정통한 처녀를 발견했고 또 활과 쇠뇌에 뛰어난 초나라 사람 진음陳音을 찾았습니다. 이 두 사람을 초빙하십시오."

월왕은 사자 두 사람에게 귀중한 폐백을 주고 그것을 가지고 가서 그 처녀와 진음이란 사람을 초빙해오게 했다.

그 처녀는 성명을 알 수 없었고 깊은 숲 속에서 태어나 아무도 없는 들판에서 자랐다. 그녀는 스승도 없이 저절로 검술에 뛰어난 고수가 되었다. 사자가 남림으로 가서 월왕의 명령을 전하자 처녀는 바로 사자를 따라 북쪽으로 길을 나섰다. 산음山陰(浙江省 紹興 會稽山) 북쪽 길로 접어들었을 때 백발노인 한 사람이 수레 앞을 막아서며 물었다.

"지금 오는 사람은 남림 땅 처녀가 아닌가? 무슨 검술을 지녔기에 감히 월왕의 초빙을 받았는가? 내가 한번 시험해보겠다!"

처녀가 말했다.

"소첩이 감히 숨기지 않고 지금 공公의 가르침을 받겠습니다."

노인은 바로 썩은 풀을 뽑듯 숲 속의 대나무를 뽑아 처녀를 찔렀다. 그때 대나무가 부러지며 그 끝부분이 땅에 떨어졌다. 처녀는 순식간에 대나무 끝부분을 받아 쥐고 노인을 찔렀다. 그러자 노인은 홀연히 나무 위로 날아올라 흰 원숭이로 변신하고는 길게 휘파람을 불고 눈앞에서 사라졌다. 사자는 기이하게 생각했다. 처녀가 월왕을 알현하자 월왕은 자리를 내주고 검술의 이치를 물었다. 처녀가 말했다.

"안으로 정신을 가득 채워 밖에서 볼 때 편안하게 보여야 합니다. 겉으로는 아름다운 여인처럼 보이면서도, 서로 검술을 다툴 때는 사나운 호랑이같이 싸워야 합니다. 자세를 잡고 기운을 모은 뒤 정신과 함께 전진해야 합니다. 달리는 토끼처럼 민첩하게 움직이며 적의 형체와 그림자를 쫓아야 합니다. 그런 다음 종횡으로 오고 가면 적의 눈이 한순간도 나를 쫓아오지 못할 것입니다. 이 검술을 익힌 사람은 백 명의 적을 당해낼 수 있고 백 사람이 만 명의 적을 막아낼 수 있습니다. 대왕마마께서 믿지 못하신다면 원컨대 소첩이 시험해 보이겠습니다."

월왕은 용사 100명에게 명을 내려 창을 들고 처녀를 공격하게 했다. 처녀가 그들의 창을 빼앗아서 연이어 땅바닥에 던져버리자 월왕이 탄복했다. 그리하여 월왕 구천은 처녀에게 월나라 군사를 가르치게 했다. 그 처녀에게 검술을 배운 군사는 모두 3000명이었다. 그렇게 1년여를 가르친 후 처녀는 남림으로 돌아갔다. 월왕이 다시 처녀를 초청하려고 사람을 보냈을 때는 벌써 어디론가 사라지고 없었다. 어떤 사람이 말했다.

"하늘이 월나라를 흥성하게 하고 오나라를 멸망시키기 위해 신녀神女를 보내 검술을 가르치며 월나라를 도왔다."

한편 초나라 사람 진음은 사람을 죽이고 월나라로 피신해 있었다. 범여는 그가 백발백중의 명궁임을 알고 월왕에게 추천했고, 월왕은 그를 초빙하여 궁술 스승으로 삼았다. 월왕이 진음에게 물었다.

"활과 쇠뇌는 언제 어디서 처음 생긴 것이오?"

진음이 대답했다.

"신이 듣기로 쇠뇌弩는 활弓에서 나왔고 활은 탄환彈에서 나왔으며 탄환은 옛날 효자에게서 나왔다고 합니다. 옛날 백성은 생활이 소박하여 배가 고프면 짐승을 잡아먹고 목이 마르면 안개와 이슬을 마셨습니다. 사람이 죽으면 흰 띠풀白茅로 싸서 들판 가운데에 버렸습니다. 그때 어떤 효자가 자기 부모의 시신이 금수에게 뜯어 먹히는 것을 차마 볼 수가 없어 탄환을 발사하는 무기를 만들어 부모의 시신을 지켰다고 합니다. 그러면서 그는 당시에 이런 노래를 불렀다고 합니다. '나무를 자르고 대나무를 엮은 후, 흙덩이를 날려 짐승을 쫓도다斷木續竹, 飛土逐肉.' 그 후 신농神農과 황제黃帝 때에 이르러 나무를 굽혀 활을 만들고 나무를 깎아 화살을 만들어 사방에 위엄을 떨쳤다고 합니다. 또 호보弧父라는 자가 초나라 형산荊山에서 태어났는데, 태어나서 부모의 얼굴을 보지 못했지만 어려서부터 활과 화살을 익숙하게 다루어 쏠 때마다 빗나가는 법이 없었다고 합니다. 그는 활 쏘는 비법을 예羿에게 전했고, 예羿는 방몽逢蒙[12]에게 전했으며, 방몽은 금씨琴氏에게 전했다고 합니다. 금씨는 제후들이 서로 전쟁을 할 때 활과 화살로는 제압할 수 없음을 알고 활을 가로로 눕혀 팔 위에 대고 발사 장치를 만들어 힘껏 당겨 쏠 수 있게 하고는 그것에 쇠뇌라는 이름을 붙였다 합니다. 그 후 금씨는 다시 그것을 초나라 세 제후에게 전하여 이로부터 초나라에서는 대대로 복숭아나무로 쇠뇌의 활을 만들고 멧대추나무로 화살을 만들어 이웃 나라를 방어했다 합니다. 신의 선조께서도 초나라에서 그 방법을 배워 5대 동안 계속 전해주어 오늘날 신에게까지 이르렀습니다. 쇠뇌가 향하는 곳에는 새도 날아갈 틈이 없고 짐승도 달아날 틈이 없습니다. 대왕마마께서 한번 시험해보십시오."

월왕은 또 군사 3000명을 진음에게 보내 쇠뇌를 연속해서 발사하는 방법을 배우게 했다. 이후 쇠뇌의 화살을 세 번 연속으로 발사하는 방법을 익히자 아무도 월나라 군사를 막아낼 수 없게 되었다. 진음은 3개월 만에 모든 비법을 전수했다. 이후 진음이 병으로 죽자 월왕은 그를 후하게 장사 지냈고 그가 묻힌 산을 진음산陳音山이라 부르게 했다. 이것은 뒷날의 이야기다. 염선이 이 일을 시로 읊었다.

검술과 궁술 연습은 모두 오나라 때문이었고　　擊劍彎弓總爲吳
복수 위해 와신상담 눈물 몇 번 말랐던가?　　臥薪嘗膽淚幾枯
고소대의 춤과 노래 한창 끓어오르는데　　蘇臺歌舞方如沸

12_ 방몽逢蒙: '逢'은 '逄'과 통하며 중국어 발음이 'páng'이므로 '방'으로 읽어야 한다.

이웃 나라에 뭔 일 있는지 황망히 물어본다 遑問鄰邦事有無

오자서는 월왕이 군사들에게 무술 연습을 시킨다는 소문을 듣고 오왕 부차를 만나 눈물을 흘리며 말했다.

"대왕마마께선 월나라의 순종을 믿으시지만 지금 월나라는 범여를 임용하여 밤낮없이 군사 훈련을 시키고 있습니다. 월나라 군사의 검술과 궁술은 모두 날카롭기 짝이 없습니다. 저들이 어느 날 우리 빈틈을 노려 쳐들어온다면 우리 나라는 재앙에서 벗어날 수 없을 것입니다. 대왕마마께서 제 말이 믿기지 않으신다면 세작을 보내 저들의 사정을 살펴보십시오!"

오왕 부차는 세작을 보내 월나라 사정을 염탐하게 했다. 그리하여 세작은 처녀가 검술을 가르쳤고 진음이 쇠뇌를 가르쳤다는 사실을 알아내어 부차에게 보고했다. 부차는 백비에게 그 사실을 알렸다.

"월나라가 우리에게 복종하면서도 다시 군사를 훈련시키는 건 무엇 때문이오?"

백비가 대답했다.

"월나라는 대왕마마께서 땅을 하사하자 그것을 지키기 위해 군사를 기르는 것입니다. 대저 군사를 훈련하는 것은 나라를 지키는 일상사인데 대왕마마께선 무엇을 의심하십니까?"

그러나 부차는 끝내 의심을 풀지 못하고 군사를 일으켜 월나라를 정벌할 뜻을 세우게 되었다.

이야기가 두 갈래로 나뉜다. 한편 제나라의 진씨陳氏는 대대로 민심을 얻으며 오래전부터 나라를 빼앗을 마음을 먹고 있었다. 진항陳恒이 상국의 지위를 계승하고 나서는 역모의 마음이 더욱 급해졌다. 그는 고씨高氏와 국씨國氏의 파당이 아직 많은 것을 시기하며 그들을 모두 제거할 마음을 먹고 제 간공에게 아뢰었다.

"노나라는 우리 이웃 나라임에도 불구하고 지난번에 오나라와 힘을 합쳐 우리 제나라를 쳤습니다. 이것은 잊을 수 없는 원한입니다."

간공도 그 말을 믿었다. 진항은 국서를 대장으로 삼고, 고무평과 종루宗樓를 부장으로 삼아 대부 공손하公孫夏, 공손휘公孫揮, 여구명呂丘明 등에게 모두 그 뒤를 따르게 하고 노나라를 치기 위해 병거 1000승을 불러일으켰다. 진항은 자신이 직접 군사를 이끌고 문수汶水 가에 주둔한 채 노나라를 멸망시키고 돌아오겠다고 맹세했다. 이때 공자孔子는 노나라에서 『시경詩經』과 『서경書經』을 정리하고 있었다. 어느 날 공자의 문인 금뇌琴牢(자는 子張)가 제나라에서 노나라로 돌아와 공자를 뵈었다. 공자는 제나라의 사정에 대해 묻다가 제나라 군사가 노나라 국경으로 몰려왔다는 사실을 알고 깜짝 놀라며 말했다.

"노나라는 우리 부모의 나라인데 지금 병화를 당하고 있으니 구해주지 않을 수 없다."

그러고는 바로 제자들을 불러 물었다.

"누가 제나라로 사신을 가서 우리 노나라를 정벌하려는 저들의 군사를 멈추게 할 수 있겠느냐?"

자장과 자석子石이 모두 가겠다고 했지만 공자는 허락하지 않았다. 자공子貢은 그 자리에서 물러나와 공자에게 물었다.

"제가 가면 어떻겠습니까?"

공자가 말했다.

"그렇게 하도록 하라."

자공은 그날 바로 공자에게 하직 인사를 하고 길을 떠났다. 문수 가에 이르러 자공은 진항을 만나보려고 했다. 진항은 자공이 공자 문하의 뛰어난 제자이고, 이번에 틀림없이 자신을 설득하러 왔다는 것을 알고는 미리 정색을 하고 앉아 기다렸다. 자공은 주위에 아무것도 거리낄 게 없다는 듯 거침없이 성큼성큼 걸어 들어왔다. 진항은 그를 맞아들여 자리에 앉게 한 뒤 바로 물었다.

"선생께서 이렇게 오신 것은 노나라를 위해 유세를 하려는 것이오?"

자공이 말했다.

"제가 온 것은 제나라를 위한 것이지 노나라를 위한 것이 아니오. 대저 노나라는 정벌하기 어려운 나라인데 상국께선 어찌 그런 나라를 정벌하려 하시오?"

진항이 말했다.

"노나라를 정벌하기 어렵다니 그게 무슨 말이오?"

자공이 말했다.

"노나라의 성벽은 얇고 낮으며 해자도 좁고 얕소. 또 노나라 임금은 허약하고 대신들은 무능하며 군사들은 전투에 익숙하지 못하오. 그래서 정벌하기 어렵다고 하는 것이오. 이제 상국을 위해 계책을 말씀드리오니, 제나라는 차라리 오나라를 정벌하는 것이 더 좋을 것이오. 오나라는 성벽이 높고 해자는 넓으며 무기는 날카롭고 훌륭한 장수까지 있소. 이런 나라는 본래 공략하기 쉬운 법이오."

진항은 발끈 화를 내며 말했다.

"그대가 말하는 쉬움과 어려움은 이치가 뒤바뀐 것이어서 나는 도저히 이해할 수가 없소."

자공이 말했다.

"좌우를 물리쳐주시면 상국께서 이해할 수 있도록 자세하게 설명해드리겠소."

진항은 시종들을 물러가게 한 뒤 자리를 당겨 앉으며 가르침을 청했다. 자공이 말했다.

"내가 듣건대 바깥에 근심이 있는 사람은 약한 나라를 공격하고, 내부에 근심이 있는 사람은 강한 나라를 공격한다고 하오. 내가 상국의 상황을 살펴보건대 대신들과 함께 일을 할 수 없는 처지인 것 같소. 그런데 지금 약한 노나라를 공격해서 이긴다면 대신들이 모두 자신의 공로라고 생각할 것이니 상국께서 거기에 간여할 수 없을 것이오. 대신들의 세력이 갈수록 강성해지면 상국의 지위가 위태롭게 되오. 만약 오나라로 군사를 이동시키면 대신들은 바깥에서 강한 적으로 인해 곤경에 빠질 것이오. 그럼 상국께서 마음대로 제나라를 제어할 수 있을 것이니 이 어찌 가장 훌륭한 계책이 아니겠소?"

그제야 진항은 굳어 있던 표정을 풀고 기뻐하며 물었다.

"선생의 말씀은 나의 폐부에까지 와 닿았소. 그러나 우리 군사가 이미 문수 가에 주둔하고 있는 상황에서 만약 군사를 옮겨 오나라를 친다면 사람들이 나를 의심할 것이오. 그럼 어찌하면 좋소?"

자공이 말했다.

"아직은 군사를 움직이지 마시오. 내가 남쪽으로 가서 오왕을 만나 노나라를 구원하기 위해 제나라를 정벌하라고 설득하겠소. 이와 같이 되면 오나라를 정벌해도 아무 말이 없을 것이오."

진항은 크게 기뻐하며 국서에게 말했다.

"내가 소문을 듣자 하니 오나라가 장차 우리 제나라를 정벌하려 한다 하오. 그러니 우리 군사를 잠시 이곳에 주둔시킨 채 가볍게 움직이지 마시오. 이제 오나라의 동정을 탐문하여 먼저 오나라 군사를 패배시킨 후에 노나라를 정벌할 것이오."

국서가 그렇게 하겠다고 승낙하자 진항은 결국 제나라 도성으로 돌아갔다.

그즈음 자공은 밤새도록 말을 달려 오나라로 가서 오왕 부차를 알현하고 이렇게 말했다.

"지난번 오나라와 노나라가 연합하여 제나라를 정벌한 뒤로 두 나라에 대한 제나라의 원한은 골수에까지 사무쳐 있습니다. 그래서 제나라는 지금 군사를 일으켜 문수 가에 주둔해 있습니다. 제나라는 노나라를 정벌하고 나서 그다음에 틀림없이 오나라를 칠 것입니다. 그런데도 대왕마마께선 어찌하여 제나라를 정벌하여 노나라를 구해주지 않으십니까? 대저 만승萬乘의 나라인 제나라를 격파하고 천승千乘의 나라인 노나라를 거두어들인 뒤 그 위력을 휘몰아 강한 진晉나라에까지 압력을 가하면 오나라가 마침내 천하의 패자가 될 것입니다."

오왕 부차가 말했다.

"지난번 제나라는 대대손손 우리 오나라에 복종하겠다고 약속을 했소. 그래서 과인이 군사를 거둔 것이오. 그런데 그 뒤로는 지금까지도 조공 사절을 보내지 않고 있소. 과인도 바야흐로 그 죄를 물을 작정이었소. 그러나 월나라가 정사에 힘쓰고 군사를 훈련시키며 우리 오나라를 칠 계책을 마련하고 있다는 소식이 들려와 먼저 월나라를 정벌할 생각이오. 그런 뒤 제나라를 정벌해도 늦지 않을 것이오."

자공이 말했다.

"불가합니다. 월나라는 약하고 제나라는 강합니다. 월나라를 정벌해서 얻는 이익은 작고, 제나라를 마음대로 놓아두는 우환은 큽니다. 대저 약한 월나라가 두려워 강한 제나라를 피하는 것은 용기 있는 행동이 아닙니다. 또 작은 이익을 좇아 큰 우환을 잊는 것은 지혜로운 행동이 아닙니다. 용기와 지혜를 모두 잃고 어찌 천하의 패권을 다툴 수 있겠습니까? 대왕께서 정히 월나라가 걱정된다면 신이 동쪽으로 건너가 월왕을 만나보고 그들에게 군장을 갖추어 대왕마마의 군사를 따르도록 하겠습니다. 어떻습니까?"

부차는 크게 기뻐하며 말했다.

"그것이야말로 과인이 원하던 바요!"

자공은 바로 오왕에게 작별 인사를 하고 동쪽 월나라로 갔다. 월왕 구천은 자공이 온다는 소식을 듣고 길거리를 청소한 뒤 교외 30리 밖까지 나가서 그를 영접해 최상의 객관으로 안내했다. 구천이 허리를 굽히고 물었다.

"우리 나라는 동해 가의 궁벽한 곳에 자리 잡고 있소. 그런데 덕이 높으신 현인께서 무슨 일로 이렇게 멀리까지 왕림하신 것이오?"

자공이 말했다.

"특별히 군후를 조문하러 왔습니다."

구천이 재배하고 머리를 조아리며 말했다.

"과인이 듣건대 '화와 복은 이웃禍與福爲鄰'이라고 하오. 선생께서 조문을 하신다니 이것은 과인의 복이오. 그 말씀을 듣고 싶소."

자공이 말했다.

"신은 이번에 오왕을 만나 제나라를 쳐서 노나라를 구하라고 설득했습니다. 그런데 오왕은 월나라가 오나라를 칠까 의심하며 먼저 월나라를 정벌할 마음을 먹고 있었습니다. 대저 복수할 마음이 없는데도 의심을 살 행동을 한다면 그것은 졸렬한 짓입니다. 혹은 복수할 마음이 있는데 다른 사람이 눈치채게 한다면 그것은 위험한 짓입니다."

구천은 경악을 금치 못하며 무릎을 꿇고 말했다.

"선생에게 과인을 구해줄 무슨 방법이 있소?"

자공이 말했다.

"오왕은 교만하고 아첨을 좋아합니다. 태재 백비도 오로지 아첨이나 일삼는 소인배에 불과합니다. 군후께서 이제 귀한 보물을 보내 저들의 마음을 흡족하게 하시고 겸손한 말로 저들을 섬기는 예절을 다하십시오. 그리고 친히 군사 한 부대를 이끌고 오나라의 제나라 정벌에 참전하십시오. 만약 싸워서 이기지 못하면 오나라는 저절로 약화될 것입니다. 혹 싸워서 이긴다 해도 오나라는 틀림없이 제후들의 패자가 될 마음을 먹고 자신의 군사를 강력한 진나라에 보낼 것입니다. 그렇게 되면 오나라에 빈틈이 생길 것이니 월나라는 그 틈을 노릴 수 있게 됩니다."

구천이 재배하며 말했다.

"선생께서 이렇게 오신 것은 실로 하늘이 보내신 듯하오. 선생의 말씀은 죽은 사람을 살리고 백골에 살을 돋게 하는 것 같소. 과인이 어찌 감히 가르침을 받들지 않을 수 있겠소?"

구천은 자공에게 황금 100일과 보검 한 자루와 명마 두 필을 하사했다. 자공은 한사코 사양하며 받지 않았다. 그는 다시 돌아가 오왕을 만나 결과를 보고했다.

"월왕은 목숨을 살려주신 대왕마마의 은덕에 감사하고 있던 차에 대왕께서 의심한다는 말을 듣고는 심히 두려워하며 조만간 사신을 보내 사죄하

자공이 여러 나라를 다니며 유세하다.

겠다고 했습니다."

오왕 부차는 자공을 객관에 머물게 했다. 닷새 후 월나라에서는 과연 문종을 보내 오왕에게 머리를 조아리며 말했다.

"동해의 미천한 신하 구천은 목숨을 살려주신 대왕마마의 은혜를 입고 종사를 받들고 있습니다. 비록 간뇌도지肝腦塗地한다 해도 그 은혜를 다 갚을 수 없을 것입니다. 소문에 대왕마마께서 대의를 위해 군사를 일으켜 강한 나라를 정벌하고 약한 나라를 구원한다고 들었습니다. 지금 신하 문종을 보내 대왕마마께 좋은 갑옷 스무 벌과 굴노屈盧[13]의 창과 보광검步光劍[14]을 바치며 출병을 축하드립니다. 청컨대 출병 날짜를 알려주시면 우리 월나라 경내에서 군사 3000명을 뽑아 종군하도록 하겠습니다. 이 구천도 견고한 갑옷과 날카로운 무기를 갖춘 채 몸소 화살과 돌멩이를 맞으며 두려움 없이 목숨을 바치겠습니다."

오왕 부차는 매우 기뻐하며 자공을 불러 말했다.

"구천은 과연 신의가 있는 사람이오. 군사 3000명을 뽑아 제나라 정벌에 종군하겠다고 하오. 선생께서는 그의 행동이 가하다고 보시오?"

자공이 말했다.

"불가합니다. 대저 군사를 부리는 일로 그 노역을 임금에게까지 미치게 하는 것은 지나친 처사입니다. 월나라의 군사는 받으시되 월나라 임금의 종군은 사양하십시오."

부차가 자공의 말에 따랐다. 자공은 오나라를 떠나 다시 북쪽 진晉나라

13_ 굴노屈盧: 중국 고대에 날카로운 창과 튼튼한 활을 잘 만든 장인이다.

14_ 보광검步光劍: 보광지검步光之劍을 가리킨다. 춘추시대 월왕이 만든 명검이다. 보광은 목성木星의 빛을 상징한다고 한다.

로 갔다. 그는 진 정공을 알현하고 이렇게 말했다.

"신이 듣건대 '심모원려深謀遠慮가 없는 사람은 반드시 가까운 데서 근심이 발생한다無遠慮者, 必有近憂'고 합니다. 지금 오나라는 조만간 제나라를 정벌할 것입니다. 만약 오나라가 그 싸움에서 이기면 틀림없이 진晉나라와 천하의 패권을 다툴 것입니다. 군후께선 군사를 잘 수습하여 만일의 사태에 대비하십시오."

정공이 말했다.

"삼가 가르침을 받들겠소."

자공이 노나라로 돌아갔을 때는 제나라 군사가 이미 오나라 군사에게 패배한 뒤였다. 오나라가 어떻게 제나라 군사를 패퇴시켰는지는 다음 회를 보시라.

제82회

내 눈을 파내어 동문에 걸어라

오자서를 죽인 뒤 부차는 제후들과 맹주를 다투고
괴귀를 맞아들이는 과정에서 자로는 관끈을 매고 죽다
殺子胥夫差爭歃, 納蒯聵子路結纓.

주 경왕 36년 봄, 월왕 구천은 대부 제계영에게 군사 3000명을 이끌고 가서 제나라를 공격하는 오나라 군사를 돕게 했다. 오왕 부차는 마침내 오나라 아홉 군郡의 군사를 징발하여 대거 제나라 정벌에 나섰다. 이보다 앞서 오왕 부차는 사람을 구곡句曲(江蘇省 句容 근처)에 보내 별궁을 짓게 했다. 그는 그곳에 오동나무를 두루 심고 그 별궁을 오궁梧宮이라고 불렀다. 그러고는 서시를 그곳으로 옮겨 더위를 피하게 했고, 장차 제나라에 승리하고 돌아와 오궁에서 여름을 보낸 후 함께 귀환할 작정이었다. 오나라 군사가 출발하려 할 때 오자서가 또 간언을 올렸다.

"월나라가 우리 심장과 배 속의 고질병이라면, 제나라는 작은 종기에 불과합니다. 지금 대왕마마께선 10만 군사를 일으켜 천 리 먼 길에 군량미를 운반하려 하십니다. 이는 작은 종기를 근심하느라 배 속에 든 심한 독을 잊으신 것과 같습니다. 신은 이제 우리 오나라가 제나라에 승리하지도 못한 채 월나라로부터 재앙을 맞을까 매우 두렵습니다."

부차가 화를 내며 말했다.

"과인이 출병하는 날에도 이 늙은 도적놈이 또 불길한 말을 내뱉으며 대계大計를 가로막으려 하는구나. 이것은 무슨 죄에 해당하느냐?"

오왕이 오자서를 죽이려 하자 백비가 비밀리에 아뢰었다.

"오자서는 선왕을 모신 노신老臣이오니 죽여서는 안 됩니다. 차라리 제나라로 보내 전쟁을 알리게 하고 제나라 사람들의 손을 빌려 죽이는 편이 더 좋을 것입니다."

부차가 말했다.

"태재의 계책이 참으로 훌륭하오."

이에 국서國書에 노나라를 치고 오나라를 업신여긴 제나라의 죄를 나열하고, 오자서에게 그 국서를 가지고 가서 제나라 군주를 만나게 했다. 이것은 말할 것도 없이 제나라 군신의 분노를 촉발시켜 오자서를 죽이기 위한 계책이었다. 오자서는 오나라가 틀림없이 망할 것이라고 예상하고 자신의 아들 오봉伍封을 데리고 임치로 가서 오왕의 국서를 전달했다. 제 간공이 격노하여 오자서를 죽이려 하자 포식이 간언을 올렸다.

"오자서는 오나라의 충신입니다. 여러 차례 간언을 올렸으나 받아들여지지 않아서 이미 오왕과는 물과 불처럼 상극이 되었습니다. 지금 오자서를 우리 제나라에 사신으로 보낸 것은 우리 손을 빌려 그를 죽인 뒤 자신들은 오자서를 죽였다는 비방에서 벗어나기 위한 것입니다. 그러므로 그를 석방시켜 돌려보내 저들의 충신과 간신이 서로 다투게 하고 오왕 부차가 그 오명을 덮어쓰게 해야 합니다."

이에 제 간공은 오자서를 융숭하게 대접하고 양국이 이번 늦봄에 전투를 하자고 기한을 정했다. 오자서는 본래 제나라 대부였던 포목과 잘 아는 사이여서, 포목의 아들 포식도 제 간공에게 오자서를 죽이지 말라고 간언을 올렸다. 포식이 몰래 오자서에게 오나라의 사정을 탐문하자 오자서는 눈물을 흘리며 아무 말도 하지 않았다. 오자서는 아들 오봉을 나오라고 하여 포식을 형으로 받들게 하고 포씨 댁에 기거하게 했다. 그 이후로는 왕손봉王孫封이란 이름을 쓰게 하고 오씨伍氏 성은 쓰지 못하게 했다. 포식이 탄식하며 말했다.

"오자서는 죽을 각오를 하고 오왕에게 간언 올릴 준비를 하면서, 우리 제나라에서 그의 제사가 이어지도록 하는구나."

오자서 부자의 이별의 고통은 여기서 더 이상 말할 필요가 없을 것이다.

한편 오왕 부차는 서문西門에서 출병할 날짜를 정하고 고소대에 들러 점심을 먹었다. 부차는 점심을 다 먹고 깜박 잠이 들었다가 이상한 꿈을 꾸었다. 잠을 깨고 나서도 마음이 아득하여 백비를 불러 꿈 이야기를 했다.

"과인이 잠깐 낮잠을 자는 틈에 꿈을 꾸었는데 참으로 많은 것을 보았소. 꿈속에 장명궁章明宮이라는 곳에 들어가니 두 솥에 불을 때는데 음식이 익지 않았소. 또 검은 개 두 마리가 나타나 한 마리는 남쪽을 향해 짖고 한 마리는 북쪽을 향해 짖었소. 또 강철로 만든 가래 두 자루가 궁궐 담장에 꽂혀 있었소. 또 큰물이 도도하게 흘러 궁전까지 들어찼소. 또 후궁에 북도 아니고 종도 아닌 것이 있었는데 마치 쇠를 단련하는 것 같은 소리를 냈소. 그리고 앞 정원에 다른 나무는 없고 오동나무만 가득 늘어서 있었소. 태재께선 과인을 위해 이 꿈의 길흉을 판단해주시오."

백비가 머리를 조아리며 축하 인사를 했다.

"대왕마마의 꿈은 참으로 아름답습니다. 응당 군사를 일으켜 제나라를 정벌해야 합니다. 신이 듣기로 '장명章明'(彰名의 뜻)이란 적을 격파하고 전공을 이루어 개선가를 낭랑하게 울린다는 뜻입니다. 두 개의 솥에 불을 때도 음식이 익지 않은 것은 대왕마마의 덕이 성대하여 그 기운이 남아도는 것입니다. 개 두 마리가 각각 남쪽과 북쪽을 향해 짖은 것은 사방의 오랑캐가 모두 복종하고 제후들이 조공을 바칠 조짐입니다. 가래 두 자루가 궁궐 담장에 꽂혀 있는 것은 농기구를 만드는 대장장이가 온 힘을 다하고 또 농부들도 부지런히 밭을 간다는 뜻입니다. 큰물이 궁전에까지 가득 찬 것은 이웃 나라가 공물을 바쳐 재물이 창고에 가득 찬다는 뜻입니다. 후궁에서 쇠를 단련하는 소리가 울린 것은 궁녀들이 즐겁게 음악을 연주하여 그 소리가 매우 조화롭다는 뜻입니다. 앞 정원에 오동나무만 가득 늘어서 있는 것은 오동나무로 금과 슬이라는 악기를 만들어 아름다운 연주를 할 징조입니다. 대왕마마의 이번 원정은 말할 수 없이 아름다운 일입니다!"

오왕 부차는 그의 아첨이 즐겁기는 했지만 마음이 끝내 상쾌하지 못했다. 그래서 다시 왕손 낙駱에게 꿈 이야기를 했다. 왕손 낙이 대답했다.

"신은 천성이 우매하여 그 미묘한 의미를 잘 알 수가 없습니다. 도성 서쪽 양산陽山(江蘇省 蘇州 萬安山)에 공손성公孫聖이란 기이한 선비가 있는데 매우 박학다식합니다. 대왕마마께서 마음속에 의심이 있으시면 그를 불러서 의심을 푸십시오."

부차가 말했다.

"경이 바로 가서 불러오도록 하시오."

왕손 낙은 어명을 받들고 공손성을 맞아오기 위해 수레를 치달려갔다. 공손성은 자신을 데리러 온 사연을 듣고 땅에 엎드려 울었다. 그러자 그의 아내가 곁에서 그를 비웃으며 말했다.

"당신은 성격도 참 비루하구려! 임금님 만나기를 그렇게 바라시더니 마침내 임금님의 부름을 받았는데도 비 오듯 눈물을 뿌리는 것은 또 무슨 심사요?"

공손성이 하늘을 우러러 장탄식을 하며 말했다.

"슬프다! 당신이 뭘 안다고 그러시오. 내가 일찍이 내 목숨을 꼽아봤더니 오늘이 바로 끝이었소. 오늘 당신과 영원히 이별하게 되니, 그래서 슬퍼하는 것이오."

왕손 낙은 공손성을 재촉하여 수레에 태우고 마침내 고소대로 치달려갔다. 오왕 부차는 그를 불러 자신의 꿈 이야기를 자세하게 들려줬다. 공손성이 말했다.

"신이 말을 하면 틀림없이 죽게 되겠지만 그래도 말씀드리지 않을 수 없습니다. 대왕마마의 꿈은 기괴합니다. 군사를 일으켜 제나라를 정벌하는 일과 관련된 것입니다. 신이 듣기로 '장章'이란 전투에 승리하지 못하여 장황章皇[1]하게 달아난다는 뜻이고, '명明'이란 밝은 것이 가고 어두운冥冥 것이 온다는 뜻입니다. 두 솥에 불을 때도 음식이 익지 않은 것은 대왕마마께서 패배하여 불로 음식을 해먹을 틈도 없다는 뜻입니다. 검은 개가 각각 남쪽과 북쪽을 향해 짖은 것은 검은색은 음陰에 속하므로 어두운 곳으로 들어간다는 뜻입니다. 가래 두 자루가 궁궐 담장에 꽂혀 있는 것은 월나라 군사가 우리 오나라에 쳐들어와 사직을 파헤친다는 뜻입니다. 큰물이 궁전까지 가득 찬 것은 파도가 모든 것을 침몰시켜 후궁까지 텅 빈다는 뜻입니

1_ 장황章皇: 장황張皇, 창황倉皇, 방황彷徨, 황장慌張과 통한다. 정처 없이 떠돌아다니며 갈 곳을 모른다는 뜻이다.

다. 후궁에서 쇠를 단련하는 듯한 소리가 울린 것은 궁녀들이 포로가 되어 길게 탄식한다는 뜻입니다. 궁궐 앞 정원에 오동나무만 가득 늘어서 있는 것은 오동나무로 명기冥器2를 만들어 순장을 기다린다는 뜻입니다. 바라옵건대 제나라 정벌을 중지하시고 태재 백비를 월왕 구천에게 보내 관모를 벗고 맨어깨를 드러낸 채 사죄하게 하시면 나라도 안정을 찾을 수 있고 옥체도 보전할 수 있을 것입니다."

백비가 곁에서 듣고 있다가 아뢰었다.

"시골의 필부가 요망한 말을 함부로 지껄이니 마땅히 주살해야 합니다!"

그러자 공손성이 눈을 부릅뜨고 크게 꾸짖었다.

"태재란 고관대작이다. 막중한 녹봉을 받아먹으면서도 충성을 다해 임금을 섬길 생각은 하지 않고 오로지 아첨만 일삼으니 뒷날 월나라 군사가 우리 오나라를 멸망시킬 때 태재 혼자서만 어찌 그 목을 보전할 수 있겠느냐?"

부차도 진노하여 말했다.

"무식한 촌놈이 끝까지 망언을 일삼는구나. 너 같은 놈을 죽이지 않으면 틀림없이 민심이 미혹될 것이다."

그러고는 역사力士 석번石番을 돌아보며 소리쳤다.

"철퇴로 저놈을 격살하라!"

공손성은 하늘을 우러러 큰 소리로 울부짖었다.

"하늘이여! 하늘이여! 저의 원통함을 아십니까? 충성을 바치고도 죄를 얻어 무고하게 죽습니다. 죽은 후에는 내 시체를 묻지 말고 양산 기슭에

2_ 명기冥器: 흔히 명기明器라고 쓴다. 사람을 장사 지낼 때 무덤에 함께 묻는 작은 기물이다. 그릇, 악기, 무기 따위를 실물보다 작게 상징적으로 만든다.

내버려두시오. 뒷날 그림자와 소리가 되어서라도 대왕에게 보복할 것이오."

오왕 부차는 공손성을 격살한 후 사람을 시켜 그 시체를 양산 기슭에 내버리게 하고 이렇게 저주했다.

"이리가 네놈의 살을 파먹고 들불이 네놈의 뼈를 태울 것이며 바람이 네놈의 잔해를 날려버릴 것이다. 그럼 형체도 사라지고 그림자도 남지 않을 것인데, 무슨 소리가 있어 내게 보복한단 말이냐?"

이때 태재 백비가 술잔을 올리며 말했다.

"대왕마마, 경하드립니다. 요망한 것을 없앴으니 술 한잔 받으시고 군사를 출정시키십시오."

사관이 이 일을 시로 읊었다.

요망한 꿈에 일찌감치 흉조가 보였는데 妖夢先機已兆凶
교만한 임금은 아직도 제나라 정벌에 연연하네 驕君尚戀伐齊功
오나라 궁궐에 문관 무관 많았지만 吳庭多少文和武
어느 누가 공손성처럼 충성을 다했던가? 誰似公孫肯盡忠

오왕 부차는 스스로 중군中軍을 거느리고 태재 백비를 부장으로 삼았다. 서문소胥門巢에게는 상군上軍을 거느리게 하고, 왕자 고조姑曹에게는 하군下軍을 거느리게 했다. 그리하여 10만 대군을 일으켜 월나라 군사 3000명과 함께 호호탕탕하게 산동山東을 향해 진격했다. 부차는 먼저 노 애공에게 사람을 보내 두 나라 병력을 합쳐서 제나라를 공격하기로 약속했다. 오자서는 귀국 도중에 사신 갔던 결과를 보고한 뒤 병을 핑계로 행군 대열에 참여하지 않고 먼저 오나라로 돌아갔다.

한편 제나라 장수 국서國書는 문수 가에 주둔하고 있다가 오나라와 노나라 연합군이 공격해온다는 소식을 듣고 장수들을 소집해 적을 맞아 싸울 대책을 상의했다. 그때 갑자기 보고가 올라왔다.

"진항 상국께서 아우 진역陳逆 장군을 보내셨습니다."

국서는 장수들과 함께 그를 중군으로 맞아들이고 물었다.

"장군께서 무슨 일로 오셨소?"

진역이 말했다.

"오나라 군사들이 먼 길을 쉬지 않고 달려와 벌써 영박嬴博3을 지났소. 지금 국가의 안위가 경각에 달려 있소. 상국께서는 여러분이 전력을 다하지 않을까 염려하여 소장을 이곳으로 보내 전투를 독려하려는 것이오. 오늘부터는 전진만 있고 후퇴는 없으며 죽음만 있고 삶은 없소. 중군에서 전진의 북소리만 울려야지 후퇴의 징소리를 울려서는 안 되오."

장수들도 모두 소리쳤다.

"우리도 목숨을 걸고 적과 싸우기를 맹세하오!"

국서는 진채를 모두 거두라고 군령을 내린 후 오나라 군사와 싸우기 위해 애릉艾陵(山東省 萊蕪 동북)으로 진격했다. 오나라 장수 서문소가 상군을 거느리고 먼저 당도했다. 국서가 물었다.

"누가 먼저 적진을 돌파하겠소?"

공손휘가 흔쾌히 출전을 자원했다. 그는 자기 휘하의 병거와 군마를 이끌고 질풍처럼 달려나갔다. 오나라 장수 서문소가 서둘러 그를 맞아 싸우

3_ 영박嬴博: 춘추시대 제나라의 두 고을 이름. 즉 영嬴 땅과 박博 땅을 말한다. 오나라 공자 계찰이 자신의 아들을 장사 지낸 곳으로 유명하다. 대체로 영은 지금의 산동성 내무萊蕪 서북쪽이고, 박은 산동성 태안泰安 남동쪽으로 알려져 있다.

러 나왔다. 두 장수가 맞붙어 약 30여 합을 겨뤘으나 승부가 나지 않았다. 국서도 몸이 근질거렸다. 그는 싸우고 싶은 마음을 억누르지 못하고 중군을 이끌고 협공에 나섰다. 북소리가 우레와 같이 울리자 서문소는 견디지 못하고 크게 패하여 달아났다. 국서는 첫 번째 싸움에서 승리한 뒤 군사들의 사기가 더욱 드높아지자 군영으로 다가가 군사들에게 각각 긴 밧줄 한 가닥씩을 준비하라고 명령했다.

"오나라 습속은 머리를 짧게 깎는다. 그러므로 이 밧줄로 저놈들의 목을 꿰야 할 것이다."

군사들은 미친 듯이 기뻐하며 조만간 오나라 군사를 모두 쓸어버릴 수 있을 것이라 생각했다. 서문소는 패잔병을 이끌고 오왕 부차를 뵈었다. 오왕은 격노하여 서문소의 목을 베어 효수하려고 했다. 그러자 서문소가 아뢰었다.

"신은 첫 전투에서 적의 허실을 알지 못해 우연히 패배한 것입니다. 만약 이후에도 다시 승리하지 못하면 군법을 달게 받겠습니다."

백비도 옆에서 힘껏 사면을 권하자 부차는 서문소를 꾸짖어 물러가게 했다. 그러고는 대장 전여展如를 시켜 서문소의 군사를 대신 거느리게 했다. 그때 마침 노나라 장수 숙손주구가 군사를 이끌고 합류했다. 오왕 부차는 그에게 검 한 자루와 갑옷 한 벌을 하사한 뒤 앞길을 인도하게 하고 애릉에서 5리 떨어진 곳에 군영을 세웠다. 그러던 중 제나라 대장 국서가 사람을 시켜 전투를 요청하는 서찰을 보내왔다. 오왕이 비답을 내렸다.

"내일 바로 전투를 하도록 하자!"

다음 날 아침 양쪽 군대는 진영을 펼쳤다. 부차는 숙손주구에게 제1진을 펼치게 하고, 전여에게는 제2진을 펼치게 했으며 왕자 고조에게는 제

3진을 펼치게 했다. 서문소에게는 월나라 군사 3000명을 주어 이곳저곳을 왕래하며 적을 유인하라고 했다. 또 오왕 자신은 백비와 함께 대군을 이끌고 높다란 언덕에 진을 쳤다. 오왕은 전투 상황에 따라 임기응변으로 각 진영을 도와줄 생각이었다. 오왕은 월나라 장수 제계영이 전투를 구경할 수 있도록 자신의 곁에 머물게 했다.

제나라 군사들이 진영을 완성하자 진역은 장수들에게 모두 입에 옥玉을 물게 하고는 이렇게 말했다.

"싸우다 죽으면 바로 염을 할 수 있을 것이오."

공손하와 공손휘는 군사들에게 모두 장송곡을 부르게 하고 맹세하며 말했다.

"살아 돌아오는 자는 대장부가 아니다."

양측이 서로 둥글게 대치한 가운데 오나라 장수 서문소가 먼저 싸움을 걸어왔다. 국서가 공손휘에게 말했다.

"저자는 장군에게 한 번 패한 놈이오. 가서 사로잡아 오시오."

공손휘가 화극을 휘두르며 달려나오자 서문소는 바로 달아났다. 숙손주구는 군사를 이끌고 공손하를 맞아 싸우러 나왔다. 그때 서문소가 다시 몸을 돌려 공격하기 시작했다. 국서는 협공을 당할까 두려워 공손하를 시켜 병거를 몰고 나가 싸우게 했다. 서문소는 또 달아났다. 공손하가 다시 서문소를 추격하자 오나라 진영에서는 대장 전여가 군사를 이끌고 공손하를 맞아 싸우러 나왔다. 그러자 서문소는 또 병거를 돌려 전여의 군사를 도왔다. 그 모습을 보고 제나라 장수 고무평과 종루는 울화가 치밀어 함께 진영을 나와 싸움에 참여했다. 이때 오나라 진영에서는 왕자 고조가 뛰쳐나와 혼자서 두 장수를 맞아 싸우면서도 전혀 두려워하는 기색이 없었다.

양측 군사는 각각 용맹을 떨치며 서로 대등하게 살육전을 벌였다. 국서는 오나라 군사가 후퇴하지 않는 것을 보고 직접 북을 두드리며 대군을 독려하여 앞으로 진격하게 했다. 오왕 부차는 높은 언덕에서 친히 전투를 살피다가 제나라 군사들이 매우 용감하게 공격하는 데 비해 오나라 군사들이 점점 열세에 빠져드는 것을 보고 바로 백비에게 군사 1만 명을 주어 먼저 구원에 나서도록 했다. 국서는 오나라 군사가 또 몰려오는 것을 보고 군사를 나누어 적을 맞아 싸울 생각이었다. 그런데 그때 갑자기 후퇴의 징소리와 방울 소리가 우레와 같이 울렸다. 제나라 군사들은 오나라 군사가 후퇴하려는 것으로만 생각했다. 그들은 오왕 부차가 직접 정예병 3만 명을 세 갈래로 나누어 징소리를 신호로 측면에서 바로 제나라 진영으로 치고 들어올 줄 짐작도 하지 못했다. 오왕 부차는 제나라 군사를 세 곳으로 분리시킨 후 공격을 감행했다. 오나라 장수 전여와 고조 등은 오왕이 친히 싸움에 나섰다는 소식을 듣고 용기백배하여 제나라 군사를 죽이며 산산이 흩어놓았다. 전여는 적진으로 쳐들어가 공손하를 사로잡았고 서문소는 병거 가운데서 공손휘를 창으로 찔러 죽였다. 오왕 부차도 친히 활을 쏘아 종루를 맞혔다. 여구명이 국서에게 말했다.

"우리 제나라 군사가 전멸하게 생겼소. 원수께선 병졸 복장으로 갈아입고 몸을 피하셨다가 다시 기회를 노리시오."

국서가 탄식했다.

"내가 10만의 강병을 이끌고 와서 오나라 놈들에게 패했으니 무슨 면목으로 조정으로 돌아갈 수 있겠는가?"

그러고는 갑옷을 벗고 오나라 군사들 속으로 쳐들어가 난전을 벌이다가 죽었다. 여구명도 풀 속에 엎드려 있다가 노나라 장수 숙손주구에게 사로

잡혔다. 오왕 부차는 제나라 군사에게 대승을 거두었다. 여러 장수가 전공을 보고했다. 제나라 상장上將 국서와 공손휘를 죽였고, 공손하와 여구명을 사로잡아 바로 목을 벴다. 고무평과 진역 두 사람만 도주했을 뿐이었고 그 나머지는 포로가 되거나 참수되었는데, 그 숫자는 헤아릴 수 없이 많았다. 가죽으로 무장한 병거 800승도 남김없이 오나라의 소유가 되었다. 부차가 월나라 장수 제계영에게 말했다.

"그대가 보기에 우리 오나라 군사의 막강함과 용감함이 월나라 군사에 비해 어떤 것 같소?"

제계영이 머리를 조아리며 말했다.

"오나라 군사의 강력한 힘은 천하에 당할 나라가 없습니다. 어찌 허약한 우리 월나라를 거론하십니까?"

부차는 크게 기뻐하며 월나라 군사들에게도 후한 상을 내리고 제계영을 먼저 귀국시켜 승첩을 보고하게 했다. 제 간공은 대경실색하며 진항, 감지와 대책을 상의했다. 제 간공은 결국 사신을 오나라 진영으로 보내 막대한 황금과 비단을 바치며 사죄한 후 강화를 요청했다. 오왕 부차는 제나라와 노나라가 형제의 맹약을 다시 맺고 서로 침범하지 말라고 요구했다. 두 나라는 모두 그 명령에 따라 맹약을 맺었다. 마침내 부차는 개선가를 울리며 귀환했다. 사관이 이 일을 시로 읊었다.

애릉 땅에 백골을 산처럼 쌓은 후에	艾陵白骨壘如山
개선가를 울리며 오왕은 귀환했네	盡道吳王奏凱還
성대한 기세 일시에 우주를 삼켰지만	壯氣一時呑宇宙
오관[4]에 숨은 우환을 그 누가 알았으랴?	隱憂誰想伏吳關

오왕 부차는 구곡의 새 궁전으로 돌아와 서시를 보고 말했다.

"과인이 미인을 이곳에 머물게 한 것은 조속히 만나고 싶었기 때문이다."

서시는 배례를 올리며 축하와 감사의 인사를 드렸다. 때는 마침 초가을이라 오동나무 그늘이 짙게 드리웠고, 시원한 바람도 불어오고 있었다. 부차와 서시는 누대에 올라 매우 즐겁게 술을 마셨다. 밤이 깊어갈 무렵 홀연히 아이들의 노랫소리가 들려왔다. 노래 가사는 이러했다.

오동 잎새 싸늘한데	桐葉冷
오왕은 술에서 깼나 안 깼나?	吳王醒未醒
오동 잎새 가을인데	梧葉秋
오왕은 근심에 또 근심이 겹쳤네	吳王愁更愁

오왕 부차는 그 노랫소리가 싫어서 시종을 시켜 아이들을 궁궐로 잡아오게 하여 물었다.

"이 노래를 누가 가르쳤느냐?"

아이들이 대답했다.

"어디서 왔는지 모르는 붉은 옷 입은 동자가 우리에게 노래를 가르쳐주고는 종적도 없이 사라졌습니다."

부차가 화를 내며 말했다.

"과인은 하늘이 탄생시킨 사람이고, 신神이 일을 시키는 사람인데 무슨 근심이 있겠느냐?"

4_ 오관吳關: 오나라로 들어가는 관문. 여기서는 구체적으로 오나라와 월나라를 연결하는 관문을 가리킨다.

그 자리에서 바로 아이들을 죽이려 하자 서시가 옆에서 힘을 다해 만류했다. 백비가 앞으로 나서며 말했다.

"봄이 오면 만물이 기뻐하고 가을이 오면 만물이 슬퍼합니다. 이것은 하늘의 이치입니다. 대왕마마의 기쁨과 슬픔은 하늘의 이치와 같습니다. 그러니 근심할 게 무엇이겠습니까?"

부차의 마음에 다시 기쁨이 일었다. 부차는 오궁에 사흘 동안 머문 후 바로 수레를 몰고 오나라 도성으로 돌아왔다.

오왕이 대전大殿에 오르자 백관들이 하례를 올렸다. 오자서도 참석했지만 단 한 마디 말도 하지 않았다. 그러자 부차가 오자서를 조롱하며 말했다.

"경은 과인에게 제나라를 정벌해서는 안 된다고 간언을 올렸소. 그런데 이제 승리하고 돌아오니 경만 아무 전공이 없구려. 이 어찌 부끄러운 일이 아니오?"

오자서는 팔뚝을 휘두르며 분노했다. 그러고는 패검을 풀어놓고 대답했다.

"하늘이 장차 한 나라를 멸망시킬 때는 먼저 작은 기쁨을 선사하고 나중에 큰 우환을 내리는 법입니다. 제나라에 승리한 것은 작은 기쁨에 불과합니다. 신은 큰 우환이 닥쳐올까 두렵습니다."

부차가 화를 내며 말했다.

"오랫동안 상국을 만나지 않아 귓가가 맑고 깨끗하더니 이제 또 그 지겨운 잔소리를 들어야 한단 말이오?"

부차는 귀를 막고 눈을 가린 채 대전의 용상에 앉았다.

그 순간 오왕 부차는 갑자기 눈을 부릅뜨고 정면을 오랫동안 노려보다가 고함을 질렀다.

"기괴한 일이다!"

신료들이 물었다.

"대왕마마! 무엇을 보셨습니까?"

부차가 말했다.

"어떤 사람 네 명이 서로 등을 기대고 있다가 순식간에 사방으로 흩어졌소. 또 대전 아래에 두 사람이 마주 보고 있다가 북향을 하고 있던 사람이 남향을 하고 있던 사람을 죽였소. 경들은 보지 못했소?"

신료들이 모두 말했다.

"보지 못했습니다."

그러자 오자서가 아뢰었다.

"제가 보기에 네 사람이 등을 기대고 있다가 흩어진 건 사람들이 사방으로 뿔뿔이 흩어지는 모습입니다. 또 북향을 하고 있던 사람이 남향을 하고 있던 사람을 죽인 것은 아랫사람이 윗사람을 적으로 삼는 일이고, 신하가 임금을 시해하는 일입니다. 대왕께서 삼가고 살필 줄 모르면 틀림없이 몸은 시해당하고 나라가 망하는 참화를 겪게 될 것입니다."

부차가 화를 내며 말했다.

"그런 불길한 말을 입에 담다니, 듣기 싫소!"

그때 백비가 말했다.

"사방으로 흩어진다는 것은 사방에서 오나라 조정으로 달려온다는 뜻이니 우리 오나라가 패왕霸王이 될 징조입니다. 또한 오나라가 장차 천자의 나라인 주周나라를 대신하게 되면 아래에 있는 나라가 위에 있는 나라를 적으로 삼는 것이고, 신하가 임금을 침범하는 것이 됩니다."

부차가 말했다.

"태재의 말씀이 나의 답답한 마음을 열어주는구려. 상국께선 이제 늙으셔서 그 말씀을 채택할 수가 없소."

며칠 후 월왕 구천은 신료들을 이끌고 친히 오나라로 와서 조공을 바치고 전승을 축하했다. 또 오나라 조정의 모든 신료에게 뇌물을 바쳤다. 백비가 말했다.

"이것이 바로 우리 오나라 조정으로 제후들이 모여드는 징조입니다."

오왕 부차가 문대文臺에 술자리를 마련하자 월왕 구천이 오왕을 모시고 앉았고 대부들은 모두 그 곁에 시립侍立했다. 부차가 말했다.

"과인이 듣기로 '임금은 공이 있는 신하를 잊어서는 안 되고, 아비는 힘을 지닌 아들을 버려서는 안 된다君不忘有功之臣, 父不沒有力之子'고 하오. 지금 태재 백비는 과인을 위해 군사를 조련하는 데 많은 공을 세웠소. 과인은 태재에게 상을 내려 상경으로 삼고자 하오. 또한 월왕은 시종일관 싫증을 내지 않고 효성스럽게 과인을 섬겼소. 과인은 월왕에게 땅을 더해주고 이번 정벌을 도와준 공로에도 보답을 드리고자 하오. 대부들의 의향은 어떠하오?"

신료들이 모두 대답했다.

"공을 세운 사람에게 상을 내리고 수고한 사람에게 보답을 하는 것은 패왕의 일입니다."

그러나 오자서는 땅바닥에 엎드려 울면서 말했다.

"오호 슬프다! 충신은 입이 막혀 있는데 아첨꾼은 임금 곁에서 사악한 말과 아첨을 일삼으며 굽은 것을 곧다 하고 있습니다. 지금 조정에 난신과 간신이 득실거리니 장차 오나라의 멸망이 멀지 않았습니다. 종묘사직이 폐허가 되고 궁전 마당에 가시풀이 자랄 것입니다."

그 말을 듣고 오왕 부차가 진노하며 말했다.

"늙은 도적놈이 온갖 속임수를 써서 우리 오나라를 해치려 하는구나. 이는 마음대로 권력을 휘둘러 나라를 뒤엎으려는 수작이다! 과인이 선왕을 생각하여 차마 죽이지는 않겠으니 오늘 물러가서 스스로 자숙하고 다시는 조정에 나타나지 말라."

오자서가 말했다.

"노신이 만약 충성심과 신의가 없었다면 선왕의 신하가 되지 못했을 것입니다. 비유하자면 신은 관용방이 하나라 걸왕을 만난 것 같고, 비간이 은나라 주왕을 만난 것과 같습니다. 신은 비록 주살당할 터이지만 대왕마마께서도 곧바로 멸망의 길을 걸을 것입니다. 신은 이제 대왕마마와 영결을 고하니 다시는 만날 수 없을 것입니다."

말을 마친 오자서는 바로 조정에서 물러났다.

오왕이 분노를 삭이지 못하자 백비가 말했다.

"신이 소문을 들으니 오자서가 제나라로 사신을 갔을 때 자신의 아들을 제나라 대부 포씨鮑氏에게 맡겼다 합니다. 이는 오나라에 반역할 마음을 드러낸 것이니 대왕마마께선 자세히 살피십시오."

이에 오왕 부차는 사자를 시켜 오자서에게 촉루검屬鏤劍을 하사했다. 오자서는 촉루검을 받아들고 탄식했다.

"대왕께서 내가 자결하기를 바라시는구나!"

그는 맨발로 계단을 내려가 뜰 가운데 서서 하늘을 우러러 크게 울부짖었다.

"하늘이여! 하늘이여! 지난날 선왕께서 부차 너를 임금으로 세우지 말라고 하셨는데, 내가 힘을 다해 간쟁을 하여 부차 너를 보위에 올렸다. 나는 부차 너를 위해 초나라와 월나라를 깨뜨리고 제후들에게 오나라의 위엄을 떨치게 했다. 그런데도 부차 너는 내 말을 듣지 않고 오히려 내게 죽음을 내리는구나. 오늘 내가 죽으면 내일 월나라 군사들이 몰려와서 부차 너의 사직을 파헤칠 것이다!"

그러고는 가족들에게 말했다.

"내가 죽은 후 나의 눈을 파내어 동문 위에 걸어두어라. 나는 월나라 군사가 오나라로 쳐들어오는 것을 내 눈으로 직접 보고 싶다."

말을 마치고는 촉루검으로 스스로 목을 찔러 죽었다. 사자는 촉루검을 가지고 돌아와 오왕에게 상황을 보고하며 오자서가 죽으면서 남긴 말을 전했다. 오왕 부차는 직접 오자서의 집으로 가서 그의 시신을 보고 이렇게 질책했다.

"오자서여! 그대가 죽은 후 무엇을 알겠는가?"

부차는 그의 목을 잘라 반문盤門의 성루 위에 걸었다. 또 말가죽으로 만든 푸대鴟夷에 그의 시신을 넣고 수레에 싣고 가서 강물 속에 던져버리게 했다. 그러고는 이렇게 말했다.

"해와 달이 네 뼈를 부술 것이고 물고기와 자라가 네 살을 먹어치울 것이다. 그럼 네 뼈와 살은 부서져 재가 될 것인데 죽은 자가 또다시 무엇을 볼 수 있단 말이냐?"

오자서의 시신은 강물 속으로 들어가 물결과 파도를 타고 왕래하다가 격랑에 휩쓸려 무너진 강 언덕에 닿았다. 그곳 사람들이 두려워하면서도 몰래 건져내어 오산吳山에 묻었다. 이 때문에 후세 사람들은 오산의 이름을 바꾸어 서산胥山이라고 불렀다. 지금도 서산에는 자서묘子胥廟라는 사당이 있다. 농서거사隴西居士가 오자서에 대한 고체시 한 편을 지었다.

장군은 어려서부터 영웅이라 일컬어져	將軍自幼稱英武
씩씩하고 뛰어난 재주 천고를 넘어섰다	磊落雄才越千古
하루아침에 참소당해 부형이 목숨 잃자	一旦蒙讒殺父兄
강물을 건너가며 초나라 병탄 맹세했다	襄流誓濟吞荊楚
활을 메고 망명도주 어디로 가려 했나?	貫弓亡命欲何之
정나라 송나라에서 부질없이 세월 보냈다	榮陽睢水空棲遲
굳게 닫힌 소관에선 날개 없어 근심하다	昭關鎖鑰愁無翼
귀밑머리 하룻밤 새 서리처럼 희어졌다	鬢毛一夜成霜絲
빨래하던 여인 강물에 투신하고 어옹도 자결한 후	浣女沉溪漁丈死
퉁소를 불면서 오인吳人에게 들려줬다	簫聲吹入吳人耳
어장검으로 힘을 합쳐 군신 관계 정했고	魚腸作合定君臣
또다시 강병 기르려 손자를 천거했다	復爲強兵進孫子
원정길에 다섯 번 싸워 초나라 궁궐 점거하자	五戰長驅據楚宮
초왕은 눈물 머금고 운중雲中으로 달아났다	君王含淚逃雲中
초 소왕 시체 파서 채찍질로 묵은 한 풀 때	掘墓鞭屍吐宿恨
그 정성이 해를 꿰뚫어 긴 무지개 떠올랐다	精誠貫日生長虹
영웅은 또다시 오나라 국력 떨쳤으니	英雄再振匡吳業
부초 땅 일전으로 강한 월나라 제압했다	夫椒一戰棲強越
솥 속의 물고기일 땐 요리사 손에 달렸더니	釜中魚鱉宰夫手
산 속에 범을 푸니 입 벌리고 달려들었다	縱虎歸山還自齧
고소대 위에서 서시가 미소 짓자	姑蘇臺上西施笑
간신은 축하하고 충신은 조문했다	讒臣稱賀忠臣吊
가련하다 2대 동안 오나라 공적 도왔건만	可憐兩世輔吳功

결국은 안면 바꿔 촉루검을 내렸구나 到頭翻把屬鏤報
시신 싼 가죽 부대 전당강에 떠오르며 鴟夷激起錢塘潮
아침마다 저녁마다 억울함을 호소한다 朝朝暮暮如呼號
오월 양국 흥망성쇠 지난 일이 되었건만 吳越興衰成往事
충혼은 천고에 한을 풀기 어렵도다 忠魂千古恨難消

오왕 부차는 오자서를 죽이고 나서 바로 백비를 상국으로 승진시켰다. 더불어 월나라에 봉토를 더해주려고 했으나 구천이 한사코 사양하여 그만두었다. 구천은 월나라로 돌아가 더욱 서둘러 오나라를 치려 했다. 그러나 부차는 월나라를 전혀 마음에 두지 않고 더욱 교만하게 행동했다. 그는 군사 수만 명을 동원하여 한성邗城5을 쌓고 물길을 뚫어 동북쪽으로 사양호射陽湖6와 통하게 했고, 서북쪽으로는 장강長江이 회수 흐름과 만나게 했다. 그리하여 오나라의 물길은 장강과 회수를 넘어 북으로 기수沂水에까지 닿았으며 그 물길은 다시 서쪽으로 제수濟水에까지 통했다. 오나라 세자 우友는 부왕父王 부차가 다시 중원의 제후국들과 회맹하려는 것을 알고 간절하게 간언을 올리려 했으나 부왕의 분노를 살까 두려워 은근한 풍자로 부왕을 깨닫게 하려 했다. 어느 날 이른 아침 세자 우는 탄궁과 탄환을 가지고 후원에서 나왔다. 세자의 옷과 신발이 모두 젖어 있는 것을 보고 오왕 부차가 이상하게 생각하고 연유를 물었다. 세자 우가 대답했다.

5_ 한성邗城: 지금의 강소성 양주揚州 광릉廣陵. 춘추시대 오나라가 제나라를 정벌하기 위해 광릉성廣陵城 동남쪽에 한성邗城을 쌓고 그 곁에 깊은 운하를 팠다. 그 운하를 한구邗溝라고 한다.

6_ 사양호射陽湖: 강소성 양주 보응寶應 사양호射陽湖. 춘추시대에는 한구가 지나는 곳으로 큰 호수가 있었지만 지금은 작은 호수의 흔적만 남아 있다.

"소자가 후원으로 놀러 갔다가 높은 나무에서 매미가 우는 소리를 듣고 그곳으로 가보았습니다. 밑에서 올려다보니 매미가 바람 속에서 길게 울고 있었습니다. 매미는 자신의 자리만 잘 잡았다고 생각했지 사마귀가 가지 너머로 기어오는 것을 모르고 있었습니다. 사마귀는 허리를 길게 빼고 펄쩍 뛰어올라 매미를 잡아먹으려 하고 있었습니다.[7] 그런데 사마귀는 매미를 노리느라 정신이 팔려 참새가 그늘 속에서 왔다 갔다 하며 자신을 쪼아 먹으려는 것을 모르고 있었습니다.[8] 참새는 사마귀를 노리는 데 정신이 쏠린 나머지, 소자가 탄궁을 들고 참새를 잡으려는 상황을 알아채지 못하고 있었습니다. 또 소자는 참새를 잡으려는 일에 정신이 팔려서 바로 곁에 함정이 있다는 사실을 몰랐습니다. 그래서 결국 발을 헛디뎌 함정에 빠졌고, 이 때문에 옷과 신발이 모두 젖어 아바마마의 비웃음을 사게 된 것입니다."

오왕 부차가 말했다.

"너는 눈앞의 이익만을 탐하다가 후환을 돌아보지 않았구나. 천하의 어리석음 중에서 이보다 더 심한 경우는 없을 것이다."

세자 우가 대답했다.

"제가 보기엔 천하의 어리석음 중에서 이보다 더 심한 경우가 있습니다. 노나라는 주공의 뒤를 이은 나라이고, 또 공자의 가르침이 베풀어진 나라여서 이웃 나라를 침범하지 않았습니다. 그러나 제나라가 아무 까닭도 없

7_ 당랑규선螳螂窺蟬: 사마귀가 매미를 엿본다는 뜻. 목전의 이익만 탐하다가 뒷날의 재앙을 생각하지 못함을 비유한다. 당랑포선螳螂捕蟬이라고도 한다.(『장자』「산목山木」, 『설원說苑』「정간正諫」)

8_ 황작재후黃雀在後: 참새가 뒤에서 사마귀를 노린다는 뜻. 역시 목전의 이익만 탐하다가 뒷날의 재앙을 생각하지 못함을 비유한다.(『장자』「산목」, 『설원』「정간」)

이 노나라를 정벌하여 병탄하려고 했습니다. 그런데 제나라는 오나라가 국내의 모든 군사를 동원하여 천 리 길을 치달려가 그들을 공격할 줄 몰랐습니다. 오나라는 제나라 군사를 크게 깨뜨리고 마침내 제나라를 병탄했습니다. 그러나 오나라는 월왕이 결사대를 뽑아 삼강三江[9] 하구를 나서서 오호五湖[10]로 침입해 들어와 우리 오나라를 짓밟고 그 궁전을 파괴하려는 걸 모르고 있습니다. 천하의 어리석음 중에서 이보다 심한 경우는 없습니다."

그러자 오왕 부차가 화를 내며 말했다.

"네 말은 오운(오자서)의 잔소리와 똑같구나. 그건 이미 신물이 나도록 들었다. 그런데 네가 또다시 그런 망발을 입에 담으며 나의 대계를 가로막으려 하느냐? 더 이상 지껄이면 내 아들로 생각하지 않겠다."

세자 우는 그 말을 듣고 두려움에 떨며 물러나왔다. 오왕 부차는 세자 우와 왕자 지地, 왕손 미용彌庸에게 나라를 지키게 한 뒤, 나라 안의 정예병을 거느리고 한구邗溝[11]를 따라 북상하여 탁고槖皐[12]에서 노 애공과 회맹

9_ 삼강三江: 중국 고대에는 태호에서 발원한 송강松江(蘇州河)이 70리를 흘러 물길이 세 갈래로 갈라졌다. 송강에서 동북 방향의 곤산昆山과 태창太倉으로 흐르는 물길을 누강婁江이라 했고, 곧장 동쪽으로 흐르는 본류를 송강松江(蘇州河)이라 했으며, 송강에서 동남쪽으로 갈라진 물길을 동강東江이라고 했다. 이 세 강을 합쳐서 삼강三江이라고 불렀다. 대체로 지금의 상해 지역을 가리킨다. 월나라에서 오나라 도성에 이르려면 이곳을 거쳐야 한다.

10_ 오호五湖: 지금의 강소성 소주 태호를 가리킨다. 물길이 다섯 갈래로 통한다고 하여 오호五湖라고 한다.

11_ 한구邗溝: 장강과 회하를 연결해주는 운하. 거수渠水, 산양독山陽瀆으로도 불린다. 남쪽 揚州에서 북쪽 淮安까지를 연결한다. 한구의 개통으로 장강과 회수가 연결되어 중국의 남북 수운이 가능하게 되었다.

12_ 탁고槖皐: 『춘추』 애공 12년 "애공이 탁고에서 오나라와 회맹했다公會吳於槖皐"는 구절에 진晉나라 두예杜預는 다음과 같은 주를 달았다. "탁고는 회남 준주현 동남쪽에 있다槖皐在淮南逡遒縣東南." 이곳은 현재 안휘성 소호巢湖 자고柘皐이다. 그러나 이곳은 한구를 북상하여 닿는 곳이 아니라 장강을 따라 서쪽으로 가서 닿는 곳이다. 이 소설의 원저자가 지명과 방향 묘사에 약간의 착오를 일으킨 것으로 보인다.

을 했고, 또 발양發陽(미상)에서 위衛 출공과 회맹을 했다. 그러고는 마침내 황지黃池(河南省 封丘 서남)에서 제후들과 크게 회합을 갖기로 약속했다. 그것은 진晉나라와 맹주의 지위를 다투기 위한 행동이었다.

이때 월왕 구천은 오왕 부차가 이미 오나라 밖으로 나갔다는 소식을 듣고 범여와 대책을 상의했다. 그는 수군 2000명, 육군 정예병 4만 명, 근위병 6000명을 거느리고 바닷길을 출발하여 강물로 타고 들어가 오나라를 습격했다. 월나라 선봉대 주무여의 부대가 오나라 교외에 당도하자 오나라의 왕손 미용이 군사를 이끌고 싸우러 나왔다. 두 장수가 몇 합을 겨루지도 않았는데 다시 오나라 왕자 지가 군사를 이끌고 협공에 나섰다. 주무여는 말이 쓰러지는 바람에 오나라의 포로가 되고 말았다. 이튿날 월왕 구천의 대군이 당도하자 오나라 세자 우는 도성 문을 굳게 닫은 채 지키려고만 했다. 그때 왕손 미용이 말했다.

"월나라 놈들은 아직도 우리 오나라를 두려워하고 있소. 또한 먼 길을 치달려왔기 때문에 지금 몹시 피로할 것이오. 한 번만 더 우리가 승리하면 저들은 틀림없이 도망칠 것이오. 혹시 승리하지 못하면 그때 수비에 전념해도 늦지 않을 것이오."

세자 우는 그의 말에 미혹되어 왕손 미용에게 군사를 이끌고 나가 적과 싸우도록 했다. 자신은 그 뒤를 지원할 생각이었다. 월왕 구천은 친히 진영의 선두에 서서 전투에 나선 군사를 독려했다. 바야흐로 양측이 전투를 시작하자 월나라의 범여와 설용泄庸이 양쪽에서 고함을 지르며 달려왔다. 그 기세가 마치 비바람이 몰아치는 듯했다. 오나라 군사들 중 전투에 익숙한 정예병은 모두 오왕을 따라 출전했고, 나라 안에 남은 병사는 모두 아직 훈련을 받지 못한 졸개뿐이었다. 그러나 월나라 군사는 여러 해 동안 훈련을 받은 정예병이라 활과 쇠뇌, 칼과 창을 매우 날카롭게 다룰 줄 알았다. 게다가 범여와 설용도 모두 전투 경험이 풍부한 노장들이었으니 오나라 군사들이 어떻게 당해낼 수 있겠는가? 오나라 군사는 대패했고 왕손 미용은 설용에게 피살되었으며, 세자 우는 월나라 군사의 포위망에 갇혀 결국 탈출하지 못한 채 몸에 여러 발의 화살을 맞았다. 그는 포로가 되어 모욕을 당할까 두려워 스스로 칼로 목을 찌르고 자결했다. 월나라 군사는 곧바로 오나라 도성 아래로 쳐들어갔다. 왕자 지는 성문을 굳게 잠근 채 백성을 이끌고 모두 성 위로 올라가 수비에 나섰다. 다른 한편으로는 오왕에게 사람을 보내 위급함을 알렸다. 월왕 구천은 수군을 태호에 주둔시켰고, 육군은 서문胥門과 창문閶門 사이에 주둔시켰다. 그러고는 범여를 시켜 고소대에 불을 질렀다. 그 불길은 한 달을 넘어서도 꺼지지 않았다. 아울러 오나라의 대형 전선戰船인 여황餘皇을 모두 노획하여 태호 가운데로 옮겼다. 그러나 오나라 군사들은 감히 성 밖으로 나올 생각도 하지 못했다.

한편 오왕 부차는 노, 위 두 나라 군주와 함께 황지에 도착한 뒤 사신을 진晉 정공에게 보내 회맹에 참여하도록 요청했다. 진 정공은 오나라의 위세가 두려워 참석하지 않을 수 없었다. 오왕 부차는 왕손 낙과 진나라 상경 조앙을 시켜 맹약문에 올릴 제후들의 이름 순서를 상의하게 했다. 조앙이 말했다.

"우리 진나라는 대대로 중화의 맹주였는데 어찌 그 지위를 갑자기 양보할 수 있겠소?"

왕손 낙이 말했다.

"진나라의 시조 숙우叔虞는 주周 성왕의 아우지만, 우리 오나라의 시조 태백太伯은 주 무왕의 맏할아버지이시므로 항렬의 높이가 여러 대나 차이가 나오. 게다가 진나라가 맹주의 지위를 갖고 있었다 해도 송나라 회맹 때나 괵나라 회맹 때 초나라의 아랫자리에 들어간 적이 있소. 그런 나라가 어찌 오늘 오나라의 윗자리에 앉으려 하시오?"

그리하여 피차 논쟁을 벌이느라 연이어 며칠이 지나도록 결정을 하지 못했다. 그때 갑자기 왕자 지가 보낸 비밀 보고가 당도했다.

"월나라 군사가 우리 오나라를 침공하여 세자를 살해하고 고소대에 불을 질렀습니다. 지금 저들이 도성을 포위하여 사태가 매우 위급합니다."

오왕 부차가 대경실색하자 백비가 칼을 뽑아 사자를 죽였다. 부차가 물었다.

"경은 어찌하여 사자를 죽이시오?"

백비가 대답했다.

"사태의 허실을 아직 알 수 없사온데, 사자를 살려두었다가 말이 새나가면 제나라와 진나라가 우리 위기를 틈타 사단을 만들 것입니다. 그러면 대왕마마께서 어떻게 편안히 귀국할 수 있겠습니까?"

부차가 말했다.

"경의 말이 옳소. 그러나 우리 오나라와 진나라 사이의 맹주 다툼도 아직 해결하지 못했는데 이런 위급한 소식까지 받았소. 과인은 과연 회맹을 하지 않고 돌아가야 하오? 아니면 계속 회맹을 하며 진나라의 맹주 지위를 인정해야 하오?"

왕손 낙이 앞으로 나서며 말했다.

"모두 불가합니다. 회맹을 하지 않고 돌아가면 저들이 우리의 위급함을 알아챌 것입니다. 그렇다고 회맹을 한 뒤 진나라의 맹주 지위를 인정하면 우리는 결국 진나라의 명령에 따라야 합니다. 우리가 반드시 맹주의 지위

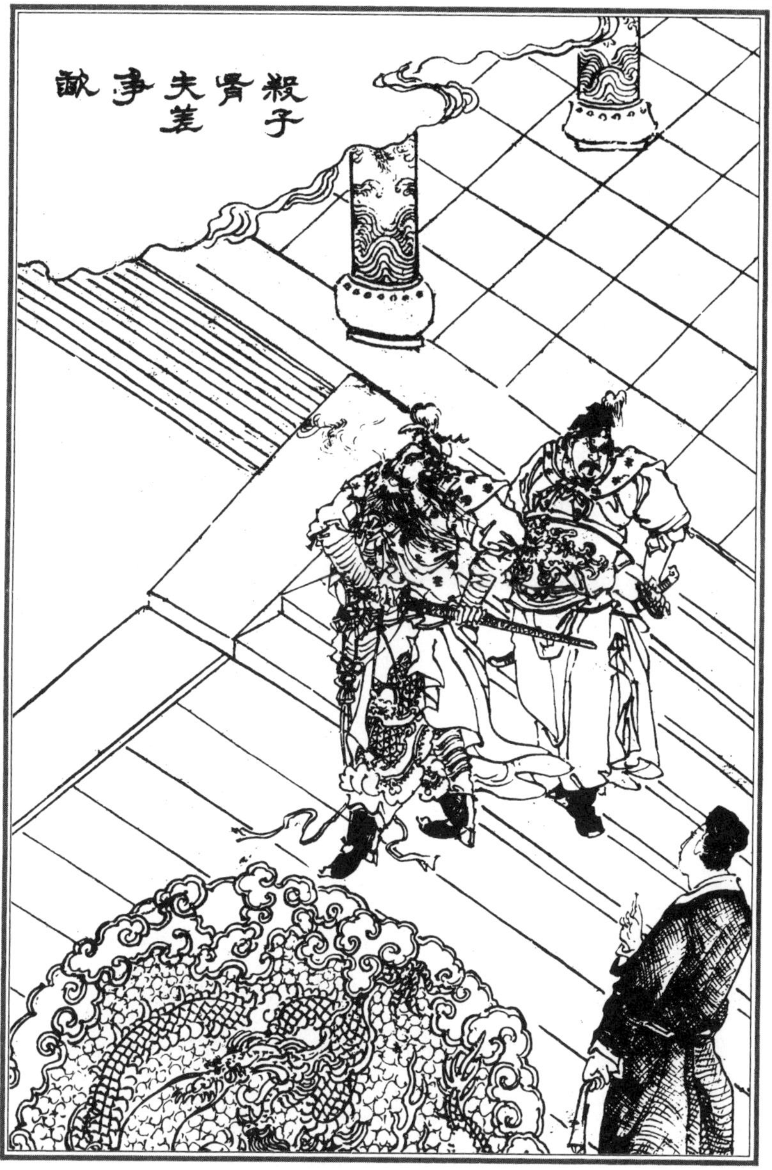

오왕 부차가 오자서를 죽이고 맹주를 다투다.

를 얻어 뒷날 우환이 없도록 방비해야 합니다."

부차가 말했다.

"회맹의 맹주가 되려면 어떤 계책을 써야 하오?"

왕손 낙이 비밀리에 아뢰었다.

"사태가 위급하오니 대왕마마께선 먼저 북을 울리며 싸움을 걸어 진晉나라 사람들의 기세를 꺾어버리십시오."

부차가 말했다.

"좋소."

이날 밤 오왕 부차의 군령이 내렸다. 한밤중이었으나 오나라 군사들은 모두 음식을 배불리 먹고 병마에게도 넉넉하게 먹이를 먹였다. 그런 다음 나무 막대를 입에 물고 질풍같이 달려가 진나라 군영에서 불과 1리 떨어진 곳에 네모꼴로 자신들의 진영을 펼쳤다. 그들은 100명을 1항行으로 삼고, 항마다 큰 깃발 하나를 세웠다. 그리고 총 120항을 1면面으로 삼았다. 중군中軍은 모두 흰색 병거와 흰색 갑옷, 흰색 깃털이 달린 화살을 사용하게 했다. 멀리서 바라보면 마치 흰색 갈대꽃이 무수히 피어 있는 것 같았다. 오왕 부차는 친히 부월을 들고 흰색 깃발을 휘날리며 중군 가운데에 우뚝 섰다. 좌군은 왼쪽에 자리 잡고 120항으로 1면面을 이루었다. 이들은 모두 붉은색 병거, 붉은색 깃발, 붉은색 갑옷, 붉은색 화살 깃을 사용하게 하여 멀리서 바라보면 마치 불길이 타오르는 것 같았다.[13] 태재 백비가 좌군을 이끌었다. 우군은 오른쪽에 자리 잡고 역시 120항을 1면面으로 삼았다. 이들은 모두 검은색 병거, 검은색 깃발, 검은색 갑옷, 검은색 깃털로 만든

13_ 여화여도如火如荼: 불꽃이 붉게 타오르는 것 같고 띠꽃이 하얗게 흐드러진 것 같다는 뜻. 군사들의 기세가 세차거나 사물의 형세가 흥성함을 비유한다.(『국어』「오어吳語」)

화살 깃을 사용하게 했다. 멀리서 바라보면 마치 검은 먹물을 뿌려놓은 것 같았다. 왕손 낙이 우군을 이끌었다. 갑옷을 입은 군사 3만6000명 모두 동틀 무렵에 진영 배치를 마쳤다. 오왕 부차가 친히 북채를 잡고 북을 두드리자 모든 대열의 북도 일제히 울렸다. 이어서 종소리, 방울 소리, 징 소리 등도 한꺼번에 울렸다. 또 삼군이 질러대는 고함 소리까지 뒤섞여 마치 우렛소리가 천지를 진동하는 듯했다. 진나라 군사들은 깜짝 놀랐지만 그 까닭을 알 수 없었다. 이에 대부 동갈董褐을 오나라 진영으로 보내 그들의 요구를 들어보게 했다. 오왕 부차가 직접 대답했다.

"주나라 천자께서 여러 희성姬姓 제후국 간의 불화를 조정하려고 과인에게 칙지를 내려 중원의 맹주로 삼으셨소. 그런데 지금 진나라 군주는 과인의 명령을 따르지 않고 맹주의 지위를 다투며 오랫동안 시간을 끌고 있소. 과인은 천자의 사자가 다시 번거롭게 왕래할까 두려워 직접 진나라 군영 밖에까지 와서 진나라 군주의 말씀을 들어보려 하오. 과인의 명령에 따를지 따르지 않을지는 오늘 바로 결정하시오."

동갈이 돌아가 진 정공에게 보고했다. 노나라와 위나라 양국 군주 모두 그 자리에 함께 있었다. 동갈이 또 몰래 조앙에게 일렀다.

"내가 보기에 오왕은 입으로는 큰소리를 쳤지만 안색은 처참했소. 아마도 마음속에 큰 근심이 있는 것 같았소. 혹시 월나라 사람들이 오나라 도성으로 침입했는지도 모를 일이오. 만약 저들에게 맹주 자리를 허락하지 않으면 틀림없이 우리에게 독수를 뻗칠 것이오. 그러나 그냥 양보할 수는 없으니 반드시 오나라 스스로 왕호王號를 버리라고 명분을 내세워야 할 것이오."

조앙은 진晉 정공에게 그 말을 아뢴 뒤 다시 동갈을 오나라 진영으로 보내 진 정공의 명령을 전하며 이렇게 말했다.

"군후께서 천자의 명령을 우리 제후들에게 선포하신다면 우리 주상께서도 어찌 감히 명령을 받들지 않을 수 있겠소? 다만 귀국은 본래 백작으로 봉해진 나라인데 지금 오왕을 칭하고 있소. 그렇다면 우리가 주나라 왕실을 뭐라고 불러야 하오? 군후께서 만약 왕호를 버리고 공公으로 칭하신다면 우리 주상께서도 군후의 명령을 따를 것이오."

오왕 부차는 그 말을 옳게 여기고 군사를 거두어 자신의 본래 군막으로 돌아가서 제후들과 만났다. 오왕 부차는 오공吳公이라 칭하며 먼저 삽혈을 했고, 그다음엔 진나라, 노나라, 위나라 순서로 삽혈을 했다. 회맹이 끝나자 오왕 부차는 군사를 거두어 회수와 장강의 물길을 따라 돌아갔다. 귀국 도중 연이어 급보를 받았다. 오나라 군사들은 이미 고국이 피습되었다는 소식을 듣고 심장이 찢어지는 것 같았다. 뿐만 아니라 원정길에 모두 피로에 지쳐 싸울 마음이 전혀 없었다. 그럼에도 불구하고 오왕 부차는 군사를 거느리고 월나라와 싸우다가 결국 일패도지하고 말았다. 부차는 두려움에 젖어 백비에게 말했다.

"경이 월나라가 반역하지 않을 거라고 하여 월왕을 돌려보냈소. 오늘의 사태를 해결하기 위해 경은 월나라 진영으로 가서 강화를 성사시키도록 하시오. 그렇지 않으면 오자서에게 내렸던 촉루검을 경에게도 내릴 것이오."

백비는 월나라 진영으로 가서 월왕 구천에게 머리를 조아리며 오나라가 지은 죄에 대한 용서를 빌었다. 그리고 월나라가 지난날 오나라 군사에게 베풀었던 것처럼 이제 오나라가 월나라 군사들에게 위로의 잔치를 베풀겠다고 했다. 범여가 말했다.

"오나라를 아직 멸망시킬 수는 없으니 잠시 강화를 허락하시고 오왕이 이번 강화를 태재 백비의 은덕이라고 생각하게 하십시오. 오나라는 이제 더 이상 국력을 떨칠 수 없습니다."

월왕 구천은 그 말에 따라 오나라와 강화하고 군사를 거두어 돌아갔다. 주 경왕 38년의 일이었다.

이듬해 노 애공은 대야택[14]으로 사냥을 나갔다. 그때 숙손씨의 가신 서상鉏商이 기이한 짐승 한 마리를 포획했다. 그 짐승은 노루의 몸에 소꼬리를 달고 있었으며 뿔에도 살이 붙어 있었다. 서상은 기괴하게 생각하여 그 짐승을 죽인 후 공자에게 물었다. 공자가 자세히 살펴보고 대답했다.

"이것은 기린이오!"

그 짐승의 뿔에는 공자의 모친 안씨顔氏가 옛날에 묶어준 붉은색 비단실이 아직까지 묶여 있었다. 그것을 본 공자가 탄식했다.

"나의 도道도 마침내 끝나는구나!"

공자는 제자들을 시켜 기린을 묻어주게 했다. 지금도 거야巨野 옛 성 동쪽 10리 되는 곳에 주위가 40여 걸음 정도 되는 흙무더기가 있는데, 그것을 속칭 획린퇴獲麟堆라고 한다. 그곳이 바로 기린을 장사 지낸 곳이다. 공자가 금을 끌어당겨 노래를 불렀다.

밝은 임금 통치하면 기린 봉황 노니는데	明王作兮麟鳳遊
지금은 때가 아닌데 무엇하러 나타났나?	今非其時欲何求
기린이여! 기린이여! 내 마음 우울하네	麟兮麟兮我心憂

14_ 대야택大野澤: 지금의 산동성 거야巨野 북쪽 제수濟水가 지나는 곳에 대야택이라는 넓은 소택지가 있었다.

이에 공자는 노나라의 사초史草를 가지고 노 은공 원년에서 노 애공이 기린을 잡은 해까지 모두 242년의 역사를 정리하여 『춘추春秋』를 완성했다. 이 책은 『주역周易』 『시경詩經』 『상서尙書』 『예기禮記』 『악경樂經』과 함께 '육경六經'으로 불린다.

이해에 제나라 우상右相 진항은 오나라가 월나라에게 패한 것을 알고는 '이제 나라 밖으로 강한 적이 없고 나라 안으로 강한 가문이 없다'고 생각했다. 다만 나라 안의 단 한 사람, 감지만이 그의 앞길에 방해가 될 것으로 짐작하고 자신의 친척 진역陳逆과 진표陳豹 등을 시켜 감지를 공격해 죽였다. 제 간공이 겁을 먹고 달아나자 진항은 그를 추격하여 죽였을 뿐만 아니라 감지를 따르는 파당까지 모조리 잡아 죽였다. 이후 간공의 동생 오驁를 보위에 올렸다. 이 사람이 제 평공平公이다. 진항은 혼자서 재상 자리를 독차지했다. 공자는 제나라에서 변란이 일어났다는 소식을 듣고 사흘 동안 목욕재계한 뒤, 노 애공을 알현하고 제나라 임금을 시해한 진항의 죄를 토벌하기 위해 군사를 일으키자고 주청을 했다. 노 애공은 세 권세가三家에 알리라고 했다. 그러자 공자가 말했다.

"신은 노나라에 주상만 계시다는 걸 알 뿐 세 권세가가 있다는 건 모릅니다."

진항도 제후들의 토벌이 두려워 노나라와 위나라에서 뺏은 땅을 모두 돌려줬다. 그런 다음 북쪽으로 진晉나라의 네 권세가四卿와 우호를 맺었고, 남쪽으로 오나라와 월나라에도 친선 사절을 보냈다. 아울러 국내에서는 진환자陳桓子(陳無宇)가 했던 일을 다시 회복하여 가난한 사람들에게 재산을 풀고 곡식을 나눠줬다. 그러자 백성이 모두 기쁘게 복종했다. 이후 점차 포씨鮑氏, 안씨晏氏, 고씨高氏, 국씨國氏 가문 및 공족公族 가문을 제거하고 제나라의 절반을 갈라서 자신의 봉토로 삼았다. 뿐만 아니라 나라 안 여자들 중에서 키가 7척 이상 되는 사람 100여 명을 뽑아 뒷방에 들여놓고 빈객으로 오는 일가친척을 마음대로 출입하게 했다. 그렇게 해서 아들 70여 명을 얻었다. 이는 모두 자신의 가문을 강성하게 하기 위한 수작이었다. 그리하여 제나라 도읍의 대부와 지방의 읍재는 모두 진씨陳氏가 아닌 사람이 없게 되었다. 이것은 물론 뒷날의 이야기다.

한편 위나라 세자 괴귀蒯聵는 척戚 땅에 거주하고 있었다. 그런데 괴귀의 아들 위 출공은 백성을 동원해 부친 괴귀의 입국을 막았다. 위나라 대부 고시高柴가 그러지 말라고 간언을 올렸으나 출공은 듣지 않았다. 괴귀에게는 대부 공어孔圉에게 출가한 공희孔姬라는 누나가 있었다. 그녀의 아들 공회孔悝는 부친의 대부 직을 계승하여 출공을 모시면서 위나라의 국정을 장악하고 있었다. 공씨의 젊은 가신 중에 키가 크고 용모가 아름다운 혼양부渾良夫라는 자가 있었는데, 그는 공어가 죽은 뒤에 공희와 간통했다. 공희는 혼양부를 척 땅으로 보내 자신의 남동생 괴귀에게 안부 인사를 하게 했다. 그러자 괴귀가 혼양부의 손을 잡고 말했다.

"자네가 나를 귀국시켜 보위에 올려주면 면복冕服과 큰 수레를 하사하고 죄를 짓더라도 세 번까지는 용서해주도록 하겠네."

혼양부가 돌아와 그 말을 공희에게 알리자, 공희는 혼양부에게 여장을 하게 한 뒤 다시 척 땅으로 가서 괴귀를 맞아오도록 했다. 캄캄한 밤을 틈타 혼양부와 괴귀는 함께 여장을 하고 용사 석걸石乞과 맹염孟黶에게 수레를 몰게 했다. 그들은 온거를 타고 공씨 집안의 비첩이라 속이고는 위나라 도성으로 잠입하여 공희의 집에 숨었다. 공희가 말했다.

"국가의 일은 모두 내 아들이 장악하고 있다. 그가 지금 궁궐에서 술을 마시고 있다 하니 귀가하기를 기다려 무력으로 위협하면 일을 성사시킬 수 있을 것이다."

공희는 석걸, 맹염, 혼양부에게 모두 갑옷을 입고 칼을 품은 채 대기하게 했고 괴귀는 누대 위에 매복하게 했다. 잠시 후 공회가 조정에서 만취한 채 귀가했다. 공희가 아들 공회를 불러 물었다.

"부모의 친척 중에서 누가 가장 가까운 친척이냐?"

공회가 대답했다.

"아버지 쪽은 백부와 숙부님이고, 어머니 쪽은 외숙이십니다."

공희가 말했다.

"너는 외숙이 이 어미 쪽의 가장 가까운 친척임을 알면서도 어찌하여 모셔오지 않는 것이냐?"

공회가 말했다.

"선군께서 자신의 아들을 폐위하고 손자를 보위에 올리라고 유명을 남기셨기 때문에 제가 감히 그 명령을 어길 수 없었습니다."

그러고는 몸을 일으켜 측간厠間(변소)으로 갔다. 공희는 석걸과 맹염을 측간 밖에 대기하게 했다. 공회가 측간에서 나오자 그들은 좌우에서 공회를 단단히 붙잡고 말했다.

"세자 저하께서 부르시오."

그들은 대답도 듣지 않고 공회를 에워싼 채 누대로 끌고 가 괴귀를 뵙게 했다. 공희가 먼저 괴귀 곁에 와 있다가 소리쳤다.

"세자께서 여기 계신다. 공회는 어찌 절을 올리지 않느냐?"

공회는 절을 올릴 수밖에 없었다. 그러자 공희가 말했다.

"너는 오늘부터 외숙을 따를 것이냐, 아니면 따르지 않을 것이냐?"

공회가 말했다.

"명령에 따르겠습니다."

공희는 수퇘지를 잡아 자신의 동생 괴귀와 자신의 아들 공회에게 삽혈 동맹을 맺게 했다. 공희는 석걸과 맹염을 시켜 누대 위에서 공회를 감시하게 한 뒤 공회의 명령을 빙자하여 집안의 사병을 모두 불러 모았다. 그런 다음 혼양부에게 사병을 거느리고 궁궐을 습격하게 했다. 위 출공은 술에 취해 침소에 들려 하다가 변란 소식을 듣고 좌우 내시를 시켜 공회를 불러오게 했다. 내시가 말했다.

"변란을 일으킨 자가 바로 공회입니다!"

출공은 대경실색하여 즉시 궁궐의 보물을 가벼운 수레에 싣고 노나라로 달아났다. 신료들 중에서 괴귀에게 복종하지 않는 자도 모두 사방으로 흩어져 달아났다.

이때 공자의 제자 자로는 공회의 가신이었다. 그는 이때 성 밖에 있다가 공회가 위협당하고 있다는 소식을 듣고 공회를 구출하러 성안으로 들어갈 생각이었다. 그때 성안에서 나오는 대부 고시를 만났다. 고시가 말했다.

"성문은 이미 잠겼소. 그대는 이 나라 정치와는 무관한 사람인데 하필이면 환란에 말려들 필요가 있겠소?"

자로가 말했다.

"나는 공씨 댁 녹봉을 먹는 사람이오. 어찌 사태를 좌시할 수 있겠소?"

자로는 곧바로 성문으로 달려갔다. 성문은 과연 굳게 닫혀 있었다. 문지기 공손감公孫敢이 자로에게 말했다.

"주군은 벌써 도주했는데 어찌 성안으로 들어가려 하시오?"

자로가 말했다.

"나는 다른 사람의 녹봉을 받아먹으면서도 주인이 연루된 환란에서 도피하려는 자를 증오하오. 이런 까닭에 들어가려는 것이오."

이때 마침 성안에서 나오는 사람이 있어서 성문이 열리자 자로는 그 틈을 타고 성안으로 뛰어 들어갔다. 그러고는 곧바로 공씨 댁 누대 아래로 달려가 큰 소리로 외쳤다.

"중유仲由가 왔소. 공 대부께선 누대에서 내려오시오."

공회가 감히 대답하지 못하자 자로가 누대에 불을 질렀다. 괴귀는 겁이 나서 석걸과 맹염에게 창을 들고 누대 아래로 내려가 자로와 싸우게 했다. 자로도 칼을 들고 그들을 맞아 싸웠다. 그러나 자로가 어찌 창을 들고 한꺼번에 달려드는 석걸과 맹염 두 사람을 당해낼 수 있겠는가? 그들은 창으로 자로를 마구 찔렀다. 자로는 관의 끈이 끊어지고 온몸에 중상을 입었다. 자로는 죽어가면서도 이렇게 말했다.

"예법에 의하면 군자는 죽어서도 관을 벗어서는 안 된다."

말을 마치고는 자신의 관끈을 단정하게 매고 나서 숨을 거두었다. 공회는 괴귀를 받들어 보위에 올렸다. 이 사람이 위 장공莊公이다. 장공은 둘째 아들 질疾을 세자로 삼고 혼양부를 경에 임명했다.

이 무렵 공자는 위나라에 있다가 괴귀의 반란 소식을 듣고 제자들에게 일렀다.

"고시는 살아서 돌아오겠지만 중유(자로)는 틀림없이 죽을 것이다!"

제자들이 그 까닭을 묻자 공자가 말했다.

"고시는 대의를 알기 때문에 틀림없이 자신의 몸을 온전히 할 수 있겠지만, 중유는 용기를 좋아하고 목숨을 가볍게 여기기 때문에 올바른 판단을

자로가 죽으면서도 관끈을 단정히 매다.

할 수 없어서 틀림없이 목숨을 잃을 것이다."

말을 마치지도 않았는데 고시가 과연 살아 돌아와 스승 공자를 뵈었다. 두 사람은 슬퍼하면서도 기뻐했다. 뒤이어 위나라 사자가 당도하여 공자를 보고 말했다.

"우리 주상께서 새로 즉위하시어 선생님을 존경하고 흠모한 나머지 특별한 음식을 바치게 하셨습니다."

공자가 재배하고 그것을 받았다. 뚜껑을 열어보니 바로 육젓肉醢이었다. 공자는 급히 뚜껑을 닫으라고 한 뒤 사자에게 말했다.

"이것이 나의 제자 중유의 고기로 담근 육젓이 아니오?"

사자가 깜짝 놀라며 말했다.

"그러합니다. 선생님께선 어떻게 아셨습니까?"

공자가 말했다.

"그게 아니라면 위나라 임금이 어찌 내게 고기를 하사하겠소?"

공자는 제자들에게 자로의 육젓을 잘 묻어주라고 명령을 내리고 통곡하며 말했다.

"내가 늘 자로는 제명에 죽지 못할까봐 걱정했더니 오늘 실로 그렇게 되었구나!"

사자는 작별 인사를 하고 돌아갔다. 얼마 지나지 않아 공자도 결국 병이 들어 일어나지 못했다. 향년 73세였다. 이때가 주 경왕 41년 여름 4월 기축일己丑日이었다. 사관이 이에 대한 사찬을 지었다.

이구산에서 성인이 탄강하시어 尼丘誕聖
궐리15에서 덕망을 키우셨도다 闕里生德

칠십 명의 제자가 성취 이뤘고　七十升堂
사방에서 법도를 본받았도다　四方取則
대궐에서 소정묘를 주살했고　行誅兩觀
협곡에서 회맹을 도우셨도다　攝相夾谷
봉황의 노쇠함16을 탄식하더니　歎鳳遽衰
기린 보고 우는 일이 금방 닥쳤네　泣麟何促
제자백가 거울처럼 우러러보고　九流仰鏡
만고토록 그 자취 흠모한다네　萬古欽躅

제자들은 공자를 곡부의 북쪽 구비에 장사 지냈다. 무덤의 크기가 1경頃(100畝)이나 됐고, 새들도 감히 그 주위 나무에 집을 짓지 않았다. 여러 왕조를 거치는 동안 공자는 대성지성문선왕大成至聖文宣王으로 봉해졌고, 지금은 그 봉호封號를 바꾸어 대성지성선사大成至聖先師라 하고 있다. 천하에 모두 문묘文廟를 세워 봄, 가을 두 차례 제사를 올린다. 공자의 자손은 대대로 연성공衍聖公이란 봉작을 세습하고 있다.

위 장공 괴귀는 공회가 쫓겨난 임금 출공 첩輒의 일당일 것이라고 의심했다. 때문에 일부러 공회를 술에 취하게 만들어 국외로 추방했다. 공회는

15_ 궐리闕里: 공자가 자란 동네로 산동성 곡부 공부孔府가 있는 곳이다.

16_ 봉황의 노쇠함: 『논어』「미자」에 다음과 같은 구절이 있다. "초나라 광인 접여接輿가 공자 곁을 지나가며 말했다. '봉황이여, 봉황이여! 덕이 어찌 그리 쇠했나? 지난 일은 간諫하여 고칠 수 없지만 앞으로의 일은 좇을 수 있네. 아서라, 아서라! 지금 정치에 종사하는 건 위태로운 일일세! 楚狂接輿歌而過孔子曰, 鳳兮, 鳳兮! 何德之衰? 往者不可諫, 來者猶可追. 已而, 已而! 今之從政者殆而'" 원래 초나라 은자인 접여가 도가道家의 입장에서 공자의 행적을 풍자하는 내용이지만, 위의 시에서는 공자의 노쇠함을 가리키는 말로 쓰고 있다.

송나라로 망명했다. 장공은 궁궐의 창고가 텅 빈 것을 보고 혼양부를 불러 대책을 상의했다.

"다시 보물을 얻으려면 어떤 계책을 써야 하오?"

혼양부가 비밀리에 아뢰었다.

"도망간 임금도 주상의 아들이 아닙니까? 그런데 어찌하여 다시 부르지 않으십니까?"

위 장공이 아들 출공을 다시 불러들일지 아닐지는 다음 회를 보시라.

제83회

패망한 오나라

백공 승을 죽이고 섭공은 초나라를 안정시키고

부차를 죽이고 월왕은 패주를 칭하다

誅芈勝葉公定楚, 滅夫差越王稱霸.

위 장공 괴귀는 출공 첩이 궁궐의 보물을 모두 갖고 가버리자 혼양부와 대책을 상의했다. 양부가 말했다.

“지금 세자 질과 도망간 임금은 모두 주상전하의 아들입니다. 둘 중에서 후사를 선택하겠다 하시고 첩을 부르십시오. 도망간 임금이 돌아오면 보물도 찾을 수 있을 것입니다.”

어린 내시 하나가 그 말을 듣고 몰래 세자 질에게 알렸다. 그러자 세자 질은 장사 여러 명을 시켜 수퇘지를 싣고 자신을 따라오게 했다. 그러고는 틈을 보아 장공을 위협하여, 도망간 임금을 부르지 말고 혼양부를 반드시 죽일 것을 삽혈로 맹세하라고 했다. 장공이 말했다.

“도망간 첩을 부르지 않는 것은 쉬운 일이다. 그러나 혼양부에게는 세 번 죽을죄를 짓더라도 용서해주기로 맹세했으니 어찌할 것이냐?”

세자 질이 말했다.

"그럼 네 번 죽을죄를 짓게 하여 죽이십시오!"

장공이 허락했다. 얼마 지나지 않아 장공은 호랑이 가죽으로 장막을 설치한 뒤 그 낙성식에 대부들을 초청했다. 이때 혼양부는 자주색 웃옷에 여우 가죽옷을 걸치고 연회장에 나타나 가죽옷의 어깨 부분만 벗어젖히고 칼도 풀어놓지 않은 채 음식을 먹었다. 세자 질이 역사力士를 시켜 양부를 잡아끌고 나오게 했다. 양부가 말했다.

"신에게 무슨 죄가 있습니까?"

세자 질이 그의 죄를 나열하며 꾸짖었다.

"신하가 임금을 뵐 때는 규정된 옷을 입어야 하고, 임금을 모시고 식사를 할 때는 칼을 풀어놓아야 한다. 네놈이 자주색 옷을 입은 것이 첫 번째 죄고 여우 가죽옷을 입은 것이 두 번째 죄며 칼을 풀어놓지 않은 것이 세 번째 죄다."

양부가 호소했다.

"주상께서 신에게 세 번 죽을죄를 지어도 용서해주기로 맹세하셨습니다."

세자 질이 말했다.

"도망친 임금은 아들의 몸으로 아버지에게 항거했으니 불효막심한 자인데, 네놈은 그자를 불러들이려고 했다. 이것이 네 번째 죄가 아니냐?"

혼양부는 대답을 할 수 없어서 고개를 숙이고 참형을 받을 수밖에 없었다. 뒷날 위 장공은 꿈을 꿨다. 꿈에 사나운 귀신이 머리를 풀어헤친 채 북쪽을 향해 장공을 바라보며 소리를 질렀다.

"나는 혼양부다. 하늘이 내 무고함을 알렸다!"

장공은 잠에서 깨어나 점술을 담당하는 대부 서미사胥彌赦에게 해몽을 하게 했다. 서미사가 말했다.

"아무 해가 없습니다."

그러나 서미사는 궁궐을 나와서 다른 사람에게 이렇게 말했다.

"원통하게 죽은 귀신은 악귀가 되는 법이오. 주상께서 살해당한 뒤 나라가 위태로워질 조짐이 꿈에 나타난 것이오."

두려움을 느낀 서미사는 마침내 송나라로 달아났다.

위 장공 괴귀 즉위 2년에 진晉나라는 위衛나라가 조공을 바치지 않은 것에 분노하여 상경 조앙에게 군사를 주어 위나라를 정벌하게 했다. 그러자 위나라 사람들은 장공을 축출했다. 장공이 융戎나라로 도망가자 융나라 사람들은 장공과 그의 세자 질까지 모두 죽였다. 이에 위나라 사람들은 공자 반사班師를 보위에 올렸다. 제나라 진항은 군사를 이끌고 위나라를 구원하러 가서 반사를 구금한 뒤 공자 기起를 보위에 올렸다. 그러자 위나라 대부 석포石圃가 기를 쫓아내고 다시 출공 첩을 맞아들여 보위에 올렸다. 출공은 복위한 뒤 다시 석포를 축출했다. 대부들이 출공과 반목하고 출공을 쫓아내자 출공은 월나라로 달아났다. 그리하여 위나라 사람들이 또 공자 묵默을 보위에 올리니 이 사람이 위 도공悼公이다. 이로부터 위나라는 진나라의 신하 노릇을 하게 되었고, 국력은 더욱 쇠약해졌으며 결국 진나라 조씨趙氏에게 나라를 의지하게 되었다. 이 이야기는 여기에서 잠시 거론하지 않겠다.

한편 백공 승은 초나라로 귀국한 후 늘 자신의 부친 건을 살해한 정나라의 소행을 생각하며 이에 대한 원한을 갚고자 했다. 그러나 백공 승의 은인인 오자서가 전에 이미 정나라를 용서해주었고, 게다가 정나라도 초 소왕을 섬기며 예의를 잃지 않았기 때문에 백공 승은 차마 자신의 원수를 갚자는 말을 할 수 없었다. 이후 초 소왕이 죽자 영윤 자서와 사마 자기가 월희의 아들 장章을 보위에 올렸는데 이 사람이 초 혜왕惠王이다. 백공 승은 자신이 옛날 세자 건의 아들이기 때문에 자서가 자신을 불러 정치를 함께하자고 요청해주기를 바라고 있었다. 그러나 자서가 끝까지 자신을 부르지도 않고 작록도 더해주지 않자 백공 승은 가슴 가득 원망을 품었다. 때마침 오자서가 죽었다는 소문이 들려오자 백공 승이 말했다.

"정나라에 보복할 때가 바로 지금이다!"

그러고는 자서에게 사자를 보내 말했다.

"정나라 놈들이 나의 부친인 옛 세자를 함부로 살해했다는 것은 영윤께서도 잘 아실 것이오. 아버지의 원수를 갚지 못한 자식은 사람이라고 할 수 없소. 영윤께서 만약 옛 세자의 억울한 죽음을 슬프게 생각하신다면 군사 한 부대를 동원하여 정나라의 죄를 토벌해주시오. 내가 선봉을 맡을 것이오. 장차 싸우다 죽더라도 후회하지 않겠소."

그러나 자서는 사양하며 말했다.

"새 주상께서 막 즉위한 터라 초나라가 아직 안정을 찾지 못하고 있소. 백공께선 잠시만 기다려주시오."

이에 백공 승은 오나라의 공격에 대비한다는 명목으로 심복 석걸을 시켜 자신의 봉토인 백 땅에 성을 쌓고 군사를 조련하게 하면서 전쟁 물자까지 빠짐없이 마련했다. 그런 다음 다시 영윤 자서에게 자신이 사병을 이끌고 선봉대가 되어 정나라를 정벌하겠다고 청했다. 자서가 그 일을 허락했다. 백공 승이 아직 출병도 하기 전에 진나라 조앙이 군사를 일으켜 정나라를 정벌했다. 그러자 정나라에서는 초나라에 구원을 요청했다. 초나라 영윤 자서가 군사를 이끌고 정나라를 구원하러 가자 진나라 군사가 물러갔다. 자서가 정나라와 우호의 맹약을 맺고 군사를 거두어 돌아오자 백공 승이 화를 내며 말했다.

"정나라를 정벌한 것이 아니라 정나라를 구원했으니 영윤이 나를 심하게 기만하는구나. 내 마땅히 먼저 영윤을 죽이고 나서 정나라를 정벌해야겠다."

백공 승은 예양澧陽(湖南省 澧縣)에서 자신의 친척 백선白善을 불렀다. 백선이 말했다.

"공을 따라 나라를 혼란스럽게 만들면 이는 임금에게 불충한 짓이오. 공을 배반하고 몰래 공의 행동을 고발하면 이는 친족에게 몰인정한 짓이오."

백선은 결국 관직을 버리고 농장을 일구어 채소밭에 물을 주면서 일생을 마쳤다. 이로 인해 초나라 사람들은 그의 농장을 '백선장군약포白善將軍藥圃'라고 불렀다. 백공 승은 백선이 오지 않자 화를 내며 말했다.

"백선이 없다고 내가 영윤을 죽일 수 없겠는가?"

백공 승은 바로 석걸을 불러 계책을 상의했다.

"영윤과 사마에게 각각 500명의 군사가 쳐들어간다면 그 둘을 죽일 수 있겠는가?"

석걸이 대답했다.

"부족합니다. 시장 남쪽에 웅의료熊宜僚라는 용사가 있는데, 그 사람을 얻으면 1대 500의 쓰임이 있습니다."

백공 승은 석걸과 함께 시장 남쪽으로 가서 웅의료를 만났다. 웅의료는 깜짝 놀라며 말했다.

"귀하신 왕손께서 어찌하여 이 누추한 곳까지 왕림하셨습니까?"

백공이 말했다.

"내가 자네와 상의할 일이 있어서 왔네."

백공은 마침내 영윤 자서를 죽이려는 음모에 대해 알려줬다. 그러나 웅의료는 고개를 가로저었다.

"영윤께선 나라에 공을 세우셨고, 저와는 아무 원한이 없습니다. 저는 감히 명령을 받들지 못하겠습니다."

백공 승이 분노하여 칼을 뽑아 들고 그의 목을 겨누며 말했다.

"내 말을 듣지 않으면 먼저 너를 죽이겠다."

웅의료는 눈 하나 깜짝하지 않고 조용하게 대답했다.

"이 웅의료 하나를 죽이는 것은 개미 새끼를 죽이는 것과 같을 것인데, 어찌 화까지 내십니까?"

백공 승은 칼을 땅바닥에 내던지며 감탄했다.

"자네는 진정한 용사로다! 내 잠깐 자네를 시험해본 것일세."

그러고는 웅의료를 수레에 태우고 돌아와서 상객으로 예우했다. 아울러 음식을 먹을 때도 진수성찬을 제공했고, 출입할 때도 좋은 수레와 말을 탈 수 있게 했다. 웅의료는 그 은혜에 감격하여 마침내 백공에게 자신의 몸을 바치기로 약속했다.

이 무렵 오왕 부차가 황지에서 회맹을 주재하자 초나라는 오나라의 강성함을 두려워하여 변방 사람들에게 경계를 내리고 신중하게 방비하도록 했다. 백공 승은 오히려 이를 기회로 오나라 군사가 초나라를 기습할 것이란 핑계를 대고 군사를 휘몰아 오나라 변경을 습격했다. 전리품을 다소 얻게 되자 마침내 백공 승은 전공을 과장하며 이렇게 말했다.

"오나라 군사를 크게 패배시키고 갑옷과 무기를 노획했으니 내 몸소 초나라 조정으로 가서 승리를 고하고 나라의 위세를 크게 떨쳐야겠다."

영윤 자서는 그의 계책을 알아채지 못하고 입성을 허락했다. 백공 승은 무장한 자신의 사병을 모두 출동시킨 후 적의 병거 100여 승을 노획한 것으로 가장했다. 그다음 친히 장사 1000명을 거느리고 포로를 인솔하여 조정으로 들어가 전공을 보고했다. 초 혜왕은 대전에 올라 전공을 보고받았고, 영윤 자서와 사마 자기는 그 옆에 시립했다. 백공 승이 알현을 끝내자 혜왕은 계단 아래에 갑옷을 입고 서 있는 두 명의 거한을 보고 물었다.

"저 두 사람은 누구요?"

백공 승이 대답했다.

"신의 부하 장수 석걸과 웅의료인데 이번 오나라 정벌에 큰 공을 세웠습니다."

백공 승이 손짓으로 두 사람을 부르자 그들은 성큼성큼 걸음을 옮기며 계단 위로 오르려 했다. 그러자 자기가 고함을 질렀다.

"이곳은 대왕마마의 어전이다. 변방의 신하는 계단 아래에서 절을 올려야지 계단 위로 올라와서는 안 된다!"

그러나 석걸과 웅의료가 어찌 그 말을 듣겠는가? 두 사람은 큰 걸음으로 계단 위로 올라섰다. 자기는 호위병을 시켜 그들을 저지하게 했다. 웅의료가 그들을 잡아 팽개치자 모두 이리저리 비틀대며 고꾸라졌다. 두 사람은 곧바로 대전으로 올라갔다. 석걸은 칼을 뽑아 자서를 겨누었고, 웅의료는 칼을 뽑아 자기를 겨누었다. 이때 백공 승이 또 고함을 질렀다.

"너희는 어찌하여 함께 공격하지 않느냐?"

그러자 장사 1000명도 무기를 잡고 벌 떼처럼 몰려 올라왔다. 백공 승은 혜왕을 포박하고 움직이지 못하게 했다. 또 석걸이 영윤 자서를 포박하자 백관들은 모두 놀라 흩어졌다. 사마 자기는 평소에 용력이 있어서 대전에 비치되어 있던 창을 뽑아 웅의료와 싸움을 벌였다. 웅의료는 칼을 버리고 앞으로 달려들어 자기의 창을 빼앗았다. 그러자 자기는 칼을 주워들고 웅의료를 베었다. 웅의료는 왼쪽 어깨에 칼을 맞은 채 창을 뻗어 자기의 복부를 찔렀다. 두 사람은 서로 꼿꼿이 대치한 채 물러서지 않았다. 결국 두 사람은 한 덩어리로 엉켜 대전 뜰에 떨어져 죽었다. 영윤 자서가 백공 승에게 말했다.

"너는 오나라에서 밥을 빌어먹던 놈이었으나 내가 골육지친임을 생각하여 너를 귀국시켜 작위를 내렸다. 그런데 어찌하여 반란을 일으키느냐?"

백공 승이 말했다.

"정나라 놈들이 우리 부친을 살해했는데, 네놈은 정나라와 강화를 했다. 그러니 네놈이 바로 정나라 놈들과 같다. 나는 지금 우리 부친의 원수를 갚아야 하므로 사사로운 은혜 따위를 돌아볼 틈이 없다."

자서가 탄식하며 말했다.

"내가 심제량의 말을 듣지 않은 것이 후회스럽구나!"

백공 승은 직접 칼을 들고 영윤 자서의 목을 베어 조정에 효수했다. 석걸이 말했다.

"임금을 죽이지 않으면 일이 성사되지 않습니다."

백공 승이 말했다.

"어린 임금이 무슨 죄가 있겠느냐? 폐위하면 그만이다!"

그는 혜왕을 초나라 별궁 고부高府에 가두고 왕자 계啓를 왕위에 올리려 했다. 그러나 왕자 계가 한사코 사양하자 결국 그를 죽였다. 석걸은 또 백공 승에게 직접 보위에 오르라고 권했다. 백공 승이 말했다.

"지방의 현을 다스리는 현공縣公이 아직 많다. 그들을 모두 불러 의향을 물어봐야겠다."

백공 승은 자신이 거느리고 온 군사를 태묘에 주둔시켰다. 이때 대부 관수管修는 자신의 사병을 거느리고 백공 승을 공격했다. 사흘 동안 전투를 벌이다가 관수는 백공 승에게 크게 패한 뒤 피살되었다. 어공圉公 양陽은 그들이 싸우는 틈에 사람을 시켜 고부의 담장을 뚫고 작은 구멍을 만들었다. 그런 다음 밤에 그곳으로 잠입하여 혜왕을 구출한 뒤 소왕의 계실繼室인 월희越姬의 궁전에 숨겼다.

섭공葉公 심제량은 변란 소식을 듣고 섭 땅의 모든 군사를 동원하여 밤새도록 초나라 도성으로 달려왔다. 도성 교외에 당도하자 백성이 길을 가득 메우며 몰려나와 섭공을 환영했다. 그들은 섭공이 아직 갑옷도 입지 않은 것을 보고 의아해하며 물었다.

"섭공께서는 어찌하여 갑옷을 입지 않으셨습니까? 백성은 마치 어린아이가 부모가 오기를 기다리듯 섭공께서 오시기를 기다렸습니다. 만일 도적의 화살이 공을 해치면 우리 백성은 무슨 희망으로 살아가겠습니까?"

이에 섭공은 갑옷을 입고 투구를 쓴 뒤 도성으로 진격했다. 도성 가까이 다가가자 또 한 무리의 백성이 환영을 나왔다. 그들은 섭공이 투구를 쓰고 있는 것을 보고 의아해하며 물었다.

"섭공께선 어찌하여 투구를 쓰고 계십니까? 백성은 마치 흉년에 곡식을 바라듯 공의 모습을 뵈러 나왔습니다. 공의 얼굴을 뵈오니 마치 죽은 사람이 다시 살아난 듯합니다. 그러니 비록 노인이나 어린아이라 하더라도 누가 공을 위해 사력을 다하지 않겠습니까? 그런데 어찌하여 투구로 얼굴을 가리시고 사람들의 의심을 불러일으켜 그들이 힘을 다 발휘하지 못하게 하십니까?"

그리하여 섭공은 투구를 벗고 전진했다. 섭공은 민심이 자신에게 귀의한 것을 알고 수레 위에 대패大旆 깃발을 세웠다. 잠윤 고는 백공 승의 소환을 받고 부하들을 인솔하고 입성하다가 저쪽 큰 깃발에 '섭葉' 자가 쓰여 있는 것을 보고 섭공의 뒤를 따라 성으로 들어갔다. 백성과 군사들은 섭공이 당도한 것을 보고 성문을 크게 열어 그들의 군사를 받아들였다.

섭공은 백성을 거느리고 태묘에 주둔하고 있는 백공 승을 공격했다. 석걸은 섭공에게 패하여 백공 승을 수레에 태우고 용산龍山으로 달아났다가 다시 다른 나라로 망명하려 했으나, 아직 망명지를 정하지도 못한 상황에서 섭공이 군사를 이끌고 추격해왔다. 백공 승은 결국 스스로 목을 매고 죽었다. 석걸은 용산 뒤편에다 백공의 시신을 묻었다. 섭공의 군사가 당도하여 석걸을 사로잡고 물었다.

"백공은 어디 있느냐?"

석걸이 대답했다.

"이미 자결했소!"

또 물었다.

"시체는 어디 있느냐?"

석걸은 입을 굳게 다물고 대답하려 하지 않았다. 섭공은 솥을 가져오라 명을 내리고 석걸 앞에서 불을 피워 물을 펄펄 끓여놓고선 그에게 말했다.

"말을 하지 않으면 네놈을 삶아 죽일 것이다."

석걸은 스스로 옷을 벗고 섭공을 비웃으며 말했다.

"대사가 성공하면 고귀한 상경이 되고, 대사가 실패하면 솥에 삶기는 것이 당연한 이치이거늘 내가 어찌 우리 주군의 백골을 팔아 목숨을 구걸하

섭공 심제량이 백공 승을 제거하다.

겠느냐?"

석걸은 마침내 스스로 솥 속으로 뛰어들었다. 순식간에 그의 몸은 끓는 물에 녹아들었다. 백공 승의 시신은 결국 소재를 알 수 없게 되었다. 석걸은 비록 부정한 사람을 따랐으나 역시 대장부라고 할 만했다. 섭공은 혜왕을 모셔와 복위시켰다. 이때 진陳나라에서는 초나라가 혼란한 틈을 타 군사를 보내 초나라를 침략했다. 섭공은 혜왕에게 요청해 군사를 거느리고 가서 진나라를 멸망시켰다. 또한 자서의 아들 영寧에게 영윤 직을 계승하게 했고, 자신의 아들 관寬에게 사마 직을 계승하게 했다. 섭공 자신은 늙음을 핑계로 섭 땅으로 돌아갔다. 이때부터 초나라는 위기를 벗어나 다시 안정을 되찾았다. 이것이 주 경왕 42년의 일이었다.

이해에 월왕 구천은 오나라에서 월나라 군사를 퇴각시켜준 뒤 오왕 부차가 주색에 빠져 조정을 돌보지 않는다는 소식을 탐지했다. 게다가 오나라에는 해마다 흉년이 들어 민심이 원망으로 가득 차 있는 상태였다. 구천은 다시 나라 안의 병사들을 불러일으켜 대규모로 오나라를 정벌했다. 곧바로 군사를 이끌고 교외로 나서다가 길에서 큰 개구리를 만났다. 그 개구리는 눈을 부릅뜨고 배를 크게 부풀린 채 마치 화를 내는 듯한 모습이었다. 그러자 월왕 구천은 숙연한 자세로 수레 앞의 가로나무를 잡고 일어서서 경의를 표했다. 좌우 장수들이 물었다.

"대왕마마! 무엇 때문에 경의를 표하십니까?"

구천이 말했다.

"내가 보기에 분노한 개구리가 마치 싸움에 임하는 전사와 같아서 경의를 표한 것이오."

이 말을 듣고 군사들이 모두 말했다.

"우리 대왕마마께서 분노한 개구리에게까지 경의를 표하시는데, 여러 해 동안 훈련을 받은 우리가 개구리만 못해서야 되겠는가?"

그들은 서로 격려하며 필사의 투지를 불태웠다. 백성도 각각 자신의 자제를 교외에까지 전송하러 나와 모두 눈물을 흘리며 영결의 말을 전했다.

"이번에 가서 오나라를 멸망시키지 못하면 다시 만날 생각을 하지 마라!"

월왕 구천은 다시 군사들에게 알렸다.

"부자가 함께 군대에 동원된 자가 있으면 아버지는 돌아가고, 형제가 함께 동원된 자가 있으면 형은 돌아가라. 또 부모를 모실 형제가 없는 자는 돌아가 부모를 부양하라. 그리고 몸이 아파 무기를 들 수 없는 자도 사정을 이야기하면 의약과 미음을 제공해줄 것이다."

군사들 모두 인재를 아끼는 월왕의 은덕에 감격하여 우레와 같은 환호성을 질렀다. 행군이 강 입구에 당도하자 죄를 지은 자를 참수하여 군법을 밝혔다. 이에 모든 군사의 마음이 숙연해졌다. 오왕 부차는 월나라 군사가 다시 쳐들어온다는 소식을 듣고 모든 군사를 불러일으켜 강가에서 적을 맞아 싸울 준비를 했다. 월나라 군사는 강 남쪽에 주둔했고 오나라 군사는 강 북쪽에 주둔했다. 월왕 구천은 대군을 좌우 2진으로 나누어 범여에게 우군을, 문종에게 좌군을 이끌게 했다. 그리고 근위병 6000명은 월왕 자신이 이끌고 중군으로 삼았다. 다음 날 강에서 전투를 벌일 작정이었다. 황혼 무렵이 되자, 월왕은 좌군에게 함매銜枚1를 한 채 강을 거슬러 5리를 올라가 오나라 군사를 기다리게 한 다음 사방을 경계하다가 한밤중에 북

1_ 함매銜枚: 행군 중에 침묵을 유지하기 위해 군사들의 입에 작은 나무 막대기를 물리는 것.

소리가 울리면 진격하도록 명령을 내렸다. 또 우군에게도 함매를 한 채 강을 건너 10리를 가서 좌군이 접전을 벌이면 우군도 앞으로 달려가 협공을 하도록 했다. 또 원근에서 모두 들을 수 있도록 각각 큰 북으로 북소리를 우렛소리처럼 크게 울리라고 했다. 오나라 군사들은 한밤중에 갑자기 뇌성벽력 같은 북소리를 들었다. 그들은 월나라가 습격해온 것을 알고 당황하여 횃불을 올렸다. 그러나 아직 명확하게 상황을 판단할 수 없는 가운데 멀리서 또 북소리가 울리기 시작했다. 월나라의 양군은 서로 호응하며 오나라 진영을 포위했다. 오왕 부차는 깜짝 놀라 군사를 나누어 적과 싸우라고 황급히 군령을 내렸다. 그때 월왕이 근위병 6000여 명을 몰래 이끌고 북소리도 울리지 않은 채 암흑 속에서 오나라 중군을 공격했다. 아직 날도 밝지 않은 이른 새벽이었지만 전후좌우와 중앙이 모두 월나라 군사들로 가득 차 있었다. 오나라 군사들은 이들을 당해내지 못하고 대패하여 달아났다. 월왕 구천은 삼군을 이끌고 오나라 군사를 바짝 뒤쫓았다. 입택笠澤(江蘇省 蘇州 吳江區) 일대에 이르러 다시 전투가 벌어졌으나 오나라 군사가 다시 패배했다. 연거푸 세 번이나 패배하는 과정에서 오나라 명장 왕자 고조姑曹와 서문소 등이 모두 전사했고, 오왕 부차는 밤새도록 도주하다가 도성의 성문을 굳게 닫고 수비에 전념했다. 월왕 구천은 횡산橫山(上海 松江區 橫雲山)으로부터 군사를 진격시켰다. 지금의 월래계越來溪가 바로 그곳이다. 월왕은 서문胥門 밖 한곳에 성을 쌓고 오나라를 곤궁에 빠뜨리려 했다. 그곳을 월성越城이라고 부른다.

월왕이 오나라를 포위하고 오랜 시간이 흐르자 오나라 사람들은 심한 곤경에 빠졌다. 백비는 병을 핑계로 집 밖으로 나오지도 않았다. 결국 부차는 왕손 낙을 시켜 어깨를 드러낸 채 무릎걸음으로 기어가서 월왕에게 강화를 요청하게 했다. 왕손 낙이 오왕 부차의 말을 대신 전했다.

"미천한 신하 부차는 지난날 회계에서 대왕께 큰 죄를 지었습니다. 당시에 부차는 감히 대왕의 명령을 거역하지 못하고 대왕과 우호를 다진 뒤 대왕을 월나라로 돌아가게 했습니다. 지금 대왕께서 군사를 일으켜 미천한 신하를 토벌하시니 이 미천한 신하에게도 대왕을 회계에서 용서해준 것과 같은 은덕을 베풀어주시기 바랍니다."

구천은 그 말을 차마 거절할 수가 없어서 강화를 허락하려고 했다. 그러자 범여가 말했다.

"대왕마마께선 아침 일찍 일어나 저녁 늦게 주무시면서 20년 동안 복수를 도모해왔습니다. 그런데 어찌하여 강화를 받아들이고 복수를 팽개치시려 하십니까?"

그 말을 들은 월왕 구천은 강화를 허락하지 않았다. 오나라 사신이 일곱 차례나 월나라 군영을 왕복했지만 문종과 범여는 끝까지 강화에 동의하지 않고 결국 북을 울려 성을 공격했다. 오나라 사람들은 더 이상 전투를 치를 힘조차 없었다. 문종과 범여는 서문을 부수고 입성하기로 의견을 맞췄다. 그날 밤 멀리 오나라 남쪽 성문 위에 오자서의 머리가 나타났다. 크기는 수레바퀴만 했고 눈빛은 번갯불과 같았으며 머리를 마구 풀어헤치고 있었다. 눈빛이 10리에까지 환히 비치자 월나라 장졸들은 두려워하지 않는 사람이 없었다. 월나라 군사는 잠시 행군을 멈출 수밖에 없었다. 한밤중이 되자 남문에서부터 폭풍이 몰아치고 마치 쏟아붓듯 세찬 비가 내렸다. 그리고 우레와 번개가 몰아치며 돌과 모래가 화살보다 더 빠르게 날아왔다. 월나라 군사들 중에는 돌에 맞아 죽거나 부상당하는 사람이 속출했다. 배를 매어놓았던 밧줄도 모두 끊어져 더 이상 단속할 수조차 없었다. 범여와 문종은 상황이 다급해지자 웃옷을 벗고 빗속에서 멀리 남문을 바라보며 머리를 조아리고 사죄했다. 한참 뒤에 바람이 잦아들고 비가 그치자 범여와 문종은 앉은 채로 선잠이 들어 여명을 맞이하게 되었다. 두 사람의 꿈에 오자서가 백마가 끄는 흰 수레를 타고 나타났다.[2] 의관은 매우 위엄이 있었고 그 생생한 모습이 마치 살아 있는 듯했다. 오자서가 입을 열었다.

"나는 이전부터 월나라 군사들이 반드시 쳐들어오리라 예상했다. 그래서 너희가 오나라로 입성하는 것을 보려고 내 머리를 동문에 걸어달라고 요구했던 것이다. 그러나 오왕은 내 머리를 남문에다 걸었다. 그래도 충성심은 아직 사라지지 않아서 너희가 내 머리 아래로 들어오는 것을 차마 두고 볼 수 없었다. 이 때문에 비바람을 몰고 와서 너희를 잠시 물러가게 한 것이다. 그러나 월나라가 오나라를 병합하는 것은 하늘이 정한 이치이니 내가 어찌 막을 수 있겠느냐? 너희가 성으로 들어오려면 남문에서 동문으로 가거라. 내가 너희를 위해 길을 열어 성문을 뚫고 들어가게 해줄 것이다."

두 사람은 같은 꿈을 꾸고 나서 함께 월왕에게 보고했다. 그러고는 바로 장졸을 시켜 물길을 헤치고 남문에서 동문으로 옮겨가게 했다. 그들이 사문蛇門과 장문匠門 사이에 이르렀을 때 갑자기 태호의 물이 넘치며 서문으로부터 세찬 물살이 몰아닥쳤다. 파도가 외성外城을 들이쳐 성벽에 커다란 구멍을 내자 전어鱄[3]와 돌고래鲟[4]가 무수하게 몰려와 파도를 타고 성안으

2_ 백마소거白馬素車: 백마가 끄는 하얀 수레. 월나라 대부 범여范蠡와 문종文種의 꿈에 나타난 오자서伍子胥가 '백마가 끄는 하얀 수레'를 탔다고도 하고, 전당강錢塘江에 세찬 조수潮水가 밀려들 때 조수의 첫머리에 '백마가 끄는 하얀 수레'를 타고 오자서가 나타났다고도 한다. '소거백마素車白馬'라고도 하며, 흔히 나라의 멸망이나 사람의 장례를 비유한다.

로 들어왔다. 범여가 말했다.

"과연 오자서가 우리를 위해 길을 열어주시는구나!"

마침내 그들은 그곳으로 군대를 휘몰아 성안으로 들어갔다. 나중에 그곳에 문을 만들어 전부문鱄鯆門이라고 했다. 또 그곳 물에 봉초葑草5가 많이 자랐기 때문에 봉문葑門이라고도 했으며, 그 물은 봉계葑溪라고 불렀다. 그곳은 오자서의 영혼이 나타난 옛 유적지다.

오왕 부차는 월나라 군사가 입성한 뒤 백비도 항복했다는 소식을 듣고 왕손 낙 및 자신의 세 아들과 함께 양산으로 달아났다. 밤낮없이 길을 재촉하자 배가 고프고 목이 말라서 눈에 현기증이 일었다. 좌우 시종들이 논에서 생벼를 훑어와서 껍질을 벗기고 오왕에게 올렸다. 오왕은 그것을 씹어 먹고 땅에 엎드려 손으로 도랑물을 떠서 마셨다. 그러고는 좌우 시종들에게 물었다.

"내가 먹은 것이 무엇이냐?"

좌우 시종들이 대답했다.

"생벼입니다."

오왕 부차가 말했다.

"이전에 공손성이 '불로 음식을 해먹을 틈도 없이 창망하게 달아난다'고 하더니 그 말이 맞구나!"

왕손 낙이 말했다.

"배불리 드셨으니 어서 가십시오. 앞에 잠시 몸을 피할 만한 깊은 계곡

3_ 전어鱄: 바다 생선 전어가 아니라 중국 동정호 등 민물에 사는 전어다.

4_ 돌고래鯆: 바다에 사는 돌고래가 아니라 중국의 장강長江 등지에 사는 돌고래다.

5_ 봉초葑草: 흔히 말하는 순무가 아니라 수생식물의 일종이 봉초葑草다.

이 있습니다."

부차가 말했다.

"요사한 꿈이 이미 들어맞았다. 죽음이 조석에 달렸는데 잠시 피해서 무엇하겠느냐?"

이에 양산에 머물며 왕손 낙에게 말했다.

"내가 전에 공손성을 죽여서 이 산꼭대기에 버렸다. 아직도 그의 영혼이 있는지 모르겠구나!"

왕손 낙이 말했다.

"시험 삼아 불러보십시오!"

부차가 큰 소리로 불렀다.

"공손성!"

산속에서도 메아리가 대답했다.

"공손성!"

세 번 부르자 세 번 모두 메아리가 울렸다. 부차는 몹시 두려워져서 간수干隧(陽山 서남쪽 逡山)로 자리를 옮겼다.

월왕 구천은 군사 1000명을 이끌고 오왕 부차를 추격하여 여러 겹으로 그를 포위했다. 오왕 부차는 서찰 한 통을 써서 화살 끝에 매달아 월나라 군영으로 쏘아 보냈다. 병졸이 그것을 주워 윗사람에게 바쳤다. 문종과 범여가 함께 서찰을 개봉해보니 그 내용은 다음과 같았다.

> 과인이 듣건대 '교활한 토끼를 잡고 나면 영리한 사냥개는 삶아서 먹는다狡兔死而良犬烹'[6]고 하오. 적국이 멸망하면 모사는 반드시 죽는다는 뜻이오. 대부들께선 어찌하여 우리 오吳나라에 한 가닥 활로를 열어주어 뒷날의 여지

를 남겨두지 않으시오?

문종도 답장을 써서 화살에 매달아 쏘아 보냈다.

오나라는 여섯 가지 큰 잘못을 저질렀소. 충신 오자서를 죽인 것이 큰 잘못의 하나요, 직언을 했다고 공손성을 죽인 것이 큰 잘못의 둘이요, 태재 백비의 참소와 아첨을 들어준 것이 큰 잘못의 셋이요, 죄 없는 제나라와 진晉나라를 자주 정벌한 것이 큰 잘못의 넷이요, 오나라와 월나라는 같은 땅에 있는데도 침략하고 정벌했으니 큰 잘못의 다섯이요, 월나라가 오나라의 선왕을 죽였는데도 복수는 할 줄 모르고 마음대로 적을 석방하여 후환을 남겼으니 이것이 큰 잘못의 여섯이 되는 것이오. 이처럼 여섯 가지 큰 잘못을 저지르고도 지금 멸망을 면하려고 하다니 그것이 가능한 일이겠소? 지난날 하늘은 월나라를 오나라에 하사했지만 오나라는 받지 않았소. 지금은 하늘이 오히려 오나라를 우리 월나라에게 하사하고 있소. 월나라가 어찌 감히 하늘의 명령을 어길 수 있겠소?

오왕 부차는 답서를 받아 마지막 여섯 번째 잘못을 읽으면서 결국 눈물을 흘렸다.

"과인은 구천을 주살하지 않고 선왕의 원수를 망각했으니 불효막심한

6_ 토사구팽兎死狗烹: 흔히 한나라 초기 고조 유방이 건국 공신들을 죽일 때 나온 고사성어로 알려져 있지만 사실은 오왕 부차가 그전에 한 말이다. 『한비자』「내저설 하內儲說下」에는 '狡兎盡則良犬烹, 敵國滅則謀臣亡'으로 되어 있고, 『사기』「월왕구천세가」에는 '飛鳥盡, 良弓藏, 狡兎死, 走狗烹'으로 되어 있다. 교활한 토끼를 잡고 나면 사냥개도 쓸모가 없어지므로 결국 잡아서 먹게 된다는 뜻이다. 필요할 때는 이용하다가 필요가 없어지면 야박하게 내버리는 상황을 비유한다.

짓을 저질렀다. 이 때문에 하늘이 우리 오나라를 버린 것이다!"

왕손 낙이 말했다.

"신이 다시 월왕을 만나 애절하게 간청해보겠습니다."

부차가 말했다.

"과인은 나라를 다시 회복하려는 것이 아니오. 만약 부용국附庸國(속국)의 지위라도 허락한다면 대대손손 월나라를 섬기는 것이 나의 소원이라고 전해주시오."

왕손 낙이 월나라 군영에 도착했지만 문종과 범여는 그를 배척하며 군막 안으로 들여보내주지도 않았다. 월왕 구천은 사신이 눈물을 흘리며 돌아가는 것을 멀리서 바라보다가 측은한 생각이 들어, 오왕에게 사신을 보내 이렇게 전했다.

"과인은 그대와 보낸 옛정을 생각하여 그대를 용동甬東(浙江省 동쪽 舟山島) 땅에 안치할 생각이오. 부부 두 분에게 500호의 백성을 내려줄 터이니 생을 마칠 때까지 그곳에 거주하시오."

그러자 부차가 눈물을 머금고 대답했다.

"대왕께서 다행히 우리 오나라를 용서해주시면 오나라는 그 자체로 벌써 대왕의 바깥 창고가 될 것이오. 그런데도 만약 오나라의 사직을 뒤엎고 종묘를 없애고 500호의 백성만 거느리고 살아가라 한다면, 과인은 늙어서 그렇게 살 수 없고 결국 죽을 수밖에 없다는 말씀을 드리겠소."

월나라 사신이 돌아간 후에도 오왕 부차는 여전히 자결하려 하지 않았다. 구천이 문종과 범여에게 말했다.

"두 분께선 어찌하여 부차를 잡아 죽이지 않으시오?"

문종과 범여가 대답했다.

"신들은 신하된 자라 감히 임금을 주살할 수 없습니다. 원컨대 주상께서 직접 명령하십시오! 천벌은 금방 집행해야지 오래 고민해서는 안 됩니다."

월왕 구천은 보광검을 들고 군영 앞에 서서 군사를 시켜 오왕에게 큰 소리로 명령을 전하게 했다.

"세상에 만세를 누리는 임금은 없소. 결국 누구나 한 번 죽게 마련이오. 그런데 어찌 꼭 우리 군사의 칼이 대왕의 몸에 닿게 하려는 것이오?"

오왕 부차는 그 말을 듣고 몇 번 크게 탄식하다가 사방을 돌아보며 울었다.

"내가 충신 오자서와 공손성을 죽였으니 지금 스스로 목숨을 끊는다 해도 이미 늦었다고 할 수 있다."

그러고는 좌우 시종들에게 말했다.

"만약 죽은 자에게도 지각이 있다면 내가 무슨 면목으로 지하에서 오자서와 공손성을 볼 수 있겠느냐? 반드시 비단을 세 겹으로 접어서 내 얼굴을 가려다오."

말을 마치고는 차고 있던 칼을 뽑아 스스로 목을 찔러 죽었다. 왕손 낙은 옷을 벗어 오왕의 시신을 덮고 자신도 그 곁에서 허리띠를 풀어 목을 매고 죽었다. 월왕 구천은 오왕 부차를 제후의 예에 따라 양산에 장사 지내게 했다. 모든 군사에게 흙을 한 삼태기씩 지고 오게 하여 시신을 덮자 순식간에 커다란 무덤이 되었다. 부차의 세 아들은 용미산龍尾山(江西省 婺源 龍尾山)으로 흘러 들어가서 살았다. 후세 사람들은 그 동네를 오산리吳山里라고 했다. 시인 장우張羽7가 이 일을 시로 읊으며 탄식했다.

7_ 장우張羽: 원말 명초 오중吳中(강소성 소주)에서 활동한 유명한 시인. 고계, 양기, 서분과 함께 오중사걸로 꼽힌다. 『정거집靜居集』과 『백운집白雲集』을 남겼다.

월왕 구천이 오왕 부차를 자결하게 하다.

옛 성 서쪽 황량한 누대에 혼자 오르니 荒臺獨上故城西
오왕의 가마 길엔 초목만 처량하네 輦路淒涼草木悲
폐허가 된 무덤엔 백호도 보이지 않고 廢墓已無金虎臥
무너진 담장엔 밤 까마귀 우는구나 壞牆時有夜烏啼
향초 길 끊긴 곳엔 사슴이 내려오고 採香徑斷來麋鹿
소리 울리던 회랑은 기장 밭으로 변했네 響屧廊空變黍離
오자서의 혼령을 어디에서 조문하나? 欲弔伍員何處所
엷은 안개 위 비낀 달에 시도 짓지 못하겠네 淡煙斜月不堪題[8]

남송南宋의 양만리楊萬里(호는 誠齋)[9]도 「고소대姑蘇臺에서 옛날을 슬퍼하다蘇臺弔古」라는 시를 지었다.

하늘로 솟은 네 탑은 구름 속에 우뚝하고 插天四塔雲中出
물 건너 봉우리들은 눈 온 후에 산뜻하네 隔水諸峯雪後新
고소대에서 저 멀리 300리를 본다더니 道是遠瞻三百里
월왕 근위병 6000명은 어찌하여 못 보았나? 如何不見六千人

호증 선생도 이 일을 영사시로 읊었다.

8_ 이 시는 장우의 「등고소대회고登姑蘇臺懷古」다.

9_ 양만리楊萬里: 강서성 길수吉水 출신으로 자는 정수廷秀, 호는 성재誠齋. 태상박사太常博士, 호부원외랑戶部員外郎 등을 역임했다. 평생 금나라와의 항쟁을 주장했다. 또 남송의 뛰어난 시인이기도 하여, 우무尤袤, 범성대范成大, 육유陸游와 함께 남송사대가로 일컬어진다.

오왕은 패업 믿고 영웅 재략 뽐내면서 吳王恃霸逞雄才
탐욕스럽게 고소대에서 술에 취해 놀았다 貪向姑蘇醉綠醅
그러다가 전당강 위 하늘에 뜬 달이 不覺錢塘江上月
하룻밤 새 월군越軍을 보낼 줄 깨닫지도 못했다 一宵西送越兵來[10]

원元나라 사람 살도랄薩都剌[11]도 이 일을 시로 읊었다.

창문閶門 곁 수양버들 봄바람에 춤을 추고 閶門楊柳自春風
물가 전각 은은한 꽃은 붉은 눈물 흘리는구나 水殿幽花泣露紅
버들 솜은 해마다 온 성곽에 가득 날리고 飛絮年年滿城郭
길 가는 나그네는 관왜궁을 볼 수 없네 行人不見館娃宮[12]

당唐나라 사람 육구몽陸龜蒙[13]은 서시에 대한 시를 읊었다.

한밤중 관왜궁이 싸움터로 변하자 半夜娃宮作戰場

10_ 이 시는 호증의 영사시 「고소대姑蘇臺」다.

11_ 살도랄薩都剌: 산서성 대현代縣 출신으로 자는 천석天錫, 호는 직재直齋다. 회족 또는 몽골족으로 알려져 있지만 그의 선대는 서역 돌궐인으로 추정된다. 원대 문인으로 시, 서, 화에 모두 뛰어났다. 남대어사南臺御史, 회서북도경력淮西北道經歷 등 직을 역임했으나 관운은 순탄하지 못했다. 말년에 항주杭州에 거주하며 시, 서, 화에 침잠했다.

12_ 이 시는 살도랄의 「등고소대登姑蘇臺」다.

13_ 육구몽陸龜蒙: 강소성 소주 출신으로 자는 노망魯望이고, 호는 천수자天隨子, 강호산인江湖散人, 보리선생甫里先生 등으로 쓴다. 당대唐代의 시인으로 피일휴皮日休와 함께 전원과 자연을 읊은 영물시詠物詩를 많이 남겨 흔히 '피륙皮陸'으로 병칭된다. 이 시도 본래 피일휴의 작품인데 이 소설의 원저자는 육구몽의 작품으로 잘못 알고 있다. 저작으로 『보리선생문집甫里先生文集』 『입택총서笠澤叢書』 등을 남겼다.

피비린내가 오히려 잔치 향기에 엇섞였다 血腥猶雜宴時香
서시는 남은 촛불 다 태울 새도 없이 西施不及燒殘蠟
임금 위해 슬픈 눈물 주룩주룩 흘렸다 猶爲君王泣數行[14]

한편 월왕 구천은 고소성으로 들어가 오왕의 궁전에 앉은 뒤 백관들의 축하 인사를 받았다. 백비도 그 대열에 서 있었다. 그는 지난날 월왕에게 베푼 은혜를 믿는 듯 얼굴에 자못 뻐기는 기색까지 드러내고 있었다. 월왕 구천이 그를 보고 말했다.

"네놈은 오나라 태재이지만 과인이 어찌 감히 네놈에게 허리를 굽히겠느냐? 임금은 지금 양산에 묻혀 있는데, 네놈은 어찌하여 그 뒤를 따르지 않느냐?"

백비는 부끄러움을 느끼고 뒤로 물러났다. 그러자 구천은 역사를 시켜 그를 잡아 죽이게 하고 그의 일가친척까지 모두 쓸어 없애게 했다. 그리고 이렇게 말했다.

"나는 충신 오자서의 원수를 갚은 것이다!"

월왕 구천은 오나라 백성을 안정시킨 뒤 군사를 이끌고 장강과 회수를 건너 서주舒州(江蘇省 徐州)에서 제, 진晉, 송, 노나라 군주와 회맹을 했다. 또한 주周나라 천자에게 사신을 보내 조공을 바쳤다. 이 무렵 초나라는 진陳나라를 멸망시키고 나서 월나라 군사가 쳐들어올까 겁을 먹고 역시 사신을 보내 월나라와 우호를 맺었다. 월왕 구천은 회수 근처의 땅을 분할하여 초나라에 주었고 사수泗水 동쪽 사방 100리의 땅을 분할하여 노나라에 주

14_ 실제로 이 시는 피일휴의 「관왜궁회고館娃宮懷古」 칠언절구 중 세 번째 작품이다.

었다. 또 오나라가 침략하여 점령한 송나라 땅도 모두 송나라에 그대로 돌려줬다. 각국 제후는 모두 기쁘게 복종하며 월나라를 패주로 존경했다. 월왕은 오나라로 돌아와 사람을 시켜 회계에 하대賀臺를 짓게 하고 지난날 칩거하던 치욕을 씻었다. 그런 다음 오나라 궁궐 문대文臺에서 주연을 베풀고 신료들과 기쁨을 만끽했다. 또 악공에게 「오나라 정벌伐吳」이라는 노래를 짓게 했다. 악사가 금을 당겨 연주를 시작했다. 그 가사는 이렇다.

우리 대왕 영명하사 군사 위엄 기르시어	吾王神武蓄兵威
무도한 자 주살할 일 어느 때에 행하실까?	欲誅無道當何時
대부이신 문종 범여 앞에 나서 아뢰니	大夫種蠡前致詞
오나라에선 충신인 오자서를 죽였도다	吳殺忠臣伍子胥
지금 오를 정벌 않고 어느 때를 기다리랴?	今不伐吳又何須
어진 신하들 계책 모아 천복을 맞이하네	良臣集謀迎天禧
단 한 번 싸움으로 천 리 땅을 개척하여	一戰開疆千里餘
광대한 공로를 청동 제기에 새겼도다	恢恢功業勒常彝
상을 줄 땐 인색 않고 벌을 줄 땐 어김없어	賞無所吝罰不違
임금 신하 함께 즐기며 술잔 가득 채우는구나	君臣同樂酒盈巵

문대 위의 신료들은 모두 마음껏 기뻐하며 웃음꽃을 피웠다. 그러나 월왕 구천만은 얼굴에 기쁜 기색이 없었다. 범여는 몰래 탄식하며 중얼거렸다.

"월왕은 신하들에게 공로를 돌리려 하지 않고, 의심하고 시기하는 마음을 벌써 드러내는구나!"

범여는 다음 날 월왕에게 나아가 벼슬을 내놓으며 말했다.

“신이 듣건대 ‘임금이 치욕을 당하면 신하는 죽어야 한다主辱臣死’고 합니다. 지난날 대왕마마께서 회계에서 치욕을 당할 때 신이 죽지 않은 까닭은 은인자중하며 월나라를 다시 일으켜 세우려 했기 때문입니다. 이제 오나라는 이미 사라졌으니, 회계에서 죽었어야 할 신의 죄를 용서해주신다면 이 해골을 끌고 돌아가 강호에서 노년을 보내고 싶습니다.”

월왕은 마음이 처연해졌다. 눈에서는 눈물이 흘러내려 옷자락을 적셨다. 월왕이 말했다.

“과인은 경의 힘에 의지하여 오늘을 맞이했소. 이제 바야흐로 그 은덕에 보답할 생각을 하고 있는데 어찌하여 과인을 버리고 떠나려는 것이오? 이곳에 머물면 경과 나라를 함께 다스리겠지만 떠난다면 경의 처자식을 모두 죽일 것이오!”

범여가 말했다.

“신은 본래 죽어야 할 몸이지만 신의 처자식이 무슨 죄가 있습니까? 신이 죽고 사는 건 대왕마마께 달렸사오니 신은 상관하지 않겠습니다!”

이날 밤 범여는 작은 배를 타고 제녀문齊女門을 나서서 삼강三江을 건너 오호五湖로 들어갔다. 지금도 제문齊門 밖에 여구蠡口(江蘇省 蘇州 蠡口)란 곳이 있는데 그곳이 바로 범여가 삼강을 건넌 곳이다. 다음 날 월왕 구천은 사람을 보내 범여를 불렀으나 범여는 벌써 떠나고 없었다. 월왕은 수심에 젖어 안색을 바꾸며 문종에게 물었다.

“범여를 따라잡을 수 있겠소?”

문종이 대답했다.

“범여는 귀신도 예측할 수 없는 기지機智를 갖고 있어서 추격할 수 없습니다.”

문종이 조정을 나서자 어떤 사람이 서찰 한 통을 그에게 전해줬다. 문종이 서찰을 펼쳐보니 바로 범여의 친필이었다. 서찰의 내용은 이러했다.

> 대부께선 지난번 오왕의 말을 기억하지 못하시오? '교활한 토끼가 죽으면 사냥개를 삶아 먹고, 적국이 망하면 모사도 죽는다狡兔死, 走狗烹. 敵國破, 謀臣亡'라고 했소. 월왕은 목이 길고 새 부리 같은 입을 갖고 있소. 치욕을 참고 공로를 다투며 환난은 함께할 수 있지만 안락은 함께할 수 없소. 대부께서 지금 떠나지 않으면 틀림없이 참화에서 벗어날 수 없을 것이오.

문종은 서찰을 다 읽고 나서 편지를 가져온 사람을 불렀다. 그러나 그는 벌써 어디로 갔는지 종적을 찾을 수 없었다. 문종은 불만스럽고 불쾌한 마음이 들어 범여의 말을 깊게 믿지 못하고 탄식하며 말했다.

"소백少伯(范蠡의 자)의 염려가 지나치구나!"

며칠 후 월왕 구천은 군사를 거두어 월나라로 돌아갔다. 그는 서시도 함께 데리고 갔다. 월왕의 부인은 사람을 시켜 서시를 끌어낸 뒤, 그녀의 등에 큰 돌을 묶어서 강물 속으로 던졌다. 그러고는 이렇게 말했다.

"이 같은 망국의 요물을 살려둬서 무엇하겠느냐?"

후세 사람들은 이 일을 알지 못하고 범여가 그녀를 배에 싣고 오호로 함께 들어갔다고 잘못된 사실을 전했다. 그리하여 마침내 "서시를 싣고 떠난 것이 어찌 의도한 일이 아니랴? 경국지색 남겨뒀다가 군왕을 망칠까 두려웠네載去西施豈無意, 恐留傾國誤君王"15라는 시구까지 등장하게 되었다. 생각건대 범여는 작은 배로 혼자 떠나며 처자식조차도 내버렸는데, 어찌 감히 오나라 궁궐의 총비寵妃를 사사롭게 자신의 배에 태울 수 있었겠는가? 또 월왕이 서시의 미색에 미혹될까 두려워 범여가 직접 서시를 강물에 던졌다고도 하는데 이 역시 잘못된 전설이다. 당대 시인 나은羅隱[16]이 시를 지어 서시의 원통함을 변호했다.

국가의 흥망은 저절로 때가 있는데 家國興亡自有時
사람들은 어찌하여 서시에게 허물 씌우나? 時人何苦咎西施
서시가 오나라를 망하게 했다면 西施若解亡吳國
월나라의 망국은 또 누구의 몫이었나? 越國亡來又是誰[17]

한편 월왕 구천은 범여의 공을 생각하고 그의 처자식을 거두어 100리의 봉토를 주었다. 또 솜씨 좋은 장인에게 금으로 범여의 모습을 만들게 하여 마치 범여가 살아 있는 것처럼 그 금상을 자리 곁에 두었다.

이때 범여는 오호를 출발하여 바다로 들어갔다. 어느 날 몰래 사람을 보내 처자식을 데려와서 다 같이 제나라로 갔다. 그곳에서 이름을 치이자피鴟夷子皮로 바꾸고 제나라의 상경 벼슬을 했다. 그러고 얼마 지나지 않아 벼슬을 버리고 도산陶山(山東省 肥城 陶山)에 은거하여 다섯 가지 가축을 길러 번식에 성공해 천금의 이익을 남기고 스스로 도주공陶朱公이라고 불렀다. 후세

15_ 이 시구는 명대 시인 고계의 「삼고사 삼수三高祠三首」 중 그 첫 번째 시 「범여范蠡」에 나온다. 전체 시는 다음과 같다. "功成不戀上將軍, 一舸歸遊笠澤雲. 載去西施豈無意, 恐留傾國更迷君." 마지막 구절이 조금 차이가 있다.

16_ 나은羅隱: 절강성 부양富陽 출신으로 자는 소간昭諫이다. 만당晚唐의 유명한 시인이다. 어려서부터 문재文才로 명성을 떨쳤으나 과거에 10번 응시하여 모두 급제하지 못했다. 황소黃巢의 난이 일어나자 구화산九華山으로 은거했다. 55세 때 오월왕吳越王 전류錢鏐에게 초빙되어 전당령錢塘令과 급사중給事中 등을 역임했다. 『갑을집甲乙集』 『참서讒書』 『양동서兩同書』 등의 저작을 남겼다.

17_ 이 시는 나은羅隱의 「서시西施」다. 두 번째 구절이 "吳人何苦怨西施"로 약간 차이가 있다.

사람들이 전한 『치부기서致富奇書』가 바로 도주공이 남긴 저술이라고 한다. 그 후 오나라 사람들이 오강吳江(江蘇省 蘇州 吳江區)에 범여의 사당을 세우고 제사를 지냈다. 이에 그곳에 진晉나라 장한張翰과 당나라 육구몽陸龜蒙을 함께 배향하여 '삼고사三高祠'라고 부른다. 송나라 사람 유인劉寅[18]이 이에 대한 시를 지었다.

오인吳人이 어리석단 말 실로 거짓이 아니다　　人謂吳癡信不虛
월越나라 재상 숭배하니 과연 어찌된 일인가?　　建崇越相果何如
천 년 전에 망한 나라에 그 한이 끝이 없다면　　千年亡國無窮恨
강변의 사당에 오자서를 합사合祀해야 하리　　只合江邊祀子胥[19]

월왕 구천은 오나라를 멸망시킨 뒤에도 논공행상을 하지 않은 채 한 뼘의 땅도 나누어주지 않아 옛 신하들과 관계가 소원해졌고 얼굴 보는 일조차 더욱 드물어졌다. 계예計倪는 미치광이를 가장하고 관직에서 물러났으며, 예용曳庸 등도 늙음을 핑계로 벼슬을 내놓았다. 문종도 범여의 말이 생각나서 병을 핑계로 조정에 나가지 않았다. 그때 월왕의 좌우 측근 중에 문종을 미워하는 자가 그를 참소했다.

"문종은 자신이 큰 공을 세웠는데도 상이 박하다고 생각하고 원망을 품고 있습니다. 이 때문에 조정에 나오지 않는 것입니다."

월왕은 평소에 문종의 재능을 알고 있었지만 오나라를 멸망시킨 후에는

18_ 유인劉寅: 광동성 매주梅州 출신으로 북송 태조 개보開寶 4년(971) 과거에 장원급제했다. 여강廬江과 포성蒲城의 지현知縣 및 대리시승大理寺丞을 역임했다. 그 외 자세한 경력은 미상이다.

19_ 이 시는 유인劉寅의 「삼고사三高祠」다.

그의 재능이 쓸모없는 것이라 생각했다. 월왕은 문종이 어느 날 반란을 일으키면 아무도 그를 제압할 수 없을까 두려웠다. 이에 그를 제거할 마음을 먹고 있었지만 아무런 명분이 없었다. 당시 노 애공은 계씨季氏, 맹씨孟氏, 중씨仲氏 세 권세가와 틈이 벌어져 있었다. 이 때문에 그는 월나라 군사를 빌려 노나라를 정벌하고 세 권세가를 제거하려 했다. 노 애공은 월나라 군사를 빌린다는 명분으로 월나라에 왔지만, 월왕 구천은 문종이 두려워 군사를 일으키려 하지 않았다. 노 애공은 결국 월나라에서 죽었다.

어느 날 월왕 구천은 문종의 문병을 갔다. 문종은 병든 모습을 보이며 내키지 않는 듯이 월왕을 맞아들였다. 월왕은 칼을 풀어놓고 자리에 앉아서 문종에게 일렀다.

"과인이 듣기로 '지사는 자신의 죽음을 걱정하지 않고 자신의 도가 행해지지 않는 것을 걱정한다志士不憂其身之死, 而憂其道之不行'고 하오. 경에게는 일곱 가지 방책이 있다고 했는데 과인이 그중에서 세 가지를 써서 오나라를 멸망시켰소. 그런데도 아직 네 가지 방책이 남아 있으니 경은 그것을 어디에 쓸 작정이오?"

문종이 대답했다.

"신은 쓸 곳을 알지 못하겠습니다."

월왕이 말했다.

"나를 위해 지하에 가서 그것을 오나라 선왕들을 물리치는 데 사용해줄 수 있겠소?"

월왕은 말을 마치고 수레를 타고 가버렸다. 자리에는 그가 풀어놓은 칼이 놓여 있었다. 문종이 그것을 들고 자세히 보니 칼집에 '촉루屬鏤' 두 글자가 새겨져 있었다. 그것은 바로 오왕 부차가 오자서에게 자결하라고 하사했던 칼이었다. 문종은 하늘을 우러러 탄식했다.

"옛사람이 이르기를 '큰 은덕은 보답 받을 수 없다大德不報'더니, 내가 범소백范少伯(范蠡)의 말을 듣지 않아 오늘 월왕에게 죽임을 당하게 되었구나! 이 어찌 어리석은 일이 아닌가?"

또 자신을 비웃으며 말했다.

"백세百世 후에 논자들은 틀림없이 나를 오자서에 비견할 것이니 이제 다시 무슨 여한이 있겠는가?"

문종은 마침내 칼날 위에 엎어져 죽었다. 월왕은 문종이 죽었다는 소식을 듣고 매우 기뻐하며 그를 와룡산臥龍山에 장사 지냈다. 이 때문에 후세 사람들은 그 산을 종산種山이라고 불렀다. 문종을 장사 지내고 1년이 지난 후 바닷물이 크게 넘쳐 종산 기슭을 무너뜨렸고 그때 문종의 무덤도 파괴되었다. 당시에 오자서와 문종이 앞서거니 뒤서거니 파도를 따라가는 것을 본 사람이 있다. 지금도 전당강錢塘江에 조수가 겹겹이 밀어닥치면 앞의 파도는 오자서라 하고 뒤의 파도는 문종이라고 한다. 염옹이 문종을 위한 사찬을 지었다.

충성스럽다 월나라 문종이시여! 忠哉文種
나라를 다스리는 인걸이셨네 治國之傑
세 가지 방책으로 오를 멸하고 三術亡吳
그 한 몸 월을 위해 바치셨도다 一身殉越
범여와 행동을 함께하지 않고 不共蠡行
차라리 오자서처럼 죽어갔도다 寧同胥滅
천 년이 지나도 살아 있으니 千載生氣

겹겹의 조수 타고 달려오도다　　海潮疊疊

월왕 구천은 재위 27년 만에 죽었는데, 그때가 주 원왕 7년이었다. 구천의 후손들은 대대로 패주로 일컬어졌다.

이야기가 두 갈래로 나뉜다. 진晉나라 육경은 범씨范氏와 중항씨仲行氏가 망한 후 지씨智氏, 조씨趙氏, 위씨魏氏, 한씨韓氏 네 집안만 남아 있었다. 지씨로 불리는 순씨荀氏는 범씨와 함께 모두 순씨에서 나왔지만 자신의 친족을 구별하기 위해 순앵荀罃[20]의 옛날 관례에 따라 지씨로 성씨를 바꾸었다. 이 무렵에는 지요智瑤가 진나라 정권을 장악하고 지백智伯이라고 불렸다. 이들 진나라 네 가문에서는 제나라 전씨田氏(陳氏)가 임금을 시해하고 나라를 좌지우지하고 있지만 그들을 토벌하려는 제후가 아무도 없다는 소식을 들었다. 이에 이들 네 가문에서는 자기들 마음대로 사사롭게 의논한 뒤 각각 편리한 땅을 선택하여 자기들 봉읍封邑으로 삼았다. 진 출공은 자신이 다스리는 땅이 이들 네 가문의 봉읍보다 작았지만 어쩔 도리가 없었다. 여기에서는 네 가문 중 조씨에 대해서만 이야기하고자 한다. 조간자趙簡子는 이름이 앙鞅으로 아들이 여럿 있었다. 그중 맏아들 이름은 백로伯魯였고 막내아들 이름은 무휼無卹이었다. 무휼은 천한 비첩이 낳은 아들이었다. 이 무렵 성이 고포姑布이고 이름이 자경子卿인 유명한 관상가가 진나라에 왔다. 조앙은 여러 아들을 모두 불러 자경에게 관상을 보게 했다. 자경이 말했다.

20_ 순앵荀罃: 순앵의 부친 순수荀首가 지智 땅에 봉해졌기 때문에 이들의 후손은 지씨智氏로 자칭했다. 따라서 순앵荀罃도 흔히 지앵智罃으로 불린다.

"장군이 될 만한 자식이 없습니다."

조앙이 탄식하며 말했다.

"이제 우리 조씨도 망하려는 것인가?"

그러자 자경이 말했다.

"소인이 이곳으로 올 때 길에서 우연히 한 어린아이를 만났는데 그 어린아이를 수행하는 사람이 모두 이 댁 사람이었습니다. 그 아이가 혹시 대부의 자제분이 아닙니까?"

조앙이 말했다.

"그 아이는 내 막내아들 무휼이란 놈이오. 그놈 어미의 출신이 매우 미천하여 입에 담을 가치도 없소."

자경이 말했다.

"하늘이 가로막으면 귀한 사람도 반드시 천하게 되고, 하늘이 흥하게 하면 천한 사람도 반드시 귀하게 되는 법입니다. 그 아이의 골상이 공자들과는 다른 듯했지만 소인이 자세히 보지 못했습니다. 좀 불러주십시오."

조앙이 시종을 보내 무휼을 불러오게 했다. 자경은 멀리서 무휼이 들어오는 것을 바라보다가 갑자기 일어나 손을 앞으로 공손하게 모으고 말했다.

"저 아이가 진정한 장군의 재목입니다."

조앙은 웃으면서 아무 대답도 하지 않았다. 얼마 뒤 조앙은 여러 아들을 모두 불러 그들의 학문을 시험해봤다. 무휼은 묻는 말에 모두 대답했고 생각의 조리도 분명했다. 조앙은 비로소 무휼이 현명하다는 사실을 알았다. 그는 백로를 폐하고 무휼을 자신의 지위를 물려줄 적자로 삼았다.

어느 날 지백은 정나라가 조공을 바치지 않는 데 분노하여 조앙과 함께 정나라를 정벌하려고 했다. 그러나 조앙이 우연히 병이 나서 무휼을 대신 출전하게 했다. 지백은 무휼에게 술을 마구 먹이려 했으나 무휼은 많은 술을 마실 수 없었다. 지백은 취중에 화를 내며 술잔을 무휼의 얼굴에 던졌고, 무휼의 얼굴에 상처가 나서 피가 흘러내렸다. 조씨 집안 장사가 모두 분노하며 지백을 공격하려 했다. 그러나 무휼이 말했다.

"이것은 사소한 수치일 뿐이니 내가 잠시 참겠소."

지백은 군사를 거두어 진나라로 돌아와 오히려 조앙에게 무휼이 잘못했다고 참소를 하며 그를 후계자 지위에서 쫓아내라고 억지를 부렸다. 그러나 조앙은 지백의 말을 듣지 않았다. 무휼은 이때부터 지백과 틈이 벌어졌다. 조앙은 자신의 병이 위독해지자 무휼을 불러 유언을 남겼다.

"뒷날 진나라에 난리가 일어나면 오직 믿을 곳은 진양 땅뿐이니 너는 꼭 기억해두어라!"

말을 마치고 마침내 숨을 거두었다. 무휼이 그의 지위를 계승하니 이 사람이 조양자趙襄子다. 이것이 주 정왕 11년의 일이었다. 이때 진 출공은 네 가문四卿의 전횡에 분노하여 제나라와 노나라에 몰래 사신을 보내 군사를 청하고 함께 진나라 네 가문을 정벌하자고 했다. 그러나 제나라의 전씨와 노나라의 세 권세가는 오히려 그 사실을 지백에게 알렸다. 지백은 대로하여 한강자韓康子 호虎, 위환자魏桓子 구駒, 조양자趙襄子 무휼無卹과 네 가문의 군사를 합쳐 출공을 공격했다. 진 출공은 제나라로 달아났다. 지백은 진 소공의 증손 교驕를 보위에 올렸는데 이 사람이 진 애공哀公이다. 이때부터 진나라의 대권은 모두 지백 요瑤에게 귀속되었다. 지백 요는 마침내 자신이 진晉나라 보위에 오를 마음을 품고 가신 회의를 소집했다. 결국 지백의 성패가 어떻게 될지는 다음 회를 보시라.

제84회

몸에 옻칠을 하고 숯불을 삼키며

지백은 막은 물을 터뜨려 진양을 물에 잠기게 하고
예양은 조무휼의 옷을 칼로 찔러 양자(지백)의 복수를 하다
智伯決水灌晉陽, 豫讓擊衣報襄子.

진晉나라 지백은 이름이 요瑤로, 지무자智武子 역躒의 손자이고 지선자智宣子 서오徐吾(荀申)의 아들이다. 서오가 자신의 후사를 세우려고 친족들과 상의할 때 지과智果가 말했다.

"소宵가 더 낫습니다."

서오가 말했다.

"소의 재능과 지혜는 모두 요보다 못하다. 요瑤를 후사로 세우는 것이 더 나을 것이다."

지과가 말했다.

"요는 다른 사람보다 뛰어난 다섯 가지 장점이 있고, 다른 사람보다 못한 한 가지 단점이 있습니다. 아름답고 긴 수염이 다른 사람보다 뛰어나고, 활쏘기와 수레 몰기가 다른 사람보다 뛰어나고, 다양한 재주가 다른 사람보

다 뛰어나고, 굳세고 용감한 점이 다른 사람보다 뛰어나고, 교묘한 지혜로 임기응변을 잘하는 점이 다른 사람보다 뛰어납니다. 그러나 탐욕스럽고 잔인하여, 성격이 어질지 못한 단점을 갖고 있습니다. 다섯 가지 장점으로 다른 사람을 업신여기고 한 가지 잔인한 단점으로 다른 사람을 닦달하면 누가 그를 용납할 수 있겠습니까? 만약 요를 후사로 세우면 우리 지씨 가문은 틀림없이 멸문지화를 당할 것입니다."

서오는 그렇게 생각하지 않았기에 마침내 요를 후사로 삼았다. 그러자 지과가 탄식하며 말했다.

"내가 만약 씨족을 분리하지 않으면 닥쳐오는 파도에 휩쓸려 익사하고 말 것이다!"

그는 몰래 태사太史를 찾아가 족보를 고치고 스스로 보씨輔氏라고 칭했다.

서오가 죽은 뒤 지요智瑤가 그의 지위를 세습하여 진나라 정치를 독점했다. 안으로는 지개智開와 지국智國 등과 같은 심복 친척이 있었고, 밖으로는 치자絺疵와 예양豫讓 등과 같은 충성스럽고 지혜로운 인재가 있어서 그의 권세는 존귀하고도 막중했다. 지요는 마침내 자신이 진晉나라를 대신할 마음을 품게 되었다. 그는 여러 가신을 비밀리에 불러 모아 앞으로의 일을 상의했다. 모사謀士 치자가 앞으로 나서며 말했다.

"진나라의 네 가문四卿은 지위가 같고 힘도 대등합니다. 어느 한 가문이 먼저 나서면 세 가문이 모두 항거할 것입니다. 그러므로 진나라 공실을 도모하려면 먼저 세 가문의 세력을 약화시켜야 합니다."

지백이 말했다.

"저들을 약화시키려면 어떻게 해야 하는가?"

치자가 말했다.

"지금 월나라가 매우 강성해진 탓에 우리 진나라는 맹주의 지위를 잃었습니다. 그러니 장군께서 거짓으로 군사를 일으켜 월나라와 패권을 다투겠다고 하시면서 진후의 명령을 빌려 한씨韓氏, 조씨趙氏, 위씨魏氏 세 가문에 각각 100리의 땅을 바치라고 하십시오. 그곳에서 받은 세금으로 군자금을 마련하면 세 가문은 명령에 따라 땅을 할양해야 하지만 우리는 앉아서 300리의 봉토를 얻을 수 있을 것입니다. 그렇게 되면 지씨는 나날이 강성해지고 저들 세 가문은 나날이 쇠약해질 것입니다. 만약 명령에 따르지 않는 가문이 있으면 진후의 명령을 빙자하여 대군을 거느리고 저들을 먼저 제거하십시오. 이것이 바로 과일은 먹고 그 껍질은 내버리는 방법입니다."

지백이 말했다.

"그 계책이 참으로 묘하오. 그럼 세 가문 중에서 어느 가문부터 시작해야 하오?"

치자가 말했다.

"지씨는 한씨, 위씨와 친하고 조씨와 소원합니다. 그러므로 가장 먼저 한씨부터 시작하고 그다음은 위씨에게 손을 써야 합니다. 한씨와 위씨가 우리에게 복종하면 조씨는 혼자서 다른 행동을 할 수 없을 것입니다."

지백은 즉시 지개를 한호韓虎의 집으로 보냈다. 한호는 그를 대청으로 맞아들이고는 온 뜻을 물었다. 지개가 말했다.

"우리 형님께서 주상의 명령을 받들고 군사를 동원해 월나라를 정벌하려 하시오. 그러니 세 가문에서도 각각 봉토 100리를 공실에 할양해주시기 바라오. 거기에서 세금을 거둬 공금으로 쓸 계획이오. 우리 형님께서 제게 이 뜻을 전하라 하시고 할양할 땅의 경계를 알려달라 하셨소."

한호가 말했다.

"그대는 잠시 돌아가 계시오. 내가 내일 직접 가서 보고드리겠소."

지개가 떠난 뒤 한호는 가신들을 불러서 대책을 상의했다.

"지요가 주상의 명령을 빙자해 나머지 세 가문을 약화시키려고 땅을 할양하라는 명분을 내세우고 있소. 내가 먼저 군사를 일으켜 저 도적놈을 제거하고 싶은데 경들의 의견은 어떠하오?"

모사 단규段規가 말했다.

"지백은 탐욕이 끝이 없는지라 거짓으로 주상의 명령을 빙자하여 우리 땅을 줄이려 하고 있습니다. 만약 우리가 군사를 동원하면 주상에게 항거하는 것이 됩니다. 저들은 그것을 빌미로 우리에게 죄를 뒤집어씌울 것입니다. 차라리 땅을 떼어주십시오. 저들이 우리 땅을 얻으면 틀림없이 조씨와 위씨에게도 땅을 요구할 것입니다. 만약 조씨와 위씨가 명령에 따르지 않으면 틀림없이 지씨와 서로 공격을 주고받을 것입니다. 그렇게 되면 우리는 편안히 앉아서 저들의 승부를 구경할 수 있습니다."

한호도 그 말이 옳다고 생각했다.

이튿날 한호는 할양해줄 100리 땅의 경계 지도를 단규에게 그리게 한 뒤 자신이 직접 가지고 가서 지백에게 바쳤다. 지백은 매우 기뻐하며 자신의 저택 누대인 남대藍臺에서 주연을 베풀고 한호를 융숭하게 대접했다. 음주 중간에 지백은 좌우 시종에게 그림 한 폭을 갖고 오게 하여 안궤案几 위에 펼쳐놓게 했다. 지백은 한호와 함께 그림을 감상하자고 했다. 그것은 노나라 변장자卞莊子[1]가 호랑이 세 마리를 칼로 찔러 죽이는 그림이었다. 그림 위에 화제畫題가 있었다.

호랑이 세 마리가 양을 먹으니 三虎啖羊
형세상 틀림없이 다툴 것이네 勢在必爭
서로가 다투면 기다려야 하고 其鬪可俟
놈들이 지칠 때를 노려야 하네 其倦可乘
한꺼번에 세 마리를 다 잡은 것이 一擧兼收
변장자의 뛰어난 능력이었네 卞莊之能

지백은 한호를 놀리며 말했다.

"내가 일찍이 역사책을 살펴보니 제후국 중에서 족하와 같은 이름을 쓰는 사람으로 제齊나라에는 고호高虎가 있었고, 정나라에는 한호罕虎가 있었소. 그러니 이제 족하와 세 사람이 되는 셈이오."

이때 한호의 가신 단규가 곁에 시립하고 있다가 앞으로 나서며 말했다.

"예법에 의하면 직접 이름을 부르는 건 피휘避諱에 저촉되는 되는 일입니다. 장군께서 우리 주인을 희롱함이 심한 것 아닙니까?"

단규는 몸이 왜소해서 지백의 곁에 서 있는데 머리가 그의 가슴 정도밖에 미치지 못했다. 지백은 자신의 손으로 단규의 이마를 치며 말했다.

"이 꼬마가 무엇을 안다고 이렇듯 혓바닥을 놀리느냐? 세 호랑이가 먹다 남은 것이 네가 아니더냐?"

지백은 말을 마치고는 박장대소했다. 단규는 감히 대꾸도 하지 못한 채

1_ 변장자자호卞莊子刺虎: 변장자는 노魯나라 대부로 용력이 뛰어났다고 한다. 『한시외전韓詩外傳』에도 용력이 뛰어난 효자로 묘사되어 있다. 『사기』「장의열전張儀列傳」에 변장자가 호랑이를 잡는 이야기가 나온다. 변장자가 호랑이 두 마리를 발견하고 직접 잡으려 하자, 객관의 노복이 말하기를 두 호랑이가 싸워서 한 마리가 다른 한 마리를 죽일 때까지 기다리면 쉽게 두 마리를 한꺼번에 잡을 수 있다고 충고했다. 변장자는 그 말을 듣고 호랑이 두 마리를 쉽게 잡았다고 한다. 일거양득一擧兩得을 비유한다.

한호를 바라봤다. 한호는 취한 척하며 눈을 감고 대답했다.

"지백의 말씀이 옳소!"

그러고는 즉시 그곳에서 물러나왔다. 지국智國이 그 소문을 듣고 지백에게 간언을 올렸다.

"장군께서 저들의 주인을 희롱하고 그 가신에게까지 모욕을 줬으니 한씨가 틀림없이 깊은 원한을 품었을 것입니다. 만약 대비하지 않으면 곧 재앙이 닥칠 것입니다."

그러자 지백이 눈을 부라리며 고함을 질렀다.

"내가 저들에게 재앙을 내리지 않는 걸 다행으로 생각해야지, 누가 감히 내게 재앙을 내린단 말이냐?"

지국이 말했다.

"파리매, 개미, 벌, 전갈 따위도 사람을 해칠 수 있는데 하물며 저들의 주인과 가신임에랴 말해 무엇하겠습니까? 장군께서 대비하지 않으시면 뒷날 후회해도 소용없을 것입니다."

지백이 말했다.

"나는 장차 변장자를 본받아 세 호랑이를 일거에 죽일 것이다! 파리매, 개미, 벌, 전갈 따위를 내가 무엇 때문에 걱정하겠느냐?"

지국은 탄식하며 물러나왔다. 사관이 이 일을 시로 읊었다.

지백은 분명히 우물 안 개구리라 智伯分明井底蛙
안중에 더 이상 세 가문조차 없었다 眼中不復置三家[2]

2_ 삼가三家: 점석재點石齋 판본에는 '삼가三家'로 되어 있지만 다른 판본에는 왕가王家로 되어 있다.

종친인 지국이 흥망 대책 올렸지만　　　　宗英空進興亡計
화를 피한 이 그 누가 보과3와 같겠는가?　　　　避害誰如輔果嘉

다음 날 지백은 다시 지개를 위환자魏桓子 구駒에게 보내 땅을 요구했다. 위구魏駒가 거절하려 하자 모사 임장任章이 말했다.

"땅을 요구하면 주십시오. 그럼 땅을 잃은 자들은 틀림없이 두려움을 갖게 되고, 땅을 얻은 자는 틀림없이 교만해질 것입니다. 교만해지면 적을 가볍게 여기게 되고, 두려움을 갖게 되면 서로 친해집니다. 서로 친한 사람들이 적을 가볍게 여기는 자를 상대하게 되므로 지씨의 멸망을 앉아서 기다릴 수 있습니다."

위구가 말했다.

"좋은 생각이오."

위구는 만호萬戶의 고을을 지백에게 바쳤다. 그리고 지백은 자신의 형 지소智宵를 조씨趙氏에게 보내 채고랑蔡皐狼(山西省 方山 南村堡)의 땅을 요구했다. 지난 원한을 풀지 못하고 있던 조양자 무휼은 분노가 끓어올랐다.

"땅은 선조께서 전해주신 것인데 어찌 감히 함부로 내버릴 수 있겠소? 한씨와 위씨는 땅을 줬지만 나는 지백에게 아첨할 수 없소."

지소가 돌아가 보고하자 지백이 노발대발했다. 그는 지씨의 모든 군사를 동원하고 사자를 한씨와 위씨에게도 보내 함께 조씨를 공격하자고 했다. 그러고는 조씨를 멸망시키는 날 그 땅을 셋으로 나누기로 약속했다. 한호와 위구는 지백의 강한 군대가 겁이 나기도 했고, 조씨의 땅이 부럽기도

3_ 보과輔果: 지과智果다. 제84회 맨 앞 단락 참조.

했기에 각각 군사 한 부대를 거느리고 지백을 따라 전투에 나섰다. 지백은 스스로 중군을 이끌었고 한씨의 군사는 우군, 위씨의 군사는 좌군에 편성했다. 그들은 모두 조씨 저택으로 쇄도해 들어가서 조무휼을 사로잡을 생각이었다. 조씨 댁 모사 장맹담張孟談은 지백의 군사가 공격해올 것으로 예상하고 무휼에게 다른 곳으로 피하도록 일렀다.

"우리 군사로는 적의 많은 군사를 대적할 수 없습니다. 주군께서는 조속히 피하십시오."

무휼이 말했다.

"어느 곳으로 피하면 좋겠소?"

장맹담이 말했다.

"진양으로 가는 것이 가장 좋겠습니다. 옛날 동안우董安于[4]가 진양성 안에 궁전을 지은 적이 있고, 윤탁尹鐸[5]이 전에 한바탕 그곳을 다스린 적이 있습니다. 백성도 수십 년 동안 윤탁이 관대하게 보살펴준 은혜를 잘 알고 있기 때문에 틀림없이 조씨를 위해 목숨을 바치려 할 것입니다. 선군께서도 돌아가실 때 뒷날 국가에 변란이 생기면 반드시 진양으로 가라는 유언을 남기셨습니다. 주군께서는 시간을 지체하지 마시고 조속히 떠나셔야 합니다."

조무휼은 즉시 가신 장맹담, 고혁高赫 등을 인솔하고 진양을 향해 급히 출발했다. 지백은 한씨와 위씨의 군사를 닦달하여 조무휼을 추격했다.

한편 조무휼의 가신 원과原過는 본진보다 뒤처져 가다가 길에서 우연히

4_ 동안우董安于: 이 소설 제79회 참조.

5_ 윤탁尹鐸: 진晉 경공頃公 때 조앙趙鞅이 윤탁尹鐸을 진양으로 보내 그곳을 다스리게 하면서 진양성晉陽城을 수리하게 한 적이 있다.

한 신령을 만났다. 그 신령은 구름과 안개에 싸여 있었다. 머리 위에 금관을 쓰고 몸에는 비단 도포를 입고 있는 것만 보일 뿐 얼굴 모습은 분명하게 볼 수 없었다. 신령은 청죽青竹 두 마디를 원과에게 주며 당부했다.

"이걸 나 대신 조무휼에게 전해다오."

원과는 조무휼을 따라잡은 뒤 자신이 목격한 사실을 알리고 청죽 대롱을 바쳤다. 무휼이 청죽 대롱을 쪼개보니 그 속에 붉은 글씨 두 줄이 쓰여 있었다.

> 조무휼에게 고하노라. 나는 곽산霍山(山西省 霍州)의 신령이다. 상제上帝의 명령에 따라 3월 병술일丙戌日에 네가 지씨를 멸망시킬 것이다告趙無卹, 余霍山之神也. 奉上帝命, 三月丙戌, 使汝滅智氏.

조무휼은 그 일을 비밀에 부쳤다. 그들의 행차가 진양에 당도하자 윤탁이 베푼 어진 덕에 감격한 진양 백성은 늙은이와 어린아이 할 것 없이 모두 손잡고 나와 조무휼의 입성을 크게 환영했다. 조무휼은 그곳 궁전에 머물렀다. 조무휼은 진양 백성이 자신에게 친하게 귀의할 뿐만 아니라 진양성의 성곽이 높고도 견고하며 창고도 가득 채워져 있는 것을 보고 다소 안심이 되었다. 그는 즉시 백성에게 성으로 올라가 수비를 하도록 일깨웠다. 그러나 무기를 점검해보니 창끝이 무뎌지고 녹슬어 있었으며, 화살도 1000개가 되지 않았다. 조무휼은 근심으로 언짢은 기색을 드러내며 장맹담에게 말했다.

"성을 지키는 무기는 화살보다 더 좋은 것이 없소. 그러나 지금 화살이 수백 개에 불과하여 충분히 공급할 수가 없소. 어찌하면 좋소?"

맹담이 말했다.

"제가 소문을 들으니 동안우가 진양을 다스릴 때 화살을 만들 수 있는 나무로 담장을 쌓았다 합니다. 주군께서는 담장을 헐고 그 속을 살펴보십시오."

조무휼이 인부를 시켜 궁전의 담장을 헐자 과연 그 속에 화살대를 만들 수 있는 재료가 가득 채워져 있었다. 무휼이 말했다.

"이제 화살은 충분하오. 그러나 다른 무기를 주조할 수 있는 쇠가 없으니 어찌하면 좋소?"

맹담이 말했다.

"제가 들은 또 다른 소문에 의하면 동안우가 궁전을 지을 때 방의 기둥을 모두 좋은 동銅으로 만들어 세웠다 합니다. 그것을 뽑아서 쓰시면 무기를 넉넉하게 만들 수 있을 것입니다."

무휼이 기둥을 뽑아보니 모두 정련된 동銅으로 만든 것이었다. 그는 즉시 대장장이에게 기둥을 녹이게 하여 도검刀劍과 창을 주조했다. 주조된 창은 날카롭지 않은 것이 없었다. 진양성의 민심은 더욱 안정되어갔다. 조무휼이 감탄하며 말했다.

"참으로 대단하다! 나라를 다스림에 반드시 현명한 신하가 필요하구나! 동안우를 얻어 무기를 갖추게 되었고, 윤탁을 얻어 민심이 나에게 귀의했도다. 하늘이 조씨에게 복을 내리시니 우리는 망하지 않을 것이다!"

지씨, 한씨, 위씨 세 가문의 군사는 세 군데로 나누어 군영을 세우고 서로 연락을 주고받았다. 그들이 진양성을 철통같이 포위하자 진양성 백성 중에서는 나가서 싸우겠다고 자원하는 사람이 매우 많았다. 그들은 일제히 궁전으로 달려가서 출전 명령을 요청했다. 조무휼은 장맹담을 불러 그 일을 상의했다. 맹담이 말했다.

"저들은 군사가 많고 우리는 적기 때문에 싸운다 해도 반드시 승리한다는 보장이 없습니다. 차라리 해자를 깊게 파고 보루를 높게 쌓아 튼튼하게 지키면서 저들의 변고를 기다리는 것이 더 좋은 방법입니다. 한씨와 위씨는 우리 조씨와 원한이 없으나, 단지 지백의 협박에 의해 함께 왔을 뿐입니다. 두 가문이 땅을 할양한 것도 스스로 원한 것이 아닙니다. 지금 저들은 군사를 함께하고 있지만 기실 서로 속마음은 다릅니다. 틀림없이 몇 달을 넘기지 못하고 서로 의심하고 증오하는 일이 생길 것입니다. 저들이 어찌 오래갈 수 있겠습니까?"

조무휼은 그의 말을 받아들여 친히 백성을 위로하며 힘을 합쳐 성을 굳게 지킬 것을 다짐했다. 군사들과 백성 모두 서로 힘을 북돋웠고, 여자들과 어린아이들도 흔쾌히 사력을 다하면서 성벽 가까이로 다가오는 적병이 있으면 바로 강한 쇠뇌로 화살을 발사했다. 세 가문의 군사는 진양성을 포위한 지 1년이 넘도록 성을 함락시킬 수 없었다. 지백은 작은 수레를 타고 성 밖을 한 바퀴 돌면서 탄식했다.

"이 성이 철옹성처럼 단단하니 어찌 쉽게 함락시킬 수 있겠는가?"

이렇게 고민을 하며 수레를 몰고 가다가 어떤 산에 당도했다. 산 아래 발치에는 수많은 샘물이 모여 시내를 이루며 동쪽으로 콸콸 흘러가고 있었다. 그곳 시골 사람에게 산 이름을 묻자 그들이 대답했다.

"이 산의 이름은 용산龍山(山西省 太原 龍山)입니다. 산언덕에 항아리 같은 큰 바위가 있어서 현옹산縣甕山이라고도 합니다. 이 진수晉水(山西省 太原 晉水)가 동쪽으로 흘러가 분수汾水(山西省 汾河)와 합류하는데 이 산이 바로 그 발원지입니다."

지백이 물었다.

"진양성에서 몇 리나 떨어져 있느냐?"

시골 사람이 대답했다.

"여기서 진양성 서문까지는 10리 남짓 됩니다."

지백은 용산에 올라가 진수를 바라보다가 다시 진양성 동북쪽을 한 바퀴 돌았다. 그러다 갑자기 무언가 깨달은 것처럼 말했다.

"진양성을 함락시킬 계책이 떠올랐다!"

그는 즉시 군영으로 돌아와 한씨와 위씨를 초청해 대책을 상의했다. 그는 물길을 끌어와 진양성을 물에 잠기게 할 생각이었다. 그러자 한호가 말했다.

"진수는 동쪽으로 흘러가는데 어떻게 서쪽으로 물길을 돌린단 말이오?"

지백이 말했다.

"나는 진수를 끌어오려는 것이 아니오. 진수는 용산에서 발원하는데 마치 쏟아붓는 것처럼 수량이 풍부하오. 만약 용산 북쪽 높은 곳에 큰 못을 파서 물을 가둘 장소를 준비하고 그곳의 상류 수원을 둑으로 막아 그 물이 진수로 흘러들어가지 않게 하면 틀림없이 물이 모두 새로 판 연못으로 모여들 것이오. 이제 바야흐로 봄비가 쏟아질 터이니 그때가 되면 용산의 물이 크게 불어날 것이오. 물이 가득 찼을 때 둑을 터뜨려 그 물을 진양성으로 쏟아져 들어가게 하면 성안의 사람들은 모두 물고기 신세가 될 것이오!"

한씨와 위씨가 모두 탄성을 내질렀다.

"참으로 묘한 계책이오!"

지백이 말했다.

"오늘부터 바로 거리를 재고 각각 할 일을 맡아야 하오. 한공韓公은 동쪽 길을 맡고 위공魏公은 서쪽 길을 맡아 수비를 하시오. 아침부터 저녁까지 마음을 써서 갑작스러운 충돌을 방지하도록 하시오. 나는 군영을 용산으로 이동시킨 후 서쪽과 북쪽을 함께 지키면서 못을 파고 제방을 막는 일을 전담하겠소."

한씨와 위씨는 지백의 명령을 받고 떠나갔다. 지백은 군사들에게 명령을 내려 괭이와 삽을 많이 준비하게 했다. 이어서 진수의 북쪽에 큰 못을 파고 샘물이 흘러나오는 물길을 모두 둑으로 막았다. 그다음 큰 못 좌우에 높은 제방을 쌓은 뒤, 산 계곡의 물이 흘러드는 곳에도 모두 둑을 쌓았다. 용산의 샘물은 둑 안에 가득 차서 소용돌이쳤다. 그 물을 오직 북쪽을 향하게 하여 새로 판 큰 못으로 흘러들게 했다. 아울러 그곳에 쇠로 만든 갑문을 설치하여 물이 흘러나가는 입구를 차단했다. 큰 못 안의 물은 흘러나갈 곳이 없어서 점점 수위가 높아졌다. 지금도 진수의 북쪽 지류 한 곳을 지백거智伯渠라고 부르는데 그곳이 바로 당시에 굴착했던 수로다. 한 달 후 과연 봄비가 크게 쏟아져서 용산의 계곡물이 불어났다. 새로 판 못의 수위도 높아져서 거의 제방과 나란하게 되었다. 그러자 지백은 부하들을 시켜 큰 못의 북쪽 제방을 무너뜨렸다. 큰 못의 물은 북쪽에서 쏟아져 내리며 마침내 진양성으로 흘러들어갔다. 이를 읊은 시가 있다.

산을 삼킨 홍수 이야기 옛날에 들었더니	向聞洪水汨山陵
터뜨린 물에 진양 잠긴 일 오늘 또 보는구나	復見壅泉灌晉城
물의 신이 조금 더 간담이 컸더라면	能令陽侯添膽大
치수 성공한 우 임금도 놀라게 했으리	便教神禹也心驚

이때 진양성은 포위되어 곤궁에 처하기는 했지만 백성은 줄곧 넉넉하게 생활하며 추위나 굶주림 때문에 고통받지는 않았다. 게다가 성곽의 기초가 매우 튼튼하고 두터워서 비록 물이 스며들기는 했지만 전혀 손상이 없었다. 며칠 지나자 수위가 더욱 높아져서 점점 성안이 물에 잠기기 시작했다. 백성의 주택도 붕괴되거나 물에 잠겨버려서 그들은 거주할 곳이 없었고 밥을 해먹을 부뚜막도 없었다. 그들은 모두 원두막 같은 다락집을 지어서 거주하고 높은 곳에 솥을 걸고 밥을 해먹었다. 궁전은 비록 높은 누대로 되어 있었지만 조무휼은 감히 그곳에서 편안하게 있지 못하고 장맹담과 함께 수시로 뗏목에 올라 성안 곳곳을 두루 살폈다. 성 밖을 바라보니 철썩철썩 물소리가 들려오며 일망무제의 물길이 아득히 펼쳐져 있었다. 물길은 도도하게 산을 밀어내고 협곡을 뒤엎을 기세였다. 4~5자만 높아지면 성곽 꼭대기까지 차오를 것 같았다. 조무휼은 마음속으로 두려움을 느꼈지만, 성을 지키는 백성과 군사들이 주야로 순찰을 돌며 조금도 게으르지 않는 모습에 한편으로 기쁨도 일었다. 백성은 모두 죽음으로 성을 지키겠다고 맹세하며 전혀 다른 마음을 먹지 않았다. 조무휼은 그 모습에 감탄하며 말했다.

"오늘에야 윤탁의 공로를 알겠다!"

그러고는 몰래 장맹담에게 말했다.

"민심은 아직 변하고 있지 않지만 수위는 전혀 낮아지지 않고 있소. 만약 용산 계곡의 물이 다시 불어나면 온 성안 사람들이 모두 물고기 신세가 되고 말 것이오. 어찌하면 좋소? 곽산의 신령이 나를 속인 것이오?"

맹담이 말했다.

"한씨와 위씨가 지백에게 땅을 바친 건 틀림없이 마지못해 한 일일 것이며, 지금 군사를 출정시킨 것도 압박에 못 이겨서 어쩔 수 없이 행한 일일 것입니다. 신이 오늘 밤 몰래 성 밖으로 나가 한씨와 위씨의 주인에게 유세를 할까 합니다. 저들이 방향을 바꾸어 지백을 공격하면 이번 환란에서 벗어날 수 있을 것입니다."

무휼이 말했다.

"적군이 겹겹이 포위하고 있고 물이 가득 차 있는 상황에서 비록 날개가 있다 해도 날아갈 수 없을 것이오."

맹담이 말했다.

"신에게 좋은 수가 있사오니 주군께선 너무 염려하지 마십시오. 다만 주군께선 장수들에게 명령하여 배와 뗏목을 많이 만들게 하고 무기를 날카롭게 갈아두라고 하십시오. 만약 다행히 하늘이 도우시어 신의 유세가 통하면 지백의 머리를 조만간 베어올 수 있을 것입니다."

무휼이 마침내 그것을 허락했다.

장맹담은 한강자韓康子 호虎가 동문 밖에 주둔하고 있다는 사실을 알고 지백의 모사로 가장하여 한밤중에 밧줄을 타고 성 밖으로 나가 곧장 한씨 가문의 본영으로 갔다. 맹담이 말했다.

"지백 원수께서 비밀리에 의논할 일이 있어 저를 보냈습니다."

한호는 군막 가운데에 앉아서 사람을 보내 맹담을 불러들였다. 이때 군중에서는 경계가 심하여 대장의 군막으로 들어가려는 사람은 모두 남김없이 몸수색을 한 후에야 진입을 허락했다. 장맹담은 보통 군사들과 똑같이 변장했을 뿐만 아니라 몸에 아무것도 지니지 않았기 때문에 전혀 의심을 받지 않았다. 장맹담은 한호를 만나자 좌우 시종들을 모두 물리쳐달라고 요청했다. 한호는 시종들에게 모두 나가라고 명령을 내린 후 맹담이 온 까

지백이 제방을 터뜨려 진양성을 수몰시키다.

닭을 물었다. 맹담이 말했다.

"저는 사실 지백의 모사가 아니라 조씨의 가신 장맹담입니다. 우리 주군께서는 성이 포위된 지 오래되어 조만간 멸망할 처지에 있습니다. 이에 집안도 망하고 몸도 죽임을 당할까 두려워하면서도 마음속 이야기를 털어놓을 길이 없어 특별히 신을 지백의 모사로 위장시켜 한밤중에 몰래 이곳으로 보낸 것입니다. 이제 장군을 만나 뵈었으니 우리 주인의 말씀을 전해드리겠습니다. 신이 감히 올리는 말씀이 옳지 않다고 생각하시면 청컨대 장군의 면전에서 죽여주십시오."

한호가 말했다.

"그대는 일단 말씀을 하시오. 일리가 있으면 내가 따르겠소."

맹담이 말했다.

"지난날 육경六卿이 화목할 때는 함께 진晉나라의 정사를 돌봤습니다. 그러나 범씨와 중항씨가 민심을 얻지 못한 채 스스로 멸망하고 말았습니다. 이제 남은 것은 지씨, 한씨, 위씨, 조씨 네 가문밖에 없습니다. 그런데 지백은 아무 까닭도 없이 조씨의 채고랑 땅을 빼앗으려 하고 있습니다. 우리 주인께선 선대의 유언을 생각하시고 차마 그 땅을 할양하지 못한 것입니다. 이것은 지백에게 죄를 지은 일이 아닙니다. 그럼에도 지백은 자신의 강성한 힘만 믿고 한씨와 위씨를 규합하여 조씨를 멸망시키려 하고 있습니다. 조씨가 망하면 그 재앙이 반드시 한씨와 위씨에게 차례로 미칠 것입니다."

한호는 한동안 깊이 신음하며 대답을 하지 못했다. 맹담이 또 말했다.

"지금 한씨와 위씨가 지백을 따라 조씨를 공격하는 까닭은 진양성이 함락되는 날 조씨의 땅을 셋으로 나눠 가지려는 소망 때문일 것입니다. 대저 한씨와 지씨는 이미 만호萬戶의 고을을 할양하여 지백에게 헌납하지 않았습니까? 조상 대대로 물려받은 강역을 지백이 침을 흘리며 빼앗아갈 때 한씨나 위씨 가문에서 한 마디 말이라도 항의했다는 소문을 들은 적이 없습니다. 이런 상황에서 다른 사람의 땅이야 말해 무엇하겠습니까? 조씨가 망하면 지씨는 더욱 강해질 것인데 한씨와 위씨가 오늘의 공로를 내세워 지백과 땅을 다툴 수 있겠습니까? 설령 오늘 조씨의 땅을 삼분했다 해도 지씨가 뒷날 다시 달라고 하지 않겠습니까? 장군께서는 이러한 상황을 자세히 살펴주십시오!"

한호가 말했다.

"그렇다면 그대의 생각엔 어찌하면 좋겠소?"

맹담이 말했다.

"신의 어리석은 의견으로는 우리 주인과 몰래 화해를 하신 후 지백을 공격하여 그 땅을 균등하게 나눠 가지는 것이 가장 좋습니다. 지씨의 땅은 조씨의 땅보다 몇 배 더 많을 뿐만 아니라 뒷날의 우환도 제거할 수 있습니다. 그 후 세 분의 주인이 마음을 하나로 합쳐 대대로 입술과 이빨처럼 의지한다면 이 어찌 아름다운 일이 아닙니까?"

한호가 말했다.

"그대의 말에도 일리가 있는 듯하오. 내가 위씨 집안과 대책을 상의할 테니 그대는 잠시 돌아갔다가 사흘 뒤에 와서 답변을 들으시오."

맹담이 말했다.

"신은 구사일생으로 이곳으로 왔습니다. 다시 오는 일이 쉽지 않고 또 군중의 이목도 있어서 비밀이 새어나가지 않기가 매우 어렵습니다. 바라옵건대 장군의 휘하에 사흘만 머무르며 명령을 기다리게 해주십시오."

한호는 사람을 보내 비밀리에 단규를 불러서 맹담이 한 말을 전했다. 단규는 전에 지백에게 모욕을 당한 뒤 그 원한을 잊지 않고 있던 터라 맹담의 계책에 적극 찬성했다. 한호는 맹담과 단규를 만나게 해주었다. 단규는 맹담과 같은 군막에 머물렀다. 두 사람은 마음속 이야기를 깊이 나누며 의기투합했다. 다음 날 단규는 한호의 명령을 받들고 직접 위환자의 군영으로 가서 조씨가 보낸 사람과 나눈 이야기를 비밀리에 알려주며 말했다.

"우리 주군께서 감히 독단으로 처리할 수 없어서 장군의 재가를 받으려는 것입니다."

위환자 구가 말했다.

"미친 도적이 날뛰는 걸 나도 한스럽게 생각하는 바요. 그러나 호랑이를 잡으려다 실패하여 호랑이에게 물릴까 걱정이오."

단규가 말했다.

"지백을 용납할 수 없다는 것은 지금 형세로도 충분히 알 수 있는 일입니다. 뒷날 후회를 하기보다 지금 결단을 내리는 편이 좋을 것입니다. 조씨 가문이 망해가는 걸 한씨와 위씨가 살려주면 틀림없이 저들은 우리 은덕에 깊이 감사할 것입니다. 이것이 흉악한 자와 함께 일을 하는 것보다 오히려 더 낫지 않겠습니까?"

위구가 말했다.

"이 일은 깊이 생각해본 후에 실행해야지 성급하게 결정할 수 없소."

이에 단규는 그곳에서 물러나왔다.

이튿날 지백은 친히 물길을 이용해 현옹산으로 가서 주연을 베풀고 도도하게 펼쳐진 물 구경을 함께하기 위해 한씨와 위씨의 두 장군을 초청했다. 술을 마시는 중간에 지백은 만면에 희색을 띠고 손가락으로 멀리 진양성을 가리키며 한씨와 위씨에게 말했다.

"저 성에서 물에 잠기지 않은 부분은 위쪽으로 여섯 자 높이뿐이오. 나는 오늘 비로소 물로도 나라를 망하게 할 수 있다는 걸 알았소. 흔히 진나라의 강성함은 국경의 험한 산악과 나라 안의 깊은 강물에 의지했기 때문이라고 하오. 분수汾水, 회수澮水(山西省 曲沃 澮水), 진수晉水, 강수絳水(山西省 曲沃 澮水 지류)는 모두 큰 강이지만 내가 보건대 물은 믿을 게 못 될 뿐만 아니라 오히려 나라의 멸망을 촉진하는 화근이라고 할 수 있소."

위구가 몰래 팔꿈치로 한호를 찌르자 한호는 위구의 발을 슬쩍 밟았다. 두 사람은 두려운 모습으로 서로 얼굴을 쳐다봤다. 잠시 후 술자리가 파하자 세 사람은 서로 인사를 나누고 헤어졌다. 그때 치자가 지백에게 말했다.

"한씨와 위씨 두 집안은 틀림없이 반역을 할 것입니다."

지백이 말했다.

"그대가 그것을 어떻게 아시오?"

"신은 두 사람의 말을 자세히 살피지는 못했으나 안색을 보고 알았습니다. 주군께선 두 사람과 조씨 가문을 멸망시키는 날 그 땅을 셋으로 나눠 갖자고 약속했습니다. 그런데도 두 사람은 지금 조씨의 진양성이 조만간 함락되려는 순간에 땅을 얻는 기쁨을 전혀 드러내지 않고 오히려 근심하는 빛을 보였습니다. 이러한 까닭에 저들이 반드시 반역할 것이란 사실을 알게 된 것입니다."

"내가 지금 두 사람과 기쁜 마음으로 함께 일을 하고 있는데 그들에게 무슨 근심이 있겠는가?"

"조금 전 주군께선 물은 믿을 게 못 되고 멸망을 촉진하는 화근이라고 하셨습니다. 대저 진수로 조씨의 진양성을 잠기게 할 수 있다면 분수로는 위씨의 안읍安邑(山西省 夏縣)을 잠기게 할 수 있을 것이며, 강수로는 한씨의 평양平

陽(山西省 臨汾 서남)을 잠기게 할 수 있을 것입니다. 주군께서 진양을 잠기게 한 물을 언급하셨는데 두 사람이 어찌 근심하지 않을 수 있겠습니까?"

사흘째 되는 날 한호와 위구도 지백의 군영으로 술을 가져와 어제 베풀어준 은정에 답례를 했다. 지백은 첫 번째 술잔을 다 마시지도 않고 한씨와 위씨에게 말했다.

"나 지요智瑤(智伯의 본명)는 평소 성격이 솔직해서 말을 집어삼킬 수가 없소. 어제 어떤 사람이 말하기를 두 분 장군께서 변란을 일으킬 마음을 품고 있다는데 과연 그것이 사실인지 모르겠소."

그러자 한호와 위구가 한꺼번에 대답했다.

"원수께선 그 말을 믿으시오?"

지백이 대답했다.

"내가 만약 그 말을 믿었다면 어찌 장군들 면전에서 직접 물어볼 수 있겠소?"

한호가 말했다.

"소문을 들으니 지금 조씨가 황금과 비단을 크게 풀어 우리 세 사람을 이간시키고 있다는데, 그건 틀림없이 간신이 조씨의 뇌물을 받고 원수에게 우리 두 사람을 참소하여 의심을 불러일으키려는 수작이오. 이로 인해 우리 포위가 느슨해지면 조씨는 재앙에서 벗어날 희망이 생길 것이오."

위구도 이렇게 말했다.

"그 말이 참으로 지당하오. 진양성의 함락이 목전에 닥쳤는데 누가 그 땅을 나눠 갖기를 원하지 않겠소? 이 같은 목전의 이익을 버리고 예측 불허의 참화를 자초할 사람이 누가 있겠소?"

지백이 웃으면서 말했다.

"나도 두 분이 그런 어리석은 마음을 먹지 않으리란 걸 잘 알고 있소. 이건 모두 치자가 걱정이 지나쳐서 한 말이오."

한호가 또 말했다.

"원수께서 오늘은 참소를 믿지 않으셨지만 조만간 또 같은 말을 하는 자가 있을까 두렵소. 그때는 우리 두 사람도 충성심을 직접 해명할 수 없을 터이니 원수께서 어찌 간신배의 계책에 빠지지 않을 수 있겠소?"

그러자 지백이 술을 땅에 부으며 말했다.

"지금 이후로 우리가 서로 의심한다면 이 술처럼 버려질 것이오."

한호와 위구는 공수를 올리며 감사 인사를 했다. 이 날 세 사람은 곱절로 즐겁게 술을 마시며 밤이 늦어서야 헤어졌다. 뒤이어 치자가 또 지백을 뵙고 말했다.

"주군께선 어찌하여 신의 말을 두 사람에게 누설하셨습니까?"

지백이 말했다.

"그걸 어떻게 알았소?"

치자가 말했다.

"신이 마침 군영의 문 앞에서 두 사람을 만났습니다. 두 사람은 정색을 하고 신을 쳐다보고는 황급히 달아났습니다. 그것은 신이 저들의 마음을 간파한 것을 알고 신에게 두려운 마음을 보인 것입니다. 이 때문에 그처럼 황급하게 달아난 것입니다."

지백이 웃으면서 말했다.

"나는 이미 두 사람과 술을 땅에 부으며 서로 의심하지 말자고 맹세했소. 그대는 망언으로 화해의 분위기를 해치지 말기 바라오."

치자는 장막을 물러나오며 탄식했다.

"지씨의 목숨이 오래가지 못하겠구나!"

치자는 갑자기 독감이 들어 몸을 치료해야 한다고 거짓말을 하고는 마침내 진秦나라로 달아났다. 염옹이 시를 지어 치자의 행동에 대해 읊었다.

한씨, 위씨 역심이 이미 단서를 드러냈으니 韓魏離心已見端
심모원려의 치자를 어찌 속일 수 있었겠나? 絺疵遠識詎能瞞
하루아침에 병을 핑계로 표연히 떠나가니 一朝託疾飄然去
명월청풍 즐기며 가는 곳마다 편안했네 明月清風到處安

한호와 위구는 지백의 군영에서 돌아오는 길에서 마음을 정하고 장맹담과 삽혈로 약속을 정했다.

"내일 한밤중에 제방을 터뜨려 물을 다른 방향으로 빼겠소. 진양성에서는 물이 빠지는 것을 신호로 바로 성안의 군사를 이끌고 달려나오시오. 우리 함께 지백을 사로잡읍시다."

장맹담은 명령을 받은 후 성으로 들어가 조무휼에게 경과를 보고했다. 무휼은 매우 기뻐하며 군사들에게 단단히 전투 준비를 하라고 몰래 명령을 내렸다. 약속 시간이 되자 한호와 위구는 비밀리에 자객을 보내 제방을 지키는 군사를 죽이고 서쪽으로 물길을 텄다. 서쪽 방향에서 제방이 터지자 물길은 지백의 군영으로 쏟아져 들어갔다. 군사들은 깜짝 놀라 혼비백산하며 비명만 질러댈 뿐이었다. 지백이 꿈속에서 깨어났을 때는 물이 이미 침상까지 차올라 옷과 이불이 모두 젖어 있었다. 지백은 그때까지만 해도 제방을 순시하는 군사가 소홀하여 우연히 제방에서 물이 새는 것으로 생각했다. 그는 급히 좌우 시종을 불러 얼른 가서 물이 새는 제방을 막도록 했다. 그러나 물은 순식간에 더욱 거세게 몰아닥쳤다. 그때 지국과 예양이 수군을 인솔하고 뗏목을 타고 와서 지백을 맞아 배 위로 끌어올렸다. 군영의 본채를 돌아보니 세찬 물결이 콸콸 밀려들고 있었고 군막과 보루도 모두 물결에 휩쓸려 가고 있었다. 군량미와 무기도 모두 씻은 듯이 사라졌다. 군영의 군사들은 모두 살기 위해 물속에서 발버둥치고 있었다. 지백이 처참한 심정에 젖어 있는데 갑자기 북소리가 우레처럼 크게 울렸다. 그러자 한씨와 위씨 두 집안 군사들이 각각 작은 배를 타고 물살을 이용해 쏜살같이 쇄도해와서 지씨의 군사들을 마구 죽였다. 그러고는 이렇게 소리쳤다.

"지요를 잡아 바치는 자에겐 후한 상을 내리리라!"

지백이 탄식했다.

"내가 치자의 말을 믿지 않아 결국 저들의 속임수에 빠져들었구나!"

그 옆에서 예양이 말했다.

"사태가 위급합니다. 주군께선 산 뒤편으로 몸을 피하셨다가 다시 진나라로 가서 군사를 청하십시오. 신이 목숨을 걸고 적을 막겠습니다."

지백은 그의 말에 따라 결국 지국과 함께 작은 배를 저어 산 뒤편으로 돌아갔다. 그러나 누가 알았겠는가? 조양자(무휼無恤)가 이미 지백이 진나라로 도주할 것을 예상하고 있을 줄이야. 그는 장맹담을 시켜 한씨와 위씨의 군사를 따라 지씨의 군사를 추격하게 하고 자신은 직접 군사 한 부대를 이끌고 용산 뒤에 매복해 있었다. 그때 마침 그곳으로 돌아오는 지백을 만났다. 조무휼은 친히 지백을 포박하여 그의 죄목을 하나하나 나열한 뒤 목을 벴다. 지국은 물로 뛰어들어 익사했다. 예양은 패잔병을 독려하며 용감하게 싸웠으나 중과부적이라 어찌할 수 없었다. 부하들은 점점 흩어지고 지백도 이미 사로잡혔다는 소식을 듣고 예양은 마침내 변복을 하고 석실산 石室山(山西省 太原 石室山)으로 도주했다. 지씨의 군대는 몰살을 당했다. 조무휼이 날짜를 꼽아보니 그날이 바로 3월 병술일丙戌日이었다. 바로 지난번에 신령이 준 죽통 속의 예언이 딱 맞아떨어진 셈이었다.

세 가문의 군사들은 한곳에 모여 제방의 갑문을 모두 터뜨렸다. 그제야 물은 다시 동쪽으로 흘러 진수로 유입되었다. 진양성에 찼던 물도 모두 빠졌다. 조무휼은 성안의 백성을 위로한 뒤 한호와 위구에게 말했다.

"두 분의 도움에 힘입어 쓰러져가던 성을 보존했소. 이는 참으로 망외의 소득이오. 물론 지백은 죽었지만, 그 일족은 아직 건재하다는 사실을 간과해서는 안 되오. 잡초를 베어내고 뿌리를 남겨놓으면 끝내 후환이 될 것이오."

한호와 위구도 말했다.

"저들 일족을 섬멸하여 우리 원한을 풀어야겠소."

조무휼은 즉시 한호, 위구와 함께 강주로 돌아와 지씨를 반역죄로 모함한 뒤 그의 저택을 포위한 채 남녀노소 따지지 않고 지백의 친족을 남김없이 도륙했다. 지씨 종족은 멸문지화를 당했지만 오직 지과만 성을 보씨로 바꾸었기 때문에 참화에서 벗어날 수 있었다. 지과야말로 선견지명이 있었던 셈이다. 한씨와 위씨는 각각 앞서 바쳤던 땅을 회수했다. 그런 다음 세 가문에서 지씨의 식읍을 균등하게 셋으로 나누어 가졌다. 그러나 진나라 공실에는 백성 한 사람 땅 한 뼘도 바치지 않았다. 이것은 주 정정왕貞定王 16년의 일이었다.

조무휼은 진양성 전투에 대한 논공행상을 했다. 좌우 가신들이 모두 장맹담의 공로를 으뜸으로 쳤으나 무휼은 고혁의 공로를 제일로 쳤다. 그러자 맹담이 말했다.

"고혁은 포위된 성안에만 있으면서 한 가지 계책도 내지 않았고, 한 번의 수고도 하지 않았습니다. 그런데도 전공의 으뜸을 차지하고 가장 좋은 상을 받아가니 신은 아무리 생각해도 이해할 수가 없습니다."

무휼이 말했다.

"내가 곤경에 처하자 모두가 당황하여 어쩔 줄 몰랐는데 오직 고혁만은 몸가짐을 경건하고 신중하게 유지하며 군신의 예를 잃지 않았소. 대저 전공이란 한때에 그치지만 예법은 천추만대에까지 전해지는 것이오. 그러니 이런 사람이 가장 좋은 상을 받는 것이 어찌 마땅한 일이 아니겠소?"

맹담은 부끄러움을 느끼고 승복했다. 무휼은 지씨의 멸망을 예시해준 산신령에 감사드리려고 곽산에 사당을 세우고 원과를 시켜 해마다 제사를 올리게 했다. 무휼은 지백에 대한 원한이 이후에도 식지 않아서 그의 두개골에 옻칠을 하여 요강으로 사용했다.

예양은 석실산에서 그 소식을 듣고 흐느끼며 말했다.

"'선비는 자신을 알아주는 사람을 위해 목숨을 바친다士爲知己者死'고 한다. 나는 지씨의 두터운 은혜를 입었다. 지금 지백의 가문은 멸망했고 그분의 유해는 모욕을 당하고 있다. 그런데도 내가 세상에서 구차하게 목숨을 이어간다면 어찌 사람 노릇을 한다고 할 수 있으랴?"

그는 성명을 바꾼 뒤 노역형에 처해진 죄수로 위장하여 비수를 품고 몰래 조씨 댁 측간으로 숨어들었다. 무휼이 대소변을 보러 측간으로 들어오면 빈틈을 노려 그를 찔러 죽일 생각이었다. 이때 무휼이 측간 앞에 당도했을 때 갑자기 가슴이 마구 뛰었다. 그는 좌우 시종을 시켜 측간 안을 수색하게 했다. 시종들이 예양을 찾아내어 무휼 앞으로 끌고 왔다. 무휼이 물었다.

"몸에 흉기를 감추고 나를 찔러 죽일 셈이었는가?"

예양이 정색을 하고 대답했다.

"나는 지씨 댁의 가신이다. 지백을 위해 복수를 하려 했다."

좌우 시종들이 말했다.

"이놈은 역도이니 주살해야 합니다."

그러나 무휼은 그들을 제지하며 말했다.

"지백은 죽고 자손도 남아 있지 않으므로 예양이 그를 위해 복수에 나선 것이다. 예양은 진정 의로운 선비다. 의로운 선비를 죽이는 것은 상서롭지 못한 일이다."

그러고는 예양을 석방하여 집으로 돌아가게 했다. 떠나려 할 때 무휼이 다시 그를 불러 물었다.

"내가 그대를 석방했으니 이전의 원한을 잊을 수 없겠는가?"

예양이 말했다.

"나를 석방한 건 장군의 사사로운 은혜이고, 복수를 하려는 건 나의 대의요."

그 말을 듣고 좌우 시종들이 또 말했다.

"이런 무례한 놈을 풀어주면 틀림없이 후환이 있을 것입니다."

무휼이 말했다.

"내가 이미 석방을 허락했다. 어찌 신용을 잃을 수 있겠느냐? 지금부터 조심하면 될 것이다."

무휼은 그날 바로 예양의 화를 피하기 위해 진양으로 돌아갔다.

예양은 집으로 돌아와서도 온종일 자기 주군의 복수를 할 생각에만 골몰했으나 좋은 계책이 떠오르지 않았다. 그의 아내는 그에게 다시 한씨나 위씨를 찾아가서 벼슬을 하며 부귀를 누리라고 권했다. 그러나 예양은 벌컥 화를 내며 옷깃을 떨치고 집을 나섰다. 그는 다시 진양으로 들어가고 싶었지만 사람들이 자신을 알아볼까봐 걱정이 됐다. 그래서 수염을 깎고 눈썹까지 밀어버린 채 온몸에 옻칠을 하고 문둥병 환자를 가장했다. 그러고는 그 몰골로 저잣거리에서 걸식을 했다. 그의 아내가 그를 찾으러 저잣거리로 갔다가 그가 구걸하는 목소리를 듣고 깜짝 놀라며 말했다.

"이건 우리 부군의 목소리다!"

그러고는 그곳으로 달려가서 예양을 보고는 이렇게 말했다.

"목소리는 비슷하지만 사람은 아니구나!"

예양의 아내는 결국 그를 버려두고 가버렸다. 예양은 자신의 옛 목소리가 아직 남아 있다는 것을 알고는 뜨거운 숯을 삼켜서 목소리까지 변하게 했다. 다시 저자에서 걸식을 나갔을 때 그의 아내는 그의 목소리를 듣고도 더 이상 알아채지 못했다. 그때 어떤 친구 한 사람이 평소 예양의 뜻을 알고 있었다. 그는 구걸하는 거지의 행동을 보고 예양이 아닌가 의심이 들어서 몰래 그의 이름을 불렀다. 그 거지는 과연 예양이었다. 그는 예양을 자신의 집으로 초대해서 음식을 대접하며 말했다.

"자네는 복수의 의지만 굳건하지 복수의 방법은 아직 마련하지 못한 것 같네. 자네의 재주를 가지고 거짓으로 조씨에게 투항하면 틀림없이 중용될 것이네. 그때 조씨의 빈틈을 노려 거사를 하면 손에 침 한 번 뱉는 것만으로도 성공할 수 있을 것이네. 그런데 어찌하여 이처럼 고통스럽게 용모를 바꾸고 숯불까지 삼키며 거사를 도모하고 있단 말인가?"[6]

예양이 그의 제의를 사양하며 말했다.

"내가 조씨의 가신이 되고 나서 그를 칼로 찔러 죽인다면 그것은 두마음을 먹는 것이네. 내가 몸에 옻칠을 하고 숯불을 삼키며 지백을 위해 복수를 하려는 것은 바로 두마음을 먹은 신하들이 나의 행동을 보고 부끄러움을 느끼게 하려는 것이네. 이제 자네와 헤어져 다시는 만나지 않았으면 하네."

그는 마침내 진양성으로 가서 이전처럼 걸식을 했지만 아무도 알아보는 사람이 없었다.

한편 조무휼은 진양성으로 가서 지백이 파놓은 큰 못을 보고 이미 완공된 사업은 다시 허물어서는 안 된다고 생각했다. 그는 인부를 동원하여 큰 못 위에 다리를 놓아 사람들의 왕래를 편하게 해주려 했다. 그러고는 그 다리 이름을 적교赤橋라고 지었다. 적赤이란 불의 색이므로 불이 물을 이긴다는 이론에 근거한 작명이었다. 그는 진수로 인해 난리를 겪었기 때문에 적교를 세워 물의 기운을 누르려 했다. 적교가 완공되자 무휼은 수레를 타고 구경을 나왔다. 예양은 무휼이 적교를 구경하러 온다는 사실을 미리 알고 예리한 칼을 품은 채 시체로 위장하여 적교 다리 아래에 엎드려 있었다. 무휼의 수레가 적교 가까이 다가가자 갑자기 수레를 끄는 말이 슬피 울며 발걸음을 멈췄다. 고삐를 잡은 어자가 연이어 채찍질을 했지만 말은 앞으로 나가려 하지 않았다. 장맹담이 앞으로 나서며 말했다.

"신이 듣건대 '좋은 말은 자신의 주인을 위험에 빠뜨리지 않는다良驥不陷其主'고 합니다. 지금 이 말이 적교를 건너려 하지 않는 것은 틀림없이 간악한 자가 다리 아래에 숨어 있는 것입니다. 자세히 살펴보지 않을 수 없습니다."

6_ 칠신탄탄漆身呑炭: 몸에 옻칠을 하여 피부가 짓무른 문둥병 환자를 가장하고, 뜨거운 숯불을 삼켜 목소리까지 변하게 만든다는 뜻. 복수를 위해 자신의 몸을 아끼지 않음을 비유한다.(『전국책』「조책趙策」, 『사기』「자객열전刺客列傳」)

무휼은 수레를 멈추고 좌우 군사를 시켜 다리 아래를 수색하게 했다. 금방 보고가 올라왔다.

"다리 아래에 다른 세작은 없고 시체 한 구가 엎어져 있습니다."

무휼이 말했다.

"다리를 새로 만들었는데 어찌하여 시체가 있단 말이냐? 그건 틀림없이 예양일 것이다."

무휼은 그 시체를 끌어올려 살펴보라고 했다. 모습이 비록 변했지만 무휼은 예양을 알아볼 수 있었다. 무휼이 예양을 꾸짖었다.

"내가 전에 이미 법을 너그럽게 적용하여 네놈을 용서했는데, 네놈은 오늘 또 나를 죽이러 왔단 말이냐? 이러고서야 하늘이 어찌 너를 돕겠느냐?"

그러고는 밖으로 끌고 가서 참수하게 했다. 예양은 하늘을 우러러 울부짖으며 눈물을 흘렸다. 좌우의 가신들이 물었다.

"죽음이 두려운 것이냐?"

예양이 대답했다.

"죽는 것은 두렵지 않다. 다만 내가 죽은 뒤 우리 주인의 복수를 할 사람이 없다는 것이 원통할 뿐이다."

조무휼이 다시 그를 불러 물었다.

"네놈은 먼저 범씨를 섬기다가 범씨가 지백에게 멸문지화를 당한 후 범씨를 위해 복수를 한 것이 아니라, 부끄러움을 참고 목숨을 구걸하며 오히려 지백을 섬겼다. 그런데도 지금 지백의 죽음을 빌미로 유독 나에게만 그토록 처절하게 복수를 하려고 하니, 그 이유가 무엇이냐?"

예양이 말했다.

"대저 군신 관계는 대의로 마음을 합치는 법이다. 주군이 신하를 수족처럼 대하면 신하도 주군을 심장처럼 대하고, 주군이 신하를 개돼지처럼 대하면 신하도 주군을 길 가다 만난 사람처럼 대할 뿐이다. 내가 앞서 범씨를 섬길 때는 그가 나를 보통 사람과 똑같이 대우했다. 그래서 나도 보통 사람처럼 그에게 보답한 것이다. 그러나 내가 지백을 섬길 때는 그분이 자신의 옷과 음식까지 나눠주며 나를 나라 안의 최고 선비로 대우해줬다. 그래서 나도 나라의 최고 선비로 그분께 보답을 드리려는 것이다. 이 두 가지를 어찌 같다고 볼 수 있겠느냐?"

무휼이 말했다.

"네 마음이 쇠나 돌처럼 단단하므로 내가 이제는 더 이상 너를 용서할 수 없다."

그러고는 마침내 패검을 풀어 예양에게 주며 자결을 명했다. 예양이 말했다.

"내가 듣건대 '충성스러운 신하는 자기 몸이 죽는 것을 근심하지 않고, 밝은 군주는 다른 사람의 대의를 은폐하지 않는다忠臣不憂身之死, 明主不掩人之義'고 한다. 전에 이미 그대의 용서를 받았으니 나는 벌써 만족하고 있다. 오늘 내 어찌 다시 살기를 바라겠느냐? 다만 마음속 울분을 풀 길이 없으니 그대의 옷을 벗어 내게 주면 내가 그것이라도 칼로 찔러 복수의 마음을 대신하고자 한다. 그럼 편히 눈을 감을 수 있을 것이다!"

무휼은 그의 뜻이 가련하게 생각되어 비단 도포를 벗어 좌우 시종을 시켜 예양에게 가져다주게 했다. 예양은 손에 칼을 들고 분노한 눈으로 마치 무휼의 모습을 마주 대하는 것처럼 도포를 노려보며 세 번 뛰어올라 세 번 칼로 내리치며 말했다.

"내 이제야 지하에서 지백에게 아뢸 말이 있게 되었다."

예양이 조무휼의 옷을 칼로 찔러 복수하다.

말을 마치고는 결국 칼날 위에 엎어져 죽었다. 지금까지도 그 다리가 남아 있고 후세 사람들은 그 다리 이름을 예양교豫讓橋라고 고쳐 부르고 있다. 무휼은 예양이 자결하는 모습을 보고 마음이 매우 슬퍼져서 즉시 그의 시신을 거두어 장사 지내주라고 명령을 내렸다. 군사들이 비단 도포를 가져와 무휼에게 바쳤다. 예양이 칼로 내리친 곳에는 모두 선혈이 배어 있었다. 그것은 예양의 정성에 하늘이 감응했기 때문이었다. 무휼은 깜짝 놀라 저절로 마음에 병이 들었다. 그의 목숨이 어떻게 될지는 다음 회를 보시라.

제85회

진晉나라가 삼분되다

악양자는 분노하여 아들의 살로 끓인 국을 마시고
서문표는 흔들림 없이 하백에게 여자 바치던 악습을 바로잡다
樂羊子怒餟中山羹, 西門豹喬送河伯婦.

조무휼은 자신의 옷이 예양의 칼에 세 번 베일 때 자신도 세 번 연이어 몸서리를 쳤다. 예양이 자결한 후 무휼은 자신의 옷이 베어진 곳에 모두 핏자국이 남아 있는 것을 보았다. 무휼은 이때부터 병이 들어 해를 넘겨서도 낫지 않았다. 무휼에게는 다섯 아들이 있었지만 자신의 형 백로가 자신 때문에 적자의 지위에서 물러난 것을 알고 있었으므로 백로의 아들 주周를 가문의 후계자로 삼으려 했다. 그러나 주가 먼저 죽어서 주의 아들 완浣을 후계자로 삼았다. 무휼은 임종을 맞아 후계자 조완에게 말했다.

"우리 진晉나라 세 가문이 지씨를 멸망시킨 후 영토도 넓어지고 백성도 기쁘게 복종하고 있다. 이 기회를 틈타 한씨, 위씨와 진나라를 삼분하고 각각 종묘사직을 세워 대통을 자손에게 전해주도록 하여라. 만약 몇 년 더 늦추다가 혹시 진나라에 영명한 군주가 나타나 권력을 잡고 정사에 힘쓰

며 민심을 수습한다면 우리 조씨의 제사를 이어가지 못할지도 모른다."

말을 마치고 무휼은 눈을 감았다. 조완은 장례를 끝낸 뒤 바로 조양자의 유언을 한호에게 이야기했다. 이때가 주 고왕考王 4년이었다. 이해에 진 애공이 세상을 떠나고 아들 유柳가 즉위하니 이 사람이 진晉 유공幽公이다. 한호는 위씨, 조씨와 함께 모의하여 강주와 곡옥 두 고을만 유공에게 바치고 나머지 땅은 삼분하여 세 권세가가 차지하도록 했다. 이것이 이른바 삼진三晉이다. 유공은 힘이 없어서 오히려 세 권세가를 알현하러 다녔으니 임금과 신하의 관계가 뒤바뀐 셈이었다.

한편 제나라 상국 전반田盤은 진晉나라 세 권력가가 공실의 땅을 나누어 차지했다는 소식을 듣고 자신의 형제와 친척을 모두 제나라 고을의 대부로 임명했다. 그런 다음 사신을 진나라 삼진 가문에 보내 우호를 맺었다. 이때부터 제후국들도 이들과 직접 교류했다. 이때부터 전田, 조, 한, 위 네 가문은 자신의 이름을 내걸고 제후국과 왕래했다. 그러나 제나라와 진나라 군주는 나무 인형처럼 속수무책으로 지켜볼 수밖에 없었다. 당시 주 고왕은 자신의 아우 게揭를 하남河南의 왕성王城(河南省 洛陽 서북)에 봉하고 주공의 관직을 이어가게 했다. 또 게의 막내아들 반班을 따로 공鞏(河南省 鞏義 서쪽) 땅에 봉했다. 공 땅은 왕성 동쪽에 있었으므로 반을 동주공東周公이라 불렀고 하남 왕성의 게를 서주공西周公이라 불렀다. 이것이 동서 이주二周의 시작이다. 고왕이 세상을 떠나자 그 아들 오午가 보위를 이어받았다. 이 사람이 위열왕威烈王이다. 위열왕 시대에 삼진의 조완이 죽고 그의 아들 조적趙籍이 가문의 후계자가 되었다. 한건韓虔은 한씨 가문을 이었고, 위사魏斯는 위씨 가문의 대를 이었으며, 제나라 전화田和는 전씨 가문의 대를 이었다. 이 네 가문은 서로 우호를 더욱 깊게 다졌다. 또한 앞으로 피차 도움을 주고받으며 대업을 함께 이루자고 약속했다.

위열왕 23년 천둥과 번개가 주나라의 구정九鼎을 쳐서 구정이 모두 흔들렸다. 삼진의 주군들은 이 소식을 듣고 몰래 대책을 상의했다.

"구정은 하, 은, 주 삼대를 전해져온 보물인데 지금 갑자기 흔들렸다니 주나라 왕실도 이제 그 운명이 다한 듯싶소. 우리는 나라를 세운 지 이미 오래되었으나 바른 칭호를 갖지 못했소. 이처럼 주 왕실이 쇠미한 틈을 빌려 각각 주나라 천자에게 사신을 보내 제후로 임명해달라고 요청하는 것이 어떻겠소? 주나라 천자는 우리의 강성함이 두려워 허락하지 않을 수 없을 것이오. 이렇게 하면 명분도 바르고 논리도 타당하게 될 터이니 우리는 앞으로 실속 있게 부귀를 누리면서도 찬탈의 오명을 쓰지 않아도 될 것이오. 이 어찌 아름다운 일이 아니오?"

이에 각 가문에서는 심복을 사신으로 파견했다. 위씨 가문에서는 전문田文을 파견했고, 조씨 가문에서는 공중련公仲連을 파견했으며, 한씨 가문에서는 협누俠累를 파견했다. 그들은 각각 황금과 비단 및 토산품을 싣고 가서 위열왕에게 바치고 제후로서의 책봉 명령을 요청했다. 위열왕이 사신들에게 물었다.

"진나라 땅이 모두 삼진에 속하게 되었단 말이오?"

위씨 가문의 사신 전문이 대답했다.

"진나라 공실은 정치에 실패하여 밖으로는 제후들이 이반하고 안으로는 신하들이 반란을 일으키고 있습니다. 그래서 우리 세 가문이 스스로 병력을 동원하여 역적을 토벌하고 그 땅을 소유하게 된 것이지 공실의 땅을 빼앗은 건 아닙니다."

위열왕이 또 말했다.

"삼진이 제후의 반열에 오르고 싶어하면서 어찌 스스로 제후의 지위에 오르지 않고 짐에게 그것을 보고하는 것이오?"

조씨 가문의 사신 공중련이 대답했다.

"삼진에 속한 가문은 대대로 강성함을 쌓아왔기 때문에 스스로 제후의 자리에 오를 만큼 넉넉한 힘을 갖고 있지만 지금 반드시 어명을 받고자 하는 까닭은 천자의 존엄을 잊지 않고 있기 때문입니다. 천자께서 만약 삼진의 주군을 제후로 책봉해주시면 대대로 충성과 절개를 다해 주 왕실의 울타리가 될 것입니다. 그렇게 되면 주 왕실에도 어찌 이익이 아니겠습니까?"

위열왕은 매우 기뻐하며 바로 내사內史에게 책명策命[1]을 작성하라 명령을 내리고 조적을 조후趙侯로, 한건을 한후韓侯로, 위사를 위후魏侯로 책봉했다. 또한 새로 책봉된 새 제후에게 각각 제후의 예복, 면류관, 홀圭璧 등 일습一襲을 하사했다. 전문 등이 돌아가 이 사실을 보고하자 조, 한, 위 세 나라에서는 각각 천자의 명령을 나라 안에 선포했다. 조나라는 중모中牟(河南省 中牟)를 도읍으로 삼았고, 한나라는 평양을 도읍으로 삼았으며, 위나라는 안읍을 도읍으로 삼았다. 그들은 각각 종묘사직을 세우고 여러 제후국에 사신을 파견하여 책봉 사실을 두루 알렸다. 제후국들도 대부분 축하 사절을 보냈다. 다만 진秦나라는 진晉나라를 버리고 초나라와 친교를 맺은 이후 중원의 다른 나라와 왕래를 하지 않았고, 중원에서도 진秦나라를 오랑캐蠻夷로 대우했다. 이 때문에 진나라만 새로 제후가 된 세 나라에 축하 사절을 파견하지 않았다. 얼마 지나지 않아 삼진은 진 정공靖公을 폐위하고 서민으로 강등시킨 뒤 순류純留(山西省 屯留) 땅으로 옮겨 살게 했다. 그리고

1_ 책명策命: 제후 책봉을 선포하는 공식 문서.

나서 그 나머지 땅은 삼진이 모두 나누어 가졌다. 진나라는 당숙에서 정공에 이르기까지 모두 29대를 전한 뒤 마침내 제사가 끊어졌다. 염옹이 시를 지어 탄식했다.

육경이 넷이 되고 그 넷이 또 셋이 되어　六卿歸四四歸三
남면하고 임금 칭하며 부끄러운 줄 모르네　南面稱侯自不慚
날카로운 무기 자루를 남에게 쉽게 주지 말라　利器莫敎輕授柄
어리석은 임금들이 그렇게 간신을 불렀다　許多昏主導奸貪

또 주 위열왕이 삼진의 요구를 받아들여 그들의 반역을 초래했기 때문에 애초 그들의 요구를 거절해야 했다고 풍자한 시도 있다.

왕실은 외로워져서 떼야 할 혹처럼 전락했으니　王室單微似贅瘤
삼진의 제후 칭호를 어찌 막을 수 있었으랴?　怎禁三晉不稱侯
책봉 명령 없는데도 끝내 보위를 훔쳤다면　若無冊命終成竊
주나라를 탓하지 않고 삼진만 탓할 것을　只怪三侯不怪周

이들 삼진 중에서도 위 문후文侯는 가장 어질어서 마음을 비우고 선비들 아랫자리에 앉기도 했다. 당시 공자의 뛰어난 제자 복상卜商(자는 子夏)이 서하西河(山西省과 陝西省 경계 황하 하류) 서쪽 지역에서 학문을 가르친다는 말을 들은 문후는 그곳으로 찾아가서 경전을 배우기도 했다. 또 위성魏成이 어진 성품의 전자방田子方을 추천하자 문후는 그와 친구가 되었다. 그러자 위성이 또 말했다.

"서하 사람 단간목段干木이 덕행이 있으나 벼슬을 하지 않고 숨어 살고 있습니다."

문후는 즉시 수레를 타고 그의 은거처로 달려갔다. 단간목은 어가가 자신의 집으로 온다는 소식을 듣고 뒷 담장을 넘어 몸을 피했다. 문후가 감탄하며 말했다.

"진정 고고한 선비로다!"

문후는 서하에 한 달 동안 머물며 날마다 그의 집 문 앞으로 가서 만나기를 청했다. 문후는 수레가 그의 집에 가까워지면 수레 앞 가로나무를 잡고 일어서서 감히 앉으려고도 하지 않았다. 단간목은 문후의 정성을 알고 어쩔 수 없이 만남을 허락할 수밖에 없었다. 문후는 편안한 수레를 보내 단간목을 모셔온 후 전자방과 함께 상객으로 대우했다. 서쪽 지방의 현명한 인재들이 그 소문을 듣고 모두 위나라로 귀의했다. 또 이극李克, 책황翟璜[2], 전문田文, 임좌任座 등과 같은 일반 모사들도 조정에 가득 넘치게 되었다. 당시에 인재가 많기로는 위나라를 능가하는 나라가 없었다. 진秦나라도 여러 차례 위나라를 침략하려 했으나 많은 인재가 두려워 결국 출병을 그만둘 수밖에 없었다. 위 문후는 일찍이 우인虞人[3]과 약속을 정하고 오시午時에 교외에서 사냥을 하기로 했다. 그날 이른 아침 비가 내리고 추위가 심했다. 문후는 신료들에게 술을 하사한 뒤 임금과 신하가 함께 마셨다. 술자리가 흡족하게 무르익을 무렵 문후가 좌우 내시에게 물었다.

2_ 책황翟璜: '翟'은 중국 고대 종족 이름으로 읽을 때는 '狄'과 통하기 때문에 발음이 '적'이지만, 보통 성으로 읽을 때는 '책'이라고 읽어야 한다. 따라서 이때는 중국어 발음도 'dí'가 아니라 'zhái'다.

3_ 우인虞人: 왕실의 정원이나 산림을 보살피는 관리.

"시간이 오시가 되었느냐?"

내시가 대답했다.

"지금이 오시입니다."

그러자 문후는 급히 술상을 치우라고 하고는 수레꾼을 재촉하여 어가를 타고 교외로 달려갔다. 좌우 내시들이 아뢰었다.

"비가 와서 사냥을 할 수 없사온데 어찌 헛걸음을 하려 하십니까?"

문후가 말했다.

"내가 우인과 약속을 했다. 그 사람이 틀림없이 교외에서 나를 기다릴 것이다. 비록 사냥을 하지 못하더라도 내가 직접 가서 약속을 지켜야 하지 않겠느냐?"

백성은 문후가 비를 맞으며 외출하는 것을 보고 모두 의아하게 생각했으나 그것이 우인과 약속을 지키기 위해서라는 사실을 알고는 서로를 돌아보며 이렇게 말했다.

"우리 임금님께서 사람들과의 약속을 이처럼 진실하게 지키시는구나!"

그리하여 조정에서 내리는 조칙은 아침에 명령을 내리면 저녁에 바로 시행이 되었다. 이를 감히 어기는 사람이 없었다.

한편 진晉나라 동쪽에 중산국中山國이란 나라가 있었다. 성은 희씨姬氏였고 봉작은 자작子爵이었으며 백적白狄의 별종으로 선우鮮虞라 불리기도 했다. 이 나라는 진晉 소공 이래로 배반과 복종을 반복하여 여러 번 정벌을 받았다. 조간자도 군사를 이끌고 중산국 도성을 포위하자 그들은 우호를 청한 뒤 조공을 바쳤다. 진나라가 삼분되자 중산국은 일념으로 섬겨야 할 대상이 없어졌다. 중산국 군주 희굴姬窟은 음주를 좋아하여 주야장천 술

독에 빠져 살았다. 그는 대신을 멀리하고 소인배와 친하게 지냈다. 백성은 생업을 잃었고 나라 안에서는 자주 재난이 발생했다. 위 문후가 중산국을 정벌하려 하자 위성이 앞으로 나서며 말했다.

"중산국은 조나라와는 가깝지만 남쪽에 있는 우리 위나라와는 꽤 멀리 떨어져 있습니다. 만약 공격해서 그 땅을 얻을 수 있다 하더라도 쉽게 지킬 수 없습니다."

문후가 말했다.

"만약 조나라가 중산국을 얻으면 북쪽에 있는 그들의 세력이 더욱 강해질 것이오."

그때 책황이 또 아뢰었다.

"신이 인재 한 사람을 추천하겠습니다. 그의 성은 악樂이고 이름은 양羊입니다. 우리 나라 곡구穀邱(河南省 商邱 穀熟集鄕) 사람으로 문무겸전하여 대장의 소임을 맡길 만합니다."

문후가 말했다.

"어찌하여 그렇게 생각하시오?"

책황이 대답했다.

"악양이 일찍이 길을 가다가 황금을 주워 집으로 갖고 갔습니다. 그러자 그의 아내가 이렇게 꾸짖었습니다. '올바른 뜻을 가진 선비는 남몰래 남의 우물물도 마시지 않는 법이고, 또 염치를 아는 사람은 남이 함부로 던져주는 음식도 먹지 않는 법입니다. 이 황금은 내력을 모르는 물건인데 어찌하여 집으로 갖고 와서 평소의 깨끗한 행동을 더럽히려 하십니까?' 악양은 아내의 말에 느낀 바가 있어서 황금을 들판에 내다 버렸습니다. 그러고는 아내와 이별하고 외지로 나갔습니다. 그는 노나라와 위衛나라에서 1년 넘게 공부한 뒤 집으로 돌아왔습니다. 그러자 그의 아내가 베틀 위에서 베를 짜고 있다가 물었습니다. '학문을 성취했습니까?' 악양이 대답했습니다. '아직 아니오!' 그의 아내는 바로 칼을 들어 자신이 짜던 베를 잘라버렸습니다. 악양이 놀라서 그 까닭을 묻자 아내가 대답했습니다. '학문을 이룬 연후에야 행동할 수 있음은 베를 다 짠 후에 옷을 만들어 입을 수 있는 것과 같습니다. 당신이 학문도 이루지 못하고 중도에 귀가하신 것은 제가 지금 이 베를 잘라버린 것과 무엇이 다르겠습니까?' 악양은 크게 깨닫고 다시 공부하러 가서 7년이 지나도록 한 번도 집으로 돌아오지 않았습니다. 지금 이 사람이 우리 위魏나라에 있는데 스스로 높은 벼슬을 하겠다고 자부하며 작은 벼슬은 거들떠보지도 않고 있습니다. 어찌하여 이런 사람을 등용하지 않으십니까?"

문후는 즉시 책황에게 어가를 몰고 가서 악양을 불러오게 했다. 그러자 좌우 신하들이 가로막으며 말했다.

"신이 소문을 들으니 악양의 맏아들 악서樂舒가 중산국에서 벼슬을 하고 있다고 합니다. 그런 자를 어찌 임용할 수 있겠습니까?"

책황이 말했다.

"악양은 공명심이 높은 선비입니다. 그의 아들이 중산국에 있으면서 일찍이 중산국 군주를 위해 부친인 악양을 초빙한 적이 있습니다. 그러나 악양은 중산국 군주가 무도하다고 하여 가지 않았습니다. 주군께서 만약 그에게 장군의 임무를 맡기신다면 어찌 초빙하지 못할까 근심할 필요가 있겠습니까?"

문후가 그 말에 따랐다. 마침내 악양은 책황을 따라 조정으로 와서 위 문후를 알현했다. 문후가 말했다.

"과인은 경에게 중산국을 정벌할 임무를 맡기고자 하는데 경의 아들이 그 나라에 있으니 어찌할 것이오?"

악양이 말했다.

"대장부가 공훈을 세우고 대업을 성취하기 위해서는 각기 자신의 주군을 섬길 뿐, 어찌 사사로운 정에 얽매어 공무를 팽개칠 수 있겠습니까? 신이 만약 중산국을 깨뜨리지 못하면 기꺼이 군령을 받겠습니다."

문후는 크게 기뻐하며 말했다.

"경이 그렇게 자신하시니 과인도 경을 믿지 않을 수 없소!"

그리하여 마침내 악양을 원수로 임명하고 서문표西門豹를 선봉장으로 임명하여 군사 5만 명을 거느리고 중산국을 정벌하게 했다.

중산국 군주 희굴은 대장 고수鼓須를 보내 추산楸山(河北省 靈壽 서북)에 군사를 주둔시키고 위나라 군사를 막아내게 했다. 악양은 문산文山[4]에 군영을 세우고 한 달 이상 대치했으나 승패가 나지 않았다. 악양이 서문표에게 말했다.

"나는 주상의 면전에서 군령을 받고 왔소. 그런데 출병한 지 한 달이 넘도록 한 치의 전공도 세우지 못했으니 어찌 부끄러운 일이 아니오? 내가 추산 일대를 살펴보니 가래나무가 매우 많소. 만약 용감한 장수 하나를 시켜 몰래 군사를 거느리고 적진 근처 가래나무 숲에 불을 지르게 하면 적들이 틀림없이 혼란에 빠질 것이오. 적의 혼란을 틈타 공격하면 반드시 승리할 수 있을 것이오."

그러자 서문표가 이에 직접 가기를 원했다. 그날은 마침 8월 중추절이었

4_ 문산文山: 하북성 영수靈壽 북쪽. 이 산에 주 문왕의 사당이 있기 때문에 '문산文山'이라고 한다.

다. 중산국 군주 희굴은 사자에게 양고기와 술을 수레에 싣고 추산으로 가서 고수를 위로하게 했다. 고수는 달을 바라보며 통쾌하게 술을 마셨다. 그는 모처럼 즐거운 분위기에 젖어 근심을 잊었다. 시간이 대략 삼경이 되었을 때 위나라 서문표가 함매銜枚한 군사를 거느리고 고수의 진영으로 다가왔다. 군사들 모두 횃불 하나씩을 들고 마른 나무를 쌓았다. 그런 다음 그 속에 불이 잘 붙는 물질을 섞어놓고 사방에서 불을 질렀다. 고수는 군영 근처에서 불길이 솟아 안으로 번져가는 것을 보고 취중에도 군사를 이끌고 불을 끄러 달려갔다. 그러나 불은 이미 뿌지직뿌지직 소리를 내며 온 산으로 번져 한 곳도 불을 끌 수 없었다. 중산국 군영은 큰 혼란에 빠져들었다. 고수는 군영 앞쪽에 위나라 군사들이 있다는 걸 알고 황급히 산 뒤쪽으로 달아났다. 하지만 이미 그곳으로 악양이 친히 군사를 이끌고 달려오고 있었다. 중산국 군사들은 대패했고, 고수는 전투 중에 겨우 목숨을 건져 백양관白羊關으로 달아났다. 위나라 군사가 다시 바짝 추격해오자 고수는 백양관을 버리고 도주하기에 급급했다. 악양은 대군을 몰아 진격하며 가는 곳마다 중산국 군사를 쳐부쉈다. 고수는 패잔병을 이끌고 중산국 군주 희굴을 뵙고는 악양이 매우 용감하고 꾀가 많아서 대적하기 어렵다고 보고했다.

잠시 후 악양의 군사가 중산국 도성을 포위했다. 희굴은 격노했다. 그러자 대부 공손초公孫焦가 앞으로 나서며 말했다.

"악양이라는 자는 악서의 아비인데 악서는 지금 우리 나라에서 벼슬을 하고 있습니다. 주상께서 악서에게 명하여 성 위로 올라가 자신의 아비를 물러가게 설득하라고 하십시오. 이것이 상책입니다."

희굴은 그 계책에 따라 악서에게 말했다.

"위나라 장수인 네 아비가 우리 도성을 공격하고 있다. 만약 네 아비의 군사를 물러가게만 해주면 네게 큰 고을을 봉읍으로 주겠다!"

악서가 말했다.

"신의 아비는 이전에 중산국에서 벼슬하기를 원치 않고 지금 위나라에서 벼슬하고 있습니다. 그래서 신의 부자는 지금 각각 자신의 군주를 위해 일하고 있습니다. 그런데 신이 어찌 아비를 설득할 수 있겠습니까?"

그러나 희굴은 강제로 악서에게 명령했다. 악서는 어쩔 수 없이 성 위로 올라가 고함을 지르며 자신의 부친을 찾았다. 그러자 그의 부친 악양이 큰 사다리를 설치한 수레에 올라 아들을 건너다봤다. 악양은 아들 악서를 보자마자 그가 입을 열 틈도 주지 않고 마구 꾸짖었다.

"군자는 위태로운 나라에 거주하지 않고 혼란한 조정에서 벼슬하지 않는 법이다. 네놈은 부귀만 탐하여 올바른 거취가 무엇인지도 알지 못하고 있다. 나는 우리 주상의 명령을 받들어 너희 백성을 위로하고 죄 많은 군주를 토벌하러 왔다. 네가 네 임금을 설득하여 조속히 항복하면 우리 부자도 얼굴을 마주 볼 수 있을 것이다."

악서가 말했다.

"항복하고 말고는 우리 주상께 달려 있지 소자가 마음대로 할 수 있는 것이 아닙니다. 다만 아버지께서 잠시 공격을 늦추어주시면 우리 군신이 조용히 앞으로의 대책을 논의해보겠습니다."

악양이 말했다.

"내가 부자간의 정을 보아 한 달간 공격하지 않을 것이니 너희 군신은 조속히 의견을 모아 큰일을 그르치지 말도록 해라!"

악양은 과연 명령을 내려 포위를 늦추고 공격을 하지 못하게 했다. 희굴은 아들을 사랑하는 악양이 절대로 급한 공격을 하지 않을 것이라 믿고 차일피일 시간만 늦추며 전혀 다른 대책을 세우지 않았다. 한 달이 지나자 악양은 항복 문서를 받기 위해 사신을 중산국 조정으로 보냈다. 그러자 희굴은 또 악서에게 부탁하여 다시 한 달의 말미를 얻었다. 이와 같이 세 차례나 시간을 늦추었다. 이러한 상황을 보고 위나라 군영에서 서문표가 앞으로 나서며 말했다.

"원수께선 중산국 도성을 함락시키고 싶지 않으시오? 어찌하여 이렇게 오래 공격을 하지 않는 것이오?"

악양이 말했다.

"중산국 군주가 백성을 어여삐 여기지 않기 때문에 내가 공격에 나선 것이오. 만약 내가 너무 급하게 공격하면 백성이 더욱 심하게 다칠 것이오. 내가 세 번이나 저들의 요청에 따른 것은 부자지간의 정 때문만이 아니라 실은 저들의 민심을 수습하기 위한 조치였소."

한편 위 문후의 좌우 신료들은 악양이 신임 관료임에도 일약 중임을 맡은 것을 보고 모두 불평불만을 품었다. 그러다가 악양이 세 차례나 공격을 멈췄다는 소식이 들리자 마침내 문후에게 악양을 참소했다.

"악양은 여러 번 승리하여 파죽지세로 공격할 수 있었는데, 단지 아들 악서의 말 한 마디를 듣고 석 달 동안이나 공격을 하지 않고 있습니다. 이를 보아도 부자간의 정이 매우 깊다는 것을 알 수 있습니다. 주상께서 만약 그를 불러들이지 않으시면 아마도 헛되이 군사를 괴롭히고 부질없이 재물만 낭비하게 되어 대사에 아무런 도움도 받지 못할 것입니다."

문후는 대답을 하지 않고 책황에게 대책을 물었다. 책황이 대답했다.

"악양에게 틀림없이 무슨 수가 있는 듯하니 주상께선 의심하지 마십시오."

이때부터 조정의 신료들이 분분히 상소문을 올렸다. 어떤 사람은 중산국이 나라의 반을 쪼개서 악양에게 줄 거라고 했고, 또 어떤 사람은 악양이 중산국과 힘을 합해 위나라를 공격할 거라고도 했다. 그러나 문후는 상소문을 상자 안에 봉해두고 수시로 사자를 보내 악양의 노고를 위로할 뿐이었다. 또한 도성 안에 저택을 준비해두고 악양이 개선하기를 기다렸다. 악양은 문후의 후의에 감격했다. 그는 중산국이 항복하지 않는 것을 보고 마침내 장졸을 이끌고 온 힘을 다해 공격에 나섰다. 그러나 중산국의 도성은 매우 견고했고 비축된 식량도 풍부했다. 또한 고수와 공손초가 밤낮없이 순찰을 돌며 성안의 나무와 돌을 쪼개 방비를 더욱 튼튼히 했다. 몇 개월을 계속 공격했지만 성을 함락시키지 못하자 악양은 화가 났다. 그는 서문표와 친히 성 아래서 화살과 돌을 맞으며 사방의 성문 공격을 더욱 독려했다. 중산국 장수 고수는 군사를 지휘하다가 위나라 군사가 쏜 화살을 머리에 맞고 죽었다.

성안의 주택과 담장도 적을 공격할 돌멩이를 얻기 위해 점점 허물 수밖에 없었다. 공손초가 중산국 군주 희굴에게 말했다.

"사태가 매우 급박합니다. 지금 적을 물리칠 계책은 한 가지밖에 없습니다."

희굴이 물었다.

"무슨 계책이오?"

공손초가 말했다.

"악양의 아들 악서가 세 번이나 공격을 늦추어달라고 요청하자 악양은 모두 들어줬습니다. 악양이 아들을 끔찍이 사랑한다는 것을 알 수 있습니다. 지금 적의 공격이 급박하니 악서를 포박하여 높은 장대에 매달고 군사를 후퇴시키지 않으면 아들을 죽이겠다고 하십시오. 악서에게는 목숨을 살려달라고 애원하게 하십시오. 그리하면 악양이 틀림없이 공격을 늦출 것입니다."

희굴은 그 말에 따라 악서를 높은 장대 위에 매달고 고함을 지르게 했다.

"아버지! 제발 살려주십시오!"

악양은 그 모습을 보고 마구 욕을 퍼부었다.

"불효막심한 놈! 네놈은 다른 나라에서 벼슬하면서 네 임금이 전공戰功을 향유할 수 있도록 기이한 계책도 내지 못했고, 또 네 임금이 우호를 결정하도록 사신으로서의 명령도 받지 못했다. 그런데도 젖이나 빠는 어린애처럼 살려달라고 애원이나 하고 있단 말이냐?"

말이 끝나자 악양은 활에 화살을 메겨 악서를 겨누었다. 악서는 내려달라고 울부짖었다. 그는 성으로 내려와서 희굴을 보고 말했다.

"신의 가친은 위나라를 위하는 데만 마음이 있을 뿐 부자간의 정은 생각하지 않습니다. 그러니 주상께서는 앞으로의 전투 대책을 직접 마련하십시오. 신은 주상전하 앞에서 목숨을 끊어 적군을 물리치지 못한 죄를 씻겠습니다."

공손초가 말했다.

"아버지가 성을 공격하고 있으니 아들도 죄가 없지는 않을 것입니다. 그러니 죽음을 허락하는 것이 합당합니다."

희굴이 말했다.

"그건 악서의 잘못이 아니오!"

공손초가 말했다.

"악서가 죽으면 신이 적을 물리칠 계책을 마련할 수 있습니다."

그리하여 희굴은 결국 악서에게 칼을 내렸다. 악서는 그 칼로 자신의 목을 찌르고 죽었다. 공손초가 말했다.

"인정은 부자지간보다 깊은 것이 없습니다. 지금 악서의 살로 국을 끓여 악양에게 보내십시오. 악양은 아들의 살로 끓인 국을 보고 틀림없이 슬픔을 참지 못할 것입니다. 그가 슬피 우느라 우리 도성을 공격할 마음이 없을 때, 주상께서는 군사를 이끌고 성 밖으로 달려나가 한바탕 전투를 벌이십시오. 다행히도 승리하게 된다면 다시 대책을 마련할 수 있을 것입니다."

희굴은 어쩔 수 없이 그의 말에 따라 악서의 살점으로 국을 끓인 후 악서의 수급을 곁들여 그것을 악양에게 보냈다. 그러고는 사신을 시켜 이렇게 말했다.

"우리 주상께서 장군의 아드님을 시켜 장군의 군사를 물리치려 했지만 그 계책이 실패하자 아드님을 죽여 국을 끓였습니다. 이제 그 국을 바칩니다. 아드님의 처자식이 지금 중산국에 있는데 장군께서 다시 성을 공격하시면 즉시 모두 주살할 것입니다."

악양은 아들의 머리를 알아보고 마구 욕을 퍼부었다.

"불효막심한 놈! 무도한 임금을 섬겼으니 죽어도 마땅하다!"

그는 국그릇을 끌어당겨 사신을 마주한 채 국물 한 방울도 남기지 않고 모두 먹어치웠다. 그러고는 사신에게 말했다.

"너희 주상이 이처럼 맛있는 국을 하사하셨으니 성을 함락시키는 날 직접 얼굴을 뵙고 감사 인사를 올릴 것이다. 우리 군영에도 큰 솥이 있으니 너희 주상 잡을 날만 기다리고 있겠다."

사신은 돌아가 악양의 말을 전했다. 악양이 아들의 죽음을 전혀 슬퍼하지 않고 성을 더욱 세차게 공격하는 것을 보자 희굴은 성이 함락되면 모욕

악양이 아들의 살로 끓인 국을 마시다.

을 당할까 두려워 후궁으로 들어가 목을 매고 자결했다. 공손초는 결국 성문을 열고 항복했다. 악양은 임금에게 아첨하다가 나라를 멸망시킨 공손초의 죄를 물어 그의 목을 벴다. 백성을 위로하고 안정시키는 일이 끝나자 군사 5000명을 머물게 한 뒤 서문표를 시켜 중산국 도성을 지키게 했다. 중산국 궁궐 창고의 보물을 모두 거두어 위나라로 개선했다.

위 문후는 악양이 승리했다는 소식을 듣고 친히 도성 밖에까지 나와 그를 위로하며 말했다.

"장군께서 나라를 위하다가 아들을 잃은 것은 모두 과인의 잘못이오."

악양이 머리를 조아리며 말했다.

"신은 주상께서 내려주신 부월의 책임을 다하느라 사사로운 정을 돌아볼 수 없었습니다."

악양은 알현이 끝나자 중산국의 지도 및 보물 목록을 바쳤다. 그러자 모든 신료가 경하의 인사를 올렸다. 문후는 궁궐 안쪽 누대에서 잔치를 베풀고 친히 술잔을 들어 악양에게 하사했다. 악양은 그 술잔을 받아 마시고는 자못 의기양양하게 전공을 자랑하는 기색을 보였다. 잔치가 끝나자 문후는 좌우 내시들에게 상자 두 개를 들고 오게 했다. 그 두 상자는 매우 단단하게 봉해져 있었고 악양에게 하사하여 집에 가져가서 열어보도록 했다. 좌우 내시들이 상자를 건네주자 악양은 이렇게 생각했다.

'상자 안에는 틀림없이 진주, 황금, 옥돌 같은 보배가 들어 있을 것이다. 주상께서 신료들이 질투할까봐 걱정이 되어 단단히 봉한 후 내게 하사하신 것이다.'

악양은 상자를 집으로 가져와서 대청으로 들고 들어가 이를 열었다. 상자 안에는 신료들이 올린 상소문만 가득 차 있었다. 그것은 모두 악양이 반역을 도모할 것이란 내용을 담고 있었다. 악양은 대경실색하며 말했다.

"본래 조정에는 나를 비방하는 사람이 이렇게 많았구나. 주상께서는 그들의 참소에 미혹되지 않으셨다. 주상께서 나를 깊이 신임하지 않으셨다면 내가 어찌 전공을 세울 수 있었겠는가?"

다음 날 악양은 조정으로 들어가 문후의 두터운 은혜에 감사 인사를 올렸다. 문후가 더 많은 상을 내리려 하자 악양은 재배를 올리고 사양하며 말했다.

"중산국을 멸망시킨 건 모두 주상전하께서 조정에서 신을 힘써 지지해 주신 덕분입니다. 신은 다만 밖에서 견마지로犬馬之勞를 다했을 뿐입니다. 신에게 무슨 힘이 있었겠습니까?"

문후가 말했다.

"과인이 아니었으면 경을 임명할 수 없었을 것이고, 경이 아니었으면 과인이 부과한 임무를 수행하지 못했을 것이오. 그러나 경은 장군으로서 노고가 많았으니 내가 봉읍을 내려 편히 쉬도록 해드리겠소."

문후는 즉시 악양에게 영수靈壽(河北省 靈壽) 땅을 봉읍으로 내려주고 영수군靈壽君이라 부르게 했다. 그런 뒤 문후는 그의 병권을 회수했다. 책황이 말했다.

"주상께선 악양의 뛰어난 능력을 잘 아시면서 어찌하여 군사를 주어 변방을 지키게 하지 않고 한가하게 쉬도록 하십니까?"

문후는 웃으며 아무 대답도 하지 않았다. 책황은 조회를 마치고 나오다가 이극李克에게 똑같은 질문을 했다. 이극이 말했다.

"악양은 자기 아들도 사랑하지 않는데 하물며 타인은 말해 무엇하겠소? 이것이 바로 관중이 역아易牙를 의심한 까닭과 같소."

책황은 그제야 문후의 의도를 알아챘다.

중산 땅이 멀기 때문에 위 문후는 친척 중에 신임할 만한 사람을 보내 그 땅을 지키도록 하여 걱정을 덜 생각이었다. 때문에 그곳으로 세자 격擊을 보내 중산군中山君으로 삼았다. 세자 격은 명령을 받들고 중산 땅으로 가다가 우연히 전자방田子方이란 사람이 낡은 수레를 타고 오는 것을 보았다. 세자 격은 서둘러 수레에서 내려 손을 마주 잡고 길가에 서서 존경의 마음을 표했다. 전자방은 수레를 몰고 그냥 지나치며 오만한 모습으로 돌아보지도 않았다. 세자 격은 마음이 불쾌하여 시종을 시켜 그 수레를 붙잡아 세우게 했다. 그러고는 앞으로 나아가 말했다.

"제가 선생께 묻고 싶은 것이 있소. 부귀한 사람이 교만하오? 빈천한 사람이 교만하오?"

전자방이 웃으면서 말했다.

"옛날부터 오직 빈천한 사람만이 교만할 수 있소. 부귀한 사람이 어떻게 교만할 수 있겠소? 나라의 임금이 교만하면 사직을 보존할 수 없소. 대부가 교만하면 자신의 사당을 보존할 수 없소. 초 영왕은 교만하다 나라를 망쳤고, 지백 요는 교만하다 가문을 망쳤소. 이를 보면 부귀란 믿을 수 없다는 것이 분명하오! 그러나 빈천한 선비는 먹는 것이 거친 나물에 불과하고 입는 것은 성긴 베옷에 불과하오. 이처럼 빈천한 사람은 다른 사람에게 구하는 것이 없어 세상에 욕심이 없소. 오직 선비를 좋아하는 임금을 만나면 스스로 즐거워하며 벼슬에 나아갈 뿐이오. 임금이 자신의 말을 들어주고 생각이 합치되면 임금을 위해 힘쓰지만, 그렇지 않으면 드넓은 강호로 홀연히 떠나버리는 법이오. 그러니 누가 그를 막을 수 있겠소? 주 무왕은 만승지국의 임금인 은나라 주왕을 주살했지만 수양산의 백이와 숙제는 굴복시킬 수 없었소. 빈천함이 고귀하기가 이와 같은 것이오!"

세자 격은 심히 부끄러워서 사죄하고 그곳을 떠났다. 위 문후는 전자방이 세자에게도 굴복하지 않았다는 소식을 듣고 더욱 그를 예우했다.

그 무렵 위魏나라 업鄴(河北省 臨漳) 땅에 태수 자리가 비어 있었다. 책황이 말했다.

"업 땅은 상당上黨(山西省 長治 일대)과 한단 사이에 끼어 있어서 한韓나라와 조나라에 가깝습니다. 그러니 반드시 성품이 강하고 현명한 선비를 보내 지키게 해야 합니다. 그 일은 서문표가 아니면 감당할 수 없을 것입니다."

문후는 즉시 서문표를 업 땅의 태수로 임명했다. 서문표가 업성鄴城으로 부임해서 보니 거리가 매우 쓸쓸하고 백성의 왕래가 드물었다. 서문표는 노인들을 불러 그곳의 고충이 무엇인지 물었다. 노인들이 모두 말했다.

"하백河伯에게 부인을 바치는 일이 가장 괴롭소."

서문표가 말했다.

"괴이하고도 괴이하오! 물의 신 하백이 어떻게 부인을 얻는단 말이오? 자세하게 말씀해보시오."

노인이 말했다.

"장수漳水는 첨령沾嶺(山西省 昔陽 樂平鎭)에서 발원하여 사성沙城(河北省 涉縣)을 거친 후 동쪽으로 흘러가오. 그 후 이곳 업 땅을 거치며 장하漳河(河北省 漳河)가 되오. 하백은 바로 장하의 신인데 그 신령이 아름다운 처녀를 좋아하는지라 해마다 하백의 부인으로 예쁜 처녀를 한 사람씩 바쳐야 하오. 만약 처녀를 골라 하백에게 시집보내면 그해는 풍년이 들고 비도 순조롭게 온다고 하오. 그렇지 않으면 그 신령이 분노하여 강물을 넘치게 하고 사람과 가옥을 모두 떠내려 보낸다고 하는구려!"

"그 일을 누가 먼저 시작한 것이오?"

"이 고을 무당이 먼저 말했소. 속인들은 홍수가 두려워 무당의 말을 따르지 않을 수 없었소. 매년 이곳 토호 및 아전들과 무당은 함께 계획을 세워 백성에게 수백만 전의 세금을 부과한 뒤 그중에서 20~30만 전을 사용하여 하백의 아내를 얻어주는 비용으로 충당하오. 그 나머지는 그들이 함께 나누어 쓰고 있소."

"백성을 그렇게 착취하는데 어찌하여 뒷말이 한 마디도 없는 것이오?"

"무당은 축원하는 일을 주관하고 삼로三老[5]와 아전은 세금 걷는 일을 맡고 있소. 그렇게 거둔 세금을 공금으로 나눠 쓰기 때문에 백성이 기꺼이 동참하는 것이오. 더욱 괴로운 것은 초봄에 파종할 무렵, 무당이 처녀가 있는 집을 두루 찾아다니며 자색이 고운 처녀를 고르는 일이오. 무당은 처녀를 고른 후 이렇게 말하오. '이 처녀는 하백의 부인이 될 것이다.' 그걸 원하지 않는 사람은 재물을 많이 내놓아야 딸을 구할 수가 있고, 그럼 무당은 또 다른 처녀를 찾아 나서게 되오. 그러나 가난한 사람들은 딸을 되찾아올 재물이 없어서 그냥 무당에게 딸을 줄 수밖에 없소. 무당은 강가에 재궁齋宮을 지어놓고 붉은 휘장을 친 침대와 자리를 새로 마련하오. 그런 다음 골라온 처녀를 깨끗하게 목욕시키고 새 옷으로 갈아입힌 후 재궁 안에 안치하오. 이후 길일을 받아 갈대를 엮어 배를 만들고 그 위에 처녀를 태워 강물에 띄워 보내오. 갈대로 만든 배는 10리쯤 흘러가다가 결국 물에 가라앉게 되오. 지금 백성은 그 일의 경비를 대느라 끊임없이 고통을 겪고 있고, 딸을 가진 사람들은 자신의 딸이 하백에게 시집갈까 두려워서 모두

5_ 삼로三老: 중국 고대에 지방의 교화를 담당하던 향관鄕官. 그 지방의 세력가들이 맡았다. 한국 고대의 좌수座首와 유사하다.

딸을 데리고 먼 곳으로 도망을 갔소. 이 때문에 성안이 모두 텅텅 비게 된 것이오."

"이 고을의 사람과 가옥이 홍수에 떠내려간 일이 있소?"

"해마다 하백에게 처녀를 시집보냈기 때문에 아직 물의 신을 노하게 한 일은 없소. 우리 고을은 땅이 높고 강과의 거리가 멀기 때문에 강물이 도달하기가 매우 어렵소. 그래서 해마다 가뭄이 들어 곡식이 말라 죽는 환란을 겪고 있소."

"물의 신이 영험하다고 하니 처녀를 물의 신에게 시집보낼 때 나도 처녀를 전송하며 여러분을 위해 기도하고 싶소."

날짜가 되자 그 노인이 과연 서문표에게 와서 보고를 했다. 서문표는 의관을 갖추고 친히 강가로 갔다. 그 고을의 아전, 삼로, 토호, 이장, 노인들이 빠짐없이 모였다. 원근에 사는 백성도 모두 모여들어 수천 명이 목을 빼고 그 행사를 구경하고 있었다. 삼로와 이장 등이 큰 무당을 모시고 오는데 그 모양이 심히 거만했다. 서문표가 바라보니 한 늙은 여자였다. 이어서 작은 무당들인 젊은 여자 20여 명이 늘어서 있었다. 작은 무당들은 옷을 매우 맵시 있게 차려 입고 손에는 수건과 빗 그리고 향로 따위를 들고서 그 뒤를 따라오고 있었다. 서문표가 말했다.

"큰 무당께서 참으로 수고가 많으시오. 이번에 하백에게 처녀를 시집보낸다기에 나도 구경하러 왔소."

늙은 무당이 제자들을 돌아보며 앞으로 오라고 불렀다. 서문표가 제물로 바쳐질 처녀를 보니 흰 소매가 달린 예쁜 옷을 입고 있었지만 용모는 중간 정도밖에 되지 않았다. 이에 서문표는 무당 및 삼로 등을 보고 말했다.

"하백은 고귀한 신령이시니 처녀의 용모가 반드시 뛰어나야 서로 어울릴 것이오. 그런데 이 처녀는 아름답지 못하오. 수고스럽지만 큰 무당께서 물 속으로 먼저 들어가 하백에게 이 태수의 말을 전하시오. '아름다운 처녀를 구해 뒷날 다시 보내주겠습니다'라고 말이오."

말을 마친 즉시 휘하의 관리 몇 명을 시켜 늙은 무당을 안아 강물 속으로 던지게 했다. 좌우에서 지켜보던 사람들은 깜짝 놀라 안색이 바뀌지 않는 사람이 없었다. 서문표는 조용히 서서 기다리다가 시간이 한참 지난 후 다시 말했다.

"큰 무당 할멈은 연세가 많아 일을 잘 처리하지 못하는 것 같소. 강물 속으로 들어간 지 오래되었건만 아직 보고하러 나오지도 않는구려. 젊은 제자가 가서 재촉 좀 해주시오."

그러고는 다시 휘하 관리를 시켜 젊은 제자 한 사람을 안아서 강물에 던지게 했다. 잠시 후 또 이렇게 말했다.

"젊은 제자도 어찌하여 이렇게 시간을 지체한단 말이오?"

그는 다시 제자 한 사람을 보내 재촉하게 했고, 또다시 시간을 지체한다고 혐의를 잡으며 또 한 제자를 강물에 던져 넣었다. 무릇 젊은 제자 세 사람이 물에 잠겼다. 서문표가 말했다.

"지금 들어간 사람은 모두 여자들이라서 말을 분명하게 전하지 못하는 것 같소. 수고스럽지만 삼로께서 강물로 들어가 분명하게 내 말을 전해주기 바라오."

삼로가 사양하려 하자 서문표가 소리쳤다.

"어서 가서 하백의 답변을 받아 오시오."

휘하 관리들은 삼로를 좌우에서 끌어당기며 말할 틈도 주지 않고 강물로 밀어 넣었다. 삼로도 물결을 따라 사라졌다. 그걸 구경하던 사람들은 모두 혀를 내둘렀다. 서문표는 의관을 꼿꼿이 바로잡고 국궁鞠躬을 한 채 강물을 향하여 공손한 자세로 기다렸다. 대략 한 시진時辰이 못 되었을 때 서문표가 말했다.

"삼로가 연세가 높으셔서 또 일을 제대로 처리하지 못하는 것 같소. 이젠 아전과 이 고을 어르신들께서 가보셔야 할 것 같소."

그러자 아전과 토호들은 놀라서 얼굴이 흙빛이 되었고, 그들의 등에서는 식은땀이 흘렀다. 그들은 일제히 이마를 땅에 찧고 애원하면서 얼굴 가득 피범벅이 된 채 한사코 일어나려 하지 않았다. 서문표가 말했다.

"그럼 잠시만 기다리시오."

사람들이 전전긍긍하는 가운데 또 잠시 시간이 흘렀다. 서문표가 말했다.

"강물은 저렇게 세차게 흐르고 들어간 사람은 나올 줄 모르는데 하백이 어디 있단 말인가? 민간의 처녀들을 억울하게 죽였으니 네놈들은 목숨으로 죗값을 치러야 할 것이다."

그들은 다시 이마를 땅에 찧으며 사죄했다.

"지금까지 무당에게 속은 것이지, 저희의 죄는 아닙니다."

서문표가 말했다.

"무당 할멈은 벌써 죽었다. 지금부터 또다시 하백에게 처녀를 시집보내자고 하는 자가 있으면 그자를 중매쟁이로 삼아 하백에게 먼저 보고하러 보낼 것이다."

그러고는 아전, 토호, 삼로 등이 거둔 세금을 깡그리 몰수하여 백성에게 다시 돌려줬다. 또 그곳 노인들을 시켜 백성 중에서 나이가 많으면서도 장가를 들지 못한 사람들을 찾아 무당의 여제자를 모두 시집보냈다. 그 후 마침내 그 지방의 무속巫俗이 사라졌고, 멀리 도망갔던 백성도 다시 고향으

서문표가 무당을 강물에 던져 넣다.

로 돌아왔다. 이를 증명할 만한 시가 있다.

하백이 어찌 일찍 아내를 맞았겠나?	河伯何曾見娶妻
백성이 무식하여 무당에게 속았다	愚民無識被巫欺
어진 태수 명령으로 의혹을 풀게 되니	一從賢令除疑網
처녀들은 편히 잠자며 해를 입지 않았다	女子安眠不受虧

서문표는 그곳 지형을 잘 살핀 뒤 백성을 징발하여 장수가 통할 수 있는 곳에 열두 곳의 수로를 팠다. 그리고 장수를 열두 곳의 수로로 끌어들여 세찬 강물의 흐름을 죽였다. 이에 내륙에 있던 땅은 수로를 통해 물을 공급받아 가뭄 걱정이 없어졌다. 이후 그곳의 농작물 수확이 배로 증가하여 백성은 즐겁게 생업에 종사했다. 지금도 임장臨漳(河北省 臨漳)에 서문거西門渠가 남아 있는데 그것이 바로 서문표가 판 수로다.

위 문후가 책황에게 말했다.

"과인이 경의 말을 듣고 악양을 시켜 중산국을 정벌하게 했고, 서문표를 시켜 업 땅을 다스리게 했더니 모두 임무를 훌륭하게 수행했소. 그래서 과인은 이 두 분을 매우 신임하게 되었소. 지금 우리 위나라 서쪽 변방에 서하 땅이 있는데 진秦나라가 우리 나라를 침범하는 길목이 되고 있소. 경은 누구를 보내 지키면 좋을지 생각 좀 해보시오."

책황은 한참 동안 깊이 생각하다가 대답했다.

"신이 한 명을 추천하겠습니다. 그는 성이 오吳고 이름은 기起라는 사람인데 장수의 재목으로 출중한 능력을 갖고 있습니다. 지금 노나라에서 우리 위나라로 망명을 와 있으니 주상께서 조속히 불러서 등용하십시오. 만약 조금이라도 늦으면 다른 곳으로 갈지도 모릅니다."

문후가 말했다.

"그 오기라는 자는 노나라에서 장수가 되려고 자기 아내를 죽인 자가 아니오? 소문에는 재물을 탐하고 여색을 밝히며 성격도 잔인하다고 하오. 그런 자에게 어찌 중요한 임무를 맡길 수 있단 말이오?"

책황이 말했다.

"신이 그를 천거한 것은 주상전하를 위해 하루라도 빨리 공로를 세우게 하기 위함입니다. 그래서 그자의 평소 행적은 따지지 않았습니다."

문후가 말했다.

"과인을 위해 한번 불러다주시오."

오기가 어떻게 위나라에서 공을 세우는지는 다음 회를 보시라.

제86회

아내의 목을 잘라 대장이 되다

오기는 아내를 죽여 장군이 되고

추기는 금을 연주하여 재상이 되다

吳起殺妻求將, 騶忌鼓琴取相.

오기吳起는 위衛나라 사람으로 어릴 적 마을에서 칼싸움을 하며 무뢰배로 놀았다. 그의 어머니가 그를 꾸짖자 스스로 팔뚝을 깨물어 피를 내고 어머니에게 맹세했다.

"저는 이제 어머니 슬하를 떠나 타향으로 공부하러 가겠습니다. 앞으로 경상卿相이 되어 부절符節을 잡고 높은 수레를 타기 전에는 위나라 도성으로 어머니를 뵈러 오지 않겠습니다."

어머니가 울면서 만류했지만 오기는 도성 북문으로 나가면서 단 한 번도 돌아보지 않았다. 그는 노나라로 가서 공자의 뛰어난 제자인 증삼曾參의 문하에 들어갔다. 그는 밤낮없이 학문에 매진하며 온갖 어려움도 마다하지 않았다. 당시에 제나라 대부 전거田居가 노나라에 갔다가 열심히 공부하는 오기의 모습을 가상하게 여겨 그와 이야기를 나눴다. 전거는 오기의 무궁무진한 박식함에 감동하여 자신의 딸을 오기의 아내로 줬다. 오기가 증삼의 문하에서 1년여를 공부하는 동안 증삼은 오기의 고향에 노모가 계신 것을 알았다. 어느 날 증삼이 물었다.

"자네는 이곳에 와서 공부한 지 6년 동안 노모를 뵈러 가지 않았는데, 이러고서도 자식된 사람으로 마음이 편안하단 말인가?"

오기가 대답했다.

"저는 일찍이 어머니 앞에서 경상이 되지 않으면 위나라 도성으로 돌아가지 않겠다고 맹세했습니다."

증삼이 말했다.

"다른 사람과는 맹세할 수 있지만 어머니와 무슨 맹세를 했단 말인가?"

이 때문에 증삼은 마음속으로 오기를 미워하게 됐다. 얼마 지나지 않아 위나라에서 오기의 모친이 세상을 떠났다는 서찰이 당도했다. 오기는 하늘을 우러러 세 번 울부짖고는 다시 돌아와 눈물을 닦고 평상시처럼 책을 읽었다. 증삼이 분노하며 말했다.

"오기가 어머니 장례에 가지 않은 것은 인간의 본분을 잊은 것이다. 대저 샘에 근원이 없으면 물길이 끊기고, 나무에 뿌리가 없으면 줄기가 말라 부러진다. 인간이 근본을 망각하고 어찌 좋은 결말을 볼 수 있겠는가? 오기는 이제 내 제자가 아니다!"

증삼은 제자를 시켜 오기와 사제의 연을 끊는다는 사실을 통보하고 다시는 만나주지 않았다. 오기는 결국 유학儒學을 버리고 병법兵法을 배웠다. 3년 만에 학문을 크게 성취하여 노나라에서 벼슬을 구했다. 노나라 재상 공의휴公儀休는 늘 그와 병법을 논하다가 그의 뛰어난 재능을 알아보고는 노 목공에게 추천하여 대부가 되게 했다. 오기는 봉록이 많아지자 비첩을 많이 사서 쾌락을 즐겼다.

이즈음 제나라 상국 전화田和는 나라를 찬탈할 마음을 먹었지만 노나라가 대대로 제나라와 혼인한 사이이기 때문에 자신의 죄를 토벌하러 올까 봐 두려웠다. 이에 애릉 전투1의 원한을 갚기 위해 군사를 일으켜 노나라 정벌에 나섰다. 그는 위력으로 노나라를 위협하여 굴복시킬 작정이었다. 노나라 상국 공의휴가 목공에게 말했다.

"제나라 군사를 물리치시려면 오기가 아니고는 불가능합니다."

목공은 입으로는 건성으로 그러겠다고 했지만 끝내 오기를 등용하려 하지 않았다. 제나라 군사가 벌써 성읍成邑을 함락시켰다는 소식을 듣고 공의휴가 다시 간청했다.

"신은 오기를 등용해야 한다고 말씀을 올렸는데, 주상께선 어찌하여 그를 임명하지 않으십니까?"

목공이 말했다.

"과인도 물론 오기에게 장수의 재능이 있다는 걸 알고 있소. 그러나 그의 아내가 바로 제나라 전씨田氏 가문의 딸이오. 사랑이 지극하기로 부부관계만 한 것은 없소. 그러니 그가 싸움을 관망만 하지 않으리란 보장이 있겠소? 이 때문에 과인이 주저하며 결정을 내리지 못하고 있는 것이오."

공의휴가 조정에서 물러나오자 오기가 벌써 그의 집에서 기다리고 있었다. 오기가 물었다.

"제나라의 노략질이 이미 극심한데 주상께선 좋은 장수를 찾으셨습니까? 오늘 제가 제 능력을 과장하는 것이 아니라, 만약 저를 대장으로 임명

1_ 애릉艾陵 전투: 노나라가 오나라 부차의 도움을 받아 애릉에서 제나라 군사를 크게 패배시킨 싸움. 제82회 참조.

해주시면 제나라 군사가 자신들이 타고 온 수레바퀴 하나도 가져가지 못하게 할 것입니다."

공의휴가 말했다.

"내가 두 번 세 번 말씀드렸지만 주상께선 자네가 제나라 전씨와 혼인했다는 것 때문에 결정을 미루고 있네."

오기가 말했다.

"주상의 의심을 풀어드리는 일은 무척이나 쉬운 일입니다."

오기는 집으로 돌아가 그의 아내 전씨에게 물었다.

"사람들이 아내를 귀하게 여기는 이유가 무엇이오?"

"밖에서나 안에서나 집안의 법도를 세워야 하기 때문에 아내를 귀하게 여기고, 이로써 집안이 흥성하게 됩니다."

"남편이 경상의 지위에 올라 녹봉이 1만 종鍾에 달하고, 그 공적은 역사책에 기록되어 명성이 천고에 전해지면 집안이 크게 흥성하게 될 것이오. 이 어찌 아내가 남편에게 바라는 바가 아니겠소?"

"그러합니다."

"내가 당신에게 부탁할 일이 있는데 좀 들어주셨으면 좋겠소."

"소첩은 아녀자에 불과한데, 어떻게 당신의 공명을 도와드릴 수 있겠습니까?"

"지금 제나라 군사가 노나라를 정벌하려 하는지라 노나라 군주가 나를 대장으로 임명하려 하오. 그런데 내가 제나라 전씨 가문에 장가들었다고 나를 의심하며 임명을 철회하려 하는구려. 만약 당신의 머리를 가지고 노나라 군주를 알현하면 그의 의심을 풀 수 있고 나는 공명을 이룰 수 있게 되오."

전씨가 대경실색하며 무슨 말을 하려는데 오기가 벌써 칼을 휘둘러 전씨의 목을 벴다. 그녀의 목이 땅에 떨어져 굴렀다. 사관이 이 일을 시로 읊었다.

하룻밤 부부라도 백날 밤 은혜 맺는데	一夜夫妻百夜恩
무고한 아내를 원혼으로 만들었네	無辜忍使作寃魂
모친 장례도 무시하며 인륜을 끊었으니	母喪不顧人倫絕
구구한 처자식이야 말해 무엇할까?	妻子區區何足論

오기는 비단 보자기로 아내 전씨의 머리를 싸들고 가서는 노 목공을 뵙고 아뢰었다.

"신이 나라에 보답할 뜻을 세웠건만 주상전하께선 제 아내 때문에 신을 의심하시니, 신이 아내의 목을 베어 제나라가 아니라 노나라만 위하는 신의 마음을 밝히고자 합니다."

목공은 참담하고 불쾌한 마음에 이렇게 말했다.

"장군께선 잠시 기다리시오!"

잠시 후 목공은 조정으로 들어와서 말했다.

"오기가 자신의 아내를 죽여 장군이 되고자 하는구려. 저렇듯 잔인한 사람의 마음을 과인은 예측할 수가 없소!"

공의휴가 말했다.

"오기는 자신의 아내를 사랑하지 않고 공명을 사랑하는 사람입니다. 주상께서 만약 그를 버리시면 틀림없이 우리 노나라에 반역하고 제나라를 위해 일할 것입니다."

오기가 아내를 죽여 대장이 되다.

목공은 결국 공의휴의 말에 따라 바로 오기를 대장으로 임명했다. 그런 다음 설유泄柳와 신상申詳을 부장으로 삼아 군사 2만을 거느리고 제나라 군사에 맞서 싸우게 했다. 오기는 어명을 받은 후 군영에서 병졸들과 똑같은 옷을 입고 똑같은 음식을 먹으며 행군할 때도 말이나 병거를 타지 않았다. 병졸 중에 무거운 군량미를 진 자가 있으면 그것을 나누어 졌고 종기가 난 자가 있으면 친히 약을 조제해주었으며 자신의 입으로 종기의 고름을 빨아줬다. 병졸들은 그 은혜에 감격하여 마치 부자지간처럼 생각했다. 그리하여 모든 군사는 손을 비비고 주먹을 쥐며 스스로 싸움에 나가기를 자원했다.

한편 제나라 전화는 대장 전기田忌와 단붕段朋을 이끌고 먼 길을 치달려 바로 노나라 남쪽 경계를 침략했다. 그때 오기가 노나라 대장이 되었다는 소식을 듣고 웃으며 말했다.

"그자는 우리 전씨 가문의 사위로 여색을 밝히는 위인이다. 그런 자가 어찌 군사에 관한 일을 알 수 있겠는가? 노나라가 패배를 자초하려고 그런 자를 등용한 것이다!"

양쪽 군사가 서로 대치한 가운데 오기가 싸울 생각을 하지 않자 전화는 몰래 세작을 파견해 오기가 무엇을 하고 있는지 염탐했다. 세작은 오기가 병졸 중에서도 가장 천한 자와 함께 자리에 앉아 음식을 나눠 먹는 것을 보고 돌아와 보고를 올렸다. 전화가 오기를 비웃으며 말했다.

"장수가 존엄을 보여야 병졸이 두려워하고, 병졸이 두려워해야 싸움에 임해 전력을 다하는 법이다. 오기가 그처럼 행동하고서야 어떻게 군사를 부릴 수 있겠느냐? 나는 이제 걱정할 일이 없어졌다."

전화는 다시 아끼는 장수 장축張丑을 시켜 거짓으로 강화講和를 원한다고 하면서 특별히 그를 노나라 군영으로 보내 저들의 전투 의지를 탐지하게 했다. 이때 오기는 정예병을 모두 후군後軍으로 숨기고 늙고 허약한 병졸만 앞세워 손님을 맞이했다. 아울러 거짓으로 아주 공손한 태도를 지어 보이며 그들을 맞아들여 예우했다. 장축이 말했다.

"군영에서 소문을 들으니 장군께서 아내를 죽여 대장이 됐다는데 정말 그런 일이 있었소?"

오기는 황송한 모습을 지어보이며 말했다.

"내 비록 불초하지만 일찍이 성인聖人의 문하에서 공부를 한 적이 있소. 그런데 어찌 그런 몰인정한 일을 할 수 있겠소? 나의 아내가 병으로 죽었을 때 마침 군사를 거느리라는 어명을 받았소. 그대가 들은 것은 사실이 아니오."

장축이 말했다.

"장군께서 만약 우리 제나라 전씨와 맺은 우호를 버리지 않으신다면 내가 장군과 맹약을 맺고 친선을 회복하고 싶소."

오기가 말했다.

"나 같은 일개 서생이 어찌 감히 제나라 전씨와 싸울 수 있겠소? 제나라와 우호를 맺는 것은 나의 지극한 소원이오."

오기는 장축을 자신의 군영에 머물게 하고 사흘 동안 즐겁게 술을 마시게 한 뒤 돌려보냈다. 그런 가운데서도 군사에 관한 일은 한 마디도 하지 않았다. 이별을 할 때도 성심성의를 다해 재삼 강화를 요청했다. 장축이 떠나자 오기는 바로 몰래 장졸들을 동원하여 세 갈래로 길을 나누어 장축의 뒤를 따라가게 했다. 전화는 장축의 보고를 받고 오기의 군사가 허약할 뿐만 아니라 싸울 마음도 없다고 생각하고 전혀 신경을 쓰지 않았다. 그때 갑자기 군문軍門 밖에서 우레와 같은 북소리가 울리며 노나라 군사가 쇄도해왔다. 전화는 대경실색했다. 말에 갑주甲冑를 입힐 틈도 없고 병거에 말을 맬 틈도 없이 군영이 큰 혼란에 빠졌다. 전기는 보군步軍만 이끌고 싸우러 나왔고, 단붕은 황급히 군사들에게 병거를 정돈하라고 명령을 내린 후 응전에 나섰다. 그러나 방어할 틈도 없이 노나라 설유와 신상의 군대가 좌우에서 일제히 몰려나와 제나라 군사들이 우왕좌왕하는 틈에 양쪽에서 협공을 해왔다. 제나라 군사는 대패하여 온 들판에 시체가 가득 쌓였다. 노나라 군사는 그들을 평륙平陸(山東省 汶上) 경내까지 쫓아버린 후에야 되돌아왔다. 노 목공은 뛸 듯이 기뻐하며 오기를 상경上卿으로 승진시켰다.

전화는 일을 그르친 장축의 죄를 질책했다. 장축이 말했다.

"제가 본 것은 아까 말씀드린 바와 같습니다. 오기가 속임수를 쓸 줄 어떻게 알았겠습니까?"

전화가 감탄하며 말했다.

"오기의 용병술은 손무나 양저의 것과 같은 부류요. 만약 계속해서 노나라에 등용된다면 우리 제나라는 틀림없이 불안한 나날을 보내야 할 것이오. 내 지금 사람을 노나라로 보내 몰래 강화를 요청하고 서로 침범하지 말자는 약속을 하려고 하오. 장군께서 갈 수 있겠소?"

장축이 말했다.

"원컨대 이 목숨을 걸고라도 노나라로 가서 공을 세워 죗값을 씻겠습니다."

전화는 미녀 두 사람을 사서 황금 1000일鎰을 곁들여 장사꾼으로 변장한 장축에게 주고 노나라로 가서 몰래 오기에게 바치게 했다. 오기는 재물을 좋아하고 여색을 밝혔기 때문에 즉시 뇌물을 받아들이고 장축에게 말했다.

“제나라 상국께 감사드리오. 만약 제나라가 노나라를 침범하지 않는다면 노나라가 어찌 감히 제나라를 침범할 수 있겠소?”

장축은 노나라 도성을 나와 일부러 그 일을 행인들에게 까발렸다. 그러자 마침내 여론이 들끓어올라 오기가 뇌물을 받고 제나라와 우호를 맺은 사실이 두루 퍼져나가게 되었다. 소문을 듣고 목공이 말했다.

“나는 본래 오기가 불측한 마음을 먹고 있다는 사실을 알고 있었다!”

목공은 오기의 관직을 삭탈하고 죄를 추궁하려고 했다. 오기는 소식을 듣고 겁이 나서 집을 버리고 위魏나라로 달아나 책황翟璜의 집에 묵었다. 이때 마침 위 문후가 책황과 서하西夏를 지킬 사람에 대해 논의하던 중이어서 책황은 오기가 등용되도록 추천했다. 문후는 오기를 불러 오게 하여 그에게 말했다.

“소문에는 장군께서 노나라 장수가 되어 전공을 세우셨다던데, 어찌하여 이처럼 누추한 나라에서 모욕을 당하고 있소?”

오기가 대답했다.

“노나라 군주가 참소를 듣고 신을 끝까지 신임하지 않았습니다. 이에 신이 죽음에서 벗어나기 위해 이곳으로 온 것입니다. 군후께서는 선비들에게 몸을 낮추시고, 호걸들은 군후에게 귀의한다고 들었습니다. 원컨대 말채찍을 잡고 군후의 말 앞에 서고자 합니다. 만약 신을 써주시면 간뇌도지肝腦塗地하는 신세가 되더라도 후회하지 않겠습니다.”

문후는 오기를 서하 태수에 임명했다. 오기는 서하에 도착하여 성곽과 해자를 수리하고 군사를 훈련시키면서 병졸을 사랑하고 아꼈다. 그는 노나라에서 장수로 있을 때와 같이 한결같은 마음으로 성곽을 쌓아 진秦나라의 침입을 막았다. 그 성곽을 오기의 성을 따서 오성吳城이라고 불렀다.

이때 진秦나라에서는 혜공이 세상을 떠나고 세자 출자出子가 보위를 이었다. 혜공은 진 간공의 아들이고, 간공은 진 영공의 막냇삼촌이었다. 영공이 세상을 떠날 때 그의 아들 사습師隰은 아직 나이가 어렸기 때문에 신료들이 간공을 받들어 보위에 올렸다. 이 때문에 계속 삼세三世 동안 보위를 아래로 전해 출자에게 이른 것이다. 당시 사습은 나이가 들어 대신들에게 말했다.

"진나라는 우리 선친의 나라인데 내가 무슨 죄로 폐위된 것이오?"

대신들은 대답할 말이 없었다. 그들은 결국 출자를 죽이고 사습을 보위에 올렸다. 이 사람이 진 헌공獻公이다. 오기는 진나라에 변란이 많은 틈을 타서 군사를 일으켜 진나라를 기습하고 황하 서쪽 다섯 성을 빼앗았다. 그러자 한나라와 조나라가 모두 사신을 보내 축하 인사를 했다. 위 문후는 현신을 추천한 책황의 공을 가상히 여겨 그를 상국에 임명하려고 이극에게 의견을 물었다. 이극이 대답했다.

"위성魏成이 더 낫습니다."

문후도 고개를 끄덕였다. 이극이 조정에서 나오는데 책황이 그를 맞으며 물었다.

"소문으로는 주상께서 상국을 임명하려고 대부에게 결정을 맡겼다는데 지금 벌써 정해진 것이오? 누구를 임명했소?"

이극이 말했다.

"이미 위성으로 정해졌소."

책황이 울분을 터뜨리며 말했다.

"주상께서 중산국을 정벌하려 할 때 나는 악양樂羊을 천거했고, 주상께서 업 땅을 근심하실 때 나는 서문표를 천거했으며, 주상께서 서하를 근심하실 때 나는 오기吳起를 천거했소. 내가 어찌 위성만 못하단 말이오?"

이극이 말했다.

"위성이 천거한 복자하, 전자방, 단간목은 주상께서 스승으로 삼지 않으면 친구로 사귀었소. 대부께서 추천한 사람은 주상께서 모두 신하로 삼으셨소. 위성은 녹봉이 1000종鍾이지만 일 년 중 십분의 일은 외지에서 생활하며 그 녹봉으로 현인들을 접대하고 있소. 대부께선 녹봉을 받아 모두 혼자서만 쓰고 있지 않소? 그런데 대부께서 어떻게 위성에 비한단 말이오?"

책황이 재배하며 말했다.

"이 비루한 사람이 실언을 했소. 청컨대 선생의 문하에서 제자가 되고 싶소."

이로부터 위나라에서는 장수와 재상 자리에 적당한 사람이 임명되어 변방이 안정을 되찾게 되었다. 삼진 중에서 위나라가 가장 강성했다. 제나라 상국 전화는 위나라의 강성함과 문후의 어진 명성이 천하에 알려지는 것을 보고 위나라와 깊은 교분을 맺었다. 이후 마침내 제나라 군주 강공康公을 바닷가로 옮긴 후 성城 하나만 식읍으로 주고 나머지 제나라 땅은 모두 자신이 차지했다. 아울러 위 문후에게 사신을 보내 삼진의 예에 따라 자신에 대한 제후 임명 요청을 주 천자에게 해달라고 부탁했다. 이때 주 위열왕은 이미 세상을 떠나서 아들 안왕 교驕가 즉위했지만 주 왕실의 힘은 더욱 미약해져 있었다. 안왕은 즉위 13년에 결국 위 문후의 청을 받아들여 전화에게 제후의 지위를 하사했다. 이 사람이 바로 전태공田太公이다. 진陳나라 공자 완完이 제나라로 망명하여 제 환공을 섬기며 대부가 된 이후, 10세손인 전화에 이르러 강씨姜氏를 대신해 제나라를 소유하게 되었다. 이에 결국 제나라 공족 강씨의 제사가 끊어지게 되었다.

당시에 삼진(魏, 韓, 趙)은 모두 좋은 상국 임명을 중시했고, 각국 상국의 권한도 막중해졌다. 조나라 상국은 공중련公仲連이었고, 한나라 상국은 협누俠累였다. 협누는 아직 미천한 시절에 복양濮陽(河南省 濮陽) 사람 엄중자嚴仲子 수遂와 의형제를 맺었다. 협누는 가난했고 엄수는 부자여서 협누는 일상생활 비용을 엄수에게서 도움받았다. 엄수는 또 천금의 자금으로 협누의 여행 경비를 대줬다. 이 덕분에 협누는 한나라로 가서 벼슬이 상국에 이를 수 있었다. 협누는 정권을 장악하고 나서 위엄이 막중해지자 집 대문에서 개인의 사사로운 방문을 모두 거절했다. 엄수는 한나라로 가서 협누를 만나 그의 천거를 받고 싶었지만 한 달 이상을 기다려도 만날 수 없었다. 그리하여 마침내 자신이 직접 한나라 군주 주변에 뇌물을 풀어 한 열후烈侯를 만나게 되었다. 한 열후는 매우 기뻐하며 그를 중용하려고 했다. 그러나 협누가 다시 열후에게 엄수의 단점을 말하면서 그의 등용을 막았다. 그 소문을 들은 엄수는 깊은 원한을 품고 결국 한나라를 떠나 여러 나라를 두루 편력했다. 이 과정에서 엄수는 협누를 살해하여 원한을 풀기 위해 용사를 모집했다.

엄수의 행차가 제나라에 이르렀을 때 어떤 도살장에서 한 사람이 큰 도끼를 들고 쇠고기를 갈라내는 것을 보게 되었다. 도끼로 내려치는 곳마다 소의 힘줄과 살이 해체되는데도 전혀 힘든 모습을 보이지 않았다. 그가 쓰는 도끼를 살펴보니 무게가 30여 근이나 되어보였다. 엄수는 기이하게 생각하고 그 사람을 자세히 살폈다. 키는 8척에 부리부리한 눈매와 곱슬곱슬한 수염, 그리고 툭 튀어나온 광대뼈를 갖고 있었다. 목소리를 들으니 제나라 사람 말씨 같지 않았다. 엄수는 그를 불러 인사를 나누고 그의 성명과 내력에 대해 물었다. 그 사람이 대답했다.

"내 성은 섭聶이고 이름은 정政으로 위魏나라 사람이오. 우리 집은 지軹(河南省 濟源 남쪽) 땅 심정리深井里에 있소. 나는 성질이 거칠어서 고향에 있을 때 어떤 일로 죄를 지었소. 그래서 노모와 누나를 데리고 이곳으로 몸을 피한 후 소를 잡아 아침저녁 끼니를 해결하고 있소."

섭정은 엄수에게도 성명을 물었다. 엄수가 자신의 성명을 가르쳐주자 섭정은 바삐 작별 인사를 하고 그곳을 떠났다. 다음 날 아침 엄수는 의관을 갖추고 도살장으로 가서 공손히 절을 한 후 섭정을 주막으로 초대했다. 엄수는 주인과 손님이 만나는 정중한 예를 갖추었다. 술이 세 순배 돌고 나서 엄수는 마침내 섭정에게 황금 100일을 증정했다. 섭정은 왜 그렇게 많은 예물을 주느냐고 물었다. 엄수가 대답했다.

"소문을 듣건대 그대의 노모께서 댁에 계시다기에 내가 약소한 예물이나마 드리고 싶었소. 그냥 하루 봉양 거리라고 생각해주시오."

섭정이 말했다.

"엄중자께서 지금 우리 노모를 위해 봉양 거리를 주신다고 하지만, 틀림없이 나의 능력을 쓰고자 하는 마음이 있는 것 같소. 만약 분명하게 말씀해주지 않으신다면 절대로 이 예물을 받을 수 없소!"

그리하여 엄수는 협누가 저지른 배은망덕한 일을 자세하게 이야기했다. 아울러 앞으로 여차여차하게 복수를 하고 싶다고 했다. 섭정이 말했다.

"옛날에 전제는 '노모께서 살아 계시므로 이 몸을 감히 다른 사람에게 허락할 수 없소!老母在, 此身未敢許人'라고 했소. 나의 입장도 마찬가지이니, 중자께선 다른 용사를 찾아보시오. 나는 감히 이 귀한 예물을 헛되게 할 수 없소."

엄수가 말했다.

"나는 그대의 고매한 의리를 사모하여 결의형제를 맺고 싶소. 어찌 감히 노모를 봉양하려는 그대의 효심을 빼앗아 내 사사로운 욕심을 채울 수 있겠소?"

섭정은 엄수의 강권을 물리치지 않고 예물을 받아들여 그 절반을 누나 섭앵聶罃을 출가시키는 데 쓰고 나머지 황금으로는 날마다 자신의 어머니에게 기름지고 맛있는 음식을 사서 올렸다. 1년여가 지난 뒤 섭정의 노모가 노환으로 세상을 떠났다. 엄수는 섭정의 집으로 가서 곡哭을 하고 섭정을 대신하여 모든 장례 용품을 마련한 뒤 섭정 모친의 장례를 치러줬다. 그러자 섭정이 말했다.

"오늘 나의 몸은 바로 족하의 몸이오. 쓸 곳만 알려주시면 이제 더 이상 내 몸을 아끼지 않겠소!"

엄수는 섭정에게 복수의 방법을 묻고 수레와 장사가 필요하면 더 갖추어주겠다고 했다. 섭정이 말했다.

"협누는 한나라 상국으로 매우 고귀한 신분이오. 출입할 때는 비할 데 없이 용맹한 군사들의 호위를 받소. 그러니 기이한 계책을 써야지 힘으로는 도저히 이길 수가 없소. 원컨대 날카로운 비수를 한 자루 구해주시오. 그것을 품고 가서 협누의 빈틈을 보아 일을 성사시키겠소. 오늘 중자와 이별하고 이곳을 떠나면 다시는 만날 수 없을 것이오. 중자께서도 이제 더 이상 내가 하는 일에 대해 묻지 말기 바라오."

섭정은 한나라로 가서 도성 밖 교외에 묵었다. 그는 그곳에서 조용하게 사흘을 쉬고 나서 아침 일찍 일어나 성안으로 들어갔다. 그때 마침 협누가 말 네 필이 끄는 높다란 수레를 타고 조정에서 나오고 있었다. 갑사들이 창을 들고 수레 앞뒤를 호위하는 가운데 수레는 나는 듯이 거리를 지나가고 있었다. 섭정은 그 뒤를 뒤쫓아 협누의 저택에 당도했다. 협누는 수레에서 내려 다시 대청에 앉아 공무를 처리하고 있었다. 대문에서 대청 계단까지 군사들이 무기를 들고 늘어서 있었다. 섭정이 멀리서 대청 위를 바라보니 협누가 두터운 자리에 앉아 안석에 몸을 기대고 있었다. 그 주위에는 공문서를 들고 결재를 받으려는 사람이 매우 많았다. 잠시 후 공무를 끝내고 사람들이 물러가려 했다. 그 순간 섭정은 호위가 느슨한 틈에 이렇게 소리쳤다.

"상국께 보고드릴 급한 일이 있습니다."

그는 팔뚝을 휘두르며 대문 밖에서 대청 위로 곧추 달려갔다. 그를 막는 갑사들은 모두 그의 손에 맞아 이리저리 나뒹굴었다. 섭정은 협누가 앉아 있는 자리에까지 내달아 비수를 꺼내 협누를 찔렀다. 협누는 깜짝 놀라 벌떡 일어났으나 그 자리를 벗어날 틈도 없이 심장에 칼을 맞고 죽었다. 당상堂上이 일대 혼란에 빠져들며 함성이 일었다.

"도적이다!"

대문을 닫고 섭정을 잡으러 달려들자 섭정은 내친김에 칼로 몇 사람을 격살했다. 그러나 스스로 벗어날 수 없음을 알고 다른 사람이 자신을 알아볼까봐 황급히 비수로 자신의 얼굴 가죽을 벗기고 두 눈알까지 파냈다. 그런 뒤 비수로 목을 찔러 자결했다. 그 일은 한 열후에게도 보고되었다. 열후가 물었다.

"범인이 누구더냐?"

사람들은 섭정을 알아볼 수가 없어서 저잣거리에 그의 시체를 전시하고 도적의 신원을 가장 먼저 알려주는 사람에게 천금의 현상금을 주겠다고 했다. 열후는 도적의 성명과 내력을 알아내어 상국 협누를 위해 복수를 해 줄 생각이었다. 이레가 지나는 동안 그곳을 왕래하는 사람이 개미 떼처럼 많았지만 아무도 섭정을 알아보지 못했다. 이 일은 위나라 지 땅에까지 전해져 섭정의 누나 섭앵의 귀에도 들어갔다. 섭앵은 즉시 통곡하며 말했다.

"틀림없이 내 동생이다!"

그러고는 바로 흰 비단으로 얼굴을 가리고 한나라로 달려갔다. 섭앵은 저잣거리에 가로놓인 섭정의 시체를 어루만지며 매우 애절하게 통곡했다. 시장을 감독하는 관리가 그녀를 붙잡고 물었다.

"너는 죽은 사람과 무슨 관계냐?"

섭앵이 말했다.

"죽은 사람은 내 동생 섭정이고 소첩은 바로 그의 누나 되는 사람입니다. 섭정은 지 땅 심정리에 살 때부터 용맹하다고 소문이 자자했습니다. 내 동생은 상국을 죽인 죄가 매우 무겁다는 것을 알고 천첩에게까지 화가 미칠까봐 두려워, 스스로 눈알을 파내고 살가죽까지 벗겨서 이름을 숨긴 것입니다. 천첩이 비록 죽음이 두렵다 해도 어찌 차마 내 동생의 이름이 세상에서 사라지는 걸 두고만 볼 수 있겠습니까?"

시장 관리가 말했다.

"죽은 자가 네 동생이라면 틀림없이 역적질을 한 까닭을 알 것이다. 누가 이 일을 시켰느냐? 만약 분명하게 알려주면 내가 주상께 주청을 드려 네 목숨을 살려주도록 하겠다."

섭앵이 말했다.

"내가 죽는 것이 두려웠다면 이곳에 오지도 않았을 것입니다. 내 동생이 자신의 목숨도 아끼지 않고 천승지국의 상국을 죽인 것은 다른 사람의 복수를 하기 위함이었습니다. 천첩이 동생의 이름을 밝히지 않으면 내 동생의 이름이 영원히 사라질 것이요, 또 복수의 내막을 발설하면 내 동생의 대의가 깡그리 사라질 것입니다."

말을 마친 섭앵은 마침내 시장통 정자 돌기둥에 머리를 박고 죽었다. 시장 관리가 한 열후에게 보고하자 열후는 탄식하며 그들의 시신을 모두 거두어 장사 지내게 했다. 이후 한 열후는 한산견韓山堅을 상국으로 임명하여 협누의 직무를 대신하게 했다.

한 열후는 보위를 아들 문후文侯에게 전했고, 문후는 다시 애후哀侯에게 전했다. 한산견은 평소 애후와 사이가 좋지 못해서 기회를 틈타 애후를 죽였다. 그러자 대신들이 힘을 합쳐 한산견을 죽이고 애후의 아들 약산若山을 보위에 올렸는데, 이 사람이 한 의후懿侯다. 의후의 아들 소후昭侯는 신불해申不害를 재상으로 삼았다. 신불해는 형명학刑名學에 정통하여 나라를 매우 잘 다스렸다. 이것은 물론 뒷날의 이야기다.

주 안왕安王 15년, 위 문후는 병이 위독해지자 중산에 있는 세자 격擊을 불렀다. 이때 조나라에서는 위나라 세자가 중산 땅을 떠났다는 소식을 듣고 군사를 동원하여 중산을 기습한 뒤 땅을 빼앗았다. 이때부터 위나라와 조나라는 틈이 벌어졌다. 위나라 세자 격이 귀환했을 때 위 문후는 이미 세상을 떠난 뒤였다. 그는 장례를 주관하고 보위를 계승했다. 이 사람이 위 무후武侯다. 그는 전문田文을 상국으로 삼았다. 이때 오기도 서하에서 조정으로 들어와 자신이 큰 공을 세웠다고 자부하며 상국에 임명되기를 갈망했다. 그러나 전문이 상국이 되었다는 소식을 들은 오기는 붉으락푸르락 불쾌한 마음으로 퇴조하다가 궁궐 문 근처에서 우연히 전문을 만났다. 그는 전문을 막아서며 말했다.

"대부께선 나 오기가 세운 공로를 알고 계시오? 오늘 대부와 그것에 대해 토론해보고 싶소."

전문이 손을 모으고 허리를 굽히며 말했다.

"들어보고 싶소."

"삼군의 군사를 거느리고 병졸들에게 북을 울려 목숨을 걸고 나라를 위해 전공을 세우게 하는 일은 대부와 나 둘 중에서 누가 더 뛰어나오?"

"내가 더 못하오."

"백관을 다스리고 만민과 친하면서 나라의 창고를 가득 채우는 일은 대부와 나 둘 중에서 누가 더 뛰어나오?"

"내가 더 못하오."

"서하를 지키며 진秦나라 군사가 감히 동쪽으로 침략해오지 못하게 하는 일은 대부와 나 둘 중에서 누가 더 뛰어나오?"

"내가 더 못하오."

"이 세 가지 일을 대부께선 모두 나보다 못하는데 벼슬은 나의 윗자리에 있소. 이게 어찌 된 일이오?"

"내가 외람되게도 장군의 윗자리에 있으니 진실로 부끄럽소. 그러나 지금 새로 대통이 계승된 마당에 새 주상께서 보령이 어려 나랏일이 안정되지 못하고 있소. 이 때문에 백성도 친하게 다가오지 않고 대신들도 마음을 주지 않고 있소. 나는 다만 선왕 때 세운 옛날 공훈으로 중요한 직책을 맡고 있지만 지금은 공을 다툴 때가 아닌 듯하오."

오기는 고개를 숙이고 깊은 생각에 잠겼다가 한참 후에 입을 열었다.

"대부의 말씀도 옳소. 그러나 그 자리는 결국 내가 맡게 될 것이오."

이때 내시 한 사람이 공을 다투는 두 사람의 말을 듣고 위 무후에게 보고했다. 무후는 오기가 자신에게 원망을 품었다고 의심하고 오기를 서하로 파견하지 않고 다른 사람을 서하 태수로 임명했다. 오기는 무후에게 주살당할까 겁이 나서 초나라로 달아났다.

초 도왕 웅의熊疑는 평소에 오기의 재능에 대한 소문을 듣고 있던 터라 그를 보자마자 상국의 인수印綬를 수여했다. 오기는 감개무량한 마음으로 부국강병을 자신의 임무로 생각했다. 그는 도왕에게 이렇게 요청했다.

"초나라는 사방 수천 리의 땅을 가지고 있고 갑사는 100여 만 명이나 됩니다. 따라서 의당 제후들을 제압하며 대대로 맹주로 군림했어야 합니다. 그런데도 여러 나라에 위엄을 과시하지 못한 까닭은 군사를 기르는 올바른 도를 잃었기 때문입니다. 군사를 기르는 올바른 도는 먼저 재물을 넉넉하게 마련한 뒤 그 여력으로 군사를 사용해야 합니다. 지금 초나라 조정에는 불필요한 관리들로 가득 차 있으며 대왕마마의 먼 친척까지 공금을 함부로 낭비하고 있습니다. 그러나 전사들은 겨우 한 되升에서 한 말斗 정도의 급료만 받고 있습니다. 이런 상황에서 그들에게 나라를 위해 목숨을 바치라고 요구하는 것은 지난한 일이 아니겠습니까? 대왕마마께서 진실로 신의 계책을 쓰시려면 먼저 쓸데없는 관직을 폐지하시고 먼 친척을 물리치신 다음, 창고에 재물을 넉넉하게 저장하시어 용감하게 싸움에 나서는 전사를 우대하십시오. 이와 같이 하고도 국위를 떨치지 못하면 신은 망언을 내뱉은 죄로 죽음을 자청하겠습니다."

도왕은 오기의 계책에 따랐다. 대부분의 신료가 오기의 말을 채택해서는 안 된다고 주장했지만 도왕은 듣지 않았다. 그리하여 오기는 관제를 자세하게 살펴 쓸데없는 벼슬아치 수백 명을 쫓아냈다. 이제 대신의 자제들이라 해도 아무 까닭 없이 녹봉을 훔쳐 먹을 수 없게 되었다. 또 왕실 친척들 중에서도 5대 위에서 분파된 자는 자신의 힘으로 먹고살게 하고 일반 백성과 같이 대우했다. 그리고 5대 아래로 내려간 자손은 촌수의 멀고 가까움을 참작하여 차례로 녹봉을 가감하게 했다. 절약된 경비 수만금으로 나라 안에서 정예 군사를 뽑아 조석으로 훈련시킨 뒤 그들의 재능을 살펴 상하 등급을 나누어 녹봉을 차등 지급했다. 이에 따라 녹봉을 몇 배나 많이 받아가는 군사가 생기자 병졸들 모두 서로 경쟁하며 부지런히 훈련에 임했다. 초나라는 드디어 강력한 군사를 보유한 패자가 되어 천하를 내려다보게 되었다. 삼진, 제, 진秦나라도 모두 초나라를 두려워하며 도왕의 재위 기간에는 감히 군사를 일으켜 침략해오지 못했다. 그러나 도왕이 세상을 떠나자, 아직 그 시신도 염하지 않은 상태에서 작록을 잃은 초나라 귀족과 대신의 자제들이 변란을 일으켜 오기를 죽이려 했다. 오기가 죽은 도왕의 침전으로 도망쳐 들어가자 궁시로 무장한 사람들이 그를 뒤쫓아갔다. 오기는 힘으로 대적할 수 없음을 알고 도왕의 시신을 끌어안고 엎드렸다. 그를 뒤쫓던 사람들이 화살을 비 오듯 발사하자 도왕의 시신에 화살이 여러 발 꽂혔다. 그러자 오기가 고함을 질렀다.

"내가 죽는 것은 애석하지 않으나 신하들이 대왕마마에게 원한을 품고 그 시신을 해쳤으니 이는 대역무도한 짓이다. 어찌 초나라의 국법을 피할 수 있겠느냐?"

말을 마치자 숨이 끊어졌다. 사람들은 오기의 말을 듣고 두려워 흩어졌다. 도왕의 세자 웅장熊臧이 보위를 이으니 이 사람이 초 숙왕肅王이다. 숙왕은 즉위한 지 한 달여가 지나자 도왕의 시신에 화살을 쏜 죄인을 추궁한 뒤 자신의 동생 웅양부熊良夫에게 군사를 거느리고 가서 그들을 차례로 주살하게 했다. 이때 모두 70여 가문이 멸문지화를 당했다. 염옹이 시를 지어 탄식했다.

종신토록 대신 되고자 욕망을 가득 품고 滿望終身作大臣
아내 죽이고 모친 버리며 인륜을 끊었다 殺妻叛母絕人倫
그 누가 알았으리 노魯, 위魏의 유랑객이 誰知魯魏成流水
자신의 몸을 죽여 초나라 사람 죽일 줄을 到底身軀喪楚人

또 오기가 도왕의 시신에 엎어져 복수를 하려 한 것은 죽는 순간까지 자신의 기지를 발휘한 일이었다고 논평한 시가 있다.

나라 위해 몸 바치며 죽음도 사양 않고 爲國忘身死不辭
교묘하게 적의 화살 왕의 시신에 모이게 했다 巧將賊矢集王屍
왕법에 따라 적을 죽임은 당연한 일이지만 雖然王法應誅滅
왕의 복수를 한 게 아니라 오기의 원수 갚은 것이었다 不報公仇卻報私

이야기가 두 갈래로 나뉜다. 전화는 스스로 제나라의 군주가 된 지 2년 만에 세상을 떠났다. 전화는 보위를 아들 오午에게 전했고, 오는 다시 아들 인제因齊에게 전했다. 인제가 즉위했을 때가 바로 주 안왕 23년[2]이었다. 인제는 스스로 제나라의 부국강병이 이루어졌다고 믿고 있던 터에 오나라와 월나라가 모두 왕을 칭하면서 사신 편에 보내는 국서에도 왕호를 사용

2_ 원문의 오류. 실제로는 주 현왕顯王 13년이다.

하는 것을 보고 그들 아래에 처하는 것이 기껍지 않았다. 제나라 군주 인제는 이때부터 제왕齊王을 참칭했다. 이 사람이 제나라 위왕威王이다. 위魏나라 군주도 제나라가 왕을 칭한다는 소식을 듣고 말했다.

"위나라가 어찌 제나라보다 못하단 말인가?"

그리하여 그도 역시 왕을 칭했다. 이 사람이 바로 맹자孟子가 만난 양梁[3] 혜왕惠王이다.

제 위왕은 즉위한 이후 날마다 술과 여자에 빠져 음악을 들으며 국정을 돌보지 않았다. 9년 사이에 한, 위, 노, 조나라가 모두 군사를 일으켜 제나라를 정벌했고, 제나라 변방의 장수들은 패배를 거듭했다. 그러던 어느 날 한 선비가 궁궐 문 앞에서 머리를 조아리고 제 위왕 뵙기를 청하며 스스로 이렇게 말했다.

"신의 성은 추騶고, 이름은 기忌로 본국 사람인데 금琴에 대해서 조금 알고 있습니다. 소문을 들으니 대왕께서 음악을 좋아하신다기에 특별히 알현을 요청드리는 바입니다."

위왕이 그를 불러들여 자리를 권했다. 그런 다음 좌우 내시를 시켜 안궤를 설치하고 그 위에 금을 갖다 놓았다. 그러나 추기는 금의 줄만 어루만질 뿐 음악을 연주하지 않았다. 위왕이 물었다.

"듣건대 선생께서 금을 잘 타신다니 과인은 그 아름다운 소리를 듣고 싶소. 그런데 줄만 어루만지며 연주를 하지 않으시니 금이 마음에 들지 않는 것이오? 아니면 과인에게 무슨 부족한 점이 있는 것이오?"

그러자 추기는 금을 밀어둔 채 안색을 바로잡으며 대답했다.

3_ 양梁: 위魏나라가 이때 대량大梁(河南省 開封 서북)으로 도읍을 옮겼기 때문에 양梁나라로 칭해지기도 한다.

"신이 알고 있는 것은 금의 이치입니다. 오동나무에 줄을 매어 소리를 내는 일은 악공이 할 일입니다. 신은 비록 소리를 낼 줄 알지만 대왕마마의 귀를 더럽힐 정도에 불과합니다."

위왕이 말했다.

"그럼 금의 이치는 어떠한지 들려줄 수 있겠소?"

추기가 대답했다.

"금琴이란 금禁과 같습니다. 음란하고 사악함을 금지禁止하여 사람을 올바른 길로 귀의하게 합니다. 옛날 복희씨는 금禁을 만들면서 길이를 3척 6촌 6분分으로 정했습니다. 이는 1년 366일을 본뜬 것입니다. 또 폭을 6촌으로 한 것은 육합六合[4]을 본뜬 것입니다. 앞이 넓고 뒤가 좁은 것은 존귀함과 비천함을 본뜬 것이고, 위는 둥글고 아래가 모난 것은 하늘과 땅을 법도로 삼은 것입니다. 금의 다섯 줄은 오행五行[5]을 본떴고, 큰 줄은 임금을 본떴으며 작은 줄은 신하를 본뜬 것입니다. 그 소리는 완급緩急으로 청탁淸濁을 삼는데, 탁음濁音으로는 관대하면서도 해이해지지 않음을 나타내니 이는 임금이 지켜야 할 도리입니다. 또 청음淸音으로는 청렴하면서도 어지러워지지 않음을 나타내니 이는 신하가 지켜야 할 도리입니다. 첫째 현은 궁음宮音, 그다음 상음商音, 각음角音, 치음徵音, 우음羽音 순으로, 주나라 문왕과 무왕이 각각 한 줄씩을 더했습니다. 그중 문현文弦은 소궁少宮의 음이 나고 무현武弦은 소상少商의 음이 납니다. 이는 임금과 신하가 은총으로 잘 화합한다는 의미입니다. 임금과 신하가 맡은 바 직분을 다하고 정령政令이 조화를 이룬다면 치국治國의 도는 이보다 더 나은 것이 없을 것입니다."

4_ 육합六合: 동, 서, 남, 북, 상, 하를 가리킨다. 천하 또는 우주를 비유한다.

5_ 오행五行: 목, 화, 토, 금, 수를 가리킨다. 만물을 이루는 기운을 비유한다.

제 위왕이 말했다.

"좋은 말씀이오. 선생께서 금琴의 이치를 그렇게 소상하게 아는 걸 보니 틀림없이 금琴의 소리에도 밝으실 것 같소. 원컨대 한번 연주해주시기 바라오."

추기가 대답했다.

"신은 금琴을 평소의 직분으로 삼고 있으므로 금에 대해서 자세히 알고 있습니다. 그런데 대왕마마께선 나라를 평소의 직분으로 삼고 있으면서 어찌하여 치국의 방법에 대해서 잘 모르고 계십니까? 신이 금을 어루만지기만 하고 연주하지 않으면 대왕마마의 마음을 기쁘게 해드릴 수가 없습니다. 마찬가지로 대왕마마께서 나라를 어루만지기만 하고 다스리지 않으신다면 만백성의 마음을 기쁘게 할 수가 없습니다."

위왕이 깜짝 놀라며 말했다.

"선생께서 금으로 과인에게 간언을 올리니 과인이 그 명령에 따르겠소."

그러고는 추기를 대전 오른쪽 방에 머물게 했다. 다음 날 위왕은 목욕재계하고 추기를 불러 나랏일을 토론했다. 추기는 위왕에게 술을 줄이고, 여색을 멀리하고, 명분과 실질을 맞아떨어지게 하고, 충신과 간신을 잘 구별하고, 백성을 편히 쉬게 하며 전투를 가르쳐 패왕의 대업을 추구하라고 권했다. 위왕은 매우 기뻐하며 추기를 상국에 임명했다.

이때 변사辯士 순우곤淳于髡은 추기가 맨손으로 위왕을 설득해 상국의 인수를 받는 것을 보고 마음속으로 불복했다. 이에 자신의 제자들을 거느리고 추기를 만나러 갔다. 추기는 순우곤을 매우 공손하게 맞아들였지만 순우곤은 거만한 안색을 띠고 곧바로 방으로 들어가 상좌에 버티고 앉았다. 그러고는 추기에게 말했다.

추기가 금琴의 이치로 상국에 임명되다.

"나의 어리석은 생각을 직접 상국의 면전에 털어놓고 싶은데 가능한지 모르겠소."

추기가 말했다.

"들어보고 싶소."

순우곤이 말했다.

"자식은 부모를 떠나서는 안 되고 아내는 남편을 떠나서는 안 되오."

추기가 대답했다.

"삼가 가르침을 받들어, 주상의 곁에서 멀리 떠나지 않겠소."

"멧대추나무로 수레바퀴를 만들어 돼지기름을 치면 지극히 매끄럽게 잘 굴러가오. 그런데 그것을 네모난 구멍에 설치하면 바퀴가 구를 수가 없게 되오."

"삼가 가르침을 받들어 민심에 잘 순응하겠소."

"활대에 아교 칠을 해도 때때로 느슨해지고, 수많은 강물은 바다로 가서 저절로 하나로 합쳐지오."

"삼가 가르침을 받들어 만백성과 친하게 지내겠소."

"여우 가죽 옷은 해지더라도 누런 개가죽으로 기울 수 없소."

"삼가 가르침을 받들어 현명한 사람을 천거하고 그 사이에 불초한 자를 섞어 넣지 않겠소."

"바퀴살과 바퀴통의 작은 차이를 비교해서 다듬지 않으면 수레를 만들 수 없고, 금과 슬의 줄은 완급을 조절하지 않으면 음률을 완성할 수 없소."

"삼가 가르침을 받들어 법령을 정비하고 간신을 잘 감독하겠소."

순우곤은 말문이 막혀 추기에게 재배를 올린 뒤 물러나왔다. 대문을 나서자 제자들이 물었다.

"스승님께서 처음 상국을 뵈올 때는 그렇게 당당하시더니 지금 재배하고 물러나올 때는 어찌 그렇게 풀이 죽으셨습니까?"

순우곤이 말했다.

"내가 다섯 가지 은근한 비유로 내 뜻을 말했더니 상국께선 즉시 응답을 하시며 내 마음을 모두 알아채셨다. 그분은 참으로 뛰어난 인재이시기에 내가 도저히 미칠 수 없다."

그리하여 당시 유세객들은 추기의 명성을 듣고 감히 제나라로 입국하려고 하지 않았다.

추기도 순우곤의 말을 참작하여 마음을 다해 나라를 다스리며 늘 사람들에게 물었다.

"지금 읍수邑守 중에서 누가 어질고 누가 악랄하오?"

조정에 함께 있는 대부들은 아성阿城(山東省 陽谷 阿城鎭) 대부의 어짊을 극구 칭찬하지 않는 사람이 없었다. 그러나 즉묵卽墨(山東省 卽默) 대부에 대해서는 모두들 하나같이 비난을 퍼부었다. 추기가 위왕에게 그 이야기를 하자 위왕도 무의식 중에 가끔 좌우 대신들에게 그 내막을 물어보게 되었고, 그때마다 대신들 모두 대략 비슷한 대답을 들려줬다. 위왕은 몰래 사람을 보내 두 고을의 상황을 살펴보고 사실대로 보고를 올리게 했다. 그런 다음 교지를 내려 아성과 즉묵의 읍수를 모두 입조하게 했다. 즉묵 대부가 먼저 당도하여 위왕을 알현했다. 위왕은 질책하는 말 한 마디도 하지 않았다. 좌우 대신들은 모두 놀라며 그 까닭을 이해하지 못했다. 얼마 지나지 않아 아성 대부도 도착했다. 위왕은 치적에 걸맞은 상벌을 내리려고 신료들을 모두 불러 모았다. 좌우 신료들은 모두 마음속으로 이렇게 생각했다.

'아성 대부는 오늘 틀림없이 큰 상을 받을 것이고 즉묵 대부는 중형에

처해질 것이다.'

문무백관의 인사가 끝나자 위왕은 즉묵 대부를 앞으로 불러내 일렀다.

"경이 즉묵의 관리로 부임하고 나서 날마다 경을 비방하는 말이 들려왔소. 그래서 과인이 사람을 보내 즉묵 땅을 살펴보니 논밭은 잘 개간되어 있었고, 백성은 부유하게 살고 있었으며, 관청에는 밀린 일이 없이 제나라 동쪽 지역이 편안하게 잘 다스려지고 있었소. 경은 고을을 다스리는 데만 전념했지 과인의 좌우 대신들에게 아첨하지 않았소. 이 때문에 비난을 당했지만 경은 참으로 어진 태수요."

그러고는 만호의 봉토를 더해줬다. 이어서 아성 대부를 불러 일렀다.

"네가 아성 태수로 부임하고 나서 날마다 칭찬하는 말이 들려왔다. 그래서 과인이 사람을 보내 아성을 살펴보니 논밭은 황무지로 변해 있었고, 백성은 추위와 굶주림에 지쳐 있었다. 또 지난날 조나라 군사가 변경 가까이 쳐들어왔을 때도 너는 구원하러 가지 않았다. 그러면서도 후한 선물과 좋은 황금을 내 주위 대신들에게 뿌려 칭찬을 받으려 했다. 태수의 무도함이 네놈보다 더 심한 경우는 없을 것이다."

아성 대부는 머리를 조아리며 사죄했고 앞으로 잘못을 고치겠다고 빌었다. 그러나 위왕은 그의 말을 듣지 않고 역사力士를 불러 솥을 준비하게 했다. 순식간에 화염이 맹렬하게 타오르며 솥의 물이 펄펄 끓기 시작했다. 위왕은 아성 대부를 포박하여 끓는 물속에 던져 넣게 했다. 또 평소에 늘 아성 대부를 칭찬했던 좌우 대신 수십 명을 불러 질책했다.

"네놈들은 좌우에서 과인의 이목이 되어야 함에도 불구하고 사사롭게 뇌물을 받아먹고 시시비비를 전도하여 과인을 속였다. 이 같은 신하를 무엇에 쓰겠느냐?"

신료들이 모두 울며 애원했지만 위왕의 노여움은 식지 않았다. 위왕은 평소에 특히 신임하던 측근 10여 명을 골라 차례로 솥에 던져 넣었다. 신료들은 모두 사지를 부들부들 떨었다. 후세 사람이 시를 지어 이 일을 증명했다.

측근에게 권세 주고 주인이 의지했는데	權歸左右主人依
비난과 칭찬할 때 시시비비 뒤집었다	毁譽繇來倒是非
아성 태수 팽살하고 즉묵 태수에 봉토 주자	誰似烹阿封即墨
마침내 여론이 위왕을 칭송했다	竟將公道頌齊威

이후 위왕은 현명한 인재를 뽑아 고을 태수를 바꾸었다. 단자檀子를 남성南城(山東省 費縣 서남) 태수로 임명하여 초나라를 막게 했고, 전힐田肸을 고당高唐(山東省 高唐) 태수로 임명하여 조나라를 막게 했으며, 검부黔夫를 서주徐州(河北省 大城) 태수로 임명하여 연燕나라를 막게 했다. 아울러 종수種首를 사구司寇로 삼고 전기田忌를 사마司馬로 삼았다. 이후 나라가 크게 다스려져 제후들이 모두 두려워하며 복종했다. 제 위왕은 하비下邳(江蘇省 睢寧 古邳鎭) 땅을 추기의 봉토로 하사하며 말했다.

"과인의 뜻을 성취시켜준 사람은 바로 경이오."

그리하여 그를 성후成侯라고 부르게 했다. 추기는 사은 인사를 마치고 아뢰었다.

"옛날 제 환공과 진 문공은 오패五覇 중에서도 가장 강성한 군주였습니다. 그렇게 된 까닭은 주周나라 천자를 높였기 때문입니다. 지금 주나라 왕실이 비록 쇠퇴했지만 구정이 아직도 그곳에 있습니다. 대왕마마께선 어찌하여 주 왕실로 가서 천자를 뵙는 의례를 행하지 않으십니까? 천자의 은총을 빌려 제후들에게 군림하면 제 환공과 진 문공의 패업도 더 이상 언급할 필요가 없을 것입니다."

위왕이 말했다.

"과인이 이미 왕을 칭하고 있는데, 왕이 왕에게 조공을 바친다는 것이 가능한 일이오?"

추기가 대답했다.

"대저 왕을 칭한 것은 제후들 앞에서 패자로 군림하려는 것이지 천자를 누르기 위한 것이 아닙니다. 주 왕실의 천자를 뵐 때는 잠시 제후로 칭하십시오. 천자께서는 틀림없이 대왕마마의 겸손한 덕을 기뻐하시어 더욱 많은 은총을 내려주실 것입니다."

제 위왕은 크게 기뻐하며 즉시 수레를 준비하라고 명을 내린 뒤 천자를 알현하러 주나라로 가겠다고 했다. 이때가 주 열왕 6년[6]이었다. 주나라에서는 그동안 왕실이 미약하여 제후들이 오랫동안 조례朝禮를 행하지 않던 터에 제나라 군주가 온다고 하자 조정의 상하가 모두 뛸 듯이 기뻐하며 잔치 분위기에 휩싸였다. 주 열왕은 왕실 창고에서 많은 보물을 찾아 제 위왕에게 하사했다. 위왕이 주 왕실에서 제나라로 돌아오는 연도에는 그를 칭송하는 사람들이 길을 가득 메웠고, 모두 위왕의 어진 인품을 찬양했다.

당시 천하에는 제齊, 초楚, 위魏, 조趙, 한韓, 연燕, 진秦 등 일곱 곳의 큰 나라가 있었다. 이 일곱 나라는 땅도 넓고 병력도 강하여 그 국력이 대략 비슷했다. 그 밖에 월越나라도 왕을 칭하고 있었지만 나날이 국력이 쇠약

6_ 원문의 오류. 실제로는 주 현왕顯王 16년이다.

해져가고 있었다. 송宋, 노魯, 위衛, 정鄭과 같은 나라는 입에 담을 만한 가치조차 없었다. 제나라 위왕이 패자를 칭하자 초, 위, 한, 조, 연 다섯 나라는 모두 제나라 휘하로 들어갔다. 이후 회맹을 할 때마다 제나라를 맹주로 추대했다. 다만 진秦나라만 궁벽진 서융 땅에 있었기 때문에 중원과 관계를 끊은 채 우호를 맺지 않았다. 그러던 중 진秦 헌공 때 하늘에서 황금색 비가 사흘이나 내렸다. 주 왕실의 태사太史 담儋이 몰래 탄식하며 말했다.

"진나라 땅은 주 왕실의 터전이었다. 천하가 500년 동안 분리된 후 다시 합쳐지면서 패왕을 자처하는 임금이 나타나 금덕金德으로 천하의 왕 노릇을 할 것이다. 지금 진나라에 황금색 비가 내리는 것은 아마도 그 단서일 것이다."

진 헌공이 세상을 떠나자 그의 아들 효공孝公이 보위를 이었다. 그는 진나라가 중국의 제후국 대열에 서지 못함을 부끄럽게 생각하고 현인을 초빙하라는 명령을 내렸다.

"빈객과 신료들 중에서 기이한 계책을 내어 우리 진나라를 강성하게 할 수 있는 사람에겐 높은 관직에 임명하고 큰 고을을 봉토로 주겠다."

어떤 현신이 초빙에 응해올지는 다음 회를 보시라.

제87회

꽃으로 점을 치다

위앙은 진나라 임금에게 유세하여 변법을 시행하고
손빈은 귀곡 선생을 하직하고 산을 내려와 벼슬을 구하다
說秦君衛鞅變法, 辭鬼谷孫臏下山.

위衛나라 사람 공손앙公孫鞅은 원래 위나라 군주의 서자로 평소에 형명학을 좋아했다. 그러나 위나라의 국력이 미약했기 때문에 자신의 재능을 펼칠 수 없다고 생각하고 위魏나라로 들어가 상국 전문을 섬기려고 했다. 하지만 그때는 이미 전문이 세상을 떠나고 공숙좌公叔痤가 상국의 자리를 차지하고 있었다. 공손앙은 마침내 공숙좌에게 몸을 의탁했다. 공숙좌는 상앙의 현명한 재능을 알아보고 중서자中庶子[1] 벼슬에 임명한 뒤 매번 큰일이 있을 때마다 반드시 그와 대책을 상의했다. 공손앙이 건의한 계책은 들어맞지 않는 경우가 없었기 때문에 공숙좌는 그를 깊이 사랑했고 장차 큰 벼슬에 임명할 생각이었다. 그러나 아직 자신의 생각을 실행하지 못한 상

1_ 중서자中庶子: 중국 전국시대의 관직. 임금, 세자, 상국相國을 모시던 시종.

황이었던 공숙좌는 병이 들었다. 위 혜왕이 직접 문병을 가보니 공숙좌는 병세가 이미 위중한 상태여서 겨우 한 가닥 남은 숨을 몰아쉬고 있었다. 혜왕은 눈물을 흘리며 물었다.

"공숙께서 병환으로 만약 일어나지 못하시면 과인이 장차 누구에게 국정을 맡겨야 하오?"

공숙좌가 대답했다.

"중서자 위앙衛鞅(公孫鞅)이 나이는 젊지만 실로 당대의 기재奇才입니다. 주상께서는 장차 나랏일을 그의 의견에 따라 처리하십시오. 그의 능력은 신보다 열 배는 나을 것입니다."

혜왕이 아무 말도 하지 않자 공숙좌가 또 말했다.

"주상께서 위앙을 등용하고 싶지 않으시면 반드시 그를 죽여서 우리 위나라 경계를 벗어나지 못하게 해야 합니다. 만약 다른 나라에서 그를 등용하면 틀림없이 우리 위나라에 해를 끼칠 것입니다."

혜왕이 말했다.

"그렇게 하겠소."

그러나 혜왕은 수레에 올라 탄식하며 말했다.

"공숙의 병환이 위중하구나. 위앙 따위에게 국정을 맡기라니! 또 등용하고 싶지 않으면 죽이라는 건 또 무슨 말인가? 위앙에게 무슨 능력이 있다고 그런 말을 하는가? 이 어찌 혼수상태에서 내뱉은 말이 아니겠는가?"

혜왕이 떠나자 공숙좌는 위앙을 머리맡으로 불러서 일렀다.

"내가 오늘 주상께 자네를 등용하라고 말씀을 드렸지만 주상께선 허락하지 않으셨네. 그래서 내가 또 만약 자네를 등용하고 싶지 않으면 자네를 죽여야 한다고 말씀드렸네. 그러자 주상께서 그렇게 하겠다고 말씀하셨네.

나는 이전부터 임금을 먼저 생각하고 신하는 나중에 생각해온 사람일세. 이 때문에 먼저 임금께 말씀을 올렸고, 이제 또 자네에게 사실을 말해주는 것일세. 그러니 화를 당하지 말고 어서 떠나도록 하게!"

위앙이 말했다.

"주상께선 상국의 말씀을 듣고도 신을 임용하지 않으셨는데, 어찌 상국의 말씀을 듣고 신을 죽이겠습니까?"

그러고는 끝내 위나라를 떠나지 않았다. 대부인 공자 앙卬도 위앙과 친분이 깊어서 다시 혜왕에게 위앙을 천거했지만 혜왕은 끝까지 위앙을 등용하지 않았다.

이즈음 위앙은 진 효공이 어진 인재를 초빙하기 위해 명령을 내렸다는 소식을 듣고 마침내 위魏나라를 떠나 진秦나라로 가서 효공의 측근인 내시 경감景監을 만나보고자 했다. 경감은 위앙과 국사를 토론해보고 그의 뛰어난 재능을 알게 되었다. 경감이 효공에게 위앙을 추천하자 효공이 그를 불러 치국지도治國之道에 대해 물었다. 그러자 위앙은 복희, 신농, 요, 순 임금의 정치를 예로 들어 대책을 올렸다. 그러나 말을 아직 다 마치지도 않았는데 효공은 벌써 잠에 곯아떨어져 있었다. 이튿날 경감이 대전으로 들어가자 효공이 그를 질책하며 말했다.

"경의 문객은 망령된 자에 불과했다. 쓸데없이 현실과 동떨어진 말만 지껄이더구나. 경은 어찌 그런 자를 천거했단 말인가?"

경감은 조정에서 물러나와 위앙에게 말했다.

"내가 선생에게 주상을 뵙게 한 것은 주상의 기호에 맞는 정책을 말씀드려 선생을 중용되게 하기 위함이었소. 그런데 어찌하여 쓸데없이 현실과 동떨어진 말만 하여 주상의 귀를 더럽힌 것이오?"

위앙이 말했다.

"나는 주상께서 제왕帝王의 도를 행하시기를 바랐지만 주상께선 깨닫지 못하셨소. 원컨대 다시 한번만 주상을 뵙게 해주시면 주상의 마음을 기쁘게 해드리겠소."

경감이 말했다.

"주상께서 지금 선생을 불쾌하게 생각하고 있소. 그러니 닷새 후에나 다시 말씀드릴 수 있을 것이오."

닷새가 지난 후 경감은 다시 효공에게 건의했다.

"신의 문객이 아직 말을 다하지 못했다고 다시 주상전하를 뵙고자 합니다. 윤허해주십시오!"

효공은 다시 위앙을 불렀다. 위앙은 하나라 우왕이 땅의 경계를 나누고 세금을 정한 일 및 상나라 탕왕과 주나라 무왕이 천명과 민심에 순응한 일을 자세하게 이야기했다. 효공이 말했다.

"그대는 참으로 박학다식하오. 그러나 옛날과 지금은 상황이 많이 달라졌소. 그러니 그대의 말씀을 현실에 적용할 수가 없소."

그러고는 그에게 물러가라고 손짓을 했다. 경감은 문밖에서 기다리다가 조정에서 물러나오는 위앙을 보고 물었다.

"오늘의 유세는 어떠했소?"

위앙이 말했다.

"내가 주상께 왕도王道에 대해 말씀드렸지만 주상의 뜻과는 맞지 않았소."

경감이 화를 내며 말했다.

"임금이 인재를 등용하려는 것은 마치 주살을 가진 사람이 좋은 줄을 찾아 조만간에 날아가는 새를 잡고 싶어하는 것과 같소. 그러니 어찌 목전의 효용을 버리고 멀리 성군의 일을 본받으려 하겠소? 그런 말씀이라면 그만두는 것이 좋겠소."

위앙이 말했다.

"앞서의 경우는 내가 주상의 뜻을 알지 못해서 그런 말씀을 드린 것이오. 즉 주상께서 높은 뜻을 품고 계신데 내 말이 비천할까봐 옛날 성군의 정치를 말씀드리며 주상의 마음을 떠본 것이오. 이제는 주상의 마음을 알았으니 다시 한번 주상을 뵙게 해주시면 내 말이 채택되도록 하겠소."

경감이 말했다.

"선생께서 주상께 두 번이나 대책을 말씀드렸으나 다 거절당했소. 내가 어찌 감히 또 혓바닥을 놀리며 주상의 화를 돋울 수 있겠소?"

다음 날 경감은 조정으로 들어가 사죄하고 다시는 위앙에 대한 이야기를 하지 않았다. 경감이 집으로 돌아오자 위앙이 물었다.

"주상께 다시 나에 대한 이야기를 하셨소?"

경감이 말했다.

"못했소."

"애석하오! 주상께서 현명한 인재를 구한다는 명령을 내리시고도 눈앞의 인재를 등용하지 못하시는구려. 나는 이제 진나라를 떠나야겠소!"

"선생께선 어디로 가시려오?"

"지금 여섯 나라의 군주가 바쁘게 부국강병을 추구하는 상황이니 어찌 진나라 군주보다 현인을 좋아하는 임금이 없겠소? 또한 천하에 어찌 현인을 천거함에 그대보다 뛰어난 사람이 없겠소? 나는 장차 그런 사람을 찾아갈 것이오."

"선생께서는 잠시만 조용히 기다리시오. 닷새 후에 내가 다시 말씀을 올리겠소."

닷새가 지난 후 경감은 진 효공 곁에 입시入侍했다. 효공은 술을 마시다가 문득 기러기가 날아가는 것을 보고 술잔을 내려놓고 탄식했다. 경감이 앞으로 나서며 물었다.

"주상전하! 날아가는 기러기를 보고 탄식하시니 무슨 일이 있으십니까?"

효공이 말했다.

"옛날에 제 환공은 '내가 중보(管仲)를 얻은 것은 기러기에게 날개가 있는 것과 같다'고 했다. 과인이 어진 인재를 구한다는 명령을 내린 지 벌써 여러 달이 지났건만 뛰어난 인재가 한 명도 찾아오지 않고 있다. 다시 기러기를 예로 들자면 나에게 하늘을 찌를 만한 뜻은 있지만 나를 도와줄 날개가 없는 것과 같다. 그래서 탄식하고 있는 것이다."

경감이 대답했다.

"신의 문객 위앙이 말하기를 자신에게 제도帝道, 왕도王道, 패도霸道 세 가지 술법이 있다고 했습니다. 지난번에 말씀드린 건 제도와 왕도인데, 주상께서는 현실과 동떨어진 이론이라 채택하기 어렵다고 말씀하셨습니다. 이제 위앙이 다시 패도에 대한 술법을 진언하겠다고 하오니 원컨대 잠시만 시간을 내어 그가 말을 다 마칠 수 있도록 해주십시오."

효공은 '패도'란 말이 바로 자신의 마음에 들어 경감에게 다시 위앙을 불러오게 했다. 위앙이 입조하자 효공이 물었다.

"소문을 들으니 그대에게 패도에 관한 술법이 있다는데 어찌하여 과인에게 일찍 가르침을 주시지 않은 것이오?"

위앙이 대답했다.

"신이 말씀드리고 싶지 않은 것이 아니었습니다. 다만 패자霸者의 통치술은 제왕의 통치술과는 다르기 때문에 먼저 말씀을 드리지 않은 것입니다. 제왕의 도는 민심에 순응하는 것이지만 패자의 도는 반드시 민심을 거슬러야 합니다."

그러자 효공은 발끈 화를 내고 칼을 어루만지며 말했다.

"패자의 도가 어찌하여 민심을 거스르는 것인가?"

위앙이 대답했다.

"대저 금과 슬의 소리가 조화롭지 못하면 반드시 현弦을 바꾼 뒤 다시 조여야 합니다. 정치도 다시 바꾸고 조이지 않으면 백성을 다스릴 수 없습니다. 백성은 목전의 편안함에만 연연할 뿐 백세의 이익은 돌아보지 않습니다. 그러므로 이미 이룬 것을 함께 즐길 수는 있지만 처음부터 근심을 함께하기는 어렵습니다. 예를 들면 옛날 중보는 제나라의 재상이 되어 내정內政도 군령에 의지해 다스렸습니다. 또 나라를 25향鄕으로 나누고 사농공상士農工商에 종사하는 백성에게 각각 자신의 일을 고수하게 하면서 제나라의 낡은 제도를 모두 바꾸었습니다. 이런 일에 백성이 어찌 즐겁게 따랐겠습니까? 결국 안으로 정치가 성공하고 밖으로 적들이 굴복하고 나서 임금이 명성을 누리자 백성도 그 이익을 함께 향유하게 된 것입니다. 그런 후에야 중보가 천하의 인재임을 알게 되었습니다."

"그대에게 진실로 중보의 통치술이 있다면 과인이 어찌 그대에게 나라를 맡기지 않겠소? 다만 그 통치술이 있는지 없는지 알 수가 없소."

"대저 나라가 부유하지 못하면 군사를 일으킬 수 없고, 군사가 강하지 못하면 적을 꺾을 수 없습니다. 나라를 부유하게 하는 방법으로는 농사에 힘쓰는 것보다 더 좋은 것이 없고, 군사를 강하게 하는 방법으로는 부지런히 전투력을 쌓는 것보다 더 좋은 것이 없습니다. 따라서 후한 상으로 장려

하면 백성이 나아갈 바를 알게 되고, 엄한 형벌로 금지하면 백성이 두려워할 바를 알게 될 것입니다. 상과 벌을 믿을 수 있게 시행하면 조정의 명령도 반드시 이루어질 것입니다. 이러고도 나라가 부강하지 않은 경우는 아직 역사에 없었습니다."

"훌륭하오. 그 방법을 과인이 시행하겠소."

"대저 부국강병의 통치술은 인재를 얻지 못하면 실행할 수 없습니다. 또 인재를 얻었다 해도 전권을 맡기지 않으면 실행할 수 없습니다. 전권을 맡겼더라도 다른 사람의 말에 미혹되어 그 뜻을 두 갈래 세 갈래로 분산시키면 이 또한 실행할 수 없습니다."

"훌륭하오!"

위앙이 물러가기를 청하자 효공이 말했다.

"과인이 이제 그대의 통치술을 모두 채택하고자 하는데 어찌하여 그렇게 급히 물러가려 하시오?"

위앙이 대답했다.

"원컨대 주상께서 사흘 동안 숙고하신 후에도 마음이 바뀌지 않으신다면 신이 남은 대책을 모두 말씀드리겠습니다."

위앙이 조정에서 물러나오자 경감이 또 그를 나무라며 말했다.

"주상께서 재삼 훌륭하다고 칭찬하는 기회를 빌려 마음속 계책을 모두 털어놓지 않고 다시 주상께 사흘 동안 숙고의 시간을 준 것은 주상의 마음을 조급하게 하려는 것이 아니오?"

위앙이 말했다.

"주상의 뜻이 아직 굳어지지 않았다면 차라리 사흘 사이에 변심하는 것이 더 좋을지도 모르오."

다음 날 효공은 다시 사람을 보내 위앙을 불렀다. 그러자 위앙이 사양하며 말했다.

"신이 이미 주상께 말씀드린 것처럼 사흘이 지나지 않으면 다시 만나지 않겠습니다."

경감은 또 효공의 명령을 물리치지 말라고 권했다. 위앙이 말했다.

"내가 주상과 처음 한 약속을 주상께서 지키지 않는다면 뒷날 어떻게 주상을 믿을 수 있겠소?"

경감은 그의 말에 탄복했다. 사흘이 지난 뒤 효공은 수레를 보내 위앙을 맞아오게 했다. 위앙이 다시 조정으로 들어가자 효공은 자리를 하사하고 매우 간절하게 가르침을 청했다. 위앙은 마땅히 개혁해야 할 진나라의 정치를 자세히 진술했다. 그리고 나서 그 둘은 서로 사흘 밤낮을 쉬지 않고 문답을 주고받았지만 효공은 전혀 피로한 기색을 보이지 않았다. 효공은 마침내 위앙을 좌서장左庶長으로 임명하고 큰 저택과 황금 500일鎰을 하사했다. 그리고 신료들에게 명령을 내렸다.

"지금 이후로 국정은 모두 좌서장의 의견에 따라 시행하겠소. 만약 항거하는 자가 있으면 역모 죄로 다스릴 것이오!"

신료들은 모두 숙연하게 명령에 따랐다.

위앙은 변법變法에 관한 정령政令을 제정하여 그 상세한 조문을 효공에게 바치고 함께 상의한 후 타당한 시행 방법을 마련했지만 아직 방문榜文으로 내붙이지는 않았다. 백성이 믿지 못할까 두려워 즉시 봉행하지 않은 것이다. 이후 세 길 높이의 나무를 가져다 함양咸陽 시장통 남문에 세우고 관리에게 지키게 하면서 명령을 내렸다.

"이 나무를 북문으로 옮기는 사람에겐 금金 열 냥을 상으로 주겠다."

수많은 백성이 그것을 봤지만 모두들 그 저의를 알 수 없다고 의심하며 나무를 옮기는 사람이 없었다. 위앙이 말했다.

"백성이 나무를 옮기지 않는 것은 상금이 적다고 생각하기 때문이다."

위앙은 다시 명령을 바꾸어 금 50냥을 주겠다고 했다. 사람들이 더욱 의심하는 가운데 어떤 사람이 홀로 나서서 말했다.

"진나라 법에는 평소에 후한 상을 내려주는 경우가 없다. 그런데 지금 갑자기 이런 명령을 내린 데에는 틀림없이 무슨 계획이 있을 것이다. 설령 금 50냥은 아니더라도 작은 상이야 받지 못하겠는가?"

그러고는 마침내 그 나무를 메고 가서 북문에다 옮겨 세웠다. 그를 따라 가며 구경하는 사람이 담장을 두른 듯했다. 관리는 재빨리 달려가 위앙에게 보고했다. 위앙이 그 사람을 불렀다. 그 사람이 당도하자 위앙이 그를 칭찬하며 말했다.

"너는 내 명령을 따랐으니 진실로 선량한 백성이다!"

그리고 금 50냥을 상으로 주며 말했다.

"나는 끝까지 너희 백성에게 신의를 잃지 않을 것이다."

시장 사람들은 좌서장이 정령으로 내린 약속을 반드시 지켰고 또 그것을 미리 알려줬다고 소문을 냈다. 다음 날 새로운 법령이 반포되자 시장 사람들이 모두 몰려와 구경을 했다. 그것을 보고 혀를 내두르지 않는 사람이 없었다. 이것은 주 현왕顯王 10년의 일이었다. 새로운 법령은 다음과 같았다.

• 도읍 제정. 진나라 땅에서 형승이 좋기로는 함양咸陽만 한 곳이 없다. 산으로 둘러싸인 곳에 강물까지 둘러 있어서 금성천리金城千里라고 할 만하다.

이제 함양으로 도읍을 옮겨 길이길이 왕업의 발판을 마련한다.

• 현縣 설치. 진나라 경내의 모든 고을을 합병하여 현을 설치한다. 모든 현에는 현령縣令과 현승縣丞을 각각 한 사람씩 두어 신법을 감독 집행하게 한다. 직무에 태만한 자는 죄의 경중에 따라 처벌한다.

• 농토 개간. 교외의 모든 들판에서 수레나 말이 다니는 길 및 전답 사이의 밭두렁을 제외한 땅은 인근 농민들을 시켜 개간하고 농토로 만든다. 곡식이 익은 후에 넓이를 재서 일상적인 세율에 따라 세금을 부과한다. 6자尺는 1보步가 되고 240보는 1무畝가 된다. 1보가 6자를 넘으면 사기로 간주하고 전답을 몰수하여 관에 귀속시킨다.

• 조세 제정. 모든 조세는 전답의 실제 넓이에 따라 부과한다. 정전제井田制의 십분의 일 세법은 더 이상 사용하지 않는다. 모든 전답은 나라에 귀속시키고 백성은 한 치의 땅도 사유해서는 안 된다.

• 재부財富의 바탕. 남자는 농사짓고 여자는 길쌈하여 곡식과 옷감을 많이 생산하는 사람을 양민良民이라 부르고 한 집안의 부역을 면제해준다. 게을러서 가난해진 사람은 관가로 몰수하여 노비로 삼는다. 도로에 재를 버린 자는 농사에 게으른 자로 간주한다. 공인工人이나 상인에게는 무거운 세금을 부과한다. 한 집안에 아들이 두 명 있으면 즉시 분가하여 각각 세금을 내야 한다. 분가하지 않으면 한 사람이 각각 두 사람 몫에 해당하는 세금을 내야 한다.

• 전투 권장. 벼슬은 전공戰功에 따라 부여한다. 적의 수급 한 명을 벤 자에겐 벼슬을 한 등급씩 승진시킨다. 싸움에서 한 걸음 물러난 자는 참형에 처한다. 전공이 많은 자는 높은 벼슬을 받고, 수레와 복장도 화려하게 할 수 있다. 그러나 전공이 없는 자는 비록 부유하다 하더라도 베옷을 입고 송아

위앙이 진秦나라에서 변법을 시행하다.

지만 타야 한다. 종실宗室의 친척도 전공의 많고 적음을 친소親疏의 기준으로 삼는다. 전투에서 전공을 세우지 못한 종친은 호적에서 이름을 삭제하고 서민과 같이 취급한다. 또 사사로운 일로 싸움을 한 자는 시비를 불문하고 모두 참형에 처한다.

• 악행 금지. 다섯 집家을 1보保로 삼고 열 집이 서로 연대하여 살피고 감시해야 한다. 한 집이 과오를 범하면 아홉 집이 함께 신고해야 한다. 신고를 하지 않으면 열 집이 모두 연좌되어 허리가 잘리는 형벌을 받는다. 가장 먼저 악행을 신고하는 자는 적을 이긴 자와 똑같은 상을 받는다. 한 사람의 악인을 신고하면 벼슬을 1등급 높여준다. 만약 죄인을 몰래 숨겨주면 그 죄인과 같은 형벌을 받는다. 객사에 숙박하는 자는 증명서를 지참하여 검사에 응해야 한다. 검사에 응하지 않는 자는 숙박을 허용하지 않는다. 백성 중에서 한 사람이 죄를 지으면 그 집 식구와 재산을 모두 관아에 몰수한다.

• 법령 중시. 법령이 발표되면 신분의 귀천을 불문하고 모두 법령을 준수해야 한다. 준수하지 않는 자가 있으면 모두 주살하여 조리돌림을 한다.

새 법령이 발표되자 백성의 의견이 분분했다. 어떤 사람은 불편하다고 했고 어떤 사람은 아주 편하다고 했다. 상앙은 신법에 대해 논란을 벌이는 사람들을 모두 잡아들여 질책했다.

"새 법령을 들었으면 너희는 받들어 실천해야 한다. 불편하다고 말하는 자는 법령을 방해하는 자이고, 편하다고 말하는 자는 법령에 아첨하는 자다. 이 두 부류는 모두 양민이 아니다."

그러고는 그들의 이름을 모두 장부에 기록하고 변방으로 옮겨 수졸戍卒로 삼았다. 대부 감용甘龍과 두지杜摯도 사사롭게 신법을 비난했다고 하여 서민으로 강등시켰다. 이에 도로에서 사람들은 서로 눈으로 쳐다보기만 할 뿐 감히 입으로 말하는 사람이 없었다. 위앙은 병졸을 크게 동원하여 함양성 안에 궁궐을 짓고 길일을 택해 도읍을 옮기려 했다. 이즈음 세자 사駟는 천도에 반대하며 변법의 잘못된 점을 지적했다. 그러자 위앙이 화를 내며 말했다.

"변법이 시행되지 않는 까닭은 윗사람이 변법을 위반하기 때문이다. 세자는 주상의 후사이므로 형벌을 줄 수 없다. 그러나 만약 세자를 사면하면 그것도 불법을 저지르는 것이 된다."

그는 효공에게 말하여 세자의 사부에게 연좌제를 적용하게 했다. 태부太傅 공자 건虔에게는 코를 자르는 형벌劓刑을 내렸고, 태사太師 공손가公孫賈에게는 얼굴에 먹물로 문신을 새기는 형벌黥刑을 내렸다. 그러자 백성이 서로서로 얼굴을 쳐다보며 말했다.

"세자가 법령을 어겨서 그 사부들이 형벌을 받았는데 다른 사람이야 말해 무엇하랴!"

위앙은 민심이 안정되어가는 것을 보고 길일을 받아 천도를 단행했다. 옹주雍州에 살던 대성大姓 중에서 함양으로 이사 간 가문이 모두 수천이나 되었다. 또 진나라를 31현으로 나누고 전답을 개간하니 불어난 세금이 무려 100여만 전錢이나 되었다. 위앙은 항상 직접 위수 가로 가서 죄수를 사열하고 하루에 700여 명씩 죄수를 주살했다. 이 때문에 위수 강물이 모두 붉게 물들었고 통곡 소리가 들판을 가득 덮었다. 백성은 밤에 잠을 자면서도 꿈속에서까지 전투를 할 정도였다. 도로에 물건이 떨어져도 줍는 사람이 없었으며, 나라 안에 도적이 사라졌고 국가의 창고도 가득 채워졌다. 또 나라 사이의 전투에서는 용감하게 싸우면서도 사사로운 원한으로는 싸움을 하지 않았다. 진秦나라의 부강함은 천하에 비교할 나라가 없게 되었다. 그리하여 진秦 효공은 군사를 일으켜 초나라를 정벌한 뒤 상어商於[2] 땅을 빼앗아 무관武關(陝西省 丹鳳) 동남 밖 600여 리의 땅을 개척했다. 이 소식을 듣고 주 현왕은 사신을 파견해 진나라를 방백方伯에 임명했고 제후들도 모두 축하 사절을 보냈다.

이때 삼진에서는 오직 위魏나라만 왕을 칭하며 한나라와 조나라를 병탄할 마음을 품고 있었다. 그러다가 진나라에서 위앙을 등용했다는 소식을 듣고 탄식하며 말했다.

"공손좌의 말을 듣지 않은 것이 후회스럽다!"

그 무렵 복자하, 전자방, 위성, 이극 등이 모두 세상을 떠나서 위 혜왕은 후한 예물을 써가며 사방의 호걸들을 초빙하고 있었다. 추鄒나라 사람 맹가孟軻는 자가 자여子輿로 자사子思 문하의 뛰어난 제자였다. 자사는 성이 공씨孔氏고 이름은 급伋으로 바로 공자의 직계 손자였다. 맹가는 자사에게서 성현의 가르침을 전수받은 뒤 세상을 구제하고 백성을 편안하게 할 마음을 품었다. 그는 위 혜왕이 선비를 좋아한다는 소문을 듣고 추나라에서 위나라로 갔다. 혜왕은 교외에까지 영접을 나와 귀빈으로 예우하면서 나라를 이롭게 할 방법에 대해 물었다. 맹가가 대답했다.

"신은 성인의 가문에서 공부했기 때문에 인의仁義에 대해서만 알 뿐 이익에 대해서는 모릅니다."

혜왕은 맹가의 말이 현실과 동떨어졌다고 느껴 그를 등용하지 않았다.

2_ 상어商於: 상商 땅과 어於 땅을 합쳐서 부르는 말. 상은 지금의 섬서성 상락商洛 인근, 어는 지금의 하남성 석천淅川과 내향內鄕 등지를 포괄하는 지명이다. 대체로 진령산맥秦嶺山脈 남쪽과 동남쪽에 위치해 있다.(발음은 『강희자전』에 근거하여 '상어'로 읽음)

맹가는 마침내 제나라로 떠났다. 잠연이 이 일을 시로 읊었다.

인의와 이익은 함께할 수 없으니 仁義非同功利謀
분쟁 속에서 그 누가 유학자를 등용하랴? 紛爭誰肯用儒流
맹자는 부질없이 왕도 정치 도모해서 子輿空挾圖王術
제후들을 편력했어도 유세가 통하지 않았네 歷盡諸侯話不投

주周나라 양성陽城(河南省 登封 告城鎭) 땅 어느 곳에 귀곡鬼谷이란 계곡이 있었다. 그곳은 심산유곡에 숲이 우거져서 그 어둑어둑한 깊이를 잴 수도 없을 정도였다. 때문에 사람이 살 수 없는 곳이란 의미에서 귀곡鬼谷이라 불리게 되었다. 그 속에 귀곡자鬼谷子라는 호號를 쓰는 한 은자隱者가 살고 있었다. 전하는 말에 의하면 그의 성은 왕씨王氏고 이름은 허栩[3]라고 했으며, 진晉 평공 때 사람으로 운몽산雲夢山에서 송나라 사람 묵적墨翟과 함께 약초를 캐며 수도한 적도 있다고 했다. 묵적이란 사람은 처자식도 없었다. 그는 천하를 주유하며 오로지 사람을 구제하고 만물을 이롭게 하며 살고 싶다고 했다. 이에 다른 사람의 고통을 풀어주고 고난을 구제하는 걸 자신의 임무로 삼았다. 그 후 왕허만 귀곡에 숨어 살게 되자 사람들은 그를 귀곡선생이라 부르게 되었다. 그는 하늘과 땅의 이치에 관통했고 다른 사람이 미칠 수 없는 여러 학파의 학문에도 두루 통달했다. 그것이 어떤 학문이었던가? 첫째, 술수학術數學으로 해와 별의 현상을 손바닥 안에 놓고 옛일을 살피며 미래를 점쳤는데 그의 예언은 들어맞지 않는 경우가 없었다. 둘째,

3_ 귀곡자의 이름은 논란이 많다. 『동주열국지』 원문에는 허栩로 되어 있으며, 『태평광기太平廣記』에는 후詡로 되어 있다.

병학兵學으로 육도삼략六韜三略을 공부하여 변화무궁한 병법을 익혀 진법을 펼치고 군사를 운용했는데, 귀신도 그 내막을 짐작할 수 없을 정도였다. 셋째, 유세학遊說學으로 그는 박학강기博學強記하고 견문이 넓었다. 그래서 사리를 분명하게 파악하고 대세를 잘 살펴서 적당한 어휘로 변설을 토해내면 만 명의 변사들도 그를 당해낼 수 없었다. 넷째, 신선술에도 뛰어났다. 인간의 진정한 성품을 갈고닦으며 단약丹藥을 복용하고, 양생술을 써서 병을 물리치고 수명을 연장하니 머지않아 신선이 될 날을 기다리고 있는 듯했다. 그런데 그 귀곡 선생은 벌써 신선술에도 통달한 사람인데 어찌하여 인간 세상에서 몸을 굽히고 살아가는가? 그것은 총명한 제자 몇 명을 구제하여 함께 선경으로 가기 위해 이 귀곡 땅에 몸을 의탁하고 있는 것일 뿐이었다. 그가 처음 이곳에 왔을 때 우연히 시장에 들어갔다가 어떤 사람에게 점을 쳐준 일이 있었다. 그런데 그가 말한 길흉화복이 귀신처럼 모두 들어맞았다. 그 이후 점점 그의 학문을 배우려는 사람들이 생겨났다. 귀곡 선생은 제자의 자질을 살펴 제자의 자질에 가까운 학문을 전수했다. 그래서 그의 제자는 크게 두 갈래로 나뉘어졌다. 세상에 필요한 인재를 길러내어 칠국七國의 조정에 등용되게 하려는 한 무리와 신선술을 탐구하여 함께 속세를 떠나려는 다른 한 무리가 그것이었다. 그가 귀곡에 산지가 얼마나 오래인지 알 수 없었고, 그의 학문을 배우러 온 제자가 얼마나 되는지도 알 수 없었다. 귀곡 선생은 오는 사람은 막지 않았고 가는 사람도 붙잡지 않았다. 그중 거의 같은 시기에 명성을 떨친 제자가 몇 명 있었다. 제나라 사람 손빈孫賓, 위魏나라 사람 방연龐涓과 장의張儀, 낙양 사람 소진蘇秦이 그들이었다. 손빈과 방연은 결의형제로 귀곡 선생에게서 함께 병법을 배웠다. 또 소진과 장의도 결의형제로 귀곡 선생에게서 함께 유세를 배워서 각각 일가의 학문을 이루었다.

방연은 병법을 배운 지 3년이 넘어가자 스스로 병법에 능통하게 되었다고 생각했다. 그러던 어느 날 물을 길으러 우연히 산 아래까지 갔다가 위魏나라에서 후한 예물로 현명한 인재를 초빙하고 있다는 소식을 들었다. 장군과 재상감을 찾는다는 말을 듣자 방연의 마음은 두근거리기 시작했다. 그는 귀곡 선생에게 작별 인사를 하고 산을 내려가 위나라의 인재 초빙에 응하고 싶었지만 귀곡 선생이 자신을 보내주지 않을까봐 걱정되어 말을 할 수 없었다. 귀곡 선생은 그가 전전긍긍하는 모습을 보고 일찌감치 그의 마음을 짐작했다. 귀곡 선생이 웃으면서 방연에게 말했다.

"너의 시운時運이 도래했거늘 어찌 하산하여 부귀를 구하지 않느냐?"

방연은 스승의 말씀이 자신의 마음을 꿰뚫고 있는 것을 보고 무릎을 꿇은 채 간청했다.

"불초 제자도 하산할 마음이 있습니다만 이번 행차에서 뜻을 얻을 수 있을지 잘 모르겠습니다."

귀곡 선생이 말했다.

"지금 산으로 가서 산꽃을 한 가지 꺾어오너라. 내가 네 장래를 점쳐주겠다."

방연은 산으로 들어가 산꽃을 찾았다. 때는 바야흐로 6월 염천炎天이라 봄꽃들이 모두 져서 산에는 아무 꽃도 피어 있지 않았다. 방연은 오랫동안 산속을 이리저리 돌아다녔지만 겨우 풀꽃 한 줄기만 찾아낼 수 있었다. 그 풀꽃은 뿌리까지 뽑혀 나왔다. 방연은 그것이라도 스승님께 바치려다가 갑자기 이런 생각이 들었다.

'이 꽃은 너무 미약해서 내가 큰 그릇이 되지 못할 것이라 말할지도 모

른다.'

그는 그 꽃을 땅에 던져버리고 다시 한 바퀴 돌아 더 좋은 꽃을 찾았다. 그러나 이상하게도 전혀 다른 꽃을 찾을 수 없었다. 할 수 없이 몸을 돌려 아까 던져버린 그 풀꽃을 찾아 소매 속에 감추었다. 그러고는 돌아와 귀곡 선생에게 말했다.

"산속에 아무 꽃도 없었습니다."

귀곡 선생이 말했다.

"꽃이 없다면서 네 소매 속에 든 것은 무엇이냐?"

더 이상 속일 수 없다고 느낀 방연은 풀꽃을 꺼내 스승에게 바쳤다. 그 꽃은 땅에서 뽑힌 뒤 먼저 햇볕을 쐬었기 때문에 벌써 반 이상 시들어 있었다. 귀곡 선생이 말했다.

"너는 이 꽃 이름이 뭔지 아느냐? 바로 마두령馬兜鈴이란 꽃이다. 이 꽃은 한 번에 열두 송이가 피느니라. 이것이 바로 네가 영화를 누릴 햇수이니라. 이 꽃은 귀곡에서 채취하여 햇볕을 받아 시들었구나萎. 그러므로 귀鬼 자 앞에 위委(萎에서 옴) 자를 쓰면 바로 위魏 자가 된다. 그러므로 너는 위나라에서 출세할 것이다."

방연이 마음속으로 신기하게 생각하고 있는데 귀곡 선생이 또 말했다.

"다만 너는 남에게 속지는 않겠지만 뒷날 틀림없이 남을 속이는 일을 할 것이고, 그러다가 결국 남에게 속게 될 것이니 반드시 경계해야 할 것이다. 내가 지금 네게 여덟 글자를 써줄 테니 단단히 기억해두어라."

양을 만나면 영화를 누릴 것이요 遇羊而榮
말을 만나면 고달파질 것이다 遇馬而瘁

방연이 재배를 올리며 말했다.

"사부님의 큰 가르침을 허리띠에 기록해두겠습니다."

방연이 길을 떠나는 날 손빈은 그를 산 아래까지 전송했다. 방연이 말했다.

"나는 형님과 대의로써 형제가 되었으니 앞으로도 부귀를 함께 누리기를 맹세하오. 이번에 내가 만약 벼슬길에 오르면 반드시 형님까지 천거하여 함께 공을 세우도록 하겠소."

손빈이 말했다.

"아우의 그 말은 진심인가?"

방연이 말했다.

"이 아우가 만약 거짓말을 했다면 만 발의 화살을 맞고 죽어도 좋소."

손빈이 말했다.

"두터운 정을 보여줘서 참으로 고맙네. 거듭 맹세할 필요까지야 있겠는가?"

두 사람은 눈물을 흘리며 작별했다.

손빈이 다시 산으로 돌아왔을 때 귀곡 선생은 그의 눈물 자국을 보고 말했다.

"너는 방연이 떠나서 아쉬우냐?"

손빈이 말했다.

"함께 공부하던 정이 있는데 어찌 아쉽지 않겠습니까?"

"너는 방연의 재주가 대장감이라고 생각하느냐?"

"사부님의 가르침을 받은 지 오래인데 어찌 대장 직을 감당하지 못하겠습니까?"

"전혀 아니다. 전혀 아니야."

손빈은 깜짝 놀라 그 까닭을 물었지만 귀곡 선생은 아무 말도 해주지 않았다. 다음 날 귀곡 선생은 제자들에게 일렀다.

"밤에 쥐들이 시끄럽게 설쳐대는 소리가 매우 성가시구나. 너희가 돌아가며 숙직을 서서 쥐를 좀 쫓아다오."

제자들이 스승의 분부대로 따랐다. 그날 밤은 손빈의 차례였다. 귀곡 선생은 베개 아래에서 문서 두루마리 한 권을 꺼내 손빈에게 보여주며 말했다.

"이것은 네 조부이신 손무孫武 선생의 『병법兵法』 13편이다. 옛날 네 조부께서 오왕 합려에게 바쳤고, 합려는 이 병법을 사용하여 초나라 군사를 대파했다. 그 뒤 합려는 이 책을 아끼면서 사람들에게 널리 전하려 하지 않고, 쇠 상자 속에 넣어 고소대 기둥 아래 감춰두었다가 월나라 군사들이 고소대를 불태운 이후 실전되고 말았다. 나는 지난날 네 조부와 교분이 있어서 다행히 그 책을 한 권 얻어 보관하고 있다가 내가 직접 주해注解를 붙였다. 군사를 운용하는 비밀은 모두 이 속에 들어 있지만 나는 다른 사람에게는 이 책을 경솔하게 전하지 않았다. 이제 충직하고 후덕한 네 마음을 보고 특별히 네게 이 책을 전한다."

손빈이 말했다.

"제자는 어려서 부모님을 잃은 데다 국가에도 변란이 많아 친척들조차 뿔뿔이 흩어졌습니다. 돌아가신 조부께서 이 책을 저술했다는 사실은 알고 있었지만 사실 아직까지 이 책을 본 적이 없습니다. 사부님께서 주해까지 다셨다면서 어찌하여 방연에게 전해주지 않고 유독 저에게만 전해주십니까?"

귀곡 선생이 말했다.

"이 책을 얻은 자가 이 책의 병법을 잘 이용하면 천하를 이롭게 할 수 있지만, 잘못 사용하게 되면 천하에 해악을 끼칠 수 있느니라. 방연은 심성이 곱지 못한데 내가 어찌 경솔하게 그 녀석에게 줄 수 있겠느냐?"

손빈은 책을 갖고 침실로 돌아와 밤낮없이 연구하며 암송했다. 사흘 뒤 귀곡 선생은 갑자기 손빈에게 책을 돌려달라고 했다. 손빈이 책을 꺼내 돌려주자, 귀곡 선생은 손빈에게 책 순서에 따라 하나하나 질문을 하기 시작했다. 손빈은 물 흐르듯 대답하며 한 글자도 빠뜨리지 않았다. 귀곡 선생이 기뻐하며 말했다.

"네 마음 씀이 이와 같으니, 네 조부께서 다시 살아오신 듯하구나!"

한편 방연은 손빈과 이별하고 곧바로 위魏나라로 갔다. 그러고는 병법을 내세워 위나라 상국 왕착王錯을 만났다. 왕착은 위 혜왕에게 방연을 추천했다. 방연이 조정으로 들어갈 때 마침 요리사가 찐 양을 혜왕에게 바치고 있었고, 혜왕이 막 젓가락을 들던 참이었다. 방연은 그것을 보고 몰래 기뻐하며 말했다.

"사부님께서 '양을 만나면 영화를 누릴 것이다'라고 말씀하시더니 과연 틀린 말씀이 아니었구나!"

혜왕은 방연이 겉모습만으로도 훤칠한 인물임을 알아보고 젓가락을 내려놓고 예법에 맞추어 정중하게 그를 맞이했다. 방연이 재배를 올리자 혜왕은 그를 부축해 앉히고 그의 학문에 대해 물었다. 방연이 대답했다.

"신은 귀곡 선생 문하에서 학문을 배워 용병술에 정통합니다."

방연은 손가락으로 진법을 그려 보이며 가슴속에 품고 있던 지식을 쏟아냈다. 그는 자신의 학문을 다 말하지 못할까 두려워하는 것처럼 도도한 언변을 쏟아부었다. 혜왕이 물었다.

"우리 나라의 동쪽에는 제나라가 있고 서쪽에는 진秦나라가 있고 남쪽에는 초나라가 있으며 북쪽에는 한, 조, 연나라가 있소. 이들 나라는 모두 우리 나라와 세력이 대등하고 힘도 거의 비슷하오. 게다가 조나라는 우리 중산中山(河北省 定州 일대) 땅을 빼앗아갔으나, 우리는 아직도 복수를 하지 못하고 있소. 선생께서는 이에 대해 무슨 대책을 갖고 있소?"

방연이 말했다.

"대왕마마께서 신을 등용하지 않으면 그만이지만, 만약 신을 등용하여 장수로 삼으시면 전투를 할 때마다 반드시 승리를 거둘 수 있을 것이며 적을 공격할 때마다 반드시 그들을 패퇴시킬 수 있을 것입니다. 그렇게 되면 천하를 겸병할 수 있을 것인데 어찌 여섯 나라를 걱정할 게 있겠습니까?"

혜왕이 말했다.

"선생께선 지금 호언장담을 하시지만 실행에 어려움이 없겠소?"

방연이 대답했다.

"자신하건대 신은 진실로 여섯 나라를 손바닥 안에서 조종할 수 있습니다. 만약 신이 임무를 제대로 수행하지 못하면 군법을 달게 받겠습니다."

혜왕은 크게 기뻐하며 방연을 원수 직에 임명하고 군사軍師의 임무까지 겸하게 했다. 방연의 아들 방영龐英과 조카 방총龐葱, 방모龐茅까지 모두 장수가 되었다. 방연은 군사를 훈련시켜 먼저 위衛나라와 송나라 같은 작은 나라를 침략하여 여러 번 승리를 거두었다. 그러자 송, 노, 위, 정나라 군주는 서로 약속을 하고 분분히 위魏나라에 조공을 바치러 왔다. 또 마침 제나라가 군사를 일으켜 위나라를 침략해오자 방연은 또 그들의 침략까지 물리쳤다. 방연은 마침내 스스로 불세출의 공을 세웠다고 자부하며 자신의 공을 자랑하기에 급급했다.

이때 묵적墨翟은 천하 명산을 두루 유람하다가 우연히 귀곡에 들러 옛 친구 귀곡 선생을 찾았다. 그는 손빈을 만나 이야기를 나눠보고 깊이 마음이 통함을 느꼈다. 묵적이 손빈에게 말했다.

"자네는 이미 학문을 크게 성취했는데 어찌하여 세상으로 나가 공을 세우려 하지 않고 오랫동안 이 강호에 머물러 있는가?"

손빈이 대답했다.

"제 친구 방연이 지금 위나라에서 벼슬을 하고 있는데, 스스로 뜻을 펼치는 날 저를 이끌어주기로 약속했습니다. 이러한 까닭에 기다리고 있는 중입니다."

묵적이 말했다.

"소문에 방연이 위나라 장수가 되었다고 하니, 내가 자네를 위해 위나라로 가서 방연의 뜻을 살펴보겠네."

묵적은 귀곡을 떠나 바로 위나라로 갔다. 위나라에서 소문을 들으니 방연이 자신의 능력을 과신한 채 호언장담을 일삼으면서도 부끄러운 줄 모른다고 했다. 이에 묵적은 방연에게 손빈을 이끌어줄 마음이 없다는 걸 알았다. 그래서 자신이 직접 시골 사람 복장으로 위 혜왕 뵙기를 청했다. 혜왕은 평소에 묵적의 명성을 듣고 있었기에, 궁궐 계단 아래에까지 내려와 그를 맞아들여 병법에 대해 자문을 구했다. 묵적이 병법의 요체를 대략 이야기하자 혜왕은 매우 기뻐하며 그를 위나라에 머물게 하고 관직을 하사하려고 했다. 그러나 묵적은 관직을 사양하며 말했다.

"신은 평소에 산야를 떠도는 성벽을 갖고 있어 관복을 입는 것에 익숙하지 못합니다. 신이 손무자의 손자 손빈이란 사람을 알고 있는데 진정한 대장감입니다. 신은 그의 만분의 일에도 미치지 못합니다. 그는 지금 귀곡에 은거하고 있는데 대왕마마께선 어찌하여 사람을 보내 그를 부르지 않으십니까?"

혜왕이 말했다.

"손빈이 귀곡에서 학문을 닦았다면 방연의 동문이 아니오? 경이 보기에 두 사람 중 학문에서 누가 더 뛰어난가?"

묵적이 말했다.

"손빈과 방연은 비록 동문수학한 사이지만 손빈만이 자기 조부의 병법 비전祕傳을 터득했습니다. 그러므로 천하를 통틀어 보더라도 손빈의 적수는 없을 것입니다. 방연을 어찌 그에 비할 수 있겠습니까?"

묵적이 떠나간 후 혜왕이 바로 방연을 불러 물었다.

"소문을 들으니 경의 동문 손빈이라는 사람이 홀로 손무 선생의 병법 비전을 터득해서 천하에 그의 재주와 비견할 만한 사람이 없다고 하는구려. 그런데 장군께선 어찌하여 과인에게 그를 불러주지 않는 것이오?"

방연이 대답했다.

"신이 손빈의 재주를 모르는 것은 아니나 그는 제나라 사람으로 친족이 모두 제나라에 있습니다. 만약 그가 우리 위나라에서 벼슬을 한다 해도 틀림없이 제나라를 우선시하고 위나라를 등한시할 것입니다. 이러한 까닭에 신이 감히 진언을 드리지 못한 것입니다."

혜왕이 말했다.

"'선비는 자신을 알아주는 사람을 위해 목숨을 바친다'고 했소. 어찌 반드시 본국 사람만을 등용해야 한단 말이오?"

방연이 대답했다.

"대왕마마께서 손빈을 부르고자 하신다면 신이 바로 서찰을 써서 그에게 보내겠습니다."

방연은 입으로는 그렇게 말했지만 마음속으로는 몹시 주저했다.

'위나라 병권은 지금 나의 손에 있다. 만약 손빈이 오게 되면 틀림없이 은총을 빼앗아갈 것이다. 이제 위왕의 명령이 떨어졌으므로 따르지 않을 수 없다. 그러니 손빈이 온 후에 그를 방해할 계책을 생각해서 그의 등용을 막는 것이 좋겠다.'

그리하여 마침내 서찰을 한 통 써서 먼저 혜왕에게 바쳤다. 혜왕은 말 네 필이 끄는 높다란 수레에 황금과 백벽을 실었다. 그런 다음 사자에게 방연의 서찰을 휴대하고 귀곡으로 가서 손빈을 초빙해오게 했다. 손빈이 서찰을 열어보니 대략 이러한 내용이었다.

방연은 형님의 보살핌 덕분에 위왕을 뵙고 바로 중용될 수 있었소. 우리가 헤어질 때 내가 형님을 이끌어주겠다던 약속은 아직도 가슴에 새긴 채 잊지 않고 있소. 지금 특별히 위왕에게 형님을 천거했더니 수레를 보내 맞아오게 했소. 앞으로 함께 공업功業을 도모했으면 좋겠소.

손빈은 서찰을 귀곡 선생에게 바쳤다. 귀곡 선생은 방연이 이미 때를 만나 큰 임무를 수행하고 있다는 것을 알고 있었다. 그런데 이번에 손빈을 추천한 서찰에는 스승에 대한 문안 인사가 한 마디도 없었다. 방연은 이처럼 각박하게 근본을 망각하는 위인이라, 더 이상 언급할 만한 가치조차 없었다. 게다가 방연은 성격이 교만하고 질투가 심한 자이기에 손빈이 위나라로 간다 해도 어찌 두 사람이 양립할 수 있겠는가? 귀곡 선생은 그를 보내고 싶지 않았지만 위왕의 초빙이 매우 정중했고, 손빈도 가고 싶어서 안달이었기에 도저히 그의 행차를 막을 수 없었다. 귀곡 선생은 손빈에게도 산꽃 한 가지를 꺾어오게 하여 그의 앞날의 길흉을 점쳐보려 했다. 마침

때는 9월이라 손빈은 귀곡 선생의 책상 위 꽃병에 국화 한 가지가 꽂혀 있는 것을 봤다. 그는 그 꽃을 뽑아서 바쳤다. 귀곡 선생이 그 꽃을 돌려주자 손빈은 그것을 다시 제자리에 꽂았다. 귀곡 선생이 길흉을 판단하며 말했다.

"이 꽃은 꺾인 꽃이다. 완벽하게 좋다고 할 수 없다. 그러나 국화는 성품이 추위를 견디며 서리를 맞고도 시들지 않는다. 그러므로 비록 상처가 있다 해도 크게 흉한 것은 아니다. 게다가 지금 병 속에서 길러지고 있으니 사람들에게 사랑을 받고 있는 것이다. 또 이 꽃병은 쇠로 주조된 것이니 종鍾이나 솥鼎과 같은 물질로 만들어진 것이다. 너는 결국 눈서리를 이기고 위엄을 떨칠 것이며, 이름이 솥과 종에 새겨져 후세에까지 전해질 것이다. 그러나 이 꽃은 다시 뽑혔다가 꽂혔으니 아마도 한동안 뜻을 얻지 못할 것이다. 그러나 네가 꽃을 받아 이전처럼 꽃병에 꽂아두었으므로 너는 마침내 공명을 고향에서 이룰 것이다. 내 이제 너의 이름을 고쳐서 앞날의 출세를 축원해주겠다."

그리하여 귀곡 선생은 손빈의 손님 빈賓 자 왼쪽에 육달월月 변을 붙여서 빈臏으로 부르게 했다. 이 글자의 뜻에 따르면 '빈臏' 자는 바로 종아리가 잘리는 월형刖刑을 의미한다. 지금 귀곡자가 '손빈孫賓'을 '손빈孫臏'으로 개명한 것을 보면 그가 장차 월형을 받으리라는 사실을 분명하게 알고 있었던 셈이다. 다만 천기를 누설할 수 없어서 분명하게 말을 하지 않았을 따름이다. 어찌 이인異人이 아니겠는가? 염옹이 이 일을 시로 읊었다.

산꽃을 손에 들고 길흉을 알았으니 山花入手知休咎
시초점이나 거북점보다 두 배나 영험했다 試比蓍龜倍有靈

가소롭다, 오늘날 점을 치는 사람들아 卻笑當今賣卜者

부질없이 귀곡 선생 팔아 점괘나 그리고 있구나 空將鬼谷畫占形

출발에 임해 귀곡 선생은 또 비단 주머니 하나를 손빈에게 주며 분부했다.

"반드시 위급한 처지에 빠졌을 때 이 주머니를 열어보도록 하라."

손빈은 귀곡 선생에게 절을 올리고 하직 인사를 한 뒤 위왕의 사신을 따라 산을 내려와 수레를 타고 도성으로 들어갔다.

소진과 장의도 그 곁에 있다가 모두 부러운 표정을 드러내 보였다. 그 둘은 서로 상의한 후 귀곡 선생에게 그들도 공명을 세우러 떠나겠다고 말씀을 올렸다. 귀곡 선생이 말했다.

"천하에서 가장 얻기 어려운 것이 총명한 선비다. 너희 두 사람의 자질로 볼 때 욕망을 버리고 참다운 도를 배우면 신선이 될 수 있다. 뭐하러 티끌세상에서 분주하게 고생을 하며 부질없는 명성과 헛된 이익이나 좇으려 하느냐?"

그러자 소진과 장의가 이구동성으로 대답했다.

"대저 '좋은 재목은 결국은 바위 아래에서 썩지 않고, 좋은 칼은 결국은 칼집 속에만 숨어 있지 않는다良材不終朽於巖下, 良劍不終祕於匣中'고 합니다. 세월은 강물처럼 빨리 흘러가고 광음光陰은 두 번 다시 반복되지 않는다고 하니 저희도 사부님에게서 배운 학문으로 때를 만나 공을 세운 뒤 후세에까지 이름을 날리고 싶습니다."

귀곡 선생이 말했다.

"너희 두 사람 중 한 사람이라도 나의 도반道伴이 되어주면 어떻겠느냐?"

그러나 소진과 장의는 모두 떠나기를 고집하며 아무도 그곳에 남으려 하

손빈이 귀곡 선생을 떠나 하산하다.

지 않았다. 귀곡 선생은 강요할 수 없어서 탄식하며 말했다.

"신선이 될 재목을 찾기가 이렇게 어렵구나!"

그는 두 사람에게 각각 점을 쳐주며 말했다.

"소진은 먼저 길하고 나중에는 흉하다. 장의는 먼저 흉하고 나중에는 길하다. 그러니 소진이 앞서 나갈 것이고, 장의가 뒤따라갈 것이다. 내가 손빈과 방연의 장래를 보니 그 두 사람은 함께 양립할 수 없고 틀림없이 서로 물고 뜯는 분쟁이 벌어질 것이다. 너희 두 사람은 뒷날 서로 밀어주고 끌어주며 함께 명예를 이루도록 하여라. 동문수학한 인정을 해쳐서는 아니 되느니라!"

두 사람은 머리를 조아리며 가르침을 받들었다. 귀곡 선생은 또 책 두 권을 꺼내 두 사람에게 한 권씩 나누어줬다. 소진과 장의가 받아서 보니 바로 태공太公의 『음부편陰符篇』이었다. 소진과 장의가 말했다.

"이 책은 제자들이 오랫동안 암송해온 것입니다. 그런데 사부님께서 오늘 또 이 책을 하사하심은 무슨 뜻입니까?"

귀곡 선생이 말했다.

"너희가 비록 익숙하게 암송하고 있지만 아직 그 정밀한 뜻은 얻지 못했다. 이번에 이곳을 떠나서 유세를 하다가 만약 뜻대로 일을 이루지 못하거든 이 책만 깊이 있게 연구해도 저절로 유익한 점을 얻을 수 있을 것이다. 나도 지금부터는 해외를 소요하며 더 이상 이 골짜기에 머물지 않을 것이다."

소진과 장의가 떠난 후 며칠 되지 않아 귀곡자도 바다에 배를 띄우고 정처 없는 유람을 시작했다. 혹자는 그가 신선이 되었다고도 한다. 손빈이 위왕의 초빙에 응하여 하산한 뒤 과연 어떻게 되었는지는 다음 회를 보시라.

제88회

손빈, 다리를 잘리다

손빈은 미치광이로 가장하여 참화에서 벗어나고
방연은 계릉에서 손빈에게 참패하다
孫臏佯狂脫禍, 龐涓兵敗桂陵.

손빈은 위나라에 도착하여 바로 방연의 저택으로 가서 머물렀다. 손빈이 자신을 추천해준 방연의 은혜에 감사 인사를 하자 방연은 자못 빼기는 기색을 드러내 보였다. 손빈은 또 귀곡 선생이 자신의 이름을 '빈賓'에서 '빈臏'으로 바꾸어준 사실을 이야기했다. 방연이 놀라며 말했다.

"빈臏 자는 뜻이 좋지 않은데 어찌하여 이 글자로 바꾸신 것이오?"

손빈이 말했다.

"사부님의 명령이라 감히 어길 수 없었네."

이튿날 그 둘은 함께 조정으로 들어가 혜왕을 알현했다. 혜왕은 계단 아래에까지 내려와 손빈을 영접하며 아주 공손하게 예우했다. 손빈이 재배를 올리며 아뢰었다.

"신은 시골 마을의 필부일 뿐인데 이렇게 대왕마마의 초빙을 받고 보니 부끄러움을 이길 수 없습니다."

혜왕이 말했다.

"묵자墨子께서 선생이 홀로 손무자의 병법 비전을 터득했다고 칭찬했소. 과인은 목마른 사람이 물을 찾듯 선생께서 오시길 학수고대하고 있었소. 이제 이렇게 왕림해주시니 내 평생의 소원을 이룬 것 같아 크나큰 위안을 느끼오."

그러고는 방연에게 물었다.

"과인은 손 선생을 부군사副軍師에 임명하여 경과 함께 병권을 장악하게 하고 싶소. 경의 뜻은 어떠하오?"

방연이 대답했다.

"신과 손빈은 동문인 데다 결의형제로 손빈은 신의 형입니다. 그런데 어떻게 형을 제 아랫자리인 부군사에 임명할 수 있겠습니까? 차라리 임시로 객경客卿에 임명하십시오. 나중에 손빈이 공을 세우면 신이 직위를 양보하여 그의 아랫자리에 들어가겠습니다."

혜왕은 그의 말대로 손빈을 바로 객경에 임명하고, 좋은 저택 한 채를 하사하여 방연 다음으로 예우했다. 객경이란 아직도 절반은 손님으로 대우하며 신하로 인정하지 않기 때문에 겉으로는 높게 예우하는 것 같지만, 실은 방연이 손빈에게 병권을 나눠주지 않으려는 계책일 뿐이었다. 이때부터 손빈과 방연은 빈번하게 왕래했다. 방연은 이렇게 생각했다.

'손빈이 비책을 전수받았다고 소문이 났는데 아직까지 그 내용을 발설한 적이 없다. 내가 한번 주의 깊게 속을 떠봐야겠다.'

그는 술자리를 마련하고 함께 술을 마시며 병법에 관한 이야기로 화제를 끌고 들어갔다. 손빈은 방연의 질문에 마치 물 흐르는 것처럼 막힘없이 대답했다. 이어 손빈이 몇 가지 대목을 방연에게 질문하자 방연은 그 출처를 알 수 없었다. 그러나 방연은 자신도 아는 체하며 반문했다.

"그건 손무자의 『병법』에 실려 있는 말이 아니오?"

손빈은 아무런 의심도 하지 않고 말했다.

"그렇다네!"

"어리석은 이 아우도 옛날에 사부님의 가르침을 받은 적이 있소. 그러나 별로 주의하지 않아서 금방 잊어버리고 말았소. 오늘 형님께서 그 책을 빌려주시면 제가 반드시 잊지 않고 돌려드리겠소."

"그 책은 사부님께서 주해를 달아 상세하게 뜻을 밝힌 것이어서 원본과는 다른 것이네. 사부님께서는 내게 사흘 동안 빌려주신 후 바로 회수해가셨네. 그래서 지금 내겐 그 초록본도 없는 형편이네."

"그럼 형님께선 그 책을 기억하고 계시오?"

"희미하게 기억하고 있을 뿐이네."

방연은 마음속으로는 금방이라도 그 내용을 전수받고 싶었지만 짧은 순간에 손빈을 다그칠 수 없었다.

며칠 후 혜왕은 손빈의 능력을 시험하기 위해 훈련장에 군사들을 늘어세우고 손빈과 방연에게 각각 진법을 펼쳐 보이게 했다. 방연이 진법을 펼치자 손빈은 한눈에 그것이 무슨 진법이고 또 어떤 방법으로 깨뜨릴 수 있는지 알아봤다. 그 뒤 손빈이 진법 한 가지를 펼치자 방연은 전혀 알아보지 못한 채 몰래 손빈에게 물었다. 손빈이 말했다.

"이것이 바로 '전도팔문진顚倒八門陣'이라네."

방연이 말했다.

"어떻게 변하오?"

손빈이 말했다.

"공격을 받으면 '장사진長蛇陣'으로 변하네."

방연은 몰래 손빈의 말을 듣고 그 내용을 먼저 혜왕에게 보고했다.

"손빈이 펼친 진법은 전도팔문진이고 공격을 받으면 장사진으로 변합니다."

혜왕이 손빈에게 물으니 그 대답이 방연의 말과 같았다. 혜왕은 방연의 재주가 손빈보다 못하지 않다고 생각하고 마음속으로 더욱 큰 기쁨을 느꼈다. 그러나 방연은 집으로 돌아와서 생각에 잠겼다.

'손빈의 재주는 나보다 훨씬 뛰어나다. 만약 그를 제거하지 않으면 뒷날 틀림없이 그에게 욕을 당할 것이다.'

이후 그는 한 가지 계책을 생각하여 중간에 몰래 손빈에게 말했다.

"형님의 친척은 모두 제齊나라에 있지 않소? 지금 형님께서는 위나라에서 벼슬하고 계신데, 어찌하여 그분들을 이곳으로 모셔와 함께 부귀를 누리지 않으시오?"

그 말을 듣고 손빈은 눈물을 흘리며 대답했다.

"아우는 나와 동문수학했지만 아직 우리 집 사정을 잘 모르네. 나는 네 살 때 어머니를 여의고, 아홉 살 때 아버지를 여읜 후 손교孫喬 숙부 곁에서 자랐다네. 숙부께선 제 강공의 조정에서 벼슬하여 대부가 되셨지. 그러다가 전태공이 강공을 바닷가로 옮길 때 그 신하들도 모두 쫓아내면서 많은 사람을 죽였다네. 우리 친척도 그때 뿔뿔이 흩어졌고 숙부님과 사촌 형 손평孫平, 손탁孫卓은 결국 나를 데리고 주나라로 피신했다네. 그 후 흉년을 만나자 다시 나를 주나라 북문 밖 어느 집에 머슴으로 맡겼지. 그때부터 숙부님 부자의 소식을 알 수 없게 되었네. 나는 나중에 나이가 들어 귀곡 선생께서 학문이 높다는 소문을 듣고, 마음속으로 흠모하다가 단신으로 공부하러 떠나게 된 걸세. 그 후로 다시 여러 해가 흐른 뒤에는 전혀 고향 소식을 알 길이 없게 되었네. 사정이 이러한데 제나라에 어찌 안부를 물어볼 친척이 있겠는가?"

방연이 다시 물었다.

"그렇더라도 고향에 있는 선조들의 묘소는 기억하고 있을 것 아니오?"

손빈이 말했다.

"사람의 몸으로 태어나 목석이 아닌 이상 어찌 근본을 잊을 수 있겠는가? 사부님께서도 내가 떠날 때 공명을 결국 고향에서 이룰 것이라고 말씀하셨네. 그러나 나는 벌써 위나라의 신하가 되었으니, 다시는 고향을 거론하지 말았으면 좋겠네."

방연은 손빈의 대응을 보려고 짐짓 본심을 숨기고 이렇게 말했다.

"형님의 말씀이 옳소. 대장부는 상황에 따라 공을 세워야지, 어찌 반드시 고향을 고집할 필요가 있겠소?"

대략 반년이 지난 후 손빈은 자신이 한 말을 거의 잊고 있었다. 어느 날 조회가 끝나고 집으로 돌아오는데 갑자기 산동山東 사투리를 쓰는 사내 하나가 말을 물어왔다.

"혹시 손 객경 아니십니까?"

손빈은 그를 집 안으로 불러들여 내력을 물었다. 그 사람이 말했다.

"소인의 성은 정丁이고, 이름은 을乙이며 제나라 임치 사람입니다. 지금 주나라를 오가며 장사를 하고 있는데, 댁의 형님께서 서찰 한 통을 소인에게 주시며 귀곡으로 전해달라고 부탁했습니다. 그러나 귀인께서 벌써 위나라에서 벼슬을 한다는 소문을 듣고 길을 돌아 이곳으로 온 것입니다."

말을 마치고는 가져온 서찰을 바쳤다. 손빈이 서찰을 받아 읽어보니 대략 이러한 내용이었다.

어리석은 형 평과 탁이 현명한 아우 빈에게 편지를 보낸다. 우리 가문이 불행한 일을 당해 친족이 뿔뿔이 흩어진 지 어느덧 여러 해가 흘렀구나. 접때 네 숙부님께선 송나라에서 다른 사람을 위해 농사도 지어주고 목축 일도 하다가 병을 얻으셔서 그만 세상을 떠나고 말았다. 타향에서 떠돌며 겪은 고생이야 어찌 말로 다 표현할 수 있겠느냐? 지금은 다행히 우리 제齊나라 대왕께서 우리 가문의 혐의를 풀어주신 후 다시 고향으로 불러주셨다. 이제 아우도 불러들여 함께 가문을 일으키고 싶구나. 소문을 들으니 아우가 귀곡 선생에게서 학문을 배워 좋은 재능을 갈고닦아 훌륭한 재목으로 자랐다고 하더구나. 이제 아무개 편에 서찰로 소식을 전하는 바다. 조속히 귀환하여 우리 형제가 다시 만날 수 있다면 큰 다행이겠구나.

손빈은 자기가 받은 서찰이 진짜라고 생각하고 자기도 모르는 사이에 소리 내어 울었다. 정을이 말했다.

"손 객경의 형님께서 분부하시기를 객경께 조속히 귀향하도록 권하여 하루빨리 골육지친이 함께 만날 수 있게 해달라고 하셨습니다."

손빈이 말했다.

"나는 이미 위나라에서 벼슬을 하고 있기 때문에 쉽게 돌아갈 수 없소. 앞으로 이곳에서 조금이라도 공을 세운 후 고향으로 돌아갈 계책을 세우겠소."

그러고는 정을에게 황금 한 덩어리를 여비로 줬다. 정을은 답장을 받아 곧바로 작별 인사를 하고 떠났다. 그러나 누가 짐작이나 했겠는가? 손빈에게 온 사람이 기실 무슨 정을이란 작자가 아니라 방연의 심복인 서갑徐甲이라는 사실을. 방연은 손빈의 내력과 성씨 및 친족 이름을 기억하고, 거짓으로 손평과 손탁의 편지를 만들어낸 뒤 서갑을 제나라 상인 정을로 위장시켜 손빈에게 보낸 것이었다. 손빈은 자신의 사촌 형들과 어릴 때 이별하여 필적도 분명하게 구별할 수 없었기 때문에 결국 그 편지를 진짜로 믿을 수밖에 없었다.

방연은 속임수로 손빈의 답장을 얻은 뒤 그의 필적을 모방하여 마지막 몇 구절을 이렇게 고쳤다.

"이 아우는 지금 위나라에서 벼슬하고 있지만 마음은 늘 고향에 가 있소. 머지않아 귀향할 계책을 세울 것이오. 만약 제나라 대왕께서 나의 미미한 재주라도 버리지 않으신다면 내 온몸을 다 바치겠소."

방연은 이 위조 서찰을 가지고 몰래 위 혜왕을 알현했다. 아울러 좌우를 물리쳐달라고 요청한 후 위조 서찰을 바치며 말했다.

"손빈은 과연 위나라를 배반하고 제나라로 가려는 마음을 품고 있습니다. 손빈은 근래에 몰래 제나라에서 온 심부름꾼을 만나 답장을 써줬습니다. 신은 그 사실을 알고 사람을 보내 교외에서 그 심부름꾼을 가로막고 답장을 찾아왔습니다."

혜왕은 위조 서찰을 다 읽고 나서 말했다.

"손빈은 자신의 고향을 생각하고 있구려. 과인이 아직 그를 중용하지 않았으니 그가 어찌 자신의 재주를 다 발휘하려고 하겠소?"

"손빈의 조부 손무자도 오왕의 대장이 되었다가 나중에 제나라로 돌아갔다 합니다. 부모의 나라를 누가 잊을 수 있겠습니까? 대왕마마께서 손빈을 중용하더라도 손빈의 마음은 제나라를 그리워하며 틀림없이 우리 위나라를 위해 최선을 다하지 않을 것입니다. 또 손빈의 재주는 신의 아래에 있지 않습니다. 만약 장차 제나라에서 그를 등용하여 장수로 삼으면 반드시 우리 위나라와 자웅을 다툴 것입니다. 그럼 뒷날의 우환 거리가 될 것이니 차라리 지금 죽이는 편이 더 좋을 것입니다."

"손빈은 과인의 초빙을 받고 왔소. 그런데 지금 죄상도 아직 밝혀지지 않은 상황에서 갑자기 그를 죽이면 아마도 천하 사람들이 과인을 가리켜 선비를 가볍게 여기는 임금이라고 비난할 것이오."

"대왕마마의 말씀이 지당합니다. 그럼 신이 손빈에게 위나라에 계속 머물면 대왕마마께서 관작을 더 높여주실 것이라고 타이르겠습니다. 만약 그래도 말을 듣지 않으면 소신에게 그의 죄를 논의하게 해주십시오. 소신이 알아서 적절하게 처리하겠습니다."

방연은 혜왕에게서 물러나와 손빈을 찾아가서 물었다.

"소문을 들으니 형님께서 집에서 보낸 천금과 같은 서찰을 받으셨다는데 그런 일이 있소?"

손빈은 충직한 사람이라 전혀 의심하지 않고 대답했다.

"그렇다네!"

그러고는 그 서찰에서 종형從兄이 자신에게 귀향을 권한 사실까지 자세히 알려줬다. 방연이 말했다.

"형제간에 오래 헤어져 있었으니 이제 고향으로 돌아오라고 권하는 건 인지상정이오. 형님께서 대왕마마께 잠시 한두 달 정도라도 휴가를 신청하여 고향으로 돌아가 성묘를 하고 오는 것도 괜찮을 듯싶소."

"주상께서 나를 의심하고 윤허하지 않을까봐 걱정일세."

"형님께서 주상께 휴가를 청하시면 이 아우가 옆에서 힘껏 돕겠소."

“모든 일을 현명하신 아우에게 맡기겠네.”

이날 밤 방연은 또 혜왕을 알현하고 아뢰었다.

“신이 대왕마마의 명을 받들고 손빈을 타일러보았으나 손빈은 위나라에 머물려 하지 않았을 뿐만 아니라 대왕마마를 원망하는 말까지 했습니다. 조만간 그가 휴가를 청하는 상소문을 올리면 바로 제나라 사자와 내통한 죄를 물으십시오!”

혜왕이 고개를 끄덕였다. 다음 날 손빈이 과연 한 달의 휴가를 받아 제나라로 성묘를 가고 싶다는 상소문 한 통을 올렸다. 혜왕은 상소문을 보고 격노하여 상소문 끝에 이렇게 비답을 내렸다.

“손빈은 몰래 제나라 사자와 내통했고, 또 오늘 귀향을 요청하는 글을 올렸다. 이는 분명히 위나라를 배반할 마음과 과인이 맡긴 일을 어길 마음을 품은 것이다. 바로 삭탈관직하고 군사 방연에게 보내 그 죄를 문초하도록 하라.”

군법관이 어명을 받들고 손빈을 군사부軍師府로 보내 방연을 만나게 했다. 방연은 손빈을 보자마자 짐짓 깜짝 놀라는 표정을 지으며 말했다.

“형님께서 어찌하여 이곳에 오셨소?”

군법관이 혜왕의 명령을 전달하자 방연은 엄숙하게 어명을 받았다. 그리고 손빈에게 말했다.

“형님께서 억울한 일을 당하셨으니 이 어리석은 아우가 대왕마마의 면전에서 형님을 적극 보호해드리도록 하겠소.”

말을 마치고는 어인에게 수레를 몰게 하고 혜왕을 만나러 갔다. 방연이 아뢰었다.

“손빈이 비록 제나라 사자와 몰래 내통한 죄는 있사오나 죽을죄는 아닙니다. 신의 어리석은 생각으로는 그의 종아리를 자르고刖刑 그의 얼굴에 먹물로 문신을 남겨黥刑 폐인으로 만드심이 가할 줄로 아뢰옵니다. 그렇게 하면 종신토록 고향으로 돌아갈 수 없을 것입니다. 게다가 그의 생명을 온전하게 보존해주면서도 후환까지 없앤 것이 되니 일거양득의 결과가 아니겠습니까? 이 일은 소신이 마음대로 처리할 수 없는 일입니다. 이에 특별히 대왕마마의 지시를 받고자 합니다."

혜왕이 말했다.

"경의 처분이 가장 타당하오."

방연은 다시 군사부로 돌아가 손빈에게 말했다.

"대왕께서 몹시 분노하여 형님께 극형을 내리려 하시는 것을 이 아우가 두 번 세 번 간절히 아뢰어 다행히 목숨만은 보존하게 되었소. 그러나 다리가 잘리고 얼굴에 문신을 당하는 형벌을 받아야 하오. 이는 위나라의 법도여서 이 아우가 온 힘을 다 써봤지만 어떻게 할 수가 없었소."

손빈이 탄식하며 말했다.

"사부님께서 비록 상처가 있다 해도 흉한 것은 아니라고 하셨네. 이제 내 목이라도 보존한 것은 전부 현명하신 아우님의 힘이네. 내 장차 보답을 잊지 않겠네!"

방연은 마침내 도부수를 불러 손빈을 결박하고 양 무릎뼈를 자르게 했다. 손빈은 목이 찢어질 듯 비명을 내지르고 땅에 엎어져 기절했다. 반나절이 지나 겨우 깨어나자 또다시 바늘로 얼굴에 '사통외국私通外國'(몰래 외국과 내통한 죄인)이라는 네 글자를 새기고 그 위에 먹물을 발랐다. 방연은 거짓으로 통곡하며 상처를 낫게 하는 약을 손빈의 무릎에 발라주고 헝겊으로 동여맸다. 그러고는 사람을 시켜 그를 자신의 서재로 떠메고 가게 했다. 방연은 좋은 말로 손빈을 위로하고, 좋은 음식을 주어 편히 쉬게 했다. 손빈은 상처가 아물었지만 단지 무릎으로만 기어 다녀야 했다. 그런 과정에서 두 다리에 힘이 모두 빠져 마음대로 몸을 움직일 수도 없게 되었으며, 결국 한곳에만 똬리를 틀고 앉아 하루 종일을 보내야 했다. 염옹이 이 일을 시로 읊었다.

빈臏 자로 개명해줄 때 화를 미리 알았어야지	易名臏字禍先知
어찌하여 방연이 간계 쓸 때까지 기다렸나?	何待龐涓用計時
우습다, 손빈은 성격이 지나치게 충직하여	堪笑孫君太忠直
생명 보전 해줬다고 방연에게 감사하네	尙因全命感恩私

손빈은 폐인이 되고 나서 온종일 방연이 제공하는 음식을 먹으며 미안해했다. 그러자 방연은 손빈에게 귀곡자가 주해를 붙인 손무자의 『병법』을 자신에게 전해달라고 요청했다. 손빈은 흔쾌히 그의 말을 들어줬다. 방연은 목간木簡을 손빈에게 갖다 주고 『병법』을 잘 베껴달라고 했다. 손빈이 아직 십분의 일도 못 썼을 때 방연은 이름이 성아誠兒라는 사환 한 명을 손빈에게 보내 시중을 들게 했다. 성아는 손빈이 아무 까닭도 없이 억울한 일을 당하는 것을 보고 불쌍한 생각이 들었다. 어느 날 방연은 갑자기 성아를 불러서 손빈이 하루에 죽간을 몇 조각씩 베끼는지 물었다. 성아가 대답했다.

"손 장군은 두 다리가 불편하여 오랫동안 누워 있다가 잠깐씩 일어나 앉아 『병법』을 베낍니다. 때문에 매일 겨우 두세 조각 정도만 베낄 수 있을 뿐입니다."

그 말을 듣고 방연이 격노하며 말했다.

"그렇게 느려 터져서 어느 세월에 『병법』을 다 베끼겠느냐? 네가 가서 바짝 다그치도록 해라!"

성아는 그곳에서 물러나오다가 시종 한 사람에게 슬쩍 말을 걸었다.

"방龐 군사軍師께서 손빈에게 『병법』 베끼는 일을 왜 저렇게 재촉하시오?"

시종이 말했다.

"너 같은 녀석은 잘 모를 거다. 군사와 손빈은 겉으로 보기엔 매우 친한 것 같지만 사실은 속으로 서로 시기하는 사이이다. 군사가 손빈을 살려둔 건 오직 『병법』을 얻기 위해서다. 손빈이 『병법』을 다 베끼면 당장 음식을 끊어버릴 거다. 절대 함부로 발설하지 말아라!"

성아는 이 소식을 비밀리에 손빈에게 알렸다. 손빈은 대경실색하며 이렇게 생각했다.

'방연이란 놈이 본래 그렇게 의리 없는 놈이었구나! 그런 놈에게 내가 어찌 『병법』을 전해줄 수 있겠는가?'

그러나 한편으로 또 이런 생각도 들었다.

'만약 베껴주지 않으면 그놈이 틀림없이 화를 내면서 조만간 나를 죽일 것이다.'

이리저리 스스로 탈출 계획을 생각하다가 문득 한 가지 일이 떠올랐다.

'귀곡 사부님께서 이별할 때 비단 주머니를 주면서 위급한 처지에 빠졌을 때 열어보라고 하셨지. 지금이 바로 그때일 것이다.'

마침내 비단 주머니를 열자 그 속에 노란 비단 한 폭이 들어 있었고 거기에 "미치광이로 가장하라詐瘋魔"는 글귀가 쓰여 있었다. 손빈이 혼잣말을 했다.

"그런 방법이 있었구나!"

그날 저녁밥이 차려졌을 때 손빈은 젓가락을 들다가 갑자기 정신을 잃은 척하고 쓰러져 마구 구역질을 해댔다. 그러다가 한참 뒤에 일어나 화를 내며 눈을 부릅뜨고 고함을 질렀다.

"네놈들이 어찌하여 독약으로 나를 죽이려 하느냐?"

그러면서 음식 그릇을 모두 땅바닥에 내던졌다. 또 병법을 써놓은 목간을 불 속으로 집어던지고 땅바닥에 뒹굴며 잘 알아듣지도 못할 욕설을 끊임없이 퍼부었다. 성아는 그것이 거짓인지도 모르고 황급히 방연에게 보고했다. 이튿날 방연이 직접 상황을 보러 왔다. 그때 손빈은 얼굴 가득 가래침을 바른 채 땅에 엎드려 껄껄 헛웃음을 터뜨리다가 갑자기 큰 소리로 울기도 했다. 방연이 물었다.

"형님! 무엇 때문에 울다가 웃다가 그러시오?"

손빈이 대답했다.

"위왕이 내 목숨을 해치려 하지만 하늘의 군사 10만 명이 나를 도와주기 때문에 나를 어떻게 할 수 없을 것이다. 그래서 웃음이 터져 나온 것이다. 또 위나라에 나 손빈이 없어지면 대장이 될 만한 사람이 없다. 그래서 통곡을 한 것이다."

말을 마치고 손빈은 다시 눈을 크게 뜨고 방연을 바라보다가 쉬지 않고 땅에 머리를 굽신거리며 울부짖었다.

"귀곡 사부님! 이 손빈의 목숨을 구해주십시오!"

방연이 말했다.

"나는 방 아무개요. 사람을 잘못 보셨소!"

손빈은 방연의 도포 자락을 움켜쥔 채 손을 놓으려 하지 않고 어지럽게

손빈이 미치광이를 가장하다.

울부짖었다.

"사부님, 살려주소서!"

방연은 좌우 부하들에게 손빈을 떼어놓게 한 뒤 몰래 성아에게 물었다.

"손빈의 병이 언제부터 발작했느냐?"

성아가 대답했다.

"지난밤부터입니다."

방연은 수레를 타고 떠나면서도 마음속에서 의혹이 그치지 않았다. 방연의 눈에는 손빈이 거짓으로 미치광이 짓을 하는 것으로 보였다. 그래서 그 진위를 파악해보려고 좌우 측근에게 손빈을 똥오줌이 낭자한 돼지우리 속에 던져 넣게 했다. 손빈은 머리를 풀어헤쳐 얼굴을 가린 채 돼지우리 바닥에 엎어져 잠을 잤다. 방연은 다시 사람을 시켜 술과 음식을 갖다 주고 이렇게 속여서 말하게 했다.

"저 같은 소인 놈도 선생께서 월형을 당한 것이 불쌍합니다. 잠시 이 음식으로 존경의 마음을 드립니다. 원수께선 모릅니다."

손빈은 이것이 방연의 계책임을 알아채고 눈을 부릅뜨고 욕설을 퍼부었다.

"네놈도 나를 독살하려 하느냐?"

그러고는 술과 밥을 모두 돼지우리 바닥에 엎어버렸다. 사자는 똥과 진흙을 이겨서 손빈에게 줬다. 손빈을 그것을 받아서 먹었다. 이 일을 방연에게 보고하자 방연이 말했다.

"정말로 미쳤구나. 그럼 이제 걱정하지 않아도 되겠다."

이때부터 손빈을 풀어놓고 마음대로 출입하게 했다. 손빈은 아침에 나가서 저녁에 돌아와 여전히 돼지우리에서 잠을 잤다. 더러 나갔다가 돌아오지 않기도 했지만 그때는 저잣거리 우물곁에서 잠을 잤다. 그때도 혼자서 떠들다가 웃다가 또 끝없이 울기도 했다. 시장 사람들은 그가 손 객경임을 알아보았다. 그가 폐인이 된 것을 불쌍히 여긴 많은 사람이 음식을 갖다 줬다. 손빈은 어떤 때는 먹고 어떤 때는 먹지 않았다. 그러면서도 미친 말과 헛소리를 쉬지 않고 지껄였다. 이에 그가 거짓으로 미치광이처럼 행동하고 있다는 사실을 아는 사람은 아무도 없었다. 그러나 방연은 그곳 아전에게 분부하여 매일 손빈의 침식 상황과 소재지를 모두 보고하게 하며 경계를 늦추지 않았다. 염옹이 시를 지어 이 일을 한탄했다.

어지럽게 일곱 나라 창칼 들고 싸울 때	紛紛七國鬪干戈
준걸은 이 틈을 타다 결국 그물로 떨어졌네	俊傑乘時歸網羅
한스럽다, 간신배는 그 재주를 시기하여	堪恨奸臣懷嫉忌
좋은 벗을 거짓으로 미치게 만들었네	致令良友詐瘋魔

이즈음 묵적은 구름처럼 떠돌아다니다가 제나라에 이르러 전기田忌의 집에 묵었다. 그의 제자 금활禽滑도 위나라에서 제나라로 왔다. 묵적이 물었다.

"손빈은 위나라에서 뜻을 얻었던가?"

금활은 손빈이 월형을 받은 사실을 직접 묵적에게 이야기했다. 묵적이 탄식하며 말했다.

"내가 본래 손빈을 추천했건만 결국 그것이 그를 해치는 일이 되고 말았구나!"

묵적은 손빈의 재능과 그로 인해 방연이 그를 시기한 일을 전기에게 알려줬다. 전기는 그 이야기를 듣고 제 위왕威王에게 말했다.

"우리 나라의 현명한 신하가 다른 나라에서 치욕을 당하고 있다 하니, 이는 절대로 있어서는 안 될 일입니다."

위왕이 말했다.

"과인이 군사를 일으켜 손자孫子(孫臏)를 데려오면 어떻겠소?"

전기가 대답했다.

"방연은 자기 나라에서도 손빈이 벼슬하는 걸 허용하지 않고 있는데 우리 제나라에서 벼슬하는 걸 허용하겠습니까? 손자를 맞아오려면 여차여차하게 비밀리에 데려와야 안전을 보장할 수 있을 것입니다."

제 위왕이 그의 계책을 이용하여, 차茶를 진상한다는 명목으로 객경 순우곤을 위나라로 보냈다. 그러고는 틈을 봐서 몰래 손빈을 만나보게 했다. 순우곤은 명령을 받은 뒤 국서를 휴대한 채 차茶를 실은 수레를 몰고 위魏나라로 갔다. 금활도 순우곤의 시종처럼 분장하고 함께 갔다. 순우곤은 위나라 도성에 당도하여 위 혜왕을 뵙고 제 위왕의 국서를 전했다. 혜왕은 매우 기뻐하며 순우곤을 역관으로 보내 쉬게 했다.

이때 금활은 미치광이 행세를 하는 손빈을 보았지만 아무 말도 하지 않았다. 금활은 그날 한밤중이 되어서야 다른 사람의 눈을 피해 비밀리에 손빈을 찾아갔다. 손빈은 우물 난간에 기대 앉아 있다가 금활을 보고 눈을 부라리며 아무 말도 하지 않았다. 금활이 눈물을 흘리며 말했다.

"손 객경이 이런 곤경을 겪고 계시는구려! 나는 묵자墨子의 제자 금활이오. 우리 사부님께서 제왕齊王에게 손 객경의 원통함을 말씀드렸소. 제왕은 그 말을 듣고는 손 객경을 흠모하는 마음을 품고 순우淳于 공公을 이곳으로 보낸 것이오. 그의 행차는 기실 차를 진상하려는 것이 아니라 손 객경을 제나라로 모셔가서 월형을 당한 것에 대한 복수를 해주려는 것이오."

손빈은 눈물을 비 오듯 흘리다가 한참 뒤에야 말문을 열었다.

"나는 벌써 도랑에 처박혀 죽을 운명이었는데, 뜻밖에도 오늘 이런 기회를 만나게 됐소. 그러나 방연이 나의 행동을 심하게 의심하고 있으니 나를 데려가기가 쉽지 않을 것이오. 그러니 어찌하실 작정이오?"

금활이 말했다.

"내가 벌써 계책을 세워두었소. 손 객경은 너무 염려하지 마시오. 출발 날짜가 되면 바로 모시러 오겠소."

금활은 손빈에게 절대 다른 곳으로 장소를 옮기지 말라고 당부한 뒤 바로 그곳에서 다시 만나기로 약속했다. 다음 날 위 혜왕은 순우곤을 융숭하게 대접했다. 또 그가 변론에 뛰어난 선비임을 알고 황금과 비단을 후하게 선물했다. 순우곤은 마침내 혜왕에게 작별 인사를 하고 귀국 준비를 했다. 그러자 방연이 또 동네 정자에다 술자리를 마련하고 순우곤을 전별했다. 이보다 앞서 전날 밤 금활은 온거를 몰고 가서 손빈을 숨긴 뒤 손빈의 옷을 자신의 노복 왕의王義에게 입혔다. 왕의는 머리를 풀어헤치고 진흙을 얼굴에 발라 손빈처럼 가장했다. 그때는 이미 그곳 아전이 손빈의 동태에 이상이 없다고 보고를 마친 상태였기 때문에 방연은 전혀 의심하지 않았다. 순우곤은 동네 정자로 가서 방연과 즐겁게 술을 마시며 작별 인사를 했다. 이에 앞서 순우곤은 금활을 시켜 손빈을 태운 수레를 몰고 신속하게 위나라를 떠나게 했다. 자신은 뒤에 남아 천천히 따라갈 작정이었다. 며칠 뒤 왕의도 몸을 빼내 순우곤에게 왔다. 그곳 아전은 더러운 옷만 땅에 버려진 채 손빈이 보이지 않자 즉시 방연에게 보고했다. 방연은 손빈이 우물에 빠져 죽은 것으로 의심하고 시체를 건져 올리게 했으나 시체를 찾을 수 없었다. 이후 며칠 동안 곳곳을 찾아다녔지만 손빈의 종적은 감감 무소식이었다. 오히려 방연은 혜왕의 질책이 두려워 좌우 시종들의 입을 막은 후 손빈이 물에 빠져 죽었다고 보고했다. 방연은 손빈이 제나라로 도망쳤다고는 꿈에도 생각하지 못했다.

한편 순우곤은 금활 일행을 따라잡아 손빈을 수레에 태우고 위나라 경계를 벗어났다. 그제야 순우곤은 손빈과 목욕을 한 후 제나라 도성 임치성으로 들어갔다. 전기는 친히 도성 10리 밖에까지 나와 손빈을 환영했다. 전기가 손빈의 도착 사실을 위왕에게 알리자 위왕은 포거蒲車[1]를 보내 손빈을 태우고 입조하게 했다. 위왕은 손빈에게 병법에 대해 물은 후 바로 관직에 임명하려 했다. 그러자 손빈이 사양하며 말했다.

"신은 아직 한 치의 공도 세우지 못했사오니 관직을 받을 수 없습니다. 또 방연이 만약 신이 제나라에서 벼슬하고 있다는 소문을 들으면 틀림없이 질투의 단서를 마련할 것입니다. 차라리 이번 일을 잠시 숨기고 있다가 신의 능력을 사용할 일이 있을 때 그 효력을 제대로 발휘할 수 있게 하는 것이 어떻겠습니까?"

위왕이 그의 의견에 따랐다. 위왕은 손빈을 전기의 집에 머물게 했고 전기도 그를 상객으로 존경했다. 손빈은 금활과 함께 묵적에게 감사 인사를 하러 갔으나 그들 스승과 제자는 이미 작별 인사도 하지 않고 떠난 뒤였다. 손빈은 탄식을 그치지 못했다. 손빈은 사람을 시켜 자신의 종형從兄 손평과 손탁의 소식을 찾게 했으나 전혀 종적을 알 수 없었다. 그제야 손빈은 그것이 방연의 사기극임을 알게 되었다.

이 무렵 제 위왕은 여가가 있을 때마다 늘 종실 공자들과 말을 타고 활

1_ 포거蒲車: 승차감을 좋게 하기 위해 바퀴에 부들 풀을 감고 수레 위에도 부들 풀을 깐 수레. 흔히 덕이 높은 은사를 초빙할 때 쓴다.

쏘기 내기 하는 것을 즐거움으로 삼고 있었다. 전기는 말의 힘이 위왕에게 미치지 못해 여러 번 돈을 잃었다. 어느 날 전기는 손빈을 데리고 활터로 가서 활쏘기 내기를 구경하게 했다. 손빈이 보기에 말의 힘은 그리 큰 차이가 없는 것 같았다. 그러나 전기는 이번에도 삼판 양승제 내기에서 모두 패하고 말았다. 손빈이 몰래 전기에게 말했다.

"대부께서 내일 다시 내기를 하시면 신이 반드시 대부를 이기게 해드리겠소."

전기가 말했다.

"선생께서 진정으로 나를 이기게 해주시면 내가 대왕마마께 천금을 걸고 내기를 요청하겠소."

손빈이 말했다.

"대부께선 내기 요청만 하시오."

전기는 위왕에게 내기를 요청하며 말했다.

"말을 타고 활을 쏘는 내기에서 신은 여러 번 패했습니다. 그러니 내일 전 재산을 걸고라도 승부를 해보고 싶습니다. 매번 한 경기가 끝날 때마다 천금을 걸겠습니다."

위왕이 웃으면서 그의 말에 따랐다. 다음 날 여러 공자는 모두 수레와 말을 성대하게 장식하고 일제히 활터로 모여들었다. 활터를 둘러싸고 구경하는 백성도 수천 명이나 되었다. 전기가 손빈에게 물었다.

"선생의 필승 전략은 무엇이오? 삼판 양승 중 한 판마다 천금을 거는 것이기에 이건 장난이라 할 수 없소."

손빈이 말했다.

"제나라에서 훌륭한 말은 모두 대왕마마의 마구간에 모여 있소. 그러므로 대부께서 차례대로 경기를 했다간 이기기가 어려울 것이오. 그러나 내게 승리할 수 있는 비법이 있소. 대저 세 번 내기를 할 때 타고 나갈 말에도 상중하 세 등급이 있을 것이오. 그럼 대부의 하등 말로 대왕의 상등 말을 대결시키고, 대부의 상등 말로 대왕의 중등 말을 대결시키고, 대부의 중등 말로 대왕의 하등 말을 대결시키시오. 그럼 대부께선 비록 한 번 패하기는 하겠지만 반드시 두 번은 이길 수 있을 것이오."

전기가 말했다.

"참으로 묘책이오!"

전기는 먼저 황금 안장과 비단 언치로 자신의 하등 말을 장식하여 상등 말로 위장한 후 첫째 경기를 겨뤘다. 위왕의 말과 전기의 말은 차이가 많이 벌어져서 전기는 다시 천금을 잃고 말았다. 위왕은 즐거운 마음에 함박웃음을 지었다. 그러자 전기가 말했다.

"아직 두 판이 남아 있습니다. 신이 세 판을 모두 진 후에 신을 비웃어도 늦지 않을 것입니다."

둘째 판과 셋째 판은 전기의 말이 모두 승리하여 전기는 천금을 더 벌게 되었다. 전기가 아뢰었다.

"오늘 신이 승리한 것은 말의 힘이 아니라 손 선생의 가르침 덕분이었습니다."

전기가 자신이 승리한 까닭을 이야기하자 위왕이 감탄하며 말했다.

"이것은 작은 일이지만 손 선생의 지혜가 잘 드러났소."

이때부터 제 위왕은 손빈을 더욱 존경하면서 이루 다 헤아릴 수 없는 상금을 하사했다.

한편 위 혜왕은 손빈을 폐인으로 만들고 나서 방연에게 중산 땅을 수복하라고 질책했다. 방연이 아뢰었다.

"중산은 우리 위나라에서는 멀고 조나라에서 가깝습니다. 그러니 차라리 먼 곳을 놓고 다투는 것보다 가까운 곳을 점거하는 것이 더 좋을 것입니다. 청컨대 신이 주상전하를 위해 조나라 한단 땅을 들이쳐서 중산 땅의 원한을 갚겠습니다."

혜왕이 이를 허락했다. 방연은 마침내 병거 500승을 출동시켜 조나라 한단 땅을 포위했다. 한단 태수 비선丕選은 연전연패한 뒤 조 성후에게 상소문을 올렸다. 조 성후는 사신을 제나라로 보내 중산 땅을 바치고 구원을 요청했다. 제 위왕은 이미 손자(孫臏)의 능력을 알고 있었으므로 그를 대장에 임명했다. 그러나 손빈은 사양하며 이렇게 말했다.

"신은 형벌을 받은 폐인인데 만약 신이 군사 일을 주관한다면 우리 제나라에 특별한 인재가 없음을 드러내는 것이므로 적에게 비웃음을 당할 것입니다. 청컨대 전기를 대장으로 삼으십시오."

위왕은 전기를 대장으로 삼고 손빈을 군사軍師로 삼았다. 손빈은 늘 치거輜車[2] 속에 앉아 몰래 계책을 내면서 자신의 이름을 드러내지 않았다. 전기는 바로 군사를 이끌고 한단을 구원하러 가려고 했다. 손빈이 그를 제지하며 말했다.

"조나라 장수는 방연의 적수가 되지 못하오. 우리가 한단 땅에 도착하면 한단성은 이미 함락되었을 것이오. 차라리 중도에 군사를 주둔시키고 양릉襄陵(河南省 睢縣)을 친다고 소문을 내면 방연이 틀림없이 돌아올 것이

2_ 치거輜車: 장막을 친 짐수레.

오. 저들이 돌아올 때 우리가 공격을 퍼부으면 반드시 승리할 수 있을 것이오."

전기는 그 계책을 사용하기로 했다. 이때 한단에서는 아무리 기다려도 구원병이 오지 않자 결국 비선은 성을 들어 방연에게 항복했다. 방연은 사람을 혜왕에게 보내 승첩을 보고하고 성안으로 군사를 진입시키려 했다. 그때 갑자기 제나라 전기가 위나라의 허점을 노려 양릉을 기습한다는 소식이 들려왔다. 방연이 깜짝 놀라며 말했다.

"양릉을 잃으면 도성인 안읍까지 놀라 떨 것이다. 그러니 뿌리부터 구해야 한다."

방연은 군사를 되돌렸고, 계릉桂陵(河南省 長垣 서북)으로부터 20리 떨어진 곳에서 제나라 군사를 만났다. 손빈은 일찌감치 위나라 군사가 돌아온다는 소식을 탐지하고 싸울 채비를 단단히 했다. 그는 먼저 아장 원달遠達에게 군사 3000명을 이끌고 가서 길을 막고 싸움을 걸게 했다. 위나라에서는 방연의 조카 방총이 선봉대를 이끌고 먼저 당도하여 적을 맞아 싸웠다. 대략 20여 합을 겨룬 뒤 원달은 패배한 척 가장하고 달아나기 시작했다. 방총은 그가 무슨 다른 음모를 가지고 있을까 두려워서 감히 추격전을 벌이지 못하고 방연에게 보고했다. 방연이 그를 심하게 질책했다.

"작은 장수 하나도 사로잡지 못하고서야 어떻게 대장 전기를 사로잡을 수 있겠느냐?"

그러고는 곧바로 대군을 이끌고 추격에 나섰다.

계릉 부근에 당도할 무렵, 전방에 제나라 군사가 진영을 펼치고 있는 것이 보였다. 방연이 병거 위에서 멀리 바라보니 그 진영은 바로 손빈이 위나라에 처음 당도했을 때 펼쳐 보였던 전도팔문진顚倒八門陣이었다. 방연은 의심스러운 마음에 속으로 중얼거렸다.

'전기란 놈이 어떻게 저 진법을 알고 있을까? 손빈이 벌써 제나라로 갔단 말인가?'

그러고는 자신도 당장 진영을 펼쳤다. 그때 제나라 진영에서 대장 전기의 깃발이 펄럭이는 가운데 병거 한 대가 서서히 다가왔다. 전기는 전신을 갑옷으로 무장한 채 손에는 화극을 들고 병거 가운데에 서 있었다. 그 곁에는 전영田嬰이 창을 들고 꼿꼿이 서서 거우車右 역할을 맡고 있었다. 전기가 소리쳤다.

"책임 있는 위나라 장수는 앞으로 나와 내 말을 들어라!"

그러자 방연이 직접 병거를 타고 나와 전기에게 말했다.

"제와 위는 줄곧 우호를 유지해왔다. 우리 위나라는 조나라에 원한이 있을 뿐인데 너희 제나라가 무슨 상관이라고 이렇게 나선단 말이냐? 전 장군이 우호를 팽개치고 원한을 맺으려는 것은 실로 잘못된 행동이다."

전기가 말했다.

"조나라는 중산 땅을 이미 우리 주상께 바쳤다. 그래서 우리 주상께서 내게 군사를 내리시어 조나라를 구원하게 하신 것이다. 만약 위나라에서도 땅 몇 곳을 내게 할양한다면 내가 군사를 물릴 수도 있다."

방연이 격노하여 소리를 질렀다.

"네놈이 뭘 믿고 감히 나와 대적하려 드느냐?"

전기가 말했다.

"네놈이 그렇게 대단하다면 내가 펼친 진법을 알아보겠느냐?"

방연이 말했다.

"그건 전도팔문진이 아니냐? 나도 전에 귀곡 사부님에게서 배운 적이 있다. 그런데 네놈은 어디서 그중 한두 가지만 훔쳐 듣고 내게 묻는 것이냐? 우리 나라에서는 세 살 먹은 어린애도 다 아는 진법이다."

전기가 말했다.

"네놈이 이 진법을 안다면 이걸 깨뜨릴 수도 있겠느냐?"

방연은 마음속으로 좀 주저되었지만 깨뜨리지 못하겠다고 말하면 군사들의 사기가 떨어질까봐 마침내 사나운 목소리로 대답했다.

"그 진법을 알고 있는데 어찌 깨뜨리는 방법을 모르겠느냐?"

방연은 방영, 방총, 방모에게 분부했다.

"내가 전에 손빈이 저 진법에 대해 이야기하는 것을 들은 적이 있다. 그래서 저 진법을 깨뜨리는 방법도 대략 알고 있다. 저 진법은 공격을 받으면 장사진長蛇陣으로 변한다. 머리를 공격하면 꼬리가 와서 구원하고, 꼬리를 공격하면 머리가 와서 구원하며, 중간을 공격하면 머리와 꼬리가 함께 구원한다. 이 때문에 공격하는 자가 순식간에 곤경에 빠져든다. 내가 지금 저 진영을 공격하러 갈 터이니 너희 세 사람은 각각 군사를 한 부대씩 거느리고 있다가 저 진영이 장사진으로 변할 때 한꺼번에 공격하여 머리와 꼬리가 서로 구원하지 못하도록 하여라. 그럼 저 진법은 저절로 무너질 것이다!"

방연은 분부를 마치고 자신이 직접 선봉대 5000명을 이끌고 적진을 공격했다. 적진 속으로 진입해 들어가자 팔방八方의 깃발이 나부끼며 분분히 진영이 변화하기 시작했다. 그러나 방연은 어느 것이 휴休(휴식), 생生(생동), 상傷(손상), 두杜(막힘), 경景(활발), 사死(죽음), 경驚(놀람), 개開(활로)에 속하는 문門인지 분간할 수 없었다. 좌충우돌하며 이리저리 부딪쳐보았지만 사방에 창을 든 갑사들이 수풀처럼 늘어서 있어 전혀 출구를 찾을 수 없었다.

그때 징 소리와 북소리가 어지럽게 울리며 사방에서 함성이 일었고, 여기저기 하늘로 치솟아 오르는 깃발마다 모두 손孫 자가 쓰여 있었다. 방연이 대경실색하며 말했다.

"그 앉은뱅이가 정말로 제나라에 있었구나. 내가 그놈의 계략에 빠지고 말았다."

방연이 위험한 처지에 빠졌을 때 마침 방영과 방총이 두 갈래 군사를 이끌고 쇄도해와서 방연만을 구출했다. 방연이 이끌고 갔던 선봉대 5000명은 한 사람도 살아오지 못했다. 방모의 안부를 물으니 이미 전영에게 피살되었다고 했다. 방연은 모두 2만여 명의 군사를 잃었다. 방연의 상심은 이루 말할 수조차 없었다. 본래 팔괘진八卦陣에서 유래한 팔문진八門陣은 팔방에 군사를 배치하고 무戊와 기己에 속하는 중앙의 진영과 연계하여 모두 아홉 개의 병거로 구성되는 진법으로 그 모양은 정방형正方形(정사각형)이었다. 방연은 이 진법을 깨뜨리러 들어올 때 머리와 꼬리 두 부대를 한꺼번에 공격하여 외부에서 서로 도움을 주지 못하게 했다. 그러나 공격을 받지 않은 일곱 부대의 병거가 원형으로 진법을 바꾸자 방연은 그 속에서 길을 잃고 만 것이다. 뒷날 당나라 때 위국공衛國公 이정李靖은 이 진법을 근거로 육화진六花陣을 만들었다. 그것이 바로 이 원형진에서 파생된 것이다. 이를 증명할 만한 시가 있다.

팔문진 가운데엔 예측 불허의 기밀 있어	八陣中藏不測機
귀곡자가 전했건만 아는 사람 드물었다	傳來鬼谷少人知
방연은 오로지 장사진만 알았을 뿐	龐涓只曉長蛇勢
장방형이 원형 되는 걸 어찌 알 수 있었으랴?	那識方圓變化奇

방연이 계릉에서 손빈에게 대패하다.

지금도 당읍堂邑 동남쪽에 고전장古戰場이란 지명이 있는데, 바로 손빈과 방연이 전투를 벌인 곳이다.

방연은 손빈이 제나라 군중에 있다는 사실을 알고 두려움에 젖어 방영, 방총과 의논한 후 자신의 군영을 버리고 밤새 위나라로 달아났다. 전기는 손빈과 함께 위나라 군영이 텅 빈 사실을 탐지하고 개선가를 울리며 제나라로 돌아왔다. 이것은 주 현왕 17년의 일이었다. 위 혜왕은 비록 계릉에서는 패배했지만 방연이 한단을 빼앗은 공이 있다고 생각하고 그의 죄를 다스리지 않았다. 제 위왕은 마침내 전기와 손빈을 신임하고 오로지 두 사람에게 병권을 맡겼다. 추기는 장차 이 두 사람이 자기 대신 상국 자리에 오를까봐 걱정이 되었다. 그는 비밀리에 문객 공손열公孫閱과 상의하여 전기와 손빈이 받고 있는 임금의 은총을 뺏으려 했다. 이때 마침 위나라 방연이 사람을 보내 천금의 뇌물을 추기에게 바치고 손빈을 물러나게 해달라고 했다. 추기도 바야흐로 똑같은 마음을 먹고 있던 터라, 공손열을 전기 집안의 심부름꾼으로 가장시킨 후 10금十金의 돈을 가지고 오경五更(새벽 3~5시) 무렵 점쟁이 집으로 가서 물었다.

"나는 전기 장군의 심부름으로 점을 치러 왔소."

점괘를 가지고 점쟁이가 물었다.

"무슨 일로 점을 치는 것이오?"

공손열이 대답했다.

"우리 전 장군께선 전씨 가문의 종친으로 지금 병권을 잡고 있어 그 위세가 이웃 나라에까지 진동하고 있소. 이제 대사를 도모하려고 하는데 그 길흉을 좀 판단해주시오!"

점쟁이가 깜짝 놀라며 물었다.

"그건 역모가 아니오? 나는 듣지 않은 걸로 하겠소!"

공손열이 당부하며 말했다.

"선생께서 점괘를 판단하고 싶지 않으면 그만이지만 절대로 이 일을 다른 사람에게 누설하지 마시오."

공손열이 그 집 대문을 나가자 추기가 보낸 군사가 들이닥쳐 점쟁이를 잡고 반역자 전기의 점괘에 대해 물었다. 점쟁이가 말했다.

"어떤 사람이 오기는 했지만 점을 치지는 않았습니다."

그러나 추기는 조정으로 들어가 전기가 역모를 위해 점을 친 사실을 위왕에게 고소하고 점쟁이를 끌고 와 증인으로 삼았다. 위왕은 의심이 들어 매일 사람을 보내 전기의 거동을 염탐했다. 전기는 그 일에 관한 소문을 듣고 병을 핑계로 대장 직에서 물러나 위왕의 의심을 풀었다. 손빈도 함께 군사 직을 사임했다. 이듬해 제 위왕이 죽고 아들 벽강辟疆이 즉위했다. 이 사람이 제 선왕宣王이다. 선왕은 평소에 전기의 억울함과 손빈의 유능함을 알고 있었기 때문에 모두 불러와 옛 직위를 회복시켜줬다.

한편 방연은 처음에 제나라에서 전기와 손빈이 물러났다는 소식을 듣고 환호작약하며 말했다.

"내가 이제야 천하에서 마음대로 행세할 수 있겠구나!"

이때 한 소후는 정나라를 멸망시킨 후 그곳으로 도읍을 옮겼다. 조나라 상국 공중치公仲侈는 한나라로 가서 축하 인사를 올리고 함께 군사를 일으켜 위나라를 정벌하자고 청했다. 그리하여 위나라를 멸망시키는 날 위나라 땅을 똑같이 나눠 갖자는 약속도 했다. 한 소후는 응낙하면서 이렇게 말했다.

“올해는 흉년이 들었으니 내년에나 군사를 일으킬 수 있을 것 같소.”

위나라 방연은 이 소식을 탐지하여 위 혜왕에게 말했다.

“소문에 의하면 한나라가 조나라를 도와 우리 위나라를 정벌한다고 합니다. 저들이 아직 힘을 합치지 못했을 때 우리가 먼저 한나라를 쳐서 그 음모를 가로막아야 합니다.”

혜왕은 그 일을 허락하고는 세자 신申을 상장군으로 삼고 방연을 대장으로 삼아 온 나라의 군사를 동원하여 한나라를 향해 출발했다. 이 싸움의 승부가 어떻게 될지는 다음 회를 보시라.

부록

주요 왕실 계보도

◉ 일러두기 ◉

1. 이 계보도는 『동주열국지』의 내용을 중심으로 그린 것이다.

2. 한 사람이 여러 이름으로 불린 경우 『동주열국지』에 기재된 것을 우선시했다.

3. 처음 즉위한 후 쫓겨났다가 다시 복위한 제후는 처음 즉위한 순서대로 계보도의 차례를 정했다.

4. 계보도를 한 장에 모두 그릴 수 없는 경우, 두 장 이상으로 나누어 그렸다. 한 나라의 계보도가 두 장 이상인 경우, 각권 등장인물이 포함된 계보도만 실었다.

동주東周 계보도(1)

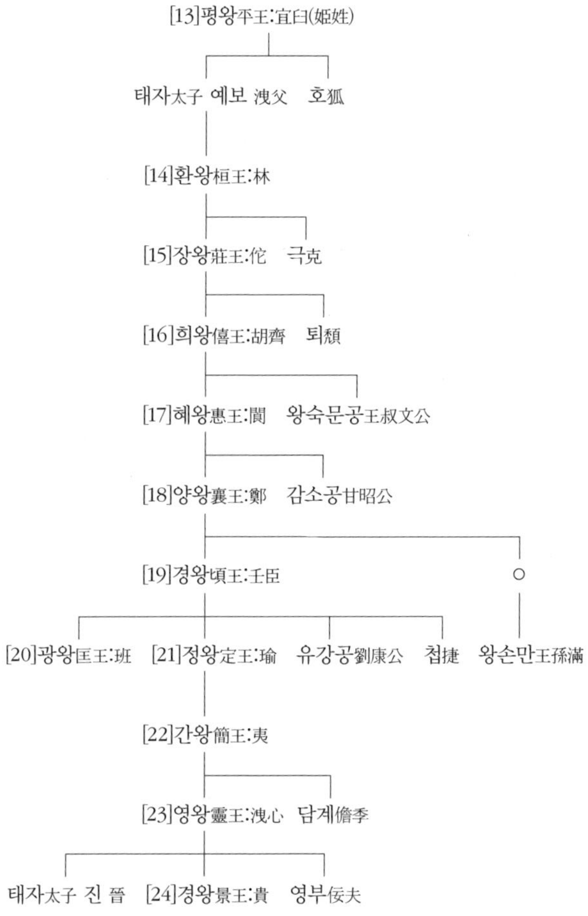
[13]평왕平王:宜臼(姬姓)
태자太子 예보 洩父
호狐
[14]환왕桓王:林
[15]장왕莊王:佗
극克
[16]희왕僖王:胡齊
퇴頹
[17]혜왕惠王:閬
왕숙문공王叔文公
[18]양왕襄王:鄭
감소공甘昭公
[19]경왕頃王:壬臣
○
[20]광왕匡王:班
[21]정왕定王:瑜
유강공劉康公
첩捷
왕손만王孫滿
[22]간왕簡王:夷
[23]영왕靈王:洩心
담계儋季
태자太子 진 晉
[24]경왕景王:貴
영부佞夫

동주東周 계보도(2)

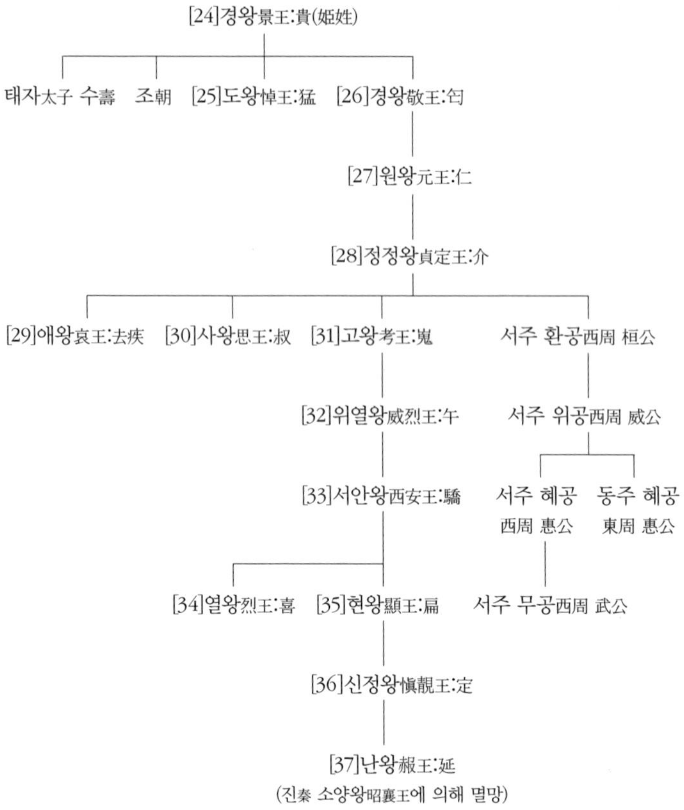
[24]경왕景王:貴(姬姓)
태자太子 수壽
조朝
[25]도왕悼王:猛
[26]경왕敬王:匄
[27]원왕元王:仁
[28]정정왕貞定王:介
[29]애왕哀王:去疾
[30]사왕思王:叔
[31]고왕考王:嵬
서주 환공西周 桓公
[32]위열왕威烈王:午
서주 위공西周 威公
[33]서안왕西安王:驕
서주 혜공 西周 惠公
동주 혜공 東周 惠公
[34]열왕烈王:喜
[35]현왕顯王:扁
서주 무공西周 武公
[36]신정왕愼靚王:定
[37]난왕赧王:延
(진秦 소양왕昭襄王에 의해 멸망)

초楚 계보도(2)

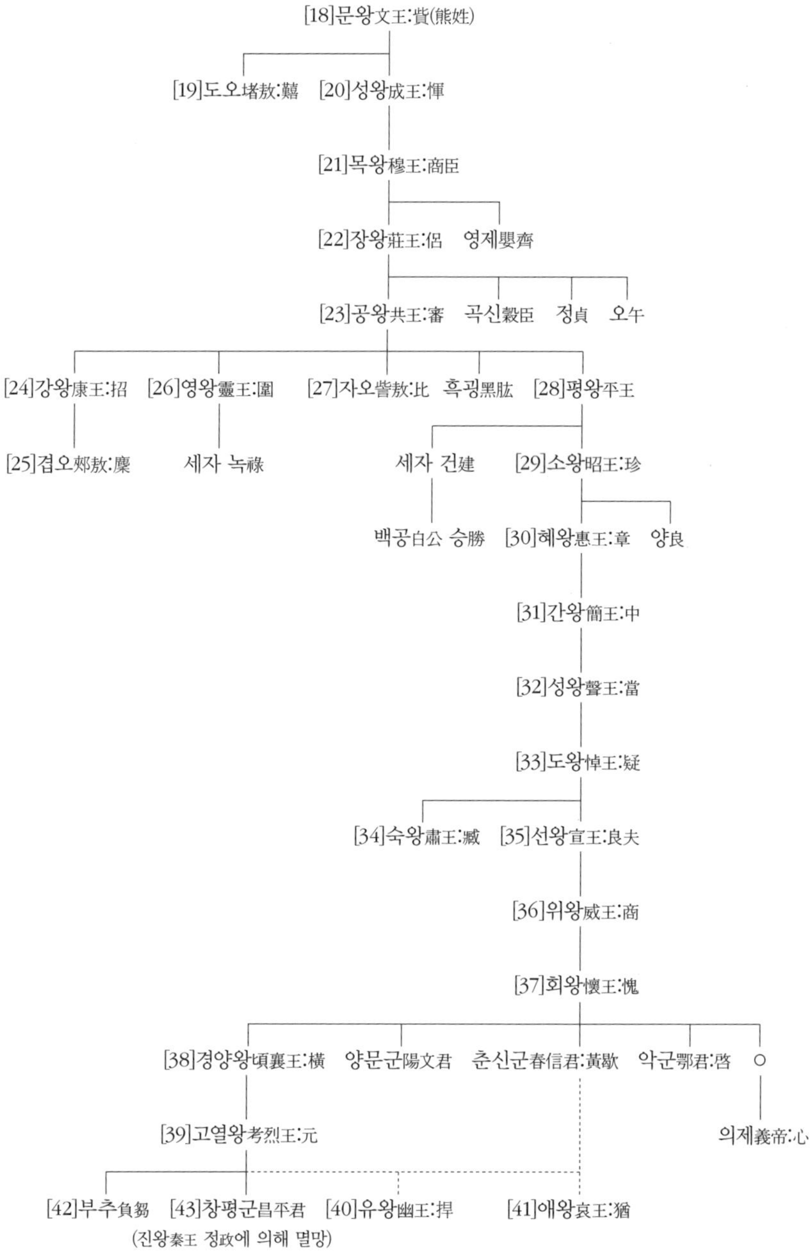
[18]문왕文王:貲(熊姓)
[19]도오堵敖:囏
[20]성왕成王:惲
[21]목왕穆王:商臣
[22]장왕莊王:侶
영제嬰齊
[23]공왕共王:審
곡신穀臣
정貞
오午
[24]강왕康王:招
[26]영왕靈王:圍
[27]자오訾敖:比
흑굉黑肱
[28]평왕平王
[25]겹오郟敖:麇
세자 녹祿
세자 건建
[29]소왕昭王:珍
백공白公 승勝
[30]혜왕惠王:章
양良
[31]간왕簡王:中
[32]성왕聲王:當
[33]도왕悼王:疑
[34]숙왕肅王:臧
[35]선왕宣王:良夫
[36]위왕威王:商
[37]회왕懷王:槐
[38]경양왕頃襄王:橫
양문군陽文君
춘신군春信君:黃歇
악군鄂君:啓
○
[39]고열왕考烈王:元
의제義帝:心
[42]부추負芻
[43]창평군昌平君
[40]유왕幽王:捍
[41]애왕哀王:猶
(진왕秦王 정政에 의해 멸망)

제齊 계보도(2)

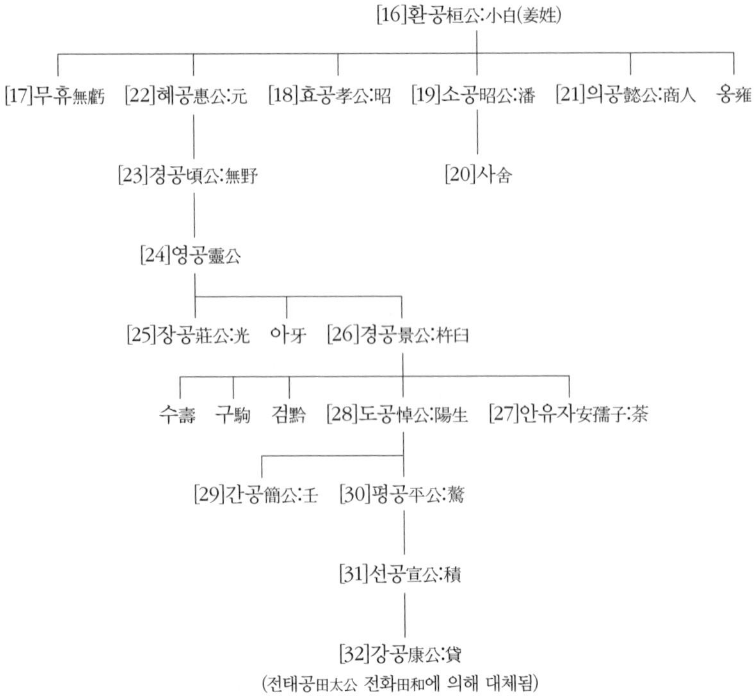
[16]환공桓公:小白(姜姓)
[17]무휴無虧
[22]혜공惠公:元
[18]효공孝公:昭
[19]소공昭公:潘
[21]의공懿公:商人
옹雍
[23]경공頃公:無野
[20]사舍
[24]영공靈公
[25]장공莊公:光
아牙
[26]경공景公:杵臼
수壽
구駒
검黔
[28]도공悼公:陽生
[27]안유자安孺子:荼
[29]간공簡公:壬
[30]평공平公:驁
[31]선공宣公:積
[32]강공康公:貸
(전태공田太公 전화田和에 의해 대체됨)

제齊 계보도(3) 田氏

- 진陳 여공厲公
  - 진경중陳敬仲:完
    - 전맹이田孟夷:穉
      - 전맹장田孟莊:湣
        - 진문자陳文子:須無
          - 진환자陳桓子:無宇
            - 전무자田武子:開
            - 전희자田僖子:乞
              - 진관陳瓘
              - 전성자田成子:常
                - 행行
                - 전양자田襄子:盤
                  - 전장자田莊子:白
                    - 전도자田悼子
                    - [1]전태공田太公:和
                      - [2]전후田侯:剡
                      - [3]전환공田桓公:午
                        - [4]제齊 위왕威王:因齊
                          - [5]선왕宣王:辟疆
                            - [6]민왕湣王:地
                              - [7]양왕襄王:法章
                                - [8]제왕齊王 건建 (진왕秦王 정政에 의해 멸망)
                                - 전가田假
                          - 교사郊師
                          - 정곽군靖郭君:田嬰
                            - 맹상군孟嘗君:田文
              - 자사子士
            - 진소자陳昭子
            - 손서孫書
              - 손빙孫憑
                - 손무孫武
            - 자미子亹

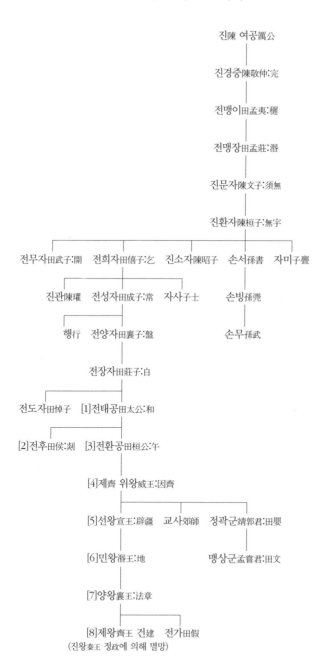

정鄭 계보도

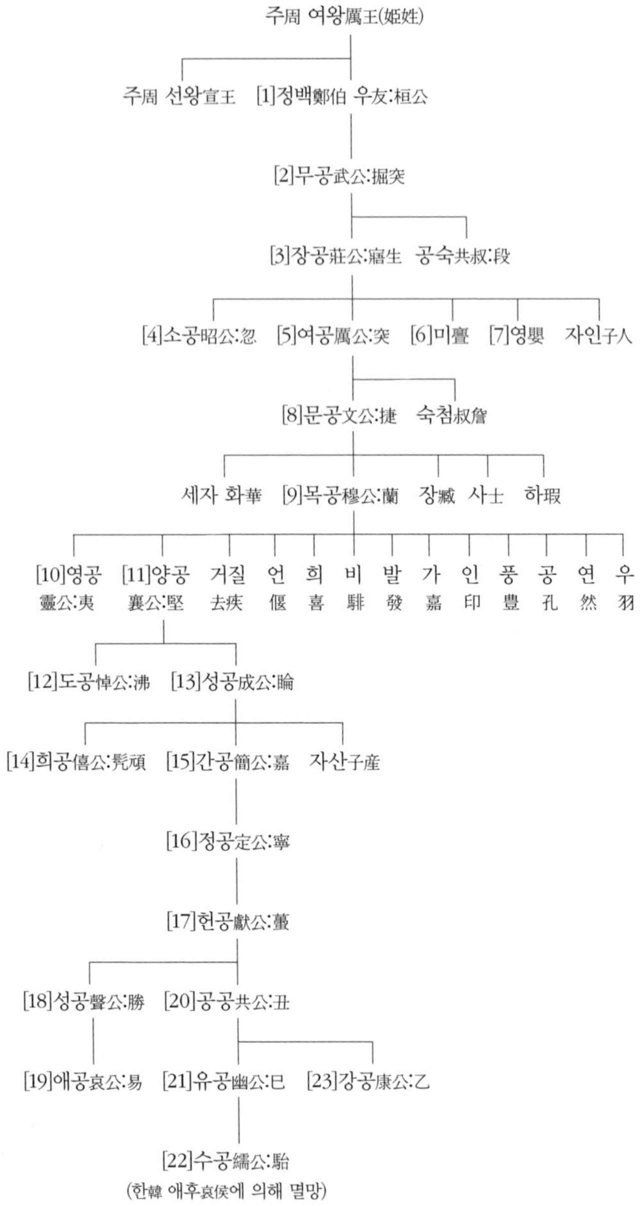
주周 여왕厲王(姬姓)
주周 선왕宣王
[1]정백鄭伯 우友:桓公
[2]무공武公:掘突
[3]장공莊公:寤生
공숙共叔:段
[4]소공昭公:忽
[5]여공厲公:突
[6]미亹
[7]영嬰
자인子人
[8]문공文公:捷
숙첨叔詹
세자 화華
[9]목공穆公:蘭
장臧
사士
하瑕
[10]영공 靈公:夷
[11]양공 襄公:堅
거질 去疾
언 偃
희 喜
비 騑
발 發
가 嘉
인 印
풍 豐
공 孔
연 然
우 羽
[12]도공悼公:沸
[13]성공成公:睔
[14]희공僖公:髡頑
[15]간공簡公:嘉
자산子産
[16]정공定公:寧
[17]헌공獻公:蠆
[18]성공聲公:勝
[20]공공共公:丑
[19]애공哀公:易
[21]유공幽公:巳
[23]강공康公:乙
[22]수공繻公:駘
(한韓 애후哀侯에 의해 멸망)

채蔡 계보도(1)

주周 문왕文王

- 주周 무왕武王
- [1]채숙蔡叔:度(姬姓:蔡氏)
  - [2]채중蔡仲:胡
  - [3]채백蔡伯:荒
  - [4]궁후宮侯
  - [5]여후厲侯
  - [6]무후武侯
  - [7]이후夷侯
  - [8]희후僖侯:所事
  - [9]공후共侯:興
  - [10]대후戴侯
  - [11]선후宣侯:措父
    - [12]환후桓侯:封人
    - [13]애후哀侯:獻舞
      - [14]목공穆公:肸

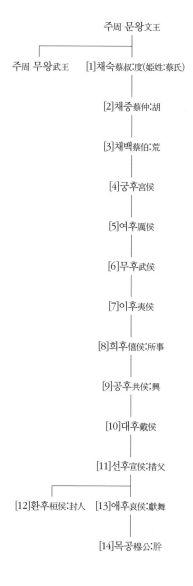

채蔡 계보도(2)

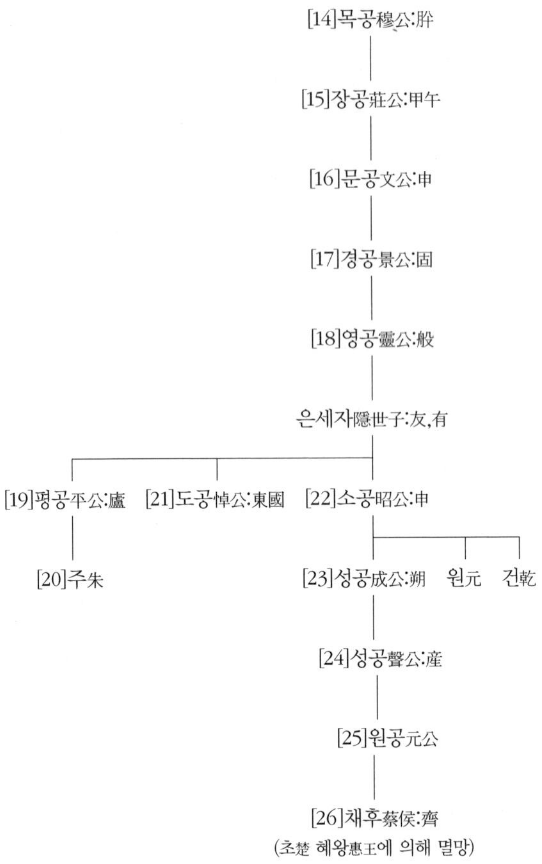
[14]목공穆公:肸
[15]장공莊公:甲午
[16]문공文公:申
[17]경공景公:固
[18]영공靈公:般
은세자隱世子:友,有
[19]평공平公:廬
[21]도공悼公:東國
[22]소공昭公:申
[20]주朱
[23]성공成公:朔
원元
건乾
[24]성공聲公:産
[25]원공元公
[26]채후蔡侯:齊
(초楚 혜왕惠王에 의해 멸망)

오吳 계보도

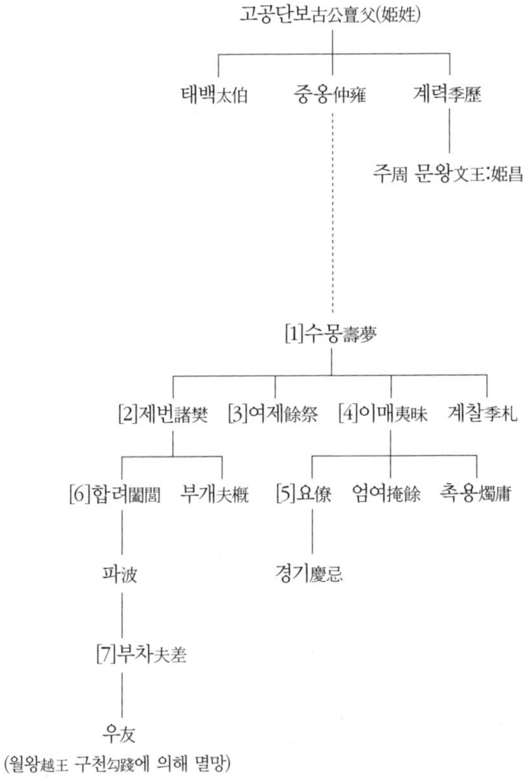
고공단보古公亶父(姬姓)
태백太伯
중옹仲雍
계력季歷
주周 문왕文王:姬昌
[1]수몽壽夢
[2]제번諸樊
[3]여제餘祭
[4]이매夷昧
계찰季札
[6]합려闔閭
부개夫槪
[5]요僚
엄여掩餘
촉용燭庸
파波
경기慶忌
[7]부차夫差
우友
(월왕越王 구천勾踐에 의해 멸망)

진晉 계보도(2)

- [18]헌공獻公:詭諸(姬姓)
  - 신생申生
  - [23]문공文公:重耳
    - [24]양공襄公:歡
      - [25]영공靈公:夷皐
      - 환숙桓叔:捷
        - 혜백惠伯:談
          - [29]도공悼公:周
            - [30]평공平公:彪
              - [31]소공昭公:皋
                - [32]경공頃公:去疾
                  - [33]정공定公:午
                    - [34]출공出公:鑿
              - 대자戴子:雍
                - 기忌
                  - [35]애공哀公:驕
                    - [36]유공幽公:柳
                      - [37]열공烈公:止
                        - [38]효공孝公:欣
                          - [39]정공靜公:俱酒 (조趙 경후敬侯, 위魏 무후武侯, 한韓 애후哀侯에 의해 삼분)
          - 양간陽干
    - 옹雍
    - 낙樂
    - [26]성공成公:黑臀
      - [27]경공景公:據,獳
        - [28]여공厲公:壽曼,州蒲
  - [21]혜공惠公:夷吾
    - [22]회공懷公:圉
  - [19]해제奚齊
  - [20]탁자卓子

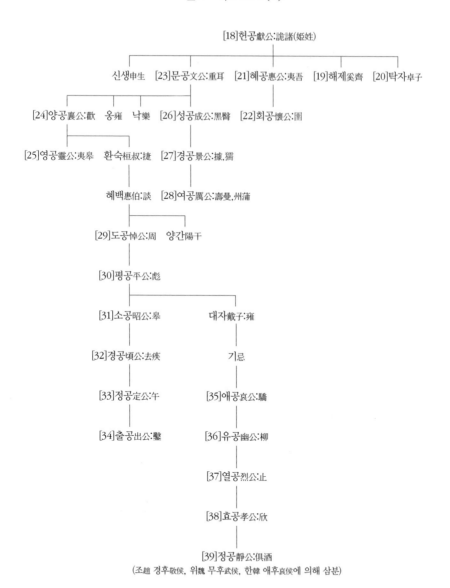

위衛 계보도(2)

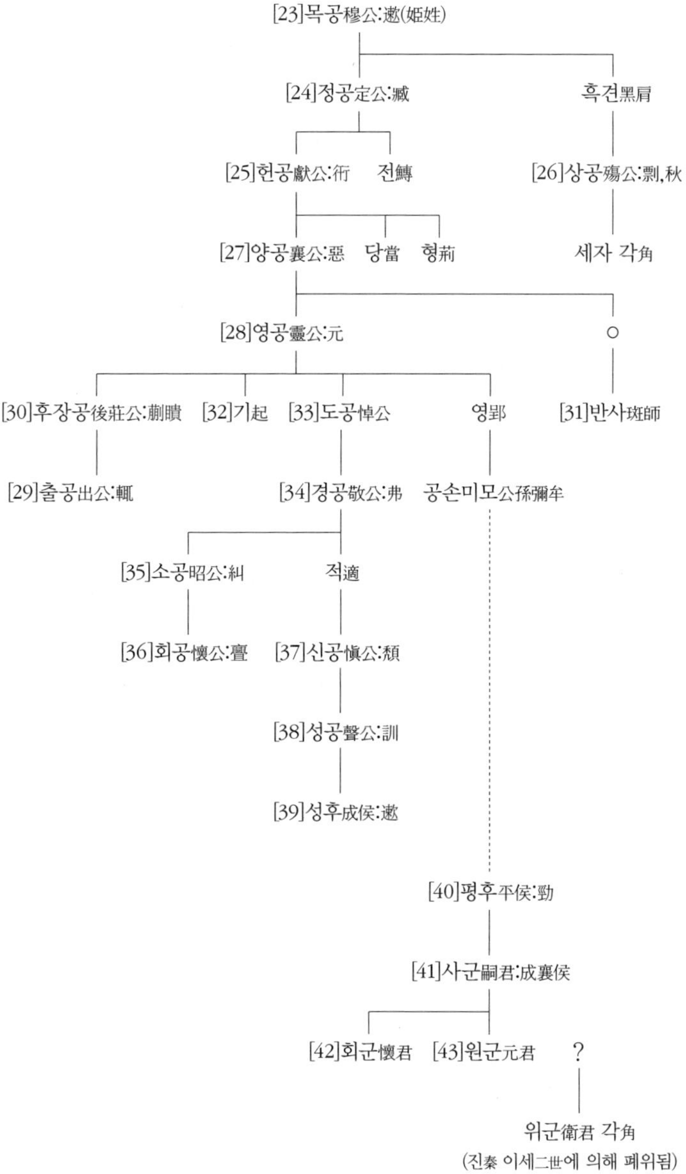
[23]목공穆公:遬(姬姓)
[24]정공定公:臧
흑견黑肩
[25]헌공獻公:衎
전鱄
[26]상공殤公:剽,秋
[27]양공襄公:惡
당當
형荊
세자 각角
[28]영공靈公:元
○
[30]후장공後莊公:蒯聵
[32]기起
[33]도공悼公
영郢
[31]반사斑師
[29]출공出公:輒
[34]경공敬公:弗
공손미모公孫彌牟
[35]소공昭公:糾
적適
[36]회공懷公:亹
[37]신공愼公:頹
[38]성공聲公:訓
[39]성후成侯:遬
[40]평후平侯:勁
[41]사군嗣君:成襄侯
[42]회군懷君
[43]원군元君
?
위군衛君 각角
(진秦 이세二世에 의해 폐위됨)

진陳 계보도(1)

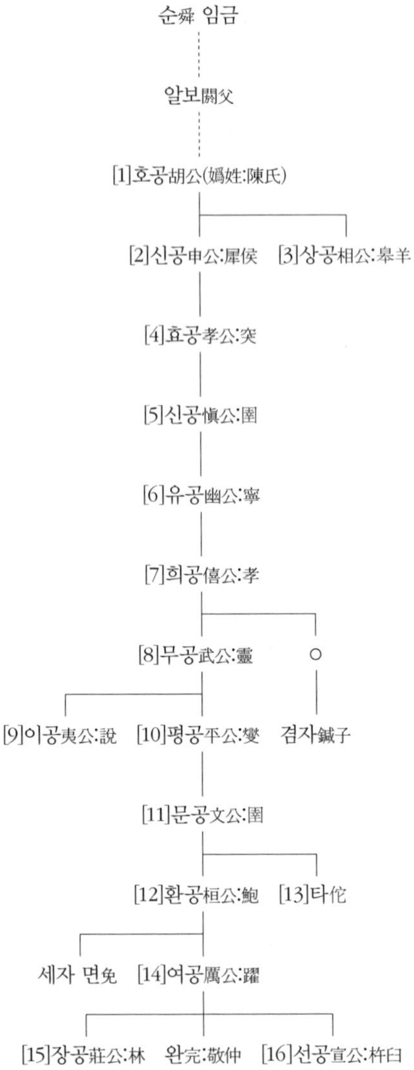
순舜 임금
알보閼父
[1]호공胡公(嬀姓:陳氏)
[2]신공申公:犀侯
[3]상공相公:皋羊
[4]효공孝公:突
[5]신공愼公:圉
[6]유공幽公:寧
[7]희공僖公:孝
[8]무공武公:靈
○
[9]이공夷公:說
[10]평공平公:燮
겸자鍼子
[11]문공文公:圉
[12]환공桓公:鮑
[13]타佗
세자 면免
[14]여공厲公:躍
[15]장공莊公:林
완完:敬仲
[16]선공宣公:杵臼

진陳 계보도(2)

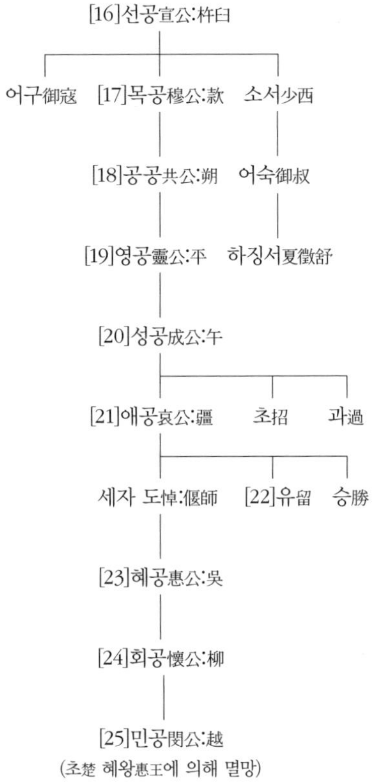
[16]선공宣公:杵臼
어구御寇
[17]목공穆公:款
소서少西
[18]공공共公:朔
어숙御叔
[19]영공靈公:平
하징서夏徵舒
[20]성공成公:午
[21]애공哀公:疆
초招
과過
세자 도悼:偃師
[22]유留
승勝
[23]혜공惠公:吳
[24]회공懷公:柳
[25]민공閔公:越
(초楚 혜왕惠王에 의해 멸망)

노魯 계보도(2)

[21]문공文公:興(姬姓)

악惡　시視　[22]선공宣公:餧　숙힐叔肸

[23]성공成公:黑肱　언偃　서鉏

[24]양공襄公　공형公衡

[25]자야子野　[26]소공昭公:稠　[27]정공定公:宋

[28]애공哀公:將

[29]도공悼公:寧　형荊　유자돈孺子鶉

[30]원공元公:嘉

[31]목공穆公:顯

[32]공공共公:奮

[33]강공康公:屯

[34]경공景公:偃

[35]평공平公:叔

[36]민공湣公:賈

[37]경공頃公:讎

(초楚 고열왕考烈王에 의해 멸망)

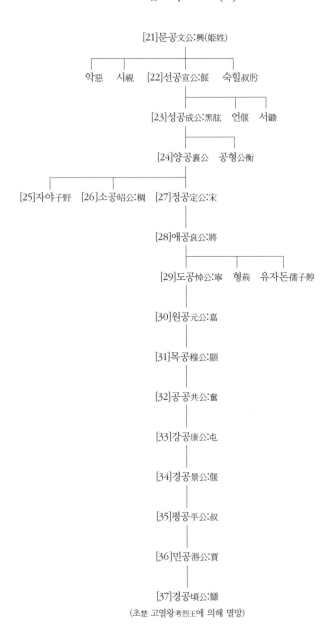

송宋 계보도(2)

[19]환공桓公:御說(子姓)

목이目夷 [20]양공襄公:茲父 탕蕩 인鱗 상보向父:肹

[21]성공成公:王臣 [22]어御

급及 [23]소공昭公:杵臼 [24]문공文公:鮑 앙卬 수須

[25]공공共公:瑕 위구圍龜 비肥

[26]평공平公:成

세자 좌痤 [27]원공元公:佐 성城 어융御戎

[28]경공景公:頭曼 지地 진辰 단진耑秦

공손주公孫周

[30]소공昭公:特 [29]계啓

[31]도공悼公:購由

[32]휴공休公:田

[33]환공桓公:辟公(辟兵)

[34]척성剔成 [35]강왕康王:偃

(제齊 민왕湣王에 의해 멸망)

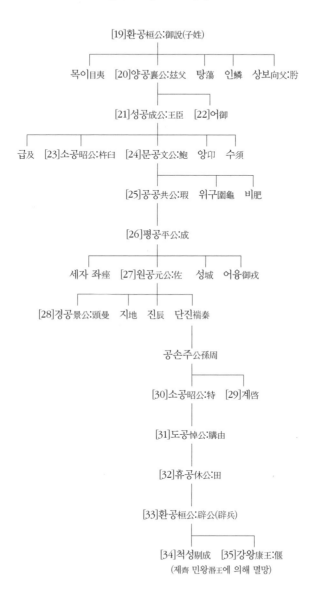

월越 계보도

하夏 우왕禹王(姒姓)

⋮

소강少康

⋮

부담夫譚

|

윤상允常

|

월왕越王 구천勾踐

|

녹영鹿郢

|

불수不壽

|

주구朱勾

|

월왕越王 예翳 / 예豫

⋮

무강無彊
(초楚 위왕威王에 의해 멸망)

진秦 계보도(2)

- [14]애공哀公:畢公(嬴姓)
  - 이공夷公
    - [15]혜공惠公
      - [16]도공悼公
        - [17]여공공厲共公
          - [18]조공躁公
          - [19]회공懷公
            - 소자昭子
              - [20]영공靈公
                - [24]헌공獻公:連
                  - [25]효공孝公:渠梁
                    - • [26]혜문왕惠文王:駟
                      - [27]무왕武王:蕩
                      - [28]소양왕昭襄王
                        - 세자 도悼
                        - [29]효문왕孝文王:安國君(柱)
                          - 혜傒
                          - [30]장양왕莊襄王:異人,子楚
                            - [31]시황제始皇帝:政
                              - 부소扶蘇
                              - 장려將閭
                              - 고高
                              - 이세二世:胡亥
                              - ○
                                - 자영子嬰
                            - 성교成蟜
                      - 요繇
                      - 통通
                      - 운惲
                      - 회悝
                    - 저리질樗里疾
            - [21]간공簡公:悼子
              - [22]후혜공後惠公
                - [23]출공出公:小主

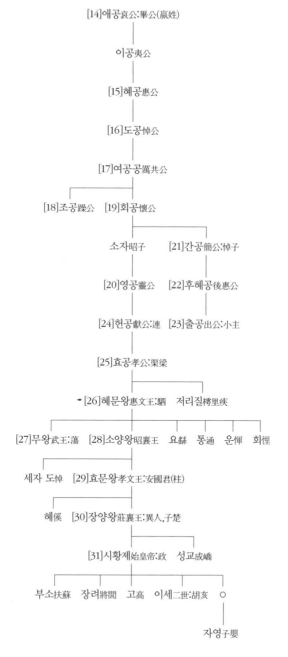

위魏 계보도

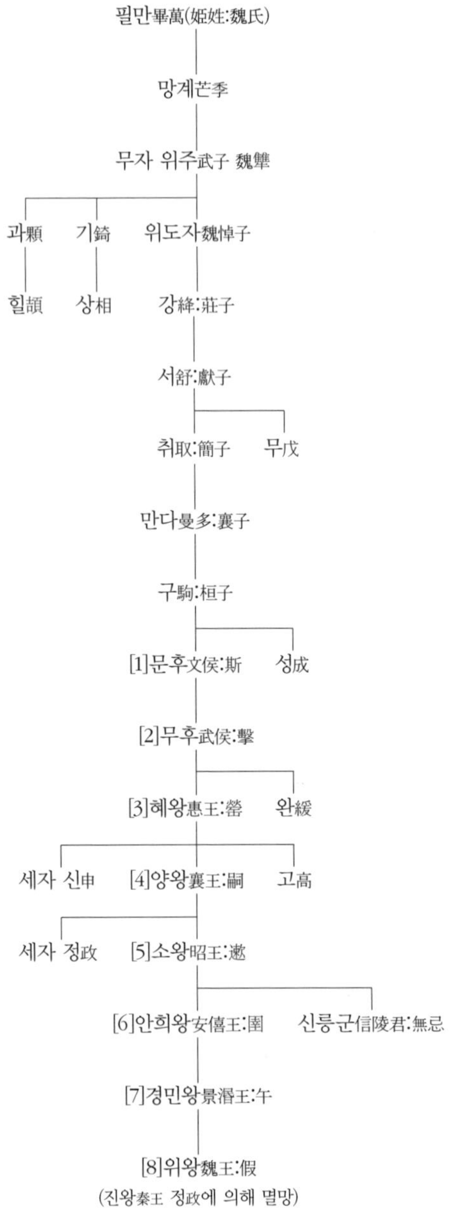
필만畢萬(姬姓:魏氏)
망계芒季
무자 위주武子 魏犨
과顆
기錡
위도자魏悼子
힐頡
상相
강絳:莊子
서舒:獻子
취取:簡子
무戊
만다曼多:襄子
구駒:桓子
[1]문후文侯:斯
성成
[2]무후武侯:擊
[3]혜왕惠王:罃
완緩
세자 신申
[4]양왕襄王:嗣
고高
세자 정政
[5]소왕昭王:遬
[6]안희왕安僖王:圉
신릉군信陵君:無忌
[7]경민왕景湣王:午
[8]위왕魏王:假
(진왕秦王 정政에 의해 멸망)

조趙 계보도(1)

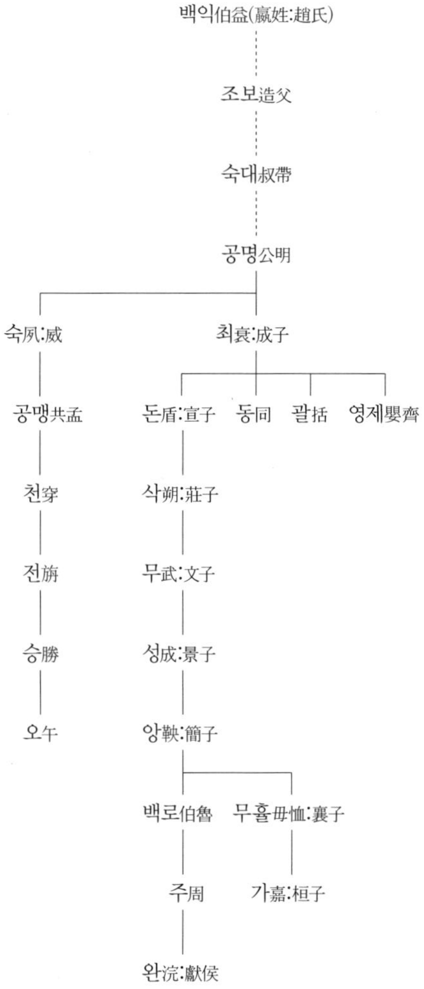

백익伯益(嬴姓:趙氏)
조보造父
숙대叔帶
공명公明
숙夙:威
최衰:成子
공맹共孟
돈盾:宣子
동同
괄括
영제嬰齊
천穿
삭朔:莊子
전旃
무武:文子
승勝
성成:景子
오午
앙鞅:簡子
백로伯魯
무휼毋恤:襄子
주周
가嘉:桓子
완浣:獻侯

조趙 계보도(2)

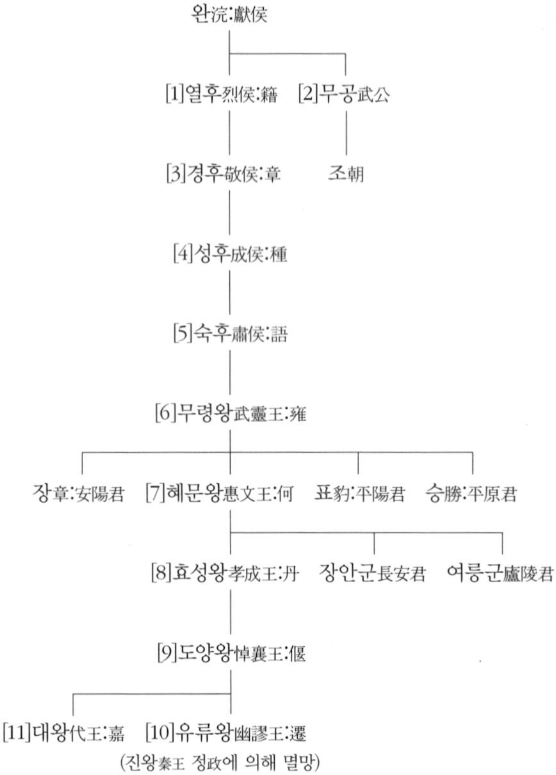
완浣:獻侯
[1]열후烈侯:籍
[2]무공武公
[3]경후敬侯:章
조朝
[4]성후成侯:種
[5]숙후肅侯:語
[6]무령왕武靈王:雍
장章:安陽君
[7]혜문왕惠文王:何
표豹:平陽君
승勝:平原君
[8]효성왕孝成王:丹
장안군長安君
여릉군廬陵君
[9]도양왕悼襄王:偃
[11]대왕代王:嘉
[10]유류왕幽謬王:遷
(진왕秦王 정政에 의해 멸망)

한韓 계보도(1)

- 진晉 곡옥환숙曲沃桓叔
  - 곡옥장백曲玉莊伯
  - 한만韓萬:武子(姬姓:韓氏)
    - ⋮
    - 자여子輿
      - 궐厥:獻子
        - 무기無忌
        - 기起:宣子
          - 수須:貞子
            - 불신不信:簡子
              - 경庚:莊子
                - 호虎:康子
                  - 계장啓章:武子

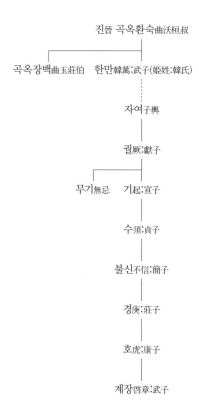

한韓 계보도(2)

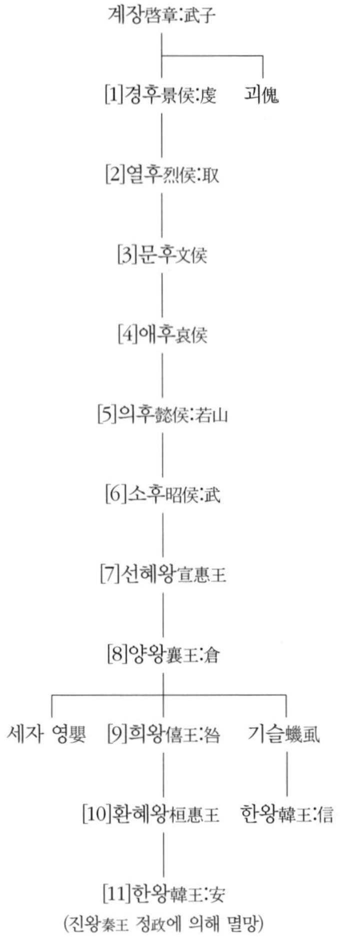
계장啓章:武子
[1]경후景侯:虔
괴傀
[2]열후烈侯:取
[3]문후文侯
[4]애후哀侯
[5]의후懿侯:若山
[6]소후昭侯:武
[7]선혜왕宣惠王
[8]양왕襄王:倉
세자 영嬰
[9]희왕僖王:咎
기슬蟣虱
[10]환혜왕桓惠王
한왕韓王:信
[11]한왕韓王:安
(진왕秦王 정政에 의해 멸망)

동주열국지 4

1판 1쇄 2015년 6월 22일
1판 6쇄 2020년 5월 28일

지은이 풍몽룡
정리자 채원방
옮긴이 김영문
펴낸이 강성민
편집장 이은혜
마케팅 정민호 김도윤 고희수
홍보 김희숙 김상만 지문희 우상희 김현지
독자모니터링 황치영

펴낸곳 (주)글항아리 | 출판등록 2009년 1월 19일 제406-2009-000002호

주소 10881 경기도 파주시 회동길 210
전자우편 bookpot@hanmail.net
전화번호 031-955-1936(편집부) 031-955-2696(마케팅)
팩스 031-955-2557

ISBN 978-89-6735-220-2 04900
978-89-6735-208-0 (세트)

글항아리는 (주)문학동네의 계열사입니다.

이 도서의 국립중앙도서관 출판예정도서목록(CIP)은 서지정보유통지원시스템 홈페이지(http://seoji.nl.go.kr)와 국가자료종합목록 구축시스템(http://kolis-net.nl.go.kr)에서 이용하실 수 있습니다.
(CIP제어번호 : CIP2015015166)

잘못된 책은 구입하신 서점에서 교환해드립니다.
기타 교환 문의: 031) 955-2661, 3580

geulhangari.com